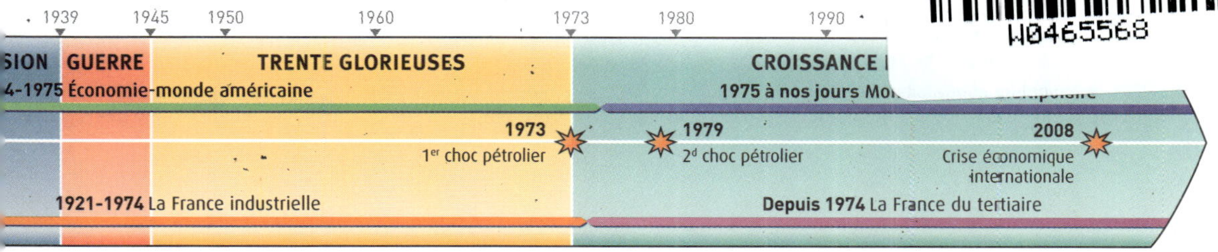
1939
1945
1950
1960
1973
1980
1990
SION
GUERRE
TRENTE GLORIEUSES
CROISSANCE
4-1975 Économie-monde américaine
1975 à nos jours Mo
1973
1er choc pétrolier
1979
2d choc pétrolier
2008
Crise économique internationale
1921-1974 La France industrielle
Depuis 1974 La France du tertiaire

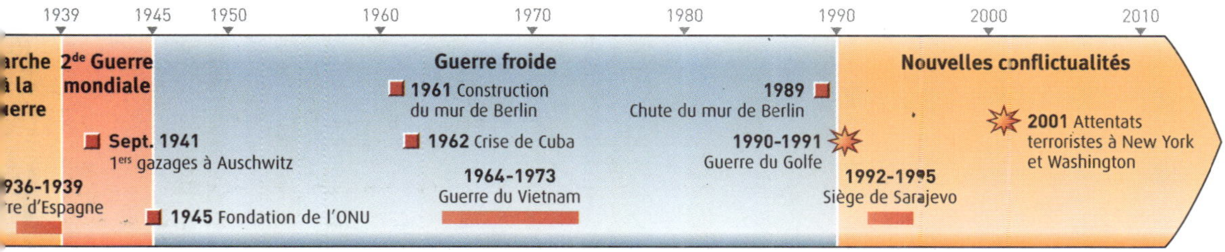
1939
1945
1950
1960
1970
1980
1990
2000
2010
arche à la erre
2de Guerre mondiale
Guerre froide
Nouvelles conflictualités
1961 Construction du mur de Berlin
1989 Chute du mur de Berlin
Sept. 1941 1ers gazages à Auschwitz
1962 Crise de Cuba
1990-1991 Guerre du Golfe
2001 Attentats terroristes à New York et Washington
936-1939 re d'Espagne
1964-1973 Guerre du Vietnam
1992-1995 Siège de Sarajevo
1945 Fondation de l'ONU

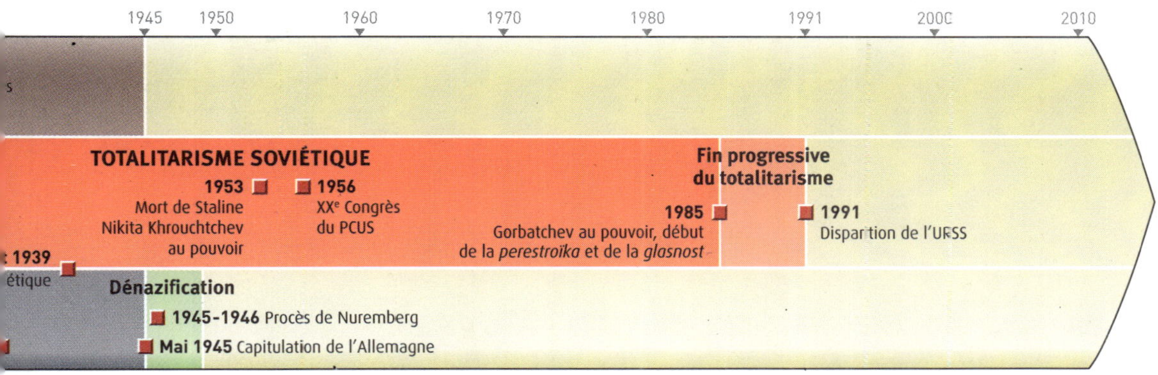
1945
1950
1960
1970
1980
1991
2000
2010
TOTALITARISME SOVIÉTIQUE
Fin progressive du totalitarisme
1953 Mort de Staline Nikita Khrouchtchev au pouvoir
1956 XXe Congrès du PCUS
1985 Gorbatchev au pouvoir, début de la perestroïka et de la glasnost
1991 Disparition de l'URSS
1939
étique
Dénazification
1945-1946 Procès de Nuremberg
Mai 1945 Capitulation de l'Allemagne

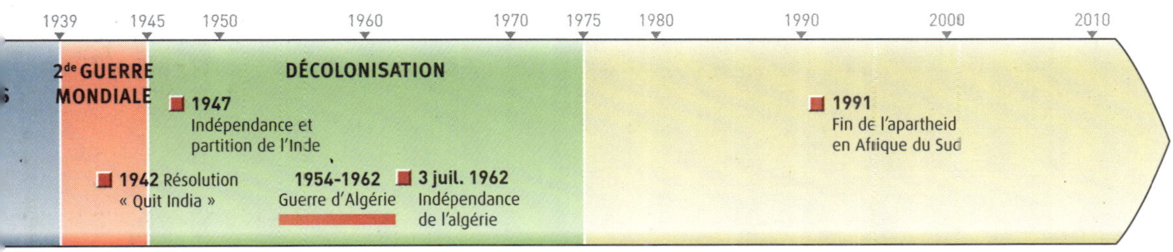
1939
1945
1950
1960
1970
1975
1980
1990
2000
2010
2de GUERRE MONDIALE
DÉCOLONISATION
1947 Indépendance et partition de l'Inde
1991 Fin de l'apartheid en Afrique du Sud
1942 Résolution « Quit India »
1954-1962 Guerre d'Algérie
3 juil. 1962 Indépendance de l'algérie

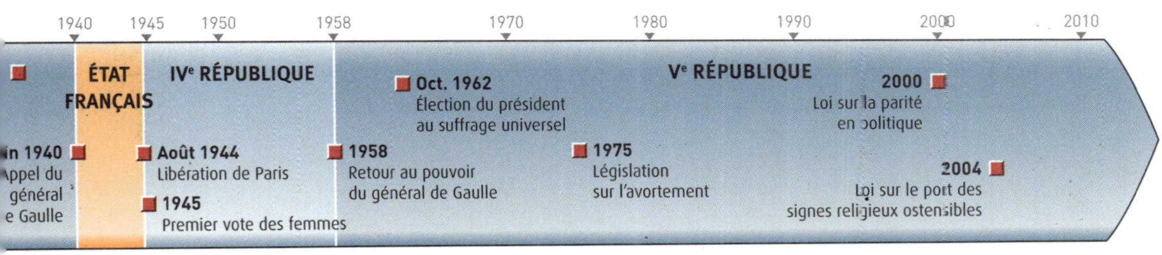
1940
1945
1950
1958
1970
1980
1990
2000
2010
ÉTAT FRANÇAIS
IVe RÉPUBLIQUE
Ve RÉPUBLIQUE
Oct. 1962 Élection du président au suffrage universel
2000 Loi sur la parité en politique
in 1940 Appel du général e Gaulle
Août 1944 Libération de Paris
1958 Retour au pouvoir du général de Gaulle
1975 Législation sur l'avortement
2004 Loi sur le port des signes religieux ostensibles
1945 Premier vote des femmes

Histoire 1re

L-ES-S

PROGRAMME 2011

Sous la direction de

Sébastien Cote
Agrégé d'histoire
Professeur en classes préparatoires au lycée Joffre, Montpellier (34)

Joëlle Alazard
Agrégée d'histoire
Professeure en classes préparatoires au lycée Faidherbe, Lille (59)

Éric Godeau
Agrégé d'histoire
Professeur dans l'académie de Paris (75)

Jean-Marcel Guigou
Certifié d'histoire-géographie
Professeur au lycée Jacques-Feyder, Épinay-sur-Seine (93)

Stanislas Jeannesson
Agrégé d'histoire
Maître de conférences à l'Université Paris IV-Sorbonne

Delphine Lécureuil
Agrégée d'histoire
Professeure au lycée Jules Guesde, Montpellier (34)

Catherine Pidutti
Agrégée d'histoire
Professeure au lycée Edgar Quinet, Paris (75)

Claire Quincy
Agrégée d'histoire
Professeure au lycée Jules Guesde, Montpellier (34)

Nathan

Présentation de votre manuel

L'ouverture de chapitre

- Une introduction pour présenter le sujet
- Les questions clés du chapitre
- Deux grands documents qui illustrent la problématique
- Une frise chronologique pour se repérer dans le temps

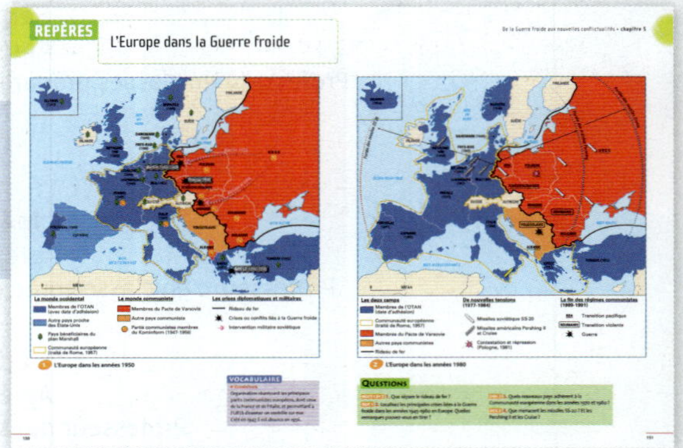

Les pages Repères

- Les cartes ou les graphiques inconournables du chapitre
- Des questions pour aider à la lecture des documents

Les Études

- Une introduction problématisée
- Des documents variés
- Un questionnement progressif, organisé en thèmes

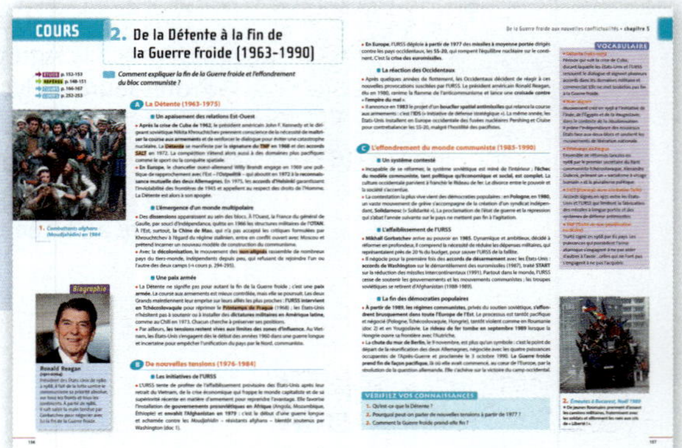

Les cours

- Un cours complet, clair et structuré, en double page
- Des documents iconographiques pour illustrer le cours
- Les notions clés en vocabulaire
- Des biographies

© Nathan 2011 - ISBN : 978-2-09-172814-8 25, avenue Pierre de Coubertin, 75013 Paris

Les pages Histoire des arts

- Un essentiel pour découvrir l'œuvre étudiée
- De grands et beaux documents
- Un questionnement structuré pour faire le lien entre art et histoire

Les pages Révisions / Exercices

- Une page Révisions avec les points essentiels du cours ainsi que les mots, dates et personnages clés.
- Un exercice qui s'appuie sur les capacités du programme ou sur une compétence B2i.
- Des pistes de lecture, des suggestions de films, de sites internet, de musées

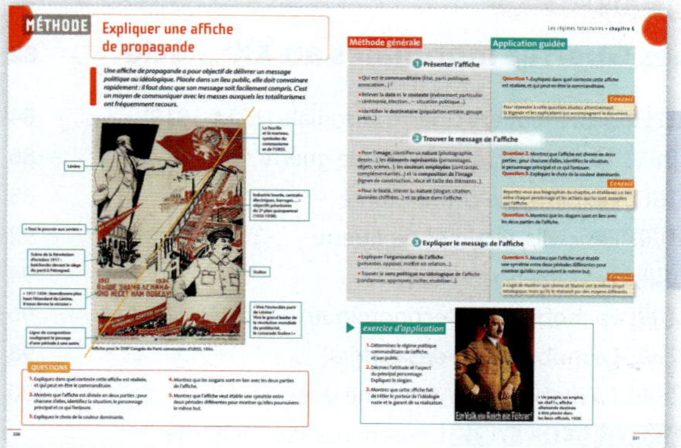

Les pages Méthode

- La méthode générale
- Une application guidée sur un document
- Un exercice d'application

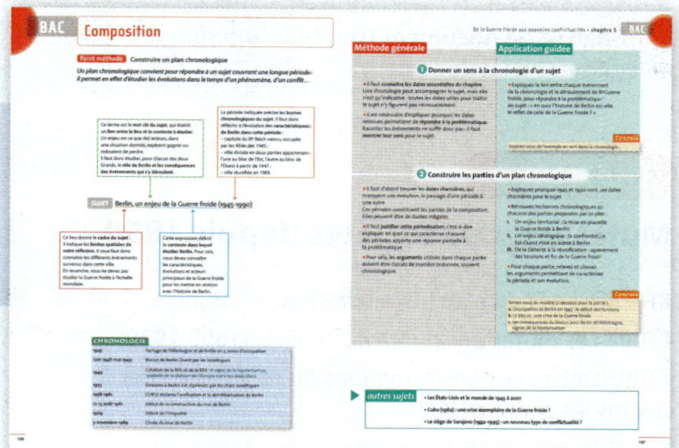

Les pages Bac

- Un sujet guidé sur un point précis de la méthode des deux épreuves du bac : composition et analyse de document(s)
- Des sujets supplémentaires

À la fin du manuel

Le papier de cet ouvrage est composé de fibres naturelles, renouvelables, recyclables et fabriquées à partir de bois provenant de forêts gérées de manière responsable et durable.

SOMMAIRE Questions pour comprendre le XXe siècle

PARTIE 1
Croissance économique, mondialisation et mutations des sociétés depuis 1850

CHAPITRE 1

CHAPITRE 2

PARTIE 2
La guerre au XXe siècle

CHAPITRE 3

SOMMAIRE

HISTOIRE DES ARTS

B.O. spécial, n° 9, 30 septembre 2010

HISTOIRE 1re L-ES-S

Questions pour comprendre le XXe siècle

Introduction

Le programme d'histoire de la classe de première est conçu en cohérence avec celui de la classe de seconde, dans le cadre d'un tronc commun sur deux années :

– il est dans son prolongement chronologique : consacré au XXe siècle, il prend la suite d'une mise en perspective sur le temps long, de l'Antiquité au XIXe siècle ;

– il se situe également dans sa continuité en termes d'objectifs d'apprentissage, tant sur le plan des connaissances à acquérir que sur celui des capacités et des méthodes à approfondir.

Ce programme présente de réelles complémentarités avec celui de géographie; on exploitera donc toutes les possibilités de croisement.

- **Le fil conducteur du programme**

Des questions indispensables à la compréhension de l'histoire du monde au XXe siècle constituent la trame de ce programme.

En ce début du XXIe siècle, il est possible d'avoir une vue globale et synthétique sur le siècle précédent et ainsi de concevoir une nouvelle approche thématique. Les questions qui structurent les programmes, centrées sur la compréhension du XXe siècle, sont mises en perspective sur une plus longue durée lorsque cela s'avère pertinent : ainsi, une bonne compréhension des mutations des économies et des sociétés nécessite une étude s'étendant du milieu du XIXe siècle à nos jours ; la décolonisation est plus intelligible si son étude est reliée à celle de la colonisation ; 1989 ne peut être perçu comme une rupture que si l'on aborde la période postérieure…

- **Pour traiter le programme**

Deux éléments essentiels visent à faciliter la mise en œuvre du programme :

– afin de délimiter clairement ce qu'il convient de traiter, chaque question est problématisée de façon précise, comme dans le programme de seconde ;

– des études significatives et mises en perspective (démarche déjà introduite au collège et en classe de seconde) sont proposées non seulement pour écarter la tentation de l'exhaustivité mais aussi pour permettre une mise en œuvre dynamique du programme.

Le professeur doit exercer sa liberté et sa responsabilité pédagogiques. Il a la possibilité notamment de construire son propre itinéraire en fonction de son projet pédagogique, en articulant les thèmes et les questions dans un ordre différent de celui de leur présentation, à l'exclusion du thème 1 qui doit ouvrir obligatoirement la mise en œuvre du programme.

L'approche thématique qui structure le programme doit être fondée sur la mobilisation de repères chronologiques fondamentaux.

La réflexion critique sur des sources de nature différente, déjà exercée en seconde, doit être approfondie. Parmi ces sources, les différentes formes de production artistiques doivent trouver toute leur place, conformément aux objectifs visés par l'enseignement d'histoire des arts.

Thème 1 – Croissance économique, mondialisation et mutations des sociétés depuis le milieu du XIXe siècle *(9-10 heures)*

Question obligatoire	Mise en œuvre
Croissance et mondialisation	– La croissance économique et ses différentes phases depuis 1850. – Les économies-monde successives (britannique, américaine, multipolaire).
Mutations des sociétés	– La population active, reflet des bouleversements économiques et sociaux : l'exemple de la France depuis les années 1850. – Une étude : l'immigration et la société française au XXe siècle.

Thème 2 – La guerre au XXe siècle *(16-17 heures)*

Questions obligatoires	Mise en œuvre
Guerres mondiales et espoirs de paix	– La Première Guerre mondiale : l'expérience combattante dans une guerre totale. – La Seconde Guerre mondiale : guerre d'anéantissement et génocide des Juifs et des Tziganes. – Les espoirs d'un ordre mondial au lendemain des conflits : la SDN et l'ONU.
De la guerre froide à de nouvelles conflictualités	– La guerre froide, conflit idéologique, conflit de puissances : un lieu (Berlin, 1945-1989), une crise (Cuba, 1962), un conflit armé (la guerre du Vietnam). – De nouvelles conflictualités depuis la fin de la guerre froide : un conflit armé (la guerre du Golfe,1990-1991) ; un lieu (Sarajevo, 1992-1995) ; un acte terroriste (le 11 septembre 2001).

Thème 3 – Le siècle des totalitarismes *(10-11 heures)*

Questions obligatoires	Mise en œuvre
Genèse et affirmation des régimes totalitaires (soviétique, fasciste et nazi)	– Les régimes totalitaires dans l'entre-deux-guerres : genèse, points communs et spécificités. – Les totalitarismes face aux démocraties dans les années 1930.
La fin des totalitarismes	– La dénazification de l'Allemagne et le procès de Nuremberg. – La sortie progressive du totalitarisme en URSS : Khrouchtchev, la déstalinisation et ses limites ; Gorbatchev, de la Glasnost à la disparition de l'URSS.

Thème 4 – Colonisation et décolonisation *(7-8 heures)*

Questions obligatoires	Mise en œuvre
Le temps des dominations coloniales	– Le partage colonial de l'Afrique à la fin du XIXe siècle. – L'empire français au moment de l'exposition coloniale de 1931, réalités, représentations et contestations.
La décolonisation	Deux études : – La fin de l'empire des Indes. – La guerre d'Algérie.

Thème 5 – les Français et la République *(15-16 heures)*

Questions obligatoires	Mise en œuvre
La République, trois républiques	- L'enracinement de la culture républicaine (les décennies 1880 et 1890). - Les combats de la Résistance (contre l'occupant nazi et le régime de Vichy) et la refondation républicaine. - 1958-1962, une nouvelle République.
La République et les évolutions de la société française	- La République et la question ouvrière : le Front populaire. - La République, les religions et la laïcité depuis les années 1880. - La place des femmes dans vie politique et sociale de la France au XXe siècle.

BAC

La méthode et la préparation au bac

Méthode générale

Les pages de méthodes générales sont également utiles pour préparer l'épreuve d'analyse de document(s), n'hésitez pas à vous y reporter.

Analyse de document(s)

Composition

L'épreuve d'histoire-géographie au baccalauréat en S

Présentation de l'épreuve

D'après le *Bulletin officiel de l'Éducation nationale* n°5 du 3 février 2011

Série S
Épreuve écrite : durée 4 heures, coefficient 3

L'épreuve écrite d'histoire et géographie au baccalauréat général, série S, porte sur le programme de la classe de première défini par l'arrêté du 21 juillet 2010 fixant le programme d'enseignement commun d'histoire géographie en classe de première des séries générales;

Objectif de l'épreuve

L'épreuve d'histoire-géographie du baccalauréat de la série S a pour objectif d'évaluer :
- l'aptitude du candidat à mobiliser, au service d'une réflexion historique et géographique, les connaissances fondamentales pour la compréhension du monde et la formation civique et culturelle du citoyen ;
- la maîtrise des capacités acquises tout au long de la scolarité secondaire :
  – à exploiter, hiérarchiser et mettre en relation des informations ;
  – à analyser et interpréter de manière critique des documents de sources et de nature diverses ;
  – à comprendre, interpréter et pratiquer différents langages graphiques.

Organisation de l'épreuve

	Première possibilité (4 heures)	Deuxième possibilité (4 heures)
Première partie Durée conseillée : environ 2 heures	**Histoire** Le candidat choisi un sujet parmi deux proposés : **Sujet 1 :** composition **Sujet 2 :** composition	**Géographie** Le candidat choisi un sujet parmi deux proposés : **Sujet 1 :** composition **Sujet 2 :** composition
Deuxième partie Durée conseillée : 2 heures (environ 1 heure par épreuve)	**2 sujets obligatoires :** **Histoire :** analyse d'un ou deux documents **Géographie :** analyse d'un ou deux documents ou réalisation d'un croquis ou d'un schéma	**2 sujets obligatoires :** **Histoire :** analyse de un ou deux documents **Géographie :** analyse d'un ou deux documents ou réalisation d'un croquis ou d'un schéma

Évaluation et notation

L'évaluation de la copie du candidat est globale.
À titre indicatif, la première partie compte pour 10 points ; dans la deuxième partie, chaque exercice compte pour 5 points.

Cas des candidats handicapés

Les candidats reconnus handicapés moteurs ou sensoriels peuvent demander à bénéficier, pour les exercices de géographie de la deuxième partie de l'épreuve, de l'adaptation suivante : en géographie, à partir du même sujet, le candidat remplace l'exercice de réalisation d'un croquis ou d'un schéma d'organisation spatiale d'un territoire par une rédaction d'une page environ.

Épreuve orale de contrôle

Durée : 20 minutes (10 minutes d'exposé ; 10 minutes de questionnement)
Temps de préparation : 20 minutes

- L'épreuve porte à la fois sur le programme d'histoire et de géographie de la classe de première. Le candidat tire au sort un sujet. Chaque sujet comporte une question d'histoire et une question de géographie.
- Les questions du sujet portent sur des thèmes majeurs ou ensembles géographiques du programme. L'une des questions (histoire ou géographie) est accompagnée d'un document.
- L'évaluation des réponses de chaque candidat est globale et doit utiliser tout l'éventail des notes de 0 à 20. L'examinateur évalue la maîtrise des connaissances, la clarté de l'exposition et la capacité à tirer partie d'un document. Le questionnement qui suit l'exposé peut déborder le cadre strict des sujets proposés et porter sur la compréhension d'ensemble des questions étudiées.

La composition

D'après le *Bulletin officiel de l'Éducation nationale*, n° 5, 3 février 2011.

• Le candidat doit montrer qu'il maîtrise les connaissances du programme. Pour traiter le sujet choisi, il produit une réponse organisée et pertinente, comportant une introduction, plusieurs paragraphes et une conclusion.
• La formulation du sujet peut prendre des formes diverses : reprise (partielle ou totale) d'un intitulé du programme, question ou affirmation, problématique explicite ou non ; elle peut être brève ou plus détaillée.

• Une composition est un texte correctement rédigé qui **répond de manière argumentée à un sujet**. Elle n'est donc pas un exercice de récitation : il s'agit de **sélectionner, dans ses connaissances**, celles qui **correspondent au sujet** pour les **organiser de manière logique et structurée**.
• Pour construire une composition, il faut donc suivre **plusieurs étapes** qui nécessitent un important travail préparatoire (analyser le sujet et construire le plan) avant de rédiger l'introduction, le développement et la conclusion.

Première étape : analyser le sujet et construire le plan	
Analyser le sujet	• Il est nécessaire de faire une **analyse précise et rigoureuse du sujet** : elle détermine en grande partie la qualité et la justesse de l'argumentation. Pour cela, lire plusieurs fois l'intitulé pour éviter le hors-sujet et déterminer les enjeux du sujet. • **Identifier les limites spatiales et chronologiques** du sujet : le cadre qu'elles définissent doit être respecté. Si elles n'apparaissent pas de manière explicite, il faut les déterminer en justifiant son choix. • **Relever les mots clés et les définir** au brouillon de manière précise. Il faut ensuite chercher les **notions qui leur sont associées** après avoir identifié le ou les thèmes du programme auxquels le sujet se réfère. • **Interpréter la manière dont les mots clés sont mis en relation** (mots de liaisons, ordre des mots…). Il s'agit de comprendre si le sujet demande d'analyser une opposition, une comparaison, une évolution…
Élaborer la problématique	• **La problématique est la ou les questions auxquelles le sujet demande de répondre** : elle expose un problème historique particulier. Il est nécessaire de la construire, de la présenter en introduction et d'en faire le fil directeur de sa composition : **son absence sera sévèrement sanctionnée**. → **Ex :** *voir p. 79 les différentes problématiques proposées pour le sujet : « Les évolutions du travail ouvrier en France du milieu du XIX*e *siècle à nos jours ».* • **L'analyse des termes du sujet et de leur mise en relation permet la construction de la problématique.** Il faut aussi se référer aux problématiques étudiées dans le ou les chapitres auxquels le sujet se rattache.
Choisir et construire le plan	• Écrire au brouillon les idées en rapport avec le sujet. Pour cela, il faut **utiliser ses connaissances. Connaître le cours est fondamental, mais il ne faut pas le réciter** : ne conserver que les informations en lien avec la problématique. • **Classer** et **hiérarchiser** ces informations pour établir des liens entre elles (opposition, comparaison, évolution…). • Il n'existe **pas de recette miracle** pour élaborer un plan : il doit être **construit pour répondre à la problématique particulière posée par le sujet.**

Choisir et construire le plan (suite)	Cependant les deux principaux types de plan sont : – **Le plan chronologique**, adapté pour étudier une **évolution dans le temps**. Il est nécessaire de justifier le découpage retenu par l'analyse de dates charnières. → **Ex :** *voir le plan proposé p. 187 pour le sujet : « Berlin, un enjeu de la Guerre froide (1945-1990) »* – Le **plan thématique** permet de distinguer les principales caractéristiques d'un phénomène historique. → **Ex :** *voir le plan proposé p. 127 pour le sujet : « Les violences de guerre pendant les deux guerres mondiales »* • Construire ensuite le **plan détaillé. Chaque argument doit être traité dans un paragraphe argumenté**. Un paragraphe = une idée, appuyée par des exemples. Ces paragraphes doivent s'enchaîner de manière logique.

Deuxième étape : rédiger la composition

Rédiger l'introduction	• L'introduction est un élément essentiel : elle **présente la réflexion à mener pour répondre au sujet**, et constitue le **premier contact du correcteur avec la copie**. Il faut donc soigner sa rédaction, en la rédigeant d'abord au brouillon. • **Utiliser le travail préparatoire** pour la construire en trois temps : **1. L'entrée en matière** : elle **présente le sujet** pour montrer qu'il est compris expliciter son libellé, ses limites chronologiques et spatiales et le contexte dans equel il faut l'analyser. **2. L'énoncé de la problématique**. **3. L'annonce explicite du plan** pour montrer, par l'emploi de mots clés, le l en des parties avec la problématique.
Rédiger le développement	• Utiliser le plan détaillé élaboré au brouillon pour construire le développement, **organisé en paragraphes structurés**. • Chaque paragraphe expose **un argument**. Cet argument doit être **expliqué** et **justifié** avec précision par au moins un fait, une date, une localisation… → **Ex :** *voir les arguments proposés p. 356-357 pour le sujet : « La culture républicaine et son enracinement (1880-1914) »*
Rédiger la conclusion	• Comme l'introduction, **la conclusion est un moment important du devoir**. Il faut donc soigner sa rédaction. • Construire la conclusion en deux temps : 1. **Dresser le bilan du développement**, en montrant comment il répond à la problématique posée en introduction. 2. **Ouvrir sur des perspectives plus générales** en montrant comment, une fois le sujet traité, d'autres questionnements historiques peuvent être traités.

Conseils généraux

- S'interdire les points de vue simplistes et les jugements personnels.
- Écrire au présent ou au passé, jamais au futur.
- Soigner l'expression (phrases simples), l'orthographe et l'écriture. Garder du temps pour relire.
- Aérer sa copie pour montrer l'organisation de sa réflexion (sauter deux lignes entre l'introduction, le développement et la conclusion ; aller à la ligne avec un alinéa au début de chaque paragraphe.

L'analyse de document(s)

D'après le *Bulletin officiel de l'Éducation nationale*, n°5, 3 février 2011.

- L'exercice d'analyse de document(s), en histoire comme en géographie, comporte un titre, un ou deux documents qui peuvent être de nature diverse et des notes explicatives si nécessaire. Il est accompagné d'une consigne visant à orienter l'analyse du ou des documents.
- En histoire, l'analyse doit permettre au candidat de faire la preuve de sa capacité à comprendre le contenu, l'apport et la portée du ou des document(s) proposé(s). L'exercice demande au candidat de mettre en œuvre les démarches propres à l'analyse de document en histoire.

Lorsqu'un document est proposé, il s'agit de :
– dégager le sens général du document en relation avec la question historique à laquelle il se rapporte ;
– de montrer l'intérêt et les limites éventuelles du document pour la compréhension de cette question historique.

Lorsque deux documents sont proposés, on attend du candidat qu'il dégage le sens général de chacun des documents en relation avec la question historique à laquelle il se rapporte puis qu'il les mette en relation en montrant l'intérêt de cette confrontation.

- Cet exercice consiste à produire un **texte correctement rédigé qui analyse de manière argumentée un ou deux document(s) pour répondre à la consigne proposée**. Il s'agit de **montrer l'intérêt de chaque document**, donc d'évaluer ce qu'il permet de comprendre d'une situation historique déterminée. Mais la vision qu'il en donne est très rarement complète, elle peut même être partiale ou erronée : ces **limites** doivent alors être relevées et exposées. Si deux documents sont proposés, il est nécessaire de les confronter.

Première étape : étudier la consigne et le ou les document(s)	
Analyser la consigne	• Comme pour la composition, **l'analyse du sujet est primordiale** : il s'agit de **déterminer en fonction de quelle problématique il faut étudier le ou les document(s)**. Cette étape doit être réalisée au début : sans elle, l'analyse risque d'être hors-sujet, ou de laisser de côté des aspects importants. • **Le sujet à traiter est donné par la consigne**. Elle est **explicite** et elle permet de déterminer la manière d'orienter l'analyse en énumérant les différents aspects à étudier. • Pour comprendre la consigne, il faut identifier les **limites spatiales et chronologiques** qu'elle désigne, **relever chaque mot clé** et en proposer la définition la plus précise possible. Il faut ensuite chercher les notions qui leur sont associées, et enfin identifier le ou les thèmes du programme auxquels elles se réfèrent : il s'agit de **comprendre dans quelle(s) problématique(s) plus générale(s) cette consigne s'inscrit**.
Lire le(s) document(s)	• **Le document doit être au cœur de la réponse à la consigne**. Il faut donc consacrer du temps à sa lecture. • **La nature d'un document est variée** : il peut s'agir d'un texte (témoignage, Mémoires, loi, œuvre littéraire…), d'un document iconographique (photographie, affiche…), d'une « Une » de journal, de statistiques, d'une carte historique… Il faut donc **connaître les spécificités de chacun de ces types de document pour pouvoir les lire correctement**. → *Voir les pages Méthodes du manuel pour analyser les différents types de documents.*

Deuxième étape : mettre en relation consigne, document(s) et connaissances	
Contextualiser le(s) document(s)	• Pour analyser correctement un document, il faut le **replacer dans le contexte** dans lequel il s'inscrit. Pour cela, **recourir à ses connaissances est primordial** : aucun document n'est réellement compréhensible sans connaissances sur le problème historique auquel il se réfère.
Montrer l'intérêt et les limites de chaque document	• L'exercice demande de déterminer en quoi ce document apporte une réponse à la problématique posée par la consigne. Il s'agit donc de **montrer l'intérêt du document**, en évaluant ce qu'il permet de comprendre d'une situation historique déterminée. • Mais la vision qu'il donne de cette situation est très rarement complète, elle peut même être partiale ou erronée : **ces limites** doivent alors être **relevées et exposées.** • Pour cela, il faut **confronter les informations tirées du document avec ses connaissances.** → **Ex :** *voir l'analyse de l'intérêt et des limites du document étudié p. 48-49.*
Mettre en relation les documents	• **Deux documents peuvent être proposés à l'analyse.** Il s'agit alors, après les avoir étudié séparément, de montrer quel lien les unit. Ils peuvent : – **Se compléter** : ils portent alors un **regard semblable** sur un évènement, une idéologie, une notion… L'un des documents peut aussi **apporter des informations qui permettent de mieux comprendre et étudier l'autre document.** → **Ex :** *voir l'analyse proposée p. 222-223* – **S'opposer** : ils posent **deux regards différents sur une même situation historique.** → **Ex :** *voir l'analyse proposée p. 260-261* – **Comparer deux situations historiques différentes.**

Troisième étape : rédiger une réponse à la consigne	
Organiser la réponse	• **Deux écueils sont à éviter :** – répondre à la consigne **sans appuyer l'analyse sur le(s) document(s)** proposé(s) : il ne s'agit pas d'une composition. – étudier le(s) document(s) **sans répondre explicitement à la consigne.** • **La consigne oriente explicitement l'analyse** du ou des documents : **le plan**, esquissé rapidement au brouillon, **doit suivre la même logique**. Les différentes parties doivent donc correspondre aux différentes pistes d'analyse suggérées par la consigne
Expliquer et justifier la réponse	• Rédiger une **courte introduction** pour présenter les documents et la consigne. • Rédiger le **développement** à l'aide du plan esquissé au brouillon. **Chaque partie fait l'objet d'un paragraphe** et développe les **arguments qui apportent une réponse partielle à la consigne.** • Pour **expliquer et justifier ces arguments**, utiliser à la fois **ses connaissances et les documents** (citer les textes, décrire les images, exploiter les chiffres des statistiques, localiser les phénomènes portés sur les cartes…). • Rédiger une **courte conclusion** pour dresser le bilan du développement.

Conseils généraux

- S'interdire les points de vue simplistes et les jugements personnels.
- Écrire au présent ou au passé, jamais au futur.
- Soigner l'expression (phrases simples), l'orthographe et l'écriture. Garder du temps pour relire.

PARTIE 1

Croissance, mondialisa

Depuis le milieu du XIXe siècle, le monde a connu une croissance économique d'une ampleur sans précédent. Même si cette croissance n'a pas été régulière dans le temps ni homogène dans l'espace, les économies et les sociétés ont été bouleversées et l'élévation du niveau de vie des populations a été spectaculaire. Les métamorphoses du travail, l'accélération de la mondialisation, l'émergence de nouvelles puissances et les écarts de développement ont accompagné la croissance.

Dans quelle mesure les mutations économiques et la mondialisation ont-elles modifié la géographie des puissances à l'échelle planétaire et transformé les populations actives ?

1 Une croissance longtemps portée par le travail industriel

● Des ouvriers au travail dans l'usine de construction de matériel électrique de la société Alsthom, à Belfort, vers 1932.
Photographie de François Kollar, fin des années 1930.

tion et mutations des sociétés

2 **Une mondialisation désormais multipolaire**

● Le port de Singapour. L'accélération des échanges de marchandises est un signe fort de la mondialisation des économies. Elle s'accompagne, à la fin du XXe siècle, de l'émergence de nouvelles puissances économiques.
Port de Keppel, terminal de conteneurs, 2004.

3 **La désindustrialisation, un symptôme de la mondialisation ?**

● Ancienne usine textile abandonnée. En France, la mondialisation accompagne la tertiarisation de l'économie. Le travail industriel recule depuis la fin des années 1970.
Les Moulinages Lodevois, Lodève (Hérault), mars 2009.

CHAPITRE 1

Croissance et mondialisation depuis 1850

Depuis le milieu du XIXe siècle, le monde a connu des bouleversements économiques d'une ampleur inégalée. Malgré les crises et les périodes de dépression, l'industrie et les services ont porté la croissance des économies et assuré une élévation sans précédent du niveau de vie des populations.

Phénomène ancien, la mondialisation a connu un premier apogée entre 1880 et 1914, avant de prendre une ampleur considérable un siècle plus tard. Si la mondialisation peut accompagner la croissance, elle pénalise certains pays mal intégrés dans le processus.

Quelles sont les phases de la croissance économique et comment s'organise l'économie mondialisée depuis le milieu du XIXe siècle ?

1 Une croissance portée par l'industrialisation…

Detroit (États-Unis), ville industrielle

● Patrie de l'automobile, Detroit est au XXe siècle la ville industrielle par excellence. C'est là qu'Henry Ford a conçu et fabriqué la première automobile produite en série, la Ford T (1908). *Détail de la fresque de Diego Rivera,* Detroit Industry, *Detroit Institute of Art (1932-1933).*

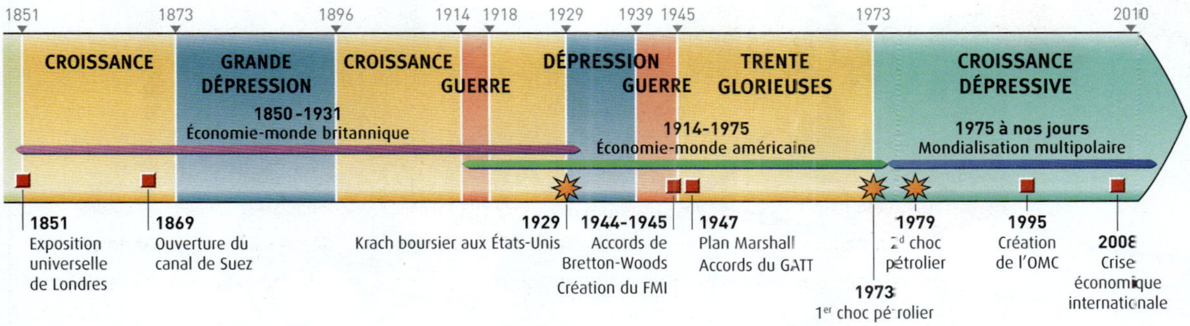

2 ...et des économies mondialisées

La Bourse de Shanghai

- **Symbole de l'émergence de la Chine, la bourse de Shanghai est l'une des premières places boursières du monde.**

REPÈRES Les économies-monde successives

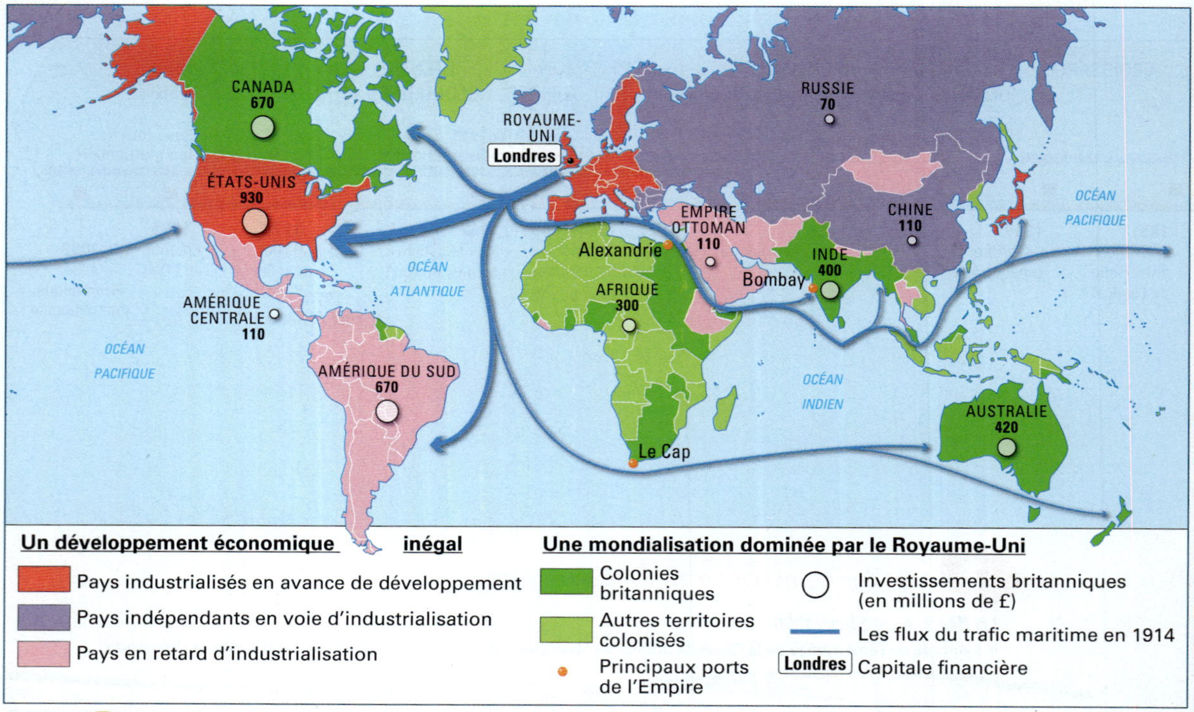

1 L'économie-monde britannique (1850-1914)

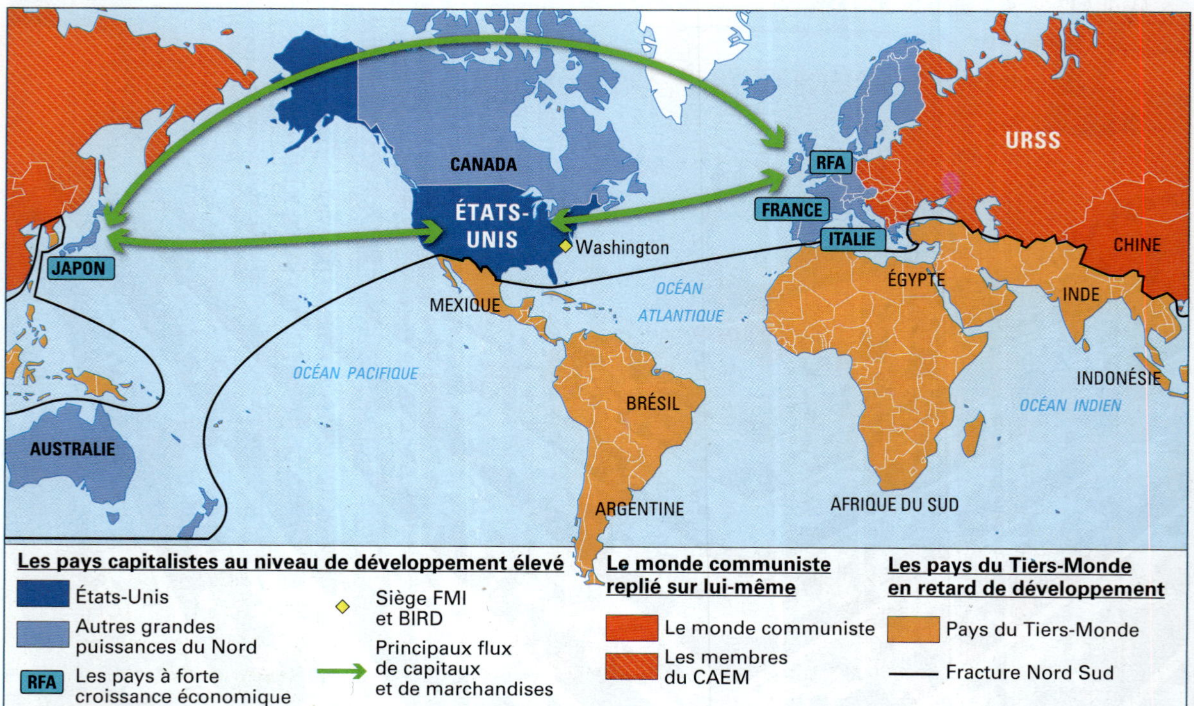

2 Après 1945, les États-Unis dominent le monde

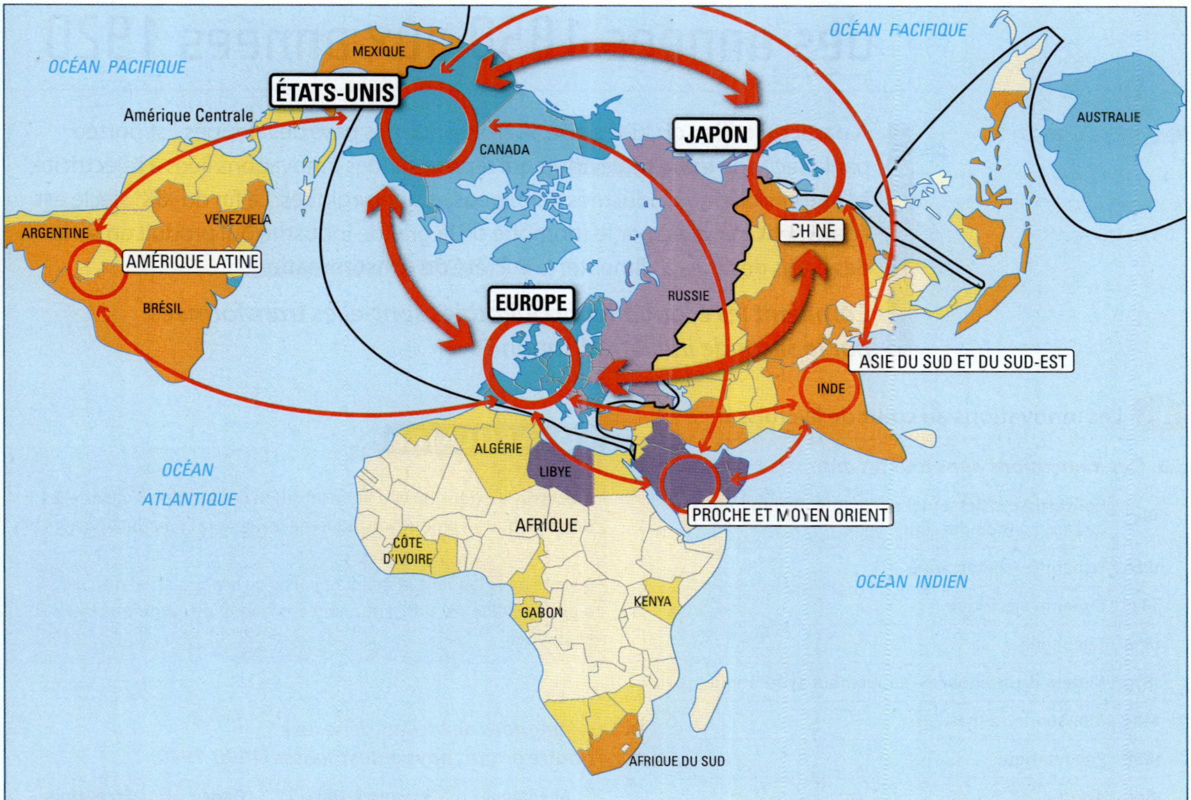

Un espace mondial hiérarchisé

—— Limite entre Nord et Sud

Pays développés : le Nord
- Les trois pôles de la Triade
- Autres pays riches

Entre Sud et Nord
- Pays pétrolier
- Russie, Caucase, Balkans

Pays en développement : le Sud
- Puissance importante du Sud
- États intermédiaires en développement
- Pays très pauvres

Un monde organisé et interdépendant

Les centres de la mondialisation
- Majeurs
- Secondaires

Les flux d'échanges
- Majeurs
- Importants

3 Au début du XXIe siècle, une mondialisation multipolaire

VOCABULAIRE

• Économie-monde
Système dans lequel un vaste espace acquiert, en raison de l'importance de ses échanges, une unité et une autonomie économique.

• Mondialisation
Phénomène qui se caractérise par l'accroissement et l'internationalisation des échanges de tous ordres (marchandises, services, capitaux, informations, personnes).

QUESTIONS

DOC 1
1. Comment expliquer la domination de l'Europe sur le monde à la fin du XIXe et au début du XXe siècles ?

DOCS 2 ET 3
2. Quelles évolutions se sont produites au XXe siècle ?

ÉTUDE Croissance et industrialisation des années 1850 aux années 1920

COURS p. 26-27

À partir du milieu du XIXe siècle, la croissance des pays développés est portée par la seconde **industrialisation** qui repose sur des innovations liées à l'électricité, à l'automobile, aux industries chimiques et sidérurgiques. La fin du XIXe siècle est également marquée par le triomphe de la grande industrie qui produit en série des biens destinés à alimenter la **société de consommation**.

Comment les économies occidentales sont-elles transformées par la seconde industrialisation ?

1 Les innovations au cœur de la croissance

a. *Des innovations dans tous les domaines*

1855	Convertisseur Bessemer qui permet de produire de l'acier à moindre coût
1867	Dynamite – Béton armé
1871	Dynamo électrique
1876	Téléphone
1879	Moteur d'automobile – Caoutchouc synthétique
1885	Moissonneuse-batteuse
1888	Pneumatique
1890	Avion
1900	Radiotéléphone
1905	Démarreurs électriques pour automobiles
1935	Radar

VOCABULAIRE

• **Industrialisation**
Processus d'extension et d'intensification des activités industrielles durant lequel la production industrielle dépasse la production agricole.

• **Société de consommation**
Société dans laquelle la majeure partie de la population dispose d'un niveau de vie suffisant pour consommer de nombreux biens et services.

b. *Les demandes de brevets déposées dans quatre grands pays industrialisés (1890-1910)*

	Allemagne	Royaume-Uni	France	États-Unis
1890	11 882	21 307	9 009	40 002
1900	21 925	23 922	12 400	39 673
1910	45 209	28 598	15 596	64 408

2 Le temps des grandes entreprises

• **Les grandes entreprises se multiplient à fin du XIXe siècle, particulièrement en Allemagne et aux États-Unis, deux pays marqués par une forte concentration industrielle. Ces grandes entreprises produisent en série des produits destinés à alimenter les marchés mondiaux.** *Les usines sidérurgiques Krupp en Allemagne vers 1920.*

3 La société de consommation

● « Réduisez vos dépenses ! Achetez une Ford ». Henry Ford est en 1908 le premier industriel à fabriquer une voiture en série, la Ford T, à un prix abordable. Une abondante publicité lui permet de développer ses ventes. *Publicité, 1923.*

4 L'automobile : une production en série pour un marché de masse

a. *Production automobile dans quelques pays (estimations)*

	États-Unis	Royaume-Uni	France	Allemagne
1907	145 000	62 500	40 000	16 000
1913	1 250 000	255 000	130 000	70 000
1927	21 650 000	1 025 000	910 000	325 000

b. *Nombre d'habitants par automobile dans quelques pays*

	États-Unis	Royaume-Uni	France	Allemagne
1907	608	640	981	3 824
1913	77	165	318	950
1927	5,3	44	44	196

J.P. Bardou et alii, La Révolution automobile, *Paris, Albin Michel, 1977.*

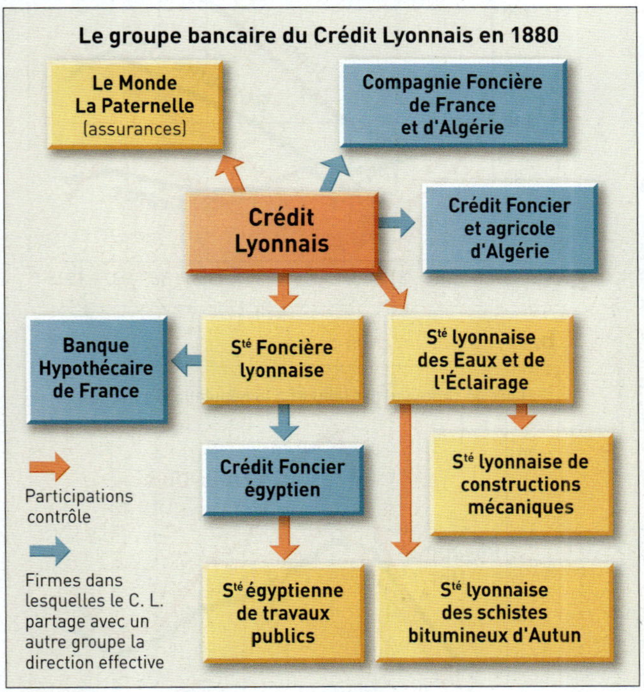

5 L'essor des activités bancaires

● L'essor des grandes entreprises est indissociablement lié à celui des banques qui financent leurs activités en mobilisant l'épargne des particuliers placée chez elles. Ainsi, le Crédit Lyonnais, fondé à Lyon en 1863, investit dans des sociétés diversifiées.
J. Bouvier, Le Crédit Lyonnais de 1863 à 1882, *Éditions de l'EHESS, 1998.*

QUESTIONS

▶ Un nouveau contexte industriel et technique

DOC 1 **1.** Classez ces innovations parmi les grands domaines suivants : production agricole ou industrielle, transports, communications. **2.** D'après le classement des brevets, quels pays se distinguent particulièrement ?

DOC 2 **3.** Quels éléments du paysage montrent qu'il s'agit d'un véritable complexe industriel ?

DOC 5 **4.** Quels types d'activités le Crédit lyonnais finance-t-il ? **5.** Pourquoi les banques sont-elles indispensables à la croissance ?

▶ Production de masse et naissance d'une société de consommation

DOC 4 **6.** Comment évoluent la production et la consommation automobile ?

DOC 3 **7.** Décrivez l'affiche. Quels arguments sont mobilisés pour vendre les automobiles Ford ? Pourquoi peut-on dire que le fabricant s'adresse au plus grand nombre ?

▶ BILAN

En vous aidant des documents et de vos réponses aux questions, montrez comment la seconde industrialisation transforme les économies occidentales.

ÉTUDE

La crise de 1929

COURS p. 26-27
COURS p. 32-33

Le jeudi 24 octobre 1929, un krach boursier à Wall Street, la bourse de New York, provoque une **crise économique** sans précédent qui déstabilise l'ensemble des économies occidentales. En raison de son caractère soudain et de ses lourdes conséquences économiques et sociales, la crise de 1929 et la **dépression** qui la suit dans les années 1930 traumatisent celles et ceux qui les ont vécues. Crise et dépression amènent les États occidentaux à modifier leur politique et à remettre en cause le **libéralisme**.

Quelles sont les causes, les manifestations et les conséquences de la crise de 1929 ?

VOCABULAIRE

- **Crise économique**
Retournement de la conjoncture qui interrompt la phase de croissance.
- **Dépression**
Mouvement de longue durée durant lequel la croissance ralentit, les profits baissent et le chômage s'installe durablement.
- **Libéralisme**
Idéologie qui prône la liberté d'entreprendre et la limitation du rôle de l'État dans l'économie afin d'assurer l'enrichissement général.

1 Panique à Wall Street : le « jeudi noir »

Témoignage de Paul Claudel, ambassadeur de France à Washington entre 1927 et 1933.

Brusquement, le 24 octobre, une demi-heure après l'ouverture de la Bourse, les cours faiblirent. Cette chute pour ainsi dire perpendiculaire, occasionnée par des ordres de vente donnés de tous les coins du pays par des spéculateurs effrayés et démoralisés, provoqua une panique à Wall Street. (...) Les actions considérées comme les plus solides, celles des compagnies dont les affaires se sont, jusqu'à maintenant, normalement développées avec le pays, suivaient le sort des titres de compagnies d'une solidité douteuse. (...)

Personne assurément ne s'attendait à ce que cette panique revêtit un caractère plus grave encore les 28 et 29 octobre (...). Dans la seule journée du 28, plus de 9 millions d'actions furent vendues à n'importe quel prix par des spéculateurs dans l'impossibilité de résister au torrent, auxquels s'ajoutaient des groupes de puissants manipulateurs dont la situation craquait et d'opérateurs à la baisse qui tenaient à profiter d'une situation attendue par eux depuis longtemps.

Paul Claudel, courrier diplomatique du 6 novembre 1929 adressé au ministre des Affaires étrangères, Aristide Briand.

2 Les conséquences de la crise de 1929

a. *L'effondrement de la production industrielle*

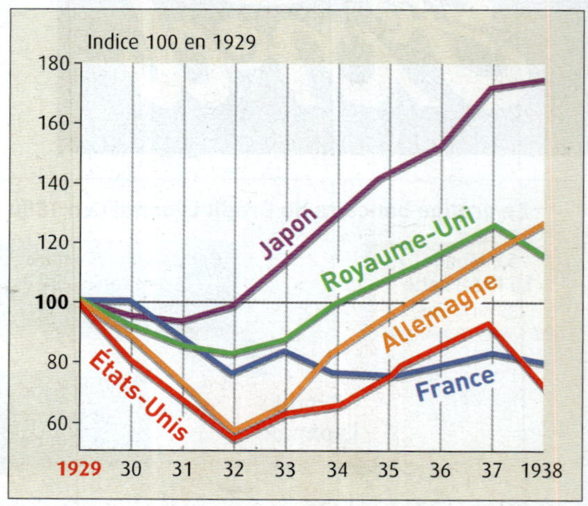

b. *La montée du chômage*

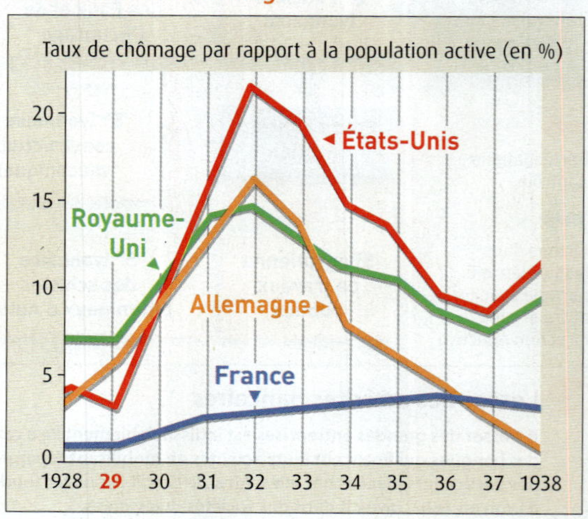

3 Les conséquences du chômage

● Marche de la faim au Royaume-Uni en 1932. Dans les années 1930, de telles marches se multiplient en Europe et aux États-Unis.

5 Relancer l'économie par les grands travaux

● Affiche de la *Work Progress Administration* (1935), administration chargée de relancer l'économie américaine en mettant en œuvre une politique de grands travaux (construction de routes, de ponts et autres infrastructures).

4 Une solution à la crise : le *New Deal*

Élu en 1932 à la présidence des États-Unis, Franklin Roosevelt propose au peuple américain une nouvelle voie, le New Deal.

Notre grande tâche prioritaire est de remettre les gens au travail. Elle pourra être accomplie en partie à travers un recrutement direct du gouvernement, si ce dernier s'attelle à cette tâche comme il le ferait pour une situation d'urgence en pleine guerre (...).

Nous pouvons faciliter la réalisation de cet objectif en accroissant les prix des produits agricoles et, avec eux, le pouvoir d'achat des agriculteurs. Nous pouvons la faciliter en insistant pour que le gouvernement fédéral, ceux des États et les gouvernements locaux agissent tout de suite pour réduire de façon draconienne leurs propres coûts de fonctionnement. Nous pouvons la faciliter en unifiant les activités de secours aux victimes de la crise (...).

Finalement, dans notre marche vers l'emploi, nous aurons besoin de deux garde-fous destinés à prévenir un retour des maléfices de l'ordre ancien : il devra y avoir une stricte surveillance de toutes les activités bancaires, financières et d'investissement ; il faudra mettre un terme aux agissements de ceux qui spéculent avec l'argent des autres ; il faudra s'assurer que notre devise sera à la fois adéquate et saine (...).

Nos relations commerciales internationales, en dépit de leur extrême importance, ne sont, au regard de la situation actuelle et des impératifs qu'elle entraîne, que secondaires face à l'établissement d'une politique nationale saine.

Discours d'investiture à la présidence de F. D. Roosevelt, 4 mars 1933.

QUESTIONS

▶ **Une crise américaine, puis mondiale**

DOC 1 **1.** Où et comment la crise est-elle née ?

DOC 2 **2.** Montrez qu'il s'agit d'une crise mondiale. Comment se manifeste-t-elle ? **3.** Quelle année apparaît comme la plus difficile ? **4.** Tous les pays connaissent-ils le même parcours dans cette crise ?

DOC 3 **5.** Montrez que ce document illustre la détresse des populations.

▶ **Comment sortir de la crise ?**

DOC 4 **6.** Quelles solutions sont envisagées pour sortir de la crise ?

DOC 5 **7.** Qui emploie ces ouvriers ?

DOCS 4 ET 5 **8.** Montrez que la *Work Progress Administration* est l'application concrète de grands principes énoncés par Roosevelt en 1933.

9. En quoi les solutions proposées sont-elles une rupture par rapport au libéralisme ?

▶ **BILAN**

À l'aide des documents et de vos réponses aux questions, rédigez un développement sur la crise de 1929 qui en explique les origines, les conséquences et les solutions.

COURS

1• Croissance et crises (1850-1945)

ÉTUDE p. 22-23
ÉTUDE p. 24-25
ÉTUDE p. 34-35
COURS p. 32-33

Comment expliquer la croissance et ses différentes phases ?

1. *La tour Eiffel en construction (1888)*

• Elle symbolise la modernité industrielle et technique à l'origine de la croissance.

2. *Le travail à la chaîne*

• Chaîne de montage dans une usine Citroën, France, 1934.

A Les moteurs de la croissance

Les deux industrialisations

• **Née en Grande-Bretagne** à la fin du XVIIIe siècle, **la première industrialisation** se nourrit d'innovations liées à la vapeur, au charbon, au chemin de fer et au travail du coton.

• **La seconde industrialisation**, qui se développe à partir des années 1860-1870, repose sur l'**électricité**, l'**automobile** et l'essor des **industries chimiques et sidérurgiques** (doc 1).

Le temps des grandes entreprises

• **Les grandes entreprises sont les moteurs de la croissance des économies développées.** Pour financer la recherche, produire des biens en grande série, gérer les travailleurs réunis dans des usines toujours plus grandes et dotées d'équipement coûteux, les patrons doivent réunir des sommes considérables. C'est pourquoi **les grandes sociétés anonymes se multiplient** : leur capital, divisé en actions, est vendu auprès du public ; ces actions sont échangées au sein des bourses de valeurs. En France, la Compagnie des chemins de fer du Nord par exemple, contrôlée par la famille de banquiers de Rothschild, compte près de 200 000 actionnaires en 1850. Les **banques de dépôt** servent également à faire affluer l'épargne des particuliers.

Les progrès de la productivité

• Expérimentées dans l'industrie automobile américaine par l'ingénieur **Frederick Taylor** et le constructeur automobile **Henry Ford** au tournant du siècle, de nouvelles méthodes de travail rencontrent un large succès au XXe siècle. Bouleversant le travail des ouvriers dont les tâches sont décomposées et chronométrées, le travail à la chaîne permet d'**importants progrès de la productivité** (doc 2).

• **Le fordisme ajoute une dimension sociale à l'OST**, les salaires de l'industrie devant être suffisamment élevés pour permettre aux ouvriers d'acheter les biens qu'ils produisent. Progressivement, d'abord aux États-Unis, la **société de consommation** se met en place.

B Les effets de la croissance

La croissance permet la domination de l'Europe

• Au XIXe siècle, l'**Europe des fortes croissances** domine les échanges internationaux et garantit à ses habitants un niveau de vie inégalé. De nouvelles puissances apparaissent quand les **États-Unis** et plus tard la **Russie** ou le **Japon** s'industrialisent à leur tour.

• Détenteurs de 60 % de l'or monnayé dans le monde, **les Européens sont les « banquiers » du monde ; ils ont la mainmise sur les échanges internationaux** et de nombreuses puissances s'endettent auprès d'eux (ainsi la Chine ou l'Empire ottoman). Plus riches et plus puissants, les Européens se lancent alors dans la conquête coloniale (→ cours p. 272-273).

La croissance, source de progrès pour tous ?

• Dans les pays industrialisés, la période 1850-1945 est marquée par une **élévation sans précédent du niveau de vie des populations.** L'accélération de l'urbanisation, les progrès de l'hygiène et de la médecine, l'allongement de l'espérance de vie et l'augmentation de l'alphabétisation en sont les signes. En France, le salaire annuel des ouvriers est multiplié par 2 entre 1850 et 1939.

• Toutefois, **les inégalités sociales restent criantes** et la pauvreté ne disparaît pas dans les campagnes ou dans les villes industrielles (misère d'une partie des ouvriers), suscitant la contestation politique et intellectuelle du modèle économique libéral dominant.

C Croissance, crises et dépressions

Crises et dépressions

• **Les crises éclatent dans la sphère financière** : les cours en bourse s'effondrent, les banques sont mises en difficulté, de nombreuses entreprises font faillite et le chômage augmente. Ces crises, de plus en plus internationales au fur et à mesure que le **capitalisme** s'étend à l'échelle du monde, surviennent avec une remarquable régularité : en 1857, 1866, 1873, 1882, 1900, 1907, 1913, 1921 et 1929.

• Contrairement aux crises qui sont des événements ponctuels, **les dépressions sont des mouvements de longue durée** durant lesquels **la croissance ralentit, les profits baissent** et **le chômage s'installe** durablement.

La Grande Dépression (1873-1896)

• Dans un **contexte de spéculations financière** en Europe et aux États-Unis, le 9 mai 1873, en Autriche, **la bourse de Vienne s'effondre**, entraînant dans sa chute de nombreuses banques d'affaires. Rapidement, la crise, *via* les banques, touche le reste de l'Europe et les États-Unis. Le secteur sidérurgique et les chemins de fer, très dépendants des financements bancaires, sont entraînés à leur tour.

• Dans le même temps, **l'agriculture est touchée**, notamment en Europe en raison de la concurrence accrue des « pays neufs » (Argentine, Canada, Australie…). Les prix mondiaux baissent (viandes, céréales).

• Face à cela, les États décident, à l'exception du Royaume-Uni, de relever leurs tarifs douaniers pour **protéger leurs économies.** Mais ce sont les **moteurs de la seconde industrialisation** (automobile, électricité…) qui permettent une vraie reprise au cours des années 1890.

La crise de 1929 et la dépression des années 1930

• Le 24 octobre 1929, **un krach boursier à New York provoque une crise économique sans précédent.** Là encore, c'est par le système bancaire que la crise se propage à l'Europe dès 1930. Les **faillites industrielles** sont nombreuses : aux États-Unis, la production industrielle est divisée par 2 entre 1929 et 1933. Le **nombre de chômeurs** atteint des records : 12 millions aux États-Unis, 6 en Allemagne. L'effondrement du pouvoir d'achat provoque une baisse de la consommation de produits alimentaires qui entraînent les pays à économie agricole dans la crise (Brésil, Argentine, colonies…).

• Les pays tentent de surmonter la dépression des années 1930 de manière désordonnée. L'**Allemagne nazie** et l'**Italie fasciste** adoptent des mesures protectionnistes et lancent des politiques de **grands travaux.** Le **Royaume-Uni** dévalue sa monnaie afin de relancer ses exportations. La **France** se replie sur son empire colonial, et les **États-Unis** lancent un vaste programme de relance économique, le **New Deal**.

VOCABULAIRE

• Capitalisme
Système économique qui repose sur la propriété privée des moyens de production et d'échange, avec pour finalité la recherche du profit.

• Crise économique
Retournement de la conjoncture qui interrompt la phase de croissance.

• Croissance économique
Augmentation durable de la production et des profits.

• Dépression
Mouvement de longue durée durant lequel la croissance ralentit, les profits baissent et le chômage s'installe durablement.

• Industrialisation
Processus d'extension et d'intensification des activités industrielles durant lequel la production industrielle dépasse la production agricole.

• OST (organisation scientifique du travail)
Ensemble des moyens et des procédés mis en œuvre dans les usines afin d'augmenter la production et la productivité. L'OST est née dans l'industrie automobile américaine au tout début du XXe siècle, avant de connaître un large succès durant tout le siècle.

• Productivité
Mesure du rapport entre la production de biens et la quantité de facteurs de production utilisés pour produire ces biens (par ex. le capital et le travail).

• Société anonyme (SA)
Société dont le capital est divisé en actions (il s'agit de parts) librement négociables.

• Société de consommation
Société dans laquelle la majeure partie de la population dispose d'un niveau de vie suffisant pour consommer de nombreux biens et services.

VÉRIFIEZ VOS CONNAISSANCES

1. Quels sont les facteurs de la croissance économique après 1850 ?
2. La croissance des économies capitalistes est-elle régulière entre 1850 et 1939 ? Datez deux phases de dépression.
3. Comment naissent les crises économiques au cours de cette période ?

ÉTUDE La croissance des Trente Glorieuses (1950-1975)

COURS p. 30-31

Écrit par Jean Fourastié en 1979, l'ouvrage *Les Trente Glorieuses* évoque une période exceptionnelle pour les économies occidentales. Croissance, prospérité, **plein-emploi**, consommation de masse et progression constante des niveaux de vie : on peut parler de « parenthèse enchantée », si l'on compare cette période à celles qui l'ont précédée ou qui lui ont succédé.

Quels sont les aspects de la croissance des Trente Glorieuses ?

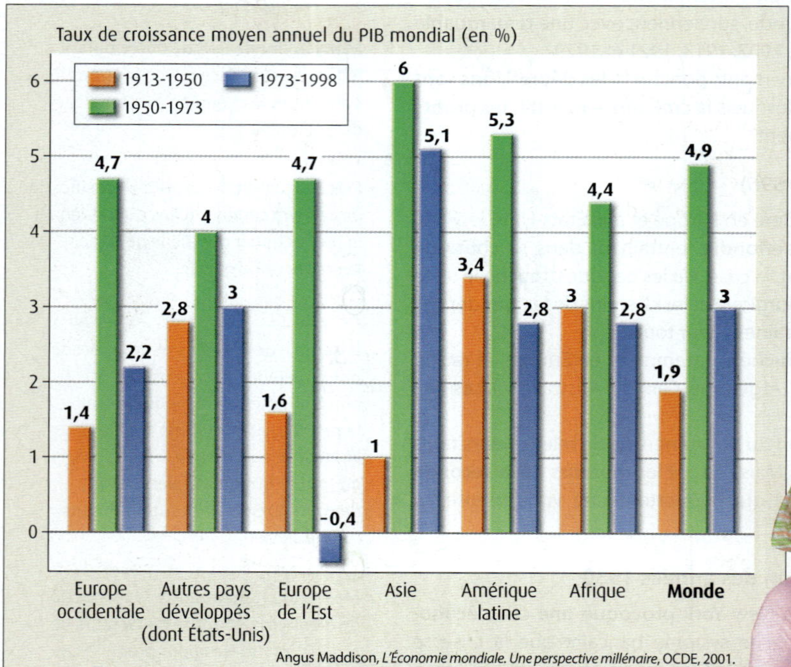

Angus Maddison, *L'Économie mondiale. Une perspective millénaire*, OCDE, 2001.

1 Une croissance mondiale sans précédent

VOCABULAIRE

- **PIB**
Produit intérieur brut, indicateur économique mesurant les richesses produites dans un pays.
- **Plein-emploi**
Situation dans laquelle se trouve un pays où le taux de chômage est très faible.
- **Tertiarisation**
Économie dans laquelle le secteur tertiaire – celui des services aux personnes et aux entreprises – occupe une place grandissante.

2 Le triomphe de la société de consommation

L'objet qui incarne l'esprit du siècle, c'est celui qu'inventa en 1937 l'épicier américain Sylvan N. Goldman : un panier posé sur une chaise à laquelle il suffit de mettre des roulettes pour le transformer en chariot.

Un chariot devenu le symbole et la caricature d'une société de consommation. Un chariot assez robuste pour porter plus de 10 000 fois son poids de marchandises et parcourir 4 000 km par an. Un chariot dont les roulettes doivent s'adapter aux dénivelés du parking, s'accrocher dans les escaliers roulants, être assez vaste pour contenir les caisses de bière, de lait ou d'eau minérale.

Libération, 20-21 mars 1999.

Supermarket Shopper, sculpture de Duane Hanson (1970), Ludwig Museum, Cologne.

3 Le temps de l'abondance

Né en 1929, journaliste et éditorialiste, Jean Boissonnat a été directeur des rédactions du groupe L'Expansion *et membre du conseil de la politique monétaire de la Banque de France.*

Nous appartenons à une génération bénie. À la différence de nos aînés, nous n'avons pas sur la conscience la crise des années 1930 et la défaite des années 1940. Par rapport à nos cadets, nous échappons au vague à l'âme des anciens combattants de Mai 68, révolution manquée ou révolte stérile. Nous avons fait l'essentiel de notre vie professionnelle entre deux vagues de chômage, celle d'avant-guerre et celle d'après les années 1970. Matériellement, nous sommes entrés dans la vie adulte sous le signe de la plus grande pénurie et nous en sortirons dans un régime d'abondance dont nous sommes les seuls à pouvoir apprécier la réalité. Nous avons vu proliférer les automobiles, s'installer la télévision, naître le Club Med et les hypermarchés, se diffuser la pilule, s'envoler le Concorde. Nous sommes nés à l'âge du poêle à charbon et, aujourd'hui, nous nous éclairons à l'énergie nucléaire. Aucune génération avant nous, peut-être aucune après nous, n'aura vu, de ses yeux vu, autant de bouleversements, enregistré autant d'innovations.

Jean Boissonnat, *Rendez-vous avec l'histoire*, 1994.

4 L'essor du crédit

Affiche de la Société générale, 1966.

5 La tertiarisation des économies en Europe de l'ouest

Le développement du secteur tertiaire est l'évolution la plus importante des populations actives après 1945. Celle-ci explique le gonflement des classes moyennes. Ainsi, alors que pour l'ensemble des pays de l'Europe occidentale, la part des emplois industriels est restée comprise en moyenne entre 30 et 40 % de la population active de 1880 à 1960, celle des employés du tertiaire a crû d'à peine plus de 20 % à plus de 50 % aux mêmes dates. L'évolution a contribué à rapprocher les pays européens. (...) La multiplication des cols blancs est au cœur de cette croissance. Les cadres administratifs et les techniciens qui, contrairement aux professions libérales, sont des salariés, ont connu une forte croissance liée à la bureaucratisation des entreprises et au développement des techniques qui requièrent un encadrement.

D'autres métiers ont connu une fulgurante ascension. Ainsi le nombre de chercheurs et d'ingénieurs est passé en Grande-Bretagne de 50 000 en 1921 à 480 000 en 1966. Les techniciens de laboratoire, au nombre de 5 000 en 1921, étaient 20 fois plus cinquante ans plus tard. Cette croissance du secteur tertiaire est parallèle à la décroissance du secteur primaire.

Éric Bussière et alii.,
Industrialisation et sociétés en Europe occidentale, 1880-1970,
Armand Colin, 1998.

QUESTIONS

▶ Une période de forte croissance

DOCS 1 ET 3 **1.** En comparant les Trente Glorieuses aux autres périodes, pourquoi peut-on dire que cette période constitue une « parenthèse enchantée » ? **2.** En comparant les régions du monde, comment caractériser la croissance des Trente Glorieuses ?

DOC 3 **3.** Relevez les innovations évoquées dans ce texte. En connaissez-vous d'autres qui ont marqué cette période ?

DOC 5 **4.** Comment la population active évolue-t-elle en Europe de l'ouest ?

DOCS 3 ET 5 **5.** Montrez que les mutations technologiques et les transformations de la population active sont liées.

▶ Le triomphe de la société de consommation de masse

DOC 2 **6.** Comment ces documents rendent-ils comptent du triomphe de la société de consommation ?

DOC 4 **7.** Décrivez et expliquez le sens de cette affiche. Quelle pratique économique encourage les consommateurs à acheter ?

▶ BILAN

À l'aide des documents et des réponses aux questions, répondez à la question suivante : « Quels sont les aspects de la croissance des Trente Glorieuses ? »

COURS

2. Croissance et mutations des économies mondiales depuis 1945

➡ COURS p. 32-33
➡ ÉTUDE p. 28-29
➡ ÉTUDE p. 36-37
➡ ÉTUDE p. 38-39

Quelles sont les phases de la croissance depuis 1945 ?

1. *La société de consommation*
Publicité américaine pour les frigidaires Philco, années 1950.

VOCABULAIRE

- **État-providence (ou *Welfare State*)**
Ensemble des dispositifs par lesquels l'État intervient dans l'économie et la société, protégeant les individus et redistribuant les richesses.
- **FMI (Fonds monétaire international)**
Créé en 1944, il a pour objectif de veiller à la stabilité monétaire et financière. Il peut aider par des crédits des États en difficulté.
- **GATT *(General Agreement on Tarrifs and Trade)***
Signés à Genève en octobre 1947 par 23 pays assurant à eux seuls 80 % du commerce mondial, ces accords interdisent toute mesure visant à protéger les marchés nationaux. L'OMC a succédé au GATT en 1995.
- **Inflation**
Hausse durable des prix moyens des biens ou des services.
- **OPEP (Organisation des pays producteurs de pétrole)**
Fondée en 1960, l'organisation défend les intérêts des pays producteurs de pétrole dans leurs négociations avec les sociétés pétrolières.

A L'âge d'or des Trente Glorieuses (1945-1970)

Un nouvel ordre économique mondial

- Après la reconstruction des économies dévastées par la guerre, **un nouvel ordre économique mondial** se met en place. **Il est dominé les États-Unis** qui contrôlent le **FMI** et le **GATT**, des institutions chargées de faciliter les échanges entre les États afin d'assurer la prospérité et la paix. Signés en juillet 1944 par 45 pays, les **accords de Bretton Woods** assurent la suprématie du dollar, désormais seule monnaie convertible en or.
- **Une société démocratique**, terre d'élection du capitalisme libéral, un mode de vie fait d'aisance et de confort : **le modèle américain fascine** en dépit de ses inégalités parfois criantes.

Une croissance mondiale sans précédent

- Les décennies 1950 et 1960 sont marquées par des **taux de croissance élevés** (de l'ordre de 3 à 7 % par an en moyenne pour les économies capitalistes) qui assurent **une élévation sans précédent du niveau de vie des populations.** L'économiste français Jean Fourastié a qualifié de « **Trente Glorieuses** » ces années durant lesquelles le capitalisme a connu son âge d'or. Automobile, télévision, téléphone, équipement électroménager… autant d'emblèmes de la **société de consommation de masse qui triomphe alors** (doc 1).
- Avec des taux de croissance de 2,8 % par an, **les pays du Tiers-Monde ne sont pas en reste, tout comme l'URSS et l'Europe de l'Est** pour lesquels la décennie 1950 est marquée par une forte croissance.

Les facteurs de la croissance

- **Les facteurs de la croissance sont nombreux et variés** : la mise en place d'**États-providence** protégeant les individus, des populations actives toujours plus nombreuses et plus qualifiées, la salarisation croissante des femmes, la tertiarisation des économies, l'intervention des États en économie pour fixer de grandes orientations et financer la recherche et le développement.
- Apparues à la fin du XIXe siècle aux États-Unis et en Europe, certaines **innovations portent la croissance des Trente Glorieuses** : ainsi l'électricité, le téléphone ou le transport aérien. Les progrès de la chimie (spectaculaires dans l'industrie pharmaceutique), la naissance de l'informatique en 1945 et l'essor du nucléaire civil à partir des années 1950 sont également des facteurs de croissance.

B Les bouleversements depuis le début des années 1970

Le temps des difficultés économiques

- Au tournant des années 1960 et 1970, **les économies occidentales montrent des signes d'essoufflement** : tassement de la consommation de masse, ralentissement des gains de productivité, fin du plein-emploi, **inflation** mal maîtrisée… En 1971, l'abandon de la parité entre l'or et le dollar met fin au système monétaire international issu de la guerre.
- **Entre 1973 et 1974**, suite à la guerre de Kippour au Proche-Orient, l'**OPEP** décide de multiplier par 4 le prix du baril de pétrole. Une nouvelle hausse brutale intervient **en**

1979 suite à la révolution iranienne. Ces augmentations de prix ont de fortes répercussions sur les économies développées pour lesquelles le pétrole est la première source d'énergie. Les deux « **chocs pétroliers** » montrent ainsi la fragilité des économies développées face aux aléas de la conjoncture politique internationale.

La « croissance dépressive » de 1973 à nos jours

• Après l'envolée des Trente Glorieuses, les économies occidentales connaissent une **croissance faible** ; elles sont confrontées à l'instabilité, au ralentissement de la production industrielle et de la consommation. **La persistance du chômage, véritable fléau social,** est le trait le plus caractéristique de cette période (doc 2).

• **De manière récurrente, des crises viennent ébranler le capitalisme** (ainsi celles de 1987, de 1993 ou la crise qui a éclaté en 2008) et révèlent son incapacité à réduire les écarts de richesse entre les régions et entre les individus. **La mondialisation**, phénomène qui ne cesse de prendre de l'ampleur, **est également mise en cause.**

C Des trajectoires variées pour les économies non occidentales

L'échec des économies socialistes

• En URSS, en Europe de l'Est, dans divers pays d'Asie (Chine), d'Amérique latine (Cuba) ou d'Afrique (Algérie, Guinée), les populations restent majoritairement pauvres et sont confrontées aux pénuries. **La fin du communisme en Europe de l'Est puis l'éclatement de l'URSS en 1991 marquent la faillite d'un mode de développement** qui s'était présenté comme une alternative au capitalisme.

• À la fin du XXe et au début du XXIe siècle, **la plupart des pays socialistes entreprennent une conversion au capitalisme**, ce qui provoque des **bouleversements socio-économiques** : si une classe moyenne se constitue, les écarts entre les plus riches et les plus pauvres se creusent. En outre, certaines régions en retard de développement sont marginalisées (ainsi la Chine intérieure ou la Sibérie orientale en Russie).

La diversité des situations au Sud

• Malgré la création de la **CNUCED** (Conférence des Nations unies pour le commerce et le développement) en 1964 et le vœu maintes fois réaffirmé de voir se mettre en place un « nouvel ordre économique mondial » qui permettrait de combler les inégalités entre les États, **la majorité des pays du Sud ne parvient pas à rattraper le retard de développement sur les pays du Nord.**

• **Les voies du développement ont été variées au Sud et les résultats sont inégaux.** Quelques pays, notamment en Asie (doc 3), se développent rapidement, aussi bien dans l'agriculture et l'industrie que les services. **De nouvelles puissances économiques émergent** (Chine, Inde, Brésil) mais la majorité de leur population reste pauvre. Beaucoup d'autres régions, minées par des problèmes politiques, sanitaires et démographiques, peinent à se développer. C'est le cas de la majorité des pays d'**Afrique subsaharienne**.

2. *Le chômage dans quelques pays occidentaux*

En % de la population active	1950-1973	1974-1983
Allemagne (RFA)	2,5	4,1
Espagne	2,9	9,1
États-Unis	4,6	7,4
France	2	5,7
Italie	5,5	7,2
Japon	1,6	2,1
Royaume-Uni	2,8	7

A. Maddison, L'Économie mondiale. Une perspective millénaire, *OCDE, 2001*.

3. *L'Asie à l'heure des fortes croissances*

• **D'une hauteur de 452 m, les tours Petronas de Kuala Lumpur (Malaisie) sont construites entre 1992 et 1998. Symboles de puissance et de modernité, les gratte-ciel se multiplient en Asie au tournant du XXIe siècle.**

VÉRIFIEZ VOS CONNAISSANCES

1. Qu'appelle-t-on les « Trente Glorieuses ? »
2. Que désigne l'expression « croissance dépressive » ?
3. Pourquoi peut-on parler d'un échec des économies socialistes dans la seconde moitié du XXe siècle ?
4. Quelle est la situation économique dans les pays du Sud ?

COURS

3• Penser l'économie à l'ère du capitalisme et de la mondialisation

ÉTUDE p. 34-35
ÉTUDE p. 36-37
ÉTUDE p. 38-39
COURS p. 40-41

Quelles idéologies ont justifié ou combattu le capitalisme et la mondialisation ?

Biographie

Adam Smith
(1723-1790)
Philosophe et économiste écossais, considéré comme le fondateur de la science économique moderne, son ouvrage *Recherches sur la nature et les causes de la richesse des Nations* (1776) nourrit la pensée libérale tout au long du XIXe siècle.

A Libéralisme et socialisme au XIXe siècle

Le XIXe siècle, âge d'or du libéralisme ?

• Courant de pensée forgé à la fin du XVIIIe siècle autour de l'œuvre d'Adam Smith, **le libéralisme triomphe au XIXe siècle** et apparaît comme l'**idéologie en phase avec la mondialisation**.

• En effet, les libéraux considèrent que la liberté de commerce est garante de la « richesse des nations ». Conformément à ce principe, les obstacles à la circulation des échanges commerciaux entre les nations sont levés. Ainsi, entre 1840 et 1913, les exportations de l'Europe sont multipliées par 17. Les libéraux entendent aussi **limiter l'intervention de l'État** sur les marchés et dans les rapports entre patrons et salariés.

• Mais de grandes puissances comme **la France ou l'Allemagne** restent **protectionnistes**. Les barrières douanières demeurent même solides au début du XXe siècle, au moment où s'accélère la mondialisation.

Le socialisme ou le refus du capitalisme libéral

• **Les pays industrialisés**, les plus riches et les plus développés au XIXe siècle, **sont capitalistes**. Leurs économies reposent sur la propriété privée des moyens de production et d'échange, avec pour finalité la recherche du profit.

• S'il **enrichit les sociétés occidentales** – en premier lieu les classes supérieures et moyennes – le capitalisme génère aussi de **criantes inégalités**. Le sort des ouvriers de la grande industrie, qui constituent un prolétariat urbain misérable, inquiète et mobilise les élites politiques.

• **Le socialisme est le fer de lance du combat contre le capitalisme et le libéralisme.** Ainsi, le marxisme décrit la société du XIXe siècle comme celle de la lutte des classes entre bourgeoisie et prolétariat. Il veut renverser le capitalisme par une révolution mondiale suivie de la **dictature du prolétariat**. L'objectif final est la constitution d'une **société communiste égalitaire** où la propriété privée aurait disparu. À cette voie révolutionnaire s'oppose la voie **réformiste** qui entend améliorer le sort des plus démunis en faisant adopter des lois sociales. Le socialiste français Jean Jaurès défend cette seconde voie.

• Le **syndicalisme** ouvrier, qu'il soit révolutionnaire ou réformiste, est un mode d'organisation qui entend transformer le capitalisme libéral en améliorant le sort des travailleurs.

B Comprendre les crises du XXe siècle

Le choc de 1929

• La **crise de 1929 et la dépression des années 1930** conduisent à remettre en cause le dogme selon lequel le libéralisme conduirait automatiquement à la « richesse des nations ». Pour beaucoup de ses contemporains, une crise d'une telle ampleur montre au contraire de manière éclatante la **faillite du capitalisme**.

La voie keynésienne

• Si le capitalisme n'est pas fondamentalement remis en cause par les gouvernements des puissances industrialisées, **le libéralisme change de visage**.

VOCABULAIRE

• **Altermondialisme**
Mouvement hétérogène qui entend promouvoir une autre mondialisation, plus soucieuse des équilibres sociaux et écologiques et plus juste envers les pays du Sud.

• **Capitalisme**
Voir p. 27.

• **Dérégulation financière**
Absence de règles définies visant à contrôler les marchés financiers.

• **Développement durable**
Notion définie en 1987 par la Commission mondiale sur l'environnement et le développement : « Développement qui répond aux besoins des générations du présent sans compromettre la capacité des générations futures à répondre aux leurs. »

• **Firmes multinationales (FMN)**
Voir p. 36.

• **Libéralisme**
Voir p. 24.

• **L'économiste John Maynard Keynes** opère la réconciliation entre le libéralisme et l'**intervention** – absolument nécessaire selon lui – **de l'État en économie**. L'État doit mener des politiques économiques pour sortir les pays de la dépression : baisse des taux d'intérêt pour rendre l'investissement privé attractif, augmentation des salaires pour relancer la consommation, aides aux chômeurs...
• **Le keynésianisme exerce une profonde influence** sur les politiques économiques occidentales **dans la seconde moitié du XXe siècle**, notamment en Europe par le biais de la **social-démocratie**.
• Mais le **libéralisme** continue d'inspirer les dirigeants de certaines grandes puissances économiques, comme dans les années 1980 aux États-Unis avec Ronald Reagan ou au Royaume-Uni avec Maragaret Thatcher.

Le retour régulier des crises

• À intervalles plus ou moins réguliers, **des crises internationales viennent ébranler le capitalisme.** Ainsi celles de 1973-1974, de 1987 ou encore celle qui s'est déclenchée en 2008.
• **L'origine de ces crises** est toujours difficile à cerner car des aspects conjoncturels (la hausse des prix du pétrole par exemple ou encore d'imprudentes spéculations) se mêlent à des causes plus profondes (déséquilibre entre l'offre et la demande, fin de cycles industriels ou de cycles d'innovations...).
• Ces crises, qui constituent autant d'occasions de **repenser la notion de croissance économique**, alimentent aussi les réflexions sur la mondialisation.

C La mondialisation en question au tournant du XXIe siècle

La mondialisation critiquée

• Dans les années 1980, au moment où la mondialisation s'accélère, naît **un courant antimondialiste, qui se mue bientôt en mouvement altermondialiste**.
• S'y rassemblent des acteurs aux intérêts variés : les uns protestent contre les **inégalités sociales et spatiales créées par la mondialisation**, les autres critiquent l'action des **firmes multinationales** ou des acteurs de la finance internationale qui s'enrichissent sans scrupules. Tous veulent **rompre avec le capitalisme libéral et la dérégulation financière**.

Quelle mondialisation pour demain ?

• **Deux siècles d'industrialisation et de croissance ont pollué la planète et épuisé une partie de ses ressources**. En outre, la mondialisation marginalise certains territoires et certaines populations.
• Aussi faut-il chercher de **nouveaux modèles de développement** moins coûteux en énergie et en matières premières et **susceptibles d'assurer une croissance plus harmonieuse entre les nations et les populations**. C'est l'immense défi que se propose de relever le **développement durable** qui rencontre un large succès au début du XXIe siècle.

VÉRIFIEZ VOS CONNAISSANCES

1. Qu'est-ce que le libéralisme ?
2. Quels courants de pensée dénoncent les dérives ou les abus du capitalisme ?
3. Par qui et pourquoi la mondialisation est-elle critiquée aujourd'hui ?

VOCABULAIRE

• **Marxisme**
Courant intellectuel se réclamant des idées économiques et politiques de Karl Marx et Friedrich Engels. Il se fonde sur la théorie de la lutte des classes.
• **Prolétariat**
Voir définition p. 199.
• **Social-démocratie**
Courant politique issu du marxisme mais qui prône le changement social par la voie légale et négociée.

Biographie

Karl Marx
(1818-1883)
Brillant intellectuel allemand, socialiste engagé, Karl Marx devient avec Friedrich Engels un grand théoricien du socialisme. Dans le *Manifeste du Parti communiste* (1848), ils proposent une transformation radicale de la société et l'abandon du capitalisme.

Biographie

John Maynard Keynes
(1883-1946)
Économiste britannique (*Théorie générale de l'emploi, de l'intérêt et de la monnaie*, 1936) et acteur important de l'économie, il a notamment participé à la mise en place du système de Bretton Woods en 1944.

ÉTUDE

L'économie-monde britannique (1850-1914)

REPÈRES p. 20-21
COURS p. 32-33
COURS p. 40-41

Au XIXe siècle, le Royaume-Uni est, selon l'économiste John Maynard Keynes, « le chef d'orchestre de l'économie mondiale ». Une capacité productive sans égale, la toute-puissance de la livre sterling, le contrôle des voies maritimes et du commerce international ainsi que la constitution d'un vaste empire assurent sa domination. Toutefois, au début du XXe siècle, des puissances économiques en forte croissance (Allemagne, États-Unis) contestent cette suprématie.

Comment le Royaume-Uni domine-t-il l'économie mondiale au XIXe siècle ?

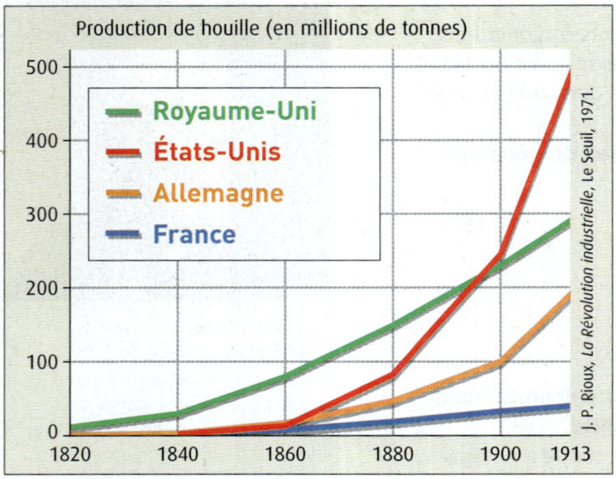

1 La première nation industrielle du monde

VOCABULAIRE

• Libre-échange
Politique économique qui vise à supprimer les barrières douanières entre les États afin de faciliter la circulation des marchandises et des capitaux.

2 La première nation commerçante du monde

Valeur des exportations en % du commerce mondial	1870	1913
Royaume-Uni	22 %	17 %
Allemagne	12 %	16 %
États-Unis	4 %	8 %
France	6 %	5 %

S. Aprile, M. Rapoport (dir.), Le Monde britannique, 1815-1931, *Atlande, 2010.*

3 Le Crystal Palace de Londres, symbole de la modernité britannique

• Érigé à l'occasion de l'exposition universelle de Londres en 1851, le Crystal Palace est construit en verre et en fer, deux symboles de la puissance industrielle du pays. L'exposition est l'occasion de montrer au monde l'avance technologique britannique.

4 **L'empire colonial, facteur de la puissance économique britannique**

● Des travailleurs africains dans une mine de diamants en Afrique du Sud en 1907. Le Royaume-Uni est à la tête du plus grand empire du monde, avec 34 millions de km² et près de 400 millions d'habitants en 1914.

5 **Le Royaume-Uni, adepte du libre-échange**

L'homme d'affaires Richard Cobden est un défenseur infatigable du libre-échange. Dans les années 1850, il multiplie les tournées en Europe afin de convaincre les gouvernements d'adopter le modèle libéral britannique.

Je vois dans le principe du libre-échange une force qui agira dans le monde moral à l'image de la gravitation dans l'univers physique : il rapprochera les hommes, il abattra les antagonismes de race, de croyance, de langue, il nous unira tous par les liens de la paix perpétuelle. Je crois qu'il aura pour effet de changer la face du monde, en introduisant un système de gouvernement totalement différent du système actuel, qu'il fera disparaître les ambitions et les mobiles qui conduisent aux vastes et puissants empires, aux armées gigantesques, aux grandes marines de guerre, à tous ces instruments de destruction de la vie et d'anéantissement des fruits du travail. Je crois que de telles choses cesseront d'être nécessaires ou d'être habituelles lorsque l'humanité deviendra une seule famille et que chaque homme échangera librement les fruits de son travail avec son frère. (...) Je crois que le philosophe qui spéculera dans un millier d'années situera la plus grande révolution jamais advenue dans l'histoire du monde à la date du triomphe du principe que nous sommes ici pour défendre.

Discours à Manchester, 15 janvier 1846.

QUESTIONS

▶ **Une économie dynamique et moderne**

DOC 1 **1.** Montrez l'avance industrielle du Royaume-Uni au XIXe siècle. **2.** Qu'est-ce qui marque son déclin au début du XXe siècle ? Quels pays sont ses principaux concurrents ?

DOC 3 **3.** Décrivez ce document : comment le Crystal Palace rend-il compte de la modernité de l'économie britannique ?

▶ **Un rayonnement mondial**

DOCS 2 ET 4 **4.** À l'aide des documents et de la carte 1 p. 20, montrez que le Royaume-Uni fonde sa puissance sur les échanges et les investissements.

DOC 5 **5.** Quelles vertus Richard Cobden prête-t-il au libre-échange ?

DOC 4 **6.** Comment l'empire contribue-t-il à renforcer la puissance britannique ?

▶ **BILAN**

À l'aide des documents et de vos réponses aux questions, expliquez comment le Royaume-Uni domine l'économie mondiale au XIXe siècle.

ÉTUDE

Après 1945, les États-Unis dominent l'économie mondiale

REPÈRES p. 20-21
COURS p. 32-33
COURS p. 40-41

Dans la seconde moitié du XXe siècle, les États-Unis dominent économiquement, diplomatiquement et militairement le monde. Ils contrôlent les grandes instances économiques internationales (**FMI**, **GATT**…) et disposent, avec le dollar, de la seule monnaie internationale. Ils ont une puissance productive, scientifique et commerciale sans égale. Enfin, ils rayonnent grâce à leurs **firmes multinationales** qui sont des acteurs clés du processus de mondialisation.

Comment les États-Unis ont-ils assuré leur domination économique sur le monde dans la seconde moitié du XXe siècle ?

VOCABULAIRE

- **Firme multinationale (FMN)**
Grande entreprise qui possède ou contrôle plusieurs filiales de production dans plusieurs pays.
- **FMI (Fonds monétaire international)**
Voir définition p. 30.
- **GATT (*General Agreement on Tarrifs and Trade*)**
Voir définition p. 30.

1 La première puissance économique mondiale

a. *Le pays le plus riche du monde*

PIB (en milliards de $ de 1990)	1913	1950	1973	1998
États-Unis	0,50	1,45	3,53	7,40
Europe occidentale	0,90	1,40	4,13	6,96
Dont Royaume-Uni	*0,22*	*0,35*	*0,67*	*1,11*
Dont France	*0,14*	*0,22*	*0,68*	*1,15*

b. *Une forte productivité*

Productivité horaire du travail (en $ de 1990)	1913	1950	1973	1998
États-Unis	5,12	12,65	23,72	34,55
Royaume-Uni	4,31	7,93	15,97	27,45
Allemagne	3,03	3,99	14,76	26,56
France	2,88	5,82	18,02	33,72
Italie	2,13	4,38	15,92	27,90
Japon	1,08	2,08	11,57	22,54

Lecture du tableau : aux États-Unis en 1913, un travailleur produit en une heure l'équivalent de 5,12 dollars.

Angus Maddison, L'Économie mondiale. Une perspective millénaire, *OCDE, 2001.*

2 Le plan Marshall, un outil de la puissance américaine

À partir de 1948, dans le cadre du plan Marshall, les États-Unis ont donné ou prêté à l'Europe près de 13 milliards de dollars.

Mon cher président,

Dans des conversations récentes, vous avez eu l'amabilité de m'informer des lignes générales de votre programme budgétaire, fiscal et d'investissements. (...) Vous m'avez également demandé mon avis en ce qui concerne le rôle que la contrepartie de l'aide américaine pourrait jouer à l'intérieur de ce programme. (...) Nous sommes sérieusement préoccupés en ce qui concerne la justification de l'aide à la France, compte tenu des réalisations en France, pendant la première année du plan Marshall (...). Les circonstances ont prouvé que des efforts immédiats et plus importants doivent être faits pour réaliser la stabilisation financière interne et pour recréer la confiance dans le franc français. (...) En conséquence, notre ferme opinion est que les chances pour la France d'obtenir des crédits adéquats du prochain Congrès américain sont manifestement faibles, à moins qu'un programme fiscal et financier réaliste pour 1949 soit adopté par le parlement français.

Lettre de David Bruce, chef de la mission du plan Marshall en France, au président du Conseil, Henri Queuille, 5 décembre 1948.

3 La puissance des firmes multinationales

Créée en 1899, la United Fruit Company, géant de la production de banane, domine durant des décennies les économies des États d'Amérique latine.

Lorsque la trompette sonna
tout était déjà prêt sur terre.
Jehovah répartit le monde
entre Coca-Cola, Anaconda[1],
Ford Motors, et autres cartels :
La United Fruit
se réserva le plus juteux,
le Centre côtier de ma terre,
la douce hanche américaine. (...)
Parmi les mouches sanguinaires
la United Fruit jette son ancre,
amoncelant fruits et café
dans ses bateaux qui glissent tels
des plateaux portant le trésor
de nos campagnes submergées. (...)

Pablo Neruda, « La United Fruit Company » *in Chant général*, traduit par Claude Couffon, éditions Gallimard.

1. *Premier producteur mondial de cuivre au début du XXe siècle.*

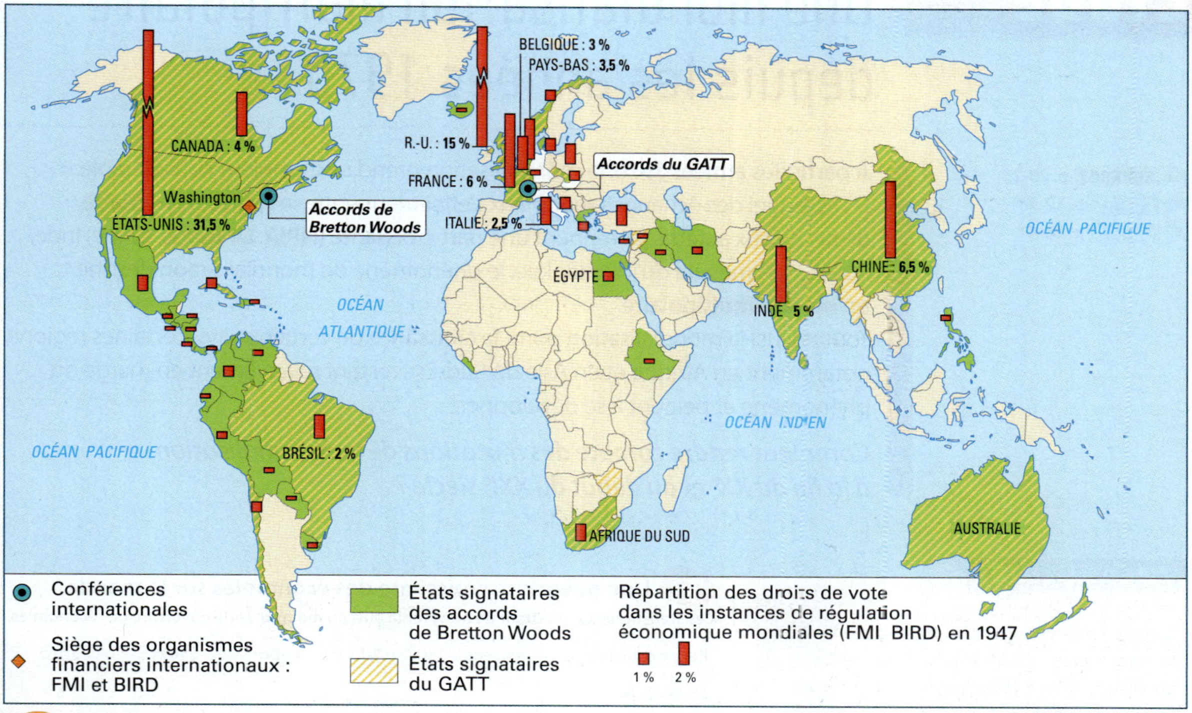

4 Les États-Unis, pilotes de l'économie mondiale

5 Un mode de vie qui s'exporte

Publicité française, années 1960.

Questions

▶ Une économie moderne, un pays riche

DOC 1 **1.** Qu'est-ce qui permet d'affirmer que les États-Unis sont la première puissance économique mondiale ? Comparez leur puissance à celle des pays d'Europe occidentale.

DOC 5 **2.** Quelle image des États-Unis est ici véhiculée ?

▶ Une puissance économique mondialisée

DOC 2 **3.** Quel est l'objectif du plan Marshall ? Montrez que ce plan permet l'affirmation de la domination économique et politique des États-Unis.

DOC 4 **4.** À l'aide de la carte, expliquez l'expression « pilotes de l'économie mondiale ».

DOCS 2, 4 ET 5 **5.** À l'aide des documents et de la carte 2 p. 20, montrez que le rayonnement économique américain est mondial.

DOC 5 **6.** Que nous apprend cette affiche sur l'influence des États-Unis dans le monde ?

DOC 3 **7.** Pourquoi et comment Neruda critique-t-il la puissance des FMN ?

▶ BILAN

À l'aide des documents et de vos réponses aux questions, expliquez comment les États-Unis ont assuré leur domination économique sur le monde après 1945.

ÉTUDE

Une mondialisation multipolaire depuis les années 1970

REPÈRES p. 20-21
COURS p. 32-33
COURS p. 40-41

À partir des années 1970, la mondialisation prend une ampleur considérable. Si l'essentiel des échanges mondiaux s'effectuent entre les pôles de la **Triade**, de nouveaux acteurs y prennent une part croissante (**NPIA**, **Dragons**, Chine, Inde, Brésil…). À mesure qu'il se déploie, le phénomène de mondialisation dessine un **monde multipolaire**.

Toutefois, si la mondialisation porte la croissance de certains pays, certaines régions, notamment en Afrique et en Asie du Sud-Est, restent relativement en marge du phénomène et peinent à se développer.

Comment rendre compte des mutations de la mondialisation à la fin du XXe et au début du XXIe siècle ?

VOCABULAIRE

• Altermondialisation
Mouvement hétérogène qui entend promouvoir une autre mondialisation plus soucieuse des équilibres sociaux et écologiques et plus juste envers les pays du Sud.

• Dragons
L'expression désigne quatre pays d'Asie qui connaissent une forte croissance à partir des années 1960 : la Corée du Sud, Hong Kong, Singapour et Taïwan.

• Monde multipolaire
Monde dans lequel plusieurs pôles – l'expression peut désigner des pays ou des régions plus ou moins vastes – ont l'ambition de peser d'un poids à peu près égal dans les échanges économiques et dans les relations internationales.

• NPIA (Nouveaux Pays Industrialisés d'Asie)
Pays d'Asie qui s'industrialisent rapidement à partir des années 1980 : Malaisie, Thaïlande, Philippines, Indonésie, Vietnam.

• Triade
Expression qui désigne les trois pôles qui dominent le monde : États-Unis, Union européenne et Japon.

1 Une ouverture croissante des économies sur le monde

Ces statistiques permettent de mesurer la plus ou moins grande ouverture des économies.

Rapport des exportations sur le PIB (en %)	1960	1975	2002
États-Unis	4	7	6,3
Allemagne	20,7	21,5	25,5
France	11,1	15,5	18,9
Royaume-Uni	14,3	19,1	15,5
Japon	9,4	12,2	9,6
Chine	–	4,1	23
Mexique	–	4,5	25,6
Dragons	–	35,3	39,4
NPIA	–	4,1	61,4
Monde	**7,3**	**14,2**	**20,6**

2 La Chine, un géant économique

• Usine de fabrication de panneaux solaires à Nantong, en Chine, 2010. Depuis son ouverture sur le monde dans les années 1980, la Chine est devenue un acteur majeur de la mondialisation. Si la Chine fabrique à bas prix des produits manufacturés qui alimentent le marché mondial, elle est aussi de plus en plus performante dans les productions à forte valeur ajoutée.

3 Le Brésil, un pays aux multiples atouts

Le Brésil a connu depuis un siècle d'extraordinaires progrès (...). L'économie brésilienne connaît aujourd'hui encore une croissance importante et prend une place prépondérante en Amérique latine. (...) Tout en gardant une place éminente dans l'exportation des minerais et des produits agroalimentaires, le Brésil s'est taillé une belle place dans le domaine des biens manufacturés, car son parc industriel a atteint un niveau suffisant pour rivaliser avec les plus grands. Dans un domaine sensible, comme la construction aéronautique, il est désormais dans le groupe de tête, rivalisant avec le groupe canadien Bombardier pour le troisième rang mondial, derrière Airbus et Boeing. (...) Toutefois, si riches que soient ses ressources, connues ou encore à découvrir, la plus précieuse richesse du Brésil est ailleurs, c'est sa population : 180 millions d'habitants, un taux de croissance désormais maîtrisé, une classe d'âge productive encore largement majoritaire, ce qui n'est plus le cas en Europe. C'est sans aucun doute un atout, mais aussi un défi puisqu'il faut constamment loger, nourrir, former des masses de jeunes arrivant à l'âge actif. (...) À tout prendre, parmi les puissances émergentes du début du XXIe siècle, le Brésil apparaît donc plus solide que d'autres.

Hervé Théry, « Le Brésil : changement de cap ? »,
La Documentation photographique n° 8042,
La Documentation française, 2004.

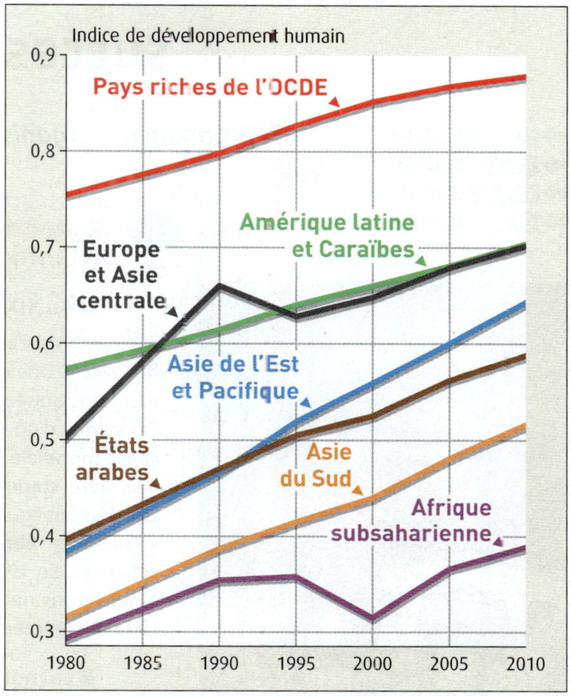

4 Un développement inégal à l'échelle du monde : l'évolution de l'IDH

• L'OCDE (Organisation de coopération et de développement économiques) regroupe les pays développés ayant un système de gouvernement démocratique et une économie de marché.

5 Une mondialisation critiquée

• **Le Forum économique mondial réunit à Davos, en Suisse, des dirigeants d'entreprise et des responsables politiques du monde entier. Le Forum social, quant à lui, réunit des organisations sensibles à la cause altermondialiste.** *Caricature de Plantu, 2002.*

QUESTIONS

▶ L'accélération de la mondialisation

DOC 1 **1.** Quelle évolution commune connaissent tous les pays entre 1960 et 2002 ?

▶ Un monde multipolaire

DOCS 1 À 4 **2.** À l'aide des documents et de la carte 3 p. 21, distinguez les pôles qui dominent l'économie mondiale.
3. Montrez que tous les pays ne s'insèrent pas de la même façon dans la mondialisation et ne connaissent pas non plus un même développement.

DOCS 2 ET 3 **4.** De quels atouts la Chine et le Brésil disposent-ils pour assurer leur développement ? **5.** Pourquoi parle-t-on de puissances émergentes ?

DOCS 2 À 4 **6.** Pourquoi peut-on parler d'un monde multipolaire au début du XXIe siècle ?

DOC 5 **7.** Décrivez cette caricature. Comment sont présentés les participants au Forum économique de Davos ? Et ceux du Forum social ?

▶ BILAN

À l'aide des documents et de vos réponses aux questions, rédigez deux paragraphes le premier montrant que la mondialisation s'accélère ; le second que le monde se développe de manière inégale et devient multipolaire.

COURS

4• Les trois économies-monde successives

COURS p. 32-33
ÉTUDE p. 34-35
ÉTUDE p. 36-37
ÉTUDE p. 38-39

Comment s'organisent les économies-monde successives ?

A La mondialisation au temps de la suprématie britannique (1850-1914)

Au XIXe siècle, le Royaume-Uni domine le monde

• Berceau de l'industrialisation, le Royaume-Uni domine l'économie mondiale au XIXe siècle. Une capacité productive sans égale portée par des entreprises précocement mécanisées, un marché intérieur dynamique (croissance démographique) et l'existence d'un **vaste empire colonial** hissent le pays au **rang de première puissance mondiale.**

• La **livre sterling**, indexée sur l'or, s'impose comme monnaie internationale et **Londres** fait figure de **capitale économique du monde.**

• **Puissance** libre-échangiste, le Royaume-Uni tire partie de l'accélération des échanges. En 1914, si le pays commence à être concurrencé par de nouvelles puissances industrielles (Allemagne, États-Unis), il demeure la **première puissance financière et commerciale** du monde.

1. *Le canal de Suez, une voie commerciale au cœur de la mondialisation*

• **Inauguré en 1869, le canal de Suez facilite les échanges entre l'Europe et l'Asie en raccourcissant les temps de trajet.**

La mondialisation s'accélère à la fin du XIXe siècle

• La mondialisation se manifeste par une **circulation croissante des marchandises**, non seulement entre les pays développés, mais aussi entre les métropoles et leurs colonies.

• La densification des **réseaux de chemin de fer**, les **progrès de la navigation** ainsi que le creusement des grands canaux – Suez en 1869, Panamá en 1914 – raccourcissent les temps de trajet et **favorisent la formation d'un marché mondial** (doc 1).

• La **circulation des capitaux** est facilitée par l'essor des monnaies fiduciaires (billet de banque) et scripturale (chèque).

• Comme les marchandises et les hommes, **les informations circulent toujours plus vite**, grâce au télégraphe d'abord, puis au téléphone.

B La suprématie des États-Unis après 1945

Une superpuissance économique

• Avec l'URSS, les États-Unis sont les **grands vainqueurs de la Seconde Guerre mondiale**. Leur économie prospère et leurs stocks d'or leur permettent de devenir les **créanciers du monde.** À partir de 1948, dans le cadre du plan Marshall, ils aident l'Europe à se reconstruire.

• Pendant la **Guerre froide (1947-1989)**, la **puissance militaire et diplomatique** est mise au service de l'hégémonie économique.

• La course aux armements atomiques et la conquête de l'espace (premier homme sur la Lune en 1969) sont les manifestations évidentes de l'**avance technologique américaine**. Une véritable **révolution informatique** naît dans les années 1970 en Californie, au cœur de la Silicon Valley, le premier technopôle de l'histoire.

Les États-Unis, moteurs du processus de mondialisation

• Les États-Unis s'imposent, dans la seconde moitié du XXe siècle, comme la **première puissance économique mondiale** ; en témoignent par exemple des niveaux de richesse inégalés et une très forte productivité. La part des États-Unis dans la production mondiale de biens manufacturés s'élevait à 51 % en 1950, encore 44 % en 1960.

VOCABULAIRE

• **Conteneurisation**
Processus qui généralise l'usage du conteneur dans le transport de marchandises, principalement dans le transport maritime.

• **Division internationale du travail (DIT)**
Spécialisation économique des pays ou des régions au sein du marché mondial.

• **Économie-monde**
Voir définition p. 21.

• **Firme multinationale (FMN)**
Grande entreprise qui possède ou contrôle plusieurs filiales de production dans plusieurs pays.

• **Libre-échange**
Voir définition p. 34

• Entre 1944 et 1971, dans le cadre des accords de **Bretton Woods, le dollar est la seule monnaie convertible avec l'or.** Il a remplacé la livre comme monnaie d'usage dans les échanges internationaux.

• Les **firmes multinationales** (FMN) américaines partent à la conquête des marchés mondiaux. Elles diffusent à l'échelle de la planète les marchandises américaines, mais aussi leurs productions culturelles : musique, cinéma hollywoodien, modes vestimentaires…

• Une **société démocratique**, terre d'élection du capitalisme libéral, un mode de vie fait d'aisance et de confort : **le modèle américain fascine** en dépit de ses inégalités parfois criantes.

C À la fin du XXe siècle, la mondialisation dessine un monde multipolaire

Une circulation accélérée des marchandises, des capitaux et des informations

• Entre 1973 et 2000, la part de la production mondiale exportée passe de 15 à 25 %. La **conteneurisation** et la réduction des coûts de transport aérien sont les facteurs décisifs de cette évolution. **Les mouvements de capitaux prennent aussi une ampleur exceptionnelle** : le flux annuel des investissements directs à l'étranger passe ainsi de 25 milliards de dollars au cours des années 1970 à 200 milliards en 1990 et 1 700 en 2009.

• **Une révolution des technologies de l'information est à l'œuvre** : la téléphonie sans fil et Internet permettent d'échanger toujours plus vite les informations et les capitaux.

La division internationale du travail

• Initiée par les pays du Nord dès le XIXe siècle, **la division internationale du travail est au cœur du processus de mondialisation.** Les firmes multinationales, qui ont des stratégies mondiales, s'installent sur les marchés étrangers pour tirer partie d'une main d'œuvre moins coûteuse et plus « docile », pour franchir les barrières douanières et atteindre de nouveaux consommateurs.

L'avènement d'un monde multipolaire

• Si les pays du Nord, en particulier les trois pôles qui constituent la **Triade**, continuent aujourd'hui de jouer les premiers rôles, **de nouvelles puissances industrielles et commerciales émergent**, surtout en **Asie**.

• **Un monde multipolaire se dessine en effet au début du XXIe siècle.** La Chine, l'Inde (doc 2), ainsi que le Brésil ou encore la Russie, qui connaissent une forte croissance au début du XXIe siècle, entendent bouleverser la hiérarchie des puissances.

• Mais **de nombreux pays restent mal intégrés au processus de mondialisation.** C'est le cas des pays en retard de développement (particulièrement nombreux en Afrique subsaharienne), des pays en proie à une instabilité politique chronique (Haïti) ou des dictatures (Corée du Nord). C'est aussi le cas des pays ou des régions qui se trouvent éloignés des littoraux ou des grandes métropoles (Chine intérieure, etc.).

VOCABULAIRE

• **Monde multipolaire**
Monde dans lequel plusieurs pôles – l'expression peut désigner des pays ou des régions plus ou moins vastes – ont l'ambition de peser d'un poids à peu près égal dans les échanges économiques et dans les relations internationales.

• **Mondialisation**
Voir définition p. 21.

• **Technopôle**
Réunion sur un même site des activités de recherche (laboratoires), d'enseignement (universités) et des activités industrielles (entreprises).

• **Triade**
Expression qui désigne les trois pôles qui dominent le monde : États-Unis, Union européenne et Japon.

2. *L'émergence de l'Inde*

• **À Bangalore, surnommée *Electronic city*, ces employés de l'une des plus grandes entreprises de service informatique au monde peuvent intervenir directement sur les serveurs de leurs clients étrangers.**

VÉRIFIEZ VOS CONNAISSANCES

1. Quels sont les fondements de la domination britannique sur l'économie mondiale entre 1850 et 1914 ?
2. Quels sont les fondements de la domination des États-Unis sur l'économie mondiale après 1945 ?
3. Pourquoi parle-t-on d'un monde multipolaire aujourd'hui ?

Mucha : l'art au service de la société de consommation

Comment Mucha, grande figure de l'Art nouveau, met-il son talent au service de la publicité ?

L'ESSENTIEL SUR...

Mucha et l'Art nouveau

L'Art nouveau

▶ Mucha est l'une des figures de proue du mouvement artistique « **Art Nouveau** » qui s'épanouit en **Europe** à la **fin du XIX**[e] et au **début du XX**[e] siècle.

▶ Ce courant artistique majeur entend **recentrer la création sur ses dimensions humaines et sociales**, élever l'homme vers le divin. L'Art nouveau **réhabilite la nature**, **encense la beauté, l'amour et la jeunesse**. Art rythmé et coloré, il fait la part belle aux **lignes courbes** et aux **ornementations**. Il s'épanouit dans des productions variées tels le mobilier, la joaillerie, les arts décoratifs (Émile Gallé, Daum), l'architecture (Hector Guimard à Paris, Antoni Gaudí à Barcelone...) ou les arts graphiques (Alfons Mucha).

Alfons Mucha (1860-1939)

▶ **Tchèque** de naissance, mais ayant fait l'essentiel de sa carrière à **Paris** (où il vit à partir de 1887) et aux **États-Unis**, Mucha est un artiste fécond. Il multiplie les **peintures**, mais aussi les statues et les **objets utilitaires** comme des lampes, ou le mobilier de bureau. Mais ce sont surtout ses **affiches publicitaires** qui ont fait la renommée de Mucha.

Les publicités

▶ Elles témoignent de la rencontre de la **société de consommation** et des exigences nouvelles de la **communication** qui se mettent en place entre 1850 et 1939. Dans des sociétés où le niveau de vie des populations ne cesse d'augmenter, les publicités sont un **support de communication privilégié pour les entreprises**, soucieuses d'écouler leurs productions.

1 Affiche publicitaire pour des cycles

Lithographie, 1897.

2 **Affiche publicitaire pour du champagne**

Lithographie, 1899.

3 **Boîte pour les biscuits LU**

Gravure sur métal, 1899.

QUESTIONS

Présenter les œuvres

1. Présentez l'artiste et l'ensemble des documents.

Analyser les œuvres

2. Repérer les éléments communs à ces trois documents.
3. Montrez que l'Art nouveau se veut à la fois un art de la jeunesse et un art dans la ville.
4. Inventivité, rythme, couleurs, ornementation : justifiez l'emploi de ces termes pour qualifier l'art de Mucha.

Faire le lien entre art et histoire

5. Quel est le but de ces affiches ? Quels types de produits vantent-elles ? Pourquoi peut-on dire alors que cet art est au service de la société de consommation naissante ?

@ Pour aller plus loin

Rendez-vous sur le site Internet du musée des Arts décoratifs : http://www.lesartsdecoratifs.fr. Allez dans la rubrique « Publicité », puis dans les « Collections», enfin dans « l'Univers de la publicité ». Choisissez une marque et sélectionnez une affiche qui vous semble intéressante. Présentez-la en prenant soin de bien l'analyser et de faire le lien avec le contexte de l'époque.

RÉVISIONS

Croissance et mondialisation depuis 1850

Les points clés du cours

1. Croissance et crises (1850-1945)

- Deux **industrialisations** successives portent la croissance des économies capitalistes. Elles se nourrissent d'**innovations** en chaîne et se caractérisent par des **gains de productivité importants** dans l'industrie où les méthodes de travail sont bouleversées quand apparaît l'**Organisation scientifique du travail** (OST).
- **Malgré les crises et les périodes de dépression**, les populations connaissent une **augmentation sans précédent de leur niveau de vie** entre 1850 et 1939.

2. Croissance et mutations des économies mondiales depuis 1945

- **La période 1945-1970, appelée les « Trente Glorieuses »**, constitue un âge d'or du capitalisme ; elle est marquée par une croissance sans précédent pour les économies occidentales.
- **Mais à partir des années 1970**, ces économies connaissent une croissance plus faible, ponctuée de crises : on parle de **croissance dépressive**.
- Durant cette période, **les économies socialistes montrent leurs faiblesses**.
- **Les trajectoires économiques des pays du Sud sont contrastées**. Tandis que certains pays connaissent de fortes croissances (en Asie notamment), d'autres peinent à se développer.

3. Les trois économies-monde successives

- **Le Royaume-Uni est au XIXe siècle la première puissance mondiale**. Puissance industrielle et marchande sans égale, elle s'appuie sur un vaste empire colonial et la toute puissance de la livre sterling.
- Après la Seconde Guerre mondiale, un **nouvel ordre économique mondial** se met en place. Il est **dominé par les États-Unis, qui font figure de superpuissance économique** et offrent à leur population un niveau de richesses inégalé.
- Un **monde multipolaire** se dessine aujourd'hui sous nos yeux, à mesure que le phénomène de mondialisation continue de se renforcer et au moment où s'affirment de nouvelles puissances comme la Chine, l'Inde ou le Brésil.

Les dates clés

1851	Exposition universelle de Londres, illustration de la supériorité de l'économie britannique sur le monde
1869	Ouverture du canal de Suez à l'heure de la première mondialisation
1929	Début de la crise économique qui va ébranler le capitalisme libéral
1950-1975	Période dite des « Trente Glorieuses », taux de croissance records pour les économies capitalistes avancées
1944-1971	Système de Bretton Woods, suprématie de l'économie américaine
1975-2000	Période dite de « croissance dépressive » pour les économies capitalistes avancées
1978-2011	Mise en place puis triomphe en Chine d'une économie socialiste de marché

Les mots clés

- Capitalisme ➜ p. 27
- Crise économique ➜ p. 27
- Croissance économique ➜ p. 27
- Dépression ➜ p. 27
- Économies-monde ➜ p. 21
- État-providence (ou Welfare State) ➜ p. 30
- Industrialisation ➜ p. 27
- Libre-échange ➜ p. 34
- Monde multipolaire ➜ p. 41
- Mondialisation ➜ p. 21
- Société de consommation ➜ p. 27

Les institutions clés

- CNUCED (Conférence des Nations unies pour le commerce et le développement) ➜ p. 31
- GATT (General Agreement on Tariffs and Trade) ➜ p. 30
- FMI (Fonds monétaire international) ➜ p. 30
- OPEP (Organisation des pays exportateurs de pétrole) ➜ p. 30

Les exportations mondiales de marchandises, 1953-1993

en %	1953	1963	1973	1983	1993
Amérique du Nord	24,6	19,4	17,2	15,4	16,8
Amérique latine	10,5	7,0	4,7	5,8	4,4
Europe occidentale	34,9	41,0	44,9	39,0	43,7
Europe centrale et orientale	8,2	11,0	8,9	9,5	2,9
Afrique	6,5	5,7	4,8	4,4	2,5
Moyen-Orient	2,1	3,3	4,5	6,8	3,4
Asie	13,2	12,6	15,0	19,1	26,3
Monde	**100**	**100**	**100**	**100**	**100**

Source : OMC.

QUESTIONS

1. En 1953, quelles zones géographiques sont les moteurs de la mondialisation ? Lesquelles semblent en retrait ? Comment expliquer le « retard » de certaines régions ?

2. Quelles évolutions se produisent entre 1953 et 1993 ? Distinguez pour cela différents groupes de pays selon leur importance dans les exportations mondiales.

3. Comment expliquer vos observations ?

4. Transformez ce tableau en graphique à courbes. Pour cela, entrez les données dans une feuille de calcul de type Excel ; cliquez sur l'onglet « Insertion », enfin « Graphique en courbe » puis suivez les instructions. N'oubliez pas de donner un titre à ce graphique.

5. Transformez la première colonne (1953) en diagramme circulaire (ou « camembert ») ayant pour titre « La valeur des exportations mondiales des marchandises, répartition par grandes zones géographiques en 1953 ».

Pour aller plus loin

Livres

- Régis Bénichi (dir.), *Les Mutations de l'économie mondiale au début du XXe siècle*, Nathan, 2010.
- Régis Bénichi, *Histoire de la mondialisation*, Vuibert, 2008.
- Pierre Gentelle (dir.), *Géopolitique du monde contemporain*, Nathan, 2008.
- E. J. Hobsbawm, *L'Âge des extrêmes. Histoire du court XXe siècle*, André Versaille éditeur, 2008.
- Le Monde diplomatique, *L'Atlas 2010*, Armand Colin, 2009.

Films

Des films critiques sur la croissance et la mondialisation :

- Costa-Gavras, *Le Couperet*, 2005.
- Michael Moore, *Roger et moi*, 1989 ou *Capitalism: A Love Story*, 2009.
- Hubert Sauper, *Le Cauchemar de Darwin*, 2004.

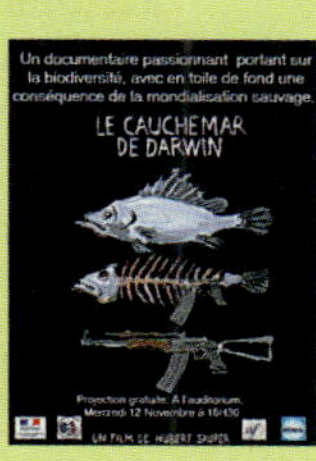

Musées à visiter

Sur le thème de l'industrialisation :

- Le centre historique minier de Lewarde (Nord) : le plus grand musée de la mine en France. http://www.chm-lewarde.com
- L'écomusée du Creusot-Montceau (Saône et Loire) : le patrimoine industriel du Creusot et de sa région. http://www.ecomusee-creusot-montceau.fr

- Le musée des Arts et Métiers (Paris) : premier musée technique et scientifique créé en Europe, il abrite des machines, modèles et dessins qui ont été utilisés tout au long des XIXe et XXe siècles. http://www.arts-et-metiers.net

MÉTHODE

Analyser des statistiques

Les statistiques sont un ensemble de données numériques qui servent à quantifier un phénomène. Elles sont présentées sous forme de tableaux ou de schémas.

Indicateur étudié par les statistiques.

Le cours du dollar variant au fil des ans, c'est le dollar de 1960 qui sert de monnaie de référence. Aucune comparaison n'est possible sans le choix d'un étalon fixe comme celui-ci.

Espaces dans lesquels le phénomène est étudié.

Le PNB par habitant de quelques pays au XIXe siècle

Dollars de 1960	1800	1850	1900
Royaume-Uni	240	470	915
États-Unis	240	465	1 070
France	205	345	610
Allemagne	200	305	645
Japon	180	180	290
Russie	170	190	260

P. Bairoch, Victoires et déboires. Histoire économique et sociale du monde du XVIe siècle à nos jours, *II, Gallimard, 1997.*

La lecture en ligne permet d'étudier l'évolution dans le temps des données statistiques d'un même espace.

La lecture en colonne permet de comparer les données statistiques des différents espaces à la même date.

QUESTIONS

1. Quel est le phénomène étudié dans ce tableau ?
2. Comment évolue le PNB par habitant de chaque pays entre 1800 et 1900 ?
3. La hiérarchie entre les pays est-elle la même en 1800 et en 1900 ? Justifiez les différences en comparant l'évolution du PNB par habitant de chaque pays.
4. Comment expliquer la hiérarchie des pays en 1800, et son évolution jusqu'en 1900 ?
5. Des statistiques nationales sont-elles les plus indiquées pour étudier l'industrialisation ?

Méthode générale

1 Comprendre le phénomène étudié

- Quels sont les **périodes** et les **espaces** concernés ?
- Expliquer quelle est la **signification de l'indicateur** utilisé : il doit être le même, pour permettre de **comparer les statistiques**, et peut être une donnée brute (taille de la population, nombre de votes...) ou un pourcentage.

Application guidée

Question 1. Quel est le phénomène étudié dans ce tableau ?

Conseil

Pour répondre à cette question, étudiez attentivement la légende et les explications qui accompagnent le document. Vous devez aussi savoir ce que mesure le PNB par habitant.

2 Mettre en relation les statistiques

- Il s'agit de **décrire** le phénomène étudié.
- Dégager la **tendance générale**, puis **préciser l'analyse** en détaillant les changements observés.
- Pour établir une **hiérarchie**, comparer les statistiques des différents espaces à la même date.
- Pour montrer une **évolution**, comparer les statistiques à des dates différentes.

Question 2. Comment évolue le PNB par habitant de chaque pays entre 1800 et 1900 ?

Question 3. La hiérarchie entre les pays est-elle la même en 1800 et en 1900 ? Justifiez les différences en comparant l'évolution du PNB par habitant de chaque pays.

Conseil

Pour répondre à ces questions, vous devez choisir si vous devez lire le tableau en ligne ou en colonne.

3 Replacer les statistiques dans leur contexte historique

- Il faut **expliquer** et **interpréter** les informations apportées par les statistiques. Pour cela, il est impératif de faire appel aux **connaissances** étudiées dans le cours.
- Mettre en relation les statistiques avec les **caractéristiques** de la période définie par les dates et les espaces concernés.
- Expliquer les **limites** des statistiques étudiées, en évoquant les phénomènes qu'elles ne permettent pas de comprendre.

Question 4. Comment expliquer la hiérarchie des pays en 1800, et son évolution jusqu'en 1900 ?

Conseil

Reportez-vous au cours p. 26-27 pour établir que la précocité et l'intensité de l'industrialisation diffèrent selon les pays.

Question 5. Des statistiques nationales sont-elles les plus indiquées pour étudier l'industrialisation ?

Conseil

Reportez-vous au cours pour rappeler quels sont les types d'espaces concernés par l'industrialisation.

exercice d'application

Taux de croissance annuel moyen du PIB au XXe siècle

En %	1913-1950	1950-1973	1973-1998
Europe de l'Ouest	1,19	4,81	2,11
Pays d'immigration européenne : Australie, Canada, États-Unis, Nouvelle-Zélande	2,81	4,03	2,98
Japon	2,21	9,29	2,97
Asie (sauf Japon)	0,90	5,18	5,46
Amérique latine	3,43	5,33	3,02
Europe de l'Est et ex-URSS	1,84	4,84	−0,56
Afrique	2,69	4,45	2,74
Monde	1,85	4,91	3,01

Angus Maddison : L'économie mondiale. Une perspective millénaire, *OCDE, 2001.*

1. Quel est le phénomène étudié ici ?
2. Quelle évolution est commune à tous ces groupes de pays au XXe siècle ?
3. Comparez les taux de croissance du PIB des différentes aires géographiques entre 1913 et 1950.
4. Quelles sont les deux aires géographiques qui se distinguent nettement des autres entre 1973 et 1998 ? Comment peut-on l'expliquer ?
5. Expliquez alors le choix des périodes en montrant que, pour chacune de ces périodes, le taux de croissance du PIB révèle la situation économique des espaces étudiés.

BAC Analyse de document

Point méthode Montrer l'intérêt et les limites d'un document

Les conquêtes coloniales au service de l'économie britannique

Consigne : Après avoir présenté ce document, vous montrerez qu'il indique comment le commerce international et l'Empire britannique permettent la mise en place d'une économie-monde britannique. Vous prendrez soin de relever les limites de ce document.

Discours de Joseph Chamberlain, 1896

Tous les grands services de l'État s'occupent d'affaires commerciales. Le ministère des Affaires étrangères et celui des Colonies ont pour tâche essentielle de trouver de nouveaux marchés et de défendre les anciens. Le ministère de la Guerre et l'Amirauté sont avant tout voués à la préparation de la défense de ces marchés et à la protection du commerce. Ceux de l'Agriculture et du Commerce n'ont que le souci de ces deux grandes branches de l'activité économique. Le département de l'Éducation lui-même fonde ses demandes d'argent public sur l'argument de la nécessité de maintenir nos concitoyens bien en tête dans la lutte commerciale qu'ils doivent affronter. Il n'est pas exagéré de dire que le commerce représente la plus importante de toutes les questions publiques. (...)

Je serais tout à fait disposé à admettre que si d'autres nations voulaient bien se maintenir à l'écart [de la course aux colonies], il aurait pu être plus sage pour nous de procéder moins rapidement. Je suis fondé à affirmer que nous n'avons été ni les premiers, ni les plus ardents à aller de l'avant ; si nous étions restés passifs, que serait-il arrivé ? N'est-il pas certain que la plus grande partie du continent africain aurait été occupée par nos rivaux commerciaux, qui auraient commencé par fermer ce grand marché potentiel au commerce britannique ? (...)

Par notre politique commerciale, aussitôt que nous acquérons et développons un nouveau territoire, nous le développons comme les fondés de pouvoir de la civilisation pour la croissance du commerce mondial.

Joseph Chamberlain, discours à la Chambre de commerce de Birmingham, 19 novembre 1896.

Le *Colonial Office* a été créé en 1854 pour administrer l'Empire britannique, encore en train de se constituer au moment où ce discours est prononcé.

La France, grande rivale du Royaume-Uni depuis le XVIIIe siècle, est particulièrement visée : elle constitue également un vaste empire, en Afrique notamment.

Le Royaume-Uni et le commerce

La course aux colonies

Empire colonial et commerce

Association représentant, à l'échelon local, les intérêts des professionnels du commerce.

Joseph Chamberlain (1836-1914), ministre des Colonies de 1895 à 1903. Issu du monde de l'entreprise, il est maire de la ville industrielle de Brirmingham.

Méthode générale

1 Présenter le document

- Relever la nature du texte, son auteur, la date, le ou les destinataires.
- **Replacer le document dans son contexte :** faire appel à ses connaissances pour expliquer les circonstances de sa création, et l'usage auquel il est destiné.

2 Montrer l'intérêt du document

- Un document n'est jamais analysé pour lui-même : son étude doit permettre de **répondre à une problématique plus générale**, abordée dans un des chapitres du programme.
- La **consigne** qui accompagne le document a pour but d'**orienter cette analyse**. Il faut donc la lire avec attention pour comprendre quels sont les thèmes que le document permet d'étudier.
- **Relever et classer en fonction de ces thèmes les informations tirées du document :** pour les expliquer, il faut faire appel à ses connaissances.

3 Montrer les limites du document

- Un document ne dit pas tout du fait historique qu'il évoque. Il peut en donner une **vision incomplète ou erronée**, pour différentes raisons : partialité de l'auteur, méconnaissance de certains faits... Pour donner à la consigne une réponse complète, il faut **relever et expliquer ces limites**.
- Dans ce cadre, **il est fondamental de se référer à ses connaissances** : sans une maîtrise réelle du chapitre auquel le document se réfère, ses limites ne sont pas perceptibles.

Application guidée

1 Présenter le document

- Présentez le document en insistant sur son auteur

Conseil Pour répondre, aidez-vous des explications autour du texte.

2 Montrer l'intérêt du document

- Quelle est, d'après l'auteur, la place prise par le commerce dans la politique du gouvernement britannique ?
- Quel lien l'auteur établit-il entre l'empire et la puissance britannique ?

Conseil Pour répondre à ces questions, aidez-vous du plan du texte.

- Expliquez l'évocation par Chamberlain des « rivaux commerciaux » du Royaume-Uni.

Conseil Aidez-vous des passages surlignés en vert.

3 Montrer les limites du document

- Relevez dans la phrase soulignée en rouge les signes de l'existence d'une opposition à l'opinion de Chamberlain.

Info À la même période, des économistes et des hommes politiques britanniques estiment que la colonisation, loin d'encourager le commerce mondial, lui fait en réalité obstacle.

- Quel aspect de la colonisation l'auteur n'évoque-t-il pas ?

Conseil Aidez-vous du doc 3 p. 268.

autre sujet La crise de 1929

- Reportez-vous au document 4 p. 25 : « Une solution à la crise : le *New-Deal* ».
- Après avoir présenté ce document et l'avoir replacé dans son contexte, vous expliquerez quelles sont les solutions proposées par Rossevelt pour sortir de la crise et en quoi elles sont en rupture avec le libéralisme.

CHAPITRE 2

Mutations des sociétés depuis 1850

À partir du milieu du XIXe siècle, l'industrialisation provoque en France d'importantes mutations sociales dont témoigne l'évolution de la population active. Le monde ouvrier progresse jusque dans les années 1970 avant de reculer ; les paysans s'effacent progressivement ; enfin, le secteur tertiaire est en plein essor. La salarisation croissante des femmes et, plus récemment, l'apparition du chômage de masse sont d'autres caractéristiques majeures du marché du travail en France. Enfin, à partir de la fin du XIXe siècle, confrontée à une pénurie de main-d'œuvre, la France fait largement appel à des travailleurs étrangers, notamment dans l'industrie.

Comment l'évolution de la population active rend-elle compte des mutations de l'économie et de la société françaises ?

1 D'une France paysanne et rurale…

Les Glaneuses

● **Au milieu du XIXe siècle, l'économie française tire encore l'essentiel de ses richesses du travail de la terre, qui emploie plus de la moitié des travailleurs.** *Huile sur toile de Jean-François Millet, 1857, musée d'Orsay, Paris.*

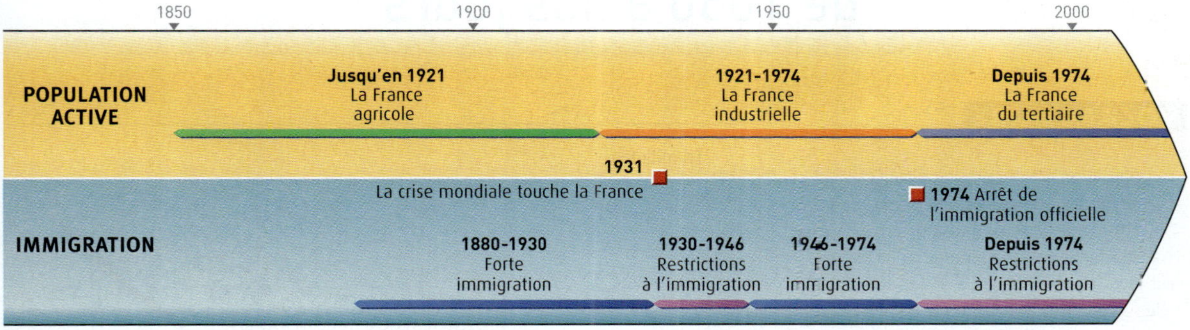

2 … à l'avènement de la société industrielle

Chaîne de montage dans l'usine Renault de Flins, 1975

• **Dès la fin du XIXe siècle, c'est l'industrie qui porte la croissance de l'économie française. Cette industrialisation, particulièrement gourmande en main-d'œuvre, s'est largement appuyée sur le travail des immigrés.**

REPÈRES

La France au travail de 1850 à nos jours

VOCABULAIRE

• Population active
La population active comprend toutes les personnes pourvues d'un emploi ainsi que celles qui sont au chômage. Traditionnellement, la population active est divisée en trois grandes catégories :
– le **secteur primaire** regroupe les activités liées à l'exploitation des ressources naturelles (agriculture, pêche, mines) ;
– le **secteur secondaire** rassemble les activités de production ;
– le **secteur tertiaire** recouvre un vaste champ d'activités, allant du commerce à l'administration en passant par les transports, les activités financières et immobilières, les services aux entreprises et aux particuliers, l'éducation, la santé.

• Tertiarisation
Économie dans laquelle le secteur tertiaire occupe une place grandissante.

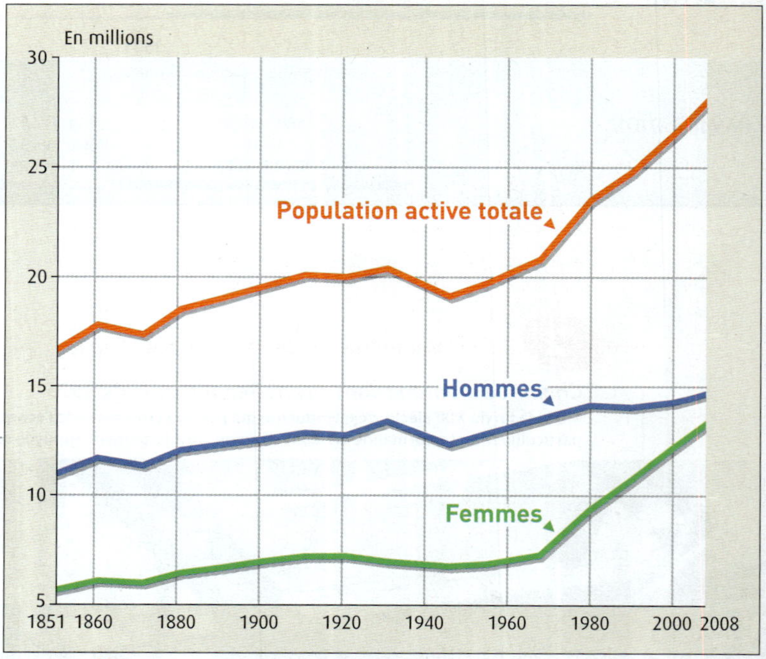

1 L'évolution de la population active

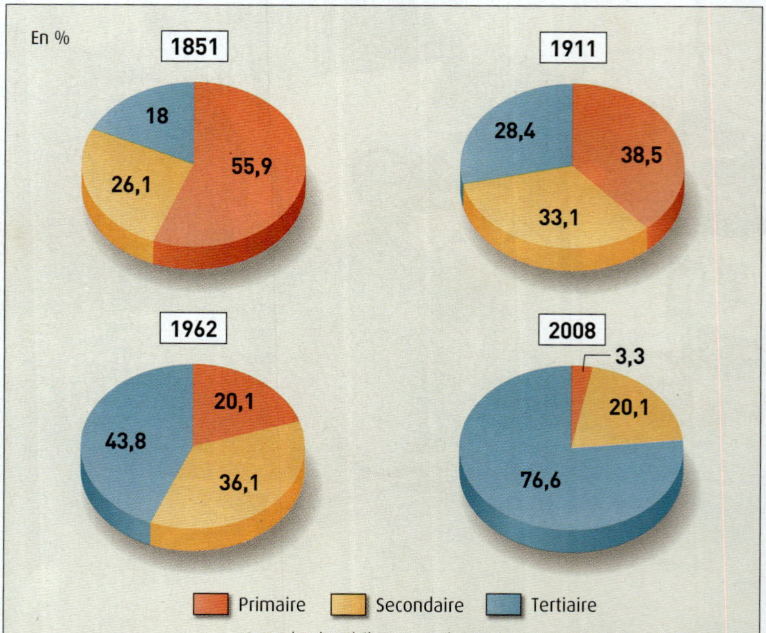

O. Marchand, C. Thélot, *Le travail en France, 1800-2000*, Nathan, 1997 et INSEE.

2 L'évolution de la répartition de la population active

QUESTIONS

DOC 1 **1.** Comment la population active évolue-t-elle depuis 1850 ? Comparez la situation des hommes et celle des femmes.

DOCS 2 ET 5 **2.** Quelles sont les grandes évolutions du travail ? Montrez notamment quels métiers reculent fortement et lesquels prennent de l'ampleur.

DOC 3 **3.** Quelles sont les périodes durant lesquelles le poids des immigrés progresse le plus vite ? Comment peut-on l'expliquer ?

DOC 4 **4.** Décrivez cette courbe : à quel moment la pente s'accélère-t-elle ? Pourquoi ?

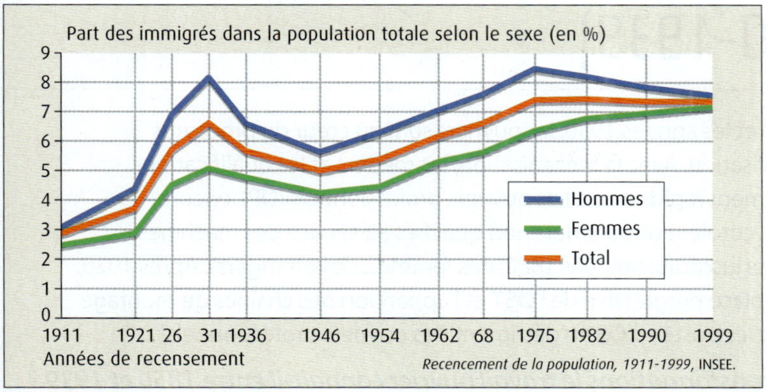

3 **Les immigrés au service de la croissance française**

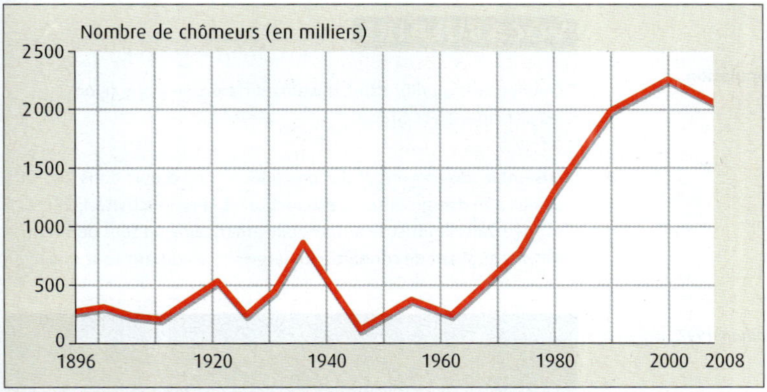

4 **Un siècle de chômage**

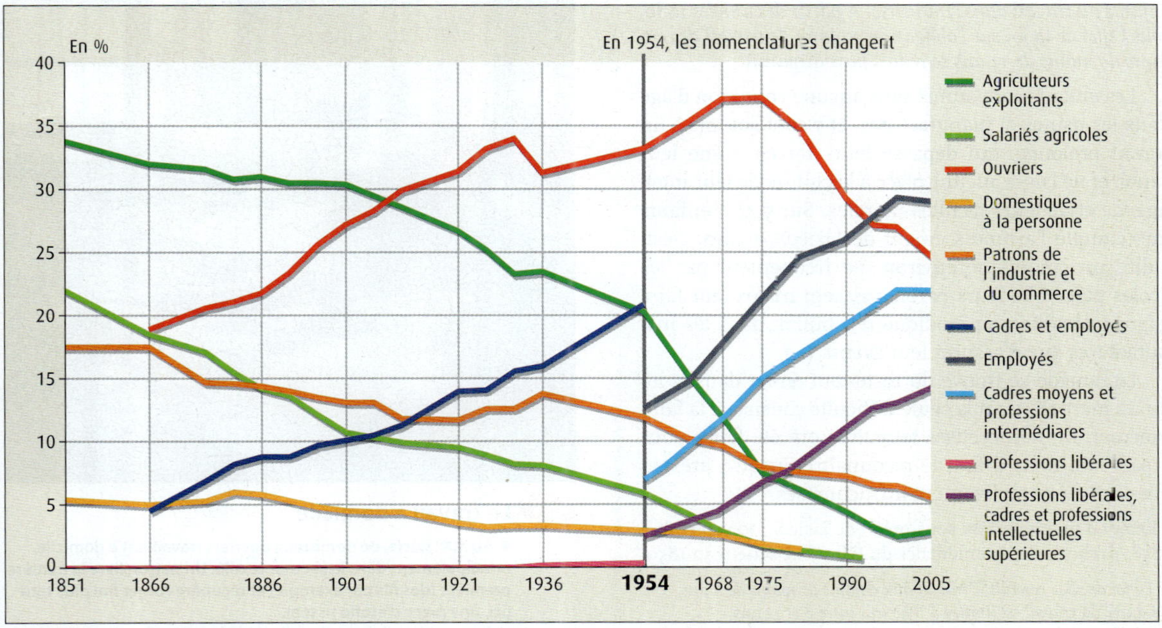

5 **Répartition des principales catégories socioprofessionnelles**

VOCABULAIRE

• Cadre
Terme apparu à la fin des années 1930 pour désigner un employé ayant des responsabilités importantes dans l'entreprise.

• Chômage
Situation qui caractérise les personnes privées d'emploi et en recherchant un.

• Employé
Membre d'un groupe aux contours flous rassemblant des professions variées : secrétaires et agent de bureau, agents hospitaliers, vendeurs mais aussi domestiques ou encore pompiers.

• Professions intermédiaires
Ensemble de professions classées en deux catégories : les deux tiers occupent une position intermédiaire entre les cadres et les agents d'exécution, ouvriers ou employés ; les autres travaillent dans l'enseignement, la santé et le domaine social (instituteurs, infirmières, assistantes sociales...).

ÉTUDE

Les mutations du monde ouvrier (1850-1939)

REPÈRES p. 52-53
COURS p. 62-63
ÉTUDE p. 360-363
COURS p. 364-365

Entre 1850 et les années 1930, les ouvriers sont au cœur du processus d'industrialisation. Avec la mécanisation, les métiers et les qualifications se transforment rapidement. Les ouvriers professionnels (OP), encore nombreux, côtoient des ouvriers non qualifiés au service des machines (des enfants jusqu'aux années 1880, des femmes, des étrangers). Après 1920, la mise en place progressive de l'**OST** et l'apparition des chaînes de montage multiplient les postes d'**OS** au détriment des ouvriers professionnels.

Quelles transformations le travail ouvrier connaît-il entre 1850 et 1939 ?

1 Essor du monde ouvrier

	Effectifs ouvriers (en millions)	**Part dans la population active** (en %)
1851	4,3	26,1
1881	5,5	29,7
1911	6,5	32,8
1931	7,2	36,2
1955	6,6	34,3

O. Marchand, C. Thélot, Le travail en France, 1800-2000, *Nathan, 1997.*

2 Le travail des enfants

Dans les années 1860, on compte encore plus de 100 000 enfants au travail dans l'industrie. À partir des années 1880, sous l'effet de la loi sur l'obligation scolaire, le travail des enfants de moins de 13 ans se réduit puis disparaît.

Les enfants sont admis sans aucune condition d'âge dans les usines et manufactures, et y sont soumis à un travail prolongé, qui dépasse leurs forces, ruine leur santé, et ne laisse aucune place à la culture de leur intelligence et de leurs facultés morales. Sur 5 480 enfants que compte l'arrondissement de Lisieux, 1 040, c'est-à-dire un cinquième environ, ne fréquentent pas les écoles parce que leurs parents aiment mieux leur faire gagner de suite une modique rétribution dans les manufactures que d'assurer leur avenir. (...)

Le remède se trouve du reste tout entier dans la loi du 22 mars 1841[1], et la seule difficulté consiste à la faire exécuter. De nombreuses tentatives ont été faites pour y parvenir, mais il faut le reconnaître, jusqu'à présent elles ont été complètement infructueuses.

Extrait d'un rapport du sous-préfet de Lisieux, 30 septembre 1858. Archives départementales du Calvados, série 1852-1859.

1. La loi de 1841 interdit le travail aux enfants de moins de 8 ans. La durée du travail est limitée à 8 heures entre 8 et 12 ans et à 12 heures de 12 à 16 ans.

VOCABULAIRE

- **OS (Ouvrier spécialisé)**
Ouvrier sans qualification, travaillant dans une usine selon les principes de l'OST.
- **OST (Organisation scientifique du travail)**
Ensemble des moyens et des procédés mis en œuvre dans les usines afin d'augmenter la production et la productivité. L'OST est née dans l'industrie automobile américaine au tout début du XXe siècle, avant de connaître un large succès durant tout le siècle.

3 Le travail à domicile

• Au XIXe siècle, de nombreux ouvriers travaillent à domicile, principalement dans le secteur textile. Un patron livre la matière première (des fils par exemple) et récupère l'objet fini plus tard (ici, une pièce d'étoffe tissée).

Le Tisserand, *huile sur toile de Paul Sérusier, 1888, musée d'Art et d'Archéologie, Senlis.*

4 **Le travail à la chaîne dans les années 1930**

Chaîne de montage des moteurs, usine Citroën, Paris, 1931.

5 Le travail ouvrier à l'heure de l'OST

Au début du XXe siècle, l'OST bouleverse le travail des ouvriers et leur encadrement, particulièrement dans les grandes entreprises. Georges Navel, ouvrier aux usines Berliet de Vénissieux vers 1930, en a fait l'expérience.

Les fraiseurs, les perceurs, les tourneurs professionnels ou les manœuvres spécialisés, ce qu'on peut appeler les robots, ceux dont le travail de série est d'une désespérante monotonie, devaient fort se démener pour usiner le nombre de pièces qui leur était demandé comme production normale. Tout leur travail était chronométré. Chronométreurs, démonstrateurs luttaient contre l'ouvrier. En l'observant travailler, montre en main, le chronométreur paraissait compter loyalement le temps nécessaire à l'usinage d'une pièce. Après quoi, il fixait le temps valable pour toute la série. Si les gestes de l'ouvrier étaient gauches ou trop lents, c'est au démonstrateur à lui faire sa leçon de choses. Le temps d'exécution du démonstrateur ou de l'ouvrier le plus habile servait de base. C'était l'application bien connue du système Taylor. (...) C'était ça qui donnait à l'usine une réputation de bagne d'abord, puis le nombre excessif des gardiens en casquette qui ne cessaient de circuler dans l'usine. (...)

Dehors, l'usine me suivait. Elle m'était rentrée dedans. Dans mes rêves, j'étais machine. Toute la terre n'était qu'une immense usine. Je tournais avec un engrenage.

Georges Navel, *Travaux*, Gallimard, 1945.

Questions

▶ Croissance et diversité du monde ouvrier au XIXe siècle

DOC 1 **1.** Quand se situe dans cette période l'apogée du monde ouvrier ?

DOCS 2, 3 ET 4 **2.** Quels sont les lieux de travail ? Peut-on parler d'un monde ouvrier uniforme ? Pourquoi ?

DOC 2 **3.** Comment le texte explique-t-il le travail des enfants ? La législation sur le travail est-elle bien respectée ?

DOC 3 **4.** D'après vous, quels sont les inconvénients et les avantages du travail à domicile ?

▶ Des mutations accélérées après 1920

DOC 4 **5.** Décrivez cette photographie. Comment la chaîne transforme-t-elle le travail de l'ouvrier ?

DOC 5 **6.** Présentez ce document. Sur quels principes l'OST repose-t-elle ? Pourquoi l'auteur parle-t-il de « bagne » ? **7.** Quel est le rapport de l'ouvrier à la machine ?

▶ BILAN

À l'aide des documents et de vos réponses aux questions, décrivez les transformations du travail ouvrier entre 1850 et les années 1930.

ÉTUDE

Déclin et transformations du monde ouvrier depuis les années 1960

REPÈRES p. 52-53
COURS p. 64-65

À partir des années 1960, la généralisation de l'organisation scientifique du travail et l'automatisation croissante des tâches bouleversent le travail ouvrier. En outre, à partir du début des années 1980, le nombre des ouvriers recule à l'heure de la **tertiarisation** accélérée de l'économie française et de la **désindustrialisation** de certaines régions. Alors qu'ils représentaient encore 37 % de la population active en 1975, ils ne sont plus que 20 % aujourd'hui.

Pourquoi parler de crise du monde ouvrier ?

1 Apogée et déclin du monde ouvrier

	Effectifs ouvriers (en millions)	**Part dans la population active** (en %)
1962	7,1	36,1
1974	8,3	38,5
1985	6,8	31,7
1990	6,6	29,4
1996	5,8	25,9
2008	5,8	20,1

VOCABULAIRE

- **Désindustrialisation**
Processus économique qui marque le recul des activités industrielles dans une région ou dans un pays.
- **Syndicat**
Association de personnes ayant pour but la défense d'intérêts communs, matériels ou moraux, spécialement dans le domaine professionnel.
- **Tertiarisation de l'économie**
Voir définition p. 52.

2 Mai 1968, un puissant mouvement ouvrier

Mai 1968 est à la fois un mouvement étudiant et ouvrier, avec plus de 5 millions de grévistes dans l'industrie. Comme en 1936, de nombreux ouvriers – surtout des ouvriers spécialisés, à la tête du mouvement – occupent leurs usines. Les syndicats CGT et CFDT encadrent le mouvement mais ne le maîtrisent pas toujours. Les ouvriers réclament une revalorisation de leurs salaires, une plus grande liberté syndicale dans l'entreprise et une amélioration de leurs conditions de travail.

a. *Le rejet de l'usine*

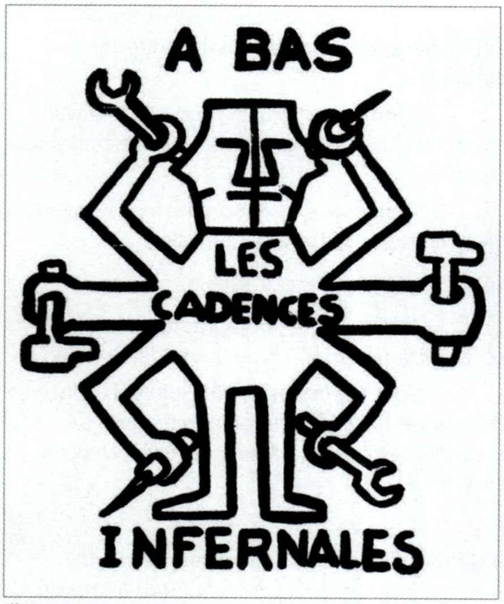

Illustration anonyme pour une affiche du 22 mai 1968.

b. *Une usine occupée en mai 1968*

Usines Renault à Boulogne-Billancourt, 17 juin 1968.

3 **Un regard critique sur l'automatisation**

Caricature de Plantu, 1982.

4 **Une réalité ouvrière, le chômage**

● **Manifestation de salariés de Moulinex, 2001. Le chômage est la conséquence la plus dramatique de la désindustrialisation. En 2009, le taux de chômage de la population française est de 9,1 %. Il est de 13,2 % chez les ouvriers (20, 8 % pour les ouvriers non qualifiés).**

5 **La fin de la « classe ouvrière » ?**

La nature du travail ouvrier a changé. Les tâches de production ont cédé la place à d'autres, plus qualifiées. Aujourd'hui, deux ouvriers sur trois sont employés dans le tertiaire, la majorité dans des entreprises de moins de 500 salariés. Par ailleurs, beaucoup de postes d'ouvriers se sont transformés en postes d'employés, avec des conditions de travail plus diversifiées. La « classe ouvrière », dont l'identité s'était forgée autour du travail dans la grande industrie, est donc en voie de disparition. De même, la « conscience de classe » s'est beaucoup atténuée ; le déclin des effectifs syndicaux en est l'une des manifestations. Les modes de vie des ouvriers tendent à se rapprocher de ceux des autres catégories sociales, de la façon de manger à l'habillement, en passant par les achats de biens d'équipement.

Gérard Mermet, *Francoscopie 2003*, Larousse, 2002.

QUESTIONS

▶ Un travail qui se transforme

DOC 2a ET 3 **1.** Décrivez et expliquez ces dessins. De quelles évolutions rendent-ils compte ?

DOC 5 **2.** Quelles modifications affectent le travail ouvrier au tournant du XXIe siècle ?

▶ Un monde en crise

DOC 5 **3.** Outre le travail, quels sont les autres changements qui touchent les ouvriers ?

DOC 1 **4.** À l'aide de ce tableau et du doc 1 p. 54, situez l'apogée du monde ouvrier.

DOC 1 **5.** Pourquoi peut-on parler de déclin du monde ouvrier à partir des années 1970 ? À l'aide du tableau et du document 2 p. 52, expliquez ce déclin.

DOCS 2 **6.** Décrivez la caricature et la photographie. Que nous apprennent-elles sur les revendications ouvrières en mai 1968 ?

DOCS 2 ET 4 **7.** Dans ces deux documents, quels sont les travailleurs mobilisés ? Montrez qu'en 2001, les revendications ont changé. Pourquoi ?

▶ BILAN

À l'aide des documents et de vos réponses aux questions, rédigez une synthèse de quelques lignes sur les mutations du monde ouvrier depuis les années 1960. Vous insisterez sur les changements dans le travail, les luttes sociales et l'unité du groupe ouvrier.

ÉTUDE

Depuis 1945, la fin des paysans ?

REPÈRES p. 52-53
COURS p. 62-63
COURS p. 64-65

En 1967, le sociologue Henri Mendras publie *La Fin des paysans*, un ouvrage qui suscite de vives réactions dans un pays attaché à la terre et à sa paysannerie. De fait, la seconde moitié du XXe siècle est marquée par le recul spectaculaire de l'emploi agricole, à l'heure où l'exode rural s'accélère. Le travail des actifs agricoles connaît dans le même temps d'importantes modifications dont témoigne la hausse des productions et des rendements.

Quels changements ont affecté le monde agricole français de 1945 à nos jours ?

1 Une baisse spectaculaire du nombre de paysans

	Part de la population rurale dans la population totale (en %)	Nombre d'actifs agricoles (en millions)	Part du secteur primaire dans la population active (en %)
1851	75	9,3	55,8
1911	56	7,7	38,5
1936	47	6	32,9
1954	45	5	26,3
1968	30	3,1	15,6
1982	27	1,7	8,2
1990	26	1,3	5,7
2009	18	0,8	3,3

3 La modernisation du métier d'agriculteur

• Robot cueilleur de pommes, Vaucluse, 2003.

VOCABULAIRE

• **Productivité**
Mesure du rapport entre la production de biens et la quantité de facteurs de production utilisés pour produire ces biens (par ex., le capital et le travail).

2 Le travail agricole dans une société industrielle

Après un siècle d'exode rural continu, la révolution actuelle fait diminuer le nombre des agriculteurs au rythme affolant de 160 000 par an, tant par la mort d'agriculteurs sans successeurs que par le passage de jeunes agriculteurs à d'autres professions. Les exploitants qui demeurent s'agrandissent d'autant et peuvent faire face aux exigences nouvelles de l'économie et de la technique, mais la société villageoise en est totalement bouleversée. L'équilibre est brisé, la lente agriculture s'ébranle et se met au pas de l'industrie à laquelle elle emprunte ses sources d'énergie et ses dernières découvertes. En moins de dix ans, les rendements[1] ont souvent plus que doublé. (...) Les machines se multiplient, le parc de tracteurs est passé en France, de 1946 à 1965, d'une vingtaine de mille à plus d'un million. Les techniques nouvelles sortent directement des techniques de laboratoire et non des lents tâtonnements d'agriculteurs progressistes. Toute la production agricole est commandée par les goûts des consommateurs et l'évolution des marchés. Au même titre que les autres secteurs de production, l'agriculture doit se soumettre au rythme de changement technique et économique de la société industrielle.

Henri Mendras, *La Fin des paysans*, Actes Sud, 1992.

1. *En agriculture, le rendement désigne la production par la surface de terrain (généralement par hectare).*

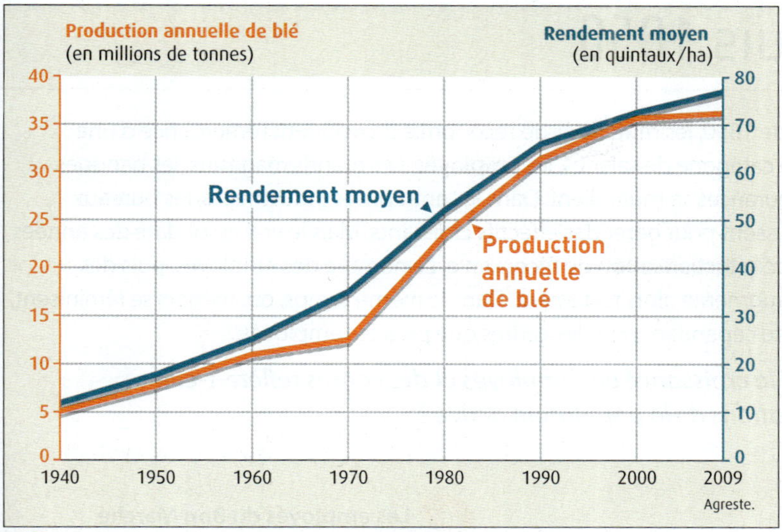

4 Les progrès de la productivité : l'exemple du blé

● **L'agriculture française est aujourd'hui l'une des plus performantes au monde. Elle est au centre d'une filière agroalimentaire très puissante.**

5 La baisse des revenus

● **Manifestation à Valence (Drôme), 25 septembre 2009. Les revenus des agriculteurs sont en baisse, particulièrement ceux des producteurs de lait. Beaucoup dénoncent les profits des distributeurs.**

6 La diversification de l'activité paysanne

Près de 6 000 agriculteurs développent aujourd'hui l'accueil touristique sur leur exploitation et sont regroupés depuis 1988 au sein de « Bienvenue à la ferme », marque et réseau des chambres d'agriculture. Ce réseau a structuré un ensemble de prestations sous quatre thématiques : gastronomie, hébergement, loisirs-découverte et services. « Bienvenue à la ferme » regroupe, notamment, des points de vente de produits fermiers (légumes, fruits, foie gras, produits carnés...), des fermes pédagogiques, des chambres d'hôtes...

Les adhérents respectent et développent les valeurs suivantes :
– offrir un accueil personnalisé, dans un environnement soigné, avec visite de l'exploitation, et transparence sur les pratiques agricoles ;
– être l'ambassadeur d'une agriculture durable et responsable, enracinée dans le territoire, en préservant le patrimoine agricole et rural ;
– satisfaire les attentes du consommateur ;
– promouvoir le métier d'agriculteur ;
– valoriser les produits de l'exploitation et les savoir-faire.

Extrait d'une plaquette publicitaire de *Bienvenue à la ferme* (http://www.bienvenue-a-la-ferme.com), leader de l'accueil et de la vente à la ferme en France.

QUESTIONS

▶ Déclin et crise de la paysannerie

DOCS 1 ET 2 **1.** Justifiez l'expression d'Henri Mendras « la fin des paysans ».

DOC 2 **2.** Selon Henri Mendras, quels facteurs expliquent le recul de la paysannerie ?

DOC 5 **3.** Quelles sont les revendications de ces producteurs de lait ?

▶ La modernisation du métier d'agriculteur

DOCS 2 ET 3 **4.** Pourquoi et comment le métier d'agriculteur s'est-il modernisé ?

DOC 4 **5.** Décrivez les courbes ; quand se produisent les plus fortes ruptures ? Comment peut-on l'expliquer ?

DOC 6 **6.** Qu'est-ce qui peut pousser un paysan à diversifier son activité ?

7. Par quels procédés cette association entend-elle valoriser le métier d'agriculteur ?

▶ BILAN

À l'aide des documents et de vos réponses aux questions, rédigez une synthèse de quelques lignes répondant à la question suivante : peut-on parler de la fin des paysans ?

ÉTUDE

Les employés et les cadres depuis 1850

REPÈRES p. 52-53
COURS p. 62-63
COURS p. 64-65

À partir de 1850, les mutations de l'économie provoquent l'émergence d'une nouvelle catégorie de salariés, les **employés**. Les grands magasins, les banques et les assurances se multiplient. Dans les entreprises industrielles, les bureaux s'agrandissent pour gérer des effectifs croissants. Mais le vrai essor date des années 1950 avec la **tertiarisation** de l'économie. Le nombre des employés, puis des **cadres**, augmente alors fortement. Dans le même temps, ces métiers se féminisent, moins vite cependant pour les cadres que pour les employés.

En quoi la croissance des employés et des cadres reflète-t-elle les mutations de la population active ?

VOCABULAIRE

- **Cadre**
Terme apparu à la fin des années 1930 pour désigner un employé ayant des responsabilités importantes dans l'entreprise.
- **Employé**
Membre d'un groupe aux contours flous rassemblant des professions variées : secrétaires et agent de bureau, agents hospitaliers, vendeurs mais aussi domestiques ou encore pompiers.
- **Tertiarisation**
Économie dans laquelle le secteur tertiaire occupe une place grandissante.

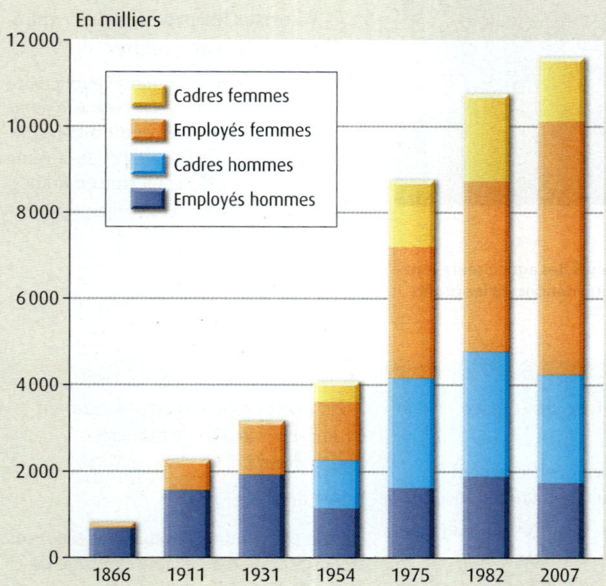

O. Marchand et C. Thélot, *Le travail en France (1800-2000)*, Nathan, 1997.

1 Croissance et féminisation

2 Les employés du Bon Marché

En 1882, Émile Zola visite à plusieurs reprises le Bon Marché (grand magasin fondé en 1852) pour y prendre des notes qui lui serviront dans son roman Au Bonheur des dames *publié en 1883.*

Un chef de rayon a sous lui un premier second et un deuxième second qui sont intéressés[1]. Puis les vendeurs qui peuvent arriver à 2 000 francs d'appointement. Il y a les premiers vendeurs et les vendeurs en sous-ordre. (...) Au Bon Marché, il n'y a qu'un seul rayon où il y ait une première[2]. Les autres rayons de femmes ont à leur tête un chef de comptoir, un acheteur. Dans ce cas, il y a une seconde. Beaucoup de maisons sont d'ailleurs ainsi. (...)

Chaque vendeur joint sa note de débit à la marchandise, conduit la cliente au rayon où elle veut aller, la remet à un autre vendeur, qui en fait autant, si la cliente à d'autres emplettes. Donc, les marchandises s'empilent, ainsi que les notes de débit. Quand le tas de marchandises devient trop lourd pour être porté (gros articles), le vendeur le met sur une chaise et traîne la chaise au milieu de la foule (toutes les chaises ont les pieds de derrière usés). Le dernier vendeur apporte au caissier toutes les notes de débit, que le caissier met dans sa pique. (...) Il y a un tiers de vendeuses parisiennes. Pas de Parisiens au contraire parmi les vendeurs, à peine un dixième. Les Parisiennes sont surtout à la lingerie et aux modes.

Émile Zola, *Carnets d'enquêtes*, Plon, 1986.

1. Une partie de leur rémunération dépend du montant de leurs ventes. – 2. Une chef de rayon.

3 Dactylo, un métier féminin

● L'entrée des femmes dans les bureaux s'intensifie après 1920 et s'accompagne d'un discours qui vise à justifier leur emploi par les « qualités féminines ». Les « dactylos » qui doivent mettre en œuvre rapidité et minutie en sont un bon exemple.
Affiche pour les cours Pigier, 1943.

4 Les Trente glorieuses : l'âge d'or des employés

● Des employés d'Air France au service de la réservation de places, octobre 1970.

5 Le renouvellement de la figure du cadre

La progression des cadres est spectaculaire à partir des années 1950. Elle tend à stagner depuis les années 1980. La part des hommes y est toujours supérieure à celle des femmes même si l'écart s'est réduit depuis les années 1950.

Massification relative, féminisation, certification[1] croissante, montée des activités expertes au détriment des activités d'encadrement hiérarchique, telles sont les principales évolutions morphologiques à prendre en compte. (...)

La figure traditionnelle du cadre cumulait des caractéristiques typiques qui sont désormais fortement concurrencées par d'autres : il s'agissait d'une mince élite, masculine, exerçant des fonctions d'autorité hiérarchique – le terme « cadre » est issu de l'armée –, soit issue des écoles d'ingénieur ou de commerce, soit promue « sur le tas ». Les cadres sont aujourd'hui plus de 15 % des salariés, près d'un tiers sont des femmes, la plupart sont davantage des experts que des « chefs », et une proportion croissante est issue des filières professionnalisées des universités.

P. Bouffartigue, *Le Retour des classes sociales. Inégalités, dominations, conflits*, La Dispute, 2004.

1. *À prendre ici au sens de qualification.*

QUESTIONS

▶ De nouveaux métiers

DOC 1, 2 ET 4 **1.** Quelles sont les deux périodes de plus forte croissance pour les employés et les cadres ? Soyez précis et utilisez les photographies pour vous justifier.

DOC 2 **2.** De quels employés s'agit-il ? Est-ce nouveau au XIXe siècle ? **3.** Montrez la hiérarchie et la diversité de ces métiers.

DOCS 3 ET 4 **4.** Quels sont les métiers représentés ? Comment les employés sont-ils touchés par la modernisation du travail au XXe siècle ?

DOC 5 **5.** Comment la figure du cadre se transforme-t-elle à la fin du XXe siècle ?

▶ La féminisation en question

DOC 1 **6.** Comparez les évolutions des effectifs masculins et féminins. Qu'en concluez-vous sur la féminisation de ces métiers ?

DOC 2 **7.** Qui des hommes ou des femmes sont les plus nombreux au Bon Marché ? Ont-ils la même place dans la hiérarchie du magasin ?

DOC 5 **8.** Que dire de la part des femmes dans l'emploi des cadres ?

▶ BILAN

À l'aide de vos réponses et de vos connaissances, expliquez l'essor des employés et des cadres et les mutations internes de ces catégories.

COURS 1 • Les mutations de la population active en France (1850-1960)

REPÈRES p. 52-53
ÉTUDE p. 54-55
ÉTUDE p. 60-61
COURS p. 364-365

Comment l'industrialisation transforme-t-elle la population active entre le milieu du XIXe siècle et les années 1960 ?

1. *Des ouvriers agricoles à la fin du XIXe siècle*

A La croissance de la population active

Toujours plus de travailleurs

• Entre 1851 et 1911, la population active passe de **16,6 à 20,1 millions de personnes.**
• Des périodes de recul alternent ensuite avec des périodes de stagnation qui rendent compte à la fois des crises de l'économie – dans les années 1930 notamment – et du déficit de naissances lié à la Première Guerre mondiale. Aussi, entre 1911 et 1962, la population active se stabilise-t-elle entre 19 et 20 millions de personnes.

Les fluctuations du chômage

• **Très modéré** entre le milieu du XIXe siècle et les années 1960, le chômage connaît des **périodes de flambée** qui correspondent aux périodes de dépression économique, dans les années 1880 et surtout dans les années 1930. En 1936 par exemple, la France compte 865 000 chômeurs, soit 4,5 % de la population active.

La croissance du salariat

• Le trait majeur des années 1850-1960 concerne la **hausse du nombre de salariés**, dans le secteur privé comme dans la fonction publique. Les indépendants (paysans, commerçants, professions libérales…) voient leur part régresser.
• Cette **recomposition de la population active** est le fruit des mutations économiques liées à l'industrialisation.

B Recul de la paysannerie et essor du monde ouvrier

Le recul de la paysannerie

• **Avec 9,3 millions de travailleurs, la France atteint en 1850 le maximum du nombre d'actifs agricoles de son histoire.**
• **Après cette date, la paysannerie recule**, à l'heure où la France s'industrialise et s'urbanise. La baisse des effectifs est modérée jusqu'en 1914, et elle touche surtout les ouvriers agricoles (doc 1), alors que les propriétaires-exploitants restent stables. Après 1920, elle s'accélère pour tous : 6,4 millions d'actifs en 1931, 5,5 en 1950, 4 en 1960.

L'essor du monde ouvrier

• **Entre 1850 et 1960, l'industrialisation de la France provoque l'essor rapide de l'emploi industriel.** La montée des ouvriers est le trait le plus marquant de l'évolution de la société française (de 4 millions en 1850 à 7 millions en 1960). Mais le monde ouvrier est très hétérogène : à côté des artisans, des ouvriers travaillant à domicile, des ouvriers-paysans exerçant leur emploi de manière saisonnière et des mineurs, on trouve des ouvrières et des ouvriers d'usine aux qualifications fort variées.
• **Après 1945, les ouvriers spécialisés sont très nombreux** dans la grande industrie. Travaillant dans les usines ayant adopté l'OST, mal payés, ils sont au bas de l'échelle sociale. Jeunes ruraux déracinés, femmes et immigrés composent l'essentiel des effectifs des OS.

Étrangers et immigrés, les bras de la croissance

• Dès le milieu du XIXe siècle, **le recours à la main-d'œuvre étrangère est indispensable** dans un pays qui se caractérise par sa faible fécondité et par la lenteur de son

VOCABULAIRE

• **Cadre**
Voir définition p. 52.

• **Chômage**
Voir définition p. 52.

• **Organisation scientifique du travail (OST)**
Ensemble des moyens et des procédés mis en œuvre dans les usines afin d'augmenter la production et la productivité. L'OST est née dans l'industrie automobile américaine au tout début du XXe siècle, avant de connaître un large succès durant tout le siècle.

• **Ouvriers spécialisés (OS)**
Ouvrier sans qualification travaillant dans une usine selon les principes de l'OST.

• **Population active**
Voir définition p. 52.

exode rural. Entre 1881 et 1938, le nombre d'étrangers est ainsi multiplié par trois, passant de 1 à 3 millions de personnes. Ils sont très majoritairement ouvriers, le plus souvent **confinés dans les secteurs les plus dévalorisés du marché de l'emploi**.

C La croissance du secteur tertiaire

• Le nombre d'actifs dans le secteur tertiaire passe de **3 millions de personnes en 1850 à 8,5 millions en 1960**. C'est un secteur en réalité très diversifié et en pleine recomposition.

Les domestiques, une catégorie qui s'efface

• **Tout au long du XIXe siècle, l'exode rural a accompagné l'essor de la domesticité urbaine.** Garçons et filles quittaient la campagne pour se faire embaucher comme valets et bonnes dans des maisons aristocratiques ou bourgeoises. Au début du XXe siècle, la domesticité masculine a pratiquement disparu ; cette profession en net recul s'est largement féminisée (doc 2).

La diversité du patronat

• **La bourgeoisie est une catégorie sociale aux contours flous**, composée de membres des professions libérales, de grands commerçants, de banquiers et d'assureurs. L'industrialisation dessine les contours d'une **nouvelle bourgeoisie, celle des patrons de l'industrie et du commerce** (comme Félix Potin) **et celle des grands entrepreneurs** comme les Michelin, Peugeot, Renault ou encore Citroën.

• **Les métiers du commerce sont très diversifiés. À partir de 1850, les commerces d'alimentation augmentent** (boucherie, boulangerie, cafés…). Après 1920, de nouveaux métiers apparaissent comme les salons de coiffure (doc 3). Le nombre de commerçants est stable des années 1880 à 1945 (environ 2,6 millions d'actifs). Il baisse par la suite assez rapidement en raison de la concurrence accrue de nouvelles formes de commerce (grands magasins).

• Ce monde des patrons, petits et grands, présente des **caractéristiques communes** : c'est un monde **masculin**, attaché à l'indépendance et à la liberté que la condition de non-salarié lui confère.

Les employés et les cadres

• L'industrialisation et l'urbanisation de la société suscitent de nouveaux besoins. **Les entreprises développent les bureaux** (secrétariat, gestion financière…). Les banques, les sociétés d'assurances, les grands magasins (Le Bon Marché en 1852, Les Galeries Lafayette en 1894) se multiplient. Dans le même temps, l'État républicain voit son rôle croître (santé, éducation), ce qui engendre des besoins nouveaux en personnel de la **fonction publique**.

• Entre 1876 et 1911, le nombre d'**employés** augmente de 30 000 par an. Parmi eux, on distingue à partir de la fin des années 1930 une catégorie supérieure, celle des **cadres**. Mais c'est après 1960 que leur progression sera la plus spectaculaire.

• Les femmes représentent 36,5 % des effectifs du **secteur tertiaire** en 1896, 42,4 % en 1955. Cette **féminisation du secteur tertiaire** concerne surtout les employés (secrétaire) et la fonction publique (institutrice, infirmière).

VÉRIFIEZ VOS CONNAISSANCES

1. Quelles sont les grandes évolutions qui affectent la population active entre le milieu du XIXe siècle et les années 1960 ?
2. Montrez en quelques lignes que le monde ouvrier est hétérogène.
3. Comment la tertiarisation de l'économie bouleverse-t-elle le monde du travail ?

VOCABULAIRE

• **Salariat**
Mode de rémunération par le salaire résultant d'un contrat de travail passé entre l'employeur et l'employé. Le salaire est le plus souvent versé de manière mensuelle au XXe siècle. Patrons et membres des professions indépendantes ne sont pas salariés.

• **Secteurs primaire, secondaire et tertiaire**
Voir définition de la population active p. 52.

2. *La domesticité*
Carte postale publicitaire pour une cuisinière au gaz, vers 1910.

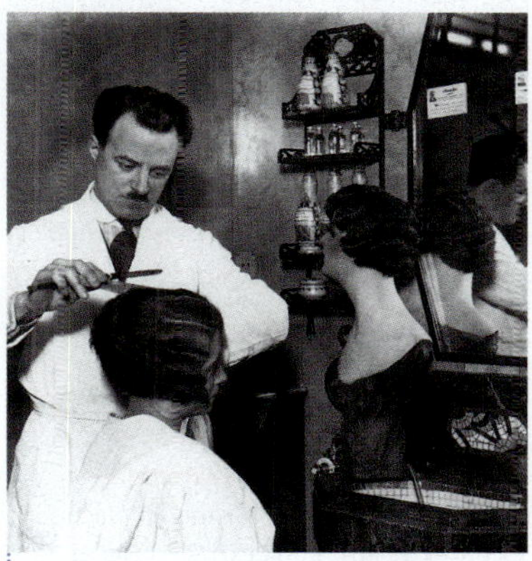

3. *La France des petits patrons*
• **Un coiffeur à l'ouvrage dans un salon de coiffure parisien, en mars 1929.**

COURS

2• Les mutations de la population active depuis les années 1960

REPÈRES p. 52-53
ÉTUDE p. 56-57
ÉTUDE p. 58-59
ÉTUDE p. 60-61
COURS p. 378-379

Comment caractériser les principales transformations de la population active des années 1960 à nos jours ?

A Croissance, féminisation et instabilité de l'emploi

La croissance de la population active

• On passe de 19,9 millions d'actifs en 1962 à 24,8 millions en 1990 et 27 millions aujourd'hui. Cette croissance s'explique par l'arrivée des *baby-boomers* sur le marché du travail, l'apport de la main-d'œuvre étrangère et, surtout, par l'essor de l'activité féminine salariée.

• Au début du XXIe siècle, **la population active vieillit**, mais elle n'a jamais été aussi productive et aussi qualifiée ; c'est le résultat des **progrès continus de la formation de la main-d'œuvre**.

• Le **temps de travail** hebdomadaire baisse, passant en moyenne de 40 à 35 heures entre 1960 et nos jours.

La féminisation de l'emploi

• **La montée de l'emploi féminin est engagée au début des années 1960.** Cette évolution, qui accompagne l'**émancipation des femmes**, est liée à des changements culturels et démographiques profonds, en premier lieu la baisse de la fécondité.

• Les femmes sont **de plus en plus nombreuses à occuper des postes d'encadrement**, mais elles sont également surreprésentées dans les emplois peu qualifiés de l'industrie ou des services.

• À niveau de qualification égal, elles restent par ailleurs **moins bien payées que les hommes**, les différences allant de 10 à 30 % selon les secteurs d'activité. Par ailleurs, leur carrière est en moyenne plus lente que celle des hommes et certains postes à responsabilité leur sont difficilement confiés.

L'instabilité de l'emploi

• Si **le salariat triomphe** à la fin du XXe siècle, **les statuts des travailleurs sont variés** et les **formes d'emploi instable** sont légion : travail à temps partiel non choisi, emploi temporaire (comme le CDD ou la mission d'intérim), emploi précaire, apprentissage, stage rémunéré ou non, autant de formules utilisées par les entreprises afin d'ajuster leur volume d'emploi aux besoins de la production.

• **Le chômage connaît une forte poussée** à partir des années 1970, à l'heure de la dépression (doc 1). Véritable fléau économique et social, le chômage n'est pas éradiqué aujourd'hui. Les ouvriers en sont les principales victimes (en 2009, 13,2 % de chômeurs ouvriers contre 9,1 % pour l'ensemble des actifs).

B De la fin des paysans à la fin des ouvriers ?

La fin des paysans ?

• Il s'agit du phénomène le plus spectaculaire ayant affecté la population active depuis 50 ans, d'une **rupture essentielle** dans un pays qui a longtemps exalté la figure du paysan et qui s'est urbanisé lentement au regard de ses voisins européens.

• **Le secteur primaire a considérablement reculé** et les actifs agricoles, qui étaient encore 6 millions en 1946, ne sont plus que 2 millions en 1970 et environ 800 000 aujourd'hui. **Cette évolution a été accompagnée par l'État et par l'Union européenne** (dans le cadre de la PAC) qui ont encouragé les départs en retraite et n'ont cessé de promouvoir une agriculture moderne et productive.

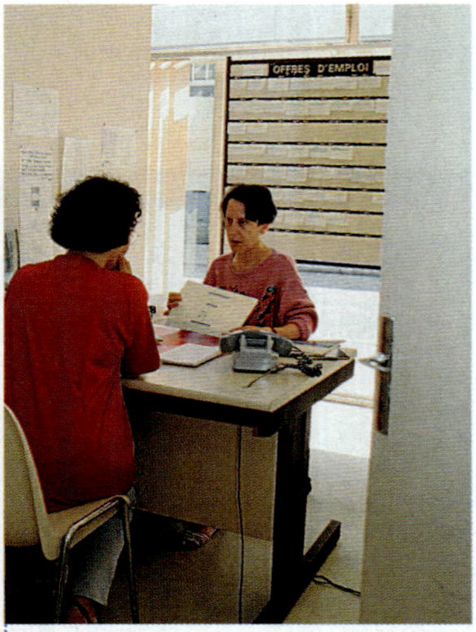

1. *L'augmentation du chômage*
• **L'ANPE (Agence nationale pour l'emploi) a été créée en 1967 pour aider les chercheurs d'emploi dans leurs démarches.**
Paris, 1991.

VOCABULAIRE

• ***Baby-boomers***
Enfants nés pendant la période dite de *baby-boom* (1945-1965) durant laquelle la France connaît une forte natalité.

• **CDD (contrat à durée déterminée)**
Contrat de travail établi pour une durée limitée définie entre l'employeur et le salarié ; s'oppose au CDI (contrat à durée indéterminée).

• **Désindustrialisation**
Processus économique qui marque le recul des activités industrielles dans une région ou dans un pays.

• **PAC (Politique agricole commune)**
Ensemble des dispositifs mis en place à partir de 1962 afin de moderniser et de dynamiser les agricultures des États membres de la construction européenne (CEE puis UE).

• **Le travail des paysans a changé** aussi, grâce à la mécanisation et à l'utilisation des nouvelles technologies, à l'insertion dans de véritables filières agro-alimentaires. Cherchant des revenus complémentaires, nombre d'agriculteurs diversifient aujourd'hui leurs activités.

Recul et recompositions du monde ouvrier

• L'emploi ouvrier connaît son **maximum historique en 1975**, avec **8,3 millions d'actifs.** Depuis, **les effectifs ne cessent de reculer** jusqu'à atteindre aujourd'hui 5,5 millions de travailleurs, soit environ 20 % de la population active.
• Cette baisse quantitative s'est accompagnée de **changements qualitatifs** : suivant les rythmes de l'industrialisation et les innovations, certains métiers ont disparu (par exemple, mineur) ou ont reculé (cheminot, métallurgiste), tandis que d'autres, le plus souvent **qualifiés**, se sont affirmés, ainsi dans les domaines des transports et de la logistique où **l'outil informatique bouleverse les pratiques** (doc 2).
• **La fracture s'est creusée** entre d'un côté les OS sans qualification qui exercent des métiers marqués par une forte pénibilité, et de l'autre les **ouvriers qualifiés, membres des professions intermédiaires**, les techniciens et contremaîtres, ces personnels qualifiés qui encadrent l'activité des autres travailleurs.

VOCABULAIRE

• **Professions intermédiaires**
Voir définition p. 53.
• **Tertiarisation**
Voir définition p. 52.

2. *La travail ouvrier à l'ère des hautes technologies*
• **Chaîne de montage de construction d'hélicoptères à l'usine Eurocopter de Marignane, 2009.**

C La tertiarisation accélérée de l'économie française

La société des services remplace la société industrielle

• **En 1974, la population active occupée dans le secteur tertiaire passe le seuil des 50 %** ; sa part ne cesse de progresser ensuite pour se porter à 77 % aujourd'hui. Cette évolution traduit l'inexorable mouvement de **désindustrialisation** qui a affecté l'ensemble des économies capitalistes avancées.
• Les années 1960 à 2000 sont marquées par l'**explosion des emplois de bureau et de services**, leur nombre doublant pour atteindre 7 millions de personnes. Les employés constituent le plus féminisé des groupes socioprofessionnels, avec plus de 75 % de femmes.
• L'**augmentation du nombre de fonctionnaires** (doc 3), l'**essor des professions intermédiaires et des ingénieurs**, le triomphe enfin de la **figure du cadre** témoignent aussi de la **tertiarisation de l'économie**.
• La tertiarisation entraîne la **formation d'une vaste nébuleuse sociale** aux contours flous et aux métiers fort variés que l'on nomme, faute de mieux, **classes moyennes**.

Des trajectoires contrastées pour les travailleurs indépendants

• On compte environ 2,3 millions de travailleurs indépendants en France, membres des professions libérales, exploitants agricoles, patrons de l'industrie du commerce ou des services.
• **Le nombre d'artisans et de petits commerçants a fortement reculé** dans la seconde moitié du XXᵉ siècle. Beaucoup ont été victimes du dépeuplement des campagnes ou des succès des grandes surfaces commerciales.
• Le début du XXIᵉ siècle semble marquer la **renaissance des travailleurs indépendants, particulièrement nombreux dans les services** (réparation ou assistance informatique par exemple) : le travail non salarié apparaît pour beaucoup comme une alternative au chômage.

3. *Des employés de la fonction publique : les postiers*

VÉRIFIEZ VOS CONNAISSANCES

1. Comment l'emploi féminin évolue-t-il entre 1960 et nos jours ?
2. Quelles évolutions le monde ouvrier connaît-il depuis les années 1960 ?
3. Quelles professions marquent la tertiarisation de l'économie française ?

Cinéma et monde ouvrier

Comment le cinéma met-il en scène le monde ouvrier ?

L'ESSENTIEL SUR... Le cinéma et le monde ouvrier

Héroïsme et émancipation des ouvriers

▶ Au XXe siècle, le cinéma met souvent en scène le monde ouvrier, sous forme de documentaires ou de fictions. C'est le cas par exemple des films de **Jean Renoir** ou de **René Clair**. Souvent engagés, ces films témoignent de la **sympathie des réalisateurs** pour un monde où **la misère, la pénibilité des tâches et les brimades renforcent les aspirations de la classe ouvrière à s'émanciper**. L'ouvrier est souvent présenté comme une **figure héroïque** de la société industrielle.

Un cinéma engagé à l'heure de la crise du monde ouvrier

▶ **À partir des années 1970, de nombreux films portent sur les difficultés du monde ouvrier** : tensions sociales exacerbées, précarité de l'emploi, risques de chômage, fermetures d'usines, régions sinistrées...

▶ **En 1976** par exemple, Armand Gatti réalise aux usines Peugeot de Montbéliard une série de 8 films, ***Le Lion, sa cage et ses ailes***, dans lesquels les travailleurs immigrés racontent les difficultés de leur quotidien.

▶ **En 2000, *Ressources humaines* de Laurent Cantet** montre les fortes tensions sociales dans une usine où se mettent en place les 35 heures sur fond de licenciement économique.

1 L'usine, le bagne

Quelques années après s'être rencontrés en prison, deux amis se retrouvent dans une usine. Mais ne supportant pas l'enfermement, les deux hommes repartent ensemble sur les routes. Ce film propose une réflexion sur les notions d'enfermement et de liberté. À nous la liberté *de René Clair, 1931.*

2 Jean Gabin, l'incarnation de l'ouvrier à l'écran

Jean Gabin (1904-1976) a souvent incarné les ouvriers à l'écran, ici dans *La Bête humaine*, film de Jean Renoir (1938) d'après l'œuvre d'Émile Zola (1890).

3 Les mineurs en lutte

Dans le Nord de la France, sous le Second Empire, la Compagnie des mines décrète une baisse des salaires, ce qui pousse les mineurs, encadrés et politisés, à entreprendre une grève qui échoue. La dignité humaine est au fond l'objet de la mobilisation ouvrière.
Germinal *de Claude Berri (1993), fiction d'après l'œuvre d'Émile Zola (1885).*

4 La fin d'un monde

Le 1er juillet 2005, le marteau-pilon n° 25 Schneider & Cie datant de 1867 cesse son activité à l'ancien atelier des forges de l'arsenal de Brest. Olivier Bourbeillon filme la dernière journée de trois hommes qui ont travaillé durant des années sur cette machine et recueille leur témoignage.
La Dernière Journée, *documentaire d'Olivier Bourbeillon (2005).*

Questions

• Présenter les œuvres

1. Faites une présentation de l'ensemble des documents.

• Analyser les œuvres

2. **DOC 1** Quelle opposition cette affiche et le thème du film mettent-ils en avant ? Comment l'interpréter dans le contexte du travail ouvrier des années 1930 ?

3. **DOC 2** Quelle image de l'ouvrier est ici mise en scène ? Justifiez votre réponse.

4. **DOC 3** Décrivez cette affiche. Identifiez les personnages de la scène du bas. Pourquoi s'en prendre à la machine ? Quel type d'action est ici mis en valeur ? En quoi est-ce une dénonciation ?

5. **DOC 4** Comment comprendre le titre du film : *La Dernière Journée* ? Décrivez cette photographie. Comment la machine et l'homme sont-ils présentés ?

• Faire le lien entre art et histoire

6. Replacez ces films dans une chronologie du travail ouvrier. Ne prenez pas en compte la date des films, mais la période qu'ils illustrent.

7. Quel rapport à la machine est suggéré pour chaque époque ?

8. En quoi ces films illustrent-ils les mutations du travail industriel ?

@ Pour aller plus loin

Concernant les relations entre cinéma et histoire, vous pouvez consulter :
– le site du ciné-club de Caen : http://www.cineclubdecaen.com/analyse/cinemaethistoire.htm
– le site de l'Académie de Strasbourg : http://www.ac-strasbourg.fr/sections/enseignements/secondaire/pedagogie/les_disciplines/histoire-geographie/cinema_histoire

ÉTUDE

L'immigration polonaise dans le Nord-Pas-de-Calais (1920-1939)

REPÈRES p. 52-53
COURS p. 72-73

La région Nord-Pas-de-Calais, très marquée par l'industrialisation depuis 1850, est une région d'immigration. Les Polonais, en particulier, y sont très nombreux : pendant l'entre-deux-guerres, près de 40 % des Polonais vivant en France y sont recensés. Ce grand flux est organisé par l'État français et les entreprises pour les besoins des mines de charbon. Ces hommes, recrutés sous contrat par les bureaux de la Société générale d'immigration (SGI), font souvent venir leur famille, mais sans l'intention de rester. Cependant, avec la crise des années 1930, un certain nombre d'entre eux, surtout les célibataires, sont expulsés de France.

Quelles sont les caractéristiques de l'immigration polonaise dans le Nord-Pas-de-Calais ?

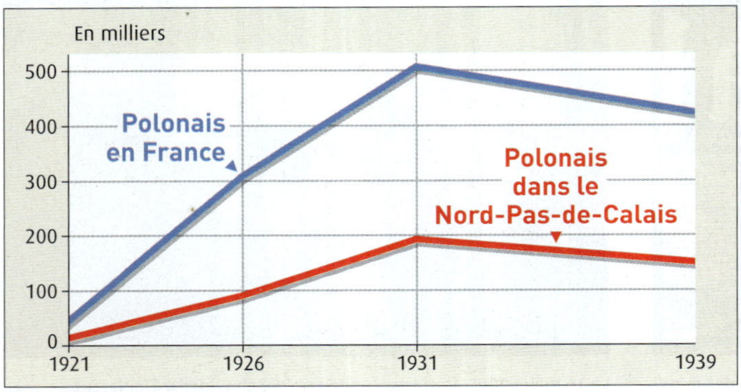

1 L'immigration polonaise

3 Des mineurs polonais

• **Mineurs embauchés par la Compagnie des mines de Lens le 2 octobre 1928. Dans la rangée du bas, on reconnaît des noms polonais.**

2 Le recrutement collectif en Pologne

En 1919, l'État français signe un accord avec l'État polonais. Par la suite, l'immigration est prise en charge par la Société générale d'immigration (SGI), créée en 1924. Cet organisme patronal est chargé d'organiser le recrutement des travailleurs étrangers. L'auteur de ce texte fait un reportage en 1929 sur le travail de la SGI en Pologne.

– Eh bien, dis-je, je viens vous voir pour que vous m'expliquiez l'usine[1] !

– Alors vous tombez bien. Elle est en plein rendement. Un convoi tous les six jours. Autant dire cinq trains spéciaux de 600 places à envoyer chaque mois. Paris est en ce moment d'une terrible exigence. Et les demandes affluent. (...)

« Je suis exportateur de Polonais. Il y a un marché du travail avec une offre et une demande, comme pour le caoutchouc, le cuivre ou le coton, j'expédie pour la France.

« (...) On fait entrer des hommes par groupes de vingt. Ils sont au moins mille qui patientent dehors. Des hommes de 20 à 30 ans (...). Une dactylo inscrit les noms, prépare les listes ; un sélecteur professionnel, à deux pas de là, examine, palpe, retourne, décide. Enfin le docteur, manches retroussées, ausculte l'homme nu, tranche en dernier ressort. Pas de varices, pas de hernies, pas de poitrines creuses : "Préparez vos papiers, en ordre : pièces d'identité et livret militaire."

Janine Ponty, *L'Immigration par les textes, France 1789-2002*, Belin, 2003.

1. *Les bureaux de la SGI.*

4 **Le maintien d'une forte identité polonaise**

• Réunion en 1935 d'une association de jeunesse polonaise à caractère religieux, fondée en 1930 à Montigny-en-Ostrevent (Nord).

Questions

▶ Les raisons de l'immigration polonaise en France et dans le Nord-Pas-de-Calais

DOC 1 **1.** Quelle est la période de forte immigration polonaise en France et dans le Nord-Pas-de-Calais ?

DOCS 2 ET 3 **2.** Quelles en sont les raisons ?

DOC 2 **3.** Quel est le rôle de la Société générale d'immigration ? **4.** Comment, d'après ce récit, les migrants sont-ils traités ?

▶ Les difficultés d'intégration des migrants

DOC 5 **5.** Les Polonais sont-ils intégrés à la population locale ?

DOCS 4 ET 5 **6.** En quoi la photographie illustre-t-elle le texte ?

DOCS 5 ET 6 **7.** Quelles sont les raisons qui expliquent les expulsions des années 1930 ?

DOC 5 **8.** Qu'est-ce qui montre, d'après ce témoignage, que finalement l'intégration a été réussie ?

▶ BILAN

À l'aide des documents et de vos réponses aux questions, expliquez pourquoi le Nord-Pas-de-Calais est une région de forte immigration polonaise et analysez les difficultés rencontrées par cette population.

5 **« La Pologne en France »**

Édouard Fiba est arrivé en France (Marles-les-Mines) en 1925 à l'âge d'un an et demi.

Ici, on aurait dit la Pologne en France. Le boulanger, l'épicier, les tailleurs, c'était tous des Polonais. Même les Français, par la force des choses, ils apprenaient un peu de polonais, surtout les enfants. Mon père, lui, il parlait un peu parce qu'au travail, c'était sous commandement français, alors à la longue, il apprenait. Mais pour dire de mener une conversation... Dans la rue ici, il y avait trois familles françaises sur vingt numéros. L'église Saint-Stanislas, là au coin, est polonaise. À Marles, sans exagérer, autour de l'église, on avait quatorze ou quinze sociétés de toute sorte : les scouts, les chorales, les tireurs, le théâtre. C'était gai. (...) Dans les corons, y' avait pas tant d'hostilité contre les Polonais, du fait qu'ils étaient majoritaires. Mais quand la crise s'est déclenchée, avec le chômage qui montait, je m'en souviens bien, en 1932, 33, 34, ils ont commencé à expulser les Polonais qui leur plaisaient pas. Pour avoir fait grève, pour ceci ou cela. (...)

À Marles, la polonité s'est estompée progressivement. La langue se perd à 90 %. Moi, j'ai continué à prendre le journal polonais de Lens, *Narodowiec*, en espérant que mes enfants s'intéresseraient, mais aujourd'hui, ils sauraient pas mener une conversation.

Témoignage recueilli par la Cité nationale de l'immigration, www.histoire-immigration.fr, © Atelier du Bruit/CNHI.

6 **L'expulsion des mineurs polonais en 1934**

• Une famille d'immigrés polonais expulsée de France pour avoir participé à une grève monte dans un train spécial les emmenant à la frontière polonaise. D'après les statistiques du ministère du Travail, près de 130 000 ouvriers polonais sont réacheminés vers l'Est entre 1931 et 1936.

ÉTUDE

L'immigration maghrébine en France pendant les Trente Glorieuses

REPÈRES p. 52-53
COURS p. 72-73

À partir des années 1950, l'expansion économique et le manque de main-d'œuvre rendent nécessaire un large recours à l'immigration. Elle se caractérise par l'arrivée massive des Algériens, suivie à la fin des années 1960 des Marocains et des Tunisiens. Ainsi, les Maghrébins passent de 2 % du total des étrangers en France en 1946 à près d'un tiers en 1975. Le ralentissement de la croissance change la donne et le gouvernement décide de suspendre l'immigration.

Comment s'organise l'immigration maghrébine en France pendant les Trente Glorieuses ?

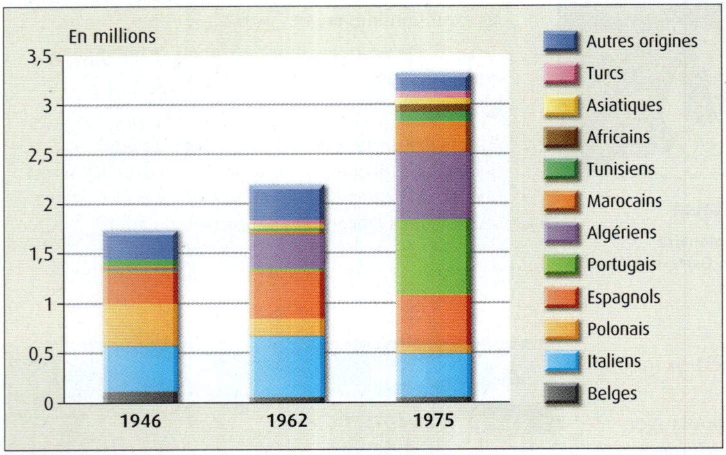

1 Origine de la population étrangère en France

2 Une immigration de travail au temps de la croissance

• Ouvriers sur le chantier de construction de la tour Montparnasse, 1971. En 1974, les étrangers constituent 7,3 % de la population active. 65 % d'entre eux travaillent comme ouvriers, le plus souvent non qualifiés, dans des usines ou dans le BTP.

3 Le choc de l'arrivée en France

Témoignage d'un jeune immigré originaire d'Algérie qui travaille comme ouvrier dans une entreprise de polissage de métaux située au nord de Paris.

Combien m'ont précédé, et depuis des temps immémoriaux. À commencer par mon frère, il compte maintenant plus de 40 ans en France. Mon père lui-même, en son temps, était déjà venu en France ; il a travaillé dans les mines de charbon du Nord et même en Belgique, il a connu l'époque où il y avait des chevaux au fond des mines, il en parlait toujours. (...) Moi, de la France, j'en ai entendu parler depuis que je suis né et tous les jours, dix fois par jour. C'est pour cela que je me la représentais autrement. (...)

Quelle France j'ai découverte ! Il faut arriver ici en France pour savoir la vérité. (...) Je garderai toujours en mémoire cette image de mon arrivée en France : on frappe à une porte, elle s'ouvre sur une chambre petite qui sent un mélange d'odeurs, l'humidité, l'atmosphère renfermée, la sueur des hommes endormis. Quelle tristesse ! Que de malheur dans leur regard, dans leur voix – ils parlaient à voix basse – dans leurs propos. Il m'a été donné de voir à partir de cela ce qu'est la solitude, ce qu'est la tristesse : l'obscurité de la chambre, l'obscurité de la rue, l'obscurité de toute la France, car dans notre France à nous, il n'y a que des ténèbres.

Interview réalisée par Abdelmalek Sayad, « El Ghorba, le mécanisme de reproduction de l'émigration », *Actes de la recherche en sciences sociale* n° 2, mars 1975.

4 Des conditions de vie difficiles

● Bidonville de Nanterre, 1969. À leur arrivée en France, les conditions de logement des immigrés se révèlent insuffisantes. Beaucoup s'entassent dans des chambres meublées, dans des dortoirs. D'autres se retrouvent dans des baraques de chantier voire des bidonvilles. En 1970, en région parisienne, on compte plus d'une centaine de bidonvilles.

5 Le regroupement familial

En 1974, peu après l'élection à la présidence de la République de Valéry Giscard d'Estaing, l'immigration des travailleurs est suspendue en raison de la crise. Cependant, pour permettre une meilleure intégration des étrangers déjà présents en France, le droit au regroupement familial est mis en place par le décret du 29 avril 1976.

Changer la société française, la rendre plus juste, plus généreuse, bâtir pour l'an 2000 une société d'égalité et une société de justice, c'est impossible si l'on exclut complètement les étrangers. Ce serait détruire l'âme de notre société, l'âme de la civilisation nouvelle que nous voulons bâtir, si nous laissons de côté ces très nombreux étrangers qui constitueraient des îlots de misère au milieu de notre prospérité. (...) Le souci du gouvernement est de faire que les immigrés bénéficient peu à peu de l'égalité la plus large, pratique dans les faits avec la population française, et en particulier en ce qui concerne leur droit à vivre normalement chez nous avec leur famille. Aujourd'hui, nous lançons une politique de l'immigration familiale qui va permettre aux immigrés de faire venir leur famille lorsque ces familles pourront convenablement s'insérer en France, lorsqu'elles auront un logement, lorsqu'elles pourront bénéficier d'un revenu stable. (...) À la fin de la politique spontanée, anarchique de l'immigration dans le monde des travailleurs correspond une immigration organisée, maîtrisée, dans le domaine de l'immigration familiale. Ne viendront que les familles qui pourront être convenablement insérées dans nos villes.

Le secrétaire d'État aux Travailleurs immigrés Paul Dijoud, interviewé le 29 avril 1976 au journal télévisé de TF1.

QUESTIONS

▶ Une immigration de travail

DOC 1 **1.** Montrez qu'il y a une forte croissance de la population étrangère en France entre 1946 et 1975. **2.** Quelle est l'évolution de la part des Maghrébins par rapport au nombre d'étrangers ?

DOCS 1 ET 2 **3.** Qu'est-ce qui explique l'accélération de l'immigration entre 1946 et 1975 ?

DOC 3 **4.** Montrez, d'après ce témoignage, l'ancienneté de la venue des Algériens en France.

▶ Conditions de travail, conditions de vie

DOCS 3 ET 4 **5.** Pourquoi l'arrivée en France est-elle difficile ?

DOCS 2 ET 3 **6.** Quel type de travail est effectué le plus souvent par les immigrés du Maghreb ?

DOC 5 **7.** Quelles sont les conditions posées au regroupement familial ? **8.** Comment l'auteur justifie-t-il la politique du gouvernement ?

▶ BILAN

À l'aide des documents et de vos réponses aux questions, décrivez les conditions de l'immigration maghrébine pendant les Trente Glorieuses.

COURS

3• L'immigration et la société française au XXe siècle

REPÈRES p. 52-53
ÉTUDE p. 68-69
ÉTUDE p. 70-71

Quelle est la place de l'immigration dans la société française au XXe siècle ?

1. *Évolution du nombre d'étrangers en France depuis 1921 (en millions)*

1921	1,5	1968	2,6
1926	2,4	1975	3,4
1931	2,7	1982	3,7
1946	1,7	1990	3,6
1954	1,8	1999	3,3
1962	2,2	2006	3,5

A 1900-1945 : une immigration européenne

Un pays ouvert à l'immigration (1900-1930)

• À la fin du XIXe siècle, alors que la croissance économique est forte, la France manque de main-d'œuvre en raison d'une faible natalité et des effets de la Première Guerre mondiale. L'immigration est alors essentiellement **européenne**. Il s'agit de **populations pauvres d'origine rurale**, employées majoritairement par le secteur industriel, l'agriculture (comme ouvriers agricoles), puis le petit commerce.

• Ces immigrés se trouvent surtout en **région parisienne** et en **Lorraine** (Italiens travaillant dans la métallurgie). Après 1920, l'État organise avec les industriels l'arrivée de **Polonais pour les mines de charbon du Nord-Pas-de-Calais.** En 1911, la France compte 1,1 million d'étrangers ; en 1931, ils sont près de 3 millions, soit 7 % de la population.

• La France accueille également des **réfugiés politiques** : Arméniens victimes du génocide en 1915, républicains espagnols fuyant la guerre civile à la fin des années 1930 (doc 2)...

• Dans un premier temps, et souvent parce qu'ils conservent un espoir de retour, **les immigrés gardent leur nationalité. Ils vivent entre eux, ont leurs propres associations et journaux, pratiquent leur langue d'origine.** Cependant, beaucoup d'entre eux fondent une famille en France et finissent par s'intégrer. Il faut donc bien distinguer désormais les **étrangers** et les **immigrés**.

Le rejet des étrangers dans les années 1930

• À partir de 1931, **la France est touchée par la crise économique mondiale.** Sous la pression d'une partie de l'opinion gagnée à la xénophobie, le gouvernement limite les entrées et organise des **expulsions.** Dans l'industrie, les licenciements touchent en priorité les étrangers. Dans ces conditions, la population étrangère baisse, passant de 2,7 millions en 1931 à 2,4 millions en 1936.

• Pendant la Seconde Guerre mondiale, **le gouvernement de Vichy mène une politique d'exclusion. En 1940, une loi interdit certains emplois publics à des enfants nés de père étranger, des milliers de personnes récemment naturalisées perdent leur nationalité française.** Enfin, alors que le régime de Vichy prône l'antisémitisme, il vise particulièrement les Juifs étrangers. Ils sont ainsi majoritairement touchés par les rafles et les déportations vers les camps d'extermination.

B 1945-1975 : une forte poussée de l'immigration

Une immigration économique pendant les Trente Glorieuses

• À partir des années 1950, **la croissance économique accroît les besoins en main-d'œuvre**, d'autant plus que la guerre d'Algérie prive la France d'environ 500 000 jeunes partis combattre en 1956. Dans ce contexte, l'appel à la main-d'œuvre est considéré par l'État comme un impératif. L'**Office national d'immigration** signe des accords avec de nombreux pays (Espagne, Portugal, Maroc, Algérie après 1962), mais la plupart des entrées se font librement.

• Les immigrés se retrouvent très majoritairement dans l'**industrie** où ils occupent des **postes peu qualifiés** (manœuvres, OS dans l'automobile), mal payés et dange-

VOCABULAIRE

• **Beur**
Terme qui désigne familièrement les « deuxièmes générations » des immigrés du Maghreb, c'est-à-dire les enfants nés en France.

• **Étranger**
Personne qui n'a pas la nationalité du pays dans lequel il réside.

• **Immigré**
Personne née étrangère à l'étranger et résidant en France, même si elle a acquis la nationalité française entre-temps.

• **Intégration**
Processus qui vise à insérer chaque individu dans la société d'accueil par le brassage de l'école, de l'emploi, du mariage, etc.

• **Regroupement familial**
Possibilité pour un travailleur de faire venir sa femme et ses enfants dans le pays où il séjourne, au nom du droit à vivre en famille.

reux (le bâtiment par exemple). Mais ils sont aussi présents dans les services (petit commerce, personnel de service comme les femmes de ménage) et l'agriculture (notamment les Espagnols dans le sud de la France).

Des origines renouvelées

- La répartition par nationalités se transforme. Les **Portugais** connaissent la progression la plus spectaculaire (20 000 en 1954, 760 000 en 1974). Ils sont suivis par les Algériens (711 000 en 1974), les Italiens, les Espagnols, les Marocains et les Tunisiens. Au total, les étrangers sont **3,4 millions en France en 1975, soit 6,5 % de la population.**
- **Leurs conditions de vie sont difficiles** car ce sont le plus souvent, en particulier pour les immigrés maghrébins, des hommes seuls venus pour le travail qui sont logés dans des foyers de travailleurs ou même des bidonvilles.

2. *Les réfugiés politiques*

Des réfugiés espagnols traversent la ville d'Argelès-sur-Mer pour se rendre à Collioure à la fin de la guerre d'Espagne, 1939.

C Depuis 1975, les immigrés victimes de la « croissance dépressive »

La rupture des années 1970

- **Dès juillet 1974, avec la crise économique, le gouvernement suspend l'immigration.** Les entrées se poursuivent néanmoins, moins nombreuses, soit au titre du **regroupement familial**, soit **clandestinement**, ce qui oblige les gouvernements à régulariser périodiquement ces « sans-papiers ». Enfin, les **réfugiés politiques** sont toujours autorisés à s'installer.
- Les immigrés originaires d'Afrique du Nord, d'Afrique noire ou d'Asie sont plus nombreux, tandis que **la part des Européens recule**. Le nombre global des étrangers augmente peu à partir de 1974, mais un grand nombre deviennent français (par mariage ou naturalisation). Se pose donc désormais plus qu'auparavant la question de l'**intégration** pour des populations moins souvent européennes.

L'intégration en question

- Les immigrés, majoritairement ouvriers, sont **particulièrement touchés par le chômage et la pauvreté**. En 1993, ils forment 5,8 % des salariés mais rassemblent 12 % des chômeurs. Ils se concentrent dans des quartiers souvent en mauvais état et loin des centres. Les **violences urbaines** récurrentes (1981, 2005) illustrent le malaise de ces populations, notamment des plus jeunes.
- La crise économique alimente une **nouvelle poussée de l'extrême-droite xénophobe** qui rend les immigrés, principalement d'origine nord-africaine, responsables du chômage et gagne des voix aux élections depuis 1984.
- Pourtant, au XXe siècle, les vagues successives d'immigrés se sont intégrées et le phénomène se poursuit aujourd'hui pour les populations non européennes. Le pourcentage de mariages mixtes ne cesse de croître, la pratique de la langue étrangère recule chez les plus jeunes, majoritairement Français. Face aux difficultés auxquelles ils se heurtent, les enfants d'immigrés manifestent en 1983 au nom de l'égalité en organisant la « marche des **Beurs** » (doc 3). Enfin, le parcours de certaines personnalités offre des exemples réussis d'intégration par le sport, la littérature, les affaires…

3. *Affiche pour la « marche des Beurs » en 1983*

VÉRIFIEZ VOS CONNAISSANCES

1. Quelles sont les différentes vagues migratoires en France au XXe siècle ?
2. Dans quels métiers retrouve-t-on principalement les immigrés ? Donnez des exemples.
3. Pourquoi l'intégration est-elle un enjeu depuis les années 1970 ?

RÉVISIONS

Mutations des sociétés depuis 1850

Les points clés du cours

1. Les mutations de la population active en France de 1850 aux années 1960

- **Entre 1851 et 1962, la population active progresse** et se stabilise autour de 20 millions de personnes.
- **Très modéré entre 1850 et les années 1960, le chômage connaît des périodes de flambée** qui correspondent aux périodes de dépression économique, dans les années 1880 ou dans les années 1930.
- **Alors que la paysannerie recule, le monde ouvrier ne cesse de progresser** dans une France qui s'industrialise.
- Bourgeois ou membres des classes moyennes, les **patrons du commerce et de l'industrie** sont les fers de lance de la croissance de l'économie française.
- **Le nombre d'actifs dans le secteur tertiaire ne cesse de progresser**, passant de 3 millions de personnes en 1850 à 8,5 millions en 1960 ; c'est un monde du travail qui se féminise tout le long de cette période.

2. Les mutations de la population active en France depuis les années 1960

- **La croissance de la population active** s'explique par l'arrivée des *baby-boomers* sur le marché du travail, par l'apport de la main-d'œuvre étrangère et, surtout, par le décollage de l'activité féminine salariée.
- **Les femmes sont particulièrement nombreuses dans le secteur tertiaire**, en constante augmentation.
- Cette période est marquée par le **recul rapide de la paysannerie** et d'importantes **recompositions dans le monde du travail ouvrier**.
- La **tertiarisation de l'économie** s'accélère. En témoignent **l'explosion des emplois de bureau et de services, l'augmentation du nombre de fonctionnaires, l'essor des professions intermédiaires et des ingénieurs**, le triomphe enfin de la **figure du cadre**.

3. Immigration et société française au XXe siècle

- **Jusqu'en 1931**, les besoins en industrie et la dénatalité expliquent le **recours, encouragé par l'État, à une main-d'œuvre étrangère d'origine européenne, principalement**. Dans les années 1930, la crise économique entraîne le rejet des étrangers.
- **Entre 1945 et 1975**, la **croissance des Trente Glorieuses** entraîne l'**augmentation de l'immigration**. Majoritairement d'origine **portugaise** puis **maghrébine**, les immigrés sont surtout employé dans l'**industrie**.
- **Après 1974**, avec la crise économique, **l'immigration est stoppée**, à l'exception de celle effectuée au titre du regroupement familial. Les populations immigrées des années 1960-1970 se heurtent à des **difficultés** et parfois à l'intolérance, **mais s'intègrent progressivement** à la société.

Les mots clés

Évolution de la population active

- Chômage → p. 53
- Désindustrialisation → p. 64
- Population active → p. 52
- Salariat → p. 63
- Tertiarisation → p. 52

Immigration

- Immigré → p. 72
- Intégration → p. 72
- Regroupement familial → p. 72

Les chiffres clés

Évolution de la population active

- Près de 17 millions d'actifs en 1851, 28 millions en 2010.
- 9,3 millions d'actifs agricoles en 1851, 6 millions en 1936, 800 000 en 2010.
- 4,3 millions d'ouvriers en 1851, 8,3 millions en 1974, 5,8 millions en 2010.
- 4 millions de cadres et employés en 1954, 11,6 millions en 2010.
- 793 000 chômeurs en 1974, environ 2 millions en 2010.

Immigration

- 1,5 millions d'étrangers en 1921, 2,5 millions en 1926, 3,4 millions en 1974, 3,6 millions en 2010.
- Les étrangers représentent 3,9 % de la population totale en 1921, 6,5 % en 1974 et 5,8 % en 2010.

Les dates clés

1850-1921	France majoritairement agricole
1921-1974	France majoritairement industrielle
Depuis 1974	France majoritairement tertiaire
Années 1880	Début de la première vague d'immigration en France
Années 1950	Début de la seconde vague d'immigration en France
1974	Arrêt de l'immigration officielle pour le travail

Les femmes dans l'agriculture française

ACTIVITÉ B2i

Étape 1

Rendez-vous sur le site des statistiques agricoles du ministère de l'Agriculture : http://www.agreste.agriculture.gouv.fr/

Étape 2

Dans la rubrique « Publications », cliquez sur « GraphAgri », puis « GraphAgri France 2010 », puis « Population agricole », et enfin téléchargez le dossier pdf « Population rurale et population active ».

Étape 3

Lisez aux pages 38, 40 et surtout 41 les données concernant le travail des femmes en agriculture depuis la fin des années 1980.

Étape 4

Rédigez ensuite une courte note de synthèse montrant comment le travail des femmes dans l'agriculture française a évolué depuis la fin des années 1980.

Pour aller plus loin

Livres

Ouvrages généraux

- G. Noiriel, *Les Ouvriers dans la société française, XIXe-XXe siècles*, Seuil, 1986 et *Longwy, Immigrés et prolétaires 1880-1980*, PUF, 1984.
- S. Schweitzer, *Les femmes ont toujours travaillé. Une histoire du travail des femmes aux XIXe et XXe siècles*, Odile Jacob, 2002.

Deux témoignages sur le travail ouvrier

- G. Navel, *Travaux*, Stock, 1945.
- S. Veil, *La Condition ouvrière*, Gallimard, 1951.

Sur l'immigration

- J. Ponty, *Les Polonais du Nord ou la mémoire des corons*, Autrement, 1995.
- E. Temime, *France, terre d'immigration*, « Découvertes », Gallimard, 1999.
- P. Blanchard, N. Bancel, *De l'indigène à l'immigré*, « Découvertes », Gallimard, 1998.

Films

- Le premier film de l'histoire du cinéma, réalisé à Lyon par les frères Lumière en 1895, *La Sortie des usines Lumière*.
- *À nous la liberté*, de René Clair, 1931.
- *La Bête humaine*, de Jean Renoir, 1938.
- *Une Époque formidable*, de Gérard Jugnot, 1991.
- *Germinal*, de Claude Berri, 1993.
- *Ressources humaines*, de Laurent Cantet, 2000.
- *La Dernière Journée*, documentaire d'Olivier Bourbeillon, 2005.

À visiter

- Le site de l'INSEE fournit de nombreuses statistiques et propose des études permettant de mesurer et de comprendre les évolutions de la population active au XXe siècle : www.insee.fr
- Le site de la Cité nationale de l'immigration regroupe de nombreuses informations sur l'histoire de l'immigration en France : http://www.histoire-immigration.fr

MÉTHODE

Expliquer un texte de loi

Une loi est un texte officiel qui a pour but d'organiser la société, soit en interdisant, soit en permettant. Dans une démocratie, elle se veut l'expression de la volonté générale : la loi est donc une source importante pour l'historien, car elle témoigne des règles qu'une société veut voir respectées à un moment donné.

Les éléments qui font de ce texte une loi.

Les signes du caractère contraignant de la loi.

Description des situations où elle s'applique.

Définition des bénéficiaires de la loi.

Catégories de personnes à qui la loi s'impose.

Le Sénat et la Chambre des députés ont adopté, le Président de la République promulgue la loi dont la teneur suit :

Section Ire : Dispositions générales – âge d'admission – durée du travail

Article 1er. – Le travail des enfants, des filles mineures et des femmes dans les usines, manufactures, mines, minières et carrières, chantiers, ateliers et leurs dépendances, de quelque nature que ce soit, publics ou privés, laïques ou religieux, même lorsque ces établissements ont un caractère d'enseignement professionnel ou de bienfaisance, est soumis aux obligations déterminées par la présente loi. Toutes les dispositions de la présente loi s'appliquent aux étrangers travaillant dans les établissements ci-dessus désignés (...).

Article 2. – Les enfants ne peuvent être employés par des patrons ni être admis dans les établissements énumérés dans l'article 1er avant l'âge de treize ans révolus. (...)

Article 3. – Les enfants de l'un et l'autre sexe âgés de moins de seize ans ne peuvent être employés à un travail effectif de plus de dix heures par jour. Les jeunes ouvriers ou ouvrières de seize à dix-huit ans ne peuvent être employés à un travail effectif de plus de soixante heures par semaine, sans que le travail journalier puisse excéder onze heures. Les filles au-dessus de dix-huit ans et les femmes ne peuvent être employées à un travail effectif de plus de onze heures par jour. (...)

Article 4. – Les enfants âgés de moins de dix-huit ans, les filles mineures et les femmes ne peuvent être employées à aucun travail de nuit dans les établissements énumérés à l'article premier.

Section VI : Inspection

Article 17. – Les inspecteurs du travail sont chargés d'assurer l'exécution de la présente loi. (...)

Section VIII : Pénalités

Article 26. – Les manufacturiers, directeurs ou gérants d'établissements visés par la présente loi, qui auront contrevenu aux prescriptions de ladite loi (...), seront poursuivis devant le tribunal de simple police et passibles d'une amende de 5 à 15 francs. L'amende sera appliquée autant de fois qu'il y aura de personnes employées dans les conditions contraire à la présente loi.

Loi du 2 novembre 1892 sur le travail des enfants, des filles et des femmes dans les établissements industriels.

QUESTIONS

1. Présentez le document.
2. Qui est concerné par cette loi ?
3. Montrez que cette loi introduit des avancées essentielles dans le monde du travail.
4. Quelles sont les décisions prises pour permettre l'application de cette loi ?
5. Que révèle cette loi des conditions du travail en France à la fin du XIXe siècle ?

Méthode générale

1 Présenter un texte de loi

- Sa désignation par son **objet** et une **date précise** (elle peut aussi porter un numéro ou le nom de son rapporteur).
- Son élaboration est **très codifiée** : les étapes de sa création et de son application sont toujours précises, et diffèrent selon les pays et les régimes politiques.
- **La loi est contraignante** : relever dans le texte les signes qui montrent qu'elle a vocation à être respectée.

2 Analyser l'objet de la loi

- Identifier la **situation** et les **personnes visées par la loi** (portée générale ou particulière, société tout entière ou groupes précis...).
- Relever et analyser les **règles imposées par la loi** (interdiction ou autorisation, protection, punition...).
- **Expliquer les motifs de l'adoption d'une loi** : pourquoi apparaît-elle nécessaire à un moment donné ? Pour cela, il est impératif de faire appel à ses connaissances pour la replacer dans son contexte historique.

3 Expliquer la portée d'une loi

- Montrer si cette loi témoigne d'une **évolution plus générale de la société**, en faisant référence à d'autres signes de changement.
- Évaluer les **conséquences** et les **limites** de cette loi, en analysant **les conditions et le succès de son application**.

Application guidée

Question 1. Présentez le document.

Conseil : Reportez-vous aux passages surlignés en vert et en orange.

Info : Sous la IIIe République, une loi doit avoir été discutée et adoptée dans les mêmes termes par les deux assemblées et être promulguée par le président de la République pour être appliquée.

Question 2. Qui est concerné par cette loi ?

Conseil : Reportez-vous aux passages surlignés en rose et en violet, et expliquez pourquoi la loi regroupe ces différentes catégories de travailleurs.

Question 3. Montrez que cette loi introduit des avancées essentielles dans le monde du travail.

Conseil : Utilisez différents critères (âge des travailleurs, temps et organisation du travail) et aidez-vous de l'étude p. 54-55.

Question 4. Quelles sont les décisions prises pour permettre l'application de cette loi ?

Info : Institués en 1842, les inspecteurs du travail ne sont pas très nombreux en 1892.

Question 5. Que révèle cette loi des conditions de travail en France à la fin du XIXe siècle ?

Conseil : Montrez qu'elle témoigne à la fois de la pénibilité du monde du travail et de la volonté croissante de l'État de l'encadrer.

exercice d'application

Utilisez la méthode fournie pour expliquer le document 2 p. 366 (Loi de séparation des Églises et de l'État de 1905).

1. Présentez le document.
2. Qui est concerné par cette loi ?
3. Quel est l'objectif principal de cette loi ? Expliquez.
4. Comment s'organise la mise en œuvre de la loi ?

BAC

Composition

Point méthode — Analyser le sujet et élaborer la problématique

Construire une composition consiste à rédiger une réponse argumentée au sujet proposé. Il est donc nécessaire de faire une analyse précise et rigoureuse de ce sujet, qui déterminera en grande partie la qualité et la justesse de votre argumentation.

Ce terme établit l'**objet de votre réflexion**. Vous devez donc le définir avec précision, pour éviter toute erreur dans les thèmes à étudier :
- Il ne s'agit pas d'étudier le travail en général ni la population active dans son entier (les paysans et les actifs du secteur tertiaire ne sont donc pas concernés).
- Il ne faut pas non plus considérer le travail ouvrier comme un ensemble uniforme, mais l'envisager dans sa diversité, en analysant points communs et différences.

Cette partie du sujet indique les **bornes chronologiques** de votre réflexion. Il vous faut donc réfléchir aux **caractéristiques majeures du travail ouvrier en France dans cette période** :
- Il est au cœur de la croissance française jusqu'en 1914.
- Il est alors progressivement bouleversé par l'organisation scientifique du travail (OST).
- Depuis les années 1960, le monde ouvrier est confronté à des crises.

SUJET Les évolutions du travail ouvrier en France du milieu du XIXe siècle à nos jours

Ce terme montre que vous devez non seulement repérer les principales mutations du travail ouvrier dans la période indiquée par les bornes chronologiques du sujet, mais aussi identifier leurs causes et envisager leurs conséquences. Aidez-vous pour cela de la chronologie indicative qui accompagne le sujet.

Ce lieu donne le **cadre du sujet** : il indique les **limites spatiales de votre réflexion**. Il faut donc veiller à préciser si les mutations que vous présentez concernent l'ensemble du territoire français, ou des espaces particuliers.

CHRONOLOGIE

1864	Obtention du droit de grève
1884	Liberté syndicale
1914-1945	Progrès de l'organisation scientifique du travail (OST) en France
1936	Grèves et Front populaire
1968	Les ouvriers au cœur du mouvement social de mai
1974	Apogée du monde ouvrier (8,3 millions de travailleurs, 38,5 % de la population active)
1990	On compte 6,6 millions d'ouvriers (29,4 % de la population active)
2008	On compte 5,8 millions d'ouvriers (20,1 % de la population active)

Méthode générale

Application guidée

1 Définir les termes du sujet

- Identifier les **indications spatiales et chronologiques proposées par le sujet** : elles définissent le cadre dans lequel la réflexion doit être menée. Ce cadre doit être exposé et respecté.
- Relever les **mots clés** qui constituent le sujet. Pour comprendre le sens de chacun d'eux, il est nécessaire de prendre le temps, au brouillon, d'en **rédiger une définition précise et de noter les notions et les thèmes qui lui sont associés**. Pour cela, il faut identifier la partie du programme à laquelle se réfère le sujet, et faire appel à ses connaissances.
- Relever, si nécessaire, la manière dont ces mots clés sont **mis en relation** (opposition, comparaison...).

- Relevez les bornes chronologiques et spatiales du sujet.
- Proposez une définition pour chacun des termes importants du sujet.
- Quels sont les thèmes abordés dans le chapitre 2 qui ne doivent pas être étudiés dans cette composition ?

Conseil

Pour répondre à ces questions, aidez-vous des explications autour du sujet et du vocabulaire des p. 62 à 65.

2 Construire la problématique

- La problématique est la ou les questions que pose le sujet : elle expose un problème historique particulier. La composition doit, par son organisation et les connaissances qu'elle présente, **permettre d'y répondre**. Elle est donc obligatoire, et doit être présentée dans l'introduction de la manière la plus précise possible.
- L'analyse des termes du sujet et de leur mise en relation permet de dégager la problématique. Il faut aussi se référer aux **problématiques plus générales étudiées dans le chapitre correspondant**, tout en veillant à ne pas dépasser les bornes posées par le sujet.

- Expliquez quelle problématique, parmi celles qui sont proposées ci-dessous, vous paraît la plus adaptée au sujet :

1. En quoi les mutations du monde ouvrier témoignent-elles, entre essor, diversification et crises, des transformations des modes de travail en France du milieu du XIXe siècle à nos jours ?

2. Comment le travail ouvrier en France évolue-t-il à partir du XIXe siècle ?

3. Le travail ouvrier en France évolue-t-il de la même manière que les autres types d'activité du XIXe siècle à nos jours ?

Conseil

La problématique ne doit pas être une simple reprise du sujet : pour réaliser votre choix, aidez-vous des explications autour du sujet.

autres sujets

- **Les femmes dans la population active du milieu du XIXe siècle à nos jours**
- **La tertiarisation de l'économie et de la société françaises du milieu du XIXe siècle à nos jours**
- **Étrangers et immigrés en France au XXe siècle**

PARTIE 2

La guerre au XXe siècle

Le XXe siècle inaugure une nouvelle ère dans l'histoire de la guerre : celui de la guerre mondiale, de la guerre totale mais aussi de la guerre idéologique. Avec les deux Guerres mondiales, puis avec la Guerre froide, les combattants sont les acteurs de conflits d'une violence inédite tandis que les civils sont désormais des cibles de ces affrontements. Parallèlement, les sociétés sont soumises à des propagandes intenses qui visent à diaboliser l'adversaire et à faire la promotion de son propre système politique. À la fin du siècle, le terrorisme devient le symbole de nouvelles formes de conflictualités qui amènent les États à repenser leur manière de faire la guerre.

En quoi le XXe siècle est-il le théâtre des mutations des formes de la guerre ?

1 Des combats d'une violence inédite

• Les champs de bataille de la Première Guerre mondiale témoignent de la violence des combats, liée notamment à l'utilisation massive des bombardements. Les hommes disparaissent, comme happés par la terre retournée.
Le Chemin des mules, *Huile sur toile de John Nash, 1918, Imperial War Museum, Londres.*

2 Un conflit armé au temps de la Guerre froide : la guerre du Vietnam

• Entre 1964 et 1973, les États-Unis interviennent militairement au Vietnam. Ils soutiennent le Sud-Vietnam pour empêcher le régime communiste du Nord-Vietnam soutenu par l'URSS, de conquérir l'ensemble du pays. En 1973, vaincus, ils se retirent.
Vietnam, 1968.

3 Le terrorisme, une nouvelle forme de conflictualité

• Les ruines du *World Trade Center* à New York quelques jours après le 11 septembre 2001. L'attaque terroriste lancée par Al Qaida sur New-York et le Pentagone (ministère de la Défense des États-Unis) devient le symbole d'un monde instable et dangereux marqué par des conflits d'un type nouveau.

CHAPITRE 3

Les guerres mondiales au XXe siècle

Les deux guerres mondiales (1914-1918 et 1939-1945) marquent l'entrée de l'humanité dans l'ère de la « guerre totale ». Par la durée, l'étendue des opérations et des populations touchées (civils comme militaires), mais aussi par l'ampleur de la mobilisation économique et idéologique, elles acquièrent un caractère inédit. Ces deux guerres, qui causent respectivement environ 13 et 60 millions de morts, voient en effet le déchaînement d'une violence inconnue, les belligérants mettant tout en œuvre pour anéantir leurs adversaires.

Pourquoi peut-on définir les deux guerres mondiales comme des guerres totales, des guerres d'anéantissement ?

1 L'ère de la mort de masse

La mort dans les tranchées : l'obus (1915)

● La Première Guerre mondiale inaugure la dépersonnalisation des combats : quelle que soit la valeur physique et le courage des combattants, tous peuvent mourir à la suite d'un tir d'obus.
Soldats allemands dans une tranchée, France, entre 1914 et 1916.

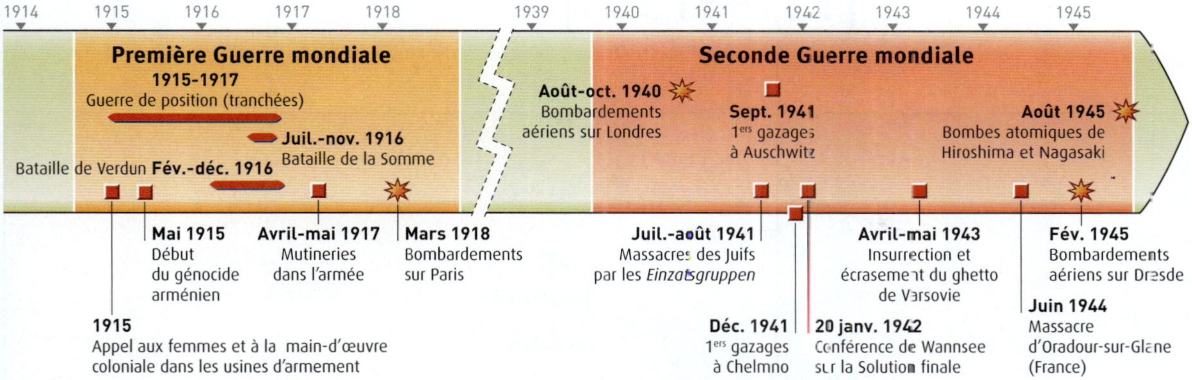

2 Les Juifs victimes de la barbarie nazie

Rafle dans le ghetto de Varsovie (1943)

● Le ghetto de Varsovie, ouvert en 1940 au centre de la ville, est quasiment détruit en mai 1943 après l'insurrection de ses occupants contre les nazis. Ceux qui ne sont pas tués sur place sont déportés dans des camps.

REPÈRES

La Première Guerre mondiale (1914-1918)

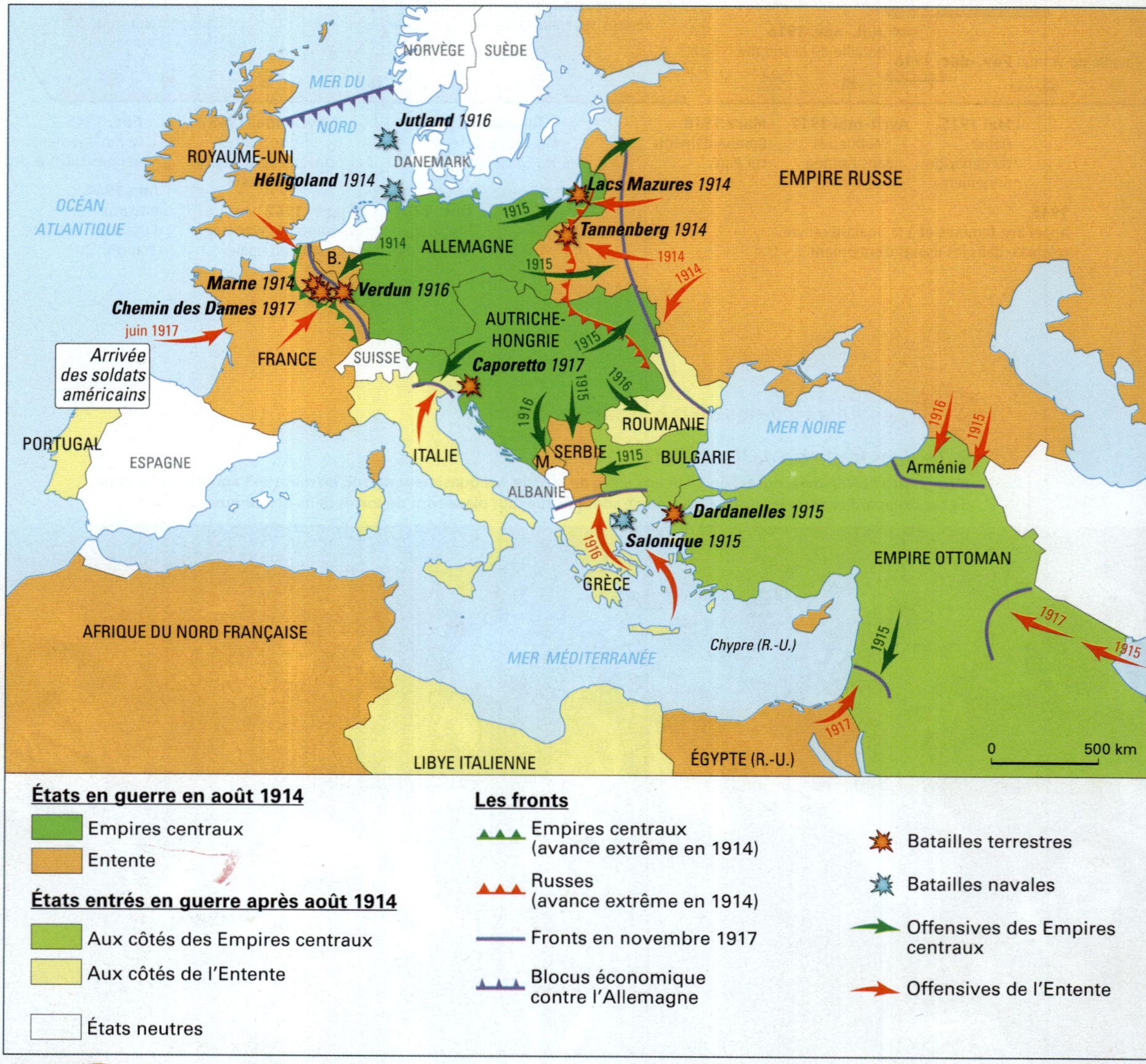

1 Les fronts de 1914 à 1917

Questions

DOC 1 **1.** Rappelez quels sont les États composant l'Entente et ceux de l'Alliance. **2.** Quels sont les différents fronts ? **3.** Comment les États de l'Entente comptent-ils faire céder les Empires centraux ? **4.** Montrez que les fronts se sont rapidement stabilisés.

DOC 2 **5.** Comment les fronts évoluent-ils en 1918 ? **6.** Comment expliquez-vous ces évolutions ?

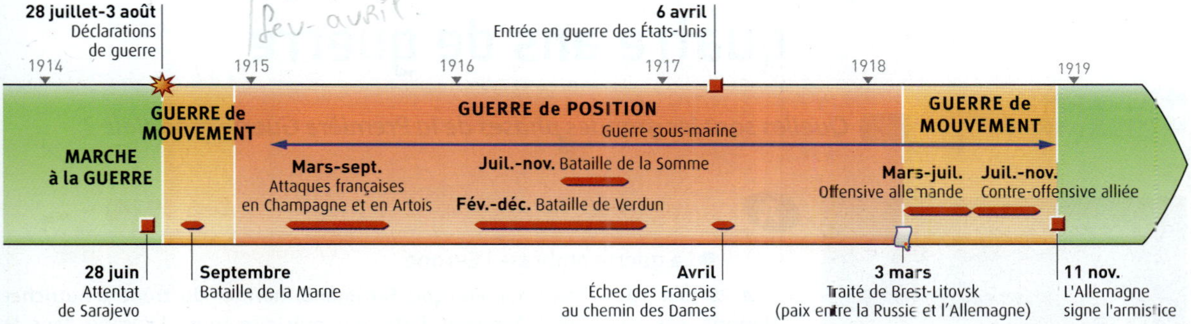

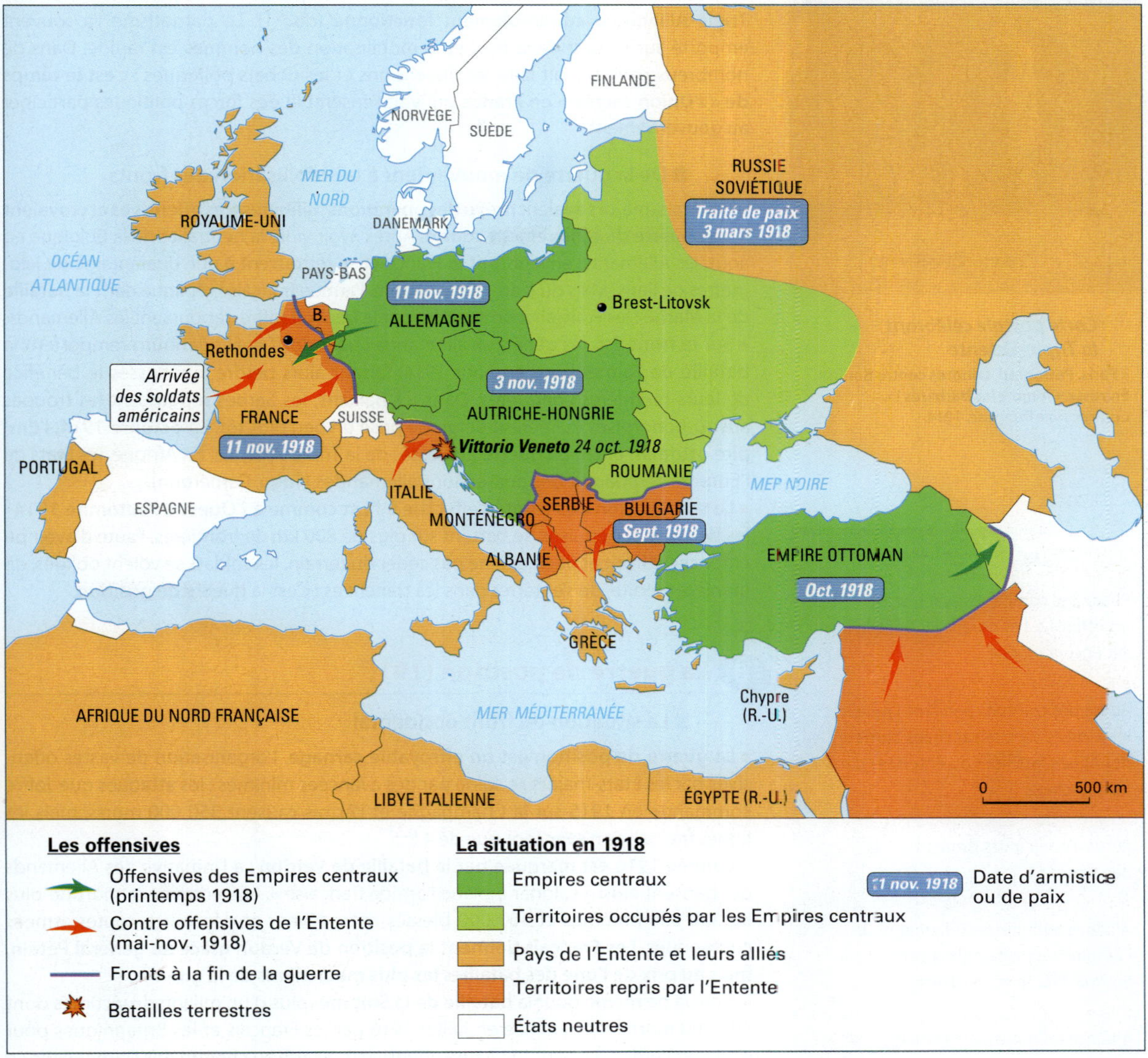

2 Les fronts en 1918

COURS

1• 1914-1918 : quatre ans de guerre

➔ COURS p. 94-95
➔ COURS p. 100-101

Quelles sont les grandes phases de la Première Guerre mondiale ?

1. *Carte postale célébrant la Triple-Entente*
« Paris, Petrograd, Londres contre Berlin ». En russe « À mort les barbares ! ».
Carte postale française, 1914.

A La guerre de mouvement (août-novembre 1914)

La guerre embrase l'Europe

• **Le 28 juin 1914, l'archiduc François-Ferdinand, héritier du trône d'Autriche-Hongrie, est assassiné à Sarajevo. L'attentat précipite toute l'Europe dans la guerre** : l'Autriche-Hongrie, appuyée par l'Allemagne, déclare la guerre à la Serbie le 28 juillet, l'Allemagne à la Russie le 1er août et à la France le 3 août, le Royaume-Uni à l'Allemagne le 4 août.

• **Le mécanisme des alliances qui scinde l'Europe en une Triple-Entente et une Triple-Alliance a admirablement fonctionné** (doc 1). Le patriotisme l'a souvent emporté sur l'espoir de la paix et la mobilisation des hommes est rapide. Dans de nombreux pays, on fait taire les dissensions et les débats politiques : **c'est le temps de « l'Union sacrée » en France** qui voit l'ensemble des forces politiques participer au gouvernement.

De la guerre de mouvement à la stabilisation des fronts

• **Les États-majors avaient prévu des opérations militaires très offensives et croyaient à une guerre de mouvement courte.** Après avoir violé la neutralité de la Belgique en août, les Allemands envahissent la France et se retrouvent à une quarantaine de kilomètres de Paris. Mais du 6 au 13 septembre, l'armée française réplique dans la **bataille de la Marne** : les Français, commandés par le général Joffre, repoussent les Allemands.

• **Sur le front Est**, les généraux allemands Ludendorff et Hindenburg remportent la **bataille de Tannenberg** en août 1914, faisant alors perdre aux Russes le bénéfice de leurs premières conquêtes. Dans les Balkans, les Serbes repoussent les troupes austro-hongroises et libèrent Belgrade prise un peu plus tôt. En **octobre 1914, l'Empire ottoman entre en guerre** aux côtés de la Triple-Alliance. En Afrique, les États de l'Entente s'emparent des possessions allemandes (Togo, Cameroun).

• **La stabilisation des fronts s'effectue à l'Est comme à l'Ouest à l'automne 1914** ; les belligérants, épuisés, se battent sur plus de 800 km de frontières. Faute d'avoir pu enfoncer le front et décidés à ne pas céder du terrain, les soldats se voient obligés, de manière inédite, de s'enterrer dans les tranchées : c'est la **guerre de position**.

B La guerre de position (1915-1917)

La situation du front occidental

• **La guerre de position est un effroyable carnage.** L'organisation de vastes offensives par les États-majors se solde par des avancées minimes : les attaques que Joffre commande en 1915 sur la Champagne et l'Artois causent 350 000 morts, mais les lignes françaises n'avancent que de 4 km.

• **L'année 1916 est marquée par la bataille de Verdun** : à l'initiative des Allemands qui pensent ainsi « saigner à blanc l'armée française », elle entraîne la mort de plus de 300 000 hommes et 400 000 blessés entre février et décembre, toutes armées confondues. **Les Français tiennent la position de Verdun grâce au général Pétain, mais au prix de l'une des batailles les plus meurtrières de la guerre.**

• Il en va de même pour la **bataille de la Somme** (plus d'un million de victimes dont 400 000 morts), déclenchée en juillet 1916 par les Français et les Britanniques pour soulager Verdun. En avril 1917, une offensive française au **chemin des Dames** échoue et dans les rangs des soldats éclatent alors des **mutineries** vite réprimées.

VOCABULAIRE

• **Guerre de mouvement**
Phase des combats privilégiant les offensives et durant laquelle le front est encore mobile.

• **Guerre de position**
Phase des combats pendant laquelle les armées sont retranchées derrière des lignes fortifiées ou enterrées dans les tranchées.

• **Mutineries**
Refus d'obéir à des ordres au sein des armées.

• **Triple-Alliance ou Triplice**
Alliance militaire de l'Allemagne, de l'Empire austro-hongrois et de l'Italie. En 1914, l'Italie reste neutre.

• **Triple-Entente**
Alliance militaire de la France, du Royaume-Uni et de la Russie.

Les autres fronts

• **La guerre d'usure échoue sur tous les fronts** : à l'Est, les Allemands avancent de 150 kilomètres en 1915, mais les Russes regagnent une grande partie des territoires perdus dès 1916. De nouveaux pays entrent alors en guerre. C'est le cas de l'**Italie, aux côtés de l'Entente**, contre la promesse de l'obtention des territoires appartenant à l'Autriche-Hongrie mais peuplés en partie d'italophones, ou de **la Bulgarie aux côtés de l'Alliance.**

• **L'Entente attaque** par ailleurs **l'Empire ottoman**, allié de l'Allemagne et de l'Autriche, mais échoue à forcer le détroit des Dardanelles en 1915.

Blocus et guerre sous-marine

• **L'Entente tente d'asphyxier les économies des Empires centraux** (Allemagne, Autriche-Hongrie) : un blocus des ports allemands est organisé alors que les populations peinent à se ravitailler et souffrent d'un terrible rationnement dès 1915. L'Allemagne réplique en décrétant la **guerre sous-marine à outrance.** En mai 1915, le paquebot anglais *Lusitania*, dont les voyageurs étaient en grande partie américains, est coulé.

• L'Allemagne suspend la guerre sous-marine en mai 1916 mais la reprend en février 1917 : cette atteinte à la liberté des échanges entraîne l'**intervention des États-Unis**, jusque-là réticents à participer au conflit (doc 2).

2. *Un appel au réveil des États-Unis*

• **« Réveille-toi, Amérique ! La civilisation appelle chaque homme, femme et enfant ! » Jusqu'en 1917, l'opinion américaine est majoritairement contre l'intervention en Europe.** *Affiche américaine, 1917.*

C La victoire des Alliés (fin 1917-1918)

Le retour de la guerre de mouvement

• **Les États-Unis** du président Wilson **entrent en guerre le 2 avril 1917** alors que les Russes, après la **révolution bolchévique** (→ étude p. 192-193) signent en décembre le **traité de Brest-Litovsk** : l'Allemagne, qui n'a plus à combattre sur deux fronts, espère l'emporter avant que l'armée américaine puisse intervenir en Europe.

• **Le printemps 1918 voit le retour des grandes offensives allemandes** en Picardie, en Flandre et en Champagne. En mai, Paris – menacée par un canon de longue portée, « la grosse Bertha » – semble à portée de main.

Vers l'armistice

• **Les Alliés reprennent cependant l'avantage** : les Italiens remportent une victoire décisive contre l'Autriche-Hongrie à Vittorio Veneto en octobre 1918 ; les combats cessent sur le front oriental.

• Nommé général en chef des armées en mars 1918, **le général Foch dirige la contre-offensive de l'Entente à l'Ouest** : l'arrivée des nouvelles divisions américaines ainsi que l'emploi de nouvelles armes (chars d'assaut) permettent une percée significative des Alliés à partir d'août 1918.

• Alors que les **mutineries** se multiplient dans les rangs allemands et qu'apparaissent plusieurs foyers révolutionnaires, la république est proclamée à Berlin. Guillaume II abdique et **l'Allemagne signe l'armistice dans la forêt de Compiègne, à Rethondes, le 11 novembre.** Les démocraties sortent ainsi victorieuses militairement mais aussi politiquement du conflit.

3. *Le bilan humain de la guerre*

Pays	Population en 1913 (en millions)	Effectifs mobilisés (en millions)	Morts et disparus
Allemagne	64,9	13,25	2 000 000
Autriche-Hongrie	50,6	9	1 543 000
Belgique	7,4	0,4	41 000
États-Unis	92	3,8	116 000
France	39,6	8,5	1 400 000
Grande-Bretagne	45,4	9,5	744 000
Italie	36,1	5,6	750 000
Russie	142	13	1 700 000

VÉRIFIEZ VOS CONNAISSANCES

1. Quand passe-t-on de la guerre de mouvement à la guerre de position ?
2. Citez les batailles les plus meurtrières de la guerre et précisez pour chacune l'année de leur déroulement.
3. Pourquoi l'année 1917 apparaît-elle comme un tournant de la guerre ?
4. Citez les États vainqueurs en 1918.

ÉTUDE

L'expérience combattante

COURS p. 94-95

Les combats de la Première Guerre mondiale ont été d'une brutalité extrême, traumatisant les corps comme les esprits de soldats soumis à une violence inédite. Compte tenu de la durée du conflit, la « force de tenir » de la grande majorité des hommes engagés est une question importante à laquelle on ne peut encore aujourd'hui apporter de réponse unique.

Comment les soldats ont-ils combattu et tenu durant la Première Guerre mondiale ?

A Combattre

1 Les tranchées

• Soldats français dans la Meuse, 1917.

VOCABULAIRE

• **Tranchées**
Fossé protégé par des barbelés dans lequel les soldats vivent et combattent.

2 Les gaz

Avec la vague, la mort nous a enveloppés, elle a imprégné nos vêtements et nos couvertures, elle a tué autour de nous tout ce qui vivait, tout ce qui respirait. Les petits oiseaux sont tombés dans les boyaux, les chats et les chiens, nos compagnons d'infortune se sont étendus à nos pieds et ne se sont plus réveillés. Puis nous avons vu se diriger vers le poste de secours nos camarades de combats et, avec anxiété, nous avons, pendant longtemps, attendu l'ennemi ou la mort. Nous avons passé là, chers camarades, les heures les plus douloureusement longues de notre existence de soldats. Nous avions tout vu : les mines, les obus, les lacrymogènes, le bouleversement des bois, les noirs déchirements des mines tombant par quatre, les blessures les plus affreuses et les avalanches de fer les plus meurtrières, mais tout cela n'est pas comparable à ce brouillard qui, pendant des heures longues comme des siècles, a voilé à nos yeux l'éclat du soleil, la lumière du jour, la blanche pureté de la neige.

Extrait d'un article du *Filon*, journal des tranchées, mars 1917.

3 Le bombardement

Parfois, l'oreille était totalement assourdie par un fracas infernal, accompagné de flammes. Puis voilà que des sifflements aigus, ininterrompus, donnaient l'impression que des centaines de morceaux d'une livre s'abattaient à la file avec une vitesse inconcevable. Puis un obus s'enfonçait à terre sans éclater, avec un bref et lourd ébranlement, tel que le sol alentour en était secoué. Les *shrapnells*[1] explosaient par douzaines, gracieux comme des pois fulminants, répandant leurs billes en denses essaims, et les enveloppes arrivaient en miaulant à leur suite. Quand un obus s'abattait dans les environs, la boue pleuvait avec un bruit de grêlons, mêlée d'éclats dentelés qui se piquaient d'un coup sec dans le sol.

Ernst Jünger, *Orages d'acier*, traduit de l'allemand par Henri Plard, Christian Bourgois, 1961.

1. Obus chargés de balles projetées en l'air durant l'explosion.

4 Survivre à Verdun

La bataille de Verdun se déroule du 21 février au 19 décembre 1916. Déclenchée par les Allemands pour « saigner à blanc l'armée française » et remporter une victoire décisive, elle fait plus de 300 000 morts pour finalement s'achever par un retour à la situation antérieure.

Depuis huit jours, les corvées de soupe ne reviennent plus. Elles partent le soir à la nuit noire et c'est fini, elles se fondent comme du sucre dans le café. Pas un homme n'est retourné. Ils ont tous été tués, absolument tous, chaque fois, tous les jours, sans aucune exception. On voit là-bas un mort couché par terre, pourri et plein de mouches, mais encore ceinturé de bidons et de boules de pain passées dans un fil de fer. On attend que le bombardement se calme. On rampe jusqu'à lui. On détache de son corps les boules de pain. (...) Il faut seulement couper le morceau qui touchait le corps. Voilà ce qu'on fait depuis vingt-cinq jours. On mange n'importe quoi. Vers le soir, un copain est arrivé avec un rat. Une fois écorché, la chair est blanche comme du papier. Mais, avec mon morceau à la main, j'attends malgré tout la nuit noire pour manger.

Jean Giono, *Écrits pacifistes*, Gallimard, 1978.

5 L'épuisement des combattants après le combat

• Des soldats dorment à même la tranchée qu'ils viennent de creuser à Douaumont, près de Verdun (1916).

QUESTIONS

▶ Des combats d'un nouveau type

DOC 1 **1.** Décrivez le document. Pourquoi les hommes se sont-ils enterrés dans des tranchées ?

DOCS 2 ET 3 **2.** Quelles sont les armes employées par les combattants ? Précisez, pour chacune d'elles, l'effet produit.
3. Montrez qu'il s'agit d'une guerre moderne et industrielle.

▶ Une violence inédite

DOC 4 **4.** Que nous apprend ce texte sur les conditions matérielles de la vie au front ?

DOCS 4 ET 5 **5.** Comment se manifeste l'épuisement des combattants ?

DOC 2 À 5 **6.** Quel rapport ces hommes entretiennent-ils avec la mort ?

B Tenir au front

6 La camaraderie

Noble Lee Sissle, chanteur américain qui accompagne l'orchestre de jazz de Jim Europe, rédige des mémoires relatant sa présence sur le front à partir de 1917.

Nous étions entièrement équipés avec des fusils et des casques français. Nos carrioles, nos rations, nos mitrailleuses, et tout l'équipement du régiment pour une guerre de tranchées était fourni par l'armée française. (...)

Nos garçons apprirent si rapidement [les] manœuvres qu'au bout de trois semaines, le général commandant la 161e division donna l'ordre qu'un bataillon de nos garçons fut placé dans les tranchées aux côtés des soldats français pour un entraînement au contact. Cette décision fut accueillie avec beaucoup de joie par nos garçons.

Une franche camaraderie s'était installée entre eux et leurs collègues français. Nos officiers et les officiers français étaient devenus amis. Les sous-officiers français (...) traitèrent nos garçons avec toute la courtoisie et la camaraderie que l'on pouvait attendre.

Le plus réjouissant de tout était la camaraderie existant entre nos engagés et les « vieux fidèles poilus français ». Vous pouviez les voir parcourant les chemins, bras dessus bras dessous, à peine capables de se comprendre, le français de nos garçons étant aussi mauvais que leur anglais. Dans leurs âmes et dans leurs cœurs battaient les mêmes émotions. Ils étaient ici pour la même cause – la liberté.

Noble Lee Sissle, *Memoirs of Jim Europe*, 1942.

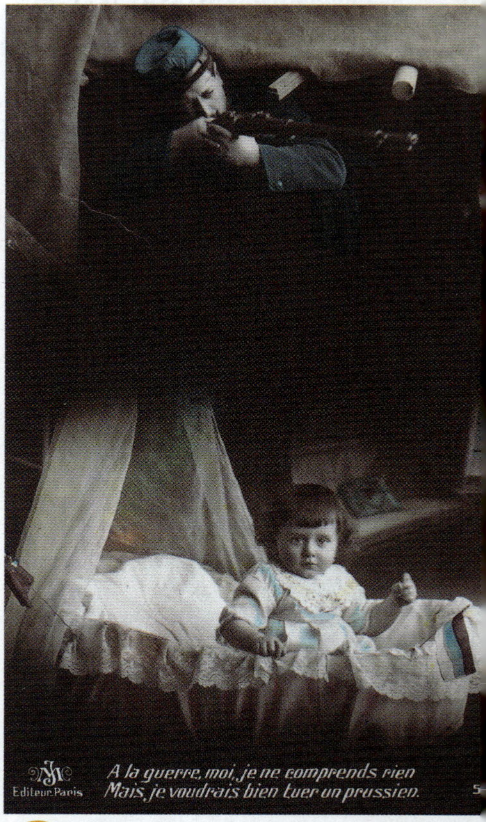

7 Se battre pour l'arrière

● **« À la guerre, moi je ne comprends rien. Mais je voudrais bien tuer un Prussien. »**
Carte postale française, 1915.

8 La répression de l'indiscipline

Marcel Garrigues était électricien et avait 31 ans en 1914. En dix-sept mois de guerre, il n'a jamais revu sa famille. Il a été tué le 12 décembre 1915 par une balle perdue alors qu'il servait le repas de ses camarades.

Nous étions à Bully avant-hier soir, on nous dit que le lendemain le réveil était à 2 heures, que nous allions passer la revue de notre vénérable général Joffre et d'être le plus propre possible. Si je m'étais attendu à ça, je me serais fait porter malade, j'aurais eu huit jours de prison mais au moins je n'aurais pas assisté à un assassinat. (...) Nous sommes partis du cantonnement vers les 3 heures, on nous a conduits dans un parc. Là on nous a fait former un rectangle et en voyant le poteau nous avons compris mais trop tard à la scène que nous allions assister. C'était pour fusiller un pauvre malheureux qui dans un moment de folie tant que nous étions à Lorette a quitté la tranchée et a refusé d'y revenir. (...). Il est arrivé entre deux gendarmes, a regardé en passant le poteau, puis à quelques pas plus loin on lui a bandé les yeux. Puis une fois la lecture faite on l'a conduit au poteau, où, après avoir reçu les ordres de se mettre à genoux, il l'a fait sans un geste, ni un murmure de refus. Pendant ce temps, les douze soldats qui étaient chargés de ce triste travail se sont mis à six pas comptés d'avance par un adjudant commandant le peloton d'exécution. Puis après lui avoir attaché les mains au poteau et nous avoir fait mettre au « présentez-armes » nous avons entendu les tristes commandements (« joue-feu... ») puis ce pauvre malheureux s'est tordu et un sergent lui a donné un coup de grâce, une balle de revolver dans la tête. Le major est allé voir ensuite s'il était mort, il a levé la tête comme qui veut le regarder puis plus rien. Le crime était accompli. Ensuite nous avons défilé devant le cadavre. (...)

Puis à vous pauvres on vous dit que le moral est excellent mais on ne vous dit pas que chaque jour et presque dans chaque division il y en a plus de vingt qui passent le conseil de guerre, mais ils ne sont pas tous condamnés à mort.

Lettre de juillet 1915, citée dans *Paroles de Poilus. Lettres et carnets du front, 1914-1918*, Librio, 2006.

9 **Une représentation théâtrale près de Verdun en 1916**

10 **La lassitude des soldats en 1917**

En 1917, après le massacre du chemin des Dames, environ 40 000 soldats se mutinent – ce qui reste une petite minorité rapportée aux effectifs engagés.

Quand au bout d'huit jours le r'pos terminé
On va reprendre les tranchées,
Notre place est si utile
Que sans nous on prend la pile
Mais c'est bien fini, on en a assez
Personne ne veut plus marcher (...)
Refrain : Adieu la vie, adieu l'amour,
Adieu toutes les femmes
C'est bien fini, c'est pour toujours
De cette guerre infâme
C'est à Craonne[1] sur le plateau
Qu'on doit laisser sa peau
Car nous sommes tous des condamnés
Nous sommes les sacrifiés (...)
C'est malheureux d'voir sur les grands boulevards
Tous ces gros qui font la foire
Si pour eux la vie est rose
Pour nous c'est pas la même chose
Au lieu d'se cacher tous ces embusqués
Feraient mieux d'monter aux tranchées
Pour défendre leur bien, car nous n'avons rien
Nous autres les pauv' purotins
Tous les camarades sont enterrés là
Pour défendre les biens de ces messieurs là

Ceux qu'ont le pognon, ceux-là reviendront
Car c'est pour eux qu'on crève
Mais c'est bien fini, car les trouffions
Vont tous se mettre en grève

La chanson de Craonne, anonyme, 1917.

1. *Village de Picardie où des combats ont eu lieu en avril 1917.*

Questions

▶ **Comment tenir ?**

DOCS 6 ET 9 **7.** Montrez comment de forts liens de camaraderie peuvent naître sur le front.

DOC 7 **8.** Expliquez les objectifs de cette carte postale.

DOC 9 **9.** Décrivez cette photographie. En quoi ces pratiques soutiennent-elles le moral des combattants ?

▶ **Refus de la guerre et répression**

DOC 8 **10.** Pourquoi les soldats sont-ils rassemblés en plein milieu de la nuit par leurs supérieurs ? Que reproche-t-on à l'homme qui est mis à mort ?
11. Pourquoi cette exécution se déroule-t-elle devant une telle assistance ?

DOC 10 **12.** Quels sont les motifs du refus de continuer à se battre ?

▶ **BILAN**

En vous aidant des documents et de vos réponses aux questions, expliquez en quoi l'expérience combattante de la guerre est nouvelle et pourquoi les soldats ont, dans l'ensemble, tenu.

ÉTUDE

Les civils, victimes de guerre

COURS p. 94-95

VOCABULAIRE

- **Génocide**
Destruction physique, intentionnelle, systématique et programmée d'un groupe ou d'une partie d'un groupe en raison de ses origines ethniques ou religieuses.

Les violences de guerre qui s'exercent contre les civils, apparues au XIXe siècle, se généralisent lors de la Première Guerre mondiale. Mobilisés économiquement et idéologiquement dans ce conflit total, les civils deviennent des cibles potentielles. Opprimés par les privations, les réquisitions, les violences, ils sont considérés comme partie intégrante de l'effort de guerre de l'ennemi.

Quelle est la nature des violences commises sur les civils durant la Première Guerre mondiale ?

1 Les civils victimes de la pénurie

a. La pénurie de pain

Depuis octobre 1914, le Nord de la France est une zone occupée par les Allemands.

2, 3, 4, 5 janvier 1915. Rien de particulier sauf le canon. Le pain, même très mauvais, se fait de plus en plus rare ! (...) *Dimanche 10*. Le pain est très rare et très indigeste, il peut, paraît-il, nous amener des épidémies. Six boulangeries sont fermées ici ! Il faut faire la queue et même se battre pour en avoir. (...) *Mardi 26*. On essaye de faire du pain avec de la farine et des pommes de terre. (...) *6 février*. Le pain que l'on peut se procurer est détestable. On retrouve dans la bouche des quantités de balle d'avoine, du plâtre et d'autre matières étrangères.

Journal de Maria Degrutère, institutrice dans une école catholique de La Madeleine, 1915.

b. Les victimes de la famine

La mortalité est grande ; en temps ordinaire deux fossoyeurs suffisent à Roubaix, il y en a maintenant six. (...) Les vivres se font de plus en plus chères. On me rétrécit un pantalon de 54 à 46 cm. Les gens sont plus faibles par manque de nourriture. (...) Ayant sorti de notre alimentation sucre, lait, viande, pâtes, œufs, vin, il n'est pas étonnant qu'on maigrisse.

Journal de David Hirsch, commerçant à Roubaix. Extraits de mars, juin 1916 et novembre 1917.

Textes cités par A. Becker, *Oubliés de la Grande Guerre*, Noésis éditions, 1998.

2 L'invasion russe en Prusse orientale (Allemagne)

Bientôt, le premier Russe est apparu à cheval dans notre village. Il s'est dirigé prudemment vers Soltmahnen, son fusil prêt à tirer dans la main. La première chose que les Russes ont faite fut de couper les lignes télégraphiques. (...)

Le lendemain a commencé la grande mise à feu et à sang. Rapidement, plusieurs villages à l'Ouest furent pris par les flammes. Les feux s'approchèrent de plus en plus jusqu'à ce que Langsee fût en flammes. Alors la mademoiselle a préparé les affaires les plus utiles. Après cela, tante Minna est arrivée avec le chariot. Nous avons chargé les affaires et sommes parties. Elle nous raconta qu'on avait donné l'ordre de quitter la région car les Allemands avaient certainement l'intention de livrer combat aux Russes.

Elfriede Elizabeth Sczuska, *Prisonniers en Sibérie. Journal d'une fillette de Prusse orientale, 1914-1920.*

3 Le travail forcé

- Hommes et enfants serbes enrôlés par les Allemands pour travailler sur le front en 1916. En 1915, la Bulgarie entre en guerre aux côtés des Empires centraux (Allemagne, Autriche-Hongrie). Ils lancent une offensive conjointe et en janvier 1916, toute la Serbie est occupée par les Autrichiens et les Bulgares.

4 Les bombardements de guerre

Bombardement de Lens, *eau-forte d'Otto Dix, 1924, historial de la Grande Guerre, Péronne.*

5 Un témoignage sur le génocide arménien

En mai 1915, le gouvernement de l'Empire ottoman ordonne le déplacement de tous les Arméniens installés dans les provinces orientales frontalières de la Russie, accusés de sympathies pro-russes. Cette déportation se transforme en véritable génocide.

Ainsi que je l'ai indiqué dans les dépêches sus-mentionnées, un mouvement révolutionnaire de la part de certains Arméniens a été découvert, et de sévères mesures ont été adoptées afin de l'enrayer. Ces mesures ont été prises à une échelle globale, en faisant fort peu de distinction entre ceux qui étaient entièrement innocents et ceux que l'on soupçonnait d'avoir participé au mouvement. Ici, presque tous les Arméniens de sexe masculin de quelque importance ont été arrêtés et jetés en prison. Beaucoup d'entre eux ont été soumis aux tortures les plus cruelles, auxquelles certains ont succombé. Plusieurs centaines des Arméniens les plus en vue ont été amenés la nuit et il semble clairement établi que la plupart, sinon tous, ont été tués. La semaine dernière, on a entendu les rumeurs les mieux fondées faisant état de la menace d'un massacre. À mon avis, il fait peu de doute qu'il y en a un de prévu.

On a néanmoins trouvé une autre méthode pour détruire la race arménienne. Il s'agit de rien moins que de la déportation de toute la population arménienne. (...) Tous doivent être expulsés, entreprise probablement sans précédent dans l'histoire. (...)

La signification réelle d'un tel ordre est à peine imaginable pour ceux qui ne sont pas familiers avec les conditions particulières régnant dans cette région isolée. Comparé à cette mesure, un massacre, quelle que soit l'horreur que le mot puisse évoquer, serait humain. Dans un massacre, beaucoup de gens peuvent en réchapper, mais une déportation générale de ce genre dans ce pays signifie une mort progressive et peut-être plus horrible pour presque tous.

Lettre de Leslie A. Davis, consul des États-Unis, à Monsieur Henry Morgenthau, ambassadeur des États-Unis, Constantinople, 30 juin 1915.

Questions

▶ Les violences faites aux civils

DOCS 1, 2 ET 3 **1.** Répertoriez les différentes violences faites aux civils. Dans quels contextes militaires s'exercent-elles ?

DOC 3 **2.** Qui sont les personnes réquisitionnées ? Montrez qu'elles sont militairement encadrées.

DOC 4 **3.** Quels sont les sentiments exprimés par les personnes fuyant les bombardements ? Quelle nouvelle forme de violence est ici illustrée ?

▶ Le génocide arménien, premier génocide du siècle

DOC 5 **4.** Quelle est la source du document ? **5.** Quels sont les motifs qui permettent la répression des Arméniens dans l'Empire ottoman ?
6. Quelles sont les mesures prises par les Ottomans contre les Arméniens ?
7. Montrez qu'il s'agit d'un génocide.

▶ BILAN

À l'aide des documents et de vos réponses aux questions, montrez comment les civils sont devenus, avec le premier conflit mondial, des cibles à part entière de la guerre.

COURS

2• Les violences de guerre

ÉTUDE p. 88-91
ÉTUDE p. 92-93

Comment la Première Guerre mondiale inaugure-t-elle la mort de masse ?

1. *L'apparition des blindés*

● *Tadpole Tank*, char anglais, 1918.
La forme inédite des combats oblige les États-majors à adopter de nouvelles armes pour briser la résistance de l'adversaire et traverser le no man's land jusqu'aux tranchées ennemies.

A L'expérience combattante

Vivre dans les tranchées

• **Les tranchées sont des lignes creusées sur toute la longueur du front** par les soldats pour tenir leur position tout en se protégeant face à l'ennemi. Elles sont reliées par des boyaux, protégées par d'immenses lignes de barbelés et des champs de mine. Les soldats, appelés **Poilus** en France, y vivent dans des conditions très difficiles : souffrant du froid, des intempéries, des bombardements des adversaires mais aussi des rats et des poux. L'hygiène des combattants est épouvantable et leur quotidien effroyable.

• **Ils sont loin de leur famille, les permissions sont rares et l'attente interminable** ; le courrier qu'ils reçoivent et qu'ils écrivent, malgré la veille de la censure, revêt dans ce contexte une grande importance pour les combattants. Si le ravitaillement des soldats est assuré par des cuisines placées à l'arrière des lignes de tranchées, la nourriture est souvent de piètre qualité et les rations insuffisantes.

Combattre

• Si la guerre est aussi maritime et aérienne, **l'essentiel des armées combat sur terre**. Après la phase de préparation d'artillerie visant à pilonner l'adversaire, débute l'**assaut**. Celui-ci doit permettre de gagner du terrain, de s'emparer des tranchées ennemies et d'enfoncer le front. **La sortie de la tranchée est particulièrement redoutée** des combattants, qui avancent alors découverts, exposés au feu ennemi (mitrailleuses, grenades, mortiers). Les soldats passent généralement une semaine en première ligne avant de gagner des tranchées moins exposées. Ils ont parfois creusé des galeries pour rejoindre les tranchées ennemies et placer sous celles-ci des explosifs.

• **Les progrès techniques de l'artillerie** (doc 1) rendent les armes plus efficaces et donc plus mortelles ; les corps sont transpercés puis déchiquetés par les obus, les blessés et les morts gisent dans la boue ou sur les barbelés. **Les combattants redoutent aussi les gaz asphyxiants** qui, employés par les Allemands dès 1915, les obligent à porter des masques gênant en partie leur vision du terrain.

• L'**épuisement physique des combattants** est une donnée majeure de l'expérience combattante. En effet, ceux-ci doivent effectuer de longues marches avant d'atteindre leur tranchée. Une fois sur place, en raison de la domination de la défense sur l'attaque, la durée des combats est très longue.

B Une violence inédite

La violence des combats

• Les **corps** abandonnés ou déchiquetés se multiplient sur le champ de bataille et leur identification s'avère souvent problématique. Les **cimetières militaires**, qui se multiplient à l'**arrière**, comportent de nombreux ossuaires de ceux qui n'ont pas été reconnus (doc 2), témoignant de la violence infligée aux hommes dont les cadavres restent parfois plusieurs jours exposés sur le champ de bataille.

• Les blessés le sont souvent à vie, bon nombre d'hommes sont défigurés par l'artillerie (les « **gueules cassées** ») et les gaz comme l'ypérite (dit aussi « gaz moutarde », le plus redouté) fragilisent définitivement les poumons.

VOCABULAIRE

• **Arrière**
Terme désignant les populations qui ne prennent pas part aux opérations militaires mais qui peuvent participer à l'effort de guerre.

• **Déportation**
Peine qui consiste à déplacer un individu ou un groupe dans un lieu.

• **Ersatz**
Copie d'un produit manquant ; sa qualité est souvent moins bonne.

• **Génocide**
Destruction physique, intentionnelle, systématique et programmée d'un groupe ou d'une partie d'un groupe en raison de ses origines ethniques ou religieuses.

• **Poilus**
Nom donné aux combattants français de la Première Guerre mondiale.

• **Tranchées**
Fossé protégé par des barbelés dans lequel les soldats vivent et combattent.

Les mutineries de 1917

• **Il n'est pas rare que des soldats perdent la raison ou soient amenés à désobéir aux ordres des officiers qui les commandent ; ils sont alors lourdement sanctionnés** et peuvent être punis de mort pour l'exemple. En 1917, suite à l'échec de l'offensive française du chemin des Dames, **des mutineries se développent entre mai et juin**. On dénombre environ 40 000 mutins (ce qui est très minoritaire), le plus souvent fatigués d'être sacrifiés par un commandement qu'ils jugent incompétent. La répression, en fait plutôt modérée, et l'amélioration des conditions de vie (notamment des permissions) permettent d'y mettre un terme.

C Les civils, nouvelles victimes de la guerre

Des populations rationnées

• La mobilisation économique pour soutenir l'effort de guerre, les ravages sur les sols cultivables et l'exploitation de tous les territoires occupés entraînent un **rationnement des civils dans les États belligérants**.

• **Celui-ci est particulièrement douloureux en Allemagne dont la population souffre du blocus organisé par les Alliés** dès l'automne 1914 et renforcé en 1915 ; les **ersatz** mis au point par les grandes entreprises allemandes ne répondent que partiellement aux difficultés quotidiennes.

Des civils de plus en plus menacés

• **La situation des populations occupées belges, françaises ou serbes s'avère difficile** : le travail forcé permet aux occupants de bénéficier d'une main-d'œuvre gratuite dans des camps (en Allemagne ou, plus généralement sur place). **Les soldats peuvent exercer leur violence envers les civils**, en particulier lorsque survient l'invasion ou lors du retrait des troupes ennemies. Les femmes, en l'absence de leur mari, père ou frère, sont leurs premières victimes : les viols sont nombreux.

• **Les civils deviennent aussi des cibles**. Avec la modernisation de la guerre et sa radicalisation croissante : les bombardements se multiplient sur l'arrière-front, entraînant la mort et d'importantes destructions matérielles.

• **Lieux de combat et espaces civils sont de moins en moins distincts** : les canons qui bombardent Paris de mars à août 1918 font 256 morts et 625 blessés alors que les bombardements par zeppelin puis par avion causent 267 morts et 602 blessés ; les bombardiers allemands qui pilonnent les quartiers industriels de Londres au printemps 1917 font près de 1 500 morts.

Le génocide arménien

• Les Arméniens, minorité chrétienne de l'Empire ottoman, sont considérés comme des ennemis de l'intérieur. Ils sont déjà victimes de massacres à la fin du XIXe siècle, mais les difficultés militaires de l'Empire précipitent leur élimination : soupçonnés de soutenir les Russes et rendus responsables de la situation militaire, le pouvoir ottoman les accuse de compromettre l'issue de la guerre.

• **Après que les élites de cette minorité ont été arrêtées et mises à mort, une vaste déportation** est organisée par le pouvoir : les marches forcées font périr les plus faibles. Également victimes d'assassinats et de noyades de masse, **ce sont plus d'un million d'Arméniens qui trouvent la mort** au cours de ce qu'il faut bien appeler un **génocide** (doc 3).

2. *L'ossuaire et le cimetière de Douaumont*

• Situé sur le champ de bataille de Verdun, l'ossuaire regroupe les ossements de plusieurs dizaines de milliers de soldats. Dans le cimetière reposent les corps de 15 000 soldats morts à Verdun.

3. *Le génocide arménien (1915-1916).*

• Fosse commune en 1915. Les deux-tiers des Arméniens de l'Empire ottoman ont été extermines au cours de déportations et de massacres de grande ampleur.

VÉRIFIEZ VOS CONNAISSANCES

1. Quel est le quotidien des soldats dans les tranchées ?
2. En quoi les combats sont-ils d'une violence inédite ?
3. Comment la guerre a-t-elle précipité le génocide des Arméniens en 1915 ?

ÉTUDE

La mobilisation économique

COURS p. 100-101

La Première Guerre mondiale est une guerre d'usure : la capacité à produire des États en guerre s'avère déterminante dans l'issue des combats. La production d'armes industrielles, l'entretien d'armées de masse ainsi que la stabilisation du front à l'automne 1914 imposent une forte mobilisation de la main-d'œuvre et la reconversion des appareils de production. Il faut armer, vêtir et nourrir des millions de soldats tout en les remplaçant dans les usines ou dans les champs. Se constitue alors ce que les contemporains nomment un « front de l'arrière ».

Comment les États sont-ils parvenus à répondre aux exigences économiques imposées par le conflit ?

1 Financer l'effort de guerre

• Affiche américaine (1918) pour encourager l'achat de timbres d'épargne de guerre. Les États sollicitent l'aide financière des populations.

2 Les usines Renault tournées vers l'effort de guerre

a. *La mécanisation au secours de la production de guerre*

Dans le milieu de l'année 1915, on nous demanda un nouvel effort pour augmenter nos fabrications de camions, de façon à les porter de 100 unités par mois à 300. Nous fûmes obligés de commander dans ce but un nombre important de machines. En vue de répondre au programme de l'aviation qui avait débuté par la fabrication de 50 moteurs par mois qui nous est poussée à l'heure actuelle à 300 (...), nous avons dû procéder à l'achat de machines à fraiser [et] de machines à rectifier (...). À cause de l'impossibilité de nous approvisionner du matériel qui nous était nécessaire, nous avons fabriqué les machines-outils les plus diverses.

(...) Car avant la guerre nous n'avions pas d'atelier de forges, nous n'avions pas d'ateliers d'emboutissage, nous n'avions pas de fonderies de fonte et de bronze. (...) En conséquence nous étions obligés d'acheter à l'extérieur toutes les marchandises correspondant à ces ateliers.

b. *La réorientation de la production*

Nb d'unités produites	1913	1918
Voitures	1 484	553
Camions	174	1 793
Chars d'assaut	0	750
Moteurs d'avion	0	5 000
Obus de 75 et de 155	75	2 000 000

P. Fridenson, *Histoire des usines Renault. Naissance de la grande entreprise (1893-1939)*, « L'univers historique », Le Seuil, 1972.

3 Le recours à une nouvelle main-d'œuvre

● Ouvriers chinois et femmes travaillant dans une usine de munitions française. Pour maintenir et augmenter sa production, la France recrute, surtout à partir de 1915, des travailleurs étrangers. On compte ainsi environ 250 000 Européens (Espagnols, Portugais, Italiens, Grecs…), 132 000 Maghrébins, 49 000 Indochinois, 55 000 Malgaches, 40 000 Chinois…

4 L'appel aux femmes

À l'appel de la patrie, vos pères, vos fils et vos maris se sont levés en masse et demain ils auront relevé le défi. Le départ pour l'armée de tous ceux qui peuvent porter les armes laisse les travaux des champs interrompus ; la moisson est inachevée ; le temps des vendanges est proche. Au nom du gouvernement (...), je fais appel à votre vaillance, à celle des enfants que leur âge seul, et non leur courage, dérobe au combat. Je vous demande de maintenir l'activité des campagnes, de terminer les récoltes de l'année, de préparer celles de l'année prochaine. Vous ne pouvez pas rendre à la patrie un plus grand service. (...) Debout donc femmes françaises, jeunes enfants, filles et fils de la patrie. Remplacez sur le champ du travail ceux qui sont sur les champs de bataille. Préparez-vous à leur montrer demain la terre cultivée, les récoltes rentrées, les champs ensemencés ! Il n'y a pas dans ces heures graves de labeur infime : tout est grand qui sert le pays.

René Viviani, président du Conseil, 2 août 1914.

QUESTIONS

▶ Des économies reconverties pour soutenir l'effort de guerre

DOC 1 **1.** Décrivez l'affiche. Comment les civils participent-ils à l'effort de guerre ?

DOC 2 **2.** Quelles conséquences la guerre a-t-elle sur la manière de produire ? Sur les produits fabriqués ?

▶ La main-d'œuvre à l'arrière

DOC 3 **3.** Par qui remplace-t-on les hommes appelés sur le front dans les usines ? **4.** Que fabrique-t-on dans cette usine ?

DOC 4 **5.** Pourquoi le gouvernement lance-t-il cet appel à l'été 1914 ? **6.** À qui s'adresse-t-il ? **7.** Montrez que le texte insiste sur la complémentarité entre l'activité des femmes et celle des hommes.

▶ BILAN

À l'aide des documents et de vos réponses aux questions, rédigez une synthèse montrant les moyens employés par les États pour mobiliser leur économie durant la guerre.

ÉTUDE

La mobilisation des esprits

COURS p. 100-101

La Première Guerre mondiale fait entrer les sociétés des États belligérants dans l'ère de la **propagande** moderne. Encadrés par les mots comme par les images, les populations, sur le front comme à l'arrière, doivent être entièrement tendues vers l'effort de guerre et accepter la nécessité de la mobilisation pour vaincre. Dans cette optique, la propagande insiste sur la légitimité du combat mené et stigmatise, souvent brutalement, l'adversaire. Les sociétés en guerre s'installent alors dans une **culture de guerre**.

Comment s'effectue la mobilisation des esprits lors de la Première Guerre mondiale ?

VOCABULAIRE

- **Bourrage de crâne**
Propagande outrageusement mensongère exercée sur les populations des États belligérants pour les mobiliser.
- **Culture de guerre**
Ensemble des représentations que les belligérants ont de la guerre, de ses violences, de ses souffrances.
- **Propagande**
Action exercée sur des individus pour les convaincre de la supériorité d'une idéologie ou d'une politique.

1 Une information contrôlée

a. La censure

La loi du 5 août 1914, votée par le Parlement sans aucune opposition et pour la durée de la guerre seulement, interdit de publier toutes informations de tous renseignements autres que ceux communiqués par le gouvernement ou le Commandement, sur les points essentiels de Défense nationale : opérations de la mobilisation et du transport des troupes et du matériel ; effectifs ; travaux de défense ; situation de l'armement, du matériel, des approvisionnements ; situation sanitaire ; nominations et mutations dans le haut-commandement ; dispositions, emplacements, et mouvements des armées, des détachements et de la flotte.

Circulaire du ministère de la Guerre adressée aux directeurs des journaux, le 6 août 1914.

b. Le bourrage de crâne

Nos soldats ont pris l'habitude des balles allemandes et des *shrapnells*[1]. Les *shrapnells*, en effet, éclatent mollement en l'air et tombent en pluie de fer inoffensive, ou s'enfoncent dans la terre sans éclater. Quant aux blessures causées par des balles, elles ne sont pas dangereuses : les balles traversent les chairs de part et d'autre sans les déchirer, de sorte que les grands trains de blessés sont remplis de jeunes garçons atteints par des balles, mais qui pourtant rient avec une réconfortante bonne humeur.

L'Intransigeant, 17 août 1914.

1. *Obus remplis de mitraille.*

2 La déshumanisation de l'adversaire

• La France, le Royaume-Uni, la Serbie, la Russie et la Belgique déclarent la guerre à l'Allemagne et à l'Autriche.
Le Petit Journal, *20 septembre 1914.*

3 L'engagement des intellectuels français et allemands

a. L'appel du philosophe Henri Bergson

La lutte engagée contre l'Allemagne est la lutte même de la civilisation contre la barbarie. Tout le monde le sent, mais notre Académie[1] a peut-être une autorité particulière pour le dire. Vouée en grande partie à l'étude des questions psychologiques, morales et sociales, elle accomplit un simple devoir scientifique en signalant dans la brutalité et le cynisme de l'Allemagne, dans son mépris de toute justice et de toute vérité, une régression à l'état sauvage.

Discours prononcé devant l'Académie des sciences morales et politiques, 8 août 1914.

b. L'appel des intellectuels allemands

Nos soldats ne commettent ni actes d'indiscipline ni cruautés. En revanche, dans l'Est de notre patrie, la terre boit le sang des femmes et des enfants massacrés par les hordes russes, et sur les champs de bataille de l'Oise les projectiles dum-dum[2] de nos adversaires déchirent les poitrines de nos braves soldats. (...) [Ils] offrent ainsi au monde civilisé le spectacle le plus honteux qu'on puisse imaginer et sont certainement les derniers qui aient le droit de prétendre au rôle de défenseurs de la civilisation européenne.

Manifeste de 93 intellectuels allemands publié le 4 octobre 1914.

1. L'Académie des sciences morales et politiques dont Bergson est président.
2. Balle striée de fentes, maximisant les dégâts quand elle arrive dans la chair, à l'origine réservée au gros gibier de chasse en Afrique.

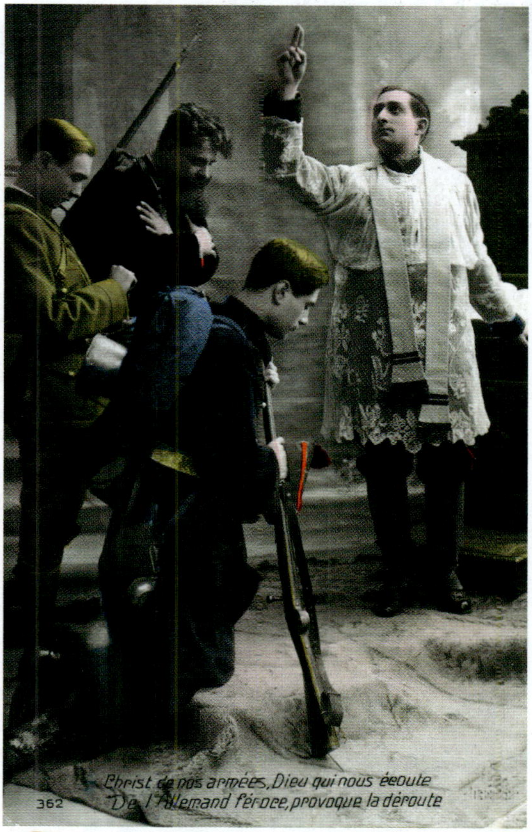

4 Religion et défense de la patrie

● « Christ de nos armées. Dieu qui nous écoute. De l'Allemand féroce, provoque la déroute. »
Carte postale, 1914-1918.

5 La mobilisation des enfants

L'emploi du temps n'a pas été modifié, et les programmes ont été respectés. Mais chaque matière enseignée a reçu un caractère se rapportant aux événements actuels.

En morale et en instruction civique : la patrie, l'amour de la patrie, le devoir militaire, les qualités du soldat, obéissance, courage, patience, bonne humeur, le devoir des civils, travail, économie, versement de l'or, souscriptions aux emprunts, aux bons de la défense nationale, ont été illustrés par des faits d'actualité. Le récit des souffrances endurées par les malheureuses populations des pays occupés, les dévastations de l'ennemi ont ému les enfants qui comprennent toute la reconnaissance qu'ils doivent à nos soldats et à nos alliés.

L'étude de l'histoire a permis de montrer le rôle de la France dans le monde. (...) En géographie, les nations alliées ont été étudiées avec intérêt, de même les régions envahies de France, si prospères autrefois, aujourd'hui dévastées par un ennemi sans conscience. L'importance de l'agriculture a été particulièrement mise en relief. Dans l'enseignement du Français, les textes de dictée, les morceaux de récitation (...) ont été empruntés aux événements de la guerre actuelle, ou de la guerre de 1870.

Enquête auprès des instituteurs, réponse de l'instituteur du Mesge, 29 avril 1917, archives de la Somme.

QUESTIONS

▶ Une information contrôlée

DOC 1a **1.** Quels sont les objectifs de la circulaire ?
2. Qui a voté ces dispositions ? Dans quel contexte ?
DOC 1b **3.** Pourquoi peut-on parler ici d'un véritable « bourrage de crâne » ?

▶ La stigmatisation de l'ennemi

DOCS 2 À 5 **4.** Comment l'ennemi est-il présenté ?
DOC 2 **5.** Comment sont présentés les Alliés ? L'Allemagne et l'Autriche-Hongrie ? Quel est l'objectif de cette caricature ?

▶ L'implication de toute la population

DOC 4 **6.** Décrivez la carte postale. Comment la foi peut-elle aider à la mobilisation des populations ?
DOC 5 **7.** Montrez que l'école permet la mobilisation des plus jeunes.

▶ BILAN

En vous aidant des documents et de vos réponses aux questions, expliquez comment les États en guerre mobilisent les sociétés.

COURS

3• La mobilisation dans une guerre totale

ÉTUDE p. 92-93
ÉTUDE p. 96-97
ÉTUDE p. 98-99

Comment s'effectue la mobilisation des moyens humains, financiers et matériels pendant la Première Guerre mondiale ?

A Une mobilisation militaire sans précédent

Une guerre mondiale

• **Si l'essentiel des combats se déroule en Europe, la guerre revêt néanmoins une dimension planétaire** : en raison de l'extension des empires coloniaux et des zones contrôlées par les Européens (en Chine par exemple), la guerre devient vite mondiale. Plus de 12 millions d'hommes sont mobilisés dès 1914, auxquels il faut ajouter 1,2 millions d'Américains à partir de 1917.

L'appel aux populations coloniales

• Le **nombre important de victimes** exige par ailleurs une **relève rapide** et la **participation des populations d'outre-mer**. Du **côté britannique, les dominions** (territoires autonomes de l'Empire) comme l'Australie, la Nouvelle-Zélande, l'Afrique du Sud **mobilisent plus d'un million de volontaires**.
• Les **effectifs indigènes levés par la France**, au nombre de **600 000**, sont envoyés aux trois-quarts en métropole (doc 1).

1. *« La force noire »*
• **L'idée de recruter des troupes en Afrique pour les employer contre un adversaire européen est développée par le colonel Mangin en 1910. Pendant la Première Guerre mondiale, le « tirailleur sénégalais » devient le symbole de l'union de la France et de ses colonies et son image se diffuse largement.** *Carte postale, 1915.*

B Des économies de guerre

Le rôle de l'État

• **Par sa durée et son intensité, la Première Guerre mondiale prouve que la puissance économique détermine la puissance militaire.** Il faut reconvertir l'économie, construire de nouvelles usines d'armement, transporter des canons, des obus, mais aussi des avions et des chars en quantité industrielle. Un blocus maritime débuté à l'automne 1914 asphyxie les hommes comme l'économie en Allemagne. **Fabrications et échanges sont donc strictement réglementés dans un but d'efficacité et de coordination entre puissances alliées.**
• **Les États sont conduits à organiser l'économie pour orienter les productions, répartir les matières premières, fixer les prix et mobiliser la main-d'œuvre.** Sans se faire directement producteurs, les gouvernements s'entendent avec des industriels (Renault, Citroën, Schneider en France), souvent regroupés dans des organisations en fonction de leur spécialité. Des hommes comme Albert Thomas en France, Walhter Rathenau en Allemagne sont placés à la tête d'administrations spécialement dédiées à cet effort.

La main-d'œuvre

• **Trouver une main-d'œuvre formée n'est pas aisé** alors que l'armée réclame toujours plus de soldats. Ainsi, dès 1915, bon nombre d'ouvriers qualifiés (métallurgie, chimie, mécanique…) sont rappelés à l'arrière.
• Mais on fait aussi **appel aux étrangers, aux ressortissants des colonies et aux femmes**. Pour celles-ci, la guerre ne signifie pas l'entrée à l'usine car elles y étaient déjà nombreuses avant 1914. **Elles accèdent en revanche à des secteurs nouveaux (métallurgie, industrie mécanique)**. Le nombre de femmes employées dans l'industrie allemande passe de 1,4 million en 1914 à 2,1 millions en 1918 ; en France, elles forment également un quart environ de la main-d'œuvre industrielle : c'est le temps des « **munitionnettes** » (doc 2).

VOCABULAIRE

• **Bourrage de crâne**
Propagande exercée sur l'ensemble des populations des États belligérants pour les mobiliser.

• **Culture de guerre**
Ensemble des représentations que les belligérants ont de la guerre, de ses violences, de ses souffrances.

• **Munitionnettes**
Femmes produisant des munitions dans les usines durant la Première Guerre mondiale.

Le financement des opérations militaires

• **L'accroissement des dépenses de guerre amène les belligérants à trouver de nouvelles ressources.** En Allemagne et en France, les États ont largement recours à l'**emprunt intérieur** (on fait appel à l'or épargné par la population) puis aux **emprunts extérieurs**, surtout auprès des États-Unis pour les Alliés. Au Royaume-Uni, les impôts sont fortement augmentés.

• Enfin, les États ont recours à la **création de monnaie**, ce qui provoque une **forte inflation**.

C Mobilisation idéologique et psychologique

Entretenir le moral de l'arrière

• **Engagé dans une guerre d'usure, l'arrière doit tenir.** Pour ne pas affaiblir le moral des populations, **l'information est contrôlée**, les articles de presse souvent censurés, les lettres des soldats sont soigneusement lues pour que de mauvaises nouvelles ne parviennent pas aux familles. **La propagande devient une activité centrale de la guerre.**

Renforcer l'unité nationale

• **La propagande tente de construire et de consolider le consensus national.** Les causes du combat sont quotidiennement rappelées aux civils, l'ennemi est stigmatisé, diabolisé même puisque de fausses légendes circulent sur son compte : les Allemands couperaient ainsi les mains des petites filles. Le « **bourrage de crâne** » implique également **les enfants qui participent à la mobilisation** (doc 3) par le biais de l'école notamment. **L'état de guerre se répercute sur toutes les populations** qui s'installent alors dans une véritable **culture de guerre**, permettant aux hommes de tenir au front comme à l'arrière.

Brutalisation des sociétés et culture de guerre

• La Première Guerre mondiale demeure un champ très actif de la recherche historique. **Certains historiens** expliquent la violence des combats par l'existence d'une **culture de guerre**, une culture de violence et de haine qui explique entre 1914 et 1918 le **consentement** des hommes. Mais d'autres historiens insistent pour leur part sur la **contrainte** qui s'exerce sur les soldats.

• **Par ailleurs, pour l'historien américain George L. Mosse, la Première Guerre mondiale constitue une rupture dans la perception de la guerre** : en banalisant la destruction de masse, elle modifie le rapport des hommes à la mort. **Selon lui, les sociétés s'accoutumeraient aux violences physiques et psychologiques de la guerre. Elles seraient ainsi « brutalisées ».** Cette notion de « **brutalisation** » permettrait de comprendre le maintien des formes de violences dans l'après-guerre, notamment en Allemagne (putsch, assassinats, combats de rue…), voire l'arrivée au pouvoir des nazis (→ cours p. 198-199). Cependant, pour d'autres pays, dont la France, cette analyse semble moins pertinente car on ne retrouve pas ce climat de violence politique dans les années 1920 qui voient plutôt le pacifisme se développer.

2. *Une munitionnette*

• Usine d'armement, Grande-Bretagne, 1915. Alors que les hommes sont au front, les États belligérants font appel aux femmes pour produire des armes.

3. *La mobilisation des enfants*

• Affiche de la « croisade des enfants » dessinée par l'écolière Camille Boutet en 1916. *Musée d'histoire contemporaine, BDIC.*

VÉRIFIEZ VOS CONNAISSANCES

1. Pourquoi peut-on parler d'une mobilisation de masse ?
2. Quel est le rôle de l'État en matière économique durant la guerre ?
3. Comment se construit une « culture de guerre » ?

L'expérience combattante selon Otto Dix

Comment l'œuvre d'Otto Dix témoigne-t-elle des traumatismes de la Première Guerre mondiale ?

L'ESSENTIEL SUR... Otto Dix

Un peintre engagé dans l'armée allemande

▶ Otto Dix (1891-1969) est l'un des plus grands artistes allemands du début du XXe siècle. Influencé par la Nouvelle Objectivité, un courant qui rompt avec l'expressionisme et renoue avec la réalité dans une perspective de critique sociale, son œuvre témoigne avant tout des **violences de la guerre**. Engagé volontaire dans l'artillerie allemande pour connaître l'expérience des combats, il participe à **plusieurs campagnes en France** (dont la Champagne) **et en Russie**.

Du témoignage à l'engagement

▶ Profondément marquées par les combats et leur violence, ses œuvres, qu'il s'agisse de dessins, de peintures à l'huile ou d'eaux-fortes, nous disent **l'horreur, l'absurdité et l'inutilité de la guerre**. « La guerre réduit l'humain à l'état de bétail : la faim, la vermine, la boue, et ces bruits fous. »

Le triptyque sur la guerre

▶ Réalisé entre **1928 et 1931**, il s'avère être un **témoignage fondamental sur le traumatisme des soldats**. Dix a choisi un retable, habituellement utilisé pour des **peintures religieuses** surmontant l'autel dans le chœur de l'Église. Ici, ce retable muni de panneaux latéraux ne représente pas le Christ mais des soldats anonymes, plus souvent morts que vivants, sur le champ de bataille.

Otto Dix (1891-1969), *Autoportrait en cible*
Huile sur papier, 1914, fondation Otto Dix, Vaduz.

▶ **Le départ sur le front**
(1) Soldats de dos (marée humaine anonyme)

▶ **Le champ de bataille**
(2) Dans les retables religieux, des angelots peuplent souvent le ciel. Ici ce sont des cadavres.
(3) Espaces ravagés, bombardés, incendiés (4) Charnier humain (5) Portant un masque à gaz, ce soldat est le seul survivant du panneau

▶ **Le retour au front**
(6) Blessés (7) Un sauveur (autoportrait d'Otto Dix ?) ne portant plus l'uniforme vient sauver ses camarades avec détermination

▶ **Le repos… ou la mort ?**
(8) Abri ou cercueil ? Dans les retables, le Christ mort est souvent représenté sur ce panneau.

La Guerre, huile sur panneau d'Otto Dix, 1928-1931, musée des Beaux-Arts de Dresde (panneau central 204 x 204 cm, panneaux latéraux 204 x 102 cm chacun).

Questions

Présenter l'œuvre

1. Présentez le tryptique. Pourquoi s'agit-il d'une œuvre majeure d'Otto Dix ?

Analyser les œuvres d'art

2. Quelles scènes sont habituellement représentées sur des triptyques ? Quel parallèle le peintre souhaite-t-il établir en se servant d'un support principalement utilisé à la fin du Moyen Âge ?

3. Décrivez les scènes représentées sur chaque panneau et sur la prédelle (située en dessous du panneau central). Vous prêterez attention aux personnages, aux expressions et aux corps, mais aussi au décor, à la lumière et aux couleurs.

Faire le lien entre art et histoire

4. Comment le tryptique témoigne-t-il de la violence inédite des combats ?

5. Montrez que cette œuvre est une dénonciation de la guerre.

@ Pour aller plus loin

Consultez le site « la couleur des larmes » qui présente les peintres devant la Première Guerre mondiale : http://www.art-ww1.com/fr/visite.html

REPÈRES La Seconde Guerre mondiale (1939-1945)

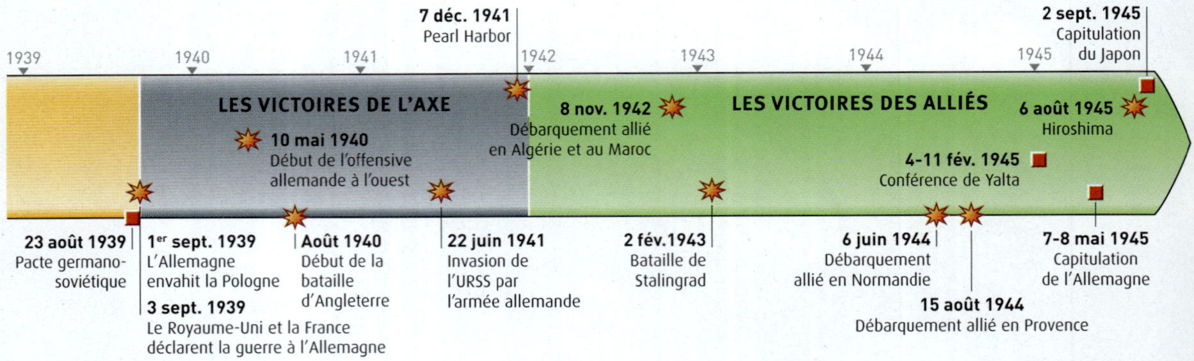

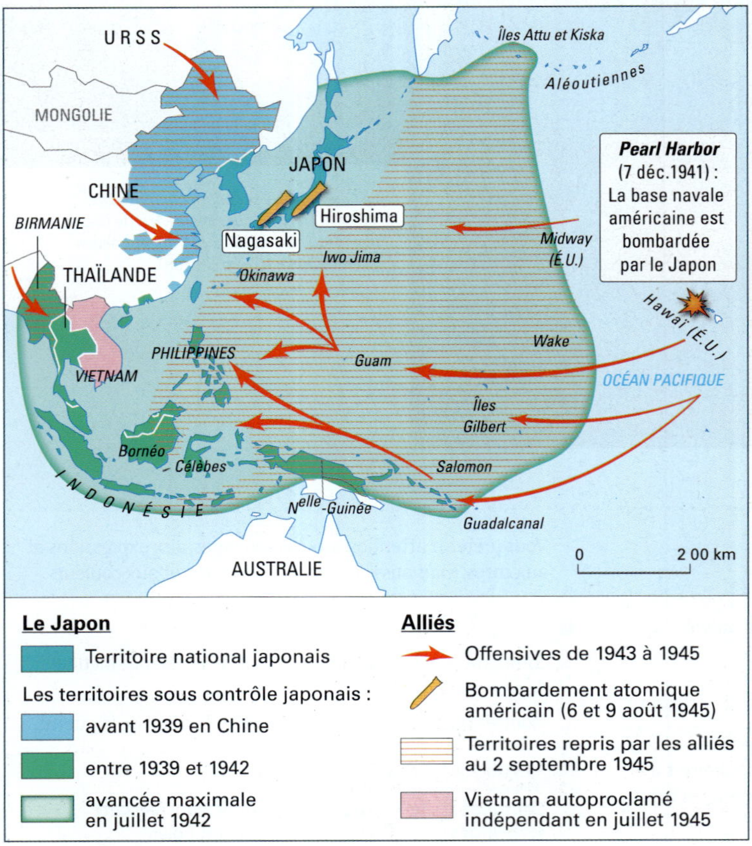

1 La guerre en Asie

QUESTIONS

DOC 2 **1.** À partir de la carte, reconstituez les étapes de l'expansion allemande et italienne en Europe de 1939 à 1942. **2.** Quel État européen reste seul à se battre contre l'Allemagne à la fin de 1940 ? **3.** Quels sont les territoires conquis par l'Allemagne nazie en 1941 ?

DOC 3 **4.** Jusqu'où les Allemands sont-ils allés sur le front de l'Est ? **5.** Quelle bataille marque l'arrêt de leur progression ? **6.** Quelle stratégie permet aux Alliés de faire reculer l'Allemagne ?

DOC 1 **7.** Quels sont les territoires conquis par le Japon avant 1939 ? **8.** Quelle est l'étendue maximum des conquêtes du Japon en 1943 ? **9.** Quelles sont les puissances engagées dans la reconquête des territoires sous contrôle japonais ? **10.** Comment s'effectue la progression des forces américaines dans le Pacifique ?

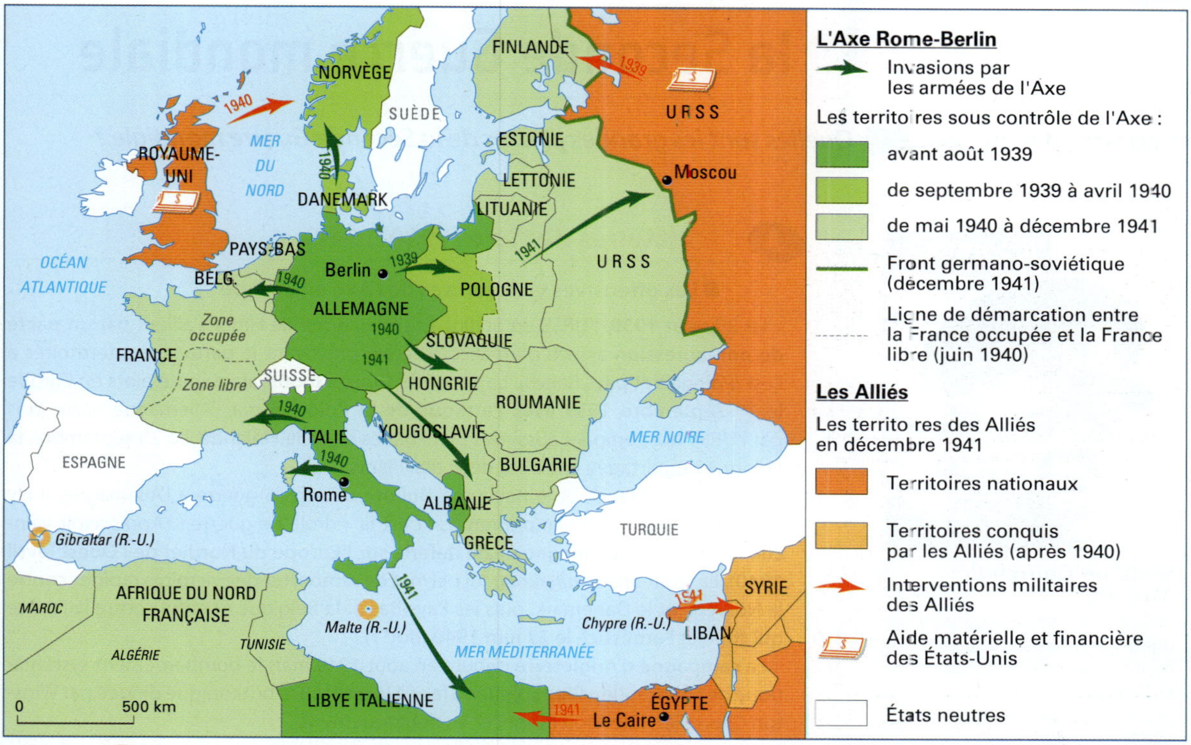

2 L'expansion de l'Allemagne nazie et de l'Italie fasciste en Europe (1939-1942)

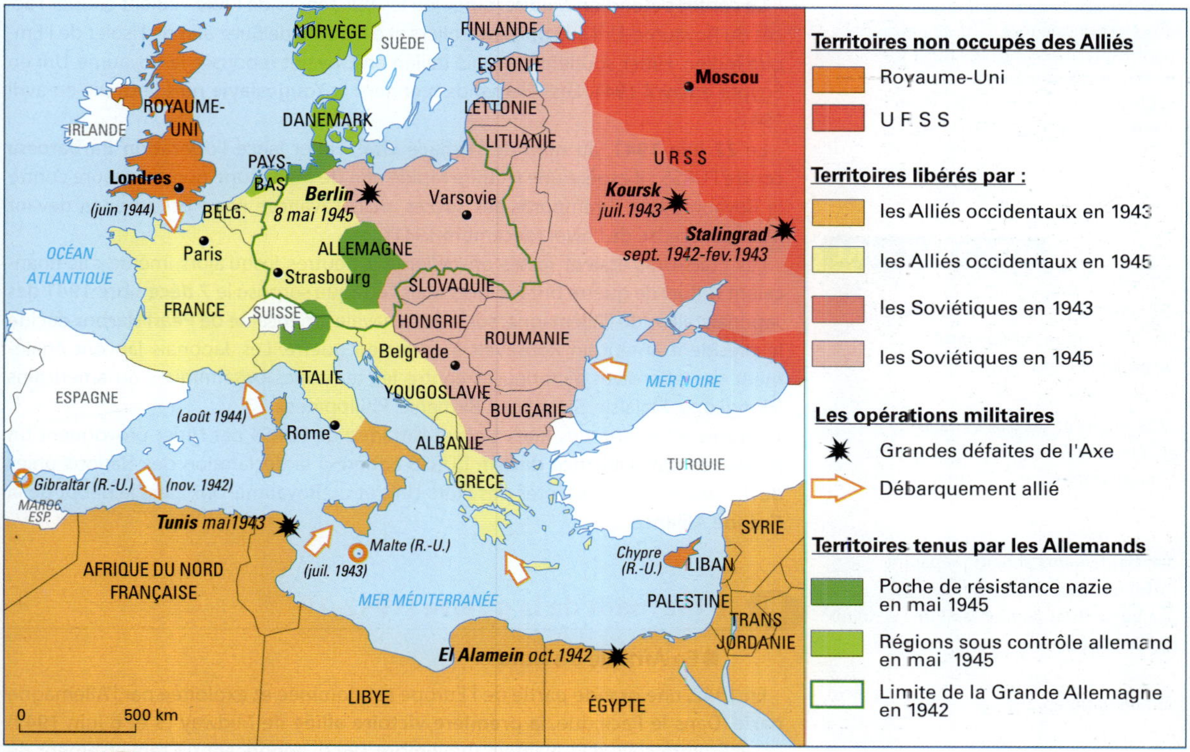

3 La libération de l'Europe par les Alliés (1942-1945)

COURS

4• 1939-1945 : la Seconde Guerre mondiale

REPÈRES p. 104-105

Quelles sont les grandes phases de la Seconde Guerre mondiale ?

A Les victoires de l'Axe (1939-1942)

Les offensives victorieuses de l'Axe en Europe

• Le **23 août 1939**, l'URSS de Staline et l'Allemagne de Hitler s'allient par un **pacte de non-agression** assorti d'un accord secret prévoyant le partage des territoires à l'Est (Pologne et pays Baltes). La **Seconde Guerre mondiale** débute alors en Europe le **1er septembre 1939 avec l'attaque de la Pologne** par l'Allemagne nazie puis par l'URSS qui s'empare aussi des États baltes et de la Finlande. Le 29 septembre, la Pologne est partagée entre ses deux assaillants.

• Alors que la France et le Royaume-Uni ont déclaré la guerre à l'Allemagne, il n'y a pas de combat jusqu'au printemps : c'est la « drôle de guerre ». Après avoir vaincue la Pologne, **l'Allemagne nazie déferle sur l'Europe du Nord et de l'Ouest (avril 1940)**. La stratégie de ***blitzkrieg*** lui permet de remporter des victoires rapides contre la Norvège et le Danemark, puis les Pays-Bas et la Belgique et enfin contre la France qui conclut l'**armistice le 22 juin 1940** (doc 1).

• La **campagne d'Angleterre** débute en août 1940 mais le bombardement systématique de Londres (le « Blitz ») échoue face à la résistance britannique dirigée par Winston Churchill. Hitler doit renoncer au débarquement.

La guerre devient mondiale (1941)

• **Le conflit s'étend en Méditerranée** où les puissances de l'**Axe** veulent couper l'accès du Royaume-Uni aux puits pétroliers et à la route de Suez afin de l'isoler de l'Empire indien. Hitler soutient son allié italien en Libye et repousse le Royaume-Uni en Égypte en avril 1941. Les Allemands prennent la **Yougoslavie** puis la **Grèce** en avril 1941.

• Le **22 juin 1941**, au nom de l'**espace vital**, Hitler lance l'**opération Barbarossa** contre l'URSS ; il espère une victoire rapide afin de mener une guerre d'usure contre le Royaume-Uni. Il remporte des succès, mais l'avancée nazie est stoppée devant Moscou à cause de l'hiver (décembre 1941).

• Les États-Unis étaient restés officiellement neutres jusqu'alors, même s'ils finançaient l'effort de guerre britannique. Mais l'attaque surprise le **7 décembre 1941** des Japonais, alliés de l'Allemagne, sur la base navale américaine de **Pearl Harbor** décide le président américain Roosevelt à entrer en guerre. Les Japonais lancent également des offensives victorieuses contre les territoires britanniques ou américains (Hongkong, Malaisie, Singapour, Birmanie, Philippines).

• L'entrée en guerre des États-Unis et l'attaque de l'URSS par Hitler provoquent un **renversement d'alliance décisif**. L'URSS adhère à la déclaration des Nations unies du 1er janvier 1942 aux côtés des États-Unis et du Royaume-Uni. C'est le début de la **Grande Alliance**.

B Le tournant de la guerre (1942-1943)

En Afrique du Nord

• En 1942, une grande partie de l'Europe est dominée et exploitée par l'Allemagne nazie. Dans le Pacifique, la **première victoire alliée** de Midway (5 et 6 juin 1942) et en **Égypte** celle d'El-Alamein (novembre 1942), annoncent un renversement de tendance.

Biographie

Winston Churchill
(1874-1965)
Premier ministre du Royaume-Uni (1940-1945), Winston Churchill incarne la volonté de résistance britannique pendant la Seconde Guerre mondiale. Il joue un rôle important lors des grandes conférences interalliées (comme celle de Yalta). Il démissionne après le succès des travaillistes aux élections de 1945. Le discours dans lequel il dénonce le « rideau de fer » en Europe (5 mars 1946) est resté célèbre. Il est de nouveau Premier ministre de 1951 à 1955.

VOCABULAIRE

• **Alliés**
Grande alliance entre le Royaume-Uni, les États-Unis et l'URSS contre l'Allemagne après 1942.

• **Axe**
L'Allemagne et ses alliés, l'Italie et le Japon, liés par un pacte tripartite en septembre 1940.

• ***Blitzkrieg* (« guerre éclair » en allemand)**
Bombardements aériens préparant l'attaque des divisions blindées qui percent le front pour obtenir une victoire rapide et décisive.

• **Espace vital (de l'allemand *Lebensraum*)**
Voir définition p. 207.

• **Kamikaze**
Au Japon, pilote d'un avion-suicide.

• En **novembre 1942, les Alliés débarquent en Afrique du Nord** où 100 000 hommes sont mobilisés sous la direction du général Eisenhower. Les 7 et 8 novembre 1942, les Américains prennent pied au Maroc et en Algérie ; en mai 1943, les troupes allemandes doivent capituler. En juin 1943 est créé à Alger un gouvernement en exil, le **CFLN**, Comité français de libération nationale, dirigé par le général de Gaulle (→ cours p. 336-337).

En URSS

• La ville de **Stalingrad** est investie par les armées allemandes depuis septembre 1942, mais, face à la résistance soviétique, elles doivent capituler en février 1943. Les Soviétiques font un demi-million de prisonniers. L'issue de cette bataille marque un **tournant décisif** à partir duquel l'URSS mène la contre-offensive contre l'Allemagne.

1. *En 1940 : la France occupée*
• Le drapeau nazi sur l'Arc de triomphe.

C La victoire des Alliés (1944-1945)

La victoire en Europe

• Le **débarquement allié en Sicile** le 10 juillet 1943 ouvre un nouveau front en Europe méridionale et s'accompagne de la chute du dictateur fasciste italien Mussolini le 24 juillet 1943, alors que l'Allemagne occupe toujours le centre et le Nord de l'Italie.
• La libération de l'Europe se fait sur **deux fronts simultanés** qui prennent l'Allemagne en étau. Le **6 juin 1944**, l'opération **Overlord** débute par le **débarquement sur les plages de Normandie** suivi d'un autre **débarquement en Provence le 15 août. Paris est libéré le 25 août.** Les forces alliées franchissent le Rhin en mars 1945.
• À l'Est, après la victoire de Stalingrad, les Soviétiques remportent la **bataille de Koursk en juillet 1943** puis progressent en Europe de l'Est où ils reprennent entre 1944 et 1945 les territoires passés sous domination nazie. La jonction entre les deux armées se fait le **26 avril 1945** ; le 30 avril les Soviétiques s'emparent de Berlin (doc 2) alors que Hitler se suicide. **Le 8 mai, l'Allemagne capitule sans condition à Berlin** devant les Alliés.

Une guerre plus longue en Asie

• **Les combats durent plus longtemps en Asie.** Entre 1944 et 1945, les Américains reprennent les unes après les autres les **îles du Pacifique** occupées par les Japonais : îles Salomon, Mariannes puis les Philippines, Iwo Jima puis Okinawa. Les Américains doivent faire face à une **résistance farouche du Japon**, symbolisée par le refus obstiné de capituler de son empereur Hirohito et par les kamikazes. Pour mettre fin rapidement à une guerre meurtrière qui se prolonge et pour prendre de vitesse son allié soviétique, le président américain Truman décide d'employer la **bombe atomique. Hiroshima est bombardée le 6 août** puis **Nagasaki le 9 août 1945. Le Japon capitule le 2 septembre 1945.**
• La Seconde Guerre mondiale se solde donc par la défaite totale des puissances responsables de son déclenchement alors que la victoire va au bloc dominé par les deux plus grandes puissances mondiales : les **États-Unis** et l'**URSS**.

2. *En 1945, la victoire de l'URSS sur l'Allemagne nazie*
• Le 30 avril 1945, des soldats soviétiques hissent le drapeau rouge sur la coupole du Reichstag (le Parlement allemand).

VÉRIFIEZ VOS CONNAISSANCES

1. Décrivez la progression des armées allemandes en Europe entre 1939 et 1941.
2. Quels événements modifient le rapport de force en 1941 ?
3. En quoi les années 1942-1943 sont-elles des années charnières dans la guerre ?
4. Quelle stratégie permet aux Alliés de remporter la victoire en 1945 ?

REPÈRES

L'Europe des camps (1933-1945)

CHRONOLOGIE

1933	Premier camp de concentration (Dachau).
1935	Lois de Nuremberg interdisant les mariages entre Juifs et « citoyens de sang allemand ».
9 au 10 novembre 1938	Nuit de cristal : pogrom contre la population juive.
1940	Ouverture du premier camp d'Auschwitz.
1941	Massacres perpétrés par les *Einsatzgruppen* sur le front de l'Est.
1941	Ouverture d'un camp d'extermination à Auschwitz.
Janvier 1942	Conférence de Wannsee officialisant la solution finale.
Janvier 1945	Libération d'Auschwitz par l'Armée rouge. Découverte des camps par les Alliés.

VOCABULAIRE

- **Camp de concentration**
Lieu de détention où l'on enferme les populations considérées comme ennemies de l'État. Ce sont en général des camps de travail forcé.

- **Camp d'extermination**
Camp de concentration où la mort est programmée et organisée de façon industrielle.

- ***Einsatzgruppen* (« Groupes spéciaux » en allemand)**
Unités mobiles nazies formées de policiers et de SS. Lors de l'invasion de la Pologne, elles enferment la population juive dans des ghettos et les soumettent au travail forcé. À partir de l'invasion de l'URSS en 1941, elles sont chargées de fusiller les Juifs et les responsables politiques soviétiques.

- **Ghetto**
Quartiers isolés du reste de la ville par des barbelés ou un mur dans lesquels les nazis forcent la population juive à vivre dans des conditions misérables.

- **Pogrom**
Terme russe désignant à l'origine un assaut, avec pillage et meurtres, d'une partie de la population contre une autre, et entré dans le langage international pour caractériser un massacre de Juifs.

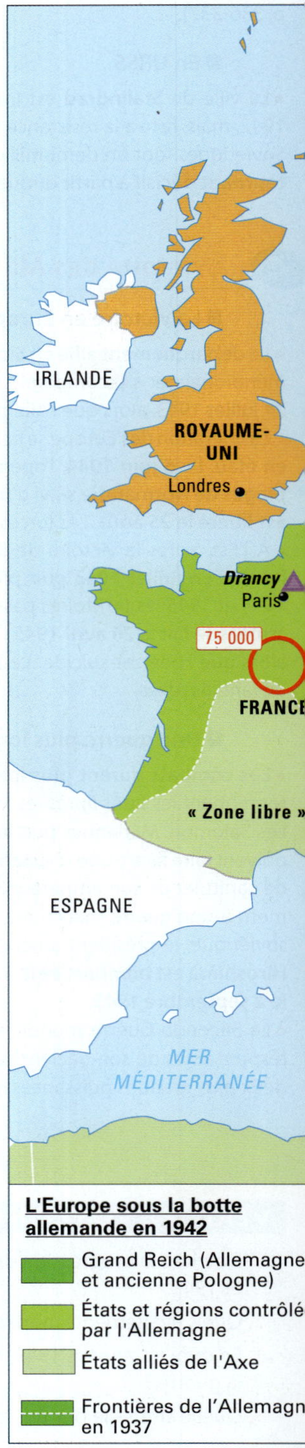

QUESTIONS

1. À quelle date est décidée l'extermination des Juifs et des Tziganes ?
2. Quel est le lien entre cette décision et le déroulement de la guerre ?
3. Nommez les camps d'extermination. Où se trouvent ces camps ?
4. Quels sont les pays où l'extermination a fait le plus grand nombre de victimes ?

NORVÈGE
1 000
SUÈDE
FINLANDE
2 000
ESTONIE
70 000
LETTONIE
700 000
URSS
MER DU NORD
DANEMARK
Neuengamme
Riga
LITUANIE
130 000
Kaunas
Vilnius
Ravensbrück
Orianenburg
100 000
Stutthof
Bergen-Belsen
YS-BAS
Bialystok
POLOGNE
TREBLINKA
CHELMNO
3 000 000
Bois-le-Duc
120 000
Berlin
Varsovie
alines
Nordhausen
SOBIBOR
Lodz
Lublin
000
Buchenwald
Theresienstadt
Sosnowice
MAÏDANEK
ALLEMAGNE
ELG.
Sarrebruck
Czestochowa
Mielec
BELZEC
Cracovie
Lvov
Flossenburg
Natzwiller
AUSCHWITZ
260 000
TCHÉCO-SLOVAQUIE
Dachau
Mauthausen
AUTRICHE
Budapest
SUISSE
HONGRIE
270 000
50 000
180 000
9 000
ROUMANIE
60 000
MER NOIRE
ITALIE
YOUGOSLAVIE
SERBIE
BULGARIE
ALBANIE
60 000
TURQUIE
GRÈCE
0
400 km
L'extermination des Juifs et des Tziganes
Zone d'activité des Einsatzgruppen
Camp de regroupement pour déportation
Grand camp de concentration
Grand ghetto juif
Camp d'extermination
Italie et régions contrôlées par l'Italie
États neutres
États en guerre contre l'Axe
Nombre de victimes juives par pays
(dans leurs frontières de 1937)
500 000
100 000
50 000

ÉTUDE

Le génocide des Juifs et des Tziganes

REPÈRES p. 108-109
ÉTUDE p. 112-113
COURS p. 116-117
ÉTUDE p. 212-213

L'extermination des Juifs et des Tziganes est l'aboutissement d'une politique raciste et **antisémite** mise en place par l'État nazi avant la guerre. Il s'agit d'un **génocide** perpétré à l'échelle européenne et organisé de façon méthodique. Pour réaliser cette entreprise, les populations désignées sont écartées du reste de la population et regroupées dans des **ghettos**. Elles sont ensuite assassinées lors de tueries à ciel ouvert, dans les **camps de concentration** ou gazées dans les **camps d'extermination**. Ainsi, presque 6 millions de Juifs et 240 000 Tziganes ont été tués.

Comment l'extermination de populations à grande échelle a-t-elle été mise en œuvre en Europe ?

VOCABULAIRE

• Antisémitisme
Haine à l'égard des Juifs, considérés comme une race ou un groupe distinct de la société.

• Camp de concentration
Lieu de détention où l'on enferme les populations considérées comme ennemies de l'État. Ce sont en général des camps de travail forcé.

• Camp d'extermination
Camp de concentration où la mort est programmée et organisée de façon industrielle.

• Génocide
Destruction physique, intentionnelle, systématique et programmée d'un groupe ou d'une partie d'un groupe en raison de ses origines ethniques ou religieuses.

• Ghetto
Quartiers isolés du reste de la ville par des barbelés ou un mur dans lesquels les Allemands forcent la population juive à vivre dans des conditions misérables.

1 Le regroupement des Juifs dans des ghettos

• Population juive derrière les barbelés du ghetto à Varsovie. Le ghetto de Varsovie est construit en 1940. Il compte jusqu'à 500 000 personnes avant sa liquidation, décidée en 1943.

2 La décision de l'extermination systématique des Juifs en Europe

Reinhard Heydrich (1904-1942) est l'un des principaux chefs des SS[1] et des services de renseignement nazi. De 1939 à 1942, il est le personnage le plus important du Reich après Hitler.

La *solution finale* du problème juif en Europe devra être appliquée à environ 11 millions de personnes. (...) Dans le cadre de la solution finale du problème, les Juifs doivent être transférés sous bonne escorte à l'Est et y être affectés au service du travail. Formés en colonnes de travail, les Juifs valides, hommes d'un côté, femmes de l'autre, seront amenés dans ces territoires pour construire des routes ; il va sans dire qu'une grande partie s'éliminera tout naturellement par état de déficience physique.

Le *résidu* qui subsisterait en fin de compte – et qu'il faut considérer comme la partie la plus résistante – devra être *traitée en conséquence*. En effet, l'expérience de l'histoire a montré que, libérée, cette élite naturelle porte en germe les éléments d'une nouvelle renaissance juive.

En vue de la généralisation pratique de la solution finale, l'Europe sera balayée d'Ouest en Est. Les difficultés de logement et d'autres considérations de politique sociale nous ont amenés à commencer par le territoire du Reich.

Discours de Reinhard Heydrich à la conférence de Wannsee, le 20 janvier 1942.

1. *Voir définition p. 116.*

3 Le génocide par balle

Le 101e bataillon de réserve de la police a reçu en juillet 1942 la mission de procéder à la rafle des 1 800 Juifs du village de Jozefow (Pologne). Les hommes en âge de travailler doivent rejoindre les camps de Lublin, les autres sont abattus.

Arrive une première cargaison de 35 ou 40 Juifs. Un nombre égal de policiers viennent leur faire face, formant autant de couples de bourreaux et de victimes. Conduits par Kammer (le sergent-major de la 1re compagnie), Juifs et policiers empruntent le sentier, puis coupent à travers les arbres vers un point indiqué par le capitaine Wohlauf, qui a passé la journée à choisir les lieux d'exécution. Kammer ordonne aux Juifs de se coucher en rang, face à terre. Les policiers se placent derrière les corps alignés, appuient leur baïonnette sur la colonne vertébrale au-dessus des omoplates, comme on le leur a enseigné, et, sur ordre de Kammer, font feu à l'unisson. (...)

Un policier approche Kammer, qu'il connaît bien, lui avoue qu'il trouve ce travail « répugnant » et lui demande une autre affectation. Il obtient aussitôt de faire faction à la lisière de la forêt, où il passera le reste de la journée.

Extrait de C.R.Browning, *Des hommes ordinaires, le 101e bataillon de réserve de la police allemande et la Solution finale en Pologne*, Tallandier, 2007.

4 L'extermination des Tziganes

Karl Stojka est le quatrième des six enfants d'une famille tsigane catholique qui vit dans un village à l'est de l'Autriche. Déporté dans plusieurs camps, il est libéré par les troupes américaines le 24 avril 1945.

1933-1939. J'ai grandi habitué à la liberté, aux voyages et au dur labeur. En mars 1938, nous avions garé notre roulotte pour l'hiver sur un terrain à Vienne. L'Allemagne a annexé l'Autriche juste avant mon septième anniversaire. Les Allemands nous ont ordonné de ne pas sortir de notre roulotte. Mes parents l'avaient donc transformée en un chalet de bois mais je n'avais pas l'habitude d'être entouré par des murs en permanence. Mon père et ma sœur aînée ont commencé à travailler à l'usine et je suis entré à l'école.

1940-1944. En 1943, ma famille a été déportée vers le camp nazi de Birkenau qui comptait des milliers de Tziganes. Nous étions entourés de fils barbelés. En août 1944, seuls 2 000 Tziganes ont été laissés en vie ; 918 des nôtres ont été placés dans un convoi à destination de Buchenwald dans le cadre du travail obligatoire. Là-bas, les Allemands ont jugé que 200 d'entre nous étaient incapables de travailler et nous ont renvoyés à Birkenau. J'étais l'un d'eux ; ils ont pensé que j'étais trop jeune. Mon frère et mon oncle leur ont affirmé que j'avais 14 ans mais que j'étais nain. J'ai pu rester. Les autres sont repartis et ont été gazés.

Encyclopédie multimedia de la Shoah, www.ushmm.fr

5 La mort de masse

• **Fosse commune découverte peu après la libération du camp, Bergen-Belsen, Allemagne, mai 1945.**

QUESTIONS

▶ La décision de l'extermination

DOCS 1 ET 4 **1.** Quel est l'objectif des mesures de regroupement ?

DOC 2 **2.** Quelle est la décision prise à la conférence de Wannsee ? Qui en est responsable ? **3.** Analysez le vocabulaire employé par Heydrich à l'égard des populations juives. **4.** Comment la décision est-elle justifiée ?

DOCS 2 À 5 **5.** Quelles sont les populations visées ? **6.** Pourquoi peut-on parler d'un génocide ?

▶ La mise en application

DOCS 2 ET 3 **7.** Qui sont les exécutants de la solution finale ?

DOC 3 **8.** Montrez le caractère systématique et organisé de ces exécutions de masse. **9.** Les exécutants s'opposent-ils à cette tâche ? Distinguez l'exception du cas général.

DOC 4 **10.** Repérez dans la carte p. 109 les deux types de camps évoqués dans ce témoignage.

DOC 5 **11.** De quoi cette image est-elle à jamais le symbole ?

▶ BILAN

À l'aide des documents et de vos réponses aux questions, expliquez comment l'extermination à grande échelle a été mise en œuvre en Europe.

ÉTUDE

Le camp d'Auschwitz, une usine de mort

REPÈRES p. 108-109
ÉTUDE p. 110-111
COURS p. 116-117
ÉTUDE p. 212-213

Le camp d'Auschwitz est le plus grand centre de mise à mort du Reich. D'abord **camp de concentration** en 1940, il devient à partir du printemps 1942 le principal **camp d'extermination** : sur 1,3 million de personnes déportées, 1,1 y ont trouvé la mort, dont 960 000 Juifs et 21 000 Tziganes. Ce camp est en fait un vaste complexe de 40 km^2 organisé de façon méthodique pour rendre possible ces exterminations massives.

Pourquoi le camp d'Auschwitz est-il le symbole de l'extermination des Juifs et des Tziganes d'Europe ?

VOCABULAIRE

• **Camp de concentration**
Lieu de détention où l'on enferme les populations considérées comme ennemies de l'État. Ce sont en général des camps de travail forcé.

• **Camp d'extermination**
Camp de concentration où la mort est programmée et organisée de façon industrielle.

1 Les trois camps d'Auschwitz

• Le complexe du camp d'Auschwitz est composé de trois camps principaux et d'une quarantaine de camps annexes extérieurs :
– Auschwitz I : camp de concentration principal, le plus ancien (printemps 1940), où sont principalement envoyés les hommes polonais.
– Auschwitz II-Birkenau : le plus grand centre de mise à mort pour les Juifs et les Tziganes, où sont construits les chambres à gaz et les crématoires. C'est aussi un camp de concentration où sont transférées les femmes en août 1942.
– Auschwitz III-Monowitz : usine IG Farben où travaillent les déportés.

2 La décision de l'extermination à Auschwitz

Rudolph Höss a dirigé le camp d'Auschwitz.

Selon les ordres de Himmler[1], Auschwitz devint le plus grand centre de tuerie de toute l'histoire. Lorsqu'il me donna personnellement l'ordre, durant l'été 1941, de préparer un endroit pour les liquidations de masse et de les mettre en œuvre, jamais je n'aurais pu imaginer l'échelle qu'elles prendraient, ni quelles seraient les conséquences. Évidemment, cet ordre avait quelque chose d'extraordinaire, de monstrueux. Toutefois le raisonnement dont il découlait me paraissait correct. À l'époque, je ne gâchai aucune pensée à y réfléchir. J'avais reçu un ordre, je devais l'exécuter. Je n'avais pas à me forger une opinion personnelle sur la question de savoir si l'extermination des Juifs était nécessaire ou non. À ce moment-là, c'était tout à fait hors de mon état d'esprit. Puisque le Führer avait ordonné « la solution finale de la question juive », il n'y avait pas d'interrogation pour le national-socialiste de longue date, moins encore pour l'officier SS que j'étais. Le principe « Führer, vous ordonnez, nous obéissons » n'était pas une simple phrase en l'air ou un slogan : il fallait le prendre au sérieux.

Rudolph Höss, *Le commandant d'Auschwitz parle*, La Découverte, 1995.

1. *Chef de la SS (voir définition p. 116).*

3 La sélection à l'arrivée des convois

● Photographie prise en 1944 au moment de l'arrivée d'un convoi de Juifs. La sélection sépare ceux qui sont aptes au travail de ceux qui sont destinés à la mort par gazage.

4 La mort de masse : le gazage

Les malheureux sont amenés dans la halle B, on leur déclare qu'ils doivent prendre un bain et se déshabiller dans ce local. Pour les persuader qu'on les conduit vraiment au bain, deux hommes vêtus de blanc leur remettent à chacun un linge de toilette et un morceau de savon. Puis on les pousse dans la chambre des gaz C. Deux mille personnes peuvent y rentrer, mais chacun ne dispose strictement que de la place pour tenir debout. (...) Quand tout le monde est à l'intérieur, on verrouille la lourde porte. On attend quelques minutes, probablement pour que la température dans la chambre puisse atteindre un certain degré, puis des SS revêtus de masques à gaz montent sur le toit, ouvrent les fenêtres et lancent à l'intérieur le contenu de quelques boîtes de fer blanc : une préparation en forme de poudre. Les boîtes portent l'inscription « Cyklon[1] », elles sont fabriquées à Hambourg. (...) En trois minutes, tous les occupants de la salle sont tués. (...) On ouvre donc la salle, on l'aère, et le *Sonderkommando*[2] commence à transporter les cadavres, sur des wagonnets plats, vers les fours d'incinération, où ils sont brûlés.

Témoignage de R. Vrba et F. Wetzler, cité dans une lettre de Pitch Bloch à Pierre Vidal-Naquet, *Esprit*, septembre 1980.

1. *Cyclon ou Zyklon B : nom donné au puissant insecticide utilisé pour gazer les juifs.*
2. *« Commando spécial » : Juifs contraints de vider les chambres à gaz et d'incinérer les cadavres.*

5 Le destin des détenus

Primo Levi, chimiste italien juif et résistant, est déporté à Auschwitz en 1944. Il est affecté au camp de Monowitz.

Ici, tout le monde travaille, sauf les malades. (...) En ce qui concerne le travail proprement dit, nous sommes répartis en 200 *kommandos* environ, dont chacun peut aller de 15 à 150 hommes commandés par un *kapo*. Il y a les bons et les mauvais Kommandos : la plupart sont affectés au transport de matériel, et le travail y est dur, notamment l'hiver, ne fut-ce que parce qu'il se fait en plein air. (...)

Au bout de quinze jour de *lager* [camp], je connais déjà la faim réglementaire, cette faim chronique que les hommes libres ne connaissent pas, qui fait rêver la nuit et s'installe dans toutes les parties de notre corps ; j'ai déjà appris à me prémunir contre le vol, et si je tombe sur une cuillère, une ficelle, un bouton que je puisse m'approprier sans être puni, je l'empoche et le considère à moi de plein droit. Déjà sont apparues sur mes pieds les plaies infectieuses qui ne guériront pas. Je pousse des wagons, je manie la pelle, je fonds sous la pluie et je tremble dans le vent. Déjà mon corps n'est plus mon corps. J'ai le ventre enflé, les membres desséchés, le visage bouffi le matin et creusé le soir ; chez certains, la peau est devenue jaune, chez d'autres, grise ; quand nous restons trois ou quatre jours sans nous voir, nous avons du mal à nous reconnaître.

Primo Levi, *Si c'est un homme*, Julliard, 1987.

QUESTIONS

▶ L'organisation du camp

CARTE P. 109 **1.** Où se trouve le camp d'Auschwitz ?

DOC 2 **2.** D'après l'auteur, de qui vient la décision de développer ce camp et dans quel but ? **3.** Qui est chargé de l'exécution ? **4.** Pourquoi la mise en œuvre de cette décision n'est-elle pas remise en cause ?

DOC 1 **5.** Quels sont les différents types de camps qui composent le complexe concentrationnaire d'Auschwitz ?

▶ La mort industrielle

DOCS 3 ET 4 **6.** Quelles sont les différentes étapes du processus de mise à mort ? Montrez que ce processus s'apparente à un travail à la chaîne.

DOC 4 **7.** D'après le texte, qu'est-ce qui explique l'absence de résistance des déportés ?

DOCS 3 ET 5 **8.** Quel est le sort des détenus qui ne sont pas immédiatement envoyés à la chambre à gaz ?

▶ BILAN

À l'aide des documents et de vos réponses aux questions, montrez que le camp d'Auschwitz est une véritable usine de mort, symbole de l'horreur et de la barbarie nazie.

ÉTUDE

Les résistances à la politique d'extermination

COURS p. 116-117

VOCABULAIRE

- **Shoah**
Mot hébreu qui signifie « catastrophe » et qui désigne l'extermination des Juifs par les nazis.

Différentes formes de résistances, armées ou civiles, se sont opposées à la politique d'extermination : Juifs révoltés des ghettos (Varsovie) et même des camps (Auschwitz), réseaux de résistances de Juifs ou non-Juifs, actions de sauvetage individuelles ou collectives (Chambon-sur-Lignon) ou même nationale dans le cas particulier du Danemark. Ceux qui ont participé au sauvetage de Juifs sont reconnus « Justes des nations » par Yad Vashem, le mémorial de la **Shoah** en Israël.

Quelles formes la résistance à la politique nazie d'extermination des Juifs et des Tziganes a- t-elle prise ?

1 La résistance des Juifs du ghetto de Varsovie

La liquidation totale du ghetto de Varsovie est décidée le 19 avril 1943. Les Juifs se révoltent et tiennent tête aux nazis du 19 avril au 16 mai. Près de 30 000 habitants du ghetto sont finalement arrêtés. 7 000 d'entre eux sont abattus et 22 000 sont déportés dans le camp d'extermination de Treblinka.

Mercredi, 21 avril.

Dès 6 heures du matin, tous nos groupes de combat se trouvent à leurs postes et attendent l'arrivée des Allemands. (...) L'invitation au départ et la déclaration annonçant que tous ceux qui resteront dans le ghetto seront traités en « illégaux » provoquent maintes hésitations. (...) L'Organisation de combat[1], elle, maintient sa résolution. Quand le premier groupe d'Allemands arrive devant la porte, il est bombardé à coups de grenades. Parmi les Allemands et les Ukrainiens[2], il y a des tués et des blessés. (...) En même temps le groupe de combat posté au 67 de la rue Nowolipie, auquel se joignent les groupes stationnés aux numéros 74 et 76 de la rue Leszno, attaque un détachement allemand. (...) Ici les Allemands laissent également des tués.

Témoignage de S. Grajek, cité par Michel Borwicz, *L'Insurrection du ghetto de Varsovie*, Gallimard, 1966.

1. *Organisation juive de combat créée en 1942 qui réunit les organisations résistantes du ghetto.*
2. *Les troupes nazies sont composées de 2 à 3 000 mille SS, d'auxiliaires ukrainiens et lettons et de policiers polonais.*

SCHUTZ-PASS Nr.

Name: Frau Dr. Ladislaus Bálint geb. Ilona Horváth
Név:
Wohnort: Budapest
Lakás:
Geburtsdatum: 28.IV.1908.
Születési ideje:
Geburtsort: Budapest
Születési helye:
Körperlänge: 163 cm.
Magasság:
Haarfarbe: braun Augenfarbe: blau
Hajszín: Szemszín:

Unterschrift:
Aláirás:

SCHWEDEN SVÉDORSZÁ

Die Kgl. Schwedische Gesandtschaft in Budapest bestätigt, dass der Obengenannte im Rahmen der — von dem Kgl. Schwedischen Aussenministerium autorisierten — Repatriierung nach Schweden reisen wird. Der Betreffende ist auch in einen Kollektivpass eingetragen.

Bis Abreise steht der Obengenannte und seine Wohnung unter dem Schutz der Kgl. Schwedischen Gesandtschaft in Budapest.

Gültigkeit: erlischt 14 Tage nach Einreise nach Schweden.

A budapesti Svéd Kir. Követség igazolja, hogy fentnevezett — a Svéd Kir. Külügyminisztérium által jóváhagyott — repatriálás keretében Svédországba utazik.

Nevezett a kollektív útlevélben is szerepel.

Elutazásáig fentnevezett és lakása a budapesti Svéd Kir. Követség oltalma alatt áll.

Érvényét veszti a Svédországba való megérkezéstől számított tizennegyedik napon.

Reiseberechtigung nur gemeinsam mit dem Kollektivpass. Einreisewisum wird nur in dem Kollektivpass eingetragen.

Budapest, den 15. Sept. *1944*

KÖNIGLICH SCHWEDISCHE GESANDTSCHA
SVÉD KIRÁLYI KÖVETSÉG

3 L'action du Juste Wallenberg : un exemple de résistance individuelle

• *Schutzpass* (« Sauf-conduit, passeport de protection ») suédois émis pour une Juive hongroise par les services de Raoul Wallenberg en septembre 1944. L'armée allemande occupe la Hongrie le 19 mars 1944. Aidés de l'administration et de la gendarmerie hongroises, les nazis commencent à déporter les Juifs à Auschwitz. 200 000 subsistent à Budapest et sont menacés. Wallenberg, un diplomate suédois (la Suède est alors un pays neutre), commence à délivrer des passeports de protection suédois aux Juifs de Budapest.

2 Un exemple isolé de résistance allemande

Trois étudiants, Hans Scholl, Sophie Scholl et Christoph Probst, sont les chefs d'un mouvement de résistance allemand, la « Rose blanche ». Ils ont été exécutés à Munich en 1943 pour avoir distribué des tracts dénonçant la barbarie nazie.

Depuis la mainmise sur la Pologne, 300 000 Juifs de ce pays ont été abattus comme des bêtes. C'est là le crime le plus abominable perpétré contre la dignité humaine, et aucun autre dans l'histoire ne saurait lui être comparé. Qu'on ait sur la question juive l'opinion que l'on veut : les Juifs sont des hommes et ce crime fut commis contre les hommes. Quelque imbécile oserait-il dire qu'ils ont mérité leur sort ? Ce serait une idée abominable ; mais cet imbécile, que pense-t-il que toute la jeunesse polonaise ait été anéantie ? (...) Pourquoi tant de citoyens, en face de crimes abominables, restent-ils indifférents ?

Extrait d'un tract de la « Rose blanche », entre juin 1942 et février 1943.

4 Chambon-sur-Lignon, un cas exceptionnel de résistance civile collective

L'ensemble des habitants de Chambon-sur-Lignon (en Haute-Loire), sous la direction de son pasteur, André Trocmé, s'est consacré au sauvetage de 5 000 Juifs. André Trocmé s'adresse à son demi-frère dans une lettre clandestine (début 1943).

Tu sais peut-être que nous avons cet été pu porter secours à une soixantaine de Juifs réfugiés chez nous : cachés, ravitaillés, arrachés à la déportation et souvent conduits en pays sûr. Tu te figures quelles luttes – avec les autorités – quels dangers réels cela a signifié pour nous : menacés d'arrestation, subissant de longs interrogatoires. (...) Mais ces faits ayant été connus et colportés dans tout le midi, de Nice à Toulouse, de Pau à Mâcon, de Lyon à Périgueux, en passant par Saint-Étienne, c'est par dizaines, par centaines que les Juifs se sont dirigés vers Chambon.

Cité par Pierre Boismorand, *Magda et André Trocmé, Figures de résistances*, les éditions du Cerf, 2008.

5 La révolte dans le camp d'Auschwitz

• Le 7 octobre 1944, des *Sonderkommandos* affectés au four crématoire IV d'Auschwitz-Birkenau se révoltent. Les Allemands écrasent la rébellion. David Olère, déporté à Auschwitz et lui-même affecté au *Sonderkommando* du crématoire III, évoque cette révolte qui a contribué à l'arrêt des chambres à gaz à Auschwitz-Birkenau.
La révolte du Sonderkommando, *huile sur toile de David Olère, musée de la Résistance nationale, Champigny.*

6 Le Danemark, un exemple unique de résistance nationale

• En octobre 1943, les autorités danoises sont prévenues d'une rafle imminente des Juifs danois par la SS. La Résistance, soutenue par le roi Christian X, organise alors une opération de sauvetage au cours de laquelle les pêcheurs danois conduisent en Suède, pays neutre, la plus grande partie de la population juive du Danemark. *Musée de la Résistance danoise.*

QUESTIONS

▶ La résistance armée

DOCS 1 ET 5 **1.** Quelle est la situation des révoltés dans les deux cas ? **2.** Quel est l'objectif et la nature de leur révolte ? Comment se terminent ces actions de résistance ?

▶ La résistance civile

DOC 2 **3.** Au nom de quel principe la Résistance allemande se manifeste-t-elle et quel est son but ?

DOCS 3 ET 4 **4.** Quel est l'objectif du pasteur Trocmé et de Raoul Wallenberg ? Quels sont leurs moyens d'action ?

DOC 6 **5.** Pourquoi peut-on parler d'une résistance nationale au Danemark ?

▶ BILAN

À l'aide des documents et de vos réponses aux questions, analysez les différentes formes de résistance à l'extermination ainsi que leur efficacité.

COURS

5• Le génocide des Juifs et des Tziganes

REPÈRES p. 108-109
ÉTUDE p. 110-111
ÉTUDE p. 112-113
ÉTUDE p. 114-115
COURS p. 206-207
COURS p. 214-215

Comment s'opèrent la décision et la mise en œuvre d'un génocide à l'échelle européenne ?

A De l'exclusion au génocide

Une politique d'exclusion jusqu'en 1941

• Au cours des années 1930, le régime nazi met en place une **politique antisémite et raciste** dont l'objectif est d'**exclure** les populations juives, tziganes mais aussi les homosexuels et les handicapés du reste de la population du Reich. Ces populations, considérées comme nuisibles, sont poussées à émigrer et plusieurs projets sont envisagés pour « épurer » la société allemande.

• **La guerre accélère le processus d'élimination.** L'obsession de se débarrasser des populations juives et tziganes conduit le régime nazi à les enfermer dans des **camps de concentration** ou dans des **ghettos**. Quatre cents ghettos ont été créés, tous situés dans des villes d'Europe orientale, notamment en Pologne à Varsovie, Lublin, Lödz et Cracovie. Les Juifs doivent porter un écusson ou un brassard qui permet de les identifier, sont soumis au travail forcé et finissent par ne plus avoir le droit d'en sortir. La faim, la fatigue et les maladies y tuent des milliers de Juifs par mois.

La radicalisation avec l'invasion de l'URSS

• Avec l'**invasion de l'URSS par l'Allemagne (22 juin 1941)** qui place sous domination nazie des populations juives plus nombreuses, **la politique nazie d'extermination se radicalise.** Les ***Einsatzgruppen*** suivent l'avancée des troupes allemandes et sont chargés d'exterminer en les fusillant tous ceux qui sont considérés comme des ennemis raciaux ou politiques (Soviétiques, Juifs, Tziganes, handicapés mentaux), soit plus d'**un million de personnes** entre 1941 et 1943.

• Cependant, cette méthode abominable se révèle trop lente aux yeux des nazis et parfois même difficile à supporter pour les assassins eux-mêmes. À l'automne 1941, les **premiers centres d'extermination** sont donc mis en chantier à l'Est comme celui de Belzec (Est de la Pologne). En décembre, les premiers gazages ont lieu à Chelmno (Ouest de la Pologne) dans des camions. Ces mesures marquent la mise en route consciente d'un **processus d'extermination totale.**

B L'extermination de masse

La décision de la Solution finale

• Le **génocide** devient européen à partir de la fin de l'année 1941. Il est officialisé lors de la **conférence interministérielle de Wannsee le 20 janvier 1942** où le **SS** Reinhard Heydrich, chef de l'Office central de sécurité du Reich, définit les **modalités administratives et pratiques de l'extermination des Juifs d'Europe**. Les Juifs aptes au travail seront utilisés pour les besoins de l'Allemagne en guerre, les autres seront éliminés ; ceux qui survivront au travail forcé seront aussi éliminés. Aucun pays sous occupation allemande n'est épargné : les Juifs d'Europe sont rassemblés, transférés à l'Est et exterminés. En ce qui concerne les Tziganes, les convois vers les camps de la mort débutent au début de l'année 1943.

Une organisation planifiée et méthodique

• Il existe deux sortes de camps, tous gérés par les SS : les **camps de concentration** et les **camps d'extermination**. Les camps de concentration, créés dès 1933 (Dachau), sont des **camps de travail** où la mort est fréquente : carrière de pierre à Mauthausen (en

VOCABULAIRE

• **Camp de concentration**
Lieu de détention où l'on enferme les populations considérées comme ennemies de l'État. Ce sont en général des camps de travail forcé.

• **Camp d'extermination**
Camp de concentration où la mort est programmée et organisée de façon industrielle.

• ***Einsatzgruppen* (« Groupes spéciaux »)**
Unités mobiles formées de policiers et de SS. À partir de l'invasion de l'URSS en 1941, elles sont chargées de fusiller les Juifs et les responsables politiques soviétiques.

• **Génocide**
Destruction physique, intentionnelle, systématique et programmée d'un groupe ou d'une partie d'un groupe en raison de ses origines ethniques ou religieuses.

• **Ghetto**
Quartiers isolés du reste de la ville par des barbelés ou un mur dans lesquels les nazis forcent la population juive à vivre dans des conditions misérables.

• **SS (section de sécurité)**
Organisation du parti nazi assurant à l'origine la sécurité de Hitler. Elle est ensuite chargée de poursuivre ceux que le nazisme définit comme des ennemis. Elle est l'instrument central de la terreur policière.

Autriche), usine de V2 dans le camp de Dora, complexe chimique à Auschwitz. Il existe cependant une hiérarchie entre ces camps où les conditions d'internement peuvent être très différentes. Certains sont en fait de véritables **camps d'anéantissement** par le travail, la faim et les mauvais traitements où le détenu doit lutter pour sa survie.

• La population de ces camps est très diversifiée : des opposants politiques, des Juifs, des homosexuels puis progressivement des résistants venus de toute l'Europe. Certains camps, comme celui de Ravensbrück, sont réservés aux femmes. Partout le système concentrationnaire impose aux détenus un ordre dément dans lequel l'individu est anéanti et perd, à force de mauvais traitements et d'humiliations, son humanité.

• Les **camps d'extermination** sont tous situés en Pologne : Auschwitz-Birkenau, Belzec, Chelmno, Majdanek, Sobibor et Treblinka. **La mort y est organisée de façon industrielle.** Les populations, raflées dans toute l'Europe, y sont déportées dans des wagons à bestiaux ; beaucoup meurent avant même d'atteindre le camp. À leur arrivée, ceux qui peuvent travailler sont séparés de ceux – vieillards, femmes inaptes au travail et enfants – qui sont conduits immédiatement à la **chambre à gaz**. Ignorants du sort qui les attend, ils se laissent conduire sans résistance vers de fausses douches collectives. Les corps sont ensuite brûlés ou enterrés dans des fosses communes.

• Des détenus sont aussi utilisés comme cobayes humains pour des **expériences médicales** sous l'autorité de médecins comme Josef Mengele à Auschwitz.

1. *La libération du camp d'Auschwitz en 1945*

• Des prisonniers quittent le camp, libéré par l'Armée Rouge le 27 janvier 1945.

C Un massacre à l'échelle européenne

Un bilan global effroyable…

• **Le bilan humain de la politique d'extermination nazie est très lourd** : toutes populations confondues (prisonniers soviétiques, détenus des camps de concentration, malades mentaux, Tziganes et Juifs) ce sont **10 millions de personnes** tuées.

• **Les Juifs ont été les plus touchés avec entre 5,1 et 5,8 millions de morts** selon les estimations, soit la moitié de la population juive de 1939. Les Tziganes comptent 240 000 morts, soit un tiers de la population de 1939. Les déportations ont continué le plus longtemps possible puisque, par exemple, le dernier convoi qui quitte les Pays-Bas pour Auschwitz part le 3 septembre 1944.

… mais inégal selon les régions

• De façon générale, l'extermination a été beaucoup plus systématique à l'Est qu'à l'Ouest. En **Pologne**, directement sous administration nazie, la population juive a diminué de 89 % entre 1939 et 1945.

• Dans les territoires occupés par l'Allemagne nazie, le bilan est variable en fonction de la **politique menée par le gouvernement vaincu** et de la **réaction des populations civiles**. Ainsi, le refus de collaborer des autorités **danoises** et la participation à la Résistance de la population civile a permis de sauver l'essentiel de la population juive du pays, alors que la **collaboration de l'État français** a, au contraire, abouti à l'extermination de 28 % de la population juive de 1939.

• Enfin, l'opposition des gouvernements de Finlande et de Bulgarie, pourtant alliés de l'Allemagne nazie, a arrêté la déportation des citoyens juifs vers les camps d'extermination.

2. *Le bilan du génocide*

Nombre de victimes juives réparties par pays

	Nombre de morts	% de la population juive exterminée
Allemagne	120 000	50 %
Autriche	50 000	83 %
Belgique	24 000	27 %
Estonie	2 000	44 %
France	75 000	23 %
Grèce	60 000	81 %
Hongrie	180 000	45 %
Italie	9 000	13 %
Lettonie	70 000	74 %
Lituanie	130 000	90 %
Norvège	1 000	50 %
Pays-Bas	100 000	71 %
Pologne	3 000 000	89,5 %
Roumanie	270 000	36 %
Tchécoslovaquie	260 000	82,5 %
URSS	700 000	23 %
Yougoslavie	60 000	80 %

R. Hilberg, La Destruction des Juifs d'Europe, *Fayard, 1988.*

VÉRIFIEZ VOS CONNAISSANCES

1. Quand la décision d'exterminer les populations juives et tziganes a-t-elle été prise ?
2. Pourquoi peut-on parler d'une organisation systématique et méthodique de la mort de masse ?
3. Quel est le bilan du génocide juif et tzigane ?

ÉTUDE

Les bombardements de guerre, une stratégie d'anéantissement

COURS p. 120-121

Le passage à la guerre totale fondée sur la stratégie d'anéantissement de l'adversaire et les progrès de l'aviation expliquent l'importance des bombardements pendant la Seconde Guerre mondiale. Ces bombardements massifs ont pour but de détruire les forces militaires mais aussi économiques de l'adversaire (destructions d'usines, des moyens de communication et des hommes). Ils servent souvent à terroriser les populations pour obtenir la capitulation de l'ennemi.

Quel est le rôle des bombardements dans la guerre ?

1 Un bombardement stratégique : « le Blitz »

Le bombardement de Londres (Blitz) a fait 43 000 morts entre septembre 1940 et mai 1941.

Si les moyens politiques ne donnent pas de résultats, la volonté anglaise de résistance devra être brisée par la force :

a. Par le combat contre la métropole anglaise.

b. Par l'élargissement de la guerre à la périphérie.

Pour **a**, il y a trois possibilités :

1. Le « siège » : il comprend le combat maritime et aérien contre tout ce qui entre ou sort, le combat contre l'armée de l'air anglaise et contre toutes les ressources économiques du pays.
2. Le bombardement de terreur contre les concentrations de population anglaises.
3. Le débarquement ayant pour but d'occuper l'Angleterre.

La victoire finale de l'Allemagne n'est qu'une question de temps. Des attaques ennemies importantes ne sont plus possibles. Aussi l'Allemagne peut-elle choisir des méthodes de guerre qui économisent ses forces et évitent les risques. Au début doit prendre place le combat contre la force aérienne anglaise.

Mémorandum du général Jodl, chef d'état-major des opérations de guerre et principal conseiller militaire de Hitler, 30 juin 1940.

2 Les bombardements alliés en Normandie

Après le débarquement de juin 1944, 200 000 Normands trouvent la mort dans les bombardements alliés destinés à briser les défenses allemandes. En juillet, la ville de Caen est visée.

Cette ville était absolument détruite à 87 %. Tout le centre, le centre où nous sommes, avait été brûlé, abattu, bombardé plusieurs fois. Pensez à ce que la population pouvait être au milieu de tout cela. Ce qui était triste, c'était l'état des blessés. Certains étaient ensevelis sous des mètres et des mètres de moellons. Certains ont agonisé pendant plus de trente jours et nous savons qu'ils sont morts à petit feu. Nous n'avions plus ni eau, ni gaz, ni téléphone, ni ravitaillement, ni chemin de fer. Pour survivre, on allait dans les caves chercher quelques réserves, mais le moral était très élevé car la Libération nous attendait.

Témoignage de Léonard Gilles, chef de la Résistance à Caen.

3 Le bombardement de Dresde en Allemagne

• Dans le but de terroriser la population, les Alliés bombardent l'Allemagne. Le 14 février 1945, ils détruisent Dresde, important nœud de communication pour les troupes allemandes vers le front de l'Est. La ville brûle pendant sept jours, on compte 35 000 morts.

4 **Le bombardement d'Hiroshima au Japon**

● Le 6 août 1945, les Américains lancent une première bombe atomique sur Hiroshima. Une seconde tombe, le 9, sur Nagazaki. Entre les effets directs de la bombe et les conséquences des blessures et des radiations, on dénombre plus de 140 000 victimes.

5 Hiroshima : un désastre pour l'humanité

Albert Camus (1913-1960) est à la fois philosophe, écrivain et journaliste. Engagé dans la Résistance, il est rédacteur en chef de Combat, *journal du mouvement de Résistance du même nom.*

Le monde est ce qu'il est, c'est-à-dire peu de chose. C'est ce que chacun sait depuis hier grâce au formidable concert que la radio, les journaux, les agences d'information viennent de déclencher au sujet de la bombe atomique. On nous apprend, en effet, au milieu d'une foule de commentaires enthousiastes, que n'importe quelle ville d'importance moyenne peut être totalement rasée par une bombe de la grosseur d'un ballon de football. (...) La civilisation mécanique vient de parvenir à son dernier degré de sauvagerie. Il va falloir choisir, dans un avenir plus ou moins proche, entre le suicide collectif ou l'utilisation intelligente des conquêtes scientifiques.

Albert Camus, *Combat*, 8 août 1945, cité dans *Œuvres complètes*, « La Pléiade », Gallimard, 2006.

6 Le choix stratégique de la bombe atomique

Le 9 août 1945, le président américain Harry S. Truman livre, dans un discours radiodiffusé, un compte-rendu de la conférence de Potsdam et de ses principales décisions.

Le monde entier remarquera que la première bombe atomique a été lâchée sur Hiroshima, une base militaire, afin d'éviter, dans la mesure du possible, la mort de civils lors de la première attaque. Toutefois, cette attaque ne constitue qu'un avertissement de ce qui va suivre. Si le Japon ne capitule pas, il faudra lâcher des bombes sur les industries de guerre, ce qui entraîne, malheureusement, la perte de milliers de vies civiles. (...)

Toutefois, nous savions que nos ennemis faisaient des recherches. Nous savons maintenant que leurs recherches étaient sur le point d'aboutir. Nous savions quelle serait l'ampleur du désastre dans notre pays, dans tous les pays pacifiques, pour toute la civilisation, s'ils l'avaient découverte en premier. (...)

Ayant découvert la bombe, nous l'avons utilisée. Nous l'avons utilisée contre ceux qui nous ont attaqués sans prévenir à Pearl Harbor, contre ceux qui ont affamé, battu à mort et exécuté des prisonniers de guerre américains, contre ceux qui ont abandonné tout semblant de respect des lois de guerre internationales. Nous l'avons utilisée pour écourter l'agonie de la guerre, pour sauver les vies de plusieurs milliers de jeunes Américains.

Nous continuerons à l'utiliser jusqu'à ce que nous ayons complètement détruit les forces qui permettent au Japon de faire la guerre. Seule une capitulation nous arrêtera.

QUESTIONS

▶ Pourquoi bombarder ?

DOC 1 **1.** Quels sont les différents objectifs des bombardements allemands sur Londres ?

DOC 2 **2.** Comment peut-on expliquer les bombardements alliés sur le territoire français ?
3. Pourquoi ce résistant les accepte-t-il ?

DOCS 4 ET 6 **4.** Pourquoi le président Truman a-t-il pris la décision de lancer une bombe atomique sur Hiroshima ?

▶ Les populations civiles, victimes d'une guerre d'anéantissement

DOCS 2 ET 3 **5.** Le bombardement de Dresde obéit-il à la même logique que celui des villes françaises ?

DOC 6 **6.** Que penser de la première phrase de ce texte ?

DOCS 4 ET 5 **7.** Pourquoi ce nouveau type de bombardement est-il un désastre pour l'humanité ?

▶ BILAN

À l'aide des documents et de vos réponses aux questions, montrez que les bombardements s'inscrivent dans la stratégie d'anéantissement propre à la Seconde Guerre mondiale.

COURS

6• Guerre totale et guerre d'anéantissement

ÉTUDE p. 118-119

Comment la Seconde Guerre mondiale est-elle devenue une guerre d'anéantissement ?

1. *La propagande américaine antijaponaise*
« Piège à Japonais », affiche américaine, 1940.

2. *Une usine d'armement américaine*
Omaha (Nebraska), mai 1944.

A Une guerre idéologique

Des ennemis absolus

• La Seconde Guerre mondiale est une **guerre idéologique qui oppose deux camps antagonistes** défendant des valeurs radicalement différentes.

• L'Allemagne nazie, l'Italie fasciste et le Japon sont des dictatures fascistes fondées sur une idéologie raciste et sur la guerre de conquête qui doit leur assurer un territoire étendu dans lequel elle veulent imposer un « ordre nouveau ». L'ennemi est **diabolisé et déshumanisé** au point que la violence perpétrée à son encontre n'est plus perçue comme un acte abominable. La **conception raciale de la guerre** qui se développe alors est la clef pour comprendre la logique de la destruction de l'ennemi. Il faut particulièrement souligner la lutte à mort que l'Allemagne nazie engage contre l'URSS, qualifiée de judéo-bolchevique.

• En face, les **Alliés** et les mouvements de Résistance défendent les **valeurs de liberté, de démocratie et les droits de l'Homme.** Il s'agit donc d'une lutte entre deux visions du monde incompatibles pour lesquelles **le combat est juste** et l'**anéantissement de l'ennemi** indispensable.

Une guerre des propagandes

• Ce combat idéologique explique l'**importance de la propagande comme instrument de lutte**, pour maintenir le moral des siens, justifier le combat et la **guerre psychologique** pour démoraliser le camp adverse (doc 1).

• La propagande bénéficie des **progrès importants des techniques de l'information** : les affiches, la presse, les tracts sont utilisés mais aussi le cinéma et surtout la radio.

B Une économie de guerre

La mobilisation des économies

• **Avec l'entrée en guerre des États-Unis en 1941, la guerre devient vraiment mondiale.** Dans cette **guerre totale**, où une victoire rapide n'est plus possible, tous les moyens humains et matériels sont mis en œuvre par tous les belligérants pour permettre la victoire finale.

• La guerre mobilise l'**ensemble des économies et des sociétés** et nécessite la mise en place d'**économies de guerre** dans les pays belligérants. Grâce aux accords de **prêt-bail**, les États-Unis contribuent à l'organisation de la guerre totale chez les Alliés dès 1941, puis le président américain Roosevelt rend public le 6 janvier 1942 le ***Victory Program*** qui doit faire des États-Unis « l'arsenal des démocraties » (doc 2).

• L'**économie de guerre des régimes fascistes** est fondée sur l'**exploitation des territoires conquis et de leurs populations.** Ainsi, l'Europe sous domination nazie en 1942 est **pillée et asservie.** L'Allemagne réquisitionne les matières premières et les produits alimentaires. Pour remplacer les travailleurs allemands partis au front, elle a recours aux **prisonniers de guerre**, aux **déportés** des camps de concentration et à une main-d'œuvre qui est prélevée dans tous les territoires occupés (**STO**).

La science au service de la guerre

• La guerre accélère les **innovations technologiques** (radar, moteur à réaction...) et met en œuvre des **moyens de destructions de plus en plus puissants** (chars,

VOCABULAIRE

• **Prêt-bail**
Loi adopté par le congrès des États-Unis en mars 1941 qui autorise le Président à vendre et à prêter du matériel de guerre et toutes marchandises aux États en guerre contre l'Axe.

• **STO (Service du travail obligatoire)**
Institué en en 1943 par le régime de Vichy, il mobilise les hommes entre 20 et 23 ans pour travailler dans les entreprises allemandes.

bombardiers, fusées V1 puis V2 allemandes…). Les progrès scientifiques dans l'armement rendent possible les **massacres à grande échelle**, notamment par voie aérienne.
• Un pas décisif est franchi avec la mise au point par les États-Unis de l'**arme nucléaire** aux capacités de destruction inégalées.

C Une guerre d'anéantissement

Les victimes militaires

• Des millions d'hommes sont mobilisés dans les armées. La **modernisation des armements** (chars d'assaut, fusils-mitrailleurs, mines, obus…) provoque des pertes considérables.
• Le sort des **prisonniers de guerre**, particulièrement dans l'Est de l'Europe et en Asie, est terrible (doc 3). Ainsi, persuadée de devoir anéantir la menace communiste, l'armée allemande est sans pitié envers les prisonniers de guerre soviétiques. On estime que sur plus de 3 millions de prisonniers de 1941, 2 millions meurent de faim, d'épuisement ou sont liquidés.

Les victimes civiles

• Mais ce sont surtout les **populations civiles** qui sont devenues des cibles. L'**extermination des Juifs et des Tziganes** dans des ghettos et des camps est froidement organisée par l'Allemagne nazie.
• Les armées n'hésitent pas à faire subir aux populations civiles des **représailles sanglantes**, à **massacrer des otages ou des prisonniers de guerre**. En Asie, les Japonais prennent la ville chinoise de Nankin en 1937 et se rendent coupables du premier massacre de la Seconde Guerre mondiale (100 000 personnes tuées). En France, le 10 juin 1944, le village d'Oradour-sur-Glane (Limousin) est entièrement brûlé et la population massacrée par une division SS (doc 4).
• **Les armées utilisent surtout les bombardements massifs de terreur** sur les populations civiles pour briser la résistance ennemie et remporter la victoire. C'est ce qui explique les **lourdes attaques aériennes de l'aviation allemande contre les villes anglaises** à partir de 1940 ou des villes allemandes par les Alliés à la fin de la guerre (comme à Dresde le 14 février 1945, 35 000 morts). De même l'utilisation au Japon de la **bombe atomique sur Hiroshima** a fait 70 000 morts, celle sur **Nagasaki** 80 000 morts, sans compter les victimes ultérieures (radiations…).

Un bilan sans précédent

• **Le bilan humain est extrêmement lourd** : sur les **plus de 50 millions de morts**, les civils sont frappés autant voire plus que les militaires dans certains cas. L'**Europe** est particulièrement touchée avec presque **35 millions de morts.** En **URSS**, les pertes humaines s'élèvent à plus de **20 millions dont plus de la moitié de civils** (au total, 14 % de la population). En Pologne, en raison du génocide, 16 % de la population a disparu, dont une immense majorité de civils.
• En **Asie**, la Chine compterait entre 6 et 8 millions de morts et le Japon 3 millions. Il s'agit de soldats tués sur les champs de bataille mais aussi de résistants et otages fusillés, de déportés exterminés, de civils tués dans les villes ou sur les routes bombardées.

3. *Le sort difficile des prisonniers militaires en Asie*
• **Prisonniers américains capturés aux Philippines par l'armée japonaise en mai 1942. Les prisonniers sont envoyés dans des camps souvent dirigés avec une grande brutalité et où la nourriture est très insuffisante.**

4. *Le village martyr d'Oradour-sur-Glane (Limousin), novembre 1944*

VÉRIFIEZ VOS CONNAISSANCES

1. Pourquoi la guerre devient-elle une guerre d'anéantissement après 1941 ?
2. Qu'est-ce qui rend possible ce changement dans la nature de la guerre ?
3. En quoi peut-on dire que les civils sont les principales victimes ?

RÉVISIONS

Les Guerres mondiales au XXe siècle

Les points clés du cours

1. La Première Guerre mondiale (1914-1918), l'expérience combattante dans une guerre totale

• L'**expérience des soldats au front**, confrontés à des conditions de combat très dures, est inédite. L'**horreur des combats**, le face-à-face quotidien avec la mort et la longueur de la guerre sont particulièrement traumatisants. **Les civils sont aussi victimes de guerre**. Parfois occupés et rationnés, ils sont aussi de plus en plus pris pour cible. Le **génocide arménien** de 1915 en est un exemple frappant.

• La longueur de la guerre impose une **mobilisation totale** des États et des populations ainsi qu'une **mobilisation militaire** sans précédent. Pour maintenir l'union nationale, la **propagande** se développe. Une **véritable culture de guerre** naît alors dans les sociétés.

2. La Seconde Guerre mondiale (1939-1945), une guerre d'anéantissement

• La Seconde Guerre mondiale est marquée par la mise en œuvre dans les territoires du Reich de la **Solution finale**. Hitler décide fin 1941 l'**extermination systématique des Juifs et des Tziganes**. Cette décision est l'aboutissement de la politique raciste et antisémite nazie radicalisée par la guerre. Elle aboutit à la mort de près de **6 millions de Juifs en Europe et de 240 000 Tziganes**.

• Plus encore que la première, la Seconde Guerre mondiale est une **guerre totale**. Impliquant d'énormes contingents militaires mais aussi l'ensemble de l'économie des pays impliqués, c'est une **guerre idéologique** dans laquelle il ne s'agit pas seulement de vaincre l'ennemi mais de l'**anéantir** au nom de valeurs radicalement opposées dans chaque camp.

• **Les violences de guerre sont à leur apogée** à la fois contre les **militaires** (notamment les prisonniers) et contre les **populations civiles**, victimes de **bombardements massifs** et de **massacres**.

Les mots clés

Première Guerre mondiale

- Culture de guerre → p. 100
- Guerre de mouvement → p. 86
- Guerre de position → p. 86
- Poilus → p. 94
- Tranchées → p. 88

Seconde Guerre mondiale

- Camp de concentration → p. 108
- Camp d'extermination → p. 108
- Génocide → p. 92
- Ghetto → p. 108
- Shoah → p. 144

Les personnages clés

Adolf Hitler
(1889-1945)
Chancelier du Reich allemand de 1933 à sa mort en 1945.
→ Biographie p. 199

Franklin D. Roosevelt
(1882-1945)
Président des États-Unis de 1933 à 1945.
→ Biographie p. 139

Joseph Staline
(1879-1953)
Secrétaire général du parti communiste de 1922 à 1953.
→ Biographie p. 206

Winston Churchill
(1874-1965)
Premier ministre de la Grande-Bretagne de 1940 à 1945.
→ Biographie p. 106

Les dates clés

• Première Guerre mondiale

28 juin 1914	Assassinat de l'archiduc François-Ferdinand d'Autriche
1914-1915	Guerre de mouvement
1915	Génocide arménien
1915-1917	Guerre de position
1916	Bataille de Verdun
1917	Mutineries au front
11 nov. 1918	Armistice

• Seconde Guerre mondiale

1939	Attaque de la Pologne par Hitler puis Staline
1941	Attaque de l'URSS par Hitler Entrée en guerre des États-Unis Premiers camps d'extermination
1942	Décision de la Solution finale (conférence de Wannsee)
1943	Liquidation du ghetto de Varsovie
8 mai 1945	Capitulation de l'Allemagne
août 1945	Bombes atomiques sur Hiroshima et Nagasaki

Capacité Prélever et hiérarchiser les informations tirées d'un texte

EXERCICES

Les bombardements pendant la Première Guerre mondi...

Si les attaques par les gaz demeurent assez rares, presque tous les soldats ont eu à affronter les bombardements.

Il n'y a rien de plus horrible à la guerre que de subir un bombardement. Un homme est là, seul dans son trou. Il n'est pas dans le feu du combat. Il raisonne. Il a une acuité extraordinaire de jugement. Tout d'abord il cause avec son voisin du trou d'à côté : il aime sentir près de lui un être, un camarade qui court les mêmes risques. C'est humain. Il crâne, se contraint à plaisanter. (...) Mais il constate que son rire sonne faux et brusquement il préfère être franc avec lui-même : nul doute n'est possible, c'est là un bombardement, un vrai, une de ces préparations d'artillerie qui précèdent les attaques et où le terrain à conquérir doit être complètement bouleversé, et où il ne doit plus rester d'être vivant dans les tranchées nivelées... L'obus fusant, il ne le craint pas, les 30 à 40 cm de terre qui sont au-dessus de sa tête suffisent amplement à arrêter les éclats. L'obus percutant, lui, ne pardonnera pas, c'est la mort certaine sous le sol effondré. Il calcule, cherche la position la moins défavorable, se recroqueville, place sa tête près de l'ouverture (... pouvoir respirer en cas d'éboulement partiel. (... oreille perçoit tous les départs des coups. Il devi... trajectoire de l'obus, sait approximativement où v... produire l'éclatement. (...) S'il comprend que l'ob... va tomber près de lui, il ferme les yeux, se fait tout petit, place instinctivement son bras de façon à protéger la tête... Une flamme brûle ses paupières, une âcre fumée le suffoque... c'est fini pour cette fois, il n'est pas blessé. Bientôt le bruit devient infernal ; plusieurs batteries tonnent simultanément. Impossible de rien distinguer. Les obus se succèdent sans interruption. Il lui semble que son crâne éclate, que sa raison va chavirer. C'est un supplice dont il ne prévoit pas la fin. Il a peur tout à coup d'être enseveli vivant. (...) Que sont devenus ses camarades ? Sont-ils partis ? Sont-ils morts ? (...) Le déluge continue. La force aveugle se déchaîne. Et l'homme reste dans son trou, impuissant, attendant, espérant le miracle.

Extrait d'un article de *La Saucisse*, journal des tranchées, avril 1917.

QUESTIONS

1. Présentez le document.

2. Quelles sont les armes ici utilisées pour bombarder les hommes ? Comment les soldats essaient-ils de se protéger ?

3. Quels sont les sentiments éprouvés par les combattants lors des bombardements ? Montrez, grâce à différentes citations du texte, qu'il s'agit d'une expérience éminemment traumatisante pour les hommes.

Pour aller plus loin

Livres

Sur la Première Guerre mondiale :

- Henri Barbusse, *Le Feu*, Flammarion, 1917.
- Joseph Kessel, *L'Équipage*, « Folio », Gallimard, 1976.
- Ernst Jünger, *Orages d'acier*, Le Livre de poche, 1981.

Sur la Seconde Guerre mondiale :

- Primo levi, *Si c'est un homme*, Julliard, 1987.
- Charlotte Delbo, *Aucun de nous ne reviendra*, Minuit, 1970.
- Imre Kertész, *Être sans destin*, « Babel », Actes Sud, 2009.
- Anne Grynberg, *La Shoah. L'impossible oubli*, « Découvertes », Gallimard, 1995.

Films

Sur la Première Guerre mondiale :

- *Les Sentiers de la gloire*, Stanley Kubrick, 1957.
- *La Chambre des officiers*, François Dupeyron, 2001.

Sur la Seconde Guerre mondiale :

- *Shoah*, Claude Lanzmann, 1985.
- *La Liste de Schindler*, Steven Spielberg, 1993.
- *Le Pianiste*, Roman Polanski, 2002.

Sites Internet

- La Première Guerre mondiale par l'image : www.1914-1918.fr
- L'Encyclopédie multimédia de la Shoah : memorial-wlc.recette.lbn.fr/fr
- Le mémorial de Caen : www.memorial-caen.fr

MÉTHODE

Expliquer un témoignage

Le témoignage apporte un éclairage particulier sur un fait historique : c'est un récit fait par un individu qui l'a vécu. Il faut donc, pour l'analyser, tenir compte de la place occupée par le témoin dans l'événement qu'il décrit, des raisons de son témoignage et des marques de sa subjectivité.

Marie-Claude Vaillant-Couturier est déportée au camp d'Auschwitz (de janvier 1943 à août 1944).

Les transports se pratiquaient de la manière suivante au début, quand nous sommes arrivés : quand un convoi de Juifs arrivait, on sélectionnait d'abord les vieillards, les vieilles femmes, les mères et les enfants qu'on faisait monter en camions, ainsi que les malades ou ceux qui paraissaient de constitution faible. On ne prenait que les jeunes femmes et jeunes filles, et les jeunes gens qu'on envoyait au camp des hommes.

Il arrivait, en général, sur un transport de 1 000 à 1 500, qu'il en entrait rarement plus de 250 – et c'est tout à fait un maximum – dans le camp. Le reste était directement dirigé aux gaz. (...)

On faisait pénétrer les gens, une fois déshabillés, dans une pièce qui ressemblait à une salle de douches, et par un orifice dans le plafond, on lançait les capsules de gaz. Un SS regardait par un hublot l'effet produit. Au bout de cinq à sept minutes, lorsque le gaz avait fait son œuvre, il donnait le signal pour qu'on ouvre les portes. Des hommes avec des masques à gaz – ces hommes étaient des détenus – pénétraient dans la salle et retiraient les corps. Ils nous racontaient que les détenus devaient souffrir avant de mourir, car ils étaient agrippés les uns aux autres en grappes et on avait beaucoup de mal à les séparer.

Après cela, une équipe passait pour arracher les dents en or et les dentiers. Et encore une fois, quand les corps étaient réduits en cendres, on passait encore au tamis pour essayer de récupérer l'or.

Il y avait à Auschwitz huit fours crématoires. Mais à partir de 1944, ce n'était pas suffisant. Les SS ont fait creuser par les détenus de grandes fosses dans lesquelles ils mettaient des branchages arrosés d'essence qu'ils enflammaient. Ils jetaient les corps dans ces fosses. De notre bloc, nous voyions, à peu près trois quarts d'heure ou une heure après l'arrivée d'un transport, sortir les grandes flammes du four crématoire et le ciel s'embraser par les fosses.»

Témoignage de Marie-Claude Vaillant-Couturier
au procès de Nuremberg, 28 janvier 1946.

Résistante française, arrêtée à Paris en février 1942, déportée en janvier 1943.

Procès chargé de juger les principaux dirigeants nazis entre le 20 novembre 1945 et le 1er octobre 1946.

QUESTIONS

1. Présentez le témoignage de Marie-Claude Vaillant-Couturier.

2. Dans quelle optique ce témoignage est-il réalisé ?

3. Quelles informations ce témoignage apporte-t-il sur Auschwitz ?

4. Ces informations sont-elles confirmées par d'autres sources ?

Méthode générale

Application guidée

1 Présenter le témoignage

- Établir **l'identité du témoin**, grâce au texte et à ses connaissances.
- Déterminer si **les faits rapportés concernent directement ou indirectement le témoin** : pour cela, relever dans le texte tous les indices qui marquent son implication (emploi du « je »...).

Question 1. Présentez le témoignage de Marie-Claude Vaillant-Couturier.

Conseil

Utilisez les explications placées en marge du texte, et complétez-les par une recherche personnelle. Les marques du témoignage sont surlignées en vert dans le texte.

2 Déterminer l'objectif du témoignage

- Relever la date de réalisation du témoignage et, si nécessaire, sa date de publication.
- Replacer ces dates dans leur contexte historique pour comprendre les intentions de l'auteur.

Question 2. Dans quelle optique ce témoignage est-il réalisé ?

Conseil

Aidez-vous des éléments surlignés en bleu, et reportez-vous aux études p. 110-111 et 112-113.

3 Exposer l'intérêt du témoignage

- Relever toutes les informations données par le témoin.
- **Comparer ces informations à celles apportées par d'autres sources**, pour expliquer si le récit peut être considéré comme fiable.

Question 3. Quelles informations ce témoignage apporte-t-il sur Auschwitz ?

Conseil

Relevez et classez les passages du texte surlignés en orange.

Question 4. Ces informations sont-elles confirmées par d'autres sources ?

Conseil

Reportez-vous à l'étude p. 112-113 en distinguant les témoignages des autres types de documents.

exercice d'application

1. Pour présenter ce témoignage et comprendre l'objectif de son auteur, réalisez une recherche dans l'encyclopédie multimédia du site du Mémorial de la Shoah (www.memorialdelashoah.org).
2. Expliquez quel est l'événement décrit.
3. Analysez le rôle et les réactions des différents acteurs : victimes, témoins, bourreaux.
4. Expliquez l'intérêt de ce témoignage.

Récit d'une rafle dans le ghetto de la ville polonaise de Lodz en 1942.

De 7 heures du matin jusqu'à 4 heures de l'après-midi, sans arrêt, on a traîné derrière soi et on a pourchassé continuellement la population. Ce fut un spectacle horrible. (...) Certains enfants ont sauté des wagons (...). Les assassins égorgeaient les victimes, les foulaient aux pieds, tout en riant cyniquement et en interpellant les enfants survivants épouvantés pour leur demander s'ils sauteraient également du wagon. (...) Les gens se précipitaient à gauche ou à droite, certains d'entre eux jetaient des montres en or aux policiers juifs, des coupures en devises étrangères, divers objets de valeur en suppliant : « Sauvez-nous, ne nous laissez pas exterminer, aidez-nous à nous échapper. Détournez vos yeux et nous parviendrons à forcer le blocus. » Et à vrai dire, il y eut quelques cas de ce genre. (...) Mais souvent, ils échouaient dans leur tentative. Les évadés étaient abattus sur place et le policier devait se défaire sur le champ de son brassard et de sa casquette pour être emmené avec les captifs. (...). Ils ont payé de leur vie l'assistance donnée à un ami ou pour de l'argent.

Shloyme Frank, journaliste juif, *Journal du ghetto de Lodz*, 1942.

BAC

Composition

Point méthode Construire un plan thématique

Un plan thématique convient pour étudier une situation historique à un moment donné, ou pour la comparer à une autre. Il permet en effet de distinguer et de mettre en valeur les principales caractéristiques de cette situation et, si nécessaire, de montrer leur évolution.

Ce terme définit le **cadre dans lequel analyser les violences** : il faut établir leurs **relations à la guerre**. Vous devez par exemple vous demander si les violences sont considérées comme un moyen de gagner la guerre, voire comme un de ses objectifs. Il est alors impératif de ne pas limiter cette étude aux soldats : la guerre ne touche pas que les combattants. **Vous devez donc exposer une des spécificités des guerres du XXe siècle** : la place, les raisons et les conséquences des violences faites aux civils.

SUJET Les violences de guerre pendant les deux guerres mondiales

Ce terme établit l'objet de votre réflexion. Le pluriel indique qu'il s'agit d'analyser différents types de violence. Il faut donc en déterminer la nature, les raisons, les moyens, les lieux et les conséquences. Enfin, ce sujet demande de comprendre quelles sont les personnes qui les exercent, et celles qui en sont victimes. **Ce terme définit aussi des limites qu'il ne faut pas dépasser** : par exemple, exposer la chronologie des deux guerres est ici hors sujet.

Cette partie du sujet indique la **période à étudier**, mais aussi la comparaison à effectuer. Il s'agit donc de comprendre si les violences de la Première Guerre mondiale sont identiques à celles de la Seconde. Vous devez par conséquent relever les points communs et les différences pour expliquer **si, d'une guerre à l'autre, les violences s'accroissent et si elles changent de nature.**

Méthode générale

Application guidée

1 Exploiter ses connaissances

• **Connaître le cours est primordial** : c'est la seule source d'informations à disposition pour répondre au sujet.

• Établir un **tri** entre toutes ses connaissances, ne conserver que celles qui **permettent de répondre à la problématique posée par le sujet**. Pour cela, noter au brouillon les idées, les notions, les faits, les dates, les localisations, les personnages pertinents.

• **Classer et hiérarchiser ces informations**. Il s'agit d'établir un lien entre elles, en montrant qu'elles se complètent, s'opposent, montrent une évolution...

• Relevez dans le chapitre toutes les informations liées au sujet.

• Pour organiser ces informations, établissez des critères de classement pertinents.

Conseil

Reportez-vous aux cours p. 94-95, 116-117 et 120-121 et aidez-vous des explications autour du sujet

2 Construire les parties d'un plan thématique

• À partir du classement d'informations établi au brouillon, **distinguer les grandes caractéristiques de la situation étudiée**. Ces thèmes sont généralement au nombre de deux ou trois, rarement quatre. Il faut montrer qu'ils apportent chacun une réponse partielle à la problématique. **Ils constituent les différentes parties du plan**.

• **Ces parties doivent s'enchaîner de manière logique :**
– Il faut **justifier chacun de ces thèmes**. Il s'agit, dans chaque partie, d'exposer différents arguments qui, ensemble, permettent d'expliquer que le thème choisi est pertinent. Pour cela, il faut **soutenir chaque argument par un exemple précis**, daté et localisé.
– Une partie peut être l'occasion d'introduire une évolution historique. Il ne s'agit pas de faire un simple récit chronologique, mais d'en **montrer l'intérêt pour la compréhension du thème étudié**.

• Mettez en valeur les points communs entre les violences des deux guerres mondiales.

Conseil

Caractérisez chacun des thèmes exposés ci-dessous selon le modèle donné pour la partie III :
I. L'expérience combattante : ...
II. Les violences contre les civils : ...
III. Le bilan humain : de plus en plus lourd et traumatisant

• Pour chaque partie, trouvez et classez les arguments permettant de caractériser les violences.

Conseil

Servez-vous du modèle ci-dessous pour la partie I sur l'expérience combattante.
a. Pendant la Première Guerre mondiale, une violence quotidienne nouvelle et sans trêve.
b. Pendant la Seconde Guerre mondiale, des capacités de destruction sans précédent.

• Pour chaque argument, exposez un ou plusieurs exemples qui le justifient.

autres sujets

- **La Première Guerre mondiale, une guerre totale**
- **La Seconde Guerre mondiale, une guerre d'anéantissement**
- **L'extermination des Juifs et des Tziganes pendant la Seconde Guerre mondiale**
- **Les civils, victimes de guerre pendant les deux guerres mondiales**

CHAPITRE 4

Les espoirs d'un ordre mondial : SDN et ONU

L'espoir d'établir un ordre mondial garantissant une paix durable semble pouvoir se réaliser après la Première Guerre mondiale. En 1919, le traité de Versailles crée en effet la première organisation internationale, la Société des Nations. Malgré certaines réussites, la SDN est cependant impuissante à éviter une nouvelle guerre. En 1945, elle est remplacée par l'Organisation des Nations unies. C'est alors que se mettent en place des moyens de concertation ambitieux et des institutions de solidarité internationale actives.

Sur quelles bases s'édifient les espoirs d'ordre mondial, en 1918 puis en 1945 ?

1 De la SDN…

Tapisserie offerte par la France à la SDN en 1937

(1) Le Palais des Nations à Genève. (2) L'allégorie de la Paix. (3) Une mère et son enfant, une paysanne, des vendangeurs. (4) Les nations réconciliées. (5) L'Espérance lève son voile au passage de la Paix.

La Paix, *tapisserie d'Émile Othon-Friesz, manufacture des Gobelins, 1937.*

1914 | 1918 | 1919 | 1925 | 1933 | 1939 | 1945 | 1950

- 1914–1918 : **1re Guerre mondiale**
- 1919–1933 : **Tentatives d'instauration d'une sécurité collective**
- 1933–1939 : **Montée des tensions internationales**
- 1939–1945 : **2de Guerre mondiale**

1919 Traité de Versailles, fondation de la SDN
Les États-Unis rejettent le traité de Versailles

1925 Accords de Locarno

1926 Entrée de l'Allemagne dans la SDN

1933 L'Allemagne quitte la SDN (Hitler chancelier)

1935 Invasion de l'Éthiopie par l'Italie

1936-1939 Guerre civile en Espagne

1944 Accords de Bretton Woods

1945 Fondation de l'ONU

1948 Déclaration universelle des droits de l'Homme

2 … à l'ONU

Plantation de l'Arbre des Nations, affiche pour l'ONU, 1947

• La fondation de l'ONU en 1945 doit établir les bases d'un monde solidaire, œuvrant pour l'égalité, la liberté, la paix et le développement. L'arbre, emblème de liberté et de prospérité, portant des drapeaux de taille égale, est à l'image de ces espoirs.

REPÈRES

L'Europe aux lendemains de la Première Guerre mondiale

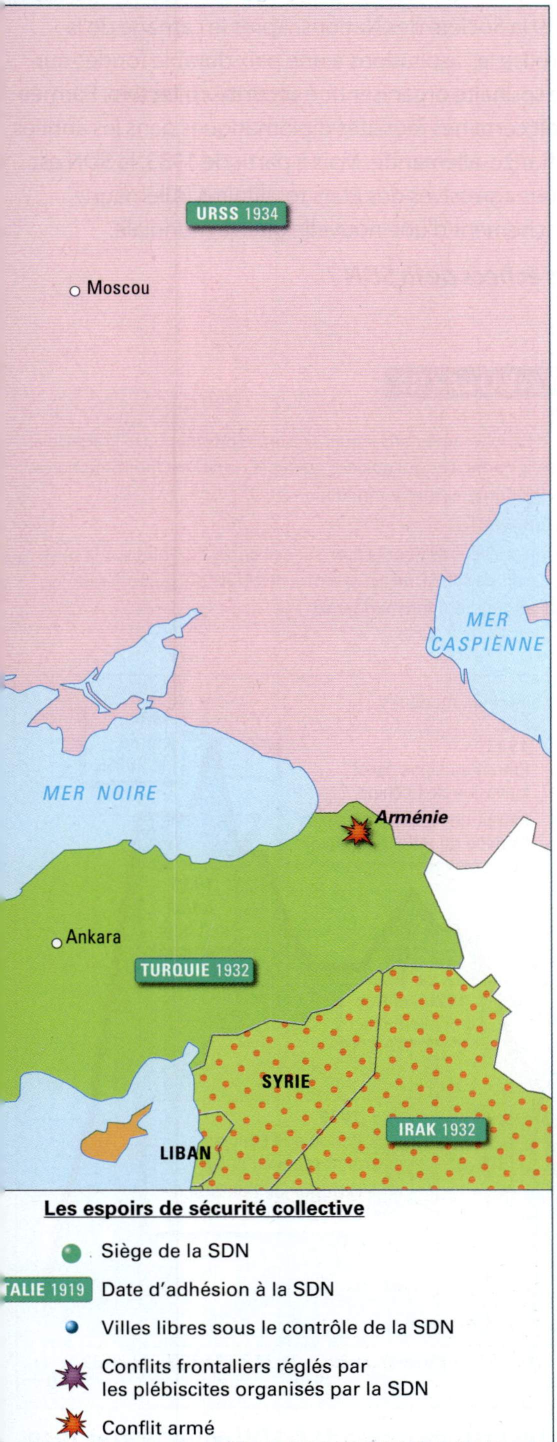

L'Europe sort profondément bouleversée de la Première Guerre mondiale. Le **traité de Versailles**, signé en **juin 1919**, règle le sort de l'Allemagne qui restitue l'Alsace-Lorraine à la France, perd des territoires à l'Est et se trouve coupée en deux par le corridor de Dantzig donné à la Pologne.

Les **traités de Saint-Germain-en-Laye (1919)** et de **Trianon (1920)** démembrent l'empire d'**Autriche-Hongrie**. Ils donnent naissance à de **nouveaux États** : la Tchécoslovaquie, l'Autriche, la Hongrie et la Yougoslavie. Le **traité de Sèvres (1920)** concerne quant à lui l'Empire ottoman, entré en guerre aux côtés de l'Allemagne. En Europe, ce dernier perd la Thrace orientale et la région de Smyrne au profit de la Grèce.

En **Europe orientale**, après la révolution de 1917, l'empire tsariste est remplacé par un régime communiste : l'URSS. Les **pertes territoriales de la Russie** permettent l'indépendance de la Finlande, des trois États baltes (Estonie, Lettonie, Lituanie) et la formation de l'État polonais.

Ces traités suscitent cependant des **mécontentements chez les vaincus** et des **tensions territoriales**. Certaines sont réglées par des plébiscites organisés par la SDN, mais d'autres sont la cause de guerres, notamment **entre la Pologne et la Russie** et **entre la Grèce et la Turquie**. À cette occasion, la Turquie récupère les territoires européens perdus en 1920.

Certains pays vainqueurs sont aussi déçus par le règlement de la guerre. C'est particulièrement le cas de l'**Italie**. Si elle obtient, aux dépens de l'ancienne Autriche-Hongrie, le Trentin, Trieste et le Haut-Adige, elle souhaite obtenir en outre des territoires slaves (Dalmatie et une partie de l'Istrie autour de la ville de Fiume) qui lui sont refusés. Les années qui suivent sont donc marquées par des conflits entre l'Italie et la nouvelle Yougoslavie sur ces points.

Questions

1. Quels sont les principaux changements territoriaux en Europe après la Première Guerre mondiale ?
2. Les traités de paix signifient-ils la fin des guerres en Europe ?
3. Quelles sont les réussites de la SDN dans les années 1920 ?

ÉTUDE

La SDN et la sécurité collective

REPÈRES p. 130-131
COURS p. 138-139

Suivant les vœux du président américain T. W. Wilson présentés dans ses « **14 points** », le traité de Versailles crée en 1919 la Société des Nations. Après le carnage de la guerre, cette organisation concrétise les aspirations à une paix durable fondée sur l'arbitrage et la négociation. Elle souhaite organiser une **sécurité collective**. Formée à l'origine de 42 États, elle connaît certaines réussites diplomatiques dans les années 1920 et facilite la réconciliation franco-allemande. Mais à partir de 1933, la SDN est impuissante à freiner les politiques agressives des États totalitaires (Allemagne, Italie) puis à empêcher le déclenchement d'une nouvelle guerre mondiale.

Quels sont les réussites et les échecs de la SDN ?

1 Les principes fondateurs de la SDN

Préambule. – Considérant que pour développer la coopération entre les nations et pour leur garantir la paix et la sûreté, il importe d'accepter certaines obligations de ne pas recourir à la guerre, d'entretenir au grand jour des relations internationales fondées sur la justice et l'honneur, d'observer rigoureusement les prescriptions du droit international, reconnues désormais comme règle de conduite effective des gouvernements, de faire régner la justice et de respecter scrupuleusement toutes les obligations des traités dans les rapports mutuels des peuples organisés (...), le présent Pacte (...) institue la Société des Nations.

Art. 5. – (...) les décisions de l'Assemblée[1] ou du Conseil[2] (...) sont prises à l'unanimité des membres de la Société représentés à la réunion.

Art. 12. – Tous les membres de la Société conviennent que, s'il s'élève entre eux un différend susceptible d'entraîner une rupture, ils le soumettront soit à la procédure de l'arbitrage, soit à l'examen du Conseil. (...)

Art. 16. – **1.** Si un membre de la Société recourt à la guerre, (...) il est *ipso facto* considéré comme ayant commis un acte de guerre contre tous les autres membres de la Société. Ceux-ci s'engagent à rompre immédiatement avec lui toutes relations commerciales ou financières (...).

2. En ce cas, le Conseil a le devoir de recommander aux divers gouvernements intéressés les effectifs militaires, navals ou aériens par lesquels les membres de la Société contribueront respectivement aux forces armées destinées à faire respecter les engagements de la Société.

Extraits du pacte de la SDN, 1919.

1. L'Assemblée est formée d'un représentant de chaque État membre.
2. Le Conseil est composé à l'origine de 4 membres permanents et 4 non permanents.

VOCABULAIRE

- **« Quatorze points »**
Texte de janvier 1918 dans lequel Wilson, le président des États-Unis, expose les principes qui doivent guider les relations internationales après la Première Guerre mondiale.
- **Sécurité collective**
Système qui veut assurer la paix sur des bases durables par la mise en place d'une solidarité active entre des États qui garantissent mutuellement leur indépendance.

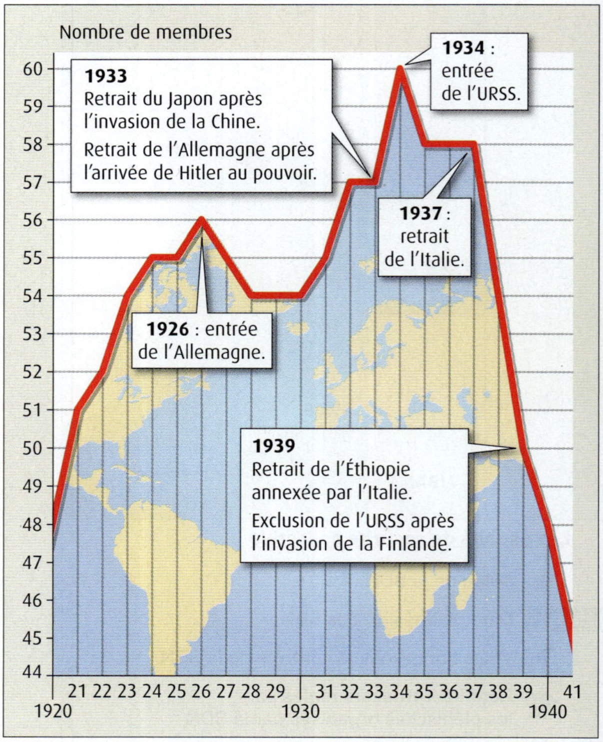

2 Les États membres de la SDN entre 1920 et 1940

3 La réconciliation franco-allemande

En 1925, les accords de Locarno, négociés sous l'égide de la SDN, garantissent les frontières entre la France, l'Allemagne et la Belgique et permettent l'entrée de l'Allemagne dans la SDN en 1926. Ils traduisent « l'esprit de Genève », cette aspiration à la paix par le droit que partagent nombre de personnalités politiques européennes.

N'est-ce pas un spectacle émouvant, particulièrement édifiant et réconfortant, que quelques années à peine après la plus effroyable guerre qui ait jamais bouleversé le monde, alors que les champs de bataille sont encore presque humides de sang, les peuples, les mêmes peuples qui se sont heurtés si rudement se rencontrent dans cette assemblée pacifique et s'affirment mutuellement leur volonté commune de collaborer à l'œuvre de la paix universelle ? (...) Messieurs, la paix, pour l'Allemagne et pour la France, cela veut dire : c'est fini de la série des rencontres douloureuses et sanglantes (...). Comme les individus, qui s'en vont régler leurs difficultés devant le magistrat, nous aussi nous réglerons les nôtres par des procédures pacifiques. Arrière les fusils, les mitrailleuses, les canons ! Place à la conciliation, à l'arbitrage, à la paix !

Aristide Briand, discours à la SDN, 10 septembre 1926.

4 Des moyens d'action limités

● **« *Le lapin.* – Mon équipement offensif étant pratiquement nul, il me reste à le séduire par le pouvoir de mes yeux. »**
Sur le serpent : **« Conflit international ».**
Sur le lapin : **« Société des Nations ».**
Dessin du magazine Punch *du 28 juillet 1920.*

5 Appel de l'Éthiopie à la SDN

En 1935, l'Italie envahit puis annexe l'Éthiopie ; les sanctions économiques prises par la SDN sont inefficaces. En juin 1936, l'empereur déchu, Hailé Sélassié, lance, en vain, un appel à la tribune de la SDN.

Il ne s'agit pas seulement de régler l'agression italienne. Il s'agit de la sécurité collective, c'est-à-dire de l'existence de la Société des Nations, de la confiance des États dans les traités internationaux. Il s'agit de la valeur des promesses faites aux petits États quant au respect et à l'assurance de leur intégrité et de leur indépendance. (...)

J'ai entendu dire que les sanctions inadéquates déjà mises en pratique n'ont pas atteint leur objectif. À aucun moment (...) des sanctions intentionnellement mal choisies, intentionnellement mal appliquées, n'ont été en mesure d'arrêter un agresseur. On ne peut, dans ce cas, parler d'impossibilité d'arrêter un agresseur, mais du refus d'arrêter un agresseur. (...)

Au nom du peuple éthiopien, membre de la Société des Nations, je demande à l'Assemblée de prendre toutes les mesures pour assurer le respect du pacte. (...) Et aux grandes puissances qui se sont engagées à garantir la sécurité collective aux petits États sur lesquels pèse la menace de devoir un jour connaître le destin de l'Éthiopie, je leur demande : quelles mesures sont-elles disposées à prendre ?

Discours d'Hailé Sélassié, empereur d'Éthiopie à la tribune de la SDN, 30 juin 1936.

QUESTIONS

▶ Les ambitions de la SDN

DOC 1 **1.** Quels sont les objectifs de la SDN ? À quoi s'engagent les États membres ? Quelles sont les sanctions prévues en cas de non-respect du pacte de la SDN ?
2. Par quels moyens la SDN règle-t-elle les différends ?

DOC 3 **3.** Pourquoi les accords de Locarno marquent-ils une étape importante dans les relations internationales ?

DOC 2 **4.** À l'aide du graphique et de la carte p. 130-131, citez des réussites de la SDN

▶ L'échec de la sécurité collective

DOCS 1 ET 4 **5.** Quelles sont les faiblesses majeures de la SDN ?

DOC 5 **6.** Quelles sont les critiques d'Hailé Sélassié contre cette organisation ?

DOCS 2 ET 5 **7.** Quels sont les échecs de la SDN dans les années 1930 ? Quelle est la seule puissance à avoir été exclue dans les années 1930 ?

▶ BILAN

En vous aidant des documents et de vos réponses aux questions, expliquez pourquoi les espoirs d'établir un nouvel ordre mondial ont échoué.

REPÈRES

Le monde en 1945

En 1945, **les puissances de l'Axe sont vaincues**. Des **conférences** organisées régulièrement par les Alliés depuis 1941 ont permis d'envisager le monde de l'Après-Guerre. L'**Allemagne** et le **Japon** perdent les territoires qu'ils avaient annexés : ils sont occupés et administrés par les armées alliées. L'Allemagne est amputée d'une partie de son territoire à l'Est, donné à la Pologne.

■ L'idée de rétablir un système de sécurité collective plus efficace que la SDN fait son apparition dans le célèbre texte de la **charte de l'Atlantique** rédigé par Roosevelt et Churchill (14 août 1941). Cette idée se concrétise progressivement au cours de plusieurs conférences (Dumbarton Oaks, Yalta). C'est finalement à **San Francisco**, en juin 1945, que **les vainqueurs de la guerre fondent l'ONU** puis ses agences, auxquelles participent la plupart des pays indépendants.

■ Mais les deux grands vainqueurs, **États-Unis** et **URSS**, jouent un rôle prépondérant dans les relations internationales, car leurs armées restent déployées en Europe et en Asie à la fin de la guerre. Cette extension de leurs zones d'influence les met aussi en situation de rivalité (→ chapitre 5) .

■ En outre, de nouvelles **manifestations de contestation anticoloniale** voient le jour en Afrique et en Asie, capables de remettre en cause l'ordre mondial. (→ chapitre 10).

Un nouvel ordre mondial
- ◇ Conférences interalliées
- Siège de l'ONU
- Principaux sièges d'agences de l'ONU
- Membres fondateurs de l'ONU
- URSS Membres permanents du Conseil de sécurité de l'ON

QUESTIONS

1. Qui sont les membres permanents du Conseil de sécurité de l'ONU ?
2. Montrez l'implication des États-Unis dans la création de l'ONU.
3. À quels défis l'ONU doit-elle répondre après 1945 ?

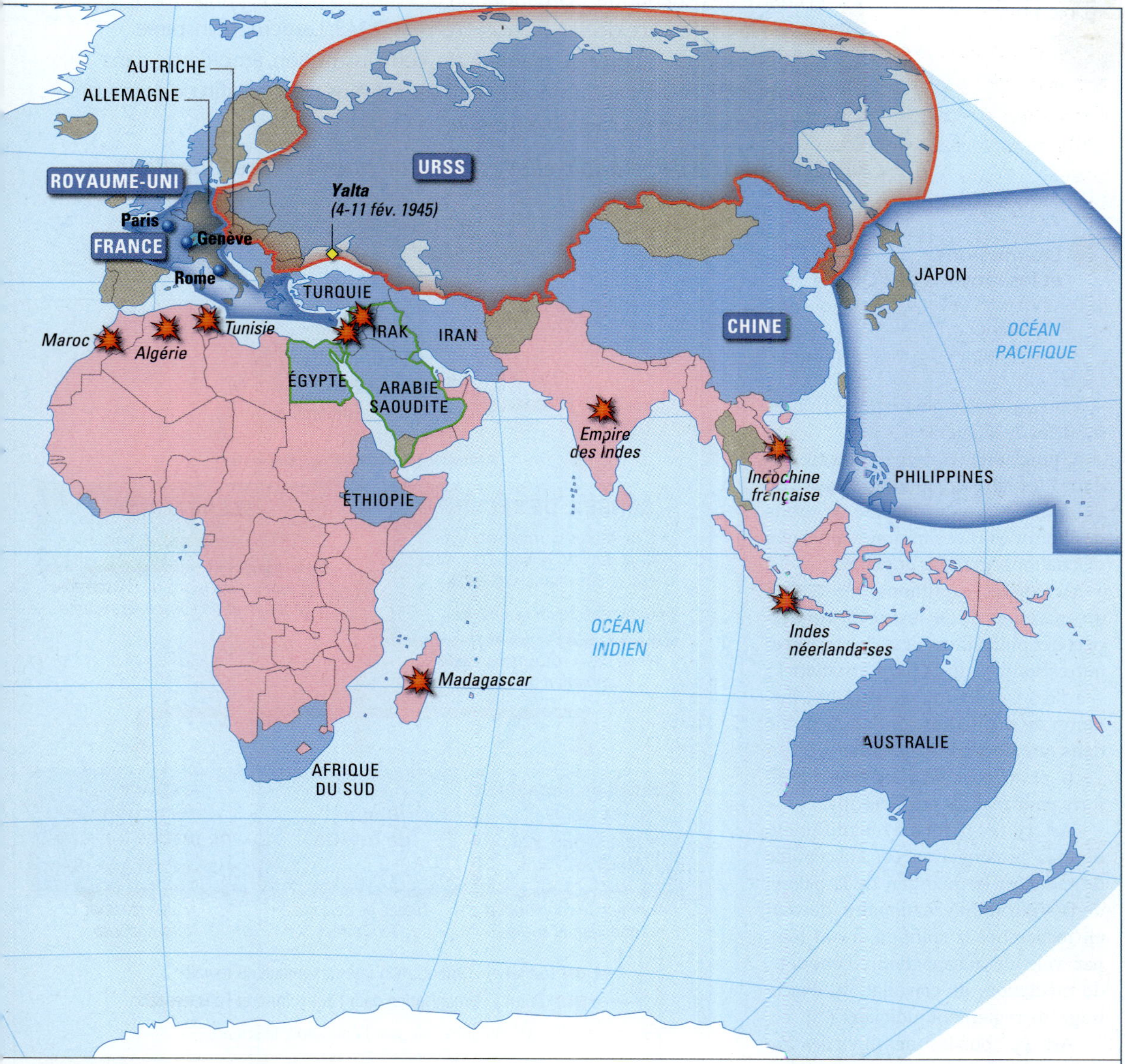

L'émergence de la rivalité Est-Ouest

- Présence des armées occidentales
- URSS et zones occupées par les armées soviétiques

Vers la décolonisation

- Territoires coloniaux
- Contestations de l'ordre mondial
- Création de la ligue arabe

ÉTUDE L'ONU, un nouvel ordre mondial en 1945

REPÈRES p. 134-135
COURS p. 138-139
HISTOIRE DES ARTS p. 140-141

La SDN ayant échoué à préserver la paix, l'idée d'une nouvelle organisation internationale est esquissée dès 1941 par F. D. Roosevelt et W. Churchill dans la charte de l'Atlantique. L'Organisation des Nations unies est finalement fondée lors de la conférence de San Francisco en juin 1945. Largement inspirée des conceptions du président américain, cette institution, ambitieuse dans ses objectifs, se veut aussi efficace dans ses moyens d'action afin de permettre l'émergence d'un nouvel ordre mondial.

Comment l'ONU traduit-elle l'espoir d'un nouvel ordre mondial ?

1 Les missions et les moyens de l'ONU

Préambule.

Nous, peuples des Nations unies, résolus :

– à préserver les générations futures du fléau de la guerre (...) ;

– à proclamer à nouveau notre foi dans les droits fondamentaux de l'homme, (...) dans l'égalité de droits des hommes et des femmes, ainsi que des nations, grandes et petites ;

– à créer les conditions nécessaires au maintien de la justice et du respect des obligations nées des traités et autres sources du droit international ;

– à favoriser le progrès social et instaurer de meilleures conditions de vie dans une liberté plus grande.

(...) avons décidé d'associer nos efforts pour réaliser ces desseins.

Art. 33. Les parties, à tout différend dont la prolongation est susceptible de menacer le maintien de la paix et de la sécurité internationales, doivent en rechercher la solution, avant tout, par voie de négociation, d'enquête, de médiation, de conciliation, d'arbitrage, de règlement judiciaire (...).

Art. 43. Tous les membres des Nations unies (...) s'engagent à mettre à la disposition du Conseil de sécurité (...) les forces armées, l'assistance et les facilités (...) nécessaires au maintien de la paix et de la sécurité internationales.

Extraits de la charte des Nations unies, juin 1945.

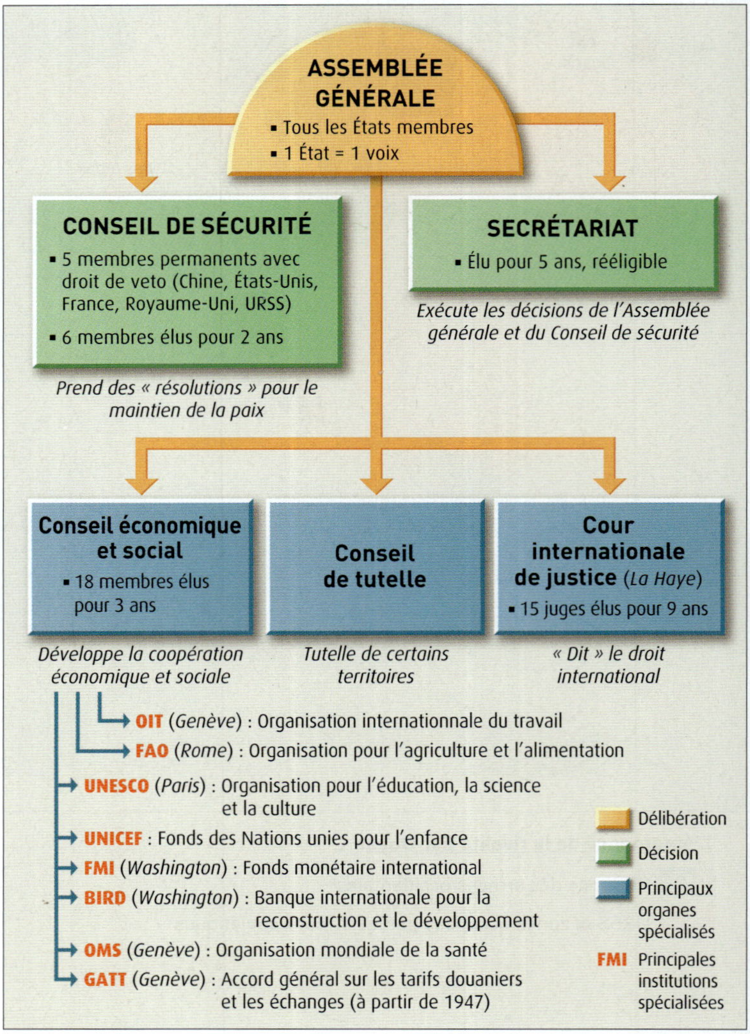

2 Le fonctionnement de l'ONU

3 Un espoir de paix

Affiche pour promouvoir l'ONU, 1949.

4 La Déclaration universelle des droits de l'Homme, 1948

Afin de définir précisément les droits fondamentaux évoqués dans la charte de fondation, l'ONU élabore une déclaration à vocation universelle. Le juriste et homme politique français René Cassin en est l'un des principaux auteurs.

Art. 1. – Tous les êtres humains naissent libres et égaux en dignité et en droits. (...)

Art. 2. – Chacun peut se prévaloir de tous les droits et de toutes les libertés proclamés dans la présente Déclaration, sans distinction aucune, notamment de race, de couleur, de sexe, de langue, de religion, d'opinion politique ou de toute autre opinion, d'origine nationale ou sociale (...).

Art. 3. – Tout individu a droit à la vie, à la liberté et à la sûreté de sa personne.

Art. 14. – Devant la persécution, toute personne a le droit de chercher asile et de bénéficier de l'asile en d'autres pays (...).

Art. 18. – Toute personne a droit à la liberté de pensée, de conscience et de religion (...).

Art. 19. – Tout individu a droit à la liberté d'opinion et d'expression (...).

Art. 21. – (...) La volonté du peuple est le fondement de l'autorité des pouvoirs publics ; cette volonté doit s'exprimer par des élections honnêtes qui doivent avoir lieu périodiquement, au suffrage universel égal et au vote secret (...).

Art. 22. – Toute personne (...) est fondée à obtenir la satisfaction des droits économiques, sociaux et culturels indispensables à sa dignité et au libre développement de sa personnalité (...).

Art. 26. – Toute personne a droit à l'éducation. (...)

5 Le poids des grandes puissances à l'ONU

On a protesté contre l'hégémonie des « cinq grands », contre le rôle par trop effacé laissé aux petites nations. Mais on n'a pas parlé – comme si c'était chose naturelle – du rôle quasi nul laissé aux vaincus de la guerre, parmi lesquels figurent non seulement l'Allemagne et le Japon, mais l'Italie. Il va de soi que ces pays, les deux premiers tout au moins, doivent être écartés de la communauté des Nations unies. Mais ce fait nous rappelle qu'à son origine, elle n'est pas et ne pourra être une société égalitaire : elle n'existe que par la volonté des grandes puissances victorieuses, elle ne sera maintenue, pendant une certaine période, que par leur contrôle (...). Ce plan général de paix repose avant tout sur l'entente des grandes puissances.

Le Monde, 26 avril 1945.

Questions

▶ Les missions de l'ONU

DOCS 1 ET 3 **1.** Quels sont les objectifs de l'Organisation des Nations unies ?

DOCS 1 ET 4 **2.** Quelles sont les libertés et les valeurs politiques défendues par l'ONU ? Montrez qu'elle entend assurer la dignité de l'être humain.

DOCS 2 ET 5 **3.** Qui sont les « cinq grands » ? Montrez que la création de l'ONU est une conséquence directe de la Seconde Guerre mondiale.

▶ Les moyens d'action

DOCS 1 ET 2 **4.** Par quels moyens l'ONU peut-elle préserver la paix ? De quels moyens de contrainte dispose-t-elle ?

DOCS 2 ET 5 **5.** Quel est le rôle du Conseil de sécurité ? Comment prend-il ses décisions ? Expliquer alors ce qui pourrait bloquer les possibilités d'action de l'ONU.

DOC 2 **6.** Par quelles organisations l'ONU met-elle en œuvre l'application des droits de l'Homme ?

▶ BILAN

À l'aide des documents et de vos réponses aux questions, rédigez une synthèse montrant comment l'ONU instaure un nouvel ordre mondial et quelles en sont les limites.

COURS

De la SDN à l'ONU, les espoirs d'un ordre mondial

REPÈRES p. 130-131
ÉTUDE p. 132-133
REPÈRES p. 134-135
ÉTUDE p. 136-137
HISTOIRE DES ARTS p. 140-141

Quels sont, après les deux guerres mondiales, les moyens mis en œuvre pour instaurer un nouvel ordre mondial ?

A L'organisation de la Société des Nations

La naissance de la SDN

• Aux XVIIIe et XIXe siècles, des philosophes comme Emmanuel Kant et des hommes politiques comme le Français Léon Bourgeois réfléchissent aux moyens d'organiser la paix et la sécurité. **Ainsi, avant même la fin de la guerre, les principaux pays alliés évoquent la nécessité de créer un nouvel ordre mondial**. Mais si les Européens ont préparé des projets, ce sont alors les idées du **président américain Wilson** qui s'imposent.

• En janvier 1918, dans un texte fameux connu sous le nom des « **14 points** », il formule explicitement dans son quatorzième point la **nécessité de créer une société générale des nations** pour préserver la paix.

• Le **bilan terrible de la Première Guerre mondiale** (8 millions de morts, le double de blessés) ne peut que conforter le **pacifisme** naissant qui veut absolument éviter la répétition de la Grande Guerre.

• Wilson exige donc que la création de la SDN soit débattue lors des négociations de paix à Versailles. Il s'agit d'établir un nouvel **ordre mondial** fondé sur la **défense de la démocratie**, le **droit des peuples à disposer d'eux-mêmes** et la **sécurité collective** garantie par une « société des nations ».

Biographie

T. Woodrow Wilson
(1856-1924)
Président des États-Unis de 1912 à 1920, il décide de l'entrée de son pays dans la guerre en 1917. En 1919, il participe aux négociations de paix où il défend les principes du droit des peuples et de la sécurité collective. Il reçoit le prix Nobel de la paix en 1920.

La SDN et les règles de la sécurité collective

• Le pacte fondateur de la SDN, intégré au traité de Versailles en 1919, est donc marqué par les **principes de Wilson. La SDN doit assurer la paix dans le monde par le respect du droit et des négociations collectives de désarmement.**

• Les institutions de la SDN, l'Assemblée générale et le Conseil, sont installées à Genève. **Les États membres se garantissent réciproquement leur indépendance** et leur **intégrité territoriale**. Ils s'engagent à ne pas recourir à la guerre et, en cas de conflit, à demander l'**arbitrage de la SDN**. En cas de risque de guerre, la SDN peut prendre des sanctions militaires, économiques et financières.

• Mais la SDN ne dispose pas d'une force internationale pour sanctionner les manquements. Privée de réels moyens de contrainte, **l'action de la SDN repose avant tout sur la bonne volonté des États membres**, dont ne font partie ni les États-Unis (car le Sénat hostile à Wilson rejette le traité de Versailles en mars 1920), ni l'Allemagne vaincue, ni l'URSS communiste.

Biographie

Aristide Briand
(1862-1932)
Journaliste, élu député en 1902, il est ministre et président du Conseil à de nombreuses reprises entre 1906 et 1932. Après 1918, il devient un défenseur ardent de la politique de paix et de coopération internationale. Il reçoit le prix Nobel de la paix en 1926.

De l'espoir à l'échec

• Dans les années 1920, la SDN connaît quelques succès diplomatiques, notamment par le **règlement pacifique de conflits frontaliers en Europe**, entre la Grèce et la Bulgarie en 1925 par exemple. C'est aussi sous ses auspices que se réalise la **réconciliation franco-allemande en 1925**, avec les **accords de Locarno** qui permettent l'entrée de l'Allemagne à la SDN (1926). Le milieu des années 1920 apparaît ainsi comme l'apogée de « **l'esprit de Genève** » incarné par le Français Aristide Briand.

• Mais **elle reste impuissante devant les problèmes les plus graves.** Ainsi, en 1935, le Conseil vote des sanctions contre l'Italie après l'**annexion de l'Éthiopie** mais, incapable de les faire appliquer en raison des divisions entre grandes puissances (la France et le Royaume-Uni ne veulent pas rompre avec l'Italie), elle doit céder et les lever l'année suivante. En 1933, Hitler décide de quitter la SDN qui ne peut rien devant la **remilitarisation de l'Allemagne** (pourtant interdite par le traité de Versailles) à partir de 1935 et l'expansionnisme nazi qui mène à la guerre. En 1937, le Japon quitte la SDN après son invasion de la Chine.

B 1945, la fondation de l'ONU

Les moyens d'un nouvel ordre international

- Méditant sur le précédent de la SDN et soucieux de ne pas rééditer cette expérience malheureuse, **les Alliés réfléchissent très tôt** dans la Seconde Guerre mondiale à la nécessité de fonder une nouvelle organisation. Plusieurs conférences (Dumbarton Oaks, Yalta) définissent les contours de la future Organisation des Nations unies.
- **L'influence du président américain F. D. Roosevelt est déterminante**. Il veut créer une organisation qui garantisse la paix, les libertés et le développement.
- La **charte des Nations unies, adoptée le 26 juin 1945 à San Francisco par 50 États**, fait ainsi du maintien de la paix le premier but de l'ONU. Elle crée des institutions et se donne les moyens qui faisaient défaut à la SDN : toutes les grandes puissances en sont membres et le recours à une force armée est facilité. Le siège de l'ONU est fixé à **New York**.

Le poids des grandes puissances

- Si l'Assemblée générale réunit tous les États membres, elle n'adopte que des recommandations. C'est le **Conseil de sécurité**, composé de onze membres dont cinq permanents, qui a la **charge primordiale de la paix et de la sécurité**. Pour cela, il adopte des résolutions (sanctions, envoi de force de maintien de la paix, règlement de différends) qui s'imposent aux États.
- Mais **les cinq membres permanents**, les puissances victorieuses de la guerre (États-Unis, URSS, Royaume-Uni, France, Chine) **disposent d'un droit de veto**. L'efficacité de l'ONU repose donc sur l'entente de ces grandes puissances. En 1945, cette entente existe, mais dans les années suivantes, notamment avec les débuts de la Guerre froide, l'opposition croissante entre les États-Unis et l'URSS paralysera l'action de l'ONU.

De multiples missions

- L'ONU doit prendre en charge **différents aspects de la solidarité internationale** grâce à ses **agences** : l'**Unicef** (Fonds des Nations unies pour l'enfance), l'**Unesco** (Organisation des Nations unies pour l'éducation, la science et la culture), le **HCR** (Haut Commissariat aux réfugiés), l'**OMS** (Organisation mondiale de la santé), la **FAO** (Organisation des Nations unies pour l'alimentation et l'agriculture). Elle donne aussi des orientations à des institutions comme le **FMI** (Fonds monétaire international, chargé de la stabilité des taux de change) ou la **BIRD** (Banque internationale pour la reconstruction et le développement), créés en 1944 par les accords de Bretton Woods, afin d'assurer la stabilité monétaire et la coopération économique (→ cours p. 30-31).
- En outre, l'ONU adopte en **1948 la Déclaration universelle des droits de l'Homme** qui pose comme principe général que la sauvegarde des droits et de la dignité de l'Homme est le fondement de la liberté, de la justice et de la paix.

VÉRIFIEZ VOS CONNAISSANCES

1. Pourquoi créer une Société des Nations en 1919 ?
2. Comment expliquer l'échec de la SDN ?
3. Pourquoi créer l'ONU en 1945 ?
4. Quelles sont les forces et les faiblesses de l'ONU ?

VOCABULAIRE

• Droit des peuples à disposer d'eux-mêmes
Principe selon lequel chaque peuple doit pouvoir déterminer la forme de son gouvernement.

• Esprit de Genève
Expression qui désigne l'atmosphère diplomatique du milieu des années 1920 en Europe qui laisse espérer une paix généralisée, fondée sur les principes défendus par la SDN.

• Ordre mondial
Relations internationales régulées par le droit et la concertation afin de garantir la paix.

• Pacifisme
Courant de pensée qui souhaite régler les conflits entre États par la négociation et la non-violence.

• Sécurité collective
Système qui veut assurer la paix sur des bases durables par la mise en place d'une solidarité active entre des États qui garantissent mutuellement leur indépendance.

Biographie

Franklin D. Roosevelt
(1882-1945)
Élu président des États-Unis en 1932, il entreprend pendant la période de dépression des années 1930 de grandes réformes économiques dans le cadre du *New Deal*. Très populaire, il est réélu en 1936, 1940 et 1944. Il engage son pays dans la guerre après l'attaque de Pearl Harbor en 1941 et participe activement à l'Après-Guerre par sa présence aux conférences de Téhéran (1943) et Yalta (1945).

Le siège de l'ONU à New York : les arts au service de la paix

Comment les arts sont-ils représentés au siège des Nations unies ?

L'ESSENTIEL SUR... Le siège de l'ONU

L'œuvre architecturale

▶ En décembre 1946, l'Assemblée générale de l'ONU choisit **New York comme siège permanent**. Une équipe internationale d'architectes renommés, sous la direction de l'américain **Wallace Harrison**, est alors désignée pour élaborer les plans de l'édifice. Parmi eux, le Français **Le Corbusier**, célèbre pour l'édification de la Cité radieuse à Marseille et le brésilien **Oscar Niemeyer**, qui participera quelques années plus tard à la construction de la nouvelle capitale brésilienne (Brasilia). Après deux ans de travail, ils proposent un projet comportant **trois bâtiments** qui est achevé en 1952. L'ensemble est entouré par un **grand jardin** dans lequel sont érigées des statues offertes par les pays membres.

Les arts pour la paix

▶ De **nombreuses œuvres d'art** sont exposées dans les bâtiments ; elles expriment la **vocation internationale** et les **missions de l'ONU**. Certaines ont été créées spécialement pour l'organisation ; ainsi un **vitrail de Chagall** (1964) en l'honneur de Dag Hammarskjöld, secrétaire général des Nations unies mort dans un accident d'avion, ou des peintures murales de **Fernand Léger** ou **José Zanetti** (doc 2). D'autres sont offertes par les États membres, par des associations ou par les artistes eux-mêmes. Œuvres originales ou reproductions d'œuvres anciennes, elles évoquent la **paix** (docs 2 et 3) et la **fraternité** (doc 4).

1 Le siège de l'ONU

(1) Siège du Secrétariat général. Construit uniquement en aluminium, en verre et en marbre blanc, il compte 39 étages.

(2) L'Assemblée générale, dont les murs en calcaire et panneaux d'encadrements en marbre rappelle le Secrétariat.

(3) Bâtiment des conférences qui abrite notamment le Conseil de sécurité.

(4) Bibliothèque construite en 1961.

(5) Jardins.

2 La paix

José Zanetti, peintre espagnol, remporte en 1952 un concours de l'ONU pour la réalisation d'une fresque sur le thème de la paix. Dans le panneau reproduit ici, il représente des hommes qui se rassemblent pour reconstruire le monde après la guerre.

3 La non-violence

Œuvre en bronze réalisée par l'artiste suédois Carl Fredrik Reuterswärd (né en 1934) en 1980. Elle est acquise par le duché du Luxembourg puis offerte à l'ONU en 1988. Elle est exposée dans les jardins de l'ONU.

4 La fraternité

Cette mosaïque effectuée à partir l'œuvre du dessinateur et peintre américain Norman Rockwell (1894-1978) a été offerte à l'ONU par les États-Unis en 1985. Elle est exposée dans le bâtiment des conférences.
Norman Rockwell, La règle d'or : comporte-toi avec les autres comme tu voudrais qu'ils le fassent avec toi (détail), *mosaïque, 1961.*

QUESTIONS

• Présenter les œuvres

DOC 1 **1.** Présentez le bâtiment en insistant sur le contexte de sa création et les architectes.

DOCS 2 À 4 **2.** Présentez les œuvres. Quels sont les types d'art représentés ? Comment et pourquoi l'ONU a-t-elle acquis des œuvres d'art ?

• Analyser les œuvres

DOC 1 **3.** Montrez que le bâtiment répond à l'organisation de l'ONU et qu'il s'intègre bien dans son environnement.

DOC 2 **4.** Que tient le personnage qui surplombe la scène ? Que font les personnages ? **5.** En quoi ce panneau illustre-t-il la reconstruction d'un nouvel ordre mondial après 1945 ? Quelle place y prend l'ONU ?

DOC 3 **6.** Décrivez la sculpture. Quel est le sens de cette œuvre ?

DOC 4 **7.** Décrivez les personnages : origines, âges, sexe. Que veut représenter l'artiste ? Expliquez le titre de l'œuvre en vous appuyant sur la phrase inscrite sur la mosaïque.

• Faire le lien entre art et histoire

DOC 1 **8.** Pourquoi avoir confié l'édification du bâtiment à une équipe d'architectes internationale ?

DOCS 2 À 4 **9.** Montrez que ces œuvres illustrent les missions et les valeurs de l'ONU.

@ Pour aller plus loin

Pour trouver plus d'informations sur les bâtiments de l'ONU, consultez le site de la visite virtuelle : http://www.un.org/CyberSchoolBus/french/untour/untour.htm. Faites une recherche sur la cloche de la paix japonaise.

RÉVISIONS

Les espoirs d'un ordre mondial : SDN et ONU

Les points clés du cours

1. La SDN aux lendemains de la Première Guerre mondiale

• Avant même la fin de la guerre, les Alliés réfléchissent aux moyens de mettre en place un nouvel ordre mondial. Le très lourd bilan des combats renforce ce pacifisme. Ainsi, en **1919**, lors des négociations du traité de Versailles, les idées du président américain Wilson, énoncées dans ses « **14 points** », amènent la **création de la Société des Nations** dont le siège est à Genève.

• Les **institutions de la SDN** doivent permettre de faire triompher **la paix par le droit**, le désarmement et l'arbitrage international en cas de litiges. Mais, privée de moyens réels de contrainte, l'action de la SDN repose sur la bonne volonté des États membres, dont ne font partie ni les États-Unis, ni l'Allemagne vaincue, ni l'URSS.

• Dans les **années 1920**, la SDN remporte des **succès diplomatiques** :
– règlements pacifiques de conflits frontaliers ;
– réconciliation franco-allemande à partir de 1925 ;
– entrée de l'Allemagne à la SDN en 1926.
L'« esprit de Genève » semble triompher.

• Mais dans les **années 1930**, devant les politiques expansionnistes d'un certain nombre de pays (Italie, Allemagne, Japon), la SDN est paralysée par les divisions entre puissances (France, Royaume-Uni) et **échoue à empêcher la montée des tensions qui mènent à la guerre**.

2. 1945, la fondation de l'ONU

• Pour instaurer un nouvel ordre international, **l'ONU est fondée en juin 1945 à San Francisco** lorsqu'est adoptée la **charte des Nations unies** ; elle doit beaucoup à l'influence du président américain **Roosevelt**. Son siège est établi à New York. Soucieux de ne pas répéter l'échec de la SDN, **les États fondateurs se donnent les moyens** théoriques de maintenir la paix : des instances de concertation et d'arbitrage, mais aussi le **recours possible et facilité à une force armée**.

• L'**Assemblée générale de l'ONU** rassemble des représentants de tous les États membres mais n'adopte que des recommandations. En effet, l'action et l'efficacité de l'ONU dépendent du **Conseil de sécurité** qui adopte les résolutions impératives. Mais l'entente des grandes puissances qui en sont les **membres permanents** (États-Unis, URSS, Royaume-Uni, France, Chine) conditionne l'efficacité de l'ONU car chacune y dispose d'un **droit de veto**.

• L'ONU mène aussi une importante action en vue du **développement humain**, considéré comme une des conditions nécessaires au maintien la paix. Ses nombreuses agences spécialisées dont l'**OMS** (santé), l'**Unicef** (enfance), la **FAO** (agriculture)... agissent dans ce sens. En outre, elle adopte en **1948** la **Déclaration universelle des droits de l'Homme**.

Les personnages clés

T. Woodrow Wilson
Président des États-Unis de 1912 à 1920.
→ Biographie p. 138

Franklin D. Roosevelt
Président des États-Unis de 1932 à 1945.
→ Biographie p. 139

Les mots clés

- Droit des peuples à disposer d'eux-mêmes → p. 139
- Pacifisme → p. 139
- Sécurité collective → p. 139

Les dates clés

• La SDN

1918	« 14 points » de Wilson
1919	Fondation de la SDN
1925	Accords de Locarno
1933	L'Allemagne quitte la SDN
1935	L'Italie annexe l'Éthiopie Remilitarisation de l'Allemagne

• L'ONU

1944	Accords de Bretton Woods
26 juin 1945	Fondation de l'ONU, charte des Nations unies
10 décembre 1948	Déclaration universelle des droits de l'Homme

Capacité **Créer une carte historique et construire la légende**

EXERCICES

Les États membres de la SDN

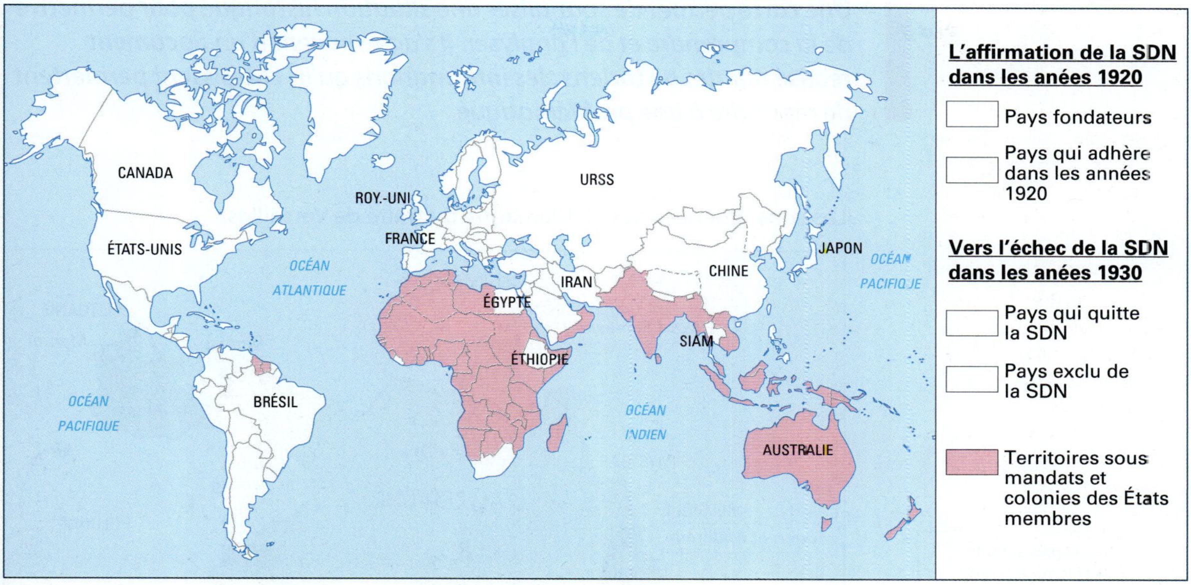

QUESTIONS

1. Pour construire cette carte, reportez-vous à la carte p.130-131 et à l'étude sur la SDN p.132-133.
Vous pouvez également consulter le site suivant :
http://www.indiana.edu/~league/nationalmember.htm

2. Répondez ensuite aux questions suivantes :
a. Quels sont les pays fondateurs de la SDN ?
b. Quels pays ont adhéré à la SDN durant les années 1920 ?
c. Quels pays ont quitté la SDN dans les années 1930 ? Pour les pays européens, indiquez la date.

3. Complétez la légende en combinant les figurés de surfaces et les figurés ponctuels autour de 2 axes :
– L'affirmation de la SDN dans les années 1920 ;
– Vers l'échec de la SDN dans les années 1930.

Pour aller plus loin

Livres

- **Albert Cohen,** ***Mangeclous***, Paris, « Folio », Gallimard, 1980. Diplomate à la SDN, l'auteur caricature dans son roman les dysfonctionnements de l'institution.
- **André Lewin,** ***L'ONU pour quoi faire ?***, Paris, « Découvertes », Gallimard, 2006.

Sites Internet

- http://www.unog.ch : site de l'ONU à Genève ; propose des documents sur la SDN.
- http://www.un.org : site officiel de l'ONU.
- http://www.histoire-image.org : propose quelques documents commentés sur le pacifisme de l'entre-deux-guerres.
- http://www.ena.lu : « european navigator », une mine de documentation sur la construction européenne avec quelques documents sur l'entre-deux-guerres.

Lieux à visiter

- Le siège de l'Unesco, Paris : http://www.unesco.org/new/fr/unesco
- Le Palais des Nations, Genève : www.unog.ch
- Le mémorial de Caen, un musée pour la paix et une réflexion sur l'histoire du XXe siècle : www.memorial-caen.fr

MÉTHODE

Expliquer une carte historique

Une carte permet de spatialiser une situation historique pour permettre de la comprendre et de l'analyser. Il s'agit souvent d'un document réalisé par des historiens : les informations qu'ils choisissent permettent de répondre à une problématique.

Les conséquences pour l'Allemagne du traité de Versailles

Les espaces dont la couleur n'est pas indiquée en légende ne sont pas concernés par le sujet de la carte.

QUESTIONS

1. Présentez la carte.
2. Montrez que le traité de Versailles réduit le territoire de l'Allemagne. Comment expliquer ces changements de frontières ?
3. Comment expliquer les conséquences militaires ?
4. Quels sentiments le traité de Versailles peut-il provoquer dans l'opinion allemande ?
5. Quels pays peuvent être considérés comme responsables du sort de l'Allemagne ?

Méthode générale

Application guidée

1 Présenter la carte pour identifier son thème

- Analyser le titre et la légende pour définir **le sujet, les domaines abordés** (économique, militaire, politique...), la ou **les périodes concernées** (une carte peut correspondre à un moment précis, ou montrer une évolution).
- Analyser la carte pour indiquer les **espaces concernés**.
- Replacer, grâce à ses connaissances, le sujet de la carte dans son **contexte historique**.

Question 1. Présentez la carte.

Conseil

N'oubliez pas d'expliquer ce qu'est le traité de Versailles, et dans quel contexte il est signé.

2 Décrire pour interpréter la carte

- **Localiser et décrire les grands types d'informations spatialisées**, avant de les détailler davantage. Étudier pour cela l'ordre et le classement des informations dans la légende.
- Relever les **oppositions**, les contrastes, les **dynamiques**, les évolutions éventuelles.
- **Expliquer ces observations à l'aide de ses connaissances** : elles sont nécessaires pour interpréter la carte.

Question 2. Montrez que le traité de Versailles réduit le territoire de l'Allemagne. Comment expliquer ces changements de frontières ?

Info

L'Alsace-Lorraine est un territoire français jusqu'en 1871, et la Pologne créée en 1918 n'a de débouché maritime que dans la région de Dantzig.

Question 3. Comment expliquer les conséquences militaires ?

Conseil

Vous devez, pour répondre à ces questions, rappeler le sort de l'Allemagne le 11 novembre 1918.

3 Déterminer la signification de la carte

- Montrer l'**intérêt de la carte** en mettant en valeur le sens du ou des phénomènes cartographiés.
- Relever éventuellement les **conséquences de la situation spatiale observée**.
- Établir, si nécessaire, une **critique de la carte** en indiquant les lacunes ou le manque de fiabilité des informations.
- Le **recours aux connaissances** est fondamental.

Question 4. Quels sentiments le traité de Versailles peut-il provoquer dans l'opinion allemande ?
Question 5. Quels pays peuvent être considérés comme responsables du sort de l'Allemagne ?

Info

L'Allemagne est considérée par les Alliés comme responsable de la guerre, et le traité lui est imposé, sans possibilité de négociations.

exercice d'application

Utilisez la méthode fournie pour expliquer la carte du monde en 1945 p. 134-135. Pour vous aidez, vous répondrez aux questions suivantes.

1. Présentez la carte.
2. Qui sont les grandes puissances militaires en 1945 ?
3. Quelles sont les puissances coloniales ?
4. Quel est le rôle de ces puissances dans l'organisation des relations internationales ?

CHAPITRE 5

De la Guerre froide aux nouvelles conflictualités

La grande alliance contre l'Allemagne nazie ne survit pas à la victoire. Pendant plus de quarante ans, les relations internationales sont dominées par l'affrontement des deux superpuissances issues de la Seconde Guerre mondiale, les États-Unis et l'URSS, soutenues par leurs alliés : c'est la Guerre froide. À cet ordre relativement stable, fondé sur l'équilibre entre deux blocs, succède un monde plus incertain, dominé par les États-Unis, mais riche en contestations et en conflits aux origines et aux formes très diverses.

Pourquoi l'affrontement entre les États-Unis et l'URSS ne conduit-il pas à un nouveau conflit planétaire ?
Comment s'organise l'ordre international depuis la fin de la Guerre froide ?

1 De la Guerre froide, un affrontement idéologique et politique…

Un navire de guerre américain (1) empêche un cargo soviétique transportant des missiles nucléaires (2) d'atteindre Cuba (octobre 1962)

• Face à la décision soviétique d'installer des missiles à Cuba, à 180 km de leurs côtes, les États-Unis mettent en place un blocus de l'île qui oblige l'URSS à renoncer à son projet. Durant la Guerre froide, les États-Unis et l'URSS se font face sans jamais s'affronter directement en un conflit armé.

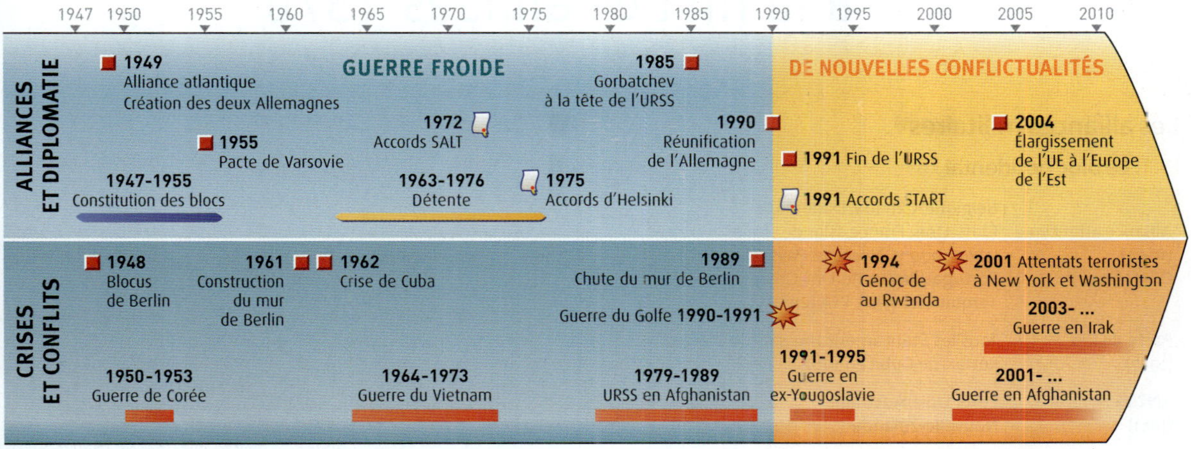

2 … au monde actuel, marqué par des conflits multiples et des menaces nouvelles

Mosquée détruite dans le village d'Ahmići, près de Vitez, en Bosnie centrale (avril 1993)

• **Au cœur de l'Europe, en Yougoslavie, la résurgence des nationalismes et des antagonismes religieux provoque une guerre sanglante, sous l'œil impuissant de l'ONU et de l'Union européenne.**

REPÈRES

Le monde de la Guerre froide à la fin des années 1970

Les alliances militaires

1. Le bloc occidental

Alliance atlantique (1949) **OTAN (1950)**	Belgique, Canada, Danemark, États-Unis, France, Islande, Italie, Luxembourg, Norvège, Pays-Bas, Portugal, Royaume-Uni, Grèce (en 1952), Turquie (en 1952), RFA (en 1955)
Pacte de Rio (1947)	Tous les États américains sauf le Canada Retrait de Cuba en 1962
ANZUS (1951)	États-Unis, Australie, Nouvelle-Zélande
OTASE (1954)	États-Unis, Australie, France, Nouvelle-Zélande, Pakistan, Philippines, Royaume-Uni, Thaïlande
Pacte de Bagdad (1955)	États-Unis, Irak (retrait en 1959), Iran, Pakistan, Royaume-Uni, Turquie
Traités bilatéraux	États-Unis et Japon (1951) États-Unis et Taïwan (1954)

2. Le bloc communiste

Pacte de Varsovie (1955)	Albanie (retrait en 1968), Bulgarie, Hongrie, Pologne, RDA (en 1956), Roumanie, Tchécoslovaquie, URSS
Traité bilatéral	URSS et Chine (1950, dénoncé en 1963)

Le monde occidental à la fin des années 1970

- Les États-Unis et leurs alliés de l'OTAN (Alliance atlantiq
- Autres pays liés aux États-Unis par une alliance militaire
- Autres pays proches des États-Unis

QUESTIONS

1. Où se situent les grandes crises de la Guerre froide ?
2. Quelles sont les puissances nucléaires ?
3. Quelle menace représentent les Soviétiques pour les Occidentaux ?
4. Comment les Soviétiques perçoivent-ils la menace des États-Unis et de leurs alliés ?

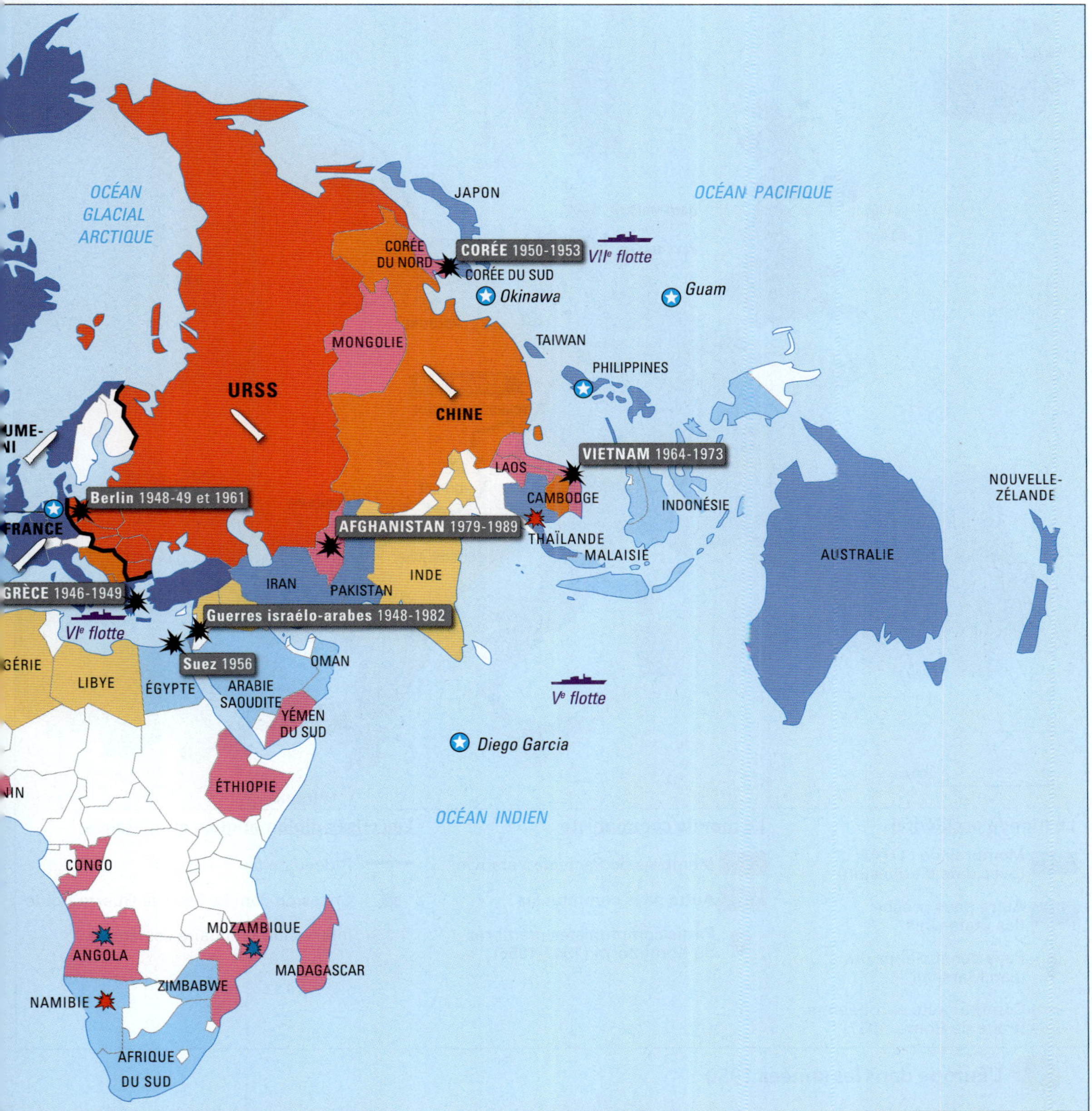

monde communiste à la fin des années 1970

- L'URSS et ses alliés du Pacte de Varsovie
- Pays communistes rejetant le modèle de l'URSS
- Autres pays se réclamant du communisme
- Autres pays proches de l'URSS

Les crises de la Guerre froide

- Crises ou conflits liés à la Guerre froide
- Guérilla communiste
- Guérilla soutenue par les États-Unis

Les rapports de force

- Puissance nucléaire
- Base militaire américaine
- Flotte américaine
- Rideau de fer

REPÈRES

L'Europe dans la Guerre froide

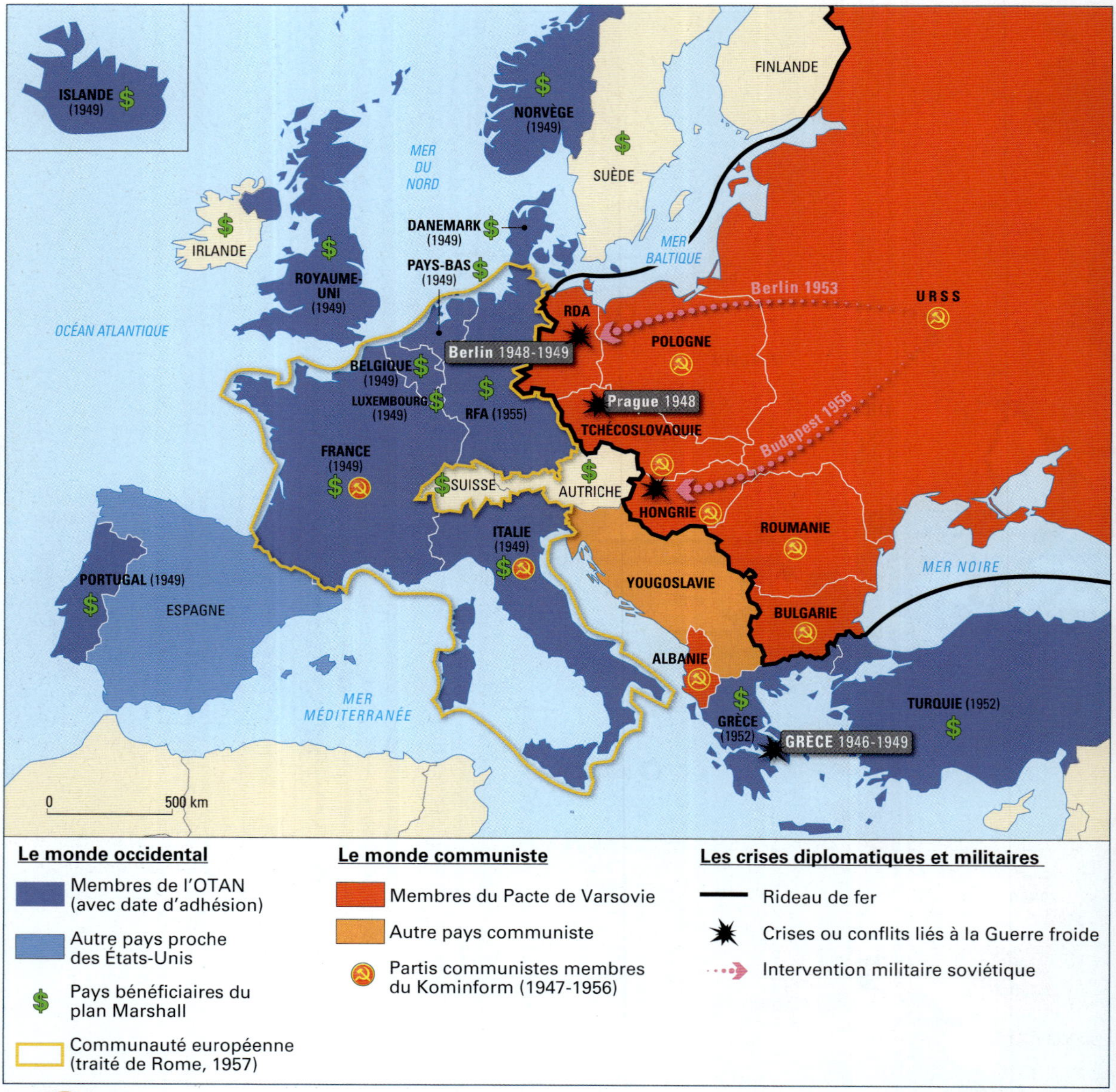

1 L'Europe dans les années 1950

VOCABULAIRE

- **Kominform**
Organisation réunissant les principaux partis communistes européens, dont ceux de la France et de l'Italie, et permettant à l'URSS de les contrôler. Créé en 1947, il est dissous en 1956.

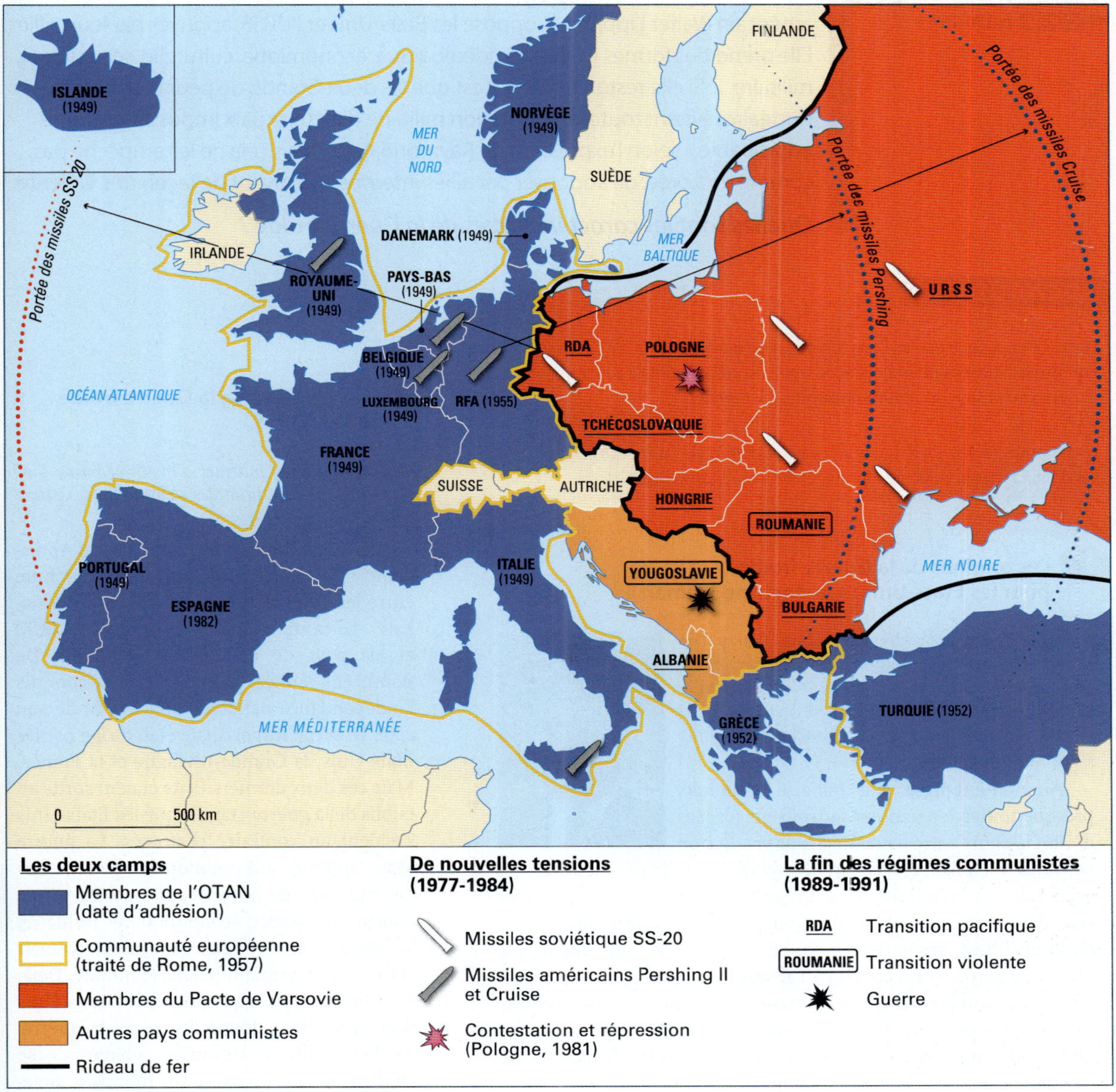

2 L'Europe dans les années 1980

Questions

DOCS 1 ET 2 **1.** Que sépare le rideau de fer ?

DOC 1 **2.** Localisez les principales crises liées à la Guerre froide dans les années 1945-1960 en Europe. Quelles remarques pouvez-vous en tirer ?

DOC 2 **3.** Quels nouveaux pays adhèrent à la Communauté européenne dans les années 1970 et 1980 ?

DOC 2 **4.** Que menacent les missiles SS-20 ? Et les Pershing II et les Cruise ?

ÉTUDE

Qu'est-ce que la Guerre froide ?

➡ COURS p. 154-155
➡ COURS p. 156-157

À partir de 1947, la Guerre froide, expression popularisée dès 1947 par le journaliste américain Walter Lippmann, oppose les États-Unis et l'URSS, appuyés par leurs alliés. Elle prend des formes multiples : idéologique, économique, culturelle, scientifique, militaire… Si elle reste « froide », c'est que les deux Grands, de peur d'un conflit nucléaire, évitent toute confrontation militaire directe : « paix impossible, guerre improbable » selon l'expression de Raymond Aron. Mais cela ne les empêche pas, comme en Corée, de s'opposer par alliés interposés, souvent de façon très violente.

Quelles sont les caractéristiques de la Guerre froide ?

VOCABULAIRE

- ***Containment* (ou « endiguement »)**
Doctrine appliquée par les États-Unis à partir de 1947, visant à s'opposer par tous les moyens (militaires, économiques, propagande) à toute nouvelle extension du communisme dans le monde.
- **Démocraties populaires**
Nom donné par les Soviétiques aux pays communistes d'Europe de l'Est. Les démocraties populaires sont en réalité des régimes dictatoriaux.

1 Les origines de la Guerre froide pour les États-Unis : « la doctrine Truman »

En 1947, le président des États-Unis, Harry Truman, demande au Congrès de voter des crédits pour aider la Grèce et la Turquie à lutter contre le communisme. Il définit également ce que doit être la nouvelle politique extérieure américaine, fondée sur le containment.

Au moment présent de l'histoire du monde, presque toutes les nations se trouvent placées devant le choix entre deux modes de vie. Et trop souvent, ce choix n'est pas un libre choix. L'un de ces modes de vie est fondé sur la volonté de la majorité. Ses principaux caractères sont des institutions libres, des gouvernements représentatifs, des élections libres, des garanties données à la liberté individuelle, à la liberté de parole et du culte et à l'absence de toute oppression politique. Le second mode de vie est basé sur la volonté d'une minorité imposée à la majorité. Il s'appuie sur la terreur et l'oppression, sur une radio et une presse contrôlées, sur des élections dirigées et sur la suppression de la liberté personnelle.

Je crois que les États-Unis doivent pratiquer une politique d'aide aux peuples libres qui résistent actuellement aux manœuvres de certaines minorités armées ou à la pression extérieure. Je crois que notre aide doit se manifester en tout premier lieu sous la forme d'une assistance économique et financière. (…)

En aidant les nations libres et indépendantes à maintenir leur liberté, les États-Unis mettront en œuvre les principes de la charte des Nations unies.

Harry Truman, discours au Congrès des États-Unis, 12 mars 1947.

2 Les origines de la Guerre froide pour l'URSS

Cet extrait d'un manuel d'histoire donne l'interprétation soviétique des débuts de la Guerre froide.

La situation internationale d'Après-Guerre se caractérisait par une âpre lutte entre les deux camps : socialiste et impérialiste[1]. Le camp socialiste comprenait l'URSS et les pays de démocratie populaire. De nombreux jeunes États qui avaient conquis l'indépendance nationale penchaient de son côté. Le camp impérialiste était dirigé par les États-Unis, la Grande-Bretagne et la France. Mais ces deux derniers États étaient sortis affaiblis de la guerre ; tandis que les États-Unis s'étaient au contraire renforcés. La guerre avait apporté aux monopoles américains des milliards de bénéfices. Disposant d'une énorme puissance économique et militaire, les dirigeants américains croyaient pouvoir établir leur domination dans le monde. Déjà, à la fin de 1945, le président des États-Unis déclara qu'étant donné l'issue de la guerre, les États-Unis se trouvaient obligés de se charger de la « direction du monde ». Sous l'enseigne de l'« aide économique », les États-Unis dominaient de plus en plus les autres pays capitalistes. Même la Grande-Bretagne et la France tombèrent dans leur dépendance. Les monopoles américains (…) étaient devenus le plus gros exploiteur mondial.

Précis d'histoire du Parti communiste de l'URSS, Moscou, Éditions du Progrès, 1970.

1. *Ici : qui mène une politique d'expansion généralisée.*

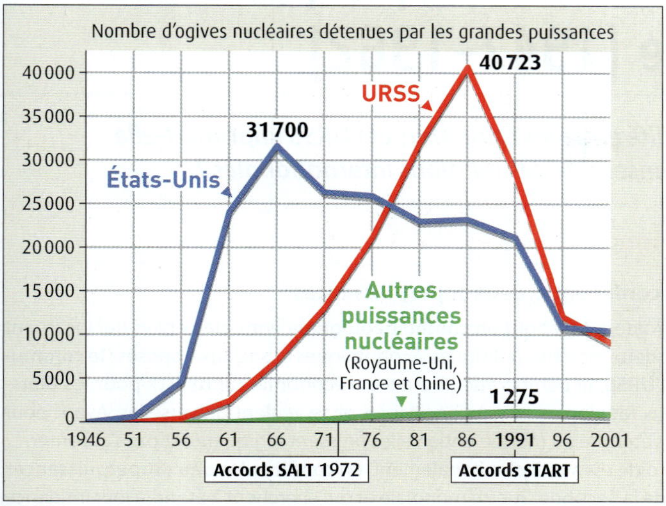

3 La course aux armements

4 Une dimension planétaire

• Panneau dans les rues d'Addis-Abeba, juin 1977. En Éthiopie, un coup d'État renverse en 1974 le régime monarchique et porte au pouvoir un gouvernement se réclamant du communisme.

5 Une guerre des propagandes

• Affiche de l'association anticommuniste française *Paix et Liberté*, 1953.

6 La course à l'espace

a. Notre pays a (...) créé le premier un vaisseau-satellite, il s'est élancé le premier dans le cosmos. N'est-ce pas la manifestation la plus éclatante de la liberté authentique du peuple le plus libre du monde, du peuple soviétique !

Discours de Nikita Khrouchtchev lors du retour sur Terre de Youri Gagarine, le premier homme envoyé dans l'espace, le 14 avril 1961.

b. Si nous voulons gagner la bataille actuellement engagée à travers le monde entre la liberté et la tyrannie, (...) notre nation doit se donner comme objectif, d'ici la fin de la décennie, d'envoyer un homme sur la Lune et de le ramener sain et sauf sur la Terre. (...) À vrai dire, ce ne sera pas un homme qui ira sur la Lune, mais une nation tout entière.

Discours de John F. Kennedy au Congrès, le 25 mai 1961.

QUESTIONS

▶ L'opposition de deux modèles

DOCS 1 ET 2 **1.** Comment chacun de ces textes définit-il les deux camps ?

DOC 1 **2.** En quoi consiste la « doctrine Truman » ?

DOCS 4, 5 ET 6 **3.** Quel rôle joue la propagande dans la Guerre froide ?

▶ Les formes de l'affrontement

DOC 5 **4.** Que cherche à démontrer cette affiche ? Quelle image des États-Unis et de l'URSS donne-t-elle ?

DOC 3 **5.** Comment évoluent les rapports de force nucléaires entre les deux Grands ? Pourquoi peut-on parler d'un « équilibre de la terreur » ?

DOCS 1, 2 ET 4 **6.** Montrez que la Guerre froide s'étend sur tous les continents.

DOC 6 **7.** Pourquoi l'espace est-il un enjeu de la Guerre froide ?

▶ BILAN

À l'aide des documents et de vos réponses aux questions, identifiez les principales caractéristiques de la Guerre froide.

COURS

1 • Un monde marqué par la Guerre froide (1947-1962)

ÉTUDE p. 152-153
REPÈRES p. 148-149
COURS p. 166-167

Pourquoi la rivalité entre les États-Unis et l'URSS imprime-t-elle sa marque sur l'ensemble des relations internationales ?

A Les origines de la Guerre froide

Un conflit entre deux superpuissances

• La Guerre froide est d'abord un **conflit idéologique** entre deux pays qui incarnent et défendent deux modèles politiques, économiques et sociaux opposés : **le communisme pour l'URSS, la démocratie libérale et l'économie capitaliste pour les États-Unis.** Ces deux idéologies sont inconciliables et se veulent universelles. Ayant pour ambition de s'étendre au monde entier, elles finissent logiquement par s'affronter.

• La Guerre froide est aussi, plus banalement, un **conflit entre deux superpuissances** victorieuses de la Seconde Guerre mondiale et qui cherchent à étendre leur influence et à défendre leurs intérêts, notamment dans une Europe à reconstruire.

Une méfiance croissante

• **Entre 1945 et 1948,** l'URSS impose par la force des **gouvernements communistes dans tous les pays d'Europe centrale et orientale** où son armée est présente, contrairement aux engagements pris à la conférence de Yalta en février 1945. Winston Churchill dénonce un « **rideau de fer** » qui partage le continent. Staline invoque la sécurité de son pays et la crainte d'une revanche allemande, mais dès 1946, le président américain Truman et ses conseillers sont persuadés que ces avancées sont la marque d'une volonté expansionniste et de l'agressivité soviétique. On passe ainsi peu à peu **de l'alliance à la méfiance.**

• Des **traités de paix** sont signés en **février 1947** avec les anciens alliés du Reich, mais les vainqueurs ne parviennent pas à se mettre d'accord sur le **sort de la future Allemagne.**

1947, l'année de la rupture

• Au nom de la démocratie, les États-Unis décident de prendre la tête du « monde libre » et de s'engager pour la défense de ses valeurs. Le **discours de Truman du 12 mars 1947** marque le début du ***containment*** : stopper l'expansion du communisme en accordant une aide financière et militaire aux États qui seraient menacés, notamment la Grèce, où une guerre civile oppose les communistes et les monarchistes, et la Turquie dont la position stratégique en Méditerranée intéresse l'URSS.

• Le **plan Marshall**, annoncé le 5 juin, propose à tous les pays d'Europe une aide économique massive, essentiellement sous forme de dons, pour hâter leur reconstruction et les pousser à s'unir. L'URSS la refuse et impose à ses alliés de faire de même. En septembre, le **Kominform** est créé. À cette occasion, le représentant de Staline, Andreï Jdanov, formule clairement la doctrine soviétique selon laquelle le monde est désormais irréductiblement divisé en deux camps rivaux : l'un impérialiste et anti-démocratique (celui des États-Unis), l'autre démocratique et anti-impérialiste (celui de l'URSS).

• Venant après l'épisode du blocus de Berlin, première grande crise de la Guerre froide, la **création de deux Allemagnes**, en 1949, confirme cette division.

B Un monde bipolaire

La domination des États-Unis sur le monde occidental

• La Guerre froide instaure un **ordre bipolaire** fondé sur l'**équilibre**. Le 4 avril 1949, les États-Unis signent avec le Canada et dix pays d'Europe de l'Ouest, inquiets de la

Biographie

Harry S. Truman
(1884-1972)
Vice-président de Roosevelt en 1944, il devient président des États-Unis en avril 1945. Il participe à la conférence de Potsdam et décide d'utiliser la bombe atomique contre le Japon pour accélérer la fin de la guerre en Asie. Il élabore la politique du *containment* et accepte l'idée du plan Marshall en 1947, entraînant les États-Unis dans la Guerre froide.

VOCABULAIRE

• ***Containment*** **(ou « endiguement »)**
Voir définition p. 152.

• **Démocraties populaires**
Voir définition p. 152.

• **Dissuasion nucléaire**
Doctrine consistant à prévenir un conflit en menaçant l'agresseur de représailles qui annuleraient les bénéfices espérés de l'agression. À l'ère nucléaire, la dissuasion est absolue : chacun dispose de la capacité de détruire l'autre en totalité.

• **Kominform**
Organisation réunissant les principaux partis communistes européens, dont ceux de la France et de l'Italie, et permettant à l'URSS de les contrôler. Créé en 1947, il est dissous en 1956.

menace soviétique, une alliance militaire défensive, l'**Alliance atlantique**, que vient renforcer l'année suivante l'**OTAN**. Ils multiplient ensuite les alliances bilatérales et régionales sur les autres continents. L'URSS en retire une impression d'**encerclement**.

• La solidarité occidentale n'est d'ailleurs pas seulement militaire : elle est aussi d'ordre **idéologique, économique et culturel**.

Le bloc de l'Est : l'URSS et ses satellites

• À l'exception de la Yougoslavie de Tito, qui s'est désolidarisée dès 1948, les **démocraties populaires** se voient imposer par Staline le contrôle étroit de l'URSS. Le **CAEM** (Conseil d'assistance économique mutuelle) en 1949 et le **Pacte de Varsovie** en 1955 se veulent une réponse, sur les plans économique et militaire, au plan Marshall et à l'OTAN. Au sein de ce bloc, il n'y a **pas de place pour la contestation** : les émeutes de **Berlin-Est en 1953** et de **Budapest**, en Hongrie, **en 1956**, sont violemment réprimées par les chars de l'Armée rouge (→ cours p. 252).

L'équilibre de la terreur

• La Guerre froide ne dégénère jamais en un conflit armé entre les deux Grands. Cela s'explique par l'efficacité de la **dissuasion nucléaire** qui se met en place vers 1955, lorsque les États-Unis et l'URSS – qui dispose de la bombe depuis 1949 – possèdent chacun des moyens techniques d'atteindre le territoire de l'autre. Aucun des deux ne prend le risque de provoquer une guerre qui entraînerait sa propre destruction en même temps que celle de l'adversaire. Il en résulte une **course aux armements**, quantitative et qualitative, pour tenter de maintenir ou de rompre l'équilibre, qui contribue paradoxalement à rendre le monde à la fois plus dangereux et plus sûr.

• La **mort de Staline en 1953** inaugure une nouvelle période marquée par la reprise d'un certain dialogue entre les deux Grands. C'est la « **coexistence pacifique** ». Mais la crise de Berlin en 1961 et surtout celle de Cuba en 1962 marquent les limites de ce dialogue et mettent le monde au bord du gouffre.

C La Guerre froide en Asie

La victoire des communistes en Chine

• En Chine, la victoire des communistes menés par Mao Zedong sur les nationalistes, en 1949, est suivie d'un traité d'alliance et de coopération signé avec l'URSS. Le bloc communiste en sort considérablement renforcé. Avec l'Europe, l'Asie devient l'autre grand théâtre de la Guerre froide.

La Guerre de Corée

• En **juin 1950, la Corée du Nord** communiste, poussée par Staline, **envahit la Corée du Sud**, soutenue par les États-Unis. Ceux-ci réagissent avec fermeté, et avec l'accord de l'ONU parviennent, à la tête d'une coalition militaire, à repousser l'agresseur.

• Après plusieurs phases de combat, le front se stabilise autour du 38e parallèle qui, une fois l'armistice signé en 1953, devient la frontière entre les deux Corées (doc 1). Malgré l'intervention de la Chine aux côtés des Nord-Coréens, **la guerre est restée localisée** ; elle n'en a pas moins été très meurtrière (environ deux millions de morts).

VÉRIFIEZ VOS CONNAISSANCES

1. Pourquoi la Guerre froide commence-t-elle en 1947 ?
2. Quels liens les États-Unis et l'URSS établissent-ils avec leurs alliés ?
3. Pourquoi les deux Grands ne s'affrontent-ils pas directement sur le terrain militaire ?
4. Qu'est-ce que la guerre de Corée ?

VOCABULAIRE

• **OTAN (Organisation du traité de l'Atlantique Nord)**
Organisation civile et militaire de l'Alliance atlantique, mise en place en 1950 et rassemblant à l'origine, autour des États-Unis, le Canada et dix pays d'Europe occidentale (voir p. 148).

• **Pacte de Varsovie**
Alliance militaire fondée en 1955 pour faire contrepoids à l'OTAN, rassemblant l'Union soviétique et les pays d'Europe de l'Est (voir p. 148).

• **Rideau de fer**
Expression employée par Churchill lors d'un discours prononcé à Fulton (États-Unis) le 5 mars 1946, pour dénoncer l'installation de régimes communistes en Europe de l'Est et déplorer leur isolement du reste du continent.

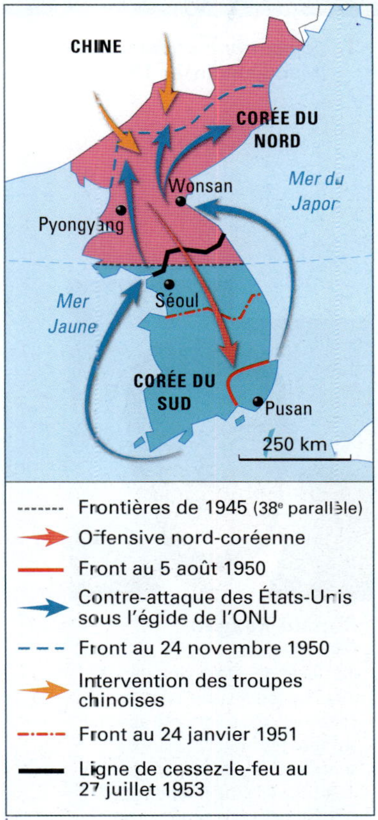

1. *La Corée en guerre (1950-1953)*

COURS

2. De la Détente à la fin de la Guerre froide (1963-1990)

ÉTUDE p. 152-153
REPÈRES p. 148-151
COURS p. 166-167
COURS p. 252-253

Comment expliquer la fin de la Guerre froide et l'effondrement du bloc communiste ?

1. *Combattants afghans (Moudjahidin) en 1984*

A La Détente (1963-1975)

Un apaisement des relations Est-Ouest

• **Après la crise de Cuba de 1962**, le président américain John F. Kennedy et le dirigeant soviétique Nikita Khrouchtchev prennent conscience de la nécessité de **maîtriser la course aux armements** et de renforcer le dialogue pour éviter une catastrophe nucléaire. La **Détente** se manifeste par la **signature du TNP en 1968** et des **accords SALT** en 1972. La compétition s'étend alors aussi à des domaines plus pacifiques comme le sport ou la conquête spatiale.

• **En Europe**, le chancelier ouest-allemand Willy Brandt engage en 1969 une politique de rapprochement avec l'Est – l'***Ostpolitik*** – qui aboutit en **1972** à la **reconnaissance mutuelle des deux Allemagnes**. En 1975, les **accords d'Helsinki** garantissent l'inviolabilité des frontières de 1945 et appellent au respect des droits de l'Homme. La Détente est alors à son apogée.

L'émergence d'un monde multipolaire

• Des **dissensions** apparaissent au sein des blocs. À l'Ouest, la France du général de Gaulle, par souci d'indépendance, quitte en 1966 les structures militaires de l'**OTAN**. À l'Est, surtout, **la Chine de Mao**, qui n'a pas accepté les critiques formulées par Khrouchtchev à l'égard du régime stalinien, entre en conflit ouvert avec Moscou et prétend incarner un nouveau modèle de construction du communisme.

• Avec la **décolonisation**, le mouvement des **non-alignés** rassemble de nombreux pays du tiers-monde, indépendants depuis peu, qui refusent de rejoindre l'un ou l'autre des deux camps (➜ cours p. 294-295).

Une paix armée

• La Détente ne signifie pas pour autant la fin de la Guerre froide ; c'est une **paix armée**. La course aux armements est mieux contrôlée, mais elle se poursuit. Les deux Grands maintiennent leur emprise sur leurs alliés les plus proches : **l'URSS intervient en Tchécoslovaquie** pour réprimer le **Printemps de Prague** (1968) ; les États-Unis n'hésitent pas à soutenir ou à installer des **dictatures militaires en Amérique latine**, comme au Chili en 1973. Chacun cherche à préserver ses positions.

• Par ailleurs, **les tensions restent vives aux limites des zones d'influence**. Au Vietnam, les États-Unis s'engagent dès le début des années 1960 dans une guerre longue et incertaine pour empêcher l'unification du pays par le Nord, communiste.

Biographie

Ronald Reagan
(1911-2004)
Président des États-Unis de 1980 à 1988, il fait de la lutte contre le communisme sa priorité absolue, sur tous les fronts et tous les continents. À partir de 1986, il sait saisir la main tendue par Gorbatchev pour négocier avec lui la fin de la Guerre froide.

B De nouvelles tensions (1976-1984)

Les initiatives de l'URSS

• L'URSS tente de profiter de l'affaiblissement provisoire des États-Unis après leur retrait du Vietnam, de la crise économique qui frappe le monde capitaliste et de sa supériorité récente en matière d'armement pour reprendre l'avantage. Elle favorise l'installation de **gouvernements prosoviétiques en Afrique** (Angola, Mozambique, Éthiopie) et **envahit l'Afghanistan en 1979** : c'est le début d'une guerre longue et acharnée contre les *Moudjahidin* – résistants afghans – bientôt soutenus par Washington (doc 1).

- **En Europe**, l'URSS déploie **à partir de 1977** des **missiles à moyenne portée** dirigés contre les pays occidentaux, les **SS-20**, qui rompent l'équilibre nucléaire sur le continent. C'est la **crise des euromissiles**.

La réaction des Occidentaux

- Après quelques années de flottement, les Occidentaux décident de réagir à ces nouvelles provocations suscitées par l'URSS. Le président américain Ronald Reagan, élu en 1980, ranime la flamme de l'anticommunisme et lance une **croisade contre « l'empire du mal »**.
- Il annonce en **1983** le projet d'un **bouclier spatial antimissiles** qui relance la course aux armements : c'est l'**IDS** (« Initiative de défense stratégique »). La même année, les États-Unis installent en Europe occidentale des fusées nucléaires Pershing et Cruise pour contrebalancer les SS-20, malgré l'hostilité des pacifistes.

C L'effondrement du monde communiste (1985-1990)

Un système contesté

- Incapable de se réformer, le système soviétique est miné de l'intérieur ; **l'échec du modèle communiste, tant politique qu'économique et social, est complet**. La culture occidentale parvient à franchir le rideau de fer. Le divorce entre le pouvoir et la société s'accentue.
- La contestation la plus vive vient des démocraties populaires : en **Pologne**, en **1980**, un vaste mouvement de grève s'accompagne de la création d'un syndicat indépendant, **Solidarnosc** (« Solidarité »). La proclamation de l'état de guerre et la répression qui s'abat l'année suivante sur le pays ne mettent pas fin à l'agitation.

L'affaiblissement de l'URSS

- **Mikhaïl Gorbatchev** arrive au pouvoir en **1985**. Dynamique et ambitieux, décidé à réformer en profondeur, il comprend la nécessité de réduire les dépenses militaires, qui représentaient près de 20 % du budget, pour sauver l'URSS de la faillite.
- Il négocie pour la première fois des **accords de désarmement** avec les États-Unis : **accords de Washington** sur le démantèlement des euromissiles (1987), traité **START** sur la réduction des missiles intercontinentaux (1991). Partout dans le monde, l'URSS cesse de soutenir les gouvernements et les mouvements communistes ; les troupes soviétiques se retirent d'Afghanistan (1988-1989).

La fin des démocraties populaires

- **À partir de 1989, les régimes communistes**, privés du soutien soviétique, **s'effondrent brusquement dans toute l'Europe de l'Est**. Le processus est tantôt pacifique et négocié (Pologne, Tchécoslovaquie, Hongrie), tantôt violent comme en Roumanie (doc 2) et en Yougoslavie. **Le rideau de fer tombe en septembre 1989** lorsque la Hongrie ouvre sa frontière avec l'Autriche.
- La **chute du mur de Berlin**, le 9 novembre, est plus qu'un symbole : c'est le point de départ de la réunification des deux Allemagnes, négociée avec les quatre puissances occupantes de l'Après-Guerre et proclamée le 3 octobre 1990. **La Guerre froide prend fin de façon pacifique**, là où elle avait commencé, au cœur de l'Europe, par la résolution de la question allemande. Elle s'achève sur la victoire du camp occidental.

VÉRIFIEZ VOS CONNAISSANCES

1. Qu'est-ce que la Détente ?
2. Pourquoi peut-on parler de nouvelles tensions à partir de 1977 ?
3. Comment la Guerre froide prend-elle fin ?

VOCABULAIRE

- **Détente (1963-1975)**
Période qui suit la crise de Cuba, durant laquelle les États-Unis et l'URSS renouent le dialogue et signent plusieurs accords dans les domaines militaire et commercial. Elle ne met toutefois pas fin à la Guerre froide.
- **Non-alignés**
Mouvement créé en 1956 à l'initiative de l'Inde, de l'Égypte et de la Yougoslavie, dans le contexte de la décolonisation. Il prône l'indépendance des nouveaux États face aux deux blocs et soutient les mouvements de libération nationale.
- **Printemps de Prague**
Ensemble de réformes lancées en 1968 par le premier secrétaire du Parti communiste tchécoslovaque, Alexandre Dubcek, prônant un « socialisme à visage humain » et le pluralisme politique.
- **SALT (*Strategic Arms Limitation Talks*)**
Accords signés en 1972 entre les États-Unis et l'URSS qui limitent la fabrication des missiles à longue portée et des systèmes de défense antimissiles.
- **TNP (Traité de non-prolifération nucléaire)**
Traité signé en 1968 par 62 pays. Les puissances qui possèdent l'arme atomique s'engagent à ne pas aider d'autres à l'avoir ; celles qui ne l'ont pas s'engagent à ne pas l'acquérir.

2. ***Émeutes à Bucarest, Noël 1989***
- **De jeunes Roumains prennent d'assaut les camions militaires, fraternisent avec les soldats et sillonnent les rues aux cris de « Liberté ! ».**

ÉTUDE

Berlin, une ville au cœur de la Guerre froide (1945-1989)

COURS p. 166-167

La Guerre froide naît à Berlin en 1945, sur les ruines d'une Allemagne que se disputent les vainqueurs de la Seconde Guerre mondiale, et s'achève à Berlin en 1989, avec la chute du mur, dans l'euphorie de la réunification. Coupée en deux parties, la ville est le théâtre de tensions, de crises et d'espoirs qui en font, à l'Ouest, le symbole du « monde libre » et, à l'Est, la vitrine du modèle communiste. Le mur, édifié en 1961, donne l'image concrète d'une Europe meurtrie et divisée, victime de l'affrontement des deux Grands.

Qu'est-ce qui fait de Berlin un lieu symbolique de la Guerre froide ?

A Un enjeu et un symbole de la Guerre froide

1 Le blocus de Berlin-Ouest (1948-1949)

Le gouvernement des États-Unis désire attirer l'attention du gouvernement soviétique sur la situation internationale extrêmement sérieuse qui résulte des actions de ce dernier, qui, en imposant des mesures restrictives sur les transports, a provoqué un blocus contre les secteurs de Berlin occupés par les États-Unis, le Royaume-Uni et la France. Le gouvernement des États-Unis considère ces mesures de blocus comme une violation flagrante des accords existants sur l'administration de Berlin par les quatre puissances d'occupation. (...)

C'est pourquoi, [il] se voit obligé d'insister pour que les arrangements sur la circulation des biens et des personnes entre les zones occidentales et Berlin soient entièrement rétablis. Il ne peut être question de reporter le rétablissement de ces services essentiels, étant donné le caractère urgent des besoins de la population civile dans la zone de Berlin.

Note des États-Unis à l'URSS, le 6 juin 1948, deux semaines après le début du blocus.

CHRONOLOGIE

1945	Partage de l'Allemagne et de Berlin en 4 zones d'occupation.
Juin 1948-mai 1949	Blocus de Berlin-Ouest par les Soviétiques et mise en place d'un pont aérien.
23 mai 1949	Création de la RFA (République fédérale d'Allemagne).
7 oct. 1949	Création de la RDA (République démocratique allemande).
1953	Émeutes à Berlin-Est réprimées par les chars soviétiques.
1958-1961	L'URSS réclame l'unification et la démilitarisation de Berlin.
12-13 août 1961	Début de la construction du mur de Berlin par les Soviétiques.
1972	Traité fondamental de reconnaissance mutuelle entre la RFA et la RDA.

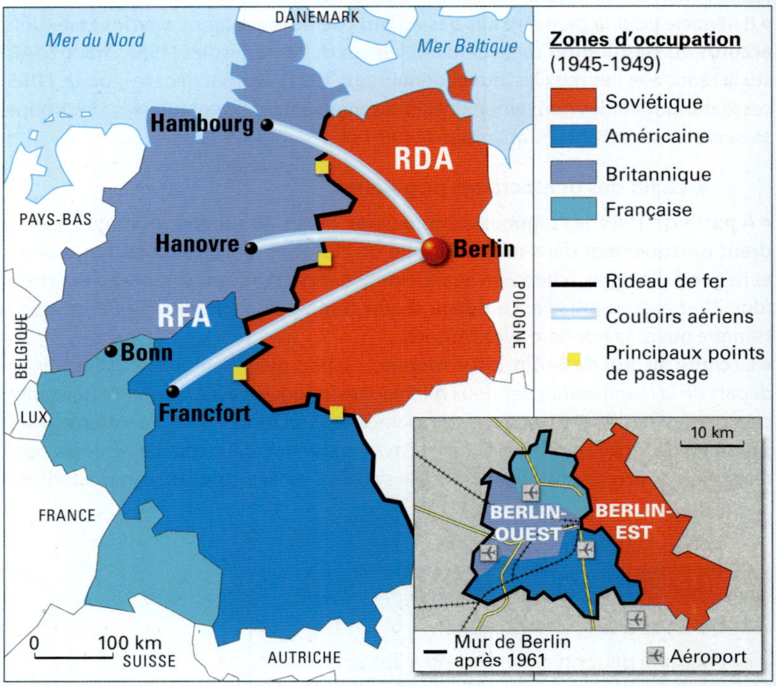

2 Berlin et les deux Allemagnes

3 La construction du mur en 1961

- **Longueur totale du mur :** 155 km (dont 43 km entre Berlin-Ouest et Berlin-Est)
- **Hauteur maximale du mur extérieur :** 3,60 m
- **Clôture d'alarme électrique :** 127,5 km
- **Gardes-frontières :** 14 000
- **Miradors :** 302
- **Bunkers :** 20
- **Systèmes de surveillance par chiens :** 209

Entre 1961 et 1989 :

- **Personnes arrêtées aux abords du mur :** 3 221
- **Fugitifs abattus :** 136 (chiffre incertain)
- **Évasions réussies :** environ 5 000 (pour l'essentiel dans les premières semaines, avant la consolidation du mur)

4 La décision de construire le mur

Entre 1949 et 1961, 2,6 à 3 millions d'Allemands fuient la RDA en passant par Berlin-Ouest. L'URSS décide d'employer les grands moyens.

Le conseil des ministres de la République démocratique allemande, en accord avec les décisions de la commission politique consultative des États membres du pacte de Varsovie et en vue d'assurer la paix en Europe, de protéger la RDA et de répondre aux intérêts de la sécurité des États du camp socialiste, a décidé de prendre les mesures suivantes.

Pour mettre un terme aux activités hostiles des forces revanchardes et militaristes de l'Allemagne de l'Ouest et de Berlin-Ouest, un système de contrôle semblable à ceux qui sont habituellement en vigueur aux frontières de tous les États souverains sera mis en place aux frontières de la RDA, y compris à la frontière des secteurs occidentaux du Grand Berlin.

Des mesures de sauvegarde devront être prises et des contrôles efficaces devront être effectués aux limites de Berlin-Ouest pour fermer la route aux activités subversives. (...)

Jusqu'à ce que Berlin-Ouest soit devenu une ville libre, neutre et démilitarisée, les citoyens de la capitale de la RDA devront avoir un permis spécial pour franchir la frontière de Berlin-Ouest.

Décret du gouvernement est-allemand, 12 août 1961.

5 La réaction de Kennedy : « *Ich bin ein Berliner* »

Il ne manque pas de personnes au monde qui ne veulent pas comprendre ou qui prétendent ne pas vouloir comprendre quel est le litige entre le communisme et le monde libre. Qu'elles viennent donc à Berlin. D'autres prétendent que le communisme est l'arme de l'avenir. Qu'ils viennent eux aussi à Berlin. Certains, enfin, en Europe et ailleurs, prétendent qu'on peut travailler avec les communistes. Qu'ils viennent donc ceux-là aussi à Berlin.

Notre liberté éprouve certes beaucoup de difficultés et notre démocratie n'est pas parfaite. Cependant, nous n'avons jamais eu besoin, nous, d'ériger un mur pour empêcher notre peuple de s'enfuir. (...)

Le mur fournit la démonstration éclatante de la faillite du système communiste. Cette faillite est visible aux yeux du monde entier. Nous n'éprouvons aucune satisfaction en voyant ce mur, car il constitue à nos yeux une offense non seulement à l'histoire mais encore une offense à l'humanité. (...)

La population de Berlin-Ouest peut être certaine qu'elle a tenu bon pour la bonne cause sur le front de la liberté pendant une vingtaine d'années. Tous les hommes libres, où qu'ils vivent, sont citoyens de cette ville de Berlin-Ouest, et pour cette raison, en ma qualité d'homme libre, je dis : « *Ich bin ein Berliner* ».

Discours du président américain John F. Kennedy devant l'hôtel de ville de Berlin-Ouest, le 26 juin 1963.

Questions

▶ Un lieu de tensions et d'affrontements

DOC 2 **1.** Pourquoi la ville de Berlin est-elle au cœur de l'affrontement entre les deux blocs ?

DOCS 1 ET 2 **2.** Qu'est-ce que le blocus de Berlin ? Comment les Occidentaux parviennent-ils à le contrer ?

DOCS 3 ET 4 **3.** Pourquoi le mur est-il construit en 1961 ? Remplit-il ses objectifs ?

▶ Un enjeu idéologique et symbolique

DOCS 3 ET 5 **4.** Quelle image le mur donne-t-il de la ville ? Pourquoi, dans le camp occidental parle-t-on du « mur de la honte » ?

DOC 5 **5.** Pour Kennedy, pourquoi le mur est-il un symbole de la Guerre froide ? Pourquoi signifie-t-il « la faillite du système communiste » ? **6.** Quelle place tient désormais Berlin dans le camp occidental ?

B La chute du mur

6 L'attitude décisive de l'URSS

Le 6 octobre 1989, Mikhaïl Gorbatchev, secrétaire général du Parti communiste de l'URSS, se rend à Berlin et rencontre le dirigeant est-allemand Erich Honecker. Il le prévient que l'URSS n'interviendra pas contre les manifestants. Il revient vingt ans plus tard sur cet épisode décisif.

La chute du mur de Berlin est associée à l'effondrement du communisme en Europe. Avec le recul pensez-vous qu'un autre scénario aurait été possible ?

Mikhaïl Gorbatchev : (...) Ce n'était pas si inattendu. De grands changements étaient en cours en Union soviétique et en Europe de l'Est. Il y avait un grand problème non résolu depuis la guerre : celui d'une Europe divisée qui concernait en particulier les Allemands. L'idée d'un changement s'est imposée, par une union monétaire, puis une confédération de deux États allemands. Mais ce devait être graduel. Or les passions se sont exacerbées et les Allemands ont pensé que c'était tout de suite ou que l'occasion serait perdue pour l'unification. (...)

Une alternative à cette voie ? Oui, cela aurait été possible. Si Erich Honecker, le président de la République démocratique allemande (RDA), avait entamé deux ou trois ans plus tôt le processus des réformes pour démocratiser le pays. Les gens le voulaient. Dans tous les autres pays, le changement était en marche. L'URSS, qui était la forteresse du socialisme, changeait. Honecker, en cette occasion, n'a pas agi. Auparavant, nous voulions que les leaders des pays de l'Europe de l'Est nous suivent. Cette fois-ci nous avons dit : nous voulons la *perestroïka*[1]. Nous allons la réaliser, mais c'est vous qui décidez ce que vous voulez pour votre pays. Nous n'interférerons pas.

Interview de Mikhaïl Gorbatchev dans le quotidien suisse *Le Temps*, 2 novembre 2009.

1. *« Reconstructions » : ensemble des réformes économiques et sociales réalisées en URSS entre 1985 et 1991.*

7 Manifestations à Berlin-Est, le 4 novembre 1989

● Le SDP (Parti social-démocrate) de l'Est, fondé le 7 octobre 1989, est le premier parti politique est-allemand issu des mouvements d'opposition.

CHRONOLOGIE

1989 10 septembre	Ouverture de la frontière entre la Hongrie et l'Autriche ; début de l'exode massif des Allemands de l'Est vers la RFA.
25 septembre	Première grande manifestation à Leipzig (RDA).
6 octobre	Visite de Gorbatchev à Berlin-Est.
18 octobre	Démission d'Erich Honecker, qui dirigeait la RDA depuis 1971.
9 novembre	Chute du mur et ouverture de la frontière intra-allemande.
1990 12 septembre	Traité 2 + 4 (RFA, RDA + États-Unis, France, URSS et Royaume-Uni) sur la réunification.
3 octobre	Réunification officielle des deux Allemagnes.

8 Un moment historique

Un morceau du mur (...) est tombé cette nuit. Des milliers de Berlinois et d'Allemands de l'Est ont franchi, aux premières heures du vendredi 10 novembre, les divers points de passage entre les deux parties de la ville pour se rendre quelques heures à Berlin-Ouest, où leur arrivée a suscité une gigantesque fête dans le centre-ville et aux abords du mur. (...)

La plupart des gens ne comprenaient pas encore très bien ce qui leur arrivait mais sans aucun doute ils voulaient être là pour ne pas rater ce moment d'histoire. Des badauds, venus par curiosité assister au remue-ménage, retournaient prestement chez eux chercher leur pièce d'identité pour se joindre aux autres. Les premiers à revenir encourageaient à les imiter ceux qui se demandaient encore ce que tout cela signifiait et s'il n'y avait pas de risque. Certains s'interrogeaient : ne feraient-ils pas mieux de profiter de l'aubaine pour ne pas rentrer à l'Est ?

Quelques-uns étaient d'ailleurs bien décidés à ne pas le faire, comme ce couple avec un enfant, parti en catimini avec une petite valise à la main. Mais pour la plupart, c'était seulement l'occasion d'aller faire un petit tour « en face », d'accomplir un rêve, une obsession de toujours : l'interdit devenait palpable.

Henri de Bresson, « Nuit d'allégresse à Berlin », *Le Monde*, 11 novembre 1989.

9 **L'ouverture du mur, au matin du 10 novembre**

10 **Berlin, 1989 : la fin de la Guerre froide**

Aucun d'entre nous n'oubliera jamais cette nuit du 9 au 10 novembre durant laquelle les Berlinois ont pu pour la première fois depuis 28 ans circuler à nouveau librement dans leur ville et se serrer dans les bras les uns les autres. L'ouverture de la porte de Brandebourg et la nuit du Nouvel An ont montré au monde entier que les Berlinois sont une seule et même famille. Nous, Allemands, avons ressenti en même temps une vague générale de sympathie et d'émotion partagée lorsque les hommes à Berlin-Est et en RDA ont franchi murs et barbelés et que les Allemands ont célébré leurs retrouvailles. (...)

Mais ce changement ne se serait pas produit, et ne serait pas en tout cas allé si loin, s'il n'y avait pas eu deux conditions décisives.

Premièrement, la solidité de l'Alliance atlantique au cours des dures épreuves des années 1980 et la réussite du développement de l'intégration économique et politique de la Communauté européenne. (...)

Deuxièmement, la politique de réformes menée par le secrétaire général Gorbatchev et surtout sa volonté de reconnaître aux États d'Europe centrale et d'Europe du Sud-Est le droit de choisir leur propre voie. Cette attitude peut avoir des causes multiples. Il n'empêche que, dans ses conséquences, ce pas clairvoyant et courageux permet au continent européen tout entier d'espérer enfin trouver la paix et la stabilité sur la base du droit et de la liberté, sans être plus longtemps menacé par la force et par une éventuelle ingérence. Si cette politique aboutit, elle constituera l'un des actes historiques de notre temps.

Discours d'Helmut Kohl, chancelier de la RFA, à l'Institut français des relations internationales (Paris), le 17 janvier 1990.

QUESTIONS

▶ **La chute du mur**

DOCS 6, 7 ET 10 **7.** Qu'est-ce qui explique la chute du mur de Berlin ? Distinguez les facteurs internes et les facteurs externes à la RDA.

DOCS 8 ET 9 **8.** Comment réagissent les Berlinois, à l'Est et à l'Ouest ?

DOC 9 **9.** Repérez les différents acteurs. Quel est ce drapeau sur la photographie ? En quoi cette image est-elle symbolique des événements de 1989-1990 ?

▶ **Le sens et la portée de l'événement**

DOCS 6 ET 10 **10.** À l'aide de la chronologie, replacez la chute du mur dans le processus d'effondrement du communisme en Europe de l'Est.

DOCS 9 ET 10 **11.** Quelles sont les conséquences de la chute du mur pour l'Allemagne ?

▶ **BILAN**

En vous aidant des documents et de vos réponses aux questions, montrez en quoi l'histoire de Berlin, de 1945 à 1989, reflète celle de la Guerre froide.

ÉTUDE

La crise de Cuba (1962)

COURS p. 166-167

La crise de Cuba, la plus grave de la Guerre froide, est brève, intense et dangereuse. Provoquée par la décision de l'URSS d'installer des missiles nucléaires sur l'île, à proximité du territoire américain, elle place durant quelques jours le monde « au bord du gouffre ». En un face à face spectaculaire et dramatique, les deux Grands parviennent finalement à gérer la crise en évitant un conflit armé. La tension a été si forte que l'épisode les conduit à se rapprocher pour éviter à l'avenir une situation semblable. Par ses origines, son déroulement et sa résolution, la crise de Cuba est un tournant de la Guerre froide.

Pourquoi la crise de Cuba est-elle considérée comme le paroxysme de la Guerre froide ?

CHRONOLOGIE

Janvier 1959	Révolution à Cuba. Fidel Castro prend le pouvoir.
Mai 1959-janvier 1961	Cuba se détourne des États-Unis et se place dans le camp de l'URSS.
Septembre 1962	Les premiers missiles soviétiques arrivent à Cuba.
14 octobre 1962	Un avion espion américain U2 prend des photos des installations soviétiques sur l'île.
20 octobre 1962	Kennedy refuse les frappes aériennes et décide du blocus de Cuba.
25 octobre 1962	Des cargos soviétiques amenant de nouveaux missiles, escortés de sous-marins, font demi-tour.
26 et 27 octobre 1962	Négociations entre Kennedy et Khrouchtchev.
28 octobre 1962	Démantèlement des missiles soviétiques.
20 novembre 1962	Levée officielle du blocus de Cuba.

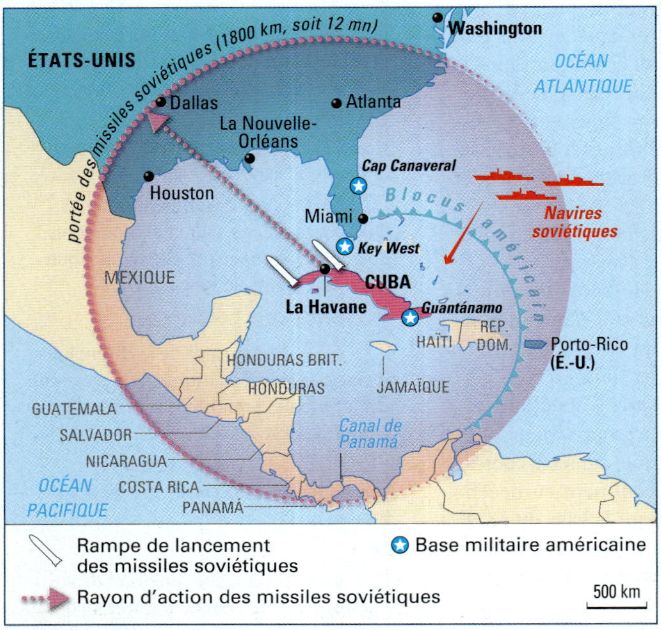

1 Des missiles soviétiques au cœur du continent américain

2 Blocus ou intervention militaire ?

Le 19 octobre au matin, le président américain John F. Kennedy défend l'idée du blocus devant les chefs d'état-major des armées.

Kennedy. – Si nous attaquions Cuba, cela donnerait aux Soviétiques un bon prétexte pour prendre Berlin. On nous jugerait comme les Américains à la gâchette facile responsables de la perte de Berlin. Nos alliés ne nous soutiendraient pas. Cuba, ils s'en foutent !

Général LeMay. – Le seul choix possible, c'est une intervention militaire directe. Je ne pense pas comme vous que si nous liquidons Cuba, ils prendront Berlin. Si on ne fait rien à Cuba, ils vont enfoncer le clou à Berlin, et pas qu'un peu ! (...) Ce blocus ne peut que nous mener à la guerre. (...)

Kennedy. – Il faut s'attendre à une riposte. Ils ne peuvent pas nous regarder, les bras croisés, détruire leurs missiles et tuer des centaines de Russes. Il est bien évident qu'ils vont essayer de prendre Berlin.

Général LeMay. – Je pense que l'Histoire démontre le contraire, monsieur le président. Là où on s'est montré déterminé, ils ont reculé. (...)

Kennedy. – Le raisonnement logique, c'est qu'il n'est pas vraiment nécessaire d'envahir Cuba. C'est simplement le genre de difficultés avec laquelle nous devons apprendre à vivre, de même que nous cohabitons avec l'Union soviétique et la Chine. Nous devons garder à l'esprit que l'existence de ces missiles ne crée pas de nouveau danger. Ils sont suffisamment armés comme ça.

Conversations enregistrées par Kennedy à l'insu de ses collaborateurs, publiées dans *Le Monde*, 15 août 1997.

3 Les preuves américaines devant le Conseil de sécurité de l'ONU (25 octobre 1962)

(1) Photographies aériennes prises par les U2 américains
(2) Ambassadeur soviétique à l'ONU (3) Ambassadeur américain à l'ONU

4 Le bras de fer nucléaire

« D'accord, monsieur le président, discutons », caricature de Leslie G. Illingworth, Daily Mail, *29 octobre 1962.*

5 Une sortie de crise négociée

Lettre de Khrouchtchev, 26 octobre. Nous voulons bien retirer de Cuba ces armes que vous considérez comme offensives. Nous voulons bien le faire et nous y engager devant l'ONU. Vos représentants feront alors une déclaration stipulant que les États-Unis de leur côté évacueront des armes équivalentes de Turquie.

Lettre de Kennedy, 27 octobre. Pour notre part, nous accepterions, après la ratification par les Nations Unies des accords assurant la mise en œuvre et la permanence de ces engagements : 1. de lever rapidement le blocus actuellement en application. 2. de vous donner des assurances contre toute invasion de Cuba. J'ai la conviction que les autres nations occidentales seraient prêtes à agir de même[1].

Lettre de Khrouchtchev, 28 octobre. Je note avec satisfaction que vous avez réagi au désir que j'exprimais concernant l'élimination de cette situation dangereuse (...), lourde de périls à notre époque par suite de l'existence d'armes thermonucléaires, de fusées, de vaisseaux spatiaux, d'engins de destruction globale et autres armes meurtrières. (...) Nous serions heureux de poursuivre notre échange de vues sur l'interdiction des armes atomiques et thermonucléaires, sur le désarmement général et autres problèmes visant à la détente internationale.

Lettre de Kennedy, 28 octobre. Je crois comme vous que nous devons consacrer de toute urgence notre attention au problème du désarmement.

Robert Kennedy, *13 jours. La crise des missiles de Cuba*, Grasset & Fasquelle, 2001.

1. En même temps, les Américains assurent secrètement les Soviétiques qu'ils démantèleront les fusées basées en Turquie.

QUESTIONS

▶ Cuba, une menace pour les États-Unis

DOCS 1 ET 2 **1.** Pour quelles raisons les États-Unis ne peuvent-ils laisser l'URSS installer des missiles à Cuba sans réagir ?

DOC 2 **2.** Quelles sont les différentes réactions envisagées ? **3.** Quels arguments militent en faveur d'une riposte armée ? Quels arguments s'y opposent ? **4.** Quelle est la position de Kennedy ?

DOC 4. **5.** Expliquez la signification de cette caricature. Quelles craintes traduit-elle ?

▶ Sortir de la crise

DOCS 2, 3 ET 5 **6.** Pourquoi la crise de Cuba concerne-t-elle l'ensemble de la communauté internationale ?

DOC 5 **7.** Comment se dénoue la crise ? En quoi inaugure-t-elle une période de Détente entre les deux Grands ?

▶ BILAN

À l'aide des documents et de vos réponses aux questions, montrez en quoi la crise de Cuba peut être considérée comme le point culminant de la Guerre froide.

ÉTUDE

La guerre du Vietnam (1964-1973)

COURS p. 166-167

La fin de la guerre d'Indochine en 1954 donne naissance à deux États vietnamiens : au Nord, un régime communiste dirigé par Hô Chi Minh, initialement soutenu par l'URSS et la Chine ; au Sud, une dictature alliée des États-Unis. Au nom du *containment*, ces derniers interviennent à partir de 1961 aux côtés du Sud pour lutter contre les infiltrations communistes. Ils s'engagent dans une guerre longue, incertaine et douteuse, dont les violences marquent profondément l'opinion occidentale et remettent en cause les fondements de la démocratie américaine.

Comment expliquer l'engagement militaire puis l'échec des États-Unis au Vietnam ?

1 Une guerre pendant la Détente

CHRONOLOGIE

1960	800 conseillers militaires Américains au Sud-Vietnam.
1963	Assassinat de Kennedy, Lyndon, Johnson président. 16 000 conseillers militaires.
1964	Incidents du golfe du Tonkin. Résolution du Congrès américain en faveur de la guerre.
1965	Bombardements réguliers du Nord-Vietnam. Arrivée des premières troupes américaines. Premières manifestations aux États-Unis contre la guerre.
1968	Violentes manifestations contre la guerre à Chicago. Richard Nixon, président des États-Unis. Plus de 530 000 soldats américains présents au Vietnam.
1969	Début du retrait des troupes américaines.
1972	Fin du retrait américain du Vietnam.
1973	Fin de la guerre du Vietnam.
1975	Invasion du Sud-Vietnam par le Nord-Vietnam communiste.

2 L'objectif des États-Unis : endiguer le communisme en Asie

Le président Johnson sait qu'il lui faut l'accord du Congrès pour financer la guerre. Le 4 août, des navires américains se croient accrochés par des bâtiments nord-vietnamiens. C'est le prétexte pour demander au Congrès de se prononcer.

Le Sénat et la Chambre des représentants des États-Unis d'Amérique réunis en Congrès considèrent que le maintien de l'indépendance et de l'intégrité territoriale de la nation laotienne et de la nation sud-vietnamienne est vital pour l'intérêt national des États-Unis et pour la paix dans le monde.

À cette fin, si le président le juge nécessaire et si le gouvernement du Laos et du Sud-Vietnam en font la demande, les États-Unis sont prêts à faire tout ce qui est en leur pouvoir, en faisant intervenir au besoin leurs forces armées, pour aider les gouvernements de ces pays à défendre leur indépendance et leur intégrité territoriale contre l'agression et la subversion aidée, contrôlée et dirigée par les pays communistes voisins.

Résolution du golfe du Tonkin, 7 août 1964.

3 La guérilla vietnamienne

Le général Giap commande les forces communistes pendant la guerre d'Indochine puis pendant la guerre du Vietnam.

La guérilla est la guerre des masses populaires d'un pays économiquement arriéré se dressant contre une armée d'agression puissamment équipée et bien entraînée. L'ennemi est-il fort, on l'évite ; est-il faible, on l'attaque ; à son armement moderne, on oppose un héroïsme sans bornes pour vaincre, soit en harcelant, soit en anéantissant l'adversaire suivant les circonstances et en combinant les opérations militaires avec l'action politique et économique ; pas de ligne de démarcation fixe, le front étant partout où se trouve l'adversaire. (...)

Initiative, souplesse, rapidité, surprise, promptitude dans l'attaque et le repli. Tant que le rapport stratégique reste défavorable, résolument regrouper les troupes pour obtenir une supériorité absolue dans le combat en un point donné, pendant un temps donné. Par de petites victoires, user peu à peu les forces de l'ennemi, et, du même coup, entretenir et accroître les nôtres.

Vô Nguyên Giap, *Guerre du peuple, armée du peuple*, Maspero, 1967.

4 Bombardements américains au napalm (juin 1972)

● **Le napalm est une substance à base d'essence utilisée par les Américains dans la jungle vietnamienne comme bombe incendiaire. Parmi les victimes militaires de la guerre, on dénombre environ 58 000 Américains, 255 000 Sud-Vietnamiens et près d'un million de combattants communistes. Les victimes civiles sont estimées à 4 millions, essentiellement nord-vietnamiennes (chiffre incertain).**

Photographie de Nick Ut, 8 juin 1972.

5 Comprendre l'échec des États-Unis au Vietnam

Henry Kissinger, né en 1923, est sous la présidence de Richard Nixon conseiller à la Défense nationale puis secrétaire d'État (ministre des Affaires étrangères). Partisan d'un rapprochement avec la Chine, il négocie le retrait des États-Unis du Vietnam (accords de Paris, 1973).

C'est à l'administration Nixon qu'il revint de sortir les États-Unis de la première guerre non victorieuse de leur histoire et du premier engagement à l'étranger au cours duquel ses convictions morales furent systématiquement bousculées. (...)

Nixon entama cette mission navrante dans une Amérique qui n'avait jamais été aussi divisée depuis la guerre de Sécession[1]. Même avec le recul d'un quart de siècle, on reste abasourdi par la soudaineté avec laquelle le consensus national s'effondra. En 1965, l'Amérique s'employait, avec l'assentiment général, à gagner une guérilla contre ce qui apparaissait comme un complot communiste mondial et à mettre en place des institutions démocratiques en Asie du Sud-Est ; deux ans plus tard, en 1967, la même entreprise était perçue non seulement comme un échec, mais comme une aberration politique dont étaient responsables des maniaques de la guerre. (...)

L'idéalisme américain avait pénétré les dirigeants comme leurs adversaires de l'idée fausse qu'on pouvait transformer, relativement facilement et vite, la société vietnamienne en démocratie à l'américaine. Lorsque ce postulat optimiste s'effondra et qu'il apparut que le Vietnam était loin d'être une démocratie, le désenchantement fut terrible.

Henry Kissinger, *Diplomatie*, Librairie Arthème Fayard, 1981.

1. *Guerre civile américaine opposant les États du Nord à ceux du Sud (1861-1865).*

QUESTIONS

▶ Un conflit de la Guerre froide

DOCS 1, 2 ET 5 **1.** Pourquoi les États-Unis interviennent-ils au Vietnam ?

2. Comment ce conflit s'insère-t-il dans la Guerre froide ?

DOCS 1 ET 3 **3.** Quelle est la stratégie de la guérilla communiste ?

▶ Une défaite pour les États-Unis

DOC 4 **4.** Pourquoi cette photographie a-t-elle marqué les esprits ?

DOCS 4 ET 5 **5.** Pourquoi l'opinion américaine est-elle de plus en plus hostile à la guerre ?

DOC 5 **6.** Quel bilan politique et moral peut-on tirer de cette guerre ?

▶ BILAN

En vous aidant des documents et de vos réponses aux questions, expliquez en quoi cette guerre est un échec pour les États-Unis.

COURS

3• Trois conflits symboles de la Guerre froide

➜ ÉTUDE p. 158-161
➜ ÉTUDE p. 162-163
➜ ÉTUDE p. 164-165

Quels types de tensions et d'affrontements la Guerre froide engendre-t-elle ?

A Berlin : une tension permanente (1945-1989)

Biographie

Helmut Kohl
(né en 1930)
Chancelier de la RFA de 1982 à 1998, il comprend au lendemain de la chute du mur de Berlin la nécessité de la réunification.

Le blocus de Berlin : la première grande crise de la Guerre froide (1948-1949)

• Après la Seconde Guerre mondiale, la ville de Berlin, comme toute l'Allemagne, est divisée par les vainqueurs en quatre secteurs d'occupation. Sa situation, en plein cœur de la zone soviétique, comme son passé d'ancienne capitale du Reich, en font un **enjeu politique et symbolique** décisif.

• Pour protester contre la fusion des trois zones occidentales, préfigurant la création de la future RFA, **Staline impose en juin 1948 le blocus de Berlin-Ouest**. Plutôt que de forcer le blocus, les Occidentaux décident de le contourner en ravitaillant la ville par un **pont aérien**. Staline refuse l'escalade, n'empêche pas les avions d'atterrir et finit par céder en mai 1949. **La crise est restée maîtrisée.**

• Peu après l'échec du blocus, en 1949, **deux Allemagnes voient le jour : la RFA à l'Ouest, la RDA à l'Est.**

Le mur de Berlin : le symbole d'une Europe divisée (1961-1989)

• Berlin est désormais divisé en deux municipalités rivales qui se font face et représentent chacune **une Allemagne et un modèle politique et économique opposé.** Les contacts restent pourtant fréquents et de nombreux Berlinois, pour travailler, passent chaque jour d'un secteur à l'autre. En dix ans, 2,6 millions d'Allemands de l'Est en profitent pour fuir la dictature communiste et s'installer définitivement à l'Ouest.

• Pour mettre fin aux départs, Khrouchtchev exige d'abord la réunification de la ville, lance un ultimatum, puis, devant la fermeté des Occidentaux, se résout **à construire en août 1961 un mur qui isole totalement Berlin-Ouest**. C'est pour l'URSS un **aveu d'échec et d'impuissance**.

La chute du mur (1989-1990)

• En 1987, Gorbatchev annonce que **l'URSS n'interviendra plus dans les affaires de ses alliés européens**. En septembre **1989, la Hongrie ouvre sa frontière avec l'Autriche**, des milliers d'Allemands fuient alors. Le **9 novembre 1989**, sous la pression des manifestants en RDA et ne pouvant plus compter sur le soutien de l'URSS, le gouvernement est-allemand décide enfin d'« ouvrir » le mur. Le **3 octobre 1990**, l'Allemagne est réunifiée et en 1991, Berlin en redevient la capitale.

B Cuba : l'apogée de la Guerre froide (1962)

Biographie

Fidel Castro
(né en 1926)
Révolutionnaire cubain, il s'empare du pouvoir en 1959 et met progressivement en place une dictature d'inspiration marxiste-léniniste. En 1962, il pousse Khrouchtchev à l'épreuve de force contre les États-Unis.

Les origines de la crise

• En **1959**, à Cuba, **Fidel Castro** et ses partisans renversent la dictature en place, alliée des États-Unis, et **s'emparent du pouvoir**. Face à la méfiance et aux pressions américaines, Castro se tourne vers l'URSS et annonce l'**appartenance de son pays au camp socialiste**. En 1961, les États-Unis tentent un débarquement dans la baie des Cochons pour renverser Castro : c'est un échec cuisant.

• L'année suivante, en octobre 1962, les Américains démasquent l'intention des Soviétiques d'installer à Cuba des missiles qui placeraient les États-Unis sous une menace nucléaire immédiate et rompraient l'équilibre militaire existant. Le président

Kennedy, refusant le risque d'une intervention armée, ordonne le **blocus de l'île**. Il est soutenu par l'ensemble du camp occidental.

La crise et sa résolution

• La flotte américaine fait alors face aux cargos soviétiques transportant les missiles. C'est maintenant à Khrouchtchev de prendre une décision. Après avoir hésité, **il donne à ses navires l'ordre de rebrousser chemin**. Il obtient deux concessions : les États-Unis s'engagent à ne plus s'opposer à l'existence d'un gouvernement communiste à Cuba et à démanteler des fusées stationnées en Turquie.

• Durant quelques jours, le monde n'a jamais été aussi proche d'un conflit nucléaire. C'est le **paroxysme de la Guerre froide**, qui ouvre en même temps, par sa résolution, une phase de détente. C'est aussi une victoire pour Kennedy, qui a su gérer la crise.

C Le Vietnam : une guerre périphérique au temps de la Détente (1964-1973)

L'engagement des États-Unis

• La Guerre froide n'exclut pas les conflits armés, même durant la Détente. Ils ont lieu le plus souvent à la **périphérie des zones d'influence** américaine ou soviétique, et par alliés interposés. La situation du Vietnam ressemble à celle de l'Allemagne ou de la Corée : depuis l'indépendance acquise en 1954, le pays est **divisé en deux États** soutenus chacun par l'un des blocs, le Nord par l'URSS, le Sud par les États-Unis.

• En 1961, Kennedy ordonne l'envoi de « conseillers militaires » pour aider le gouvernement du Sud – une dictature pourtant impopulaire – à combattre la guérilla communiste appuyée par le Nord-Vietnam. L'objectif, selon la **théorie des dominos**, est d'éviter la propagation du communisme à toute l'Asie du Sud-Est.

Une défaite du *containment*

• En 1964, le président Johnson décide de mobiliser l'armée. La guerre prend une dimension nouvelle ; en 1968, plus de 530 000 soldats américains sont sur place. Mais l'opposition **vietcong**, soutenue par l'armée nord-vietnamienne, gagne de plus en plus de partisans, harcèle les Américains et lance de grandes offensives meurtrières comme celle du Têt (le jour de l'An vietnamien), en **janvier 1968**.

• Le **malaise croissant de l'opinion** américaine et occidentale face aux violences perpétrées et à l'utilisation massive du napalm, une substance à base d'essence utilisée comme bombe incendiaire, pousse le successeur de Johnson, Richard Nixon, à ordonner le **retrait progressif des troupes**, tout en intensifiant les bombardements sur les grandes villes du Nord. Pour faire aboutir les négociations, les États-Unis n'hésitent pas en 1971 à se rapprocher de la Chine communiste et à accepter son entrée à l'ONU. Les **accords de Paris de janvier 1973** établissent le cessez-le-feu.

• Deux ans plus tard, le Nord-Vietnam envahit le Sud et unifie le pays ; presque toute la péninsule indochinoise, y compris le Cambodge et le Laos, est alors sous la domination communiste. C'est une **lourde défaite pour le *containment*** et les États-Unis, durablement traumatisés par la guerre.

VÉRIFIEZ VOS CONNAISSANCES

1. Qu'est-ce que le blocus de Berlin ?
2. Pourquoi un mur est-il construit au cœur de Berlin en 1961 ?
3. Pourquoi la crise de Cuba inaugure-t-elle une période de détente ?
4. Pourquoi les États-Unis interviennent-ils au Vietnam ?

Biographie

Nikita Khrouchtchev
(1894-1971)
Premier secrétaire du Parti communiste en 1953 et successeur de Staline à la tête de l'URSS, il est démis de ses fonctions en 1964, notamment en raison de sa politique extérieure jugée trop imprudente à Berlin et à Cuba.

Biographie

John F. Kennedy
(1917-1963)
Président des États-Unis de 1960 à 1963, il se distingue par son habile gestion de la crise de Cuba et sa décision d'engager militairement son pays au Vietnam. Il est assassiné à Dallas en 1963.

VOCABULAIRE

• **Blocus**
Opération visant à isoler une zone (ville ou pays) par la force, en la privant de toute communication avec l'extérieur.

• **Théorie des dominos**
Théorie d'après laquelle la victoire du communisme dans un pays suscite une réaction en chaîne entraînant son extension à toute une région.

• **Vietcong**
Guérilla nationaliste et communiste au Vietnam du Sud, qui bénéficie de l'aide du Nord et souhaite la réunification du pays.

Docteur Folamour de Stanley Kubrick (1964)

Comment un film reflète-t-il les craintes suscitées par la Guerre froide ?

L'ESSENTIEL SUR…
Dr Folamour et l'équilibre de la terreur

La Guerre froide vue par le cinéma américain

▶ La Guerre froide est abordée au cinéma de façon directe ou métaphorique. Elle s'empare de genres existants comme le film de guerre, d'espionnage, d'aventures ou de science-fiction. Dans les années 1950, ces films donnent souvent l'image **d'un monde anxieux, sous la menace de l'ennemi ou d'une catastrophe nucléaire**.

Le film de Stanley Kubrick

▶ *Dr. Strangelove* (*Docteur Folamour* en français) est un film de Stanley Kubrick qui sort sur les écrans **en janvier 1964, un peu plus d'un an après la crise de Cuba**. Il est le premier à traiter le sujet du nucléaire avec dérision, tout en alertant sur la fragilité de l'équilibre de la terreur.

▶ La folie paranoïaque d'un général américain conduit à une **guerre nucléaire avec l'URSS**, malgré les efforts déployés par les dirigeants des deux pays pour l'empêcher. À la fin du film, la bombe qui parvient à son but provoque automatiquement en représailles une série d'explosions atomiques et la **destruction de la planète**. Le docteur Folamour, un ancien scientifique nazi devenu conseiller du président américain, propose alors d'abriter durant cent ans quelques individus sélectionnés pour qu'ils puissent sauver l'humanité.

▶ Kubrick insiste sur le **fanatisme** auquel conduisent les idéologies et sur la **toute-puissance d'une technologie qui finit par échapper au contrôle des hommes**.

1 Un accueil mitigé

Le film a été très mal accueilli à sa sortie : il ridiculisait le président des États-Unis et se moquait des moyens mis en œuvre pour empêcher une catastrophe nucléaire ; surtout, il mettait en scène sur le même plan les deux gouvernements qui s'affrontaient, ce qui enlevait toute justification à la Guerre froide. Kubrick a été accusé d'être favorable au communisme par l'extrême-droite (…) et son humour désespéré n'a pas été compris. D'autant plus qu'en octobre 1962, peu avant la sortie du film, l'installation de fusées soviétiques à Cuba avait provoqué une crise telle que le conflit nucléaire avait été évité de justesse. Le terrible diagnostic de Kubrick était donc d'une réelle actualité, l'installation d'une ligne de télétype rouge[1] entre Washington et Moscou pour éviter la répétition d'une telle crise n'étant pas totalement rassurante.

Jacques Portes, *Histoire et cinéma aux États-Unis*, La Documentation française, 2002.

1. *Ligne de communication directe établie en août 1963 entre Washington et Moscou, aussi appelée improprement « téléphone rouge ».*

2 Un anticommunisme acharné

Le général Ripper, commandant d'une base aérienne américaine, a donné l'ordre à ses avions d'aller bombarder le territoire soviétique. Il explique les raisons de son initiative.

Je ne peux rester là et permettre à l'infiltration communiste, l'endoctrinement communiste, la subversion communiste et le complot international communiste de saper et de souiller tous nos précieux fluides corporels. (…) Avez-vous déjà entendu parler de la fluoration de l'eau ? Savez-vous que la fluoration est le plus monstrueux des complots communistes ? (…) En plus de la fluoration de l'eau, des études sont en cours pour ajouter du fluor au sel, à la farine, aux jus de fruits, au sucre, au lait… À la glace, même à la glace pour les enfants ! Vous savez quand ça a commencé ? En 1946. Ça coïncide avec la conspiration d'après-guerre menée par les cocos. C'est incroyablement évident, non ? On introduit une substance étrangère dans nos fluides corporels sans qu'on le sache. En tout cas, sans qu'on ait le choix.

3 Réunion de crise au Pentagone

Le président des États-Unis (1) a réuni d'urgence ses conseillers au Pentagone (le centre de la Défense américaine, à Washington) pour tenter d'enrayer l'escalade et d'éviter de probables représailles soviétiques. En présence de l'ambassadeur d'URSS (2), il décide de prévenir le dirigeant soviétique.

4 Un dialogue difficile

Sous l'œil de l'ambassadeur d'URSS, le président américain Muffley téléphone à son homologue soviétique.

Allo Dimitri ? (...) Vous vous rappelez de notre conversation, en cas de problème avec la bombe ? La bombe, Dimitri... La bombe à hydrogène... Ce qu'il y a, c'est qu'un de nos commandants de base a eu une espèce de... Eh bien, il est devenu un peu fou. Vous savez... juste un peu fou... Il a fait quelque chose d'idiot. Je vais vous le dire... Il a ordonné à ses avions d'attaquer votre pays. Laissez-moi finir, Dimitri. (...) Ils n'atteindront pas leurs cibles avant une heure. J'en suis tout à fait sûr ; j'en ai parlé avec votre ambassadeur. Ce n'est pas un piège... Nous voudrions vous donner une liste complète des cibles et les plans de vol des avions. Si nous ne pouvons pas les rappeler, je dirais... qu'on devra vous aider à les détruire. Je sais que ce sont nos gars... D'accord. Et maintenant, qui devons-nous appeler ? Désolé, je vous entends mal... Le QG central de la défense aérienne du peuple ? Où est-ce, Dimitri ? À Omsk. Vous allez les appeler d'abord ? Vous n'auriez pas leur numéro de téléphone sur vous ? Je vois... Je demande aux renseignements d'Omsk... Moi aussi, je suis désolé, Dimitri. Vraiment désolé. Oui, vous êtes plus désolé que moi. Mais moi aussi. Ne dites pas que vous êtes plus désolé que moi. Je suis capable d'être aussi désolé que vous.

5 L'apocalypse finale

Un bombardier atteint malgré tout son but. Son pilote, le major Kong, parvient à détacher la bombe de l'appareil ; il chute avec elle sur sa cible.

Questions

• Présenter l'œuvre

1. À quel genre cinématographique appartient le film de Stanley Kubrick ? Présentez chaque document en insistant sur sa nature.

• Analyser l'œuvre

2. DOCS 1 ET 3 Quelle scène du film l'affiche illustre-t-elle ? Identifiez les éléments qui renvoient à une situation précise.

3. DOCS 2, 4 ET 5 Quelle image de l'armée et des militaires le film veut-il donner ? En quoi s'agit-il d'une caricature ?

4. DOCS 1 ET 4 Comment Kubrick réussit-il à renvoyer dos à dos les États-Unis et l'URSS ?

• Faire le lien entre arts et histoire

5. Dans quel contexte précis le film sort-il sur les écrans ? Quels documents font directement référence à ce contexte ?

6. Pourquoi le film a-t-il été mal accueilli par le public américain ?

7. Comment le film parvient-il à dénoncer les dangers et l'absurdité de la Guerre froide ? Pourquoi Kubrick a-t-il choisi l'humour et la dérision pour y parvenir ?

REPÈRES

Un nouvel ordre mondial

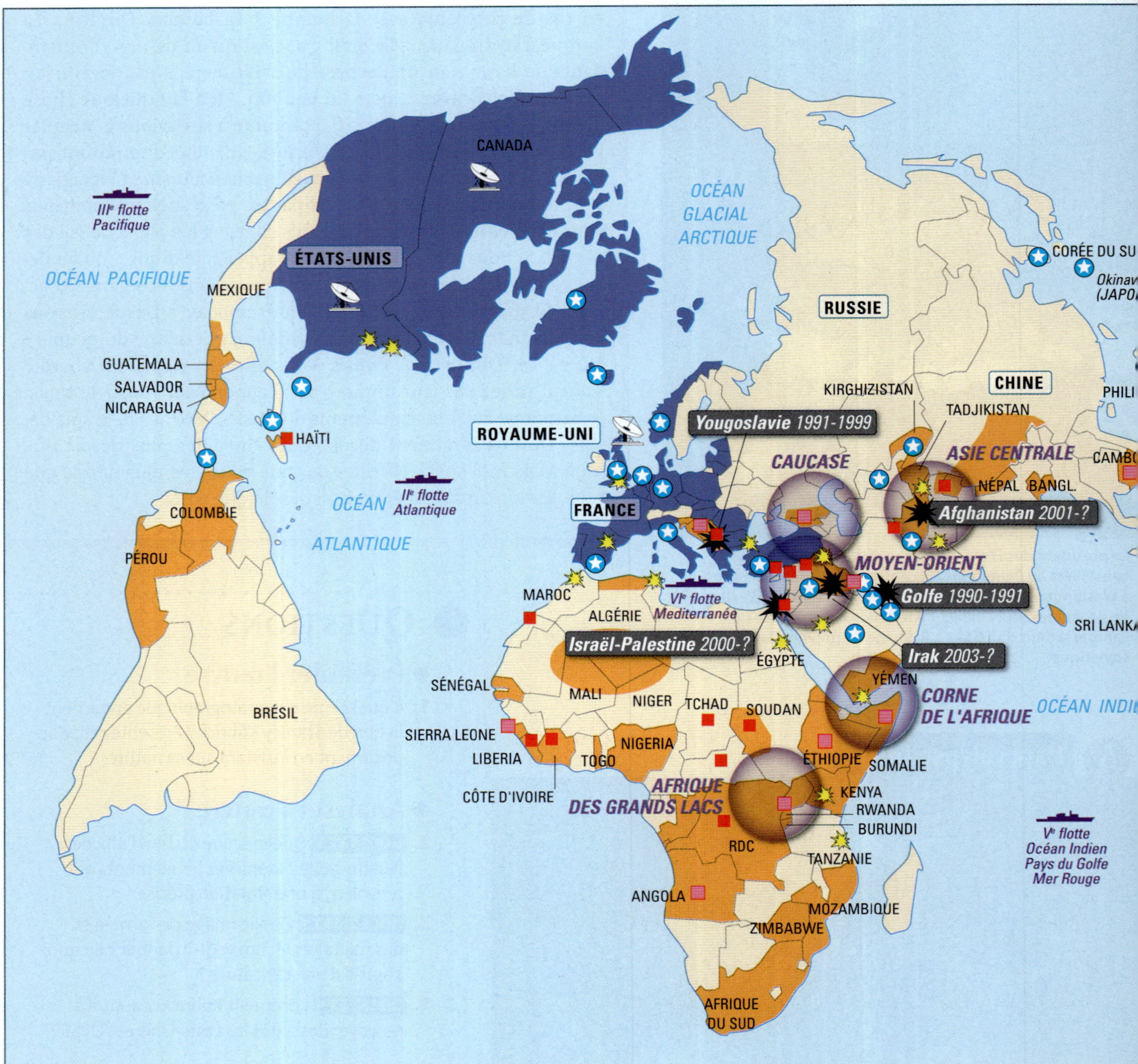

Une « communauté internationale » ?

- CHINE : Membre permanent du Conseil de sécurité de l'ONU
- Principales missions de l'ONU depuis 1990
- Missions en cours en 2010

L'« hyperpuissance » américaine ?

- Membres de l'OTAN
- Flotte américaine
- Base militaire américaine
- Réseau Echelon

Les crises du nouvel ordre mondial

- Pays ou régions ayant connu la guerre ou de graves troubl intérieurs entre 1990 et 2010
- Conflit à dimension internatic
- Principaux attentats revendiq par Al-Qaida
- CAUCASE : Principales zones de tensions actuelles

1 Le monde actuel : unipolaire ou multipolaire ?

VOCABULAIRE

- **Réseau Echelon**
Système mondial d'interception des communications privées et publiques.
- **TNP (Traité de non-prolifération nucléaire)**
Traité signé en 1968 par 62 pays. Les puissances qui possèdent l'arme atomique s'engagent à ne pas aider d'autres à l'avoir ; celles qui ne l'ont pas s'engagent à ne pas l'acquérir.

QUESTIONS

1. Dans quelles régions du monde l'ONU est-elle la plus active ? La carte de ses interventions correspond-elle à celle des guerres et des crises ?
2. Pourquoi peut-on parler d'une « hyperpuissance » américaine ?
3. Quels pays détiennent l'arme nucléaire ? Suffit-il de la posséder pour être une grande puissance ?

2 L'ordre nucléaire mondial

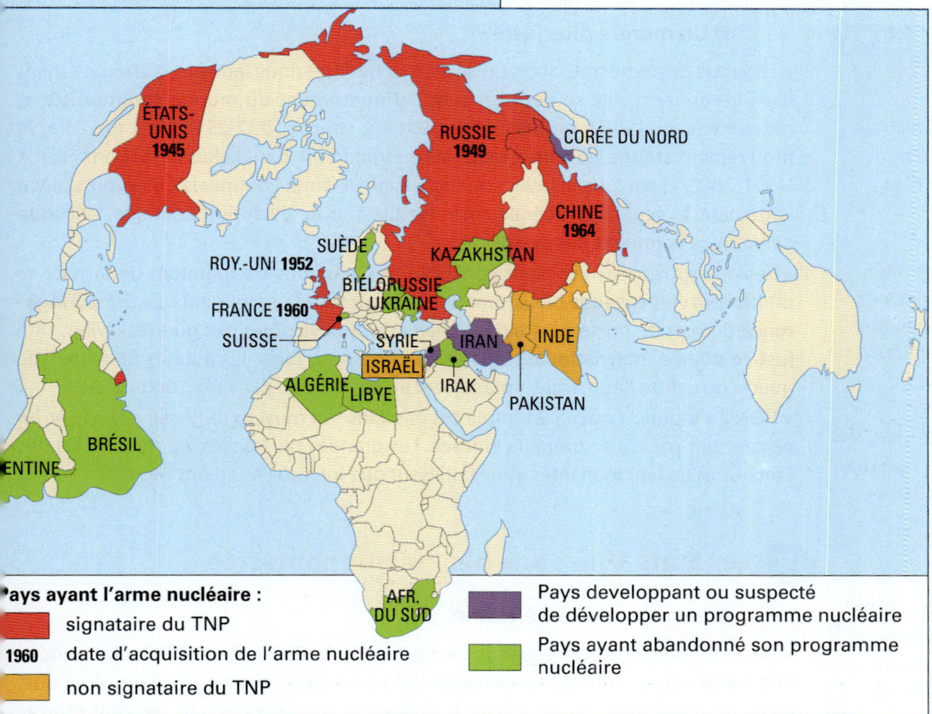

COURS

4• Après la Guerre froide, quel nouvel ordre mondial ?

REPÈRES p. 170-171
ÉTUDE p. 174-175
ÉTUDE p. 176-177
ÉTUDE p. 178-179
COURS p. 180-181

Comment s'organise le monde de l'après Guerre froide ?

A Espoirs et désillusions dans le monde de l'après Guerre froide

Un monde plus sûr ?

• La fin de la Guerre froide permet la résolution d'un certain nombre de conflits. C'est le cas en Amérique centrale comme en Afrique australe (Namibie, Mozambique, Angola). À la suite du traité **START** (1991), portant sur la réduction des missiles à longue portée, les États-Unis et la Russie détruisent en partie leurs stocks d'armes nucléaires. Mais d'autres États acquièrent l'arme atomique (Inde, Pakistan, Israël) ou se lancent dans un programme nucléaire militaire (Corée du Nord, Iran, Irak). Désormais, le **danger de prolifération nucléaire** ne réside plus dans la quantité de missiles détenus par les deux Grands, mais dans le nombre de pays susceptibles d'acquérir la bombe – et de l'utiliser.

• Par ailleurs, en Europe comme en Afrique, la fin de la Guerre froide fait resurgir dans certains pays des antagonismes latents qui donnent naissance à des **guerres civiles**, mêlant des considérations d'ordre historique, politique, économique, religieux ou ethnique. En **Yougoslavie**, les nationalismes entraînent l'éclatement du pays et des guerres meurtrières à partir de 1991. Au **Rwanda**, le génocide perpétré par les Hutus sur la population tutsi fait environ 800 000 morts en 1994 (doc 1). Si le danger d'une apocalypse nucléaire semble écarté, le monde n'en est globalement pas plus sûr pour autant.

• Enfin, au **Proche-Orient**, le **conflit entre Israël et les pays arabes**, commencé après la Seconde Guerre mondiale, n'a toujours pas trouvé de solution durable.

1. *Le génocide tutsi par les Hutus en 1994 au Rwanda*

Un monde plus juste ?

• La vague de démocratisation qui avait touché l'Amérique latine et l'Extrême-Orient dans les années 1980 se poursuit avec l'**effondrement du monde communiste** et notamment de l'URSS en décembre 1991 (→ cours p. 252-253). Mais très vite, **le mouvement stagne** : la démocratie est très imparfaite dans la Russie de Boris Eltsine (1991-2000) et encore plus avec son successeur Vladimir Poutine ; la Chine, qui s'ouvre largement à l'économie libérale, reste hostile à toute évolution politique. L'**Afrique** demeure le continent des dictatures.

• Beaucoup d'espoirs reposent sur l'ONU. Les **missions de maintien de la paix** se multiplient ; les casques bleus sont présents sur tous les continents. Le **droit d'ingérence** permet de porter une aide humanitaire aux victimes des guerres civiles. Une **justice pénale internationale** se met en place pour juger les auteurs de crimes de guerre ou contre l'humanité, notamment au Rwanda ou dans l'ex-Yougoslavie.

• L'**ONU** a toutefois du mal à remplir ses missions ; les moyens dont elle dispose ne lui permettent pas d'être toujours efficace. Les grandes puissances, en premier lieu les États-Unis, restent méfiantes et ne l'utilisent que lorsqu'elles en ont besoin.

B Les États-Unis : une hégémonie contestée

La puissance américaine

• Les États-Unis sont sortis grands vainqueurs de la Guerre froide. **Dans les années 1990, leur suprématie est incontestée** dans tous les domaines : militaire, politique, économique et culturel ; leur modèle libéral semble triompher. Ils peuvent exercer

VOCABULAIRE

• **Armes de destruction massive (ADM)**
Ensemble des armes non conventionnelles, notamment les armes nucléaires, chimiques, biologiques (ou bactériologiques) et radioactives.

• **Casques bleus**
Soldats de l'ONU dont la mission, pacifique, consiste à s'interposer entre deux parties, à faire respecter un cessez-le-feu ou à venir en aide aux populations civiles. Les contingents sont fournis par des États membres volontaires.

• **Droit d'ingérence**
Principe légitimant l'intervention dans les affaires intérieures d'un pays au nom des droits de l'Homme ou d'une assistance humanitaire de première urgence.

• **Néo-conservatisme**
Doctrine de politique étrangère américaine selon laquelle les États-Unis doivent, au nom de la démocratie, utiliser leur puissance pour combattre et renverser les dictatures, au besoin par la force.

leur puissance dans le cadre du **multilatéralisme**, celui de l'ONU et de ses institutions, et en plein accord avec tous leurs alliés. C'est le cas par exemple au moment de la **guerre du Golfe en 1991**. Mais ils peuvent aussi, s'ils le souhaitent, prendre seuls leurs décisions et n'agir qu'avec ceux qui acceptent de les suivre.

• Le débat prend une ampleur nouvelle après les **attentats terroristes du 11 septembre 2001**, qui font prendre conscience de la vulnérabilité des États-Unis, malgré toute l'étendue de leur puissance. Influencé par ses conseillers **néo-conservateurs**, le nouveau président républicain, George W. Bush, fait le choix de l'**unilatéralisme**.

Les guerres en Afghanistan et en Irak

• Les États-Unis ripostent rapidement en s'attaquant à l'**Afghanistan**, dont les dirigeants abritent les chefs d'Al-Qaida, l'organisation responsable des attentats. L'intervention est soutenue par toutes les grandes puissances et **légitimée par l'ONU**. Dès décembre 2001, le régime islamiste des Talibans est renversé. George W. Bush se tourne alors contre les pays qu'il considère, sans en avoir de preuves formelles, soutenir le terrorisme et détenir des **armes de destruction massive** : la Corée du Nord, l'Irak et l'Iran, qu'il désigne sous le nom d'« **axe du Mal** ».

• **En mars 2003, les États-Unis attaquent l'Irak**, malgré cette fois l'opposition de plusieurs de leurs alliés – dont la France et l'Allemagne – et sans l'accord de l'ONU. Cette guerre préventive marque l'**apogée de l'unilatéralisme**. Là encore, la victoire est rapide et la dictature de Saddam Hussein est renversée.

• Mais en Afghanistan comme en Irak, les États-Unis ne parviennent pas à contrôler le pays, en proie à la guerre civile. Ils doivent faire face à une **guérilla permanente** et rencontrent de grandes difficultés à construire un État démocratique (doc 2). L'opinion américaine, d'abord très favorable à la politique de George W. Bush, se fait plus critique. Après l'**élection du démocrate Barack Obama**, fin 2008, les États-Unis annoncent leur prochain retrait d'Irak.

C Un monde multipolaire

La remise en cause de l'« hyperpuissance » des États-Unis

• L'« **hyperpuissance** » **américain**e issue de la Guerre froide est de plus en plus **contestée**. Si la suprématie militaire des États-Unis et la diffusion planétaire de leurs valeurs et de leur mode de vie ne sont pas en cause, les attentats du 11 septembre et l'action très critiquée, y compris parmi leurs alliés, menée en Afghanistan et en Irak, ont révélé leur fragilité.

• L'**émergence de nouveaux géants économiques** qui s'affirment comme autant de pôles régionaux, à l'image de **la Chine, l'Inde et le Brésil**, voire l'Afrique du Sud ou la Russie qui revient sur la scène internationale, donne désormais l'image d'un monde multipolaire (→ cours p. 40-41). L'**Union européenne**, élargie depuis 2004 à l'Europe centrale et orientale, et dont une partie des membres ont adopté en 2002 une monnaie unique, l'Euro, est désormais une puissance économique de premier plan. Mais il lui manque de devenir une vraie puissance politique et diplomatique pour réellement s'imposer comme l'un des pôles majeurs du monde de demain.

VÉRIFIEZ VOS CONNAISSANCES

1. L'arme nucléaire est-elle encore un danger après la fin de la Guerre froide ?
2. Quel rôle joue l'ONU après 1990 ?
3. En quoi la fin de la Guerre froide permet-elle l'affirmation de l'hégémonie américaine ?
4. Quelles sont les formes de contestation de cette hégémonie ?

VOCABULAIRE

• **Prolifération nucléaire**
Risque lié à la multiplication de missiles nucléaires (prolifération verticale) ou de pays détenteurs de l'arme atomique (prolifération horizontale).

• **Unilatéralisme**
Attitude consistant à agir sans concertation avec les autres acteurs des relations internationales (par opposition au **multilatéralisme**).

2. *L'enlisement américain en Irak*
• **Des soldats américains devant un restaurant détruit par un attentat suicide à Bagdad, avril 2007.**

Biographie

Barack Obama
(né en 1961)
Premier président noir des États-Unis, élu en 2008, partisan du multilatéralisme et prix Nobel de la paix (2009).

ÉTUDE

La guerre du Golfe (1990-1991)

COURS p. 180-181

La guerre du Golfe commence le 2 août 1990 avec l'invasion, puis l'annexion du Koweït par l'Irak. Elle s'achève le 28 février 1991 par la victoire d'une coalition de 29 pays menée par les États-Unis et agissant au nom de l'ONU. Premier conflit d'après Guerre froide, cette guerre suscite beaucoup d'espoirs, vite déçus, autour de l'idée d'un nouvel ordre international. C'est aussi un conflit de très grande ampleur, dans une région, le Moyen-Orient, où toutes les grandes puissances ont des intérêts, notamment pétroliers, à défendre.

Pourquoi la guerre du Golfe est-elle un test pour le nouvel ordre mondial ?

CHRONOLOGIE

2 août 1990	Invasion du Koweït par l'Irak. Les États-Unis saisissent le Conseil de sécurité de l'ONU qui condamne l'invasion.
29 novembre 1990	L'ONU autorise une intervention militaire si le Koweït n'est pas évacué avant le 15 janvier 1991.
17 janvier 1991	Déclenchement de l'opération « Tempête du désert » par la coalition dirigée par les Américains. Bombardements massifs.
24 février 1991	Début des opérations terrestres de la coalition.
28 février 1991	Libération du Koweït. Fin de la guerre.

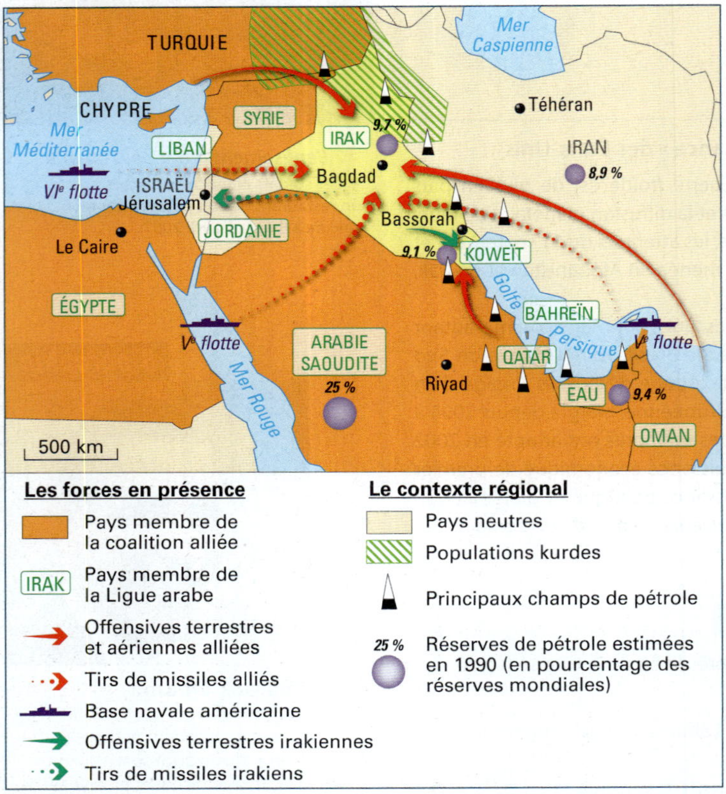

1 Une guerre au Moyen-Orient

2 L'Irak justifie l'invasion du Koweït

a. Pendant de longs mois, (...) le gouvernement koweitien s'est mis à pratiquer une politique injuste, visant à léser la nation arabe, et particulièrement l'Irak. Le gouvernement des Émirats arabes unis y a lui aussi participé.

[Ils] ont tramé volontairement une machination pour submerger le marché de quantités de pétrole bien supérieures à leurs quotas tels que fixés par l'OPEP[1], sous des prétextes futiles, privés de toute logique, justice et honnêteté, qu'aucun des pays producteurs frères n'appuyait. Cette politique délibérée a provoqué une chute considérable des prix. (...) Ce qui veut dire que l'Irak a subi une perte de plusieurs milliards de dollars.

Lettre de Tarek Aziz, vice-premier ministre irakien, au secrétaire général de la Ligue des États arabes, 16 juillet 1990.

1. *Organisation des pays exportateurs de pétrole.*

b. Au nom d'Allah miséricordieux ! Glorieux peuple irakien, à l'intérieur et le long des côtes ! Arabes qui veillez partout dans le monde ! (...) L'Irak n'a pas été épargné par les coups portés en terre arabe à l'ensemble des États arabes, lorsque le colonialisme l'a amputé d'une partie de son territoire, le Koweït, le privant ainsi d'un accès à la mer. (...) Le Conseil de commandement de la révolution a décidé de ramener la partie qu'est le Koweït à son tout et à son origine, l'Irak, et d'effectuer son rattachement complet et pour toujours.

Communiqué du Conseil de commandement de la révolution, 8 août 1990.

3 Les réactions du Conseil de sécurité de l'ONU

a. Le Conseil de sécurité, alarmé par l'invasion du Koweït, le 2 août 1990, par les forces militaires de l'Irak, constatant qu'il existe, du fait de l'invasion du Koweït par l'Irak, une rupture de la paix et de la sécurité, agissant en vertu des articles 39 et 40 de la charte des Nations unies :
1. Condamne l'invasion du Koweït par l'Irak ;
2. Exige que l'Irak retire immédiatement et inconditionnellement toutes ses forces pour les ramener aux positions qu'elles occupaient le 1er août 1990 ;
3. Engage l'Irak et le Koweït à entamer immédiatement des négociations intensives pour régler leurs différends (...).

Résolution 660, 2 août 1990, adoptée à l'unanimité.

b. Le Conseil exige que l'Irak se conforme pleinement à la résolution 660 (1990) et à toutes les résolutions pertinentes ultérieures. (...) Il autorise les États membres qui coopèrent avec le gouvernement koweïtien, si, le 15 janvier 1991, l'Irak n'a pas pleinement appliqué les résolutions susmentionnées (...), à user de tous les moyens nécessaires pour faire respecter et appliquer la résolution 660 (...).

Résolution 678, 29 novembre 1990, adoptée par 12 voix contre 2 (Cuba et Yémen) et une abstention (Chine).

4 Le déploiement des troupes de la coalition

● **La coalition regroupe 956 000 soldats originaires de 29 pays. Les États-Unis envoient 697 000 soldats dans le Golfe. Ils sont suivis par l'Arabie Saoudite (100 000), le Royaume-Uni (45 400), l'Égypte (33 600) et la France (14 600).**

Chars américains dans le désert, 13 septembre 1990.

5 « Le creuset du nouvel ordre mondial »

Le nouvel ordre mondial n'est pas encore une réalité ; c'est une aspiration et une chance. Nous avons à portée de main une possibilité extraordinaire dont peu de générations ont disposé – construire un nouveau système international en accord avec nos propres valeurs et idéaux pendant que les anciens courants et certitudes s'écroulent autour de nous.

Dans le Golfe, nous avons entraperçu un futur meilleur – une nouvelle communauté mondiale réunie par un consensus croissant autour de l'idée que la force ne peut pas être employée pour résoudre les conflits, et que le monde répondra aux infractions à ce consensus. Dans le Golfe, nous avons vu les Nations unies jouer le rôle imaginé par ses fondateurs, quand les principales nations du monde ont orchestré et approuvé l'action collective contre l'agression. (...)

Dans l'acte même de relever ce défi, la communauté mondiale s'est renforcée. J'espère que l'histoire dira que la crise du Golfe aura été le creuset du nouvel ordre mondial. C'est à nous – à notre génération en Amérique et dans le monde – de réaliser ces possibilités extraordinaires. Pour ce faire, la direction américaine est indispensable. C'est ça, notre défi. (...) Nous devons protéger nos citoyens et nos intérêts, mais également aider à créer un nouveau monde où non seulement nos valeurs fondamentales survivent, mais où elles prospèrent. Nous devons travailler avec les autres, mais nous devons également avoir un rôle dirigeant.

George Bush, préface à *La Stratégie de sécurité nationale aux États-Unis*, rapport de la Maison Blanche, août 1991.

QUESTIONS

▶ **Les enjeux de la guerre**

DOCS 1, 2 ET 3 **1.** Quels sont les enjeux de la guerre pour la région du Moyen-Orient ?

DOC 2 **2.** Par quels arguments l'Irak justifie-t-il l'invasion du Koweït ? À qui s'adressent ces textes ?

DOCS 1 ET 5 **3.** Quels sont les enjeux de la guerre pour les États-Unis ?

▶ **La guerre et ses conséquences sur le nouvel ordre mondial**

DOC 3 **4.** Quel rôle joue l'ONU dans la guerre ? Pourquoi est-il si important que la coalition alliée agisse en son nom ?

DOCS 1, 3 ET 4 **5.** Quelles formes prend ce conflit ?
6. Quelles sont les grandes phases de la guerre ?

DOC 5 **7.** En quoi consiste le nouvel ordre mondial décrit par George Bush ?

▶ **BILAN**

En vous aidant des documents et de vos réponses aux questions, montrez en quoi la guerre du Golfe est un conflit qui inaugure un nouvel ordre international.

ÉTUDE

Sarajevo, le drame yougoslave (1992-1995)

COURS p. 180-181

La fin de la Guerre froide libère des tensions nationalistes dans les Balkans qui conduisent à l'éclatement de la Yougoslavie. La Serbie, qui domine la Fédération Yougoslave, s'oppose à l'indépendance de la Bosnie-Herzégovine, majoritairement peuplée de Bosniaques musulmans, mais où les Serbes forment une très importante minorité. Le siège de Sarajevo, la capitale du nouvel État de Bosnie-Herzégovine, par les forces serbes commence le 5 avril 1992. Il fait plus de 10 000 victimes parmi les Bosniaques, sous les yeux impuissants des Nations unies et de l'Union européenne. Cette guerre civile prend fin après l'intervention de l'OTAN en 1995 qui oblige la Serbie à négocier et à se retirer.

À quel type de guerre l'implosion de la Yougoslavie donne-t-elle naissance, au cœur même de l'Europe ?

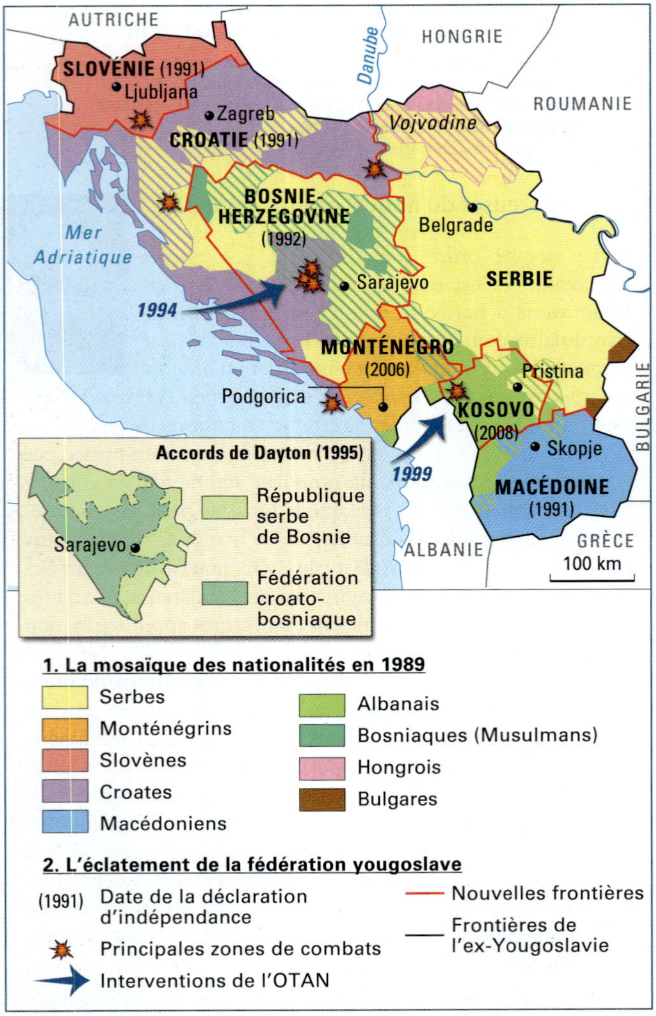

1 **L'éclatement de la Yougoslavie depuis 1991**

CHRONOLOGIE

1991	• Déclaration d'indépendance de la Slovénie, de la Croatie et de la Macédoine.
1992	• Déclaration d'indépendance de la Bosnie-Herzégovine. Début du siège de la capitale bosniaque Sarajevo. • Envoi d'une force des Nations unies en Bosnie.
1993	• Création du Tribunal pénal international de La Haye.
1995	• Intervention de l'OTAN qui bombarde les forces serbes pour les contraindre à négocier. • Accords de Dayton (États-Unis) qui mettent fin à la guerre.

2 Sarajevo, un symbole qui s'effondre

Edgar Morin (né en 1921) est un sociologue et philosophe français. Le 11 septembre 1993, il prononce un discours à l'université de Sarajevo.

La guerre de Bosnie-Herzégovine ne suscite pas seulement en moi l'horreur de la guerre, elle me fait horreur aussi par la destruction d'un tissu polyethnique et polyreligieux très pacifique, où il y avait plus que de la tolérance, plus que de la cohabitation, parce qu'il y avait échanges, communications, convivialité, mariages. Cette Bosnie-Herzégovine était la préfiguration concrète de l'Europe que nous souhaitions. Il n'en reste que quelques villes, assiégées, bombardées, asphyxiées, dont Sarajevo.

À chaque bombe, à chaque destruction, à chaque mort à Sarajevo, c'est l'Europe en gestation que l'on disloque et que l'on fait avorter.

Edgar Morin, *Les Fratricides : Yougoslavie-Bosnie, 1991-1995*, Arlea, 1996.

3 La terreur dans Sarajevo assiégée

Le général serbe Stanislav Galic dirige le siège de Sarajevo de 1992 à 1994. Arrêté en 1999, il est condamné en 2003 à 20 ans de prison par le Tribunal international de La Haye pour crimes de guerre et crimes contre l'humanité.

La chambre de première instance a entendu des témoins qui (...) ont été attaqués pendant qu'ils s'occupaient de leurs jardins, qu'ils faisaient leur marché ou qu'ils procédaient à l'enlèvement des ordures en ville. Des enfants ont été pris pour cible alors qu'ils jouaient ou marchaient dans la rue. Ces attaques, menées généralement de jour, ne répondaient à aucune menace militaire. Dans la plupart des cas, les assaillants pouvaient facilement constater que les victimes se livraient à leurs occupations de tous les jours.

La topographie de Sarajevo, avec ses hauteurs et ses gratte-ciel, offrait pour les hommes du [général Galic] des positions stratégiques d'où ils pouvaient viser les civils de la ville. Certains lieux de Sarajevo sont devenus des repères notoires de tireurs embusqués. Par exemple, plusieurs témoins ont déclaré que l'artère principale de Sarajevo était surnommée *Sniper Alley* (« Avenue des tireurs embusqués »). (...)

Les éléments de preuve (...) révèlent que le but principal de cette campagne était de semer la terreur parmi la population civile. Du strict point de vue militaire, cette campagne n'avait aucun sens. La fréquence des attaques a pu varier d'un jour à l'autre, mais leur but était de montrer qu'aucun civil de Sarajevo n'était en sécurité.

Jugement rendu par le Tribunal pénal international de La Haye, le 5 décembre 2003.

4 L'impuissance de l'Europe

À partir du moment où le conflit armé s'est déclenché en Slovénie (...), l'Union européenne a rapidement envoyé des représentants, a suspendu son aide financière et imposé un embargo sur les armes à destination de l'ex-Yougoslavie. Un accord de paix est signé mettant fin à la phase « slovène » du conflit. Mais rapidement la violence s'étend à la Croatie voisine. (...) Cette intensification de la violence a poussé les membres de l'UE à proposer l'envoi d'une force d'interposition de l'UEO[1]. Mais une nouvelle fois l'UE répond de façon désordonnée avec le refus de Londres et les tergiversations de Bonn. (...) Face aux difficultés rencontrées par les Européens pour la mise en place d'une stratégie commune, le président François Mitterrand commence à évoquer en septembre 1991 la possibilité de saisir le Conseil de sécurité de l'ONU. C'est ainsi que l'UE est lentement mais sûrement entrée dans la troisième phase de sa stratégie, le retrait. (...) Elle s'est graduellement désengagée de la gestion de la crise au profit de l'ONU et plus tard de l'OTAN.

Ronald Hatto, *Questions internationales*, n° 23, 2007.

1. *Union de l'Europe occidentale : coopération militaire européenne fondée en 1954, mais intégrée de fait à l'OTAN.*

5 L'intervention des Nations unies

● **Les forces de l'ONU protègent les civils de tirs de snipers, 1993.**
En 1992, l'ONU décide l'envoi d'une force d'interposition en ex-Yougoslavie pour faire cesser la guerre et les massacres, sans succès.

QUESTIONS

▶ La guerre à Sarajevo

DOCS 1 ET 2 **1.** Quelle était la situation de la Bosnie au temps de la Yougoslavie ?

DOCS 2, 3 ET 5 **2.** Quelles formes prend la guerre à Sarajevo ? Pourquoi les civils sont-ils les principales victimes du conflit ?

DOC 5 **3.** Décrivez la photographie. Que nous apprend-elle sur la nature des combats à Sarajevo ?

▶ Les réactions internationales

DOC 2 **4.** Que représente Sarajevo dans l'histoire de l'Europe ? Expliquez le sens de la dernière phrase du texte.

DOCS 4 ET 5 **5.** Comment réagissent l'Union européenne et les Nations unies ? Pourquoi peut-on parler dans les deux cas d'une impuissance ? **6.** Qui intervient finalement pour mettre fin au conflit ?

▶ BILAN

En vous aidant des documents et de vos réponses aux questions, expliquez pourquoi le siège de Sarajevo est un exemple significatif des nouvelles formes de guerre de l'après Guerre froide.

ÉTUDE

Le choc du 11 septembre 2001

COURS p. 180-181

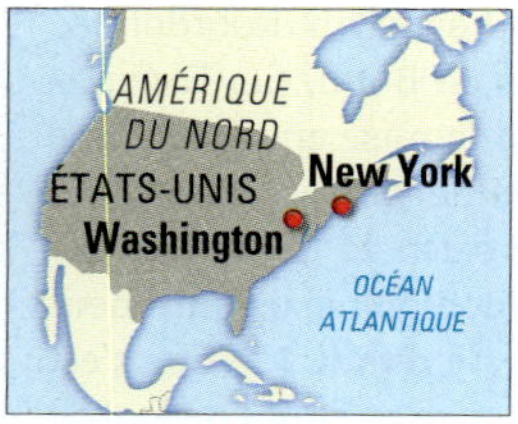

Les attentats commis le 11 septembre 2001 contre les tours du *World Trade Center*, en plein cœur de New York, par l'organisation **Al-Qaida**, révèlent brutalement aux États-Unis que malgré leur puissance sans égale, ils restent vulnérables face à la menace terroriste. C'est le début d'une guerre d'un nouveau genre, entre adversaires de nature et de force radicalement différentes. Contestés dans leurs valeurs, les États-Unis prennent la tête de la lutte contre le terrorisme qui les conduit dès octobre 2001 à intervenir en Afghanistan, avec le soutien de l'ONU, puis en Irak, en mars 2003, cette fois sans l'accord des Nations unies.

En quoi les attentats du 11 septembre donnent-ils naissance à une nouvelle forme de guerre ?

VOCABULAIRE

- **Al-Qaida**

Organisation terroriste islamiste fondée en 1987 en Afghanistan par le Saoudien Oussama Ben Laden pour recruter et financer la résistance à l'URSS. Farouchement hostile aux États-Unis et à ce qu'ils représentent, Al-Qaida (« la base » en arabe) est responsable depuis 1992 d'un grand nombre d'attentats, dont ceux qui frappent en 1998 les ambassades américaines au Kenya et en Tanzanie. Réseau transnational aux structures souples et peu identifiables, Al-Qaida incarne une nouvelle forme de terrorisme global.

1 New York, 11 septembre 2001, 9 h 03

- **À la suite d'un premier avion de ligne détourné, un second avion va percuter les *Twin Towers*. Les attentats font près de 3 000 morts.**

2 Les États-Unis contre « les ennemis de la liberté »

Le 11 septembre, les ennemis de la liberté ont commis un acte de guerre contre notre pays. Les Américains ont connu des guerres, mais depuis 136 ans ces guerres ont toujours eu lieu à l'étranger, à l'exception d'un certain dimanche en 1941[1]. Les Américains ont subi des pertes humaines causées par la guerre, mais non pas dans le centre d'une grande ville par un matin calme. Ils ont connu des attaques surprises, mais jamais auparavant contre des milliers de civils. Tout cela nous est arrivé en un seul jour, et la nuit est tombée sur un monde différent, un monde où la liberté elle-même fait l'objet d'une attaque. (...)

Nous consacrerons toutes les ressources à notre disposition à la dislocation et à la défaite du réseau terroriste mondial. Les Américains ne doivent pas s'attendre à une seule bataille, mais à une longue campagne sans précédent. Elle pourra comprendre des frappes spectaculaires, diffusées à la télévision, et des opérations secrètes, secrètes jusque dans leur succès. (...)

Le monde civilisé se rallie aux côtés de l'Amérique. Il comprend que si ce terrorisme reste impuni, ses propres villes, ses propres citoyens pourraient subir le même sort. La terreur, si l'on n'y répond pas, est capable non seulement de détruire des immeubles, mais de menacer la stabilité de gouvernements légitimes. Et cela, nous ne le permettrons pas. (...) C'est ce pays qui définira notre temps, et pas le contraire. Tant que les États-Unis d'Amérique seront résolus et fermes, il n'y aura pas d'ère de la terreur ; ce sera le temps de la liberté, ici et dans le monde.

George W. Bush, discours devant le Congrès des États-Unis, 20 septembre 2001.

1. *Allusion à l'attaque japonaise sur la base américaine de Pearl Harbor, le 7 décembre 1941.*

3 L'incompréhension face au terrorisme

Une de Courrier international, *13 septembre 2001.*

4 Manifestation anti-américaine et de soutien à Al-Qaida au Pakistan

● **Situé non loin de la frontière afghane, Peshawar abrite d'importants groupes islamistes proches du régime des Talibans (gouvernement afghan accueillant Ben Laden et Al-Qaida).**

Peshawar, au Pakistan, le 23 septembre 2001.

5 Le terrorisme, une nouvelle menace

Contrairement à la guerre classique, le terrorisme peut frapper chacun d'entre nous dans l'exercice de ses activités quotidiennes : transports, travail, courses, loisirs. Il n'y a, *a priori*, pas de lieu qui puisse être à l'abri du terrorisme. Si le symbole de la puissance économique américaine qu'était le *World Trade Center* a pu être détruit, c'est bien qu'aucune protection n'est totalement efficace. Les terroristes ont l'avantage de la mobilité, du choix du lieu, du moment et de la cible, et il suffit qu'un attentat réussisse pour faire oublier des dizaines d'autres qui ont été déjoués. (...)

Si les attentats contre le *World Trade Center* et le Pentagone ont tant frappé les esprits, c'est non seulement parce que les attaques ont touché les États-Unis sur leur sol, mais surtout parce qu'ils ont fait un nombre très important de victimes (près de 3 000 morts) et ont été suivis en direct par des millions de téléspectateurs de par le monde. L'effet d'identification avec les victimes a été total. « Nous sommes tous Américains » titrait le quotidien *Le Monde*. Ainsi, l'effet du terrorisme et sa réussite sont avant tout psychologiques. De plus, il est vécu d'autant plus douloureusement par les puissances industrielles que celles-ci se considèrent en paix et en sécurité depuis plusieurs décennies, et que ce type de guerre asymétrique[1] crée une menace venant de plus faibles qu'elles, menace contre laquelle leur arsenal militaire classique n'est pas adapté.

Pascal Boniface, *50 idées reçues sur l'état du monde*, Armand Colin, 2007.

1. *Guerre opposant des adversaires de nature différente (ici un État et une organisation terroriste).*

Questions

▶ Une attaque spectaculaire

DOCS 1 ET 5 **1.** Que recherchent les terroristes à travers les attentats du 11 septembre ?

DOCS 2, 3 ET 5 **2.** Comment s'explique le traumatisme ressenti par les Américains ? Comment se manifeste-t-il ?

DOC 4 **3.** Que brandissent les manifestants ?

DOCS 3 ET 4 **4.** Quelles réactions illustrent ces deux documents ? De qui proviennent-elles ? Comment les expliquer ?

▶ Une nouvelle forme de guerre

DOCS 1, 2 ET 5 **5.** Qu'est-ce qui singularise cette forme de terrorisme ? Pourquoi est-il si difficile de lutter contre elle ?

DOC 2 **6.** Selon George W. Bush, de quelle nature doit être la riposte aux attentats ? Comment les États-Unis conçoivent-ils désormais leur rôle dans le monde ?

▶ BILAN

En vous aidant des documents et de vos réponses aux questions, vous montrerez en quoi les événements du 11 septembre inaugurent une nouvelle forme de guerre.

COURS

5• Trois conflits pour un monde instable depuis 1990

COURS p. 172-173
ÉTUDE p. 174-175
ÉTUDE p. 176-177
ÉTUDE p. 178-179

Quels nouveaux types de conflits marquent les relations internationales contemporaines ?

Biographie

George Bush
(né en 1924)
Président des États-Unis de 1989 à 1993, il annonce un « nouvel ordre mondial » après la victoire de l'opération « Tempête du désert » en Irak en 1990-1991. Il est le père de George W. Bush, président des États-Unis de 2001 à 2008.

A La guerre du Golfe (1990-1991) : une guerre au nom du droit international ?

Un conflit international

• Le **2 août 1990, l'Irak de Saddam Hussein envahit puis annexe le Koweït.** Les raisons en sont essentiellement **économiques** – le Koweït détient 10 % des réserves mondiales de pétrole et l'Irak sort endetté d'une longue guerre contre l'Iran – mais aussi **politiques** : Saddam Hussein veut s'imposer comme leader du monde arabe.

• Le conflit prend immédiatement une **dimension internationale : l'ONU condamne** l'invasion d'un État souverain et indépendant, puis lance un ultimatum à l'Irak exigeant l'évacuation inconditionnelle du Koweït. L'Irak n'ayant pas cédé, **une armée de coalition menée par les États-Unis**, à laquelle prennent part la plupart des pays arabes et des nations occidentales, intervient en **janvier 1991**. L'opération « **Tempête du désert** » se déroule en deux phases : pilonnage des positions irakiennes, puis avancée des troupes. Le **28 février**, l'Irak se soumet et évacue le Koweït.

Un test pour le nouvel ordre mondial

• Il s'agit bien d'un **conflit d'après Guerre froide** : pendant toute la crise, **l'URSS a soutenu les États-Unis contre l'Irak**, son ancien allié ; les **Nations unies**, dont la crédibilité était en jeu, ont fourni la **base légale de l'intervention**. Le droit des États et des peuples semble en sortir renforcé.

• Les vrais vainqueurs sont toutefois les **États-Unis**, qui confortent leur présence au Moyen-Orient et apparaissent plus que jamais comme les **gendarmes du monde.** Il est par ailleurs évident que dans cette guerre menée au nom du droit, la défense d'intérêts économiques et stratégiques liés au pétrole a été déterminante.

B L'ex-Yougoslavie (1991-1995), le retour de la guerre civile en Europe

1. *L'impuissance de la diplomatie européenne*
Caricature de Plantu (juillet 1991).

L'éclatement de la Yougoslavie

• L'**effondrement des démocraties populaires** accélère la **désagrégation de la Yougoslavie.** Dans ce pays, la dictature communiste, depuis 1945, n'avait jamais réellement réussi à unifier des peuples aux cultures, religions et langues différentes et à l'histoire souvent conflictuelle. La **Slovénie**, la **Croatie** et la **Macédoine** proclament leur **indépendance dès 1991**, suivies en **1992** de la **Bosnie**. Elles s'opposent toutes à la **Serbie** qui, profitant de sa supériorité militaire, cherche d'abord à maintenir la fédération à son profit, puis, dans un second temps, à constituer une « **grande Serbie** » aux dépens de ses voisines.

• En **Bosnie**, où les populations serbes, croates et bosniaques (musulmanes) sont entremêlées, les milices et les armées, dans tous les camps, se livrent à de multiples exactions. Les forces serbes se lancent notamment dans des opérations de **nettoyage ethnique**, cherchant par tous les moyens à **terroriser les civils** (massacres, camps de concentration, viols collectifs…). Comme à **Sarajevo**, la capitale de la Bosnie dont **le siège dure trois ans** (1992-1995), on assiste à la résurgence de formes de guerre et d'une barbarie que l'on pensait à tout jamais bannies du continent européen.

Les réactions internationales

• **La communauté internationale s'indigne**, mais reste impuissante. **La diplomatie de l'Union européenne n'obtient pas de résultats** (doc 1). L'**ONU** envoie sur le terrain 38 000 casques bleus (la FORPRONU) qui ne disposent pas des moyens d'agir efficacement et sont parfois pris à partie par les belligérants.

• Seule l'**intervention militaire de l'OTAN**, à partir de 1995, qui élargit pour l'occasion le cadre de ses missions, permet de faire reculer les Serbes ; ceux-ci acceptent de signer les **accords de Dayton (aux États-Unis) en décembre 1995** : la Bosnie devient une confédération de deux États, serbe et croato-bosniaque. Une coexistence difficile s'engage.

C Le 11 septembre 2001, une nouvelle forme de guerre ?

Le traumatisme des attentats

• Le 11 septembre 2001, deux avions de ligne détournés percutent les deux tours du *World Trade Center* en plein cœur de New York. Un troisième s'écrase à Washington sur le Pentagone, le centre de la Défense américaine. Les auteurs des attentats appartiennent à un **réseau terroriste islamiste, Al-Qaida**, fondé à l'origine en 1987 en Afghanistan pour organiser et financer la résistance à l'URSS. Farouchement hostile aux États-Unis et à ce qu'ils représentent, Al-Qaida s'en était déjà pris aux intérêts américains dans les années 1990 (attentats contre les ambassades au Kenya et en Tanzanie).

• L'événement, très médiatisé, suscite une **émotion considérable** : le nombre des victimes, près de 3 000, est important ; le territoire américain, inviolé durant toute la Guerre froide, est l'objet d'une attaque directe ; les symboles de la puissance économique et militaire sont visés. Les États-Unis découvrent soudain que leurs valeurs, qu'ils croyaient universelles, ne sont pas partagées de tous, et que leur puissance ne les rend pas invulnérables.

Le terrorisme, un élément déstabilisateur

• Les États-Unis entrent en guerre contre **un nouvel adversaire, le terrorisme**, qu'il est difficile d'identifier et de combattre. Dirigée par Oussama Ben Laden, Al-Qaida utilise la religion comme moteur idéologique **mais ne représente ni un État, ni un peuple, ni l'islam**.

• Il ne s'agit pas d'un terrorisme nationaliste et localisé ; c'est un **terrorisme global**, aux ramifications distendues et diversifiées, qui recrute ses agents sur tous les continents et bénéficie de financements internationaux. Au nom d'une conception extrémiste de l'islam, il s'attaque de façon radicale, **dans le monde entier**, y compris dans les États musulmans, aux intérêts et aux valeurs d'un Occident jugé pervers et décadent.

• La **lutte contre cette forme de terrorisme** nécessite une **coopération internationale** des polices et une action concertée dans un cadre multilatéral. Mais les États-Unis, qui veulent réagir avec rapidité, se focalisent sur les seuls États qu'ils accusent de soutenir Al-Qaida. C'est pourquoi, ils envahissent l'Afghanistan, à la tête d'une coalition et avec le soutien de l'ONU, dès 2001. En revanche, en 2003, ils se passent de l'accord des Nations unies pour renverser le régime irakien de Saddam Hussein.

VOCABULAIRE

• **Al-Qaida**
Voir définition p. 178.

• **Islamisme**
Doctrine qui veut faire de l'Islam et de la loi islamique (la *charia*) le fondement idéologique de la vie politique et sociale. Islamisme ne doit pas être confondu avec islam.

• **Nettoyage ethnique**
Opération visant à vider par la force un territoire d'une partie de sa population au bénéfice d'une autre, en invoquant des critères raciaux. En ex-Yougoslavie, les Serbes ont également parlé de « purification ethnique ».

• **Terrorisme**
Ensemble d'actes de violence commis par une organisation pour créer parmi la population un climat de terreur et d'insécurité et faire ainsi pression sur un État.

Biographie

George W. Bush
(né en 1946)
Président de États-Unis de 2001 à 2008, il engage son pays dans la guerre en Afghanistan et en Irak et mène une politique extérieure interventionniste dans un cadre unilatéral.

VÉRIFIEZ VOS CONNAISSANCES

1. Quelles sont les causes et les phases de la guerre du Golfe ?
2. Quel type de guerre se déroule en ex-Yougoslavie ? Pourquoi ?
3. En quoi consistent les attentats du 11 septembre 2001 ?
4. Pourquoi le terrorisme est-il si difficile à combattre pour un État ?

VISIONS

De la Guerre froide aux nouvelles conflictualités

Les points clés du cours

1. La Guerre froide de 1947 à 1990

• La Guerre froide oppose **les États-Unis** et **l'URSS** qui représentent deux modèles antagonistes. Elle divise le monde en **deux blocs** qu'unissent des liens militaires, économiques et idéologiques. La **crainte d'un conflit nucléaire** empêche les deux Grands de s'affronter directement.

• Après la **crise de Cuba**, en 1962, les États-Unis et l'URSS prennent conscience du danger et ouvrent une période de **Détente**. Les deux blocs se fissurent.

• Les difficultés économiques de l'URSS, l'attitude de Gorbatchev et l'effondrement des régimes communistes d'Europe de l'Est, en 1989 et 1990, conduisent de façon pacifique à la **fin de la Guerre froide** et à la **victoire du camp occidental.**

2. Crises et conflits

• **Berlin** est divisé en deux parties. Le blocus de Berlin-Ouest, organisé par les Soviétiques en 1948-1949, est une première grande crise. **Le mur construit en 1961** empêche tout contact entre les deux secteurs. Sa destruction, en 1989, ouvre la voie à la réunification de l'Allemagne.

• L'installation de missiles nucléaires soviétiques à **Cuba en 1962** provoque le blocus de l'île par la flotte américaine. L'URSS cède et retire ses fusées. Jamais la guerre entre les deux pays n'a été si proche.

• **La guerre du Vietnam (1964-1973)**, très meurtrière, est un désastre pour les États-Unis qui n'empêchent pas le Nord communiste de finalement réunifier le pays à son profit.

3. Quel nouvel ordre mondial depuis 1991 ?

• Durant la **guerre du Golfe (1990-1991)**, une coalition internationale intervient, au nom de l'ONU, pour forcer l'Irak à renoncer à l'annexion du Koweït.

• **De nombreux conflits subsistent**, souvent à caractère ethnique et nationaliste, comme en **ex-Yougoslavie.** Les risques de prolifération ne mettent pas fin à la menace nucléaire.

• Les **attentats terroristes du 11 septembre 2001** remettent en cause la toute puissance des États-Unis et provoquent leur intervention en Afghanistan et en Irak.

Les personnages clés

Nikita Khrouchtchev (1894-1971)
Premier secrétaire du Parti communiste, il dirige l'URSS de 1953 à 1964.
→ Biographie p. 167

John F. Kennedy (1917-1963)
Élu président des États-Unis en 1960, il est assassiné en 1963.
→ Biographie p.167

Mikhaïl Gorbatchev (né en 1931)
Dirigeant de l'URSS de 1985 à 1991.
→ Biographie p. 253

George Bush (né en 1924)
Président des États-Unis de 1989 à 1993.
→ Biographie p. 180

George W. Bush (né en 1946)
Président des États-Unis de 2000 à 2008.
→ Biographie p. 181

Les mots clés

• *Containment* → p. 152
• Détente → p. 157
• Dissuasion nucléaire → p. 154
• Droit d'ingérence → p. 172
• Guerre froide → p. 152-153
• Multilatéralisme → p. 173
• Rideau de fer → p. 155
• Terrorisme → p. 181
• Théorie des dominos → p. 167
• Unilatéralisme → p. 173

Les dates clés

1947	Début de la guerre froide (doctrine Truman, plan Marshall, Kominform)
1948-1949	Blocus de Berlin
1949	Alliance atlantique (OTAN) Création des deux Allemagnes
1961	Mur de Berlin
1962	Crise de Cuba
1964-1973	Guerre du Vietnam
1989	Chute du mur de Berlin
1990-1991	Guerre du Golfe
1991	Fin de l'URSS
1991-1995	Guerre en ex-Yougoslavie et siège de Sarajevo
2001	Attentats contre le *World Trade Center* Guerre en Afghanistan
2003	Début de la guerre en Irak

Le 11 septembre 2001, une date charnière ?

1 Un « avant » et un « après » 11 septembre

Selon toute vraisemblance, la date du 11 septembre 2001 est entrée dans l'histoire universelle. Elle est et restera considérée comme *dividing*, selon le mot américain, c'est-à-dire que l'on distingue et distinguera un « avant » et un « après ». Ce n'est pas que le monde ait brusquement changé avec la réussite des attaques contre le *World Trade Center* – celle qui a le plus frappé – et contre le Pentagone. Ce qui a changé, c'est la manière d'interpréter le passé et de raisonner sur l'avenir.

Thierry de Montbrial, « La Surprise du 11 septembre », *Ramses. Les grandes tendances du monde*, Dunod, 2003.

2 Une fausse rupture

On confond l'apparence spectaculaire et terrifiante des événements du 11 septembre 2001 et leur impact réel sur l'ordre mondial. (...) Au-delà de cet apparent séisme géopolitique, la structure même des relations internationales n'a pas été bouleversée. Les rapports de force entre les grandes puissances n'ont pas été modifiés et les États-Unis ont même affirmé leur *leadership* en entraînant leurs alliés dans « la guerre contre le terrorisme ». Pour avoir été durement touchés, les États-Unis n'ont pas été affaiblis. La place respective du Japon, de la Chine, de l'Europe, de la Russie, etc. n'a pas structurellement changé et les systèmes d'alliance n'ont pas été considérablement modifiés. (...) Si la chute du mur de Berlin et la dissolution de l'Union soviétique ont entraîné la création d'un monde nouveau avec la fin de l'ère bipolaire bloc contre bloc, le 11 septembre n'a pas eu un tel effet. (...) Le 11/09 n'est pas le 09/11, date de la chute du mur de Berlin en 1989, qui a entraîné la fin du monde bipolaire.

Pascal Boniface, *50 idées reçues sur l'état du monde*, Armand Colin, 2007.

QUESTIONS

1. Montrez que ces deux textes défendent des points de vue différents sur la portée des attentats du 11 septembre 2001.
2. En quoi ces attentats peuvent-ils être considérés comme un moment décisif de l'histoire mondiale ? Ont-ils la même importance pour tous les pays et tous les habitants de la planète ?
3. Pourquoi l'auteur du document 2 considère-t-il la chute du mur de Berlin comme un événement plus important ?
4. Quelles autres dates, depuis 1945, vous paraissent inaugurer une nouvelle période ? Justifiez votre réponse en précisant à chaque fois les éléments qui relèvent de la rupture et des continuités.

Pour aller plus loin

Livres

- **Pierre Michel, *Une autre histoire du XXe siècle***, vol. 5 à 10 (1940-2000), Paris, « Découvertes », Gallimard.
- **John Le Carré, *L'espion qui venait du froid***, « Folio », Gallimard, 1964 : un roman d'espionnage sur les services secrets britanniques, russes et est-allemands.
- **Robert Littell, *La Compagnie***, Paris, « Points », Seuil, 2004 : un roman sur la CIA au cœur de la Guerre froide, de 1956 à 1991.

Sites Internet

- Sur la crise de Cuba : www.cubacrisis.net
- Sur l'histoire de l'Europe et des relations internationales depuis 1945 : www.ena.lu

Films

- Sur la Guerre froide
  - Alfred Hitchcock, *Le Rideau déchiré*, 1966 ;
  - Stanley Kubrick, *Docteur Folamour*, 1964 ;
  - John McTiernan, *À la poursuite d'Octobre rouge*, 1990.
- Sur la guerre du Vietnam
  - Francis Ford Coppola, *Apocalypse Now*, 1979 ;
  - Oliver Stone, *Platoon*, 1986.
- Sur la fin de la RDA
  - Wolfgang Becker, *Good bye Lenin!*, 2003 ;
  - Florian Henckel von Donnersmarck, *La Vie des autres*, 2006.
- Sur la guerre en ex-Yougoslavie
  - Emir Kusturica, *Underground*, 1995 ;
  - *La vie est un miracle !*, 2004.
- Sur la guerre en Irak
  Kathryn Bigelow, *Démineurs*, 2008.

MÉTHODE

Expliquer des Mémoires

Les mémoires sont le récit des souvenirs de l'auteur sur une partie de sa vie. Rédigés après les événements qu'ils décrivent, ils sont une reconstruction du passé. Souvent destinés à la publication, ils permettent à l'auteur d'expliquer et de justifier ses actions.

Je tiens beaucoup à ce qu'on comprenne ceci : en installant nos fusées à Cuba, nous n'avions pas la moindre envie de déclencher une guerre. Notre principal objectif, au contraire, était de dissuader l'Amérique de le faire elle-même. Nous étions parfaitement conscients du fait qu'un pareil conflit ne pourrait pas se limiter à Cuba mais se transformerait vite en guerre mondiale. Seul un idiot pourrait croire que nous avions l'intention d'envahir le continent américain à partir de Cuba. Nous voulions exactement le contraire : empêcher les Américains d'envahir Cuba, et nous pensions que la présence de nos fusées les ferait réfléchir. Nous avons atteint notre but, après avoir, il est vrai, traversé une phase de tension dangereuse.

Quand les Américains eurent deviné ce que nous étions en train de faire à Cuba, ils lancèrent contre nous une vaste campagne de presse, proclamant que nous menacions la sécurité des États-Unis, et autres accusations de ce genre. L'hostilité montait et la presse américaine versait de l'huile sur le feu. Jusqu'au jour, courant octobre, où le président Kennedy lança un avertissement en déclarant que les États-Unis prendraient toutes les mesures nécessaires pour mettre fin à la « menace » que représentait pour eux la présence de fusées soviétiques à Cuba. Et les Américains se mirent à faire agressivement étalage de leur puissance. Ils avaient concentré leurs forces autour de Cuba et leurs navires encerclaient l'île. Les choses se gâtaient. (...)

Je compris qu'il devenait urgent de reconsidérer notre position. « Camarades, dis-je, il nous faut trouver un moyen de sortir de ce conflit sans nous humilier. En même temps, bien sûr, nous devons prendre garde à ne pas compromettre la situation de Cuba. » Une note fut envoyée aux Américains dans laquelle nous nous déclarions prêts à évacuer les fusées et les bombardiers si le président nous donnait l'assurance que Cuba ne ferait l'objet d'aucune invasion de la part des États-Unis ou de tout autre pays. Finalement, Kennedy céda et accepta de faire une déclaration dans laquelle il prenait cet engagement. (...)

Il est extrêmement réconfortant pour moi de savoir que notre conduite fut juste et que nous accomplîmes un grand devoir révolutionnaire en ne nous laissant pas intimider par l'impérialisme américain. La crise des Caraïbes fut un triomphe pour la politique étrangère soviétique, et elle en fut un pour moi également dans ma carrière d'homme d'État et de membre d'une direction collective.

Nikita Khrouchtchev, *Souvenirs*, Robert Laffont, 1971.

L'auteur justifie la position soviétique.

L'auteur dénonce la position américaine.

L'auteur se met en scène.

Interprétation des causes de la crise

Description subjective des événements

Interprétation du bilan de la crise.

Dirigeant de l'URSS de 1953 à 1964.

Khrouchtchev écrit ses Mémoires après avoir été écarté du pouvoir, notamment en raison de sa gestion de la crise de Cuba.

QUESTIONS

1. Présentez le document.
2. Comment Khrouchtchev explique-t-il les origines de la crise de Cuba ?
3. Le récit de la crise et de son dénouement vous paraît-il complet et objectif ?
4. Comment l'auteur présente-t-il son rôle ?
5. Comment ce texte révèle-t-il que la crise de Cuba est un événement majeur de la Guerre froide ?

Méthode générale / Application guidée

1 Distinguer Mémoires et événement historique

• Présenter l'événement rapporté **en le replaçant dans son contexte historique**.

• Mettre en valeur le **décalage chronologique** avec l'objet du récit, **en insistant sur l'auteur** (fonctions au moment de l'événement et de l'écriture des Mémoires) et le contexte.

Question 1. Présentez le document.

Conseil
Rappelez la situation de Khrouchtchev en octobre 1962, au moment de la crise de Cuba, et à la date d'écriture des Mémoires.

2 Analyser le point de vue de l'auteur

• Relever toutes les **informations apportées par l'auteur** sur les faits qu'il décrit.

• **Comparer ces informations** avec ses connaissances et avec d'autres sources. Montrer quelle **interprétation** en donne l'auteur dans son récit : les informations sont-elles fiables ? partielles ? tronquées ?

• **Expliquer alors les possibles divergences** : l'auteur connaît-il tous les faits ? Veut-il en dissimuler certains ? Pourquoi ?

Question 2. Comment Khrouchtchev explique-t-il les origines de la crise de Cuba ?

Question 3. Le récit de la crise et de son dénouement vous paraît-il complet et objectif ?

Conseil
Reportez-vous aux passages surlignés en orange et en vert.

Question 4. Comment l'auteur présente-t-il son rôle ?

Conseil
Reportez-vous aux passages surlignés en bleu et aux informations sur le sort de l'auteur lorsqu'il écrit ses Mémoires.

3 Exposer l'intérêt du document

• Se demander si **l'interprétation proposée est partagée ou rejetée** par d'autres acteurs de la période concernée.

• Indiquer **comment le récit permet de comprendre le contexte historique** dans lequel il s'inscrit.

Question 5. Comment ce texte révèle-t-il que la crise de Cuba est un événement majeur de la Guerre froide ?

Conseil
Relevez les caractéristiques majeures de la Guerre froide : menace nucléaire, règles de dissuasion, affrontement idéologique.

exercice d'application

1. Présentez le texte en insistant sur son auteur, sa nature et le contexte de sa rédaction.
2. Pourquoi Johnson attache-t-il tant d'importance au Vietnam ?
3. Que cherche-t-il à justifier ? Pourquoi insiste-t-il autant sur ce sujet ?
4. En quoi la rhétorique du texte illustre-t-elle l'esprit de la Guerre froide ?

En fonction de tous les éléments dont je disposais, il paraissait probable que l'ensemble de l'Asie du Sud-Est passerait sous contrôle communiste, du moins jusqu'à Singapour et probablement jusqu'à Jakarta. (...) En second lieu, je connaissais suffisamment bien notre peuple pour savoir que si nous quittions le Vietnam, si nous abandonnions l'Asie du Sud-Est, cela provoquerait dans notre pays un débat destructeur et de profondes scissions. (...) Nous avions la promesse de trois présidents que les États-Unis ne permettraient pas à cette agression de connaître le succès. (...)

En troisième lieu, nos alliés, non seulement en Asie mais dans le monde entier, en concluraient que notre parole ne valait pas grand-chose. Ceux qui depuis si longtemps comptaient sur les engagements américains pour leur sécurité en seraient profondément troublés et d'autant plus vulnérables.

Lyndon Johnson, président des États-Unis de 1963 à 1968, *Ma vie de président*, Buchet-Chastel, 1972.

BAC

Composition

Point méthode Construire un plan chronologique

Un plan chronologique convient pour répondre à un sujet couvrant une longue période : il permet en effet d'étudier les évolutions dans le temps d'un phénomène, d'un conflit…

Ce terme est le **mot clé du sujet**, qui établit un **lien entre le lieu et le contexte à étudier**. Un enjeu est ce que des acteurs, dans une situation donnée, espèrent gagner ou redoutent de perdre.
Il faut donc étudier, pour chacun des deux Grands, le **rôle de Berlin et les conséquences des événements qui s'y déroulent**.

La période indiquée précise les **bornes chronologiques du sujet**. Il faut donc réfléchir à l'évolution des **caractéristiques de Berlin dans cette période** :
- capitale du IIIe Reich vaincu, occupée par les Alliés dès 1945 ;
- ville divisée en deux parties appartenant l'une au bloc de l'Est, l'autre au bloc de l'Ouest à partir de 1947 ;
- ville réunifiée en 1989.

SUJET Berlin, un enjeu de la Guerre froide (1945-1990)

Ce lieu donne le **cadre du sujet** : il indique les **limites spatiales de votre réflexion**. Il vous faut donc connaître les différents événements survenus dans cette ville.
En revanche, vous ne devez pas étudier la Guerre froide à l'échelle mondiale.

Cette expression définit le **contexte dans lequel étudier Berlin**. Pour cela, vous devez connaître les caractéristiques, évolutions et acteurs principaux de la Guerre froide pour les mettre en relation avec l'histoire de Berlin.

CHRONOLOGIE

1945	Partage de l'Allemagne et de Berlin en 4 zones d'occupation
Juin 1948-mai 1949	Blocus de Berlin-Ouest par les Soviétiques
1949	Création de la RFA et de la RDA → **signe de la bipolarisation, symbole de la division de l'Europe entre les deux blocs.**
1953	Émeutes à Berlin-Est réprimées par les chars soviétiques
1958-1961	L'URSS réclame l'unification et la démilitarisation de Berlin
12-13 août 1961	Début de la construction du mur de Berlin
1969	Début de l'*Ostpolitik*
9 novembre 1989	Chute du mur de Berlin

Méthode générale

Application guidée

1 Donner un sens à la chronologie d'un sujet

• Il faut **connaître les dates essentielles du chapitre**. Une chronologie peut accompagner le sujet, mais elle n'est qu'indicative : toutes les dates utiles pour traiter le sujet n'y figurent pas nécessairement.

• Il est nécessaire d'expliquer pourquoi les dates retenues permettent de **répondre à la problématique**. Raconter les événements ne suffit donc pas : il faut **montrer leur sens** pour le sujet.

• Expliquez le lien entre chaque événement de la chronologie et le déroulement de la Guerre froide, pour répondre à la problématique du sujet : « en quoi l'histoire de Berlin est-elle le reflet de celle de la Guerre froide ? »

Conseil

Inspirez-vous de l'exemple en bleu dans la chronologie.

2 Construire les parties d'un plan chronologique

• Il faut d'abord trouver les **dates charnières**, qui marquent une évolution, le passage d'une période à une autre.
Ces périodes constituent les parties de la composition. Elles peuvent être de durées inégales.

• Il faut **justifier cette périodisation**, c'est-à-dire expliquer en quoi ce qui caractérise chacune des périodes apporte une réponse partielle à la problématique.

• Pour cela, les **arguments** utilisés dans chaque partie doivent être classés de manière ordonnée, souvent chronologique.

• Expliquez pourquoi 1945 et 1990 sont des dates charnières pour le sujet.

• Retrouvez les bornes chronologiques de chacune des parties proposées par ce plan :

I. Un enjeu territorial : la mise en place de la Guerre froide à Berlin
II. Un enjeu idéologique : la confrontation Est-Ouest mise en scène à Berlin
III. De la Détente à la réunification : apaisement des tensions et fin de la Guerre froide

• Pour chaque partie, relevez et classez les arguments permettant de caractériser la période et son évolution.

Conseil

Servez-vous du modèle ci-dessous pour la partie I.
a. L'occupation de Berlin en 1945 : le début des tensions
b. Le blocus : une crise de la Guerre froide
c. Les conséquences du blocus pour Berlin et l'Allemagne, signes de la bipolarisation

autres sujets

• **Les États-Unis et le monde de 1945 à 2001**

• **Cuba (1962) : une crise exemplaire de la Guerre froide ?**

• **Le siège de Sarajevo (1992-1995) : un nouveau type de conflictualité ?**

PARTIE 3
Le siècle des totalitarismes

L'entre-deux-guerres voit naître trois régimes politiques : l'URSS stalinienne, l'Italie fasciste et l'Allemagne nazie. Si ces régimes se distinguent par leurs projets idéologiques, ils s'identifient au totalitarisme qui affirme sa volonté de contrôler et de transformer, par la persuasion et la violence, la vie des sociétés. Par leur expansionnisme et leur agressivité, ils sont à l'origine de la Seconde Guerre mondiale. En 1945, si le fascisme et le nazisme sombrent avec leur défaite, l'URSS, puissance victorieuse, paraît plus forte que jamais. Elle disparaîtra en 1991.

Comment expliquer, la genèse, le fonctionnement et la fin des régimes totalitaires ?

1 L'embrigadement des masses

• Les totalitarismes organisent des cérémonies collectives qui sont l'occasion d'unir les populations autour de l'idéologie et du chef du régime. Cette photographie montre l'enthousiasme suscité par l'arrivée d'Adolf Hitler au Congrès du parti nazi à Nuremberg en 1938.

2 L'alliance des totalitarismes contre les démocraties

• En mai 1938, Benito Mussolini (à droite) accueille Adolf Hitler (à gauche) à Rome. Depuis deux ans, ils apportent leur soutien aux militaires soulevés en Espagne contre le gouvernement légal.

3 La fin de l'URSS

• Dans un parc de Moscou, des enfants assis sur une statue de Staline à terre. En URSS, le déboulonnage des multiples statues de Lénine et Staline symbolise la sortie du totalitarisme.
Moscou, septembre 1991.

CHAPITRE 6

Les régimes totalitaires

À partir des années 1920, de nouveaux régimes apparaissent en Europe, en URSS, en Italie et en Allemagne. Ils prétendent contrôler tous les aspects de la vie des sociétés afin de créer un homme nouveau. Usant de propagande, mais aussi de violences, hostiles à la démocratie, ils font du chef le détenteur de tous les pouvoirs. Il faut néanmoins distinguer ces régimes. S'ils naissent tous dans des pays en crise, leur genèse est pourtant différente, et l'idéologie qui les fonde parfois opposée.

Comment expliquer l'apparition des régimes totalitaires en Europe ? Quels sont leurs points communs et leurs spécificités ?

1 Encadrer la société

Discours de Mussolini à Turin (Italie), 1939

● Les cérémonies collectives doivent unir les populations autour de l'idéologie et du chef. Sur la tribune derrière Mussolini, on peut lire : « Turin, place forte de la révolution fasciste, te salue, Benito Mussolini, guide de notre peuple, fondateur de l'Empire. »

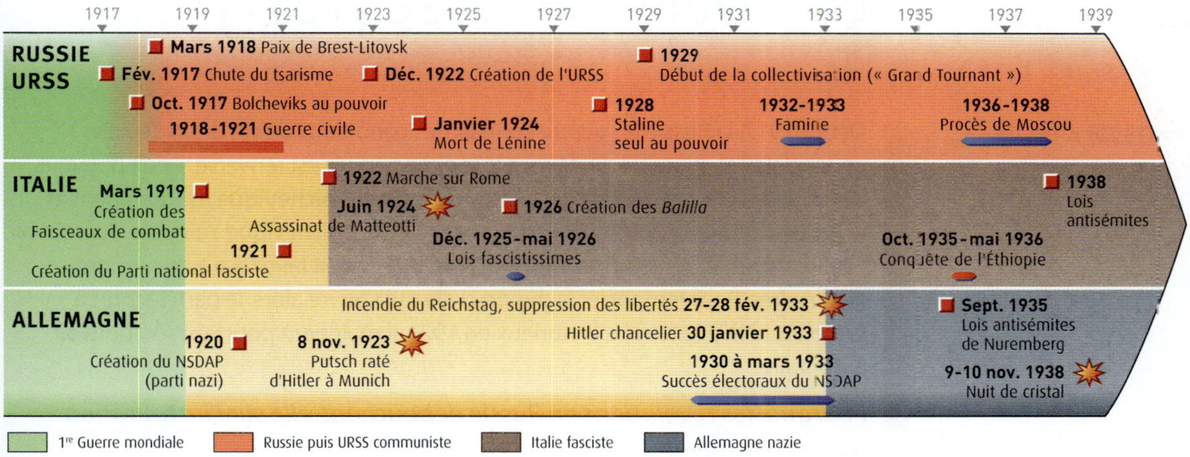

2 Réprimer et punir

Prisonniers au camp de concentration de Dachau (Allemagne), 1936

● **Dès mars 1933, le camp de concentration de Dachau accueille ceux que le nazisme définit comme des ennemis. Il est présenté comme un moyen de protéger l'Allemagne de leur influence.**
Illustrierter Beobachter, *journal du parti nazi, décembre 1936.*

ÉTUDE

La Révolution russe (1917)

COURS p. 198-199

Début 1917, la Russie en guerre connaît des conditions de vie désastreuses et des défaites militaires. En février, le régime tsariste est renversé. Deux pouvoirs coexistent alors : les **soviets** dans lesquels le **parti bolchevique** est dominant et le **gouvernement provisoire**. En octobre, le parti bolchevique s'empare du pouvoir. Lénine veut bâtir une Russie **communiste**, mais il doit faire face à de nombreux adversaires. Pour remporter la guerre civile qui s'ouvre alors, le parti recourt à la dictature et à la terreur. Victorieux en 1921, il maintient pourtant son pouvoir autoritaire.

Pourquoi les révolutions en Russie débouchent-elle sur l'instauration d'une dictature ?

CHRONOLOGIE

23-28 février 1917	Première révolution, abdication du tsar.
25 octobre 1917	Seconde révolution, parti bolchevique au pouvoir.
3 mars 1918	Traité de Brest-Litovsk, la Russie se retire de la guerre.
1918-1921	Guerre civile qui oppose les bolcheviks (« rouges ») et les partisans du tsar (« blancs »).
Décembre 1922	Création de l'URSS.
21 janvier 1924	Mort de Lénine.

VOCABULAIRE

- **Communisme**
Idéologie politique qui cherche à instaurer une société sans classes sociales, sans État et sans propriété privée.
- **Gouvernement provisoire**
Gouvernement formé à l'issue de la révolution de Février. Il décide de maintenir la Russie dans la Première Guerre mondiale.
- **Parti bolchevique**
Parti dirigé par Lénine, dont le but est d'instaurer le communisme en Russie.
- **Prolétariat**
Les membres les plus pauvres de la société, qui n'ont que leur force de travail pour vivre ; prolétaire s'oppose à capitaliste. Pour les communistes, ce terme désigne plus globalement la classe ouvrière.
- **Soviet (« conseil » en russe)**
Assemblée populaire composée généralement de paysans, d'ouvriers et de soldats.

1 Les « thèses d'avril » : le programme bolchevique

Lénine s'oppose violemment au gouvernement provisoire qu'il juge trop modéré.

Notre attitude envers la guerre, qui du côté russe sous le nouveau gouvernement (...) est incontestablement restée une guerre impérialiste de brigandage, n'admet aucune concession, si minime soit-elle, à [l'idée de] « défense nationale révolutionnaire » (...). Ce qu'il y a d'original dans la situation actuelle de la Russie, c'est la transition de la première étape de la révolution, qui a donné le pouvoir à la bourgeoisie, à sa deuxième étape qui doit donner le pouvoir au prolétariat et aux couches pauvres de la paysannerie. (...) Aucun soutien au gouvernement provisoire. (...) Expliquer aux masses que les soviets des députés ouvriers sont la seule forme possible de gouvernement révolutionnaire. (...) Nationalisation de toutes les terres dans le pays : les terres sont mises à disposition des soviets locaux.

Lénine, « Les tâches du prolétariat dans la révolution », *Pravda*, 7 avril 1917.

2 Le gouvernement provisoire maintient la Russie en guerre

• Pour cet emprunt de guerre, les slogans proclament : « La guerre jusqu'à la victoire ! », « Victoire sur l'ennemi ! », « Empêchons l'ennemi de nous ôter la liberté chèrement acquise ! » *Affiche de Boris Koustodiev, 1917.*

3 Les premières décisions du gouvernement bolchevique

a. La grande propriété foncière est abolie immédiatement sans aucune indemnité. Les domaines des propriétaires fonciers de même que toutes les terres des nobles, de l'Église (...) passent à la disposition des soviets de paysans. Les terres des simples paysans ne sont pas confisquées.

Décret sur la terre, 26 octobre 1917.

b. Le gouvernement ouvrier et paysan issu de la révolution invite tous les peuples belligérants et leurs gouvernements à entamer immédiatement des pourparlers en vue d'une paix équitable. Le gouvernement considère comme une paix équitable et démocratique (...) une paix immédiate sans annexion et sans contribution (...). Le gouvernement invite tous les gouvernements et peuples des pays belligérants à conclure immédiatement un armistice.

Décret sur la paix, 26 octobre 1917.

5 La nécessité de la dictature

La marche en avant, c'est-à-dire vers le communisme, se fait en passant par la dictature du prolétariat : et elle ne peut se faire autrement car il n'est point d'autres classes, ni d'autres moyens qui puissent briser la résistance des capitalistes exploiteurs. En même temps qu'un élargissement considérable de la démocratie, devenue pour la première fois démocratie pour les pauvres, la dictature du prolétariat apporte une série de restrictions à la liberté pour les oppresseurs, les exploiteurs, les capitalistes. Ceux-là, nous devons les mater afin de libérer l'humanité de l'esclavage salarié ; il faut briser leur résistance par la force ; et il est évident que là où il y a répression, il y a violence, il n'y a pas de liberté, il n'y a pas de démocratie.

C'est seulement dans la société communiste, lorsque la résistance des capitalistes est définitivement brisée, que les capitalistes ont disparu et qu'il n'y a plus de classes (...), que l'État cesse d'exister et qu'il devient possible de parler de liberté. Alors seulement deviendra possible et sera appliquée une démocratie vraiment complète, vraiment sans exception.

Lénine, *L'État et la Révolution*, 1917.

4 Une révolution porteuse d'espoir

● « Sur les ruines du capitalisme, marchons vers la fraternité. Paysans, ouvriers, marchons vers les peuples du monde entier. » La faucille (1) des paysans et le marteau (2) des ouvriers sont, avec l'étoile rouge à cinq branches (3), les symboles de la révolution bolchevique. *Affiche de Nicolas Kotcherguine pour le 1er mai 1920.*

Questions

▶ **De la Révolution de février à la Révolution d'octobre**

DOCS 1 ET 2 **1.** À quelle politique du gouvernement provisoire Lénine s'oppose-t-il ?

DOC 1 **2.** Pourquoi Lénine pense-t-il que la révolution de Février ne doit être qu'une étape ? Quelle politique veut-il mener ? En faveur de qui ?

▶ **Le parti bolchevique au pouvoir**

DOCS 1 ET 3 **3.** Montrez que les décisions prises en octobre respectent la politique voulue par Lénine. **4.** Expliquez ce qui, d'après vous, les rend populaires.

DOCS 1 ET 4 **5.** Montrez que l'affiche illustre la politique voulue par Lénine.

DOC 5 **6.** D'après Lénine, quelle politique doit être menée ? Pourquoi ?

▶ **BILAN**

À l'aide des documents et de vos réponses aux questions, expliquez comment les bolcheviques arrivent au pouvoir et pourquoi cela aboutit à l'instauration d'une dictature.

ÉTUDE

La démocratie en échec en Italie

COURS p. 198-199
REPÈRES p. 130-131

Dès la fin de la Première Guerre mondiale, la démocratie italienne connaît une situation troublée. En 1919 et 1920, dans le contexte de la Révolution russe et d'une crise économique, de fortes tensions sociales se développent. En outre, de nombreux Italiens contestent l'issue de la guerre : ils réclament des territoires austro-hongrois que les traités de paix ne leur accordent pas. Hostile à la démocratie, usant de violence et de propagande, le **fascisme** se présente comme seul capable de rendre à l'Italie sa puissance et de rétablir l'ordre. Parvenu légalement au pouvoir en 1922, Mussolini met progressivement fin au régime démocratique.

Pourquoi la démocratie ne résiste-t-elle pas à la montée du fascisme en Italie ?

CHRONOLOGIE

1919-1920	Vague de grèves ouvrières et d'occupations de terres par des paysans pauvres.
1919	Création des premiers Faisceaux de combat.
1921	Création du parti national fasciste.
Octobre 1922	Marche sur Rome, Mussoloni chef du gouvernement.
1924	Assasssinat du député socialiste Matteotti.
1925-1926	Lois dites « fascistissimes » qui abolissent la démocratie.

VOCABULAIRE

• Fascisme
De « Faisceaux de combat », le mouvement politique créé en 1919 par Mussolini (dans la Rome antique, le faisceau symbolise l'autorité et l'unité). Il désigne ensuite le régime politique de Mussolini fondé sur le culte du chef et le rejet de la démocratie.

1 De fortes tensions sociales et politiques

• Usine occupée en 1920 à Turin par des ouvriers en grève pour de meilleures conditions de vie. Les grévistes sont organisés en Gardes rouges (« Guardie rosse »), sur le modèle de la Révolution russe.

2 L'Italie en 1920 vue par les fascistes

Extraits d'un ouvrage de propagande expliquant la montée du fascisme par la situation de l'Italie au début des années 1920.

Le fascisme, c'est le salut de la patrie.

Quand et comment naquit le fascisme ?

Le fascisme naquit après la guerre mondiale, lorsque l'Italie n'eut point la paix qu'elle méritait, lorsque les déserteurs furent amnistiés et lorsque les héros furent l'objet de moqueries, furent blessés et tués. Lorsque les communistes, arrogants et cruels, prirent le contrôle de certaines régions d'Italie, que les champs furent abandonnés, que les usines furent désertées et que les grèves augmentaient la misère, Benito Mussolini s'écria : « Ça suffit ! » et les Italiens dignes de ce nom se serrèrent autour de lui.

N'y avait-il pas alors un gouvernement ?

Il n'y avait pas un vrai gouvernement, il y avait des hommes qui cherchaient à éviter certaines responsabilités, plutôt que de les assumer. Le peuple voyait, jugeait et attendait le moment de se débarrasser de ces hommes.

Parti national fasciste, 1929.

3 Le pouvoir par la violence

Ainsi, j'entrai dans le fascisme (...) en tant que chef militaire des *squadre*[1] pour violer la rouge campagne ferraraise[2] (...). J'assumai pour ma part [la tâche] de porter la discipline, la hiérarchie, la responsabilité aux [*squadre*] qui devaient pour toujours briser la terreur rouge, celle de les armer (il ne manquait pas sous mon commandement de fusils, de bombes et de mitraillettes) et de stabiliser une tactique d'assaut. (...) Réunions, serments, chansons, rites de guerre ; (...) exaltation de la violence comme le moyen le plus rapide et définitif pour atteindre le but révolutionnaire. Face à l'idéale conquête de l'État (...), l'action rude et âpre, conduite à fond, quel qu'en soit le coût.

Italo Balbo, *Journal de l'année 1922*, paru en 1932.

1. Groupes armés très mobiles des Faisceaux de combat.
2. Les communistes organisent alors des grèves dans la région de Ferrare.

4 La marche sur Rome

● Le 28 octobre 1922, le parti national fasciste organise une marche sur Rome à l'issue de laquelle son chef Benito Mussolini (1) est appelé par le roi Victor Emmanuel III pour former un gouvernement.

5 L'Italie en 1924, une dictature ?

En avril, le parti national fasciste remporte les élections législatives par des moyens que dénonce le député socialiste Matteotti le 30 mai à la chambre des députés. Le 10 juin, ce dernier est enlevé et assassiné par des partisans du parti fasciste.

En premier lieu, nous avons la déclaration explicite du gouvernement, répétée par tous les organes de presse (...) selon laquelle les élections n'avaient qu'une valeur très relative dans la mesure où le gouvernement ne se sentait pas lié par leur résultat, et que de toute façon comme il l'a déclaré à plusieurs reprises, il aurait gardé le pouvoir par la force, même si... [*Très vives interruptions à droite et au centre. Mouvements de Mussolini*]. (...) Il y a une milice armée composée des citoyens d'un seul parti, laquelle a le devoir déclaré de soutenir un gouvernement déterminé par la force même s'il lui manquait le consentement. [*Murmures*] (...) Il y a de plus une série de faits qui successivement ont faussé et annulé toutes les opérations électorales. [*Interruptions. Murmures*]. (...) Des groupes d'individus se rendaient dans les bureaux de vote pour voter sous des noms différents, au point que certains votèrent dix ou vingt fois et que des jeunes de 20 ans se présentèrent aux bureaux au nom de quelqu'un qui avait dépassé les 60 ans. [*Murmures*].

QUESTIONS

▶ Crises et tensions

DOC 1 **1.** Quelle est la situation sociale en Italie au début des années 1920 ?

DOC 2 **2.** Quelles sont, pour l'auteur, les différentes caractéristiques de la crise que connaît l'Italie ?
3. À quel groupe politique les fascistes s'opposent-ils particulièrement ? **4.** Pourquoi le gouvernement démocratique est-il critiqué ?

▶ La prise du pouvoir

DOC 3 **5.** Quel moyen d'action politique est employé par les fascistes ? Quel en est l'objectif ?

DOCS 4 ET 5 **6.** Par quels moyens Mussolini parvient-il au pouvoir ? **7.** Comment évolue le régime politique une fois les fascistes au pouvoir ?

▶ BILAN

Pour expliquer la genèse du totalitarisme en Italie, montrez que :
– le fascisme se développe dans une démocratie en crise ;
– les moyens qu'il emploie ne respectent pas les valeurs démocratiques ;
– Mussolini, une fois au pouvoir, met fin à la démocratie.

ÉTUDE

La démocratie en échec en Allemagn

COURS p. 198-199
REPÈRES p. 130-131

La fin de la Première Guerre mondiale voit l'instauration de la république de Weimar dont les représentants signent l'armistice de 1918. Pour de nombreux Allemands, la République porte donc la responsabilité de la défaite et du traité de Versailles. Les crises économiques de 1923 et surtout de 1929 déstabilisent encore le régime. Deux partis progressent alors, le parti communiste et le parti nazi (NSDAP) d'Adolf Hitler. Maniant propagande et violence, ce dernier accède au pouvoir en janvier 1933 avec la complicité des élites allemandes, inquiètes de la montée du communisme. La démocratie est alors condamnée.

Pourquoi la démocratie ne résiste-t-elle pas à la montée du nazisme en Allemagne ?

CHRONOLOGIE

9 novembre 1918	Proclamation de la république de Weimar.
1923	Crise économique et forte hausse des prix. Putsch raté de Hitler à Munich (novembre).
1929-1930	Entrée de l'Allemagne dans la crise économique mondiale. Forte hausse du chômage.
Juillet 1932	Forte progression du NSDAP aux élections législatives.
Novembre 1932	Forte progression du parti communiste, légère baisse du NSDAP.
30 janvier 1933	Le président de la République nomme Hitler chancelier.

VOCABULAIRE

- **NSDAP (Parti national-socialiste des travailleurs allemands)**
Parti dirigé par Adolf Hitler dès 1921 dont le programme fonde l'action du nazisme.
- **SA (Section d'assaut)**
Service d'ordre du NSDAP créé au début des années 1920.

1 Le rejet de la république de Weimar

Nous entendions toujours les adultes parler de tel ou tel de leurs amis qui avait perdu son emploi et ne savait plus comment faire vivre sa famille. (...) De plus, mes parents imputaient tout cela aux réparations[1] que l'Allemagne devait payer à ses anciens adversaires, ainsi qu'à la perte des zones industrielles allemandes. On ne parlait pas, en revanche, des conséquences de la grande crise économique qui était durement ressentie partout, pas seulement en Allemagne, au début des années 1930. Tous nos maux venaient du désastre national de Versailles. (...) [Les adultes] disaient : « L'Allemagne a perdu la guerre, bien qu'aucun pays n'ait eu de soldats aussi courageux que les siens. Elle n'a pas été battue sur le terrain, mais poignardée dans le dos par les crapules qui la gouvernent à présent. » Tout enfants que nous fussions, nous sentions à quel point ces partis maudits empoisonnaient l'atmosphère. J'avais douze ans [en 1930] lorsque je me trouvai prise dans un combat de rue, entre communistes et nationaux-socialistes. (...)

On entendait sans cesse répéter que l'une des raisons de ce triste état de choses était l'influence grandissante des Juifs. (...) Les adultes nous enseignèrent que les Juifs étaient mauvais, qu'ils faisaient cause commune avec les ennemis de l'Allemagne.

Melita Maschmann, *Ma jeunesse au service du nazisme*, Plon, 1974.

1. *Sanctions imposées à l'Allemagne par le traité de Versailles.*

2 Crise économique et montée du nazisme

• Le NSDAP promet « du travail et du pain » aux Allemands. Avec ce slogan, il remporte les élections législatives de novembre 1932, avec 33,1 % des voix.

3 Une manifestation de force nazie

● Le 11 octobre 1931, Adolf Hitler salue le défilé des SA. Reconnaissables à leur uniforme et au brassard orné de la croix gammée, ils sont une force armée. Hitler les utilise pour occuper l'espace public et montrer à tous la puissance du mouvement nazi, mais aussi pour s'opposer par la violence à ses adversaires politiques.

4 Le NSDAP contre la démocratie allemande

Nous allons au Reichstag[1] pour utiliser à notre profit les armes de la démocratie. Nous devenons députés pour paralyser la démocratie avec sa propre collaboration. Si la démocratie est assez bête pour nous donner des indemnités de transport et un salaire quand nous lui réglons son compte, c'est son affaire. (...) Nous prendrons tous les moyens légaux à notre disposition afin de révolutionner la situation actuelle. Si nous arrivons lors des élections à placer 60 à 70 agitateurs de notre parti dans les différents parlements, l'État lui-même nous offrira les armes avec lesquelles nous le combattrons. (...) Mussolini aussi est entré au Parlement, ce qui ne l'a pas empêché, peu de temps après, de marcher sur Rome avec ses chemises noires. (...) Nous y venons en ennemis, comme le loup fait irruption dans la bergerie.

Joseph Goebbels, membre du NSDAP, *Der Angriff*, 30 avril 1928.

1. *Assemblée nationale allemande.*

5 La fin de la démocratie en Allemagne

Vainqueur aux élections législatives de 1932, Adolf Hitler est nommé chef du gouvernement le 30 janvier 1933. L'incendie du Reichstag le 27 février, attribué aux communistes, est suivi par l'adoption de ce décret.

Nous décrétons, pour la défense et contre les actes de violence communistes dangereux pour l'Etat, ce qui suit : (...)

– Sont autorisés, même au-delà des limites habituellement fixées par la loi : les atteintes à la liberté individuelle, au droit de libre expression des opinions ainsi qu'à la liberté de la presse, au droit de réunion et de rassemblement ; les violations du secret de la correspondance, du télégraphe et du téléphone ; les ordres de perquisition et de réquisition, ainsi que les restrictions à la propriété.

Décret pour la protection du peuple et de l'État, 28 février 1933.

QUESTIONS

▶ Crises et tensions

DOC 1 **1.** Qui, selon les parents de l'auteur du texte, est responsable de la défaite de l'Allemagne en 1918 ?

DOCS 1 ET 2 **2.** Quelle est la situation économique de l'Allemagne dans les années 1930 ?

DOC 1 **3.** Quels en sont, d'après certains Allemands, les responsables ?

▶ Le refus de la démocratie

DOCS 1 ET 3 **4.** Quels moyens d'action les nazis emploient-ils ?

DOC 4 **5.** D'après Goebbels, quel est l'objectif de la participation des nazis aux élections ?

▶ La prise du pouvoir

DOC 2 **6.** Quel argument les nazis utilisent-ils pour convaincre les électeurs ?

DOC 5 **7.** Montrez que ce décret supprime la démocratie en Allemagne.

▶ BILAN

Pour expliquer la genèse du totalitarisme en Allemagne, montrez que :
– le nazisme se développe dans une démocratie en crise ;
– les moyens qu'il emploie ne respectent pas les valeurs démocratiques ;
– Hitler, une fois au pouvoir, met fin à la démocratie.

COURS

ÉTUDE p. 192-193
ÉTUDE p. 194-195
ÉTUDE p. 196-197

1• Les genèses des régimes totalitaires

Comment expliquer l'instauration de régimes totalitaires ?

A Des contextes de crise

En Russie : de la guerre à la révolution

• Au début de 1917, l'empire du tsar Nicolas II est **durement éprouvé par la guerre**. La Russie subit de nombreuses défaites et l'ouest de son territoire est envahi par l'Allemagne. La population supporte mal l'effort de guerre : rationnement et pénuries s'amplifient.

• Le 23 février, des **manifestations** éclatent à **Petrograd**, la capitale. Les soldats se joignent à la population, et s'organisent en **soviets**. Le tsar abdique. Un **gouvernement provisoire** est alors mis en place. Il décide de poursuivre la guerre.

En Italie : les troubles de l'Après-Guerre

• Malgré la victoire de 1918, de nombreux Italiens dénoncent une « **paix mutilée** ». Ils **revendiquent des territoires austro-hongrois** qui ne leur sont pas tous accordés par les traités de paix. Ces territoires (Dalmatie, Fiume) entretiennent une agitation nationaliste.

• Celle-ci se double d'une **agitation sociale**. La paix désorganise l'économie, jusque-là vouée à la guerre. Le chômage s'accroît, les revenus baissent, les tensions s'exacerbent : 1919 et 1920 sont des années de grèves et d'occupations d'usines. Cette agitation entretient, dans les élites italiennes, la **peur d'une révolution communiste**.

En Allemagne : défaite et crises économiques

• Le 9 novembre 1918, alors que l'Allemagne subit une offensive alliée, une révolution éclate à Berlin. La république est instaurée ; elle signe immédiatement l'armistice.

• De nombreux Allemands **reprochent aux Républicains** la défaite et la signature du traité de Versailles : ils auraient trahis pour prendre le pouvoir.

• En 1923, l'hostilité à la république de Weimar se double de **difficultés économiques et financières** (très forte hausse des prix). Par ailleurs, la violence politique est constante : assassinats politiques et tentatives de putsch se multiplient, dont celle d'Adolf Hitler à Munich en 1923. Elles sont déjouées, et la prospérité revient. Mais **la brutale crise économique de 1929 relance l'agitation sociale et politique**.

B Les accessions au pouvoir

La révolution d'Octobre en Russie

• Le gouvernement provisoire doit **partager le pouvoir avec le soviet de Petrograd** qui réclame la paix immédiate et des réformes en faveur des ouvriers et des paysans. Le **parti bolchevique**, dirigé par Lénine, le soutient .

• Le **25 octobre 1917, les bolcheviks** organisent une seconde révolution et **chassent le gouvernement provisoire**. Ils ordonnent tout de suite le **partage des terres** et engagent des pourparlers de paix immédiate. Cette accession au pouvoir rencontre une opposition violente : une **guerre civile** éclate au début de 1918.

En Italie, une conquête légale du pouvoir

• Benito Mussolini prétend **rétablir la grandeur de l'Italie et lutter contre les désordres sociaux**. Pour cela, il s'appuie sur les **Faisceaux de combat** : organisés sur un mode militaire, ils s'attaquent aux syndicats et aux partis de gauche. Il reçoit

Biographie

Lénine
(1870-1924)
À la tête du parti bolchevique, il mène la révolution d'octobre 1917 en Russie. Il dirige ensuite d'une main de fer le pays pendant la guerre civile et met en place la NEP pour le reconstruire.

VOCABULAIRE

• **Communisme**
Idéologie politique qui cherche à instaurer une société sans classes sociales, sans État et sans propriété privée.

• **Fascisme**
De « **Faisceaux de combat** » le mouvement politique créé en 1919 par Mussolini (dans la Rome antique, le faisceau symbolise l'autorité et l'unité). Il désigne ensuite le régime politique de Mussolini fondé sur le culte du chef et le rejet de la démocratie.

• **NEP (Nouvelle Politique économique)**
De 1921 à 1928, pause dans l'application de l'idéologie communiste : tolérance pour la petite propriété privée dans l'agriculture, l'artisanat...

• **NSDAP (Parti national-socialiste des travailleurs allemands)**
Parti dirigé par Adolf Hitler dès 1921 dont le programme fonde l'action du nazisme.

• **Parti bolchevique ou parti communiste**
Parti dirigé par Lénine puis Staline dont le but est d'instaurer le communisme en Russie.

alors le soutien d'une partie des Italiens (notamment des grands propriétaires et des industriels) qui reprochent au gouvernement son inaction.

- Cette **stratégie de la violence** se double d'un **apparent respect du système démocratique.** En 1921, le **parti national fasciste** est créé et participe aux élections.
- Le 28 octobre 1922, Mussolini organise une manifestation de force, la **marche sur Rome** de milliers de fascistes, mais attend sa nomination officielle par le roi pour devenir le lendemain chef du gouvernement.

La montée en puissance du parti nazi en Allemagne

- Après l'échec de 1923, Hitler engage son parti, le **NSDAP**, dans la **conquête légale du pouvoir.** Il diffuse une propagande visant démocrates, Juifs et communistes, rendus responsables des maux de l'Allemagne. Il crée également des groupes paramilitaires, les Sections d'assaut (**SA**), pour **s'opposer par la violence à ses adversaires politiques.**
- La crise économique des années 1930 accroît son audience et en 1932, le NSDAP devient le premier parti d'Allemagne. Le 30 janvier 1933, Hindenburg, président de la République, **fait de Hitler son chef de gouvernement** : il le nomme chancelier.

C L'instauration des dictatures

Dictature du prolétariat et guerre civile en Russie

- Pour Lénine, assurer la victoire du **prolétariat** exige de limiter les droits de ses ennemis et de donner tout le pouvoir au **parti communiste**. En outre, dans le contexte de la guerre civile qui menace la révolution, il faut frapper fort et **instaurer une politique de terreur et de réquisitions.**
- En 1921, si les communistes sont vainqueurs, le pays est ravagé. Pour permettre sa reconstruction, Lénine décide une nouvelle politique économique (**NEP**). Mais après sa mort en 1924, son successeur, Joseph **Staline**, s'empare peu à peu de tous les pouvoirs. En 1928, il domine le parti communiste, et décide d'**accélérer la mise en place du communisme en URSS**, nouveau nom de la Russie depuis 1922.

Une mise en place progressive de la dictature en Italie

- En 1922, Mussolini dirige un **gouvernement de coalition**, où les fascistes sont minoritaires. Mais les élections de 1924 sont truquées à son profit.
- En juin 1924, l'assassinat du député socialiste Matteotti semble fragiliser Mussolini. En fait, dès janvier 1925, il revendique ce meurtre et en profite pour renforcer encore son emprise. Entre 1925 et 1926, les **lois dites « fascistissimes »** concentrent entre ses mains tous les pouvoirs : **l'Italie est une dictature.**

Une transition rapide en Allemagne

- Dans la nuit du 27 février 1933, le Reichstag, siège du Parlement allemand, est incendié. Cet acte criminel sert de prétexte pour interdire le parti communiste et limiter les libertés. En mars, **Hitler obtient les pleins pouvoirs**. En juillet, **les partis politiques sont interdits**, à l'exception du NSDAP, et **les élections supprimées**.

VÉRIFIEZ VOS CONNAISSANCES

1. Comment Lénine et le parti communiste parviennent-ils au pouvoir en Russie ?
2. Comment Benito Mussolini instaure-t-il une dictature en Italie ?
3. Comment Adolf Hitler instaure-t-il une dictature en Allemagne ?
4. Quels sont les points communs entre les situations qui voient naître les pouvoirs communiste, fasciste et nazi ? Quelles sont les différences ?

VOCABULAIRE

- **Prolétariat**
Les membres les plus pauvres de la société, qui n'ont que leur force de travail pour vivre ; prolétaire s'oppose à capitaliste. Pour les communistes, ce terme désigne plus globalement la classe ouvrière.
- **SA (Section d'assaut)**
Service d'ordre du NSDAP créé au début des années 1920.
- **Soviet (du russe « conseil »)**
Assemblée populaire composée généralement de paysans, d'ouvriers et de soldats.

Biographie

Benito Mussolini
(1883-1945)
Fondateur des Faisceaux de combat en 1919, puis du parti national fasciste en 1921, il accède au pouvoir en 1922. À partir de 1924, il transforme l'Italie en dictature.

Biographie

Adolf Hitler
(1889-1945)
À la tête du NSDAP, il élabore une idéologie raciste et antisémite. Après l'échec en 1923 d'un coup d'État, il parvient légalement au pouvoir le 30 janvier 1933 : l'Allemagne devient rapidement une dictature.

ÉTUDE

Un projet idéologique commun : créer une société nouvelle

COURS p. 206-207

VOCABULAIRE

• **Aryens**
À l'origine, désigne les peuples de langue indo-européenne, sans implication de race. Pour les nazis, race supérieure à toutes les autres.

Les totalitarismes se donnent comme objectif essentiel la réalisation d'un projet idéologique : la victoire de la classe ouvrière pour le stalinisme, la puissance de l'État italien pour le fascisme, la supériorité de la race **aryenne** pour le nazisme. Ce projet se veut révolutionnaire : il doit transformer entièrement la société. Chaque homme doit ainsi se sentir appartenir à une même communauté, et adhérer pleinement à son projet. Pour créer cet homme nouveau, entièrement engagé dans un combat collectif, les totalitarismes s'efforcent de placer l'idéologie au cœur de la vie des populations.

Quels sont les fondements idéologiques communs aux trois totalitarismes ?

1 Le fascisme : un projet révolutionnaire

Le fascisme exige un homme actif et donnant à l'action toutes ses énergies ; il le veut virilement conscient des difficultés qui existent et prêt à les affronter. (...) Le libéralisme met l'État au service de l'individu ; le fascisme réaffirme l'État comme la véritable réalité de l'individu. (...) Et cela parce que pour le fasciste, tout est dans l'État et que rien d'humain ou de spirituel (...) n'existe en dehors de l'État. Dans ce sens, le fascisme est totalitaire et l'État fasciste (...) interprète, développe et donne puissance à la vie tout entière du peuple. Ni groupements (partis politiques, associations, syndicats, classes) ni individus en dehors de l'État. (...) Le fascisme (...) n'est pas seulement le créateur des lois et le fondateur des institutions, il est aussi et surtout l'éducateur et le promoteur de la vie intellectuelle. Il veut renouveler (...) l'homme, le caractère, la foi. Et dans ce but, il exige une discipline, une autorité dominant les esprits pour y régner sans conteste. (...)

Mais l'État fasciste (...) n'est pas réactionnaire, il est révolutionnaire puisqu'il avance la solution de certains problèmes universels posés ailleurs dans le domaine politique par l'émiettement des partis, (...) dans le domaine économique par les organisations syndicales toujours plus nombreuses et plus puissantes.

Giovanni Bellini, Benito Mussolini, article « Fascisme » de l'*Enciclopedia italiana*, 1932.

2 L'homme nouveau au service de la révolution fasciste

• **« Exposition de la révolution fasciste. Rome, 28 octobre XI-21 avril XI ». Le régime fasciste compte les années à partir de la prise de pouvoir de Mussolini en 1922.** *Affiche italienne, 1933.*

3 En Allemagne, créer un homme nouveau

● Cette sculpture d'Arno Breker de 1942, *Le Parti*, est située à l'entrée de la chancellerie construite pour Hitler à Berlin en 1938. Elle fait du NSDAP un guide éclairant le peuple, et met en avant les caractéristiques de l'homme nouveau selon le nazisme.

4 L'Allemagne : un peuple, une culture

La révolution que nous avons faite est une révolution totale. Elle a saisi tous les domaines de la vie publique et les a bouleversés de fond en comble. Elle a complètement transformé les rapports des hommes entre eux, leurs rapports avec l'État et leurs interrogations sur la destinée. Ce fut, en effet, la percée d'une nouvelle vision du monde (...). Les limites de la liberté individuelle s'arrêtent aux limites de la liberté du peuple[1]. Aucun individu, quelle que soit sa position, élevée ou modeste, n'a le droit d'user de sa liberté au détriment de la liberté de son peuple. (...) Cela vaut aussi pour l'artiste. L'art n'est pas un concept absolu ; il ne vit que dans la vie du peuple. (...) La culture est l'expression supérieure des forces créatrices du peuple. (...) Si un artiste abandonne le terrain solide que lui offre le peuple, alors la voie est ouverte aux ennemis de la civilisation.

Joseph Goebbels, discours prononcé lors de l'ouverture de la Maison de la culture du Reich, 1933.

1. *Ici le peuple allemand, assimilé à la race aryenne.*

5 En URSS, le cinéma au service de la société nouvelle

Le cinéma représente entre les mains du pouvoir soviétique une force immense et inappréciable. Possédant des moyens exceptionnels d'action idéologique sur les masses, le cinéma aide la classe ouvrière et son parti à éduquer les travailleurs dans l'esprit socialiste, à organiser les masses en vue des luttes pour le socialisme, à relever leur culture et leur puissance combative politique.

Le pouvoir soviétique attend de nouveaux succès, de nouveaux films qui, comme *Tchapaiev*[1], glorifieront la grandeur des exploits historiques accomplis par les ouvriers et les paysans de l'Union Soviétique dans la lutte pour le pouvoir, qui les mobiliseront pour la réalisation et qui leur rappelleront aussi bien les succès que les difficultés de l'édification socialiste.

Joseph Staline, Message aux cinéastes, janvier 1935.

1. *Film de S. et G. Vassiliev (1934) sur un combattant communiste de la guerre civile.*

QUESTIONS

▶ Transformer la société

DOCS 1, 4 ET 5 **1.** Relevez des citations qui montrent que le fascisme, le nazisme et le stalinisme veulent transformer l'homme et la société.

DOCS 1 ET 4 **2.** Expliquez ce qui doit limiter, d'après chaque texte, la liberté de l'homme.

DOCS 1, 2, 3 ET 5 **3.** Quelles doivent être les qualités de l'homme nouveau ?

▶ Mobiliser les populations

DOC 2 **4.** Quels sont les moyens visuels utilisés pour montrer l'unité et la mobilisation de la population ?

DOCS 3, 4 ET 5 **5.** Montrez que, pour les totalitarismes nazi et stalinien, l'idéologie doit aussi s'exprimer dans la culture.

DOCS 2 À 5 **6.** Par quels moyens les régimes totalitaires cherchent-ils à diffuser leur idéologie ?

▶ BILAN

À l'aide des documents et de vos réponses aux questions, rédigez un développement montrant que les totalitarismes veulent transformer les sociétés et les individus, et expliquez quels moyens ils utilisent pour cela.

ÉTUDE

L'URSS de Staline : transformer l'économie et la société

COURS p. 206-207
ÉTUDE p. 212-213

Staline, seul au pouvoir en 1928, décide d'accélérer la mise en œuvre de l'idéologie communiste. Pour créer une société égalitaire, il lance le « Grand Tournant », une politique de **collectivisation** et de modernisation des campagnes qui doit permettre une industrialisation rapide. Staline entend mobiliser tous les Soviétiques dans ce combat. Dès lors, toute critique est perçue comme une trahison. L'industrialisation est un succès, mais la désorganisation de l'agriculture provoque famine et résistances, durement réprimées.

Selon quels principes Staline entend-il transformer l'URSS ?

VOCABULAIRE

- **Collectivisation**
Appropriation par la collectivité ou l'État des moyens de production.
- **Kolkhoze**
Exploitation agricole dans laquelle la terre, le bétail et les outils sont détenus collectivement par les paysans.
- **Koulak**
Paysan propriétaire de sa terre, devenu synonyme d'opposant à la collectivisation ; la répression envers les koulaks est appelée dékoulakisation.

1 Les objectifs du premier plan quinquennal (1928-1932)

La tâche essentielle du plan quinquennal consistait à faire passer notre pays, avec sa technique arriérée, parfois médiévale, dans la voie d'une technique nouvelle, moderne.

[Elle] consistait à transformer l'URSS, de pays agraire et débile, qui dépendait des caprices des pays capitalistes, en un pays industriel et puissant (...).

[Elle] consistait, tout en transformant l'URSS en pays industriel, à éliminer jusqu'au bout les éléments capitalistes et à créer une base économique pour la suppression des classes en URSS, pour la construction d'une société socialiste.

[Elle] consistait à créer dans notre pays une industrie capable de réoutiller et de réorganiser (...) non seulement l'industrie (...) mais aussi l'agriculture.

[Elle] consistait à faire passer la petite économie rurale morcelée dans la voie de la grande économie collectivisée, d'assurer par là même la base économique du socialisme à la campagne et de liquider ainsi la possibilité de restauration du capitalisme en URSS.

Joseph Staline, discours devant le Comité central du parti communiste, 7 janvier 1933.

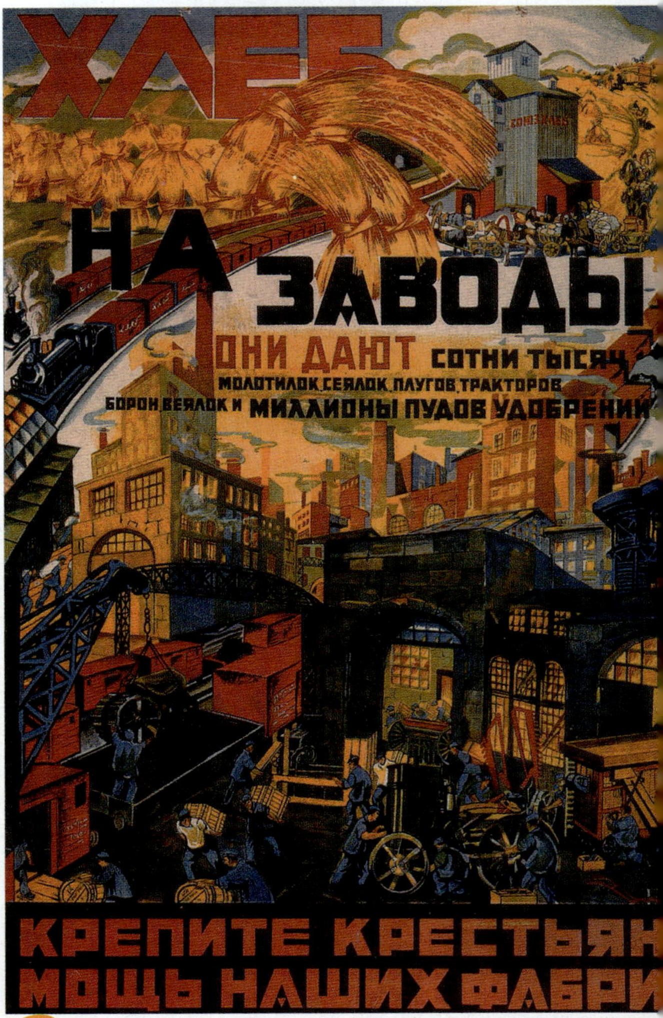

2 Les campagnes au service de l'industrialisation

« Du pain pour les usines – elles produisent des centaines de milliers de moissonneuses, de semeuses, de charrues, de tracteurs, de herses et des tonnes d'engrais. Paysans, renforcez la puissance de nos usines. » *Affiche soviétique, 1929.*

3 Les difficultés de la collectivisation

Dans la quasi-totalité des régions touchées par des difficultés alimentaires, on observe, parmi les paysans pauvres (...), une forte remontée de l'antagonisme vis-à-vis des ouvriers et des citadins. Ces sentiments sont exacerbés par l'agitation des éléments antisoviétiques des campagnes et des koulaks. (...) Lors de la réunion générale des paysans du bourg de Grouchni, on a entendu les propos suivants : « Vous pouvez toujours causer, vous les ouvriers, vous recevez dans votre usine de la farine et tous les produits que vous voulez, tandis que nous, les paysans, on crève de faim. On a pris le pain aux paysans pour nourrir les ouvriers ». (...) À Potchinskouskoïe (province de Toula), des paysans pauvres ont dit au président du soviet rural : « Le pouvoir soviétique a fait une révolution uniquement pour les ouvriers. On leur a augmenté les salaires, on leur a diminué la journée de travail. Eux, ils sont les seuls à vivre bien de nos jours, quant aux moujiks[1] ils crèvent de faim. »

Rapport de la GPU, police politique soviétique, 1er juin 1929.

1. *Paysans pauvres.*

4 Réquisitions et répression

Le 4 avril 1933, l'écrivain Mikhaïl Cholokhov décrit à Staline les conséquences des réquisitions de la production des kolkhozes, alors que depuis 1931 sévit une famine.

Quand ont commencé les réquisitions, les paysans se sont mis à cacher et à enterrer le blé. (...) Voici quelques méthodes employées pour obtenir ces 593 tonnes[1] (...) :
– la méthode du froid. On déshabille le kolkhozien et on le met « au froid », tout nu, dans un hangar ; (...)
– la méthode du chaud. On arrose les pieds et le rebord des jupes des kolkhoziennes de kérosène et on y met le feu. Puis on l'éteint et on recommence.

Staline lui répond le 6 mai :

J'ai bien reçu votre lettre qui révèle une petite maladie de notre appareil, montrant qu'en voulant bien faire, certains de nos fonctionnaires du parti peuvent devenir franchement sadiques. (...) Mais ce n'est qu'un aspect des choses. (...) Et l'autre aspect, c'est que les laboureurs de votre district – et pas que du vôtre – faisaient grève, faisaient du sabotage, et étaient prêts à laisser les ouvriers et l'Armée rouge sans pain ! Le fait que ce sabotage était silencieux et apparemment pacifique (sans effusion de sang) – ce fait ne change rien au fond de l'histoire, à savoir que les respectés laboureurs menaient une guerre de sape contre le pouvoir soviétique. Une guerre à mort, cher camarade Cholokhov !

Cité dans *Le Livre noir du communisme*, Robert Laffont, 1997.

1. *Quantité de blé retrouvée par le parti communiste.*

5 Les bouleversements de l'URSS

a. *Part des foyers agricoles collectivisés*

1928	7 %
1929	15 %
1930	58 %
1936	> 90 %

b. *Principales productions*

(en millions de tonnes, en moyenne par an)	Céréales	Acier	Charbon	Pétrole
1928-1932	73,6	5,3	48,9	17,5
1933-1937	72,8	12,7	107	25,4
1938-1940	77,9	18	148,5	30,5

c. *Conséquences sociales de la collectivisation (entre 1930 et 1933)*

Foyers paysans expropriés	1 million
Paysans déportés	2,3 millions
Victimes de famine	5 à 6 millions

Questions

▶ Des bouleversements rapides et volontaires

DOCS 1 ET 5 **1.** Quelles transformations économiques l'URSS a-t-elle connues entre 1928 et 1932 ? **2.** Montrez que les choix de Staline sont inspirés par l'idéologie communiste.

DOCS 1 ET 2 **3.** Montrez que cette affiche tient le même discours que Staline sur les objectifs de la politique économique.

DOCS 2, 3 ET 5 **4.** Quels domaines de la production économique ont connu un vrai succès ? Au détriment de quel autre domaine ? Justifiez votre réponse.

▶ Résistance et répression

DOCS 3 ET 4 **5.** Comment réagissent les paysans d'après les textes ? Pourquoi ?

DOC 4 **6.** Comment les difficultés économiques sont-elles expliquées par le pouvoir communiste ? **7.** Comment réagit-il ?

▶ BILAN

Justifiez les affirmations suivantes par des arguments et des exemples tirés des documents :
– la transformation de l'économie doit permettre la construction d'une société communiste ;
– tous les Soviétiques doivent se mobiliser pour assurer la survie de l'URSS ;
– pour cela, tous les moyens sont utilisés.

ÉTUDE

Racisme et antisémitisme nazis

COURS p. 206-207
ÉTUDE p. 212-213

Dès 1924, Adolf Hitler définit dans l'ouvrage *Mein Kampf* (« Mon combat ») l'idéologie du nazisme. Pour lui, les hommes appartiennent à des races différentes, hiérarchisées. Le peuple allemand, le *Volk*, est composé d'**Aryens**, membres de la race supérieure à toutes les autres. Hitler se donne comme mission de la préserver. Il doit la rassembler, lui assurer par la conquête un **espace vital** au détriment des Slaves notamment. Surtout, il doit la protéger des Juifs, qu'il considère comme une race impure. Le régime nazi élabore donc une politique **antisémite** : il s'agit de séparer totalement les Juifs des autres Allemands.

Quels sont les fondements idéologiques spécifiques au régime mis en place par Hitler ?

VOCABULAIRE

- **Antisémitisme**
Hostilité, haine à l'égard des Juifs, considérés comme une race ou un groupe distinct du reste de la société.
- **Aryens**
À l'origine, désigne les peuples de langue indo-européenne, sans implication de race. Pour les nazis, race supérieure à toutes les autres.
- **Espace vital (*Lebensraum*)**
Pour le nazisme, territoires nécessaires pour assurer la survie et la prospérité de la race aryenne.

1 Un vision raciste et antisémite du monde

Tout ce que nous avons aujourd'hui devant nous de civilisation humaine, de produits de l'art, de la science et de la technique est presque exclusivement le fruit de l'activité créatrice des Aryens. Ce fait permet de conclure (...) qu'ils ont été seuls les fondateurs d'une humanité supérieure. (...) Par la suite, la voie que devait suivre l'Aryen était nettement tracée. Conquérant, il soumit les hommes de race inférieure. (...)

Le Juif forme le contraste le plus marquant avec l'Aryen. (...) Si les Juifs étaient seuls en ce monde, ils étoufferaient dans la crasse et l'ordure ou bien chercheraient dans des luttes sans pitié à s'exploiter et à s'exterminer. (...) Le peuple juif ne possède pas, malgré toutes les facultés intellectuelles dont il est doué en apparence, une vraie civilisation, notamment une civilisation qui lui soit propre. Ce que le Juif possède aujourd'hui de civilisation apparente n'est que le bien des autres peuples qui s'est pour la plus grande partie gâté entre ses mains. (...) Son intelligence ne lui servira jamais à édifier, mais bien à détruire. (...) L'effet produit par sa présence est celui des plantes parasites : là où il se fixe, le peuple qui l'accueille s'éteint au bout de plus ou moins longtemps.

Adolf Hitler, *Mein Kampf* (Mon Combat), 1924.

2 La glorification de la race aryenne

« Nouveau peuple », première page d'un calendrier de 1938 de l'Office de la politique raciale du NSDAP.

3 Propager l'antisémitisme

● « Les Juifs ne sont pas les bienvenus ici ! »
Elvira Bauer, illustration d'un livre pour enfant, 1936.

5 Le boycott des magasins juifs

● Des membres du parti nazi devant le grand magasin *Wertheim*, le 1er avril 1933 à Berlin. À gauche, sur la pancarte : « Allemands ! Défendez-vous ! N'achetez pas chez les Juifs ! ». À droite, une caméra pour filmer le boycott et les clients du magasin.

4 La mise à l'écart des Juifs

a. Lois pour la protection du sang et de l'honneur allemands, dites lois de Nuremberg, 15 septembre 1935

Art. 1. – Les mariages entre Juifs et sujets de sang allemand ou apparenté sont interdits. (...)

Art. 3. – Il est interdit aux Juifs d'employer à des travaux de ménage chez eux des femmes de sang allemand ou assimilé âgées de moins de 45 ans.

Art. 4. – Il est interdit aux Juifs de hisser le drapeau national du Reich (...). Il leur est en revanche permis de pavoiser aux couleurs juives.

Art. 5. – Les infractions à l'article 1 seront punies de travaux forcés.

b. Ordonnances, 12 novembre 1938

Avec effet au 1er janvier 1939, il est interdit aux Juifs d'exploiter des magasins de vente de détail (...) ainsi que l'exercice d'un métier à leur compte. (...) Les entreprises exploitées à l'encontre de cette interdiction seront fermées par la police.

L'assistance (...) aux représentations théâtrales, cinématographiques, aux concerts, conférences, spectacles artistiques (...), de danse et aux expositions de nature culturelle ne doit (...) plus être permise aux Juifs, avec effet immédiat.

QUESTIONS

▶ Une vision raciste du monde

DOC 1 **1.** Comment Hitler définit-il les Aryens ?
2. Comment définit-il les Juifs ? Pourquoi, d'après Hitler, constituent-ils un danger pour le peuple allemand ?

DOC 2 **3.** Quelle image de la famille allemande ce calendrier veut-il transmettre ?

▶ Une politique antisémite

DOCS 4 ET 5 **4.** D'après ces documents, les Juifs sont-ils considérés comme des Allemands ? Justifiez.

DOCS 3, 4 ET 5 **5.** Montrez que les décisions nazies évoquées par ces documents ont pour but d'exclure les Juifs de la vie économique et sociale de l'Allemagne.

DOCS 2 À 5 **6.** Par quels moyens le régime nazi diffuse-t-il cette idéologie antisémite ?

▶ BILAN

À l'aide des documents et de vos réponses aux questions, montrez que la politique mise en place par le régime nazi à partir de 1933 est fondée sur une idéologie raciste et antisémite.

COURS

2• Les bases idéologiques des régimes totalitaires

➡ ÉTUDE p. 200-201
➡ ÉTUDE p. 202-203
➡ ÉTUDE p. 204-205

Sur quels projets idéologiques les régimes totalitaires fondent-ils leur action ?

A Un projet idéologique commun : une société nouvelle

L'idéologie contre l'individu

• Chaque régime totalitaire élabore un **projet idéologique** fondé sur la **négation de l'individu** et des **libertés individuelles**. En effet, il définit chacun, homme ou femme, uniquement par son appartenance à une communauté : la **race aryenne** pour le nazisme, l'**État italien** pour le fascisme, le **prolétariat** pour le communisme stalinien.
• Pour ces régimes, **la société dans son ensemble doit adhérer à ce projet**.

Mobiliser les masses

• Pour ce faire, la **propagande** est omniprésente. Radio, presse, édition, cinéma sont mis au service de l'idéologie. Chaque régime veille aussi à dénoncer toute idée, toute opinion qui pourrait s'y opposer.
• La société doit être constamment engagée dans une lutte dont l'objectif est fixé par le projet idéologique. C'est pourquoi les historiens la définissent comme une **société militarisée**.

Société nouvelle, homme nouveau

• Les totalitarismes cherchent ainsi à créer un **homme nouveau**. En **URSS**, il est le **prolétaire** engagé dans le combat collectif pour la réalisation du communisme. Dans l'**Allemagne** nazie, l'homme est un **guerrier** : il lutte pour affermir la supériorité et la pureté de la race aryenne que la femme, en tant que mère, perpétue. Pour le **fascisme**, il faut transformer les Italiens **en soldats et en athlètes** qui, sous la conduite de l'État, rendront à l'Italie son rayonnement et sa puissance (doc 1).
• Par-delà ce projet commun, les régimes totalitaires ont des **spécificités idéologiques**. Stalinisme et nazisme se distinguent particulièrement.

1. *Le fascisme exalte la puissance*
● Le décor de ce rassemblement de jeunes fascistes à Rome en 1935 témoigne de l'ambition du régime : faire des Italiens des soldats athlétiques, à l'image de l'immense statue qui se dresse à l'arrière-plan.

B L'URSS de Staline : transformer l'économie et la société

Pour une société sans classe

• Pour le **communisme**, seul le **prolétariat**, par son travail collectif, produit de la richesse. Il doit donc se la partager entièrement, en fonction des besoins de chacun de ses membres. Le communisme veut ainsi créer une **société parfaitement égalitaire**. Il faut supprimer ce qui différencie les classes sociales : les **écarts de richesse** et la **propriété privée**.
• Cependant, pour relancer l'économie après les ravages de la guerre civile (1918-1921), Lénine a lancé la **Nouvelle Politique économique** (**NEP**), qui tolère la petite propriété privée. En 1928, Staline, seul au pouvoir, met un terme à la NEP.

Collectivisation et industrialisation

• En **1929**, Staline lance le « **Grand Tournant** » : la collectivisation des campagnes. La propriété privée est supprimée et de nombreuses terres sont regroupées dans des kolkhozes. Le système agricole devient ainsi la **propriété collective des paysans et de l'État**. L'objectif est de dégager des surplus agricoles qui serviront à financer l'industrie et à nourrir les ouvriers.
• Staline veut avant tout faire de l'URSS une **grande puissance industrielle pour montrer l'efficacité du communisme** et le protéger des puissances capitalistes. La

VOCABULAIRE

• **Aryens**
À l'origine, désigne les peuples de langue indo-européenne, sans implication de race. Pour les nazis, race supérieure à toutes les autres.

• **Collectivisation**
Appropriation par la collectivité ou l'État des moyens de production.

• **Eugénisme**
Politique visant à « améliorer » la race aryenne en empêchant la reproduction des éléments considérés comme génétiquement déviants (handicapés, homosexuels...), par stérilisation forcée ou élimination physique.

propriété privée de l'industrie est alors supprimée. Pour atteindre ces objectifs, **le premier plan quinquennal est lancé à la fin de 1928**. La propagande est utilisée pour mobiliser les ouvriers : le **stakhanovisme** est ainsi donné en modèle.

• Le stalinisme veut donc transformer radicalement la société et l'économie, au besoin par la **violence**.

Déséquilibres, refus et répression

• La collectivisation désorganise la production agricole : elle s'effondre et provoque des **famines meurtrières** (5 à 6 millions de morts entre 1930 et 1933, notamment en Ukraine). En revanche, **la production industrielle augmente** fortement dans les années 1930. Cependant, les industries lourdes sont favorisées (sidérurgie, mines…) et la population souffre de nombreuses pénuries (alimentation, vêtements…).

• Cette politique provoque des **résistances violemment réprimées**. Dénoncés comme **koulaks**, 5 millions de ces opposants sont envoyés au **goulag**, où ils fournissent une main-d'œuvre soumise pour industrialiser et équiper l'URSS (→ étude p. 212-213).

C Racisme et antisémitisme nazis

Une idéologie raciste

• Pour Hitler, les hommes appartiennent à des **races différentes, définies par le sang**. Selon lui, le peuple allemand (*Volk*) appartient à la **race aryenne**, supérieure à toutes les autres et vouée à les dominer. Pour éviter toute décadence, ses membres doivent se tenir à l'écart des races inférieures. Pour l'améliorer, le nazisme élabore des plans d'**eugénisme**.

• Hitler définit aussi une **race juive**, impure et source de grands dangers. Il considère les Juifs comme une race déterminée à dominer les Aryens, voire le monde. Ainsi, **les Juifs sont pour lui responsables de toutes les difficultés de l'Allemagne** : défaite de 1918, crise économique de 1929…

Une politique antisémite

• L'État nazi définit et diffuse des stéréotypes physiques censés mettre en valeur l'infériorité affirmée des Juifs. Dès 1933, une **politique de boycott** est mise en place, incitant les Aryens à ne plus commercer avec eux. En septembre 1935, **les lois de Nuremberg définissent les Juifs comme des étrangers** et leur interdisent toute relation avec des non-Juifs. De nombreux emplois leur sont interdits et leurs biens sont peu à peu confisqués. Les premières violences surgissent alors (→ étude p. 212-213).

Assurer la supériorité aryenne par la conquête

• Pour Hitler, la race aryenne doit se renforcer en s'unissant. Il veut donc **regrouper toutes les populations de langue et de sang allemands dans un seul empire** (*Reich*). C'est pourquoi il réclame le rattachement de l'Autriche et des Sudètes à l'Allemagne.

• Enfin, Hitler estime que, pour survivre et prospérer, la race aryenne doit occuper un territoire plus vaste. Il faut donc lancer l'Allemagne à la **conquête d'un espace vital vers l'Est**, au détriment des peuples slaves, jugés inférieurs.

VÉRIFIEZ VOS CONNAISSANCES

1. Quel projet idéologique est commun aux trois régimes totalitaires ?
2. Quelles sont les spécificités de l'idéologie définie par Staline ?
3. Quelles sont les spécificités de l'idéologie nazie ?

VOCABULAIRE

• **Espace vital (*Lebensraum*)**
Territoires nécessaires, selon les nazis, pour assurer la survie et la prospérité de la race aryenne.

• **Goulag**
Camps de concentration et de travaux forcés où sont regroupés ceux que le régime soviétique considère comme des adversaires.

• **Kolkhoze**
Exploitation agricole dans laquelle la terre, le bétail et les outils sont détenus collectivement par les paysans.

• **Koulak**
Paysan propriétaire de sa terre, devenu synonyme d'opposant à la collectivisation ; leur répression est appelée dékoulakisation.

• **Stakhanovisme**
Politique visant à augmenter le rendement du travail industriel. Elle est fondée sur l'exploit – truqué – d'Aleksei Stakhanov, qui aurait extrait en 1935 quatorze fois la quantité de charbon demandée à chaque mineur.

Biographie

Joseph Staline
(1879-1953)
Après la mort de Lénine, Staline prend peu à peu le pouvoir. Il engage alors l'URSS dans une politique de transformation radicale de l'économie et de la société, dans un climat de terreur.

ÉTUDE

Le culte du chef

COURS p. 214-215

Duce, Führer, camarade Staline : chacun s'affirme comme le seul capable d'appliquer pleinement le projet idéologique imposé à la société. Défini comme le représentant et le porte-parole unique du peuple, le chef se veut le dépositaire de ses espoirs, de sa confiance et de son amour. À ce titre, il concentre tous les pouvoirs : son image est donc très largement diffusée par la propagande.

Pourquoi et comment les régimes totalitaires instaurent-ils un culte du chef ?

1 Staline dirige l'URSS

• **« Notre armée et notre pays sont renforcés par la pensée de Staline. »** *Affiche, 1939.*

2 Le culte voué à Staline

Notre amour, notre fidélité, notre force, notre cœur, notre héroïsme, notre vie – tout est à toi, prends-les, ô grand Staline, tout t'appartient, ô leader de la patrie. (...) Les humains de toutes les époques et de toutes les nations diront que ton nom est le plus glorieux, le plus fort, le plus sage, le plus beau de tous. Ton nom figure sur chaque usine, sur chaque machine, sur chaque lopin de terre, dans chaque cœur humain. Si ma femme bien-aimée met au monde un enfant, le premier mot que je lui apprendrai sera « Staline ».

La Gazette rouge de Léningrad, 1935.

3 L'obéissance absolue au Führer

La pensée ne vit pas dans les masses. Il faut le reconnaître une fois pour toutes, et c'est bien évident. Si tout progrès humain représente une réalisation supérieure à la précédente, on comprend bien qu'il faut que quelqu'un l'ait initiée. Or, ce quelqu'un qui l'a initiée est le porteur de la pensée et non pas la grande masse qui le suit. Il est le pionnier. (...)

Il est toujours dur de dire : « Il faut que quelqu'un commande et il ne peut y en avoir plus qu'un ; celui qui commande ordonne et les autres doivent obéir. » (...) C'est pourquoi notre État n'est en rien fondé, je tiens à le souligner, sur la consultation populaire, notre objectif est de convaincre le peuple de la nécessité de ce qui se fait. (...) Le *Führerstaat*[1] n'a aucune raison de redouter le génie, c'est toute la différence avec la démocratie. (...)

Le peuple est aujourd'hui plus heureux en Allemagne que partout ailleurs dans le monde. Il ne se sent dans l'insécurité que lorsqu'il n'a pas de chef. Dès l'instant où il est fermement dirigé, il est heureux ; car il sait très bien qu'il ne comprend rien à tout ça.

Adolf Hitler, discours, 29 avril 1937.

1. « État du Führer » : Hitler dirige à la fois le parti nazi, l'armée, l'État et le gouvernement.

4 Les qualités d'un chef : Mussolini

Pourquoi [Mussolini] est-il Duce du fascisme ? Parce que c'est lui qui a créé le fascisme, c'est lui le défenseur invaincu de la patrie contre (...) ses ennemis (...).

Pourquoi est-il chef du gouvernement ? Parce que seul le chef du fascisme, qui avait vaincu les différents partis qui traînaient l'Italie à la ruine, pouvait (...) reconstruire l'avenir. Ce fut ce que le peuple comprit, qui l'appela à grande voix (...).

Comment a-t-il pu monter si haut ? Avec sa volonté tenace, sa constante et infatigable activité, sa confiance sereine dans ses propres forces, son amour ardent pour la patrie et pour le peuple. (...) Il n'a aucune ambition personnelle. Sa seule ambition est celle de rendre fort, prospère, grand et libre le peuple italien.

Aime-t-il donc le peuple ? Il l'aime jalousement, mais sévèrement : (...) et si demain il était nécessaire d'être dur avec lui, il saurait l'être. (...)

Quel est le devoir des Italiens envers Mussolini et la révolution fasciste ? Il se résume à ceci : « Je jure d'exécuter sans discuter les ordres du Duce et de servir avec mes forces et, si nécessaire, avec mon sang la cause de la révolution fasciste ».

Ouvrage de propagande du parti national fasciste, 1929.

5 Mussolini et le peuple italien

① Manifestations du Parti national fasciste.
② Résultats des élections. ③ Le peuple italien

Affiche célébrant les élections législatives italiennes, 1934.

6 Mettre en scène le Führer

● Photographie officielle, prise au siège du NSDAP à Munich en 1932, diffusée avec cette légende : « Comme leurs yeux brillent, lorsque le Führer est tout près d'eux ! »

QUESTIONS

▶ **La légitimité du chef**

DOC 3 **1.** Comment Hitler définit-il les masses ? Qui est le personnage évoqué au début du discours, et comment le définit-il ?

DOCS 2 ET 4 **2.** Quelles sont les qualités prêtées à Staline ? À Mussolini ?

▶ **Le rôle du chef**

DOCS 2, 3 ET 4 **3.** Quels sont les pouvoirs d'Hitler ? De Mussolini ? De Staline ? **4.** D'après ces documents, quelles conséquences a l'action du chef sur l'état d'esprit de la population ? **5.** Quelle doit être l'attitude de la population envers lui ?

▶ **Propagande et image du chef**

DOCS 1 À 6 **6.** Par quels moyens les régimes totalitaires diffusent-ils le culte du chef ?

DOCS 1, 5 ET 6 **7.** Pour chacue image, expliquez quels sont les moyens visuels utilisés pour mettre en scène la supériorité du chef et sa relation à la population.

▶ **BILAN**

Pour expliquer le culte du chef, construisez un tableau dans lequel vous définirez, pour chaque totalitarisme, le rôle du chef, ses qualités et ses relations avec la population.

ÉTUDE

L'encadrement de la jeunesse

COURS p. 214-215

Dès leur mise en place, les régimes totalitaires créent des organisations de jeunesse : Œuvre nationale Balilla en Italie, Pionniers et Komsomols en URSS, Jeunesse du peuple et Jeunesses hitlériennes en Allemagne. En contrôlant les activités des enfants, elles les soumettent à l'idéologie du régime.
C'est une politique essentielle pour les totalitarismes : elle a pour but de mobiliser dès le plus jeune âge, et de permettre ainsi la naissance d'un homme nouveau.

Pourquoi et comment les régimes totalitaires encadrent-ils leur jeunesse ?

1 Jeunesse et idéologie nazie

• Réunion hebdomadaire d'un groupe des Jeunesses hitlériennes, consacrée à la lecture du *Stürmer*, journal nazi violemment antisémite (1937).

2 L'embrigadement de la jeunesse dans l'Allemagne nazie

Cette jeunesse doit apprendre uniquement à penser allemand et à agir en allemand. Quand ces jeunes garçons et ces jeunes filles entrent dans nos organisations à l'âge de 10 ans, ils reçoivent et sentent un air frais, souvent pour la première fois ; quatre ans après ils passent de la *Jungvolk*[1] à la *Hitlerjugend*[2] et là nous les tenons encore pour quatre ans. (...) Nous les prendrons immédiatement dans le parti, dans le Front du travail (...). Et, si après avoir passé là encore deux ans ou deux ans et demi, ils ne sont pas encore devenus de vrais nationaux-socialistes, alors nous les soumettrons au service du travail obligatoire, afin qu'ils soient en six ou sept mois remodelés (...). Et si, après six ou sept mois, subsiste çà et là, un peu de conscience de groupe, l'armée aura pour mission de la traiter durant deux autres années. Ainsi (...) ils ne seront jamais plus libres pour toute la vie.

Adolf Hitler, discours de Reichenberg, 2 décembre 1938.

1. *« Jeune du peuple », de 10 à 14 ans.*
2. *« Jeunesse hitlérienne », de 14 à 18 ans.*

3 Le rôle de l'organisation des Jeunesses communistes

Que signifie faire adhérer au Komsomol ? Cela signifie donner au jeune une formation marxiste-léniniste, (...) lui permettre de diriger idéologiquement un groupe de jeunes, faire en sorte qu'il devienne un modèle pour tous les autres, aussi bien dans son travail que dans sa vie privée. (...)

Les principales formes de notre travail seront :

• L'animation du « coin rouge » : les komsomols rassembleront les jeunes du village autour du « coin rouge » pour des discussions sur le thème du genre : qu'est-ce que le parti ? (...)

• La régénérescence des fêtes de village : durant les fêtes de Noël et de Mardi gras, il y aura des fêtes de jeunes (...). La cellule du Komsomol devra s'efforcer d'introduire des correctifs à ces fêtes : chansons révolutionnaires, jeux nouveaux. (...) Il faut lire des articles du journal *L'Athée*. (...)

• Liquidation de l'analphabétisme : la cellule fera venir les éléments les plus attardés de la jeunesse : ouvriers agricoles, bergers, jeunes filles, organisera la prise en charge individuelle de chaque analphabète par un komsomol instruit.

Instructions d'une cellule des Jeunesses communistes, 1927.

4 **Une parade d'organisations communistes de jeunesse**

● Au premier plan, des Pionniers, âgés de moins de 15 ans ; derrière eux, des Komsomols, âgés de 15 à 18 ans (années 1930).

5 L'Œuvre nationale Balilla dans l'Italie fasciste

Un périodique français décrit l'éducation des Balilla.

Le fascisme poursuit opiniâtrement son effort pour orienter les consciences. (...) La loi du 3 avril 1926 organise l'« Œuvre nationale Balilla pour l'assistance et l'éducation physique et morale de la jeunesse ». (...)

Un de nos collègues italiens, M. Italiano Marchetti, expose avec enthousiasme dans (...) la revue pédagogique *I Diritti della Scuola* ce qu'on peut attendre de l'Œuvre Balilla. « Cette œuvre, dit-il, a pour caractère d'être la préparation politique, militaire et physique du citoyen à la règle fasciste de la vie. L'éducation militaire a sa valeur comme éducation physique, mais a une valeur plus grande encore comme discipline, comme culture de l'attention et du sens de la subordination. (...) Mais l'Œuvre Balilla donne encore une éducation politique. Dans ses cours, on doit exposer aux élèves la doctrine fasciste dans son développement logique et dans sa fonction historique. Ajoutons – dit Italiano Marchetti – que dans chaque école doit être installée une bibliothèque de propagande et de culture fasciste. »

L. Dumas, *Revue de l'enseignement primaire et primaire supérieur*, 20 mars 1927.

6 **Une parade de Fils de la louve**

● Les Fils de la louve, qui regroupent les jeunes de 4 à 8 ans, font partie, avec les Balilla (8-14 ans) et les Avanguardisti (14-18 ans), des organisations de jeunesse regroupées dans l'Œuvre nationale Balilla.

QUESTIONS

▶ Embrigader la jeunesse

DOCS 1 À 6 **1.** Quelles sont les organisations de jeunesse créées par chaque totalitarisme ? Quel est l'âge des enfants concernés ?

DOCS 1, 3, 4 ET 6 **2.** Montrez l'importance des activités et des cérémonies collectives dans ces organisations de jeunesse.

DOCS 1, 4 ET 6 **3.** Comment l'appartenance à un même groupe est-elle affirmée ?

▶ Enseigner l'idéologie

DOCS 2, 3 ET 5 **4.** D'après chacun de ces documents, quel doit être l'objectif premier des organisations de jeunesse ?

DOCS 3 ET 4 **5.** Quels aspects de l'idéologie du régime stalinien sont enseignés à la jeunesse soviétique ? Par quels moyens ?

DOCS 1 ET 2 **6.** Quels aspects de l'idéologie nazie sont enseignés à la jeunesse allemande ? Par quels moyens ?

DOCS 5 ET 6 **7.** Quels aspects de l'idéologie fasciste sont enseignés à la jeunesse italienne ? Par quels moyens ?

▶ BILAN

Pour expliquer l'encadrement de la jeunesse, construisez un tableau dans lequel vous indiquerez, pour chaque régime, les organisations de jeunesse, leurs objectifs et leurs méthodes.

ÉTUDE

L'URSS de Staline et l'Allemagne nazie : des régimes de terreur

COURS p. 214-215
REPÈRES p. 108-109
ÉTUDE p. 110-111

En Allemagne et en URSS, l'État désigne comme adversaires tous ceux que l'idéologie définit comme dangereux ou indignes : les koulaks et tous les supposés « ennemis » en URSS, les Juifs en Allemagne. Tous voient s'abattre sur eux terreur et répression. Pourchassés par des polices politiques, ils sont privés de tout droit. Arrêtés, condamnés souvent sans jugement, certains sont éliminés, d'autres emprisonnés : ils peuplent le **goulag** soviétique et les **camps de concentration** nazis.

Pourquoi peut-on affirmer que ces régimes totalitaires sont fondés sur la violence et la terreur ?

1 La violence dans les camps de concentration nazis

Art. 8 – Sera puni de quatorze jours d'arrêts de rigueur et de vingt-cinq coups de bâton au début et à la fin de la peine (...) celui qui (...) fait des remarques désobligeantes sur les dirigeants nationaux-socialistes, sur l'État et le gouvernement, (...) glorifie les dirigeants ou partis communistes ou libéraux (...).

Art. 12 – Les délinquants suivants, considérés comme mutins, seront abattus sur-le-champ ou pendus par la suite : quiconque se sera livré à des voies de fait sur la personne d'un garde ou d'un SS, aura refusé d'obéir ou de travailler en corvée (...), aura protesté, crié, provoqué ou tenu des discours tout en marchant ou sur les lieux de travail.

Règlement du camp de concentration de Dachau, 1er octobre 1933.

2 Une humiliation publique dans l'Allemagne nazie

• Un couple, dont seule la femme est juive, doit marcher dans les rues encadré par deux policiers. La pancarte proclame : « Je suis un profanateur de la race. »
Norder (Allemagne), juillet 1935.

VOCABULAIRE

• Camp de concentration
Lieu de détention où l'on enferme les populations considérées comme ennemies de l'État. Ce sont en général des camps de travail forcé.

• Goulag
Camps de concentration et de travaux forcés où sont regroupés ceux que le régime soviétique considère comme des adversaires.

3 La violence antisémite de la Nuit de cristal

C'est le 10 novembre 1938 à trois heures du matin que se déchaîna un tourbillon de cruauté sans égal en Allemagne (...). Les logements juifs furent envahis, leur contenu détruit ou pillé. (...) Les vitrines des magasins juifs furent démolies systématiquement par centaines, les dégâts étant estimés à quelques millions de marks. D'après des témoignages dignes de foi, les actions violentes furent menées par des SS et des SA en civil – chaque groupe étant muni de marteaux, de haches, de leviers et de bombes incendiaires. (...) Les synagogues brûlèrent toutes entièrement. (...) La phase la plus terrible de « l'action spontanée » concerne les arrestations massives et l'envoi des hommes juifs de 16 à 60 ans de nationalité allemande ou apatrides dans les camps de concentration. (...) Il existe de nombreuses preuves de violences physiques, y compris quelques cas mortels.

Rapport du consul américain à Leipzig, 21 novembre 1938.

4 Le travail forcé des détenus du goulag

● La construction, entre 1931 et 1933, du canal entre la mer Blanche et la mer Baltique par 250 000 prisonniers illustre les objectifs officiellement assignés au goulag : faire payer aux condamnés leurs crimes contre l'URSS en les employant à sa modernisation, et leur permettre de se rééduquer par le travail.

5 L'action de la police politique en URSS

Staline emploie le NKVD, la police politique, à la fois pour collectiviser les campagnes en les dékoulakisant, et pour asseoir son pouvoir en éliminant ses adversaires au sein du parti.

a. *La directive 0047, 30 juillet 1937*

J'ordonne de commencer (...) l'opération de répression des ex-koulaks, criminels, et autres éléments antisoviétiques à partir du 5 août 1937. (...) Tous ces éléments sont divisés en deux catégories : la première catégorie comprend les plus actifs. (...) Ils doivent être immédiatement arrêtés et, après passage de leur affaire par voie administrative devant la *troïka*[1], fusillés. La deuxième catégorie comprend les éléments moins actifs, mais néanmoins ennemis du régime. Ils doivent être arrêtés et enfermés pour une durée de huit à dix ans dans les camps.

Nikolaï Iejov, commissaire général à la sécurité d'État, 30 juillet 1937.

1. *Commission de trois membres du NKVD.*

b. *Un bilan par le NKVD de la période octobre 1936-juillet 1938*

Arrestations par le NKVD	**1 420 711**
– dont liées à la directive 0047	699 929
– dont ex-koulaks	522 774
– dont ex-membres du parti communiste	99 188
Condamnations par le NKVD	**1 124 000**
– à la peine de mort	556 259
– à 15-25 ans de camp	5 196
– à 10 ans de camp	460 954
– à 5-10 ans de camp	51 201
– autres	50 390

Rapport du NKVD, juillet 1938, cité par Nicolas Werth, Les Opérations de masse de la « Grande Terreur » en URSS (1937-1938), *Bulletin de l'IHTP, n° 86, 2006.*

QUESTIONS

▶ Désigner des ennemis

DOC 2 **1.** Quel est l'ennemi désigné par le nazisme ? Pourquoi, d'après ce document ? **2.** Quels sont les moyens utilisés pour le dénoncer ?

DOC 1 **3.** Quelles sont les autres catégories de la population visées par l'Allemagne nazie ?

DOC 5 **4.** Qui est considéré comme un ennemi en URSS ? Pour quelle raison ?

▶ Réprimer

DOC 3 **5.** Qu'est-ce que la Nuit de cristal ? Montrez que, pour l'auteur, ces violences ne sont pas spontanées, mais menées par les autorités nazies.

DOCS 1, 3, 4 ET 5 **6.** Quel est le sort réservé à ceux qui sont définis comme ennemis en URSS ? Dans l'Allemagne nazie ?

DOC 1 **7.** Montrez que les prisonniers n'ont aucun droit.

▶ Bilan

À l'aide des documents et de vos réponses aux questions, justifiez les affirmations suivantes :
– chaque régime totalitaire désigne des ennemis spécifiques...
– ... qu'il traite avec une grande violence.

COURS

3• L'exercice du pouvoir totalitaire

➡ ÉTUDE p. 208-209
➡ ÉTUDE p. 210-211
➡ ÉTUDE p. 212-213
➡ HISTOIRE DES ARTS p. 216-217

Par quels moyens les régimes totalitaires établissent-ils leur autorité sur les sociétés italienne, allemande et soviétique ?

A Le pouvoir du chef

Le culte du chef

• Chaque régime fait de son chef l'unique dépositaire de son idéologie. Mussolini, Hitler et Staline jouissent d'une **autorité charismatique** et se présentent comme seuls capables de comprendre le peuple. Dans ce cadre, le projet idéologique qu'ils imposent ne peut être discuté : **ce que le chef veut est ce que le peuple veut.**

• Se développe alors un véritable **culte de la personnalité**. Le chef est présenté comme infaillible, entièrement dévoué au peuple. Presse, cinéma, édition, arts, tout concourt à cette image.

La concentration des pouvoirs

• Si seul le chef comprend parfaitement le peuple, il doit en être l'unique représentant : ainsi est légitimée la **mise en place de dictatures personnelles.**

• **Chaque chef a les pleins pouvoirs.** Pourtant, leur exercice diffère. **Staline** entretient la fiction d'un régime démocratique, garanti par la Constitution de 1936. En Italie, si la monarchie est conservée, **Mussolini** est le **Duce**, le guide. **Hitler** est le **Führer** : guide et chef, son autorité est absolue. Tous lui doivent serment de fidélité.

• Enfin, le rapport des populations au chef n'est pas identique. Si Hitler et Mussolini sont très populaires au cours des années 1930, ce n'est pas le cas de Staline, assez largement détesté, notamment dans les campagnes après le « Grand Tournant ».

Le parti et l'État

• L'idéologie veut incarner la volonté du peuple tout entier : il ne peut exister qu'un seul parti politique. Les élections sont ainsi supprimées en Allemagne en juillet 1933. En Italie et en URSS, le pouvoir impose ses candidats. **Ce parti unique est entièrement soumis au chef** : il doit assurer l'application de ses ordres.

• En **URSS**, le **parti communiste**, bien que séparé de l'État, le domine entièrement dans les faits. En **Italie**, l'**État fasciste** est au cœur du régime et le parti sert avant tout à faire carrière. En **Allemagne**, **NSDAP et État sont distincts** : Hitler répartit les compétences selon les cas, provoquant rivalités et concurrences.

B Des sociétés encadrées

Contrôler la population

• Des organisations de masse assurent l'encadrement des sociétés. **La jeunesse est une priorité** : un endoctrinement précoce doit permettre une pleine adhésion au régime. Ainsi, de 4 à 21 ans, les jeunes **Italiens** reçoivent dans l'**Œuvre nationale Balilla** une éducation idéologique. En **URSS**, c'est le rôle des **Komsomol**, en **Allemagne**, des **Jeunesses hitlériennes**.

• Les syndicats italiens sont interdits, remplacés par des corporations soumises à l'État. L'organisation nazie « La force par la joie » propose des activités de loisirs. **Les cérémonies collectives manifestent l'unité de la population** : pour les accueillir, un urbanisme spécifique est élaboré.

VOCABULAIRE

• **Autorité charismatique**
Pourvoir qui se fonde sur les qualités supposées extraordinaires d'un homme.

• **Camp de concentration**
Lieu de détention où l'on enferme les populations considérées comme ennemies de l'État. Ce sont en général des camps de travail forcé.

• **Gestapo**
Police politique secrète, créée par le régime nazi en avril 1933.

• **Goulag**
Camps de concentration et de travaux forcés où sont regroupés ceux que le régime soviétique considère comme des adversaires.

• **GPU**
Police politique soviétique, elle prend le nom de **NKVD** en 1934.

• **OVRA (Organisme de vigilance et de répression de l'antifascisme)**
Police politique fasciste créée en 1926.

• **Purges**
Vagues d'exclusions du parti communiste d'URSS de 1936 à 1938, sous la fausse accusation d'activités anticommunistes.

• **SS (Section de sécurité)**
Organisation du parti nazi. Assurant à l'origine la sécurité d'Hitler, elle est ensuite chargée de poursuivre ceux que le nazisme définit comme des ennemis. Elle est l'instrument central de la terreur policière.

Un embrigadement constant ?

• Pour diffuser l'idéologie, **des ministères de la propagande sont créés.** Ils assurent un contrôle strict sur toute forme de communication. Art et culture sont ainsi systématiquement utilisés.

• Il reste difficile de mesurer l'impact de cet encadrement. Si l'enthousiasme est réel, il varie aussi en fonction des réussites du régime. Le plein emploi est par exemple accueilli avec ferveur dans l'Allemagne nazie.

Planifier la production

• **L'idéologie définit aussi l'activité économique** : assurer la puissance et l'indépendance du pays. Sont donc lancées des politiques de grands travaux, comme le développement du réseau autoroutier en Allemagne, ou de vastes programmes censés accroître la production agricole comme en Italie (doc 1). En 1936, le régime nazi met en œuvre un plan de quatre ans résolument axé sur la préparation d'une guerre.

• **Chaque régime contrôle donc l'économie, mais à des degrés variés. L'URSS collectivise** et nationalise : l'élaboration et le suivi des plans quinquennaux est assurée par un organisme d'État, le **Gosplan**. Allemagne et Italie établissent plutôt des accords avec les industriels. Le secteur privé subsiste ainsi aux côtés d'entreprises publiques comme Volkswagen : financée par l'État, elle doit fournir à chaque foyer allemand une voiture bon marché.

1. *La « bataille du blé »*
• **Lancée en 1925 par Mussolini, la « bataille du blé » doit permettre à l'Italie de produire tout le blé qu'elle consomme, et d'atteindre l'autosuffisance alimentaire.** *Affiche, 1928.*

C Des régimes de terreur

Surveillance et répression

• **Toute opposition est interdite** : la population est soumise à une surveillance étroite. Presse, radio, cinéma sont censurés. En Allemagne, les livres jugés anti-allemands sont détruits lors d'autodafés (doc 2).

• **La répression des opposants, réels ou supposés, se fait par la terreur.** Des polices politiques sont créées : GPU puis NKVD en URSS, Gestapo et SS en Allemagne, OVRA en Italie. Elles pourchassent, arrêtent, torturent et condamnent. Goulags et camps de concentration se remplissent.

Des violences qui diffèrent selon les régimes

• La violence est au cœur des totalitarismes. **L'ampleur de la répression diffère pourtant.** Avec près de 6 000 condamnations, le fascisme est bien loin de la terreur de masse voulue par Staline : le NKVD estime ainsi avoir envoyé 500 000 personnes au goulag et autant à la mort entre 1936 et 1937. C'est l'époque des purges et des **grands procès de Moscou** : jusqu'en 1938, Staline élimine ceux qu'il définit comme ses adversaires au sein du parti.

Une violence spécifique : l'antisémitisme nazi

• Si le fascisme italien édicte des lois antisémites en 1938, le nazisme s'en distingue radicalement par l'ampleur des violences contre les Juifs. **Mise à l'écart et humiliations se doublent d'agressions.** Le 9 novembre 1938, la **Nuit de cristal** voit les nazis détruire dans toute l'Allemagne des synagogues et des commerces juifs. 30 000 Juifs sont envoyés dans des camps de concentration. **Ces persécutions préludent à la politique d'extermination** menée durant la guerre.

2. *Le premier autodafé nazi*
• **Le 10 mai 1933, à Berlin, Joseph Goebbels, ministre de la propagande, organise la destruction par le feu de 20 000 livres jugés anti-allemands. Des universitaires, des étudiants et des dignitaires nazis assistent à cette cérémonie.**

VÉRIFIEZ VOS CONNAISSANCES

1. Pourquoi peut-on affirmer que les régimes totalitaires sont organisés autour de la figure du chef ?
2. Par quels moyens ces régimes tentent-ils d'encadrer les sociétés ?
3. Quelles sont les particularités de la violence totalitaire ?

Urbanisme, architecture et totalitarisme en Italie

Comment l'urbanisme et l'architecture sont-ils mis au service de l'idéologie fasciste ?

L'ESSENTIEL SUR... Urbanisme, architecture et idéologie

Accueillir les masses

▶ Pour affirmer l'unité de la population, le régime fasciste met en scène des **manifestations de masse**. Pour leur servir de décor, il élabore un urbanisme spécifique qui permet le déploiement de foules immenses. Ainsi, la construction de la ***Via dell'Impero*** permet à partir de 1932 de défiler au cœur de Rome. C'est aussi le rôle de la **place Rouge à Moscou** (doc 1 p. 219) et du complexe monumental bâti par le nazisme à **Nuremberg**.

Exalter la puissance de Rome

▶ Urbanisme et architecture diffusent aussi des **messages idéologiques**. La *Via dell'Impero*, en joignant le Colisée à la demeure de Mussolini, fait du **Duce l'héritier de la Rome impériale**. La construction du quartier de l'EUR renforce ce lien : pour l'Exposition universelle prévue pour 1942, Mussolini bâtit une Rome moderne inspirée de l'Antiquité.

Créer l'homme nouveau

▶ Le Foro Mussolini (« Forum de Mussolini »), élevé au nord de Rome, révèle le projet idéologique du fascisme. Par son nom, par son esthétique, **il se réfère à l'Antiquité romaine**. En y mêlant installations sportives et organisations fascistes de jeunesse, Mussolini affirme sa volonté de **créer des hommes forts, des guerriers capables de rendre à l'Italie la place qu'occupait l'Empire romain en Méditerranée**.

1 Inscrire le fascisme dans Rome

Le portrait de Mussolini est surimposé à une vue de Rome.
Monuments de la Rome antique : Colisée (1), arc de triomphe (2), forum (3)... La *Via dell'Impero* (« voie de l'Empire ») (4) a été construite en 1930-1932 entre le Colisée et la place de Venise (5). Cette place est le lieu de grandes cérémonies collectives fascistes ; le peintre y suggère la présence d'une foule. Le palais de Venise (6) est la demeure de Mussolini.
Alfredo Gauro Ambrosi, Aeroritratto di Benito Mussolini aviatore*, 1930.*

2 Le fascisme, héritier de la Rome antique

Rome est notre point de départ et notre référence, elle est notre symbole ou, si l'on veut, notre mythe. (...) Nous voyons en Rome l'avenir qui se prépare. (...) Nous rêvons d'une Italie romaine, c'est-à-dire forte, sage, disciplinée et impériale. Beaucoup de l'esprit immortel de Rome réapparaît dans le fascisme, le Faisceau qui est romain, notre organisation de combat, notre orgueil et notre courage.

Benito Mussolini, *Il Popolo d'Italia*, 21 avril 1922.

3 Exalter la puissance du corps

Vue partielle du Foro Mussolini, construit à la fin des années 1920. Au premier plan, le stade des Marbres, orné de statues d'athlètes représentant les régions italiennes. En arrière plan, l'Académie fasciste d'éducation physique (1932), chargée de former physiquement et politiquement les responsables des Jeunesses fascistes.

4 Bâtir une nouvelle Rome

Au centre de l'EUR, quartier construit au sud de Rome en prévision d'une exposition universelle en 1942, s'élève ce palais de la Civilisation italienne. À son fronton est inscrit : « Peuple de poètes, d'artistes, de héros, de saints, de penseurs, de savants, de navigateurs, de migrants ».

QUESTIONS

• Présenter les œuvres d'art

1. Pour chaque document, présentez les œuvres architecturales évoquées.

• Analysez les œuvres d'art

2. **DOC 1** Quels sont les lieux de la ville de Rome mis en valeur ?

3. **DOC 4** Pourquoi peut-on dire que ce bâtiment fait référence à l'architecture de l'Empire romain ?

4. **DOC 2** À quels types d'activités le Foro Mussolini est-il destiné ?

• Faire le lien entre arts et histoire

5. Montrez que l'urbanisme et l'architecture fascistes permettent l'organisation de cérémonies collectives.

6. Par quels moyens un lien est-il établi entre le fascisme et l'Antiquité romaine ?

7. Montrez que l'urbanisme et l'architecture fascistes correspondent à la définition que Mussolini donne du fascisme dans le document 2.

@ Pour aller plus loin

Pour étudier les cadres urbains et architecturaux utilisés pour organiser des cérémonies de masse, cherchez sur le site Jalons pour l'histoire du temps présent (www.ina.fr/fresques/jalons) les vidéos des années 1930 consacrées aux manifestations collectives des régimes totalitaires.

RÉVISIONS

Les régimes totalitaires

Les points clés du cours

1. Des genèses distinctes

- Les totalitarismes sont des régimes nouveaux, qui naissent dans des **contextes de crise**.
- La **révolution russe d'octobre 1917** donne le pouvoir au parti bolchevique. Son dirigeant, Lénine, instaure la dictature du prolétariat pour assurer la victoire du **communisme**. Son successeur, **Staline**, crée un régime totalitaire à partir de **1928**.
- En **Italie**, la « paix mutilée » et les tensions économiques permettent la prise de pouvoir par **Mussolini** en **1922** : son mouvement, le **fascisme**, conjugue respect de la légalité et coups de force.
- En **Allemagne**, la défaite de 1918 et la crise économique de 1929 alimentent les rancœurs. Les élections favorisent le **parti nazi** : son chef, **Adolf Hitler**, devient chancelier le **30 janvier 1933**.

2. Les bases idéologiques des régimes totalitaires

- Tous prétendent **mobiliser totalement leur population** autour d'une **idéologie**, et créer ainsi un **homme nouveau**.
- En URSS, **Staline veut construire une société communiste**, égalitaire. Il impose une politique de **collectivisation** et de nationalisation de l'économie, qui fait de nombreuses victimes.
- **Hitler définit une vision raciste du monde** : il oppose la race supérieure des Aryens aux Juifs, considérés comme impurs et dangereux. Il applique une **politique antisémite**, conçue pour mettre les Juifs à l'écart.
- **Le fascisme de Mussolini** veut faire de l'État italien une grande puissance, à l'égal de la Rome antique.

3. L'exercice du pouvoir totalitaire

- L'**image du chef** est au centre du pouvoir totalitaire : décrit comme infaillible et entièrement dévoué à la cause du peuple, il concentre tous les pouvoirs et s'appuie sur un parti unique pour gouverner.
- Ces régimes cherchent à **encadrer toute la population**, et en particulier la jeunesse, par des **organisations de masse**. La **propagande** est omniprésente.
- Ce sont des **régimes de terreur** : la répression des oppositions est féroce. Mais le nazisme se distingue radicalement par sa prétention à éliminer les Juifs.

Les personnages clés

Lénine
(1870-1924)
Chef des bolcheviks, principal organisateur de la révolution de 1917 en Russie et dirigeant de l'URSS jusqu'en 1922.
➜ Biographie p. 198

Joseph Staline
(1879-1953)
Secrétaire général du parti communiste en 1922, il dirige l'URSS jusqu'à sa mort.
➜ Biographie p. 206

Benito Mussolini
(1883-1945)
Chef du gouvernement italien de 1922 à 1943.
➜ Biographie p. 199

Adolf Hitler
(1889-1945)
Chancelier du Reich allemand de 1933 à sa mort en 1945.
➜ Biographie p. 199

Les mots clés

- Camp de concentration ➜ p. 214
- Collectivisation ➜ p. 207
- Communisme ➜ p. 198
- Espace vital ➜ p. 207
- Fascisme ➜ p. 198
- Goulag ➜ p. 214
- Prolétariat ➜ p. 192
- NSDAP ➜ p. 198

Les dates clés

Octobre 1917	Révolution bolchevique en Russie
Octobre 1922	Marche sur Rome, Mussolini chef du gouvernement en Italie
1925-1926	Lois « fascistissimes », Mussolini dictateur
1928	Staline seul au pouvoir en URSS
1929	« Grand Tournant », début de la collectivisation en URSS
30 janvier 1933	Hitler chancelier en Allemagne
Septembre 1935	Lois antisémites de Nuremberg en Allemagne
9-10 novembre 1938	Nuit de cristal en Allemagne

Capacité Mettre en relation des événements de localisation spatiale différente

EXERCICES

Les cérémonies de masse en URSS et dans l'Allemagne nazie

1 Parade sportive d'organisations communistes de jeunesse

• Le slogan au centre de la photographie proclame « Prêt pour le travail et la défense », celui de droite « Vive le guide du grand Parti communiste, le meilleur ami des gymnastes, le camarade Staline ».
Place Rouge à Moscou, 13 juillet 1935.

2 Parade de membres du parti nazi

• Ces membres du parti nazi défilent en formant une croix gammée, symbole du régime nazi. *Berlin, 1938.*

QUESTIONS

1. Localisez ces deux cérémonies : par quels régimes sont-elles organisées ?
2. Décrivez ces cérémonies en insistant sur leurs caractéristiques communes.
3. Montrez qu'elles poursuivent un objectif idéologique.

Pour aller plus loin

Livres et revues

- **Giorgio Bassani,** ***Le Jardin des Finzi-Contini***, Paris, « Folio », Gallimard, 1975. La vie d'une famille juive dans la ville italienne de Ferrare, à la fin des années 1930.
- **Sebastian Haffner,** ***Histoire d'un Allemand : souvenirs 1914-1933***, Arles, Actes Sud, 2004. Une analyse de la montée du nazisme et de son arrivée au pouvoir.
- **Robert Littell,** ***L'Hirondelle avant l'orage***, Paris, « Points », Le Seuil, 2009. Au travers du récit du destin du poète Ossip Mandelstam, ce roman met en scène la terreur stalinienne des années 1930.
- **George Orwell,** ***La Ferme des animaux***, Paris, « Folio », Gallimard, 1984. Sous le couvert d'une fable animalière, une critique féroce du stalinisme.
- **Victor Serge,** ***Mémoires d'un révolutionnaire***, Paris, Robert Laffont, 2001. Un communiste décrit son engagement et ses désillusions.

Films

- **Charles Chaplin,** ***Le Dictateur***, 1940. Les mésaventures d'un barbier juif dans la dictature mise en place par Adenoid Hynkel, ouvertement inspiré par Hitler.
- **Serguei Eisenstein,** ***Octobre***, 1928. Une exaltation de la révolution d'Octobre en Russie.
- **Serguei Eisenstein,** ***La Ligne générale***, 1929. Une œuvre de propagande sur les bienfaits de la collectivisation en URSS.
- **Ettore Scola,** ***Une journée particulière***, 1977. La rencontre entre deux exclus du fascisme lors de la visite de Hitler à Mussolini à Rome en 1938.

Sites Internet

- Jalons pour l'histoire du temps présent : des extraits d'actualités françaises (www.ina.fr/fresques/jalons)
- United States Holocaust Memorial Museum : des documents iconographiques et vidéos sur le régime nazi (www.USHMM.org)

MÉTHODE Expliquer une affiche de propagande

Une affiche de propagande a pour objectif de délivrer un message politique ou idéologique. Placée dans un lieu public, elle doit convaincre rapidement : il faut donc que son message soit facilement compris. C'est un moyen de communiquer avec les masses auxquels les totalitarismes ont fréquemment recours.

Affiche pour le XVIIe Congrès du Parti communiste d'URSS, 1934.

QUESTIONS

1. Expliquez dans quel contexte cette affiche est réalisée, et qui peut en être le commanditaire.

2. Montrez que l'affiche est divisée en deux parties ; pour chacune d'elles, identifiez la situation, le personnage principal et ce qui l'entoure.

3. Expliquez le choix de la couleur dominante.

4. Montrez que les slogans sont en lien avec les deux parties de l'affiche.

5. Montrez que l'affiche veut établir une symétrie entre deux périodes différentes pour montrer qu'elles poursuivent le même but.

Méthode générale

Application guidée

1 Présenter l'affiche

- Qui est le **commanditaire** (État, parti politique, association...) ?
- Relever la **date** et le **contexte** (événement particulier – cérémonie, élection... –, situation politique...).
- Identifier le **destinataire** (population entière, groupe précis...).

Question 1. Expliquez dans quel contexte cette affiche est réalisée, et qui peut en être le commanditaire.

Conseil

Pour répondre à cette question étudiez attentivement la légende et les explications qui accompagnent le document.

2 Trouver le message de l'affiche

- Pour l'**image**, identifier sa **nature** (photographie, dessin...), les **éléments représentés** (personnages, objets, scènes...), les **couleurs employées** (contrastes, complémentarités...) et la **composition de l'image** (lignes de construction, place et taille des éléments...).
- Pour le **texte**, relever sa **nature** (slogan, citation, données chiffrées...) et sa **place** dans l'affiche.

Question 2. Montrez que l'affiche est divisée en deux parties ; pour chacune d'elles, identifiez la situation, le personnage principal et ce qui l'entoure.
Question 3. Expliquez le choix de la couleur dominante.

Conseil

Reportez-vous aux biographies du chapitre, et établissez un lien entre chaque personnage et les actions qui lui sont associées par l'affiche.

Question 4. Montrez que les slogans sont en lien avec les deux parties de l'affiche.

3 Expliquer le message de l'affiche

- Expliquer l'**organisation de l'affiche** (présenter, opposer, mettre en relation...).
- Trouver le **sens politique ou idéologique** de l'affiche (condamner, approuver, inciter, mobiliser...).

Question 5. Montrez que l'affiche veut établir une symétrie entre deux périodes différentes pour montrer qu'elles poursuivent le même but.

Conseil

Il s'agit de montrer que Lénine et Staline ont le même projet idéologique, mais qu'ils le réalisent par des moyens différents.

exercice d'application

1. Déterminez le régime politique commanditaire de l'affiche, et son public.
2. Décrivez l'attitude et l'aspect du principal personnage. Expliquez le slogan.
3. Montrez que cette affiche fait de Hitler le porteur de l'idéologie nazie et le garant de sa réalisation.

« Un peuple, un empire, un chef ! », affiche allemande destinée à être placée dans les lieux officiels, 1938.

BAC

Analyse de documents

Point méthode **Confronter deux documents qui se complètent**

L'exercice du pouvoir dans les totalitarismes

Consigne : Après avoir replacé chacun des documents dans son contexte, montrez qu'ils sont révélateurs des modes d'exercice du pouvoir dans les régimes totalitaires fasciste et nazi.

Cette affiche est un photomontage : une photographie de Hitler est superposée à une autre photographie. La prise de la foule en plongée ajoutée à la taille disproportionnée de Hitler donne une impression de domination.

La foule effectue le salut nazi, bras tendu. Ce salut est souvent accompagné de l'expression *Heil Hitler* (« Vive Hitler »).

Nom donné, dans l'Allemagne nazie, à Hitler ; il signifie « guide », « chef ».

« Nous » en allemand : se réfère à la foule représentée derrière Hitler.

1 Hitler et le peuple allemand

« Oui, Führer, nous te suivons ! », affiche éditée par la direction de la propagande du Parti nazi (NSDAP), années 1930.

2 Mussolini et le parti national fasciste

Dans notre système politique, le *Duce* est une institution politique, non seulement en tant que chef du gouvernement mais aussi comme représentant concret, actif, présent et constructeur de la révolution. C'est en lui que se concentre la direction effective de la politique italienne ; il ne pourrait en être autrement. (...) Le *Duce* est l'institution fondamentale (...) de toute la vie de l'État. (...) Mais avant tout, le *Duce* est le chef du Parti national fasciste. En cette qualité (...) il est devenu le chef d'un ensemble d'organes qui règlent la vie nationale ; en cette qualité, il est (...) à la place prééminente que lui assigne la loi et que lui confirme le peuple italien avec dévotion et enthousiasme, parce que le Parti national fasciste a été et est l'animateur de l'État nouveau, l'élément central et dynamique du régime.

Il partito nazionale fascista, « Parti national fasciste », 1936.

Nom donné, dans l'Italie fasciste, à Mussolini ; il signifie « guide ».

Définition du rôle et des fonctions du *Duce*.

Arguments utilisés pour légitimer le pouvoir du *Duce*.

Définition du rôle et des fonctions du Parti national fasciste.

En 1936, le Parti national fasciste est le seul parti politique autorisé en Italie.

Méthode générale

Application guidée

1 Analyser chaque document

Méthode générale

- Relever les informations permettant de comprendre chaque document :
  – la nature, l'auteur, la date et le contexte ;
  – les thèmes abordés et la manière dont ils sont traités.
- Repérer, parmi tous ces éléments, les points communs et les différences.

Application guidée

- Montrez qu'il s'agit de documents officiels de propagande.

Conseil Expliquez qui sont les auteurs des documents.

- Montrez que ces documents sont des portraits des dirigeants des régimes fasciste et nazi.

2 Mettre en relation les documents et vos connaissances

Méthode générale

- La consigne qui accompagne les documents doit orienter l'analyse : repérer à quels événements et à quelles notions ils se réfèrent.
- Relever ensuite :
  – les événements ou les notions communs aux deux documents ;
  – les événements ou les notions qui ne sont abordés que par un seul document, mais qui permettent de comprendre l'autre.
- Enfin, mettre en valeur les limites de ces documents, c'est-à-dire les aspects de la consigne qu'ils n'abordent pas, ou qu'ils montrent d'une manière partielle.

Application guidée

- Expliquez, grâce aux informations en marge, que ces deux documents donnent la même image :
  – du pouvoir du chef dans un régime totalitaire,
  – de l'origine de ce pouvoir.
- Quel est le rôle du parti unique d'après le document 1 ? d'après le document 2 ?
- Quel autre moyen de contrôler la population n'est pas évoqué ?

Conseil Aidez-vous du cours p. 206-207 et de l'étude p. 212-213.

autre sujet La violence des régimes totalitaires

- Reportez-vous aux documents 1 et 5 p. 212-213.
- Après avoir présenté les documents, montrez que l'Allemagne nazie et l'URSS de Staline sont des régimes de terreur et qu'ils utilisent la violence au nom d'une idéologie.

CHAPITRE 7

Les totalitarismes face aux démocraties dans les années 1930

Les régimes totalitaires sont une menace pour les démocraties qu'ils rêvent de renverser. L'Allemagne nazie et l'Italie fasciste, hostiles au règlement de la Première Guerre mondiale, mènent une politique expansionniste et agressive. Face à elles, les démocraties paraissent impuissantes, d'autant que leurs opinions publiques, majoritairement pacifistes, les poussent à éviter tout conflit. Elles essaient donc d'apaiser les totalitarismes en cédant à leurs exigences. Cette attitude ne fait que renforcer le mépris pour la démocratie de ces régimes, qui multiplient les coups de force.

Comment les totalitarismes menacent-ils les démocraties dans les années 1930 ?

1 Les totalitarismes déstabilisent les démocraties…

Défilé de membres du francisme à Paris en 1937

• Dans les démocraties, certains considèrent les régimes totalitaires comme des modèles à imiter. En France, c'est le cas des membres du francisme, mouvement créé en 1933 par Marcel Bucard qui le définit dans le journal *La Victoire* du 20 août 1933 : « notre francisme est à la France ce que le fascisme est à l'Italie ».

1920 · 1933 · 1934 · 1935 · 1936 · 1937 · 1938 · 1939 · 1940

- **Mars 1919** Fondation du Komintern
- **Oct. 1933** L'Allemagne quitte la SDN
- **Mars 1935** Service militaire obligatoire en Allemagne
- **Oct. 1935-mai 1936** Conquête de l'Ethiopie par l'Italie
- **Mars 1936** Remilitarisation de la Rhénanie
- **Juil. 1936-avril 1939** Guerre d'Espagne
- **Nov. 1936** Pacte anti-Komintern (Allemagne-Japon)
- **13 mars 1938** *Anschluss* (annexion de l'Autriche par l'Allemagne)
- **30 sept. 1938** Accords de Munich
- **23 août 1939** Pacte germano-soviétique de non-agression
- **1er sept. 1939** Invasion de la Pologne par l'Allemagne
- **3 sept. 1939** Déclaration de guerre de la France et du Royaume-Uni à l'Allemagne

2 … et forment des alliances

Affiche de propagande italienne, 1938

• **Adolf Hitler et Benito Mussolini entourent un monument dédié à la paix, à la civilisation et au travail. On reconnaît le faisceau italien et la croix gammée nazie.**

REPÈRES L'Europe à la veille de la Seconde Guerre mondiale (1936-1939)

1 La guerre d'Espagne (1936-1939)

QUESTIONS

1. Quel type de régime politique est majoritaire en 1939 ?
2. En justifiant votre réponse par des exemples, montrez que les régimes totalitaires :
– étendent ou cherchent à étendre leur territoire en Europe ;
– interviennent en-dehors de leur territoire ;
– s'allient entre eux et avec d'autres pays.
3. Montrez que, à l'inverse, les démocraties sont isolées en 1939.

alliances

- États alliés avec la Pologne (avril 1939)
- Axe Rome-Berlin (nov.1936)
- Pacte de non-agression germano-soviétique (août 1939)
- ITALIE Pays signataire du pacte anti-Komintern
- Aide matérielle et militaire aux franquistes en Espagne
- Aide matérielle et militaire aux républicains en Espagne

Les élargissements territoriaux

- Remilitarisation de la Rhénanie (1936)
- Tchécoslovaquie en 1937
- Ligne de partage de la Pologne fixée par le pacte Germano-soviétique
- Invasions

Frontières en 1939 de :

- l'Allemagne
- la Hongrie

En blanc, les frontières de 1937.

2 La marche à la guerre

ÉTUDE

La guerre d'Espagne (1936-1939)

REPÈRES p. 226-227
COURS p. 232-233
HISTOIRE DES ARTS p. 234-235

En Espagne, en février 1936, le *Frente popular,* coalition de partis de gauche, accède démocratiquement au pouvoir. Mais le 17 juillet, le général Franco soulève l'armée contre le gouvernement républicain : c'est le début de la guerre civile. L'Italie fasciste et l'Allemagne nazie soutiennent militairement Franco tandis que l'URSS aide les républicains. À l'inverse, les démocraties n'interviennent pas et seuls les volontaires des **brigades internationales** se battent aux côtés de la république.

Quelle attitude démocraties et totalitarismes adoptent-ils face à la guerre d'Espagne ?

VOCABULAIRE

• Brigades internationales
Troupes militaires soutenant le gouvernement républicain, composées de volontaires étrangers, le plus souvent communistes.

2 L'intervention allemande en Espagne

• Départ des soldats allemands de la légion Condor (6 000 hommes au total) après la victoire de Franco en 1939. Ils défilent dans une rue baptisée en leur honneur.
Ville de León, 22 mai 1939.

1 Hitler analyse la guerre d'Espagne

Si l'Espagne devient réellement communiste, la France, vu son état présent, sera elle aussi bolchevisée le moment venu, et c'en sera alors terminé de l'Allemagne. Coincés entre le puissant bloc soviétique de l'Est et un solide bloc communiste franco-espagnol, à l'Ouest, nous ne pourrions pas faire grand chose si Moscou décidait de nous attaquer.

Propos d'Adolf Hitler rapportés par Joachim von Ribbentrop, ministre nazi des Affaires étrangères, juillet 1936.

3 La France refuse d'intervenir en Espagne

Pas de doute que si nous nous plaçons sur le terrain strict du droit international, (...) seul le gouvernement légal[1] aurait le droit de recevoir de l'étranger des livraisons d'armes. (...) En tout cas, dans la réalité des choses, tout s'est passé comme si certaines puissances avaient reconnu le gouvernement rebelle[2] comme un gouvernement de fait et s'étaient jugées en droit de [lui] livrer des armes. (...) Vous voudriez que l'on arrive à une situation telle que les livraisons d'armes puissent être faites au profit du gouvernement régulier et ne puissent pas l'être au profit du gouvernement rebelle. (...) Demandez vous, une fois la concurrence des armements installée sur le sol espagnol, quelles peuvent être les conséquences pour l'Europe entière ? (...) La solution, ce qui permettrait peut-être à la fois d'assurer le salut de l'Espagne et le salut de la paix, c'est la conclusion d'une convention internationale par laquelle toutes les puissances s'engageraient (...) à interdire l'exportation, en Espagne, du matériel de guerre.

Léon Blum, chef du gouvernement, discours de Luna-Park, 6 septembre 1936.

1 Gouvernement républicain, démocratiquement élu.
2 Gouvernement mis en place par Franco après le coup d'État du 17 juillet 1936.

4 L'aveuglement des démocraties

• Les dirigeants français et anglais, Daladier (1) et Chamberlain (2) hésitent à dénoncer l'intervention italienne et allemande. Franco (3), entouré de Mussolini (4) et Hitler (5), affirme : « Honnêtement, messieurs, il n'y a ici que des Espagnols. »
David Low, Evening Standard, *22 février 1939.*

6 L'aide soviétique au gouvernement républicain

• Le navire soviétique le *Zyrianine*, amarré à Barcelone en 1936. L'aide soviétique matérielle aux républicains commence à être acheminée en octobre 1936.

5 L'engagement dans les brigades internationales

Dans L'Espoir, *André Malraux met en scène des hommes – Espagnols ou étrangers – décidant de s'engager dans la lutte aux côtés du gouvernement républicain.*

Darras, qui venait de repasser les commandes au premier pilote, regardait de tout son corps, à moitié penché dans le couloir de la carlingue. Pendant la guerre[1], il ne cherchait qu'une quelconque brigade allemande ; cette fois, il cherchait ce contre quoi il luttait depuis des années sous tant de formes, dans sa mairie, dans les organisations ouvrières, édifiées patiemment, défaites, refaites : le fascisme… (…)

Magnin alla à la fenêtre : encore en civils, mais chaussés de chaussures militaires, avec leurs faces têtues de communistes ou leurs cheveux d'intellectuels, vieux Polonais à moustaches nietzschéennes et jeunes à gueules de films soviétiques, Allemands au crâne rasé, Algériens, Italiens qui avaient l'air d'Espagnols égarés parmi les internationaux, Anglais plus pittoresques que tous les autres, Français qui ressemblaient à Maurice Thorez[2] ou à Maurice Chevalier[3], tous raidis (…) du souvenir (…) de la guerre qu'ils avaient faite les uns contre les autres, les hommes des brigades martelaient la rue étroite.

André Malraux, *L'Espoir*, Gallimard, 1937.

1 Première Guerre mondiale.
2 Dirigeant du parti communiste français.
3 Célèbre chanteur de music-hall.

QUESTIONS

▶ La question de l'intervention

DOC 1 **1.** Pourquoi, d'après Hitler, l'issue de la guerre d'Espagne est-elle importante pour l'Allemagne nazie ?

DOC 3 **2.** Quels sont les arguments utilisés par Léon Blum pour justifier son refus de livrer des armes au gouvernement républicain ?

▶ L'action des totalitarismes

DOCS 2 ET 6 **3.** Comment l'Allemagne intervient-elle en Espagne ? Et l'URSS ?

DOC 4 **4.** D'après cette caricature, l'Allemagne et l'Italie reconnaissent-elles officiellement leur intervention ?

5. Montrez qu'elle est pourtant connue de l'opinion publique britannique.

DOC 5 **6.** Qui s'engage aux côtés du gouvernement républicain ? Pourquoi ?

DOCS 2 ET 3 **7.** À l'aide des documents et de la carte 1 p. 226, montrez que la guerre d'Espagne est une défaite des démocraties.

▶ BILAN

À l'aide des documents et de vos réponses aux questions, montrez que les démocraties refusent de s'impliquer dans la guerre d'Espagne, mais qu'elles ne parviennent pas à empêcher l'intervention des totalitarismes.

ÉTUDE

L'impuissance des démocraties : les accords de Munich (1938)

COURS p. 232-233

Après l'annexion de l'Autriche en mars 1938, Hitler réclame à la Tchécoslovaquie la région des Sudètes, peuplée de germanophones. Devant le refus tchécoslovaque, il agite la menace d'une guerre en Europe. Le 29 septembre, le Royaume-Uni, la France, l'Italie et l'Allemagne se réunissent à Munich, sans représentant de la Tchécoslovaquie. Les Britanniques et les Français, avec l'appui de la majorité de leurs opinions publiques, cèdent aux exigences allemandes et contraignent la Tchécoslovaquie à se séparer des Sudètes. Les accords de Munich révèlent ainsi à Hitler la faiblesse de démocraties prêtes à tout pour éviter une nouvelle guerre.

Pourquoi les démocraties ne parviennent-elles pas à s'opposer aux ambitions territoriales du régime nazi ?

1 « Un lâche soulagement »

Le 15 septembre, le Premier ministre britannique Chamberlain rencontre Hitler et reconnaît la légitimité de ses demandes sur les Sudètes. Le 19, le Royaume-Uni et la France pressent la Tchécoslovaquie d'accepter la modification de sa frontière.

M. Neville Chamberlain, parti pour négocier un arrangement « honorable et équitable », est revenu de Berchtesgaden[1] porteur d'un ultimatum du Führer-chancelier. Le gouvernement britannique a cédé devant cet ultimatum. Le gouvernement français, si l'on s'en rapporte à son communiqué officiel, a donné son acquiescement pur et simple. (...)

M. Neville Chamberlain était allé à Berchtesgaden ; personne n'a invité M. Benès ou M. Hodza[2] (...) à venir à Londres. On leur a notifié, débattu en dehors d'eux, arrêté sans eux un plan qui mutile le territoire de l'État tchécoslovaque, ampute sa souveraineté et qui par voie de conséquence rompt et désavoue ses alliances.

Je ne connais pas, à l'heure où j'écris, la réponse de la Tchécoslovaquie. Mais quelle qu'elle soit, la partie d'Hitler est gagnée contre l'Angleterre et la France. Son plan est devenu le leur. (...) Quoi qu'il advienne, les conséquences iront loin, en Europe et en France. La guerre est probablement écartée. Mais dans des conditions telles que moi, qui n'ai cessé de lutter pour la paix, (...) je n'en puis éprouver de joie et que je me sens partagé entre un lâche soulagement et la honte.

Léon Blum, *Le Populaire*, 20 septembre 1938.

1 Lieu de résidence de Hitler en Bavière, au Sud de l'Allemagne.
2 Dirigeants de la Tchécoslovaquie.

CHRONOLOGIE

Mars 1938	Annexion de l'Autriche par l'Allemagne (*Anschluss*).
12 septembre	Hitler réclame l'annexion des Sudètes à la Tchécoslovaquie.
19 septembre	Le Royaume-Uni et la France demandent à la Tchécoslovaquie de céder.
23 septembre	Mobilisation générale en Tchécoslovaquie. France, Italie et Allemagne rappellent leurs réservistes.
29-30 septembre	Conférence de Munich. Les démocraties cèdent aux exigences allemandes.
Mars 1939	Annexion et démembrement de la Tchécoslovaquie par l'Allemagne.

2 La conférence de Munich

● **Pour régler la crise, une conférence réunit Chamberlain (1), premier ministre britannique, Mussolini (2), Hitler (3) et Daladier (4), président du Conseil français.**

3 L'enthousiasme des Français

● **À son retour de Munich, le chef du gouvernement français Édouard Daladier est acclamé par la foule venue l'attendre à l'aéroport du Bourget.**

4 L'opposition de Churchill aux accords de Munich

Au Royaume-Uni, la Chambre des communes approuve les accords de Munich par 369 voix contre 150. Winston Churchill fait partie des députés qui s'opposent à la ratification des accords.

Le partage de la Tchécoslovaquie, sous la pression de l'Angleterre et de la France, équivaut à une capitulation totale des démocraties occidentales devant la menace des nazis. (...) Un tel écroulement n'apportera ni la paix ni la sécurité. (...) Au contraire, il place ces deux nations dans une situation encore plus faible et plus dangereuse. Le simple fait que la Tchécoslovaquie soit neutralisée entraîne la libération de 25 divisions allemandes qui pèseront sur le front occidental ; en outre, elle ouvre aux nazis triomphants la route de la mer Noire. (...) Ce n'est pas la Tchécoslovaquie seule qui se trouve menacée, mais également la liberté et la démocratie dans toutes les nations. Croire qu'on peut obtenir la sécurité en jetant un petit État en pâture aux loups est une illusion fatale. Bientôt, en effet, l'Allemagne développera son potentiel de guerre plus rapidement qu'il ne sera possible à la Grande-Bretagne et à la France de compléter leurs préparatifs de défense.

Winston Churchill, discours devant la Chambre des communes, 21 novembre 1938.

5 Munich, l'échec des démocraties

Moins de six mois après la conclusion de l'accord de Munich (...) l'Allemagne (...) a provoqué la dislocation de la Tchécoslovaquie, occupé militairement la Bohême et la Moravie et annexé ces deux provinces au Reich. (...) La Slovaquie s'est constituée en État soi-disant indépendant, mais qui s'est placé sous la protection du Reich. (...)

L'opération dont la Tchécoslovaquie vient d'être victime porte (...) les marques spécifiques des entreprises hitlériennes : le cynisme et la perfidie dans la conception, le secret dans la préparation, la brutalité dans l'exécution. À Munich, les dirigeants nazis et le Führer lui-même avaient fait valoir l'impossibilité pour les Tchèques et pour les Allemands des Sudètes de coexister au sein d'un même État. (...) En compensation, la Tchécoslovaquie devait recevoir une garantie internationale de ses nouvelles frontières, garantie à laquelle l'Allemagne participerait elle-même. (...)

Aujourd'hui, il n'est plus question d'une séparation entre Tchèques et Allemands indispensable à la pacification du bassin danubien et de l'Europe. (...) Les accords de Munich n'ont donc été en définitive pour les dirigeants hitlériens qu'un moyen de désarmer la Tchécoslovaquie avant de l'annexer.

Robert Coulondre, ambassadeur français à Berlin, rapport au ministre des Affaires étrangères, 16 mars 1939.

QUESTIONS

▶ **Les accords de Munich : la faiblesse des démocraties**

DOCS 1 ET 2 **1.** Qui décide du sort de la Tchécoslovaquie ? Qui n'est pas consulté ?

DOCS 1 ET 4 **2.** À l'aide des documents et de la carte p. 237, indiquez les conséquences territoriales de ces accords pour la Tchécoslovaquie et pour l'Allemagne.

DOCS 1 ET 3 **3.** Quel est l'état de l'opinion en 1938 ? Que cherche-t-elle à éviter ?

▶ **Munich, une erreur des démocraties**

DOC 4 **4.** Expliquez les raisons pour lesquelles, d'après Churchill, les accords de Munich ne peuvent apporter la paix.

DOC 5 **5.** Pourquoi peut-on dire que Hitler a trompé la France et le Royaume-Uni à Munich ?

DOCS 4 ET 5 **6.** Montrez que la politique menée par le régime nazi en mars 1939 donne raison à l'analyse faite par Churchill en novembre 1938.

▶ **BILAN**

À l'aide des documents et de vos réponses aux questions, expliquez les raisons de la politique menée par les démocraties lors de la conférence de Munich, et montrez qu'elle révèle leur impuissance face aux ambitions territoriales de Hitler.

COURS

Les totalitarismes face aux démocraties

REPÈRES p. 130-131
REPÈRES p. 226-227
ÉTUDE p. 228-229
ÉTUDE p. 230-231

Comment les démocraties réagissent-elles aux menaces que les totalitarismes font peser sur elles dans les années 1930 ?

A Les totalitarismes, des adversaires résolus des démocraties

L'hostilité au règlement de la guerre

- Signé en juin 1919, le **traité de Versailles** doit **empêcher tout retour de la guerre.** Il limite l'armement de l'Allemagne, jugée responsable de la guerre, et met en place une Société des Nations aux fondements démocratiques (→ cours p. 138-139).
- Le fascisme et le nazisme affirment leur **rejet de cet ordre international**. Ils méprisent tous les deux la SDN dont l'idéal de dialogue et de paix est à l'opposé de leurs conceptions guerrières des relations internationales.
- Mussolini veut faire de l'Italie une **puissance coloniale** et contrôler la Méditerranée. Hitler dénonce le ***diktat*** du traité de Versailles dont il veut l'abolition. C'est une condition nécessaire à l'**application de son idéologie raciste** : rassembler dans un seul État les population parlant l'allemand, et conquérir un **espace vital** à l'Est.

Déstabiliser les démocraties

- Le communisme stalinien, le fascisme et le nazisme partagent une **profonde aversion pour les régimes démocrates et libéraux**. Pour l'URSS, ce sont des régimes capitalistes fondés sur la domination d'une classe bourgeoise sur le prolétariat. Pour Mussolini et Hitler, la démocratie est un **régime faible**, paralysé par le débat démocratique et donc incapable de redresser la nation italienne ou allemande.
- Dès 1919, Lénine met sur pied le **Komintern** pour organiser la **propagande communiste** et préparer une éventuelle révolution. Ainsi, en Allemagne, le parti communiste se livre à des attaques virulentes contre la **République de Weimar**.
- En France, **Mussolini n'hésite pas à financer des partis ou des ligues ouvertement fascistes** comme le francisme (→ doc 1 p. 224). En 1936, une organisation secrète, la Cagoule, est formée pour déstabiliser la république par des attentats et pour assassiner des opposants italiens en exil.

B Les atteintes à l'ordre de Versailles

Les premières alertes

- Dès 1933, **Hitler viole le traité de Versailles**. Il reconstitue, d'abord secrètement, une armée puis, en mars 1935, rétablit officiellement le service militaire. Le 7 mars 1936, **des troupes allemandes occupent la Rhénanie**, pourtant démilitarisée par le traité de Versailles.
- En Italie, **Mussolini** se montre d'abord inquiet des ambitions nazies notamment en Autriche. Pourtant, il obtient le soutien de l'Allemagne en octobre 1935, lorsqu'il se lance dans la **conquête de l'Éthiopie**, annexée en mai 1936.

Des réactions insuffisantes

- En URSS, Staline prend conscience que l'arrivée d'Hitler au pouvoir est un véritable danger. Il change donc de stratégie et opère un rapprochement avec les démocraties (doc 1).
- Mais celles-ci **réagissent sans vigueur**. La France ne peut se résoudre à affronter seule l'Allemagne. Or, le Royaume-Uni **privilégie une politique d'*appeasement***.
- **La SDN se révèle impuissante**. L'Allemagne s'en est retirée en octobre 1933, dès l'arrivée de Hitler au pouvoir. Les sanctions économiques prises en 1935 contre l'Italie

VOCABULAIRE

- ***Anschluss* (« raccordement »)**
Annexion de l'Autriche par l'Allemagne nazie le 13 mars 1938.
- ***Appeasement* (« apaisement »)**
Politique d'apaisement des tensions avec l'Allemagne nazie, fondée sur la recherche d'un compromis pour sauver la paix.
- **Brigades internationales**
Troupes militaires soutenant le gouvernement républicain, composées de volontaires étrangers, le plus souvent communistes.
- ***Diktat***
Terme allemand utilisé pour dénoncer le caractère arbitraire du traité de Versailles, imposé à l'Allemagne.
- **Espace vital (*Lebensraum*)**
Voir définition p. 207.
- **Impérialisme**
Politique de conquête et de domination territoriale.
- **Komintern (IIIe Internationale)**
Organisation internationale rassemblant tous les partis communistes, sous l'autorité du Parti communiste soviétique.
- **Pacifisme**
Courant de pensée qui souhaite régler les conflits entre Etats par la négociation et la non-violence.
- **Pacte germano-soviétique**
Pacte signé le 23 août 1939 par l'Allemagne et l'URSS dans lequel chacun des pays s'engage à ne pas attaquer l'autre. Une annexe gardée secrète prévoit le partage de la Pologne.
- **République de Weimar**
Régime démocratique de l'Allemagne de 1919 à 1933. Il tire son nom de la ville où a été débattue la Constitution.

ne sont pas respectées par les pays membres, mais pour Mussolini c'est le signe que les démocraties s'opposent à sa politique **impérialiste**, ce qui le rapproche d'Hitler.

La guerre d'Espagne : un tournant

- En **juillet 1936**, le général espagnol Franco organise un soulèvement contre le gouvernement républicain du *Frente popular*, dirigé par une coalition de partis de gauche. C'est le début d'une **guerre civile qui prend une dimension européenne**.
- Les démocraties, qui craignent l'extension du conflit à tout le continent, font adopter en août le **principe de la non-intervention auquel se rallient l'Allemagne, l'Italie et l'URSS**. En réalité, cette non-intervention **est impossible à faire respecter**. Au nom de la lutte contre le communisme, Hitler et Mussolini apportent à Franco un soutien militaire tandis que l'URSS envoie du matériel de guerre au gouvernement légal. Des **brigades internationales** se mobilisent aussi pour le *Frente popular*. La France laisse discrètement passer des armes vers l'Espagne républicaine.

C La marche à la guerre

L'expansion de l'Allemagne en Europe

- La guerre d'Espagne a renforcé Hitler. Il a pu y tester matériel et stratégies militaires, et conclure en novembre 1936 une alliance avec Mussolini, l'Axe Rome-Berlin. Il signe le pacte anti-Komintern avec le Japon en 1936 et avec l'Italie en 1937 (→ carte p. 227). Il s'est aussi convaincu de l'**incapacité des démocraties à s'opposer à sa politique**.
- Aussi, en **mars 1938**, **envahit-il l'Autriche**, peuplée de germanophones : c'est l'***Anschluss***, que les Autrichiens acceptent par référendum. Il revendique ensuite les **Sudètes** : région tchécoslovaque, elle est peuplée en majorité de germanophones.

Munich : l'abdication des démocraties

- Devant le refus de la Tchécoslovaquie, Hitler la menace d'une guerre. France et Royaume-Uni **poursuivent la politique d'*appeasement* et cèdent aux exigences nazies** : le 30 septembre 1938, à Munich, elles autorisent Hitler à s'emparer des Sudètes alors que la Tchécoslovaquie est une démocratie alliée de la France.
- L'issue de cette conférence révèle la **force du pacifisme dans les démocraties** : les opinions publiques soutiennent en majorité leurs gouvernements.

1939 : vers la guerre

- **Munich conforte les ambitions d'Hitler**. Le **15 mars 1939**, il démembre la Tchécoslovaquie en **annexant la Bohême-Moravie** : la conquête de ce territoire est la première étape dans la création de l'espace vital. Devant la passivité des démocraties, **Mussolini envahit l'Albanie le 7 avril**. En Espagne, Franco triomphe.
- Hitler exige alors le **corridor de Dantzig**, rattaché à la **Pologne** par le traité de Versailles. Il est en effet persuadé que la France et le Royaume-Uni ne s'y opposeront pas, malgré leur soutien affiché à la Pologne.
- Il obtient en outre, le 23 août, la **neutralité de l'URSS par le pacte germano-soviétique**. À une fragile alliance avec les démocraties, Staline préfère un pacte de non-agression avec Hitler, assorti d'une promesse de partage de la Pologne. **Le 1er septembre, l'Allemagne envahit la Pologne : c'est le début de la Seconde Guerre mondiale** (doc 2).

VÉRIFIEZ VOS CONNAISSANCES

1. Comment les régimes totalitaires cherchent-ils à déstabiliser les démocraties ?
2. Montrez que l'Allemagne et l'Italie mènent une politique de conquêtes.
3. Montrez que la guerre d'Espagne et la conférence de Munich sont des symboles de l'incapacité des démocraties à s'opposer aux totalitarismes.

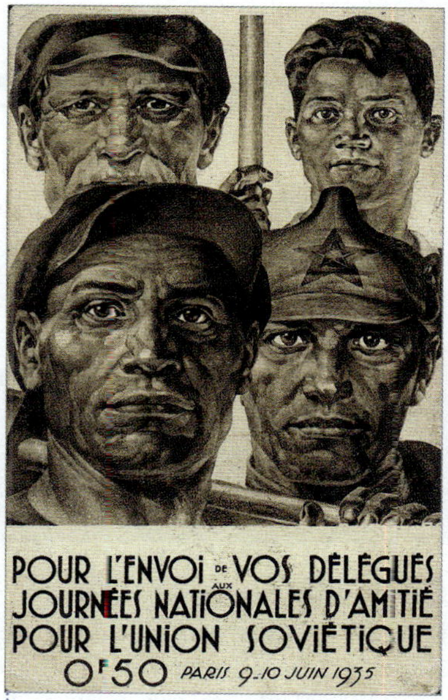

1. *La propagande soviétique en France*

Les journées nationales d'amitié pour l'URSS, organisée en juin 1935 à Paris, témoignent de la volonté de Staline de se rapprocher des démocraties occidentales après l'accession de Hitler au pouvoir en 1933. *Carte postale française, 1935.*

2. *Le pacte germano-soviétique*

Les articles secrets du pacte prévoient le partage de la Pologne entre Hitler et Staline, source probable, selon le caricaturiste, de nouvelles tensions.
« Quelqu'un est en train de se faire balader », *David Low*, Picture Post, *21 octobre 1939.*

Guernica : l'engagement de Pablo Picasso

Comment Guernica marque-t-il l'engagement de Pablo Picasso pou

L'ESSENTIEL SUR...

L'art de Pablo Picasso au service de la cause républicaine

Un artiste reconnu

▶ Artiste espagnol installé à Paris, Pablo Picasso est, dans les **années 1930, l'un des représentants les plus célèbres de l'art moderne**. Initiateur du **cubisme** avec Georges Braque, il expérimente depuis lors de **nouvelles techniques** : refus du réalisme, perspective malmenée, processus de déformation, d'étirement, de géométrisation des objets.

L'Exposition universelle : une vitrine pour la république

▶ Depuis juillet 1936, le gouvernement républicain en Espagne lutte contre les troupes de Franco, soutenues par l'Italie et l'Allemagne. Pourtant, il maintient sa participation à l'**Exposition universelle prévue en juin 1937 à Paris : il espère ainsi obtenir le soutien de l'opinion internationale**. Pour cela, il passe commande en janvier 1937 d'une œuvre à Picasso.

Guernica : du bombardement à l'œuvre

▶ **Le 26 avril 1937, la ville basque de Guernica est bombardée par l'aviation allemande.** Les victimes sont essentiellement civiles. L'annonce de ce massacre bouleverse Picasso. Il s'en empare pour construire une œuvre témoignant de la violence, de la barbarie et de la douleur. Le tableau est tout entier consacré aux victimes. ***Guernica* connaît un retentissement immédiat** : plus que le récit d'un acte de guerre, il est un **symbole de la violence des dictatures et témoigne de l'engagement de l'artiste**.

1 Guernica

Huile sur toile de Pablo Picasso (3,50 x 7,76 m), 1937, musée de la Reina Sofia, Madrid.

2 Picasso s'engage

La guerre d'Espagne est la bataille de la réaction contre le peuple, contre la liberté. Toute ma vie d'artiste n'a été qu'une lutte continuelle contre la réaction et la mort de l'art. Dans le panneau auquel je travaille et que j'appellerai Guernica, j'exprime clairement mon horreur de la caste militaire qui a fait sombrer l'Espagne dans un océan de douleur et de mort.

Déclaration de Pablo Picasso, mai 1937.

dans la guerre d'Espagne

spagne républicaine ?

Questions

• Présenter l'œuvre d'art

1. Présentez *Guernica* en insistant sur le contexte dans lequel cette œuvre a été réalisée.

• Analyser l'œuvre d'art

2. Quelles sont les couleurs utilisées par Picasso ?

3. Montrez qu'il ne cherche pas à créer une œuvre réaliste.

4. Relevez tous les éléments qui évoquent la douleur et la mort.

• Faire le lien entre arts et histoire

5. Dans le tableau, Picasso fait-il référence aux circonstances du bombardement de Guernica ?

6. D'après le doc 2, pourquoi Picasso peint-il ce tableau ?

@ Pour aller plus loin

Sur le site de l'agence photographique de la RMN (www.photo.rmn.fr), faites une recherche sur le terme « Guernica » pour accéder aux photographies prises à différentes étapes de la réalisation de *Guernica* par Pablo Picasso.

RÉVISIONS

Les totalitarismes face aux démocraties dans les années 1930

Les points clés du cours

1. Les totalitarismes contre les démocraties

- À la fin de la Première Guerre mondiale, le **traité de Versailles**, qui fonde la SDN, veut créer un nouvel ordre international. Mais Hitler et Mussolini refusent ce règlement qui abaisse leur pays et qui est le fruit d'un accord entre démocraties.
- Les régimes totalitaires partagent une même haine du régime démocratique. Le communisme veut renverser ce régime bourgeois par une révolution. Le fascisme et le nazisme le considèrent comme un régime de faiblesse. Ils n'hésitent pas à déstabiliser les démocraties par la violence et la propagande.

2. Les atteintes à l'ordre de Versailles

- **Le régime nazi ne respecte pas le traité de Versailles** : Hitler réarme l'Allemagne puis, en 1936, remilitarise la Rhénanie. Mussolini conquiert l'Éthiopie en mai 1936.
- Face à ces coups de force, les démocraties réagissent peu. Elles privilégient une **politique d'apaisement** : elles cherchent des compromis avec les totalitarismes, pour éviter le déclenchement d'une guerre. La SDN se révèle impuissante.
- **La guerre d'Espagne (1936-1939)** est un tournant : elle montre la faiblesse des démocraties. En effet, elles n'interviennent pas pour aider le gouvernement légalement élu à se défendre contre une rébellion armée, alors que les totalitarismes soutiennent activement l'un ou l'autre camp.

3. La marche à la guerre

- L'Allemagne profite de cette faiblesse pour s'étendre en Europe. Elle annexe d'abord l'**Autriche en mars 1938** puis exige de la **Tchécoslovaquie la région des Sudètes**. Le règlement de cette crise révèle la force du pacifisme dans les démocraties et leur aveuglement devant l'impérialisme nazi : à **Munich en octobre 1938**, France et Royaume-Uni abdiquent devant les exigences d'Hitler.
- L'Allemagne nazie poursuit son expansion avec l'**annexion de la Bohême-Moravie en mars 1939**, imitée par l'**Italie** qui conquiert l'**Albanie**. Fort de la neutralité de l'URSS, obtenue par la signature du **pacte germano-soviétique le 23 août 1939**, convaincu de l'impuissance des démocraties, **Hitler envahit la Pologne le 1er septembre 1939**.

Les mots clés

- *Anschluss* → p. 232
- *Appeasement* → p. 232
- *Diktat* → p. 232
- Impérialisme → p. 232
- Pacte germano-soviétique → p. 232

Les personnages clés

Adolf Hitler
(1889-1945)
Chancelier du Reich allemand de 1933 à sa mort en 1945.
→ Biographie p. 199

Benito Mussolini
(1883-1945)
Chef du gouvernement italien de 1922 à 1943.
→ Biographie p. 199

Joseph Staline
(1879-1953)
Secrétaire général du parti communiste en 1922, il dirige l'URSS jusqu'à sa mort.
→ Biographie p. 207

Les dates clés

1919	Création du Komintern
1933	Début du réarmement de l'Allemagne
octobre 1935-mai 1936	Conquête de l'Éthiopie par l'Italie
7 mars 1936	Remilitarisation de la Rhénanie
juillet 1936-avril 1939	Guerre d'Espagne
26 avril 1937	Bombardement de Guernica
13 mars 1938	*Anschluss* (annexion de l'Autriche par l'Allemagne)
30 septembre 1938	Accords de Munich
15 mars 1939	Invasion de la Bohême-Moravie par l'Allemagne
7 avril 1939	Invasion de l'Albanie par l'Italie
23 août 1939	Pacte germano-soviétique de non-agression
1er septembre 1939	Invasion de la Pologne par l'Allemagne

L'Allemagne en 1933 et en 1939

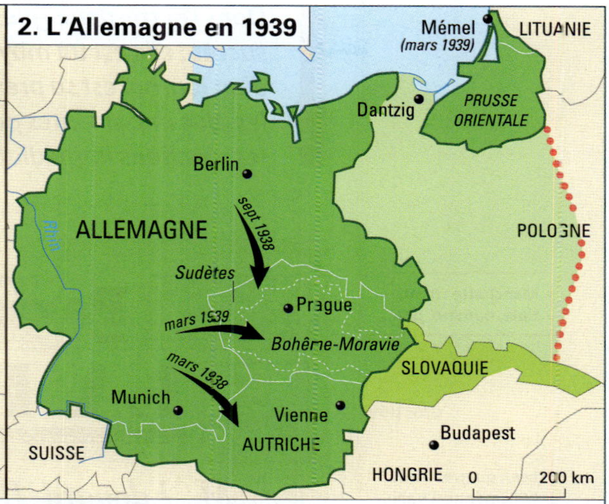

- Allemagne
- Zone démilitarisée, imposée par le traité de Versailles
- Zone soumise à plébiscite pour déterminer son rattachement à l'Allemagne
- État soumis à l'autorité du gouvernement allemand
- Territoire dont l'annexion est envisagée par l'annexe secrète du pacte germano-soviétique
- Ligne de partage de la Pologne fixée par le pacte Germano-soviétique
- Annexions

QUESTIONS

1. Présentez les deux cartes en insistant sur le contexte politique allemand (type de régime, dirigeant...).
2. Quels changements territoriaux l'Allemagne a-t-elle connus ? Comment les expliquer ?
3. Montrez, grâce aux cartes et à vos connaissances, que l'attitude de l'Allemagne face au traité de Versailles a changé entre 1933 et 1939.
4. Expliquez grâce à vos connaissances comment les annexions sont justifiées par le régime nazi.

Pour aller plus loin

Livres

- Georges Bernanos, *Les Grands Cimetières sous la lune*, Le Seuil, 1997.
- Dan Franck et Jean Vautrin, dans la série « Les aventures de Boro, reporter photographe » : *Le Temps des cerises* et *Les Noces de Guernica* (1995), Pocket.
- George Orwell, *Hommage à la Catalogne*, 1938.
- François Godicheau, *La Guerre d'Espagne*, « Découvertes », Gallimard, 2006.
- Ernest Hemingway, *Pour qui sonne le glas*, « Folio », Gallimard, 1973.
- André Malraux, *L'Espoir*, « Folio », Gallimard, 1972.

Films

- James Ivory, *Les Vestiges du jour*, 1993.
- Ken Loach, *Land and Freedom* 1995.

Sites Internet

- Site du ministère espagnol de la Culture, présentant des affiches de la guerre d'Espagne : http://pares.mcu.es/cartelesGC
- Jalons pour l'histoire du temps présent : des extraits d'actualités françaises sur l'*Anschluss*, la guerre d'Espagne, Munich... www.ina.fr/fresques/jalons
- L'exposition virtuelle de la BNF sur le photographe Robert Capa, notamment ses images de la guerre d'Espagne : http://expositions.bnf.fr/capa

MÉTHODE

Expliquer la « Une » d'un journal

Dans l'entre-deux-guerres, la presse quotidienne connaît un grand succès : elle est un moyen privilégié d'information. La « Une » d'un journal est sa première page. Elle présente les informations jugées les plus importantes par la rédaction et permet donc de comprendre les réactions immédiates que provoque l'actualité.

SIXIÈME DERNIÈRE

Paris-soir Dimanche

SAMEDI 1er OCTOBRE 1938

6e DERNIÈRE

C'est à 1 heure 35 ce matin que l'ACCORD des QUATRE a été signé à Munich

LA PAIX !

Demain, 1er OCTOBRE commencera l'évacuation des régions sudètes

M. Edouard Daladier est arrivé cet après-midi à 15 heures 48 au Bourget

Sur tout le parcours, de l'aérodrome à la rue Saint-Dominique, une foule immense a acclamé le Président du Conseil.

DÉJÀ A MUNICH, CE MATIN, IL AVAIT DU PARAITRE PLUSIEURS FOIS AU BALCON DE SON HOTEL POUR RÉPONDRE AUX ACCLAMATIONS

La paix ! La paix ! C'est la paix !

Jean PROUVOST.

POUR OFFRIR à M. NEVILLE CHAMBERLAIN « LA MAISON DE LA PAIX » EN FRANCE

« PARIS-SOIR » OUVRE UNE SOUSCRIPTION NATIONALE

Manchette : nom, date, numéro, prix…

Gros titres

Les « quatre » sont l'Allemagne, l'Italie, le Royaume-Uni et la France. La Tchécoslovaquie n'a pas été invitée.

Ventre

Rez-de-chaussée

Ce titre est ambigu : les accords de Munich prévoient l'annexion des Sudètes par l'Allemagne – plus que son « évacuation » par la Tchécoslovaquie.

Éditorial : article qui donne l'analyse et l'opinion de la rédaction du journal, signé ici par son propriétaire, Jean Prouvost.

Photographies :
– de la signature des accords par Daladier, chef du gouvernement français ;
– de discussions entre Daladier et Hitler, et entre Mussolini et Chamberlain, Premier ministre britannique.

Appel aux lecteurs : il montre l'ambition du journal de jouer un rôle dans la vie publique.

« Une » de Paris-soir*, 30 septembre 1938.*

QUESTIONS

1. Présentez le document.

2. Expliquez quel événement est à la « Une » de *Paris-soir*.

3. Expliquez comment la rédaction de *Paris-soir* accueille l'annonce de cet événement : quelle signification lui donne-t-elle ?

4. Cette « Une » traduit-elle l'ensemble des réactions aux accords de Munich ?

5. Montrez que le gros titre de *Paris-soir* se révélera erroné un an plus tard.

Méthode générale

Application guidée

1 Présenter le document

- Identifier le **journal** : nom, fréquence de parution (quotidien, hebdomadaire...), diffusion (nationale, régionale...), nature (presse d'information et/ou d'opinion, satirique...) et positionnement politique.
- Relever l'**actualité présentée** : date de parution et contexte (événement particulier, situation politique, économique, sociale...).

Question 1. Présentez le document

Info

Paris-soir est un quotidien très populaire, vendu à près de deux millions d'exemplaires à la fin des années 1930. Il accorde une place importante à la photographie.

Question 2. Expliquez quel événement est à la « Une » de *Paris-soir*.

Conseil

Le contexte est celui dans lequel vivent les lecteurs du journal : il n'est donc pas rappelé. Vous devez alors le connaître pour comprendre la « Une ».

2 Analyser le traitement des informations

- **La mise en page révèle une hiérarchisation des informations :**
  – quelles informations sont mises en avant par les gros titres ? par les titres secondaires ?
  – quelles sont les illustrations choisies (dessins, photographies...) ? Quel est leur sens ?
- **La « Une » exprime souvent des opinions sur les événements présentés** :
  – quelle est l'opinion de la rédaction du journal (accord, rejet, critique...) ?
  – d'autres opinions sont-elles exprimées (semblables, opposées...) ?

Question 3. Expliquez comment la rédaction de *Paris-soir* accueille l'annonce de cet événement : quelle signification lui donne-t-elle ?

Conseil

Analysez le choix des titres, des sous-titres et des photographies.

Question 4. Cette « Une » traduit-elle l'ensemble des réactions aux accords de Munich ?

Conseil

Reportez-vous aux documents de l'étude p. 230-231 pour montrer que *Paris-soir* n'évoque pas l'opinion des opposants aux accords de Munich.

3 Montrez l'intérêt de la « Une »

- Montrer quelle(s) analyse(s) les contemporains (journalistes, opinion publique...) ont du ou des événements présentés en « Une ».
- Se demander si cette analyse peut être considérée aujourd'hui comme correcte par les historiens.

Question 5. Montrez que le gros titre de *Paris-soir* se révélera erroné un an plus tard.

exercice d'application

En vous aidant de la méthode ci-dessus, expliquez cette « Une » de journal en répondant aux questions suivantes.

1. Présentez le document.
2. Quel événement est à la « Une » de *L'Humanité* ?
3. Comment le journal l'explique-t-il ?
4. Que signifie l'expression « en finir avec la politique munichoise » ?

5 HEURES DU MATIN — ÉDITION PARISIENNE

l'Humanité

ORGANE CENTRAL DU PARTI COMMUNISTE FRANÇAIS (S.F.I.C.)

LE NUMÉRO 50 CENTIMES

Fondateur : Jean JAURÈS — Paul VAILLANT-COUTURIER — Directeur : Marcel CACHIN

JEUDI 16 mars 1939 — QUATRE ÉDITIONS

Dans trois meetings à Paris
3.500 AUDITEURS DANS LE 14e
3.300 DANS LE 19e
2.?00 DANS LE 18e
ont condamné hier la politique des munichois

Conséquence de Munich :

HITLER ANNEXE LA BOHÊME
SES TROUPES OCCUPENT PRAGUE

La Slovaquie passe sous l'hégémonie allemande

DE SON COTÉ, LA HONGRIE S'EMPARE DE LA RUTHÉNIE

Memel et Dantzig y passeront-elles dès aujourd'hui ?

A la Commission des affaires étrangères, hier, M. Bonnet n'a trouvé qu'un défenseur : Flandin.

Gabriel Péri dépose une interpellation avec une demande de discussion immédiate.

UNIS CONTRE LA REACTION
par Jacques DUCLOS

Et maintenant, il va falloir faire face aux revendications de Mussolini et même de Franco

La sécurité de la France exige qu'on en finisse avec la politique munichoise

Aujourd'hui, suite du débat sur les réfugiés espagnols : André Marty doit intervenir

« Une » de ***L'Humanité***, *16 mars 1939.*

CHAPITRE 8

La fin des totalitarismes

La défaite militaire de l'Allemagne en 1945 provoque l'effondrement du régime totalitaire nazi. Ce sont les vainqueurs de la guerre – les États-Unis, l'URSS, le Royaume-Uni et la France – qui entreprennent alors la dénazification du pays. En URSS, le régime totalitaire sort victorieux de la guerre et survit à la mort de Staline en 1953. Il tente, sans succès, de se réformer au cours des années suivantes et s'effondre finalement, à la fin des années 1980, victime de son échec économique et politique.

Comment les totalitarismes disparaissent-ils en Allemagne et en URSS ?

1 La dénazification en Allemagne …

Le tribunal de Nuremberg (1945-1946)

• Le tribunal militaire international de Nuremberg est chargé de juger les grands criminels nazis. La salle d'audience est aménagée à cet effet.

(1) Les accusés (2) Police militaire américaine (3) Interprètes : traduisent simultanément en allemand, français, anglais et russe (4) Grand écran pour la projection de films (5) Barre des témoins (6) Caméra pour filmer le procès (7) Juges représentant les États vainqueurs (8) Greffiers et sténographes (9) Journalistes et observateurs (10) Procureurs et représentants de l'accusation (11) Avocats de la défense

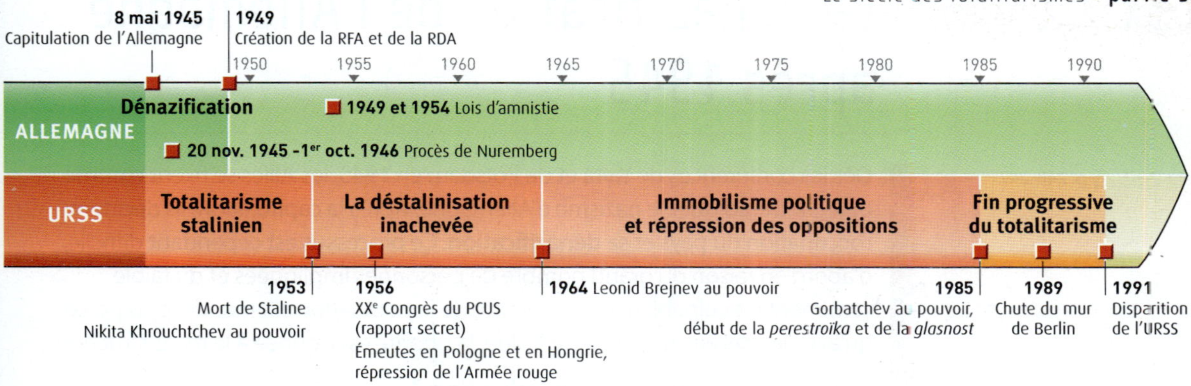

2 … et la fin du totalitarisme en URSS

Statue de Staline à Moscou, 8 septembre 1991

• En 1991, plus de 70 ans après la révolution de 1917, le régime totalitaire sovietique s'effondre, victime de son échec économique et du rejet de la population.

ÉTUDE

La dénazification de l'Allemagne après 1945

COURS p. 246-247

Dès les conférences de Yalta et de Potsdam en 1945, les Alliés se fixent comme objectif d'éradiquer le nazisme d'Allemagne. Après la capitulation, ils décident l'occupation du pays et sa **dénazification**. Ce processus est cependant difficile, d'abord en raison du grand nombre de personnes impliquées et du faible sentiment de culpabilité de la majorité de la population allemande, puis parce qu'avec les débuts de la Guerre froide, la priorité est donnée à la reconstruction.

Comment s'organise la dénazification ?

1 Les Alliés décident la dénazification

3. Les buts de l'occupation de l'Allemagne, que le Conseil de contrôle[1] ne devra pas perdre du vue, sont :

(...) **III.** La suppression du parti national-socialiste et des organisations qui lui sont affiliées ou qui sont sous son contrôle, la dissolution de toutes les institutions nazies, l'assurance qu'elles ne revivent sous aucune forme et l'opposition à toute activité ou propagande nazie ou militariste.

IV. La préparation de la reconstruction éventuelle de la vie politique allemande sur une base démocratique et de la coopération éventuelle de l'Allemagne à la vie internationale.

4. Toutes les lois nazies qui constituent la base du régime hitlérien ou qui établissent des discriminations en se fondant sur des motifs de race, de croyance ou d'opinion politique seront abrogées. (...)

5. Les criminels de guerre et les individus qui ont participé aux plans ou à l'exécution des entreprises nazies, tendant ou aboutissant à des atrocités ou à des crimes de guerre, seront arrêtés et traduits en jugement. (...)

7. L'éducation allemande sera contrôlée de manière à éliminer complètement les doctrines nazies et militaristes et à permettre l'heureux développement des idées démocratiques.

8. Le système judiciaire sera réorganisé conformément aux principes de la démocratie, de la légalité des droits pour tous les citoyens, sans distinction de race, de nationalité ou de religion.

Conférence de Potsdam, 17 juillet-2 août 1945.

1. Il doit assumer l'autorité suprême dans l'Allemagne vaincue. Son acte de création est signé le 30 août 1945 entre le Royaume-Uni, les États-Unis, l'URSS et la France.

VOCABULAIRE

• Dénazification
Décision prise par les Alliés lors des conférences de Yalta et de Potsdam en 1945 d'épurer la société allemande du nazisme et de mettre en place un État démocratique.

2 Le bilan de la dénazification

Dans un premier temps, la dénazification est prise en charge par les Alliés dans leur zone d'occupation respective. En juillet 1945, un questionnaire classant les individus ayant appartenu à une organisation nazie en cinq catégories est diffusé auprès de la population.

a. ***Bilan de l'activité des tribunaux militaires alliés***
(procès de Nuremberg exclu)

	Zone américaine	Zone britannique	Zone française	Zone soviétique
Nombres de personnes jugées	1 694	1 085	2 107	13 532
Condamnations à mort	348	240	104	436

b. ***Bilan de la dénazification dans les zones occidentales***
(résultats du questionnaire)

	Zone américaine	Zone britannique	Zone française
Nombre de cas traités	950 126	2 041 454	669 068
Catégorie 1 (principaux coupables)	0,2 %	–	–
Catégorie 2 (coupables)	2,3 %	–	0,1 %
Catégorie 3 (peu compromis)	11,2 %	1,3 %	2,5 %
Catégorie 4 (suiveurs)	51,1 %	10,9 %	44,7 %
Catégorie 5 (exonérés)	1,9 %	58,4 %	0,5 %
Procédures suspendues (amnisties et autres)	33,3 %	29,4 %	52,2 %

M.-B. Vincent, La Dénazification, *« Tempus », Perrin. 2008.*

3 La dénazification d'une œuvre d'art

• En 1937, le peintre Adolf Riedlin réalise une fresque pour le compte de l'entreprise de gaz de Fribourg-en-Brisgau. Elle est exposée dans la salle commune puis modifiée en 1948 par le « Bureau pour la reconstruction » de la ville.

4 La dénazification dans la zone soviétique

Pour l'Union soviétique, le national-socialisme était le fruit des contradictions du capitalisme allemand. On ne pouvait en conséquence en venir à bout qu'en supprimant, par une réforme radicale des rapports de propriété, la base économique qui l'avait engendré. Il s'ensuivait la nécessité de socialiser les moyens de production, en particulier dans l'industrie lourde, en tant que fondement de toute industrie de guerre, comme celle de procéder à une réforme agraire aux dépens des agrariens[1]. (...) En accord avec le Parti communiste allemand dont elle avait autorisé la reconstitution dès le 10 juin 1945, elle estimait qu'il fallait d'abord liquider les séquelles du fascisme. (...) Mais l'ordre démocratique antifasciste ainsi institué représentait aussi la première étape en vue d'un changement des structures dans la société allemande. Dénazifier était ainsi, pour l'URSS, au-delà de l'indispensable processus d'épuration, une entreprise qui visait à bouleverser tous les domaines de la société allemande.

J. Vaillant, *La dénazification par les vainqueurs. La politique culturelle des occupants en Allemagne, 1945-1949*, Presses universitaires de Lille, 1981.

1. *Grands propriétaires.*

5 Les difficultés de la dénazification dans la zone américaine

*Dans la zone américaine, à partir de mars 1946, la dénazification est confiée à des tribunaux allemands (*Spruchkammer *ou « chambre de jugement »).*

En certains endroits de la zone américaine, c'est une distraction fort recherchée que d'assister à un *Spruchkammersitzung*, c'est-à-dire au tribunal de dénazification. (...) Un jour, cela commence par un petit instituteur et se termine par un responsable vénal du parti nazi. (...) Les charges qui pèsent sur l'instituteur ne sont pas très lourdes : il a appartenu aux SA mais n'a, par ailleurs, pas beaucoup fait parler de lui. (...) L'accusé dispose de six témoins qui jurent qu'il est innocent, qui certifient qu'ils ne l'ont jamais entendu exprimer des opinions nazies, qui attestent qu'il écoutait les radios étrangères (comme tous les accusés) ; il a avec lui des témoins juifs qui l'ont vu faire preuve de gentillesse envers des Juifs (tous les accusés en ont ; le témoin juif coûte 100 marks). (...)

La principale raison pour laquelle l'instituteur sera acquitté est cependant le fait qu'il ait encore dirigé le chœur de l'église de sa localité un an après qu'il a été considéré comme compromettant de s'occuper d'affaires ecclésiastiques de quelque nature que ce soit. Le procureur lui-même intervient en sa faveur et l'affaire est réglée.

Stig Dagerman, *L'Automne allemand*, Actes Sud, 1980.

QUESTIONS

▶ La mise en œuvre de la dénazification

DOC 1 **1.** Quelles sont les grandes décisions prises par les Alliés à la conférence de Potsdam concernant l'Allemagne vaincue ? **2.** En quoi ces décisions visent-elles aussi à préparer l'avenir ?

DOCS 1, 2, 4 ET 5 **3.** Qui sont les acteurs de la dénazification ?

DOC 3 **4.** Quand la fresque a-t-elle été créée ? Transformée ? Pourquoi et comment a-t-elle été modifiée ?

DOC 2a **5.** Dans quelle zone la dénazification a-t-elle été la plus poussée par les tribunaux militaires ? Pensez à calculer des pourcentages.

▶ Les limites de la dénazification

DOCS 2 ET 4 **6.** Dans quelle zone la dénazification a-t-elle été la plus limitée ? **7.** Quelle est la spécificité de la dénazification dans la zone soviétique ?

DOC 5 **8.** À quelle difficulté se heurte la dénazification d'après ce témoignage ?

▶ BILAN

À l'aide des documents et de vos réponses aux questions, présentez la dénazification en Allemagne et indiquez ses limites.

ÉTUDE

Le procès de Nuremberg (1945-1946)

COURS p. 246-247

Le procès des principaux responsables nazis se déroule à Nuremberg devant un tribunal militaire international du 20 novembre 1945 au 1er octobre 1946. Il met en évidence le système nazi d'extermination et constitue la première ébauche de justice internationale en donnant une reconnaissance juridique des crimes de guerre et crimes contre l'humanité. Cependant, tous les grands criminels nazis ne sont pas jugés à Nuremberg. Certains sont morts, d'autres en fuite.

Quelle est l'importance historique du procès de Nuremberg ?

1 Les accusés dans la salle du procès de Nuremberg

▸ **Premier rang, de gauche à droite :**

Goering, commandant en chef de la *Luftwaffe* (aviation allemande), condamné à mort, se suicidera. **Hess**, adjoint d'Hitler jusqu'en 1941, prison à perpétuité. **Ribbentrop**, ministre des Affaires étrangères, condamné à mort. **Keitel**, chef du haut-commandement de la *Wehrmacht* (armée allemande), condamné à mort. **Kaltenbrunner**, chef de la sécurité du Reich, condamné à mort. **Rosenberg**, théoricien de l'antisémitisme, ministre des Territoires occupés de l'Est, condamné à mort. **Frank**, gouverneur général de Pologne, condamné à mort. **Frick**, ministre de l'Intérieur, condamné à mort. **Streicher**, directeur du journal antisémite *Der Stürmer*, condamné à mort. **Funk**, ministre de l'Économie, prison à perpétuité. **Schacht**, ministre ayant participé à la tentative d'assassinat contre Hitler en 1944 puis envoyé au camp de Dachau, acquitté.

▸ **Deuxième rang, de gauche à droite :**

Raeder et **Doenitz**, commandants en chef de la Marine, prison à perpétuité et 10 ans de prison. **Von Schirach**, chef des Jeunesses hitlériennes, 20 ans de prison. **Sauckel**, commissaire général à la Main-d'Œuvre, condamné à mort. **Jodl**, adjoint de Keitel à la *Wehrmacht*, condamné à mort. **Von Papen**, accusé d'avoir conspiré pour persuader Hindenburg de nommer Hitler Chancelier, acquitté. **Seyss-Inquart**, commissaire du Reich pour les Pays-Bas, condamné à mort. **Speer**, architecte officiel du IIIe Reich, ministre de l'Armement, 20 ans de prison. **Von Neurath**, ministre des Affaires étrangères dans les premières années du nazisme, 15 ans de prison. **Fritzsche**, responsable de la radio au ministère de la Propagande, acquitté.

▸ Sur les **vingt-quatre accusés** initiaux, deux ne sont finalement pas jugés : Gustav Krupp, industriel, pour cause de maladie et Robert Ley, organisateur du NSDAP, qui s'est suicidé avant le procès. Martin Bormann, conseiller de Hitler, porté disparu, est jugé par contumace (condamné à mort).

2 De nouveaux chefs d'accusation

Les actes suivants ou l'un quelconque d'entre eux sont des crimes soumis à la juridiction du tribunal et entraînant une responsabilité individuelle :

a. Les crimes contre la paix : c'est-à-dire la direction, la préparation, le déclenchement ou la poursuite d'une guerre d'agression ou d'une guerre de violation des traités, assurances ou accords internationaux, ou la participation à un plan concerté ou à un complot pour l'accomplissement de l'un quelconque des actes qui précèdent.

b. Les crimes de guerre : c'est-à-dire les violations des lois et coutumes de la guerre. (...)

c. Les crimes contre l'humanité : c'est-à-dire l'assassinat, l'extermination, la réduction en esclavage, la déportation et tout autre acte inhumain commis contre toutes populations civiles, avant ou pendant la guerre, ou bien les persécutions pour des motifs politiques, raciaux ou religieux, lorsque ces actes ou persécutions, qu'ils aient constitué ou non une violation du droit interne du pays où ils ont été perpétrés, ont été commis à la suite de tout crime entrant dans la compétence du tribunal, ou en liaison avec ce crime.

Article 6 du statut du tribunal international de Nuremberg institué le 8 août 1945 par les accords de Londres entre les quatre Alliés.

3 Les raisons d'un procès

Le 1er juin 1942, le procureur américain Jackson présente au président Truman un rapport dans lequel il énonce les raisons et motifs qui doivent présider à la constitution du tribunal militaire international.

Notre argumentaire doit se fonder sur des faits authentiques et constituer une histoire amplement documentée de ce qui fut, nous en sommes convaincus, une vaste entreprise concertée, visant à déclencher et imposer les agressions et la barbarie qui ont horrifié le monde. Nous ne devons pas oublier que, quand les plans nazis furent annoncés avec arrogance, ils étaient si extravagants que le monde refusa de les prendre au sérieux. Si nous ne consignons pas ce que fut ce mouvement avec clarté et précision, nous ne pourrons blâmer les générations futures si, lorsque la paix régnera, les accusations générales émises pendant la guerre leur paraissent incroyables. Nous devons établir des faits incroyables au moyen de preuves crédibles.

Cité par Christian Delage, « L'image comme preuve. L'expérience du procès de Nuremberg », *Vingtième siècle* n° 72, 2001.

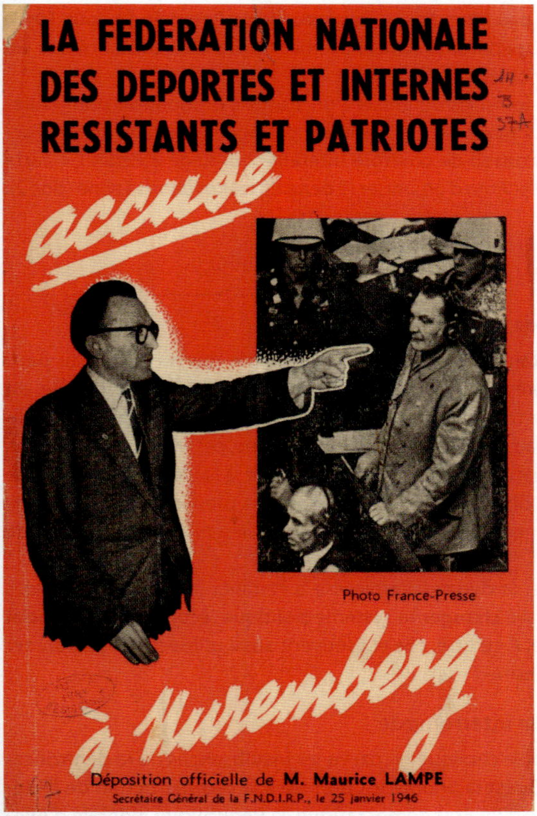

4 Le témoignage de Maurice Lampe, résistant déporté

● La FNDIRP est une association qui regroupe les anciens déportés et internés des camps de concentrations nazis. Elle a été créée dès 1945.

Musée de la Résistance nationale, Champigny.

5 Les imperfections du procès de Nuremberg vues par une historienne

L'Union Soviétique était complice de cette « guerre d'agression » à laquelle les Anglo-Saxons accordaient tant d'importance. Elle avait envahi la Finlande et une partie de la Pologne, où furent massacrés près de 15 000 officiers de l'armée polonaise, dont plus de 4 000 à Katyn. Ce fut le terrible non-dit de Nuremberg. (...) On peut, face à l'Histoire, parler de déni de vérité : justice a été correctement rendue, mais dans des conditions morales parfois discutables, d'autant plus que tout le monde, accusation comme accusés, a bien conscience qu'il s'agit d'un procès pour l'Histoire. Mais, sur Katyn, le déni de vérité est antérieur. Lors de la découverte du charnier, en 1943, Churchill sait parfaitement que c'est l'œuvre des Soviétiques, mais il choisit de ne rien dire, pour préserver l'alliance de guerre. Nuremberg se trouve dans cette continuité du front antinazi. C'est difficilement admissible aujourd'hui, mais cela se comprend dans le contexte de l'époque. (...)

Il y a un paradoxe : l'anéantissement des Juifs, loin d'être passé sous silence, comme on le dit parfois, est constamment présent. (...) Mais cela ne fait pas sens. Le mot « génocide » n'est presque pas employé, aucun témoin juif ne sera cité et la distinction fondamentale entre camps de concentration et camps d'extermination n'est pas encore opérée.

Interview de l'historienne Annette Wieviorka par Éric Conan, *L'Express*, 2 novembre 1995.

QUESTIONS

▶ Une justice internationale mise en place par les vainqueurs

DOCS 1 ET 2 **1.** Quels sont les responsabilités des accusés et les chefs d'accusation ? **2.** Selon vous, pourquoi ces nouvelles notions ont-elles été créées ?

DOCS 1 À 3 **3.** Pourquoi était-il nécessaire de mettre en place une justice internationale ?

DOC 3 **4.** À l'aide de la phrase soulignée dans le texte et du document 1 p. 240, expliquez la présence des caméras et des journalistes.

▶ Un procès pour l'Histoire

DOCS 3 ET 4 **5.** À quel type de preuves les juges ont-ils dû avoir recours ?

DOC 5 **6.** Pourquoi les crimes soviétiques n'ont-ils pas été jugés à Nuremberg ? **7.** De quelle façon la question du génocide juif a-t-elle été traitée à Nuremberg ?

▶ BILAN

À l'aide des documents et de vos reponses aux questions, rédigez une synthèse montrant que le procès de Nuremberg est une étape capitale pour la prise de conscience des crimes du nazisme.

COURS

1• Mettre fin au nazisme

➜ ÉTUDE p. 242-243
➜ ÉTUDE p. 244-245
➜ COURS p. 166-167

Dans quelles conditions s'effectue la dénazification de l'Allemagne ?

1. *La chute du IIIe Reich*
• **Soldats soviétiques déplaçant un emblème nazi dans les ruines de Berlin, 1945.**
Photographie de William Vandivert.

2. *La dénazification du quotidien*
• **Les Américains rebaptisent la *Adolf Hitler Straße* (« rue Adolf Hitler ») en *Roosevelt Boulevard*.**
Krefeld, Allemagne, 1945.

A La dénazification : une décision des Alliés

La défaite et la chute de l'État nazi

• **L'Allemagne capitule en mai 1945.** Les territoires européens ont été reconquis par les États-Unis et le Royaume-Uni à l'Ouest et par l'URSS à l'Est. **Le IIIe Reich est en ruines** (doc 1).

• **L'État allemand disparaît dans la défaite.** L'Allemagne n'a plus alors de dirigeant : Adolf Hitler, Joseph Goebbels, chef de la propagande du parti nazi et Henrich Himmler, chef de la SS, se sont suicidés. Le régime nazi se désagrège brutalement après la mort de son chef. **Le sort du pays est donc entre les mains des vainqueurs.**

Les grandes conférences alliées sur le sort de l'Allemagne

• À la **conférence de Yalta** (4-11 février 1945), Franklin D. Roosevelt, Winston Churchill et Joseph Staline affirment leur « volonté inflexible d'**anéantir le militarisme et le nazisme** et de créer les garanties pour que l'Allemagne ne soit plus jamais dans la situation de menacer la paix mondiale ». Les **accords de Potsdam (2 août 1945)** prévoient des mesures pour épurer la société allemande et pour reconstruire la vie politique sur une base démocratique.

• Lors de ces conférences, les Alliés définissent un **statut d'occupation pour l'Allemagne** : ramenée à ses frontières de 1937, elle est partagée en quatre zones d'occupation et gérée par un **conseil de contrôle interallié** qui siège à Berlin (➜ carte p. 158). Chaque puissance est libre d'organiser la **dénazification** dans sa zone (doc 2).

B Les limites de la dénazification de la société allemande

L'épuration et ses difficultés

• **Dans les zones occidentales**, l'épuration vise l'**ensemble des membres du parti nazi** (6 millions de membres en 1945) et de ses organisations de masse. Elle est menée par les Alliés et leurs tribunaux qui diffusent un « questionnaire de dénazification ». À partir de 1946, notamment dans la zone américaine, ces tribunaux passent la main à des tribunaux spéciaux allemands. Mais il est facile, à l'aide d'un témoignage favorable, de se retrouver blanchi et bien des juges font preuve de complaisance envers les accusés. Finalement, ces tribunaux ont surtout servi à un **processus de réhabilitation de masse**.

• **Dans la zone soviétique**, la **dénazification** vise à éliminer les anciens nazis des postes dirigeants mais aussi à **changer le système politique, économique et social dans un sens communiste**. À ce titre, elle est souvent aussi utilisée pour supprimer les adversaires du communisme.

La dénazification interrompue

• Le début de la Guerre froide explique en partie les **insuffisances de la dénazification**. À partir de 1947, à l'**Ouest** la priorité est donnée à la **reconstruction de l'Allemagne** et à la mise en place d'un **État démocratique**, la **République fédérale d'Allemagne** (RFA) en **1949**, dans le but de faire obstacle à la mainmise soviétique.

• Dans la zone soviétique, la constitution d'un État communiste, la **République démocratique allemande** (RDA) en **1949**, **dispense la population d'une réflexion collective sur ses responsabilités**, car le nouvel État, et donc sa population, serait par nature anti-nazi.

L'amnistie des criminels nazis en RFA

• L'**arrêt de la dénazification en RFA** s'explique aussi par la volonté de son premier **chancelier Konrad Adenauer** d'amnistier rapidement les Allemands au nom de la nécessaire cohésion nationale. Les **lois d'amnistie** (1949 et 1954) sont donc, selon lui, indispensables au fonctionnement du pays. D'autant que, dans sa grande majorité, la population allemande ne se sent pas coupable des crimes du nazisme.

• Ainsi, malgré la volonté affichée en 1945 de tous les vainqueurs d'éliminer le nazisme, **la dénazification n'a pas été totale**. D'anciens nazis sont réapparus dans tous les domaines de la vie publique. Ainsi Kurt Kiesinger, chancelier de la RFA de 1966 à 1969, a été membre du parti nazi dès 1933 et directeur adjoint de la propagande radiophonique du Reich vers l'étranger. Cet effacement relatif du passé a cependant sans doute été **nécessaire à la mise en place d'un État démocratique à l'Ouest**.

VOCABULAIRE

• Dénazification
Décision prise par les Alliés lors des conférences de Yalta et de Potsdam en 1945 d'épurer la société allemande du nazisme et de mettre en place un État démocratique.

C Le procès des grands criminels de guerre à Nuremberg

La naissance d'une nouvelle forme de justice

• Le procès militaire de **Nuremberg** se tient **du 20 novembre 1945 au 1er octobre 1946**. C'est le **premier tribunal international** : les juges sont nommés par les quatre puissances victorieuses et il a pour vocation de sanctionner les dirigeants du nazisme dont les crimes n'ont pas de localisation géographique unique.

• Juridiction d'exception, il juge **22 criminels de guerre nazis** ainsi que des organisations (la Gestapo, la SS, la SA) au titre de trois nouveaux chefs d'inculpation définis lors des accords de Londres par les Alliés (8 août 1945) : **les crimes contre la paix, les crimes de guerre et les crimes contre l'humanité**.

• Le tribunal réunit une **abondante documentation** : documents papiers, films tournés à la libération des camps, témoignages des victimes et des criminels eux-mêmes (docs 3 et 4). Au vu de ces preuves, douze accusés ont été condamnés à mort, trois à la prison à vie et quatre à des peines de prison. Trois accusés ont été acquittés par le tribunal.

• Sous l'égide du tribunal militaire de Nuremberg, les tribunaux militaires américains mènent ensuite, à Nuremberg, douze autres procès contre des membres de la Gestapo, des SS, des médecins et des industriels allemands.

3. *La constitution des preuves*
• 2 360 éléments de preuve ont été présentés par l'accusation, dont cette carte des camps de concentration.

Une justice internationale critiquée

• Par l'importance des preuves fournies, le tribunal a permis la confrontation avec le **système politique nazi** et le condamne sans appel. **Procès pour l'Histoire**, il a été filmé et largement relayé dans la presse par les journalistes invités.

• Cependant, ce tribunal a fait l'objet de **nombreuses critiques**. Sa **légitimité morale** a été mise en cause du fait de la présence, parmi les juges, de l'URSS, pays lui-même coupable de crimes de guerre (massacre de 15 000 officiers polonais en 1940) et de crimes contre la paix (par le pacte germano-soviétique de 1939, l'URSS s'est alliée à l'Allemagne nazie et a prévu le partage de la Pologne). Surtout, le **génocide des Juifs** ne fait pas l'objet d'un traitement particulier alors que toutes les preuves sont réunies pour le dénoncer.

4. *Marie-Claude Vaillant-Couturier témoigne à Nuremberg.*
• Grande résistante, elle a été déportée à Auschwitz puis à Ravensbrück.
Une du magazine Regards, *8 février 1946.*

VÉRIFIEZ VOS CONNAISSANCES

1. Expliquez ce qu'est la dénazification.
2. Qui sont les acteurs du processus de dénazification ?
3. Quelles sont les limites de ce processus ?
4. En quoi le procès de Nuremberg est-il un procès pour l'Histoire ?

ÉTUDE

Khrouchtchev, la déstalinisation et ses limites en URSS

COURS p. 252-253

À la mort de Staline en 1953, de nouvelles orientations politiques sont prises : des centaines de milliers de prisonniers sont libérés du goulag. Le 14 février 1956 s'ouvre à Moscou le XXe Congrès du parti communiste de l'Union Soviétique qui doit confirmer ce changement. La fin du congrès provoque un véritable séisme politique avec la lecture par Nikita Khrouchtchev, Premier secrétaire du PCUS, du « rapport secret » qui dénonce le culte de la personnalité et les crimes commis par Staline. Le texte ouvre donc la voie à une **déstalinisation** initiée et contrôlée par le nouveau pouvoir.

Pourquoi la déstalinisation ne met-elle pas fin au régime totalitaire ?

VOCABULAIRE

• **Déstalinisation**
Processus débuté en 1953 dès la mort de Staline puis officialisé par Khrouchtchev au XXe Congrès du PCUS en 1956. Il vise à mettre fin au culte de la personnalité de Staline et à la terreur stalinienne.

1 Khrouchtchev au XXe Congrès du PCUS

Le « rapport secret » de Khrouchtchev est le discours qu'il tient devant les seuls délégués soviétiques. Ce rapport a en fait été connu assez vite hors d'URSS.

Staline fut à l'origine de la conception de « l'ennemi du peuple ». Ce terme rendit automatiquement inutile d'établir la preuve des erreurs idéologiques de l'homme ou des hommes engagés dans une controverse ; il rendit possible l'utilisation de la répression la plus cruelle, violant toutes les normes de la légalité révolutionnaire (...). Des arrestations et des déportations massives de plusieurs milliers de personnes, des exécutions sans procès et sans instruction normale, créèrent des conditions d'insécurité, de peur et même de désespoir (...). Pratiquement, Staline ignorait les règles de la vie du parti et piétinait le principe léniniste de direction collective (...). Cette terreur était en fait dirigée, non pas contre les vestiges des classes exploiteuses vaincues, mais contre d'honnêtes travailleurs du parti et de l'État soviétique ; on portait contre eux des accusations mensongères, diffamatoires et absurdes de « duplicité », d'« espionnage », de « sabotage », de préparation de « complots » imaginaires, etc. (...).

Camarades, le culte de la personnalité a atteint de si monstrueuses proportions surtout en raison du fait que Staline lui-même, utilisant toutes les méthodes concevables, a encouragé la glorification de sa propre personne.

Extrait du rapport secret du XXe Congrès du PCUS, 1956.

2 La réhabilitation des prisonniers

L'année 1956 voit le retour d'un million de prisonniers du goulag qui sont libérés et réhabilités. Olga Sliozberg, déportée dans la Kolyma (Nord est de la Sibérie orientale) puis envoyée en résidence surveillée au Kazakhstan, reçoit en 1956 son certificat de réhabilitation.

Le certificat était libellé ainsi :

« Collège militaire de la Cour suprême de l'Union des RS – 6 avril 1956 – N°4403393/56

Certificat. Le dossier d'inculpation de Olga Lvovna Sliozberg-Adamov a été révisé par la Cour suprême d'Union des RSS le 24.05.1956. La condamnation du Collège militaire du 12.05.1936, l'arrêté de la Cour suprême d'URSS du 21.11.1940 et l'arrêté de la Conférence spéciale du 19.11.1949 concernant Adomova-Sliozberg sont annulés et l'affaire s'interrompt faute de corps du délit. »

J'avais été arrêtée le 27 avril 1936, ce qui veut dire que j'avais payé cette « petite erreur » de vingt années et quarante-et-un jours de ma vie. (...) Je revins à mon appartement (...). Personne n'était là et je pus pleurer sans retenue. Pleurer sur mon mari qui avait péri à trente-sept ans dans une cave de la Loubianka[1] (...) ; sur mes enfants qui avaient grandi orphelins sous l'étiquette infamante d'enfants d'« ennemis du peuple » ; sur mes parents morts de chagrin ; (...) sur mes amis qui n'avaient pas survécu jusqu'à la réhabilitation et qui sont enterrés dans la terre gelée de Kolyma.

Extrait de S. Vilenski, *L'Aujourd'hui blessé*, Verdier, 1997.

1. *Siège de la Sûreté de l'État de Moscou et prison célèbre pour ses chambres de torture.*

3 Les effets de la déstalinisation en Hongrie

En octobre 1956, les Hongrois se soulèvent contre leur gouvernement.

1. Nous demandons un nouveau gouvernement provisoire, vraiment démocratique, souverain et indépendant, luttant pour une Hongrie libre et socialiste.
2. Un tel gouvernement ne peut être créé que par des élections générales et libres. (...)
3. Le premier acte de ce gouvernement provisoire indépendant (...) sera le rappel immédiat des troupes soviétiques de notre pays, non pas dans leurs bases, mais dans leur patrie, l'Union Soviétique. (...)
5. Le nouvel État n'aura que deux sortes de forces armées, la police et l'armée régulière. L'organisation de la Sûreté de l'État[1] sera abolie. (...)

Extrait du programme du conseil ouvrier et du Parlement étudiant de Miskolc, octobre 1956.

1. Police politique.

4 La répression du soulèvement hongrois en 1956

● Les manifestations d'octobre aboutissent à l'arrivée au pouvoir du réformateur Imre Nagy, qui proclame la démocratisation et la neutralité du pays. Entre le 4 et le 8 novembre, Khrouchtchev charge l'Armée rouge de liquider l'insurrection hongroise par la force. Après la répression sanglante du soulèvement en Hongrie, 200 000 personnes quittent le pays. 24 000 personnes sont emprisonnées. Imre Nagy est arrêté et exécuté après un procès secret.

5 Les limites de la déstalinisation en URSS : le cas Pasternak

L'écrivain Boris Pasternak (1890-1960) écrit entre 1945 et 1955 Le Docteur Jivago. *Ce roman met en scène l'histoire d'un médecin-poète pris dans la tourmente de la guerre civile qui a suivi la Révolution russe. Pasternak reçoit le prix Nobel de littérature en 1958 mais le livre reste interdit de publication en URSS.*

Le choc causé fin février 1956 par le rapport secret de Nikita Khrouchtchev devant le XXe Congrès du PCUS ouvrit, le temps d'une « éclaircie », un espace de liberté dont profitèrent les plus audacieux. (...) En juin 1956, Feltrinelli (éditeur italien communiste) obtenait officiellement, par contrat, les droits de traduction en toutes langues du *Docteur Jivago*. Le roman ne servait pas les intérêts du parti et donc, les desservait. Son auteur manifestait une indépendance d'esprit qui pouvait être contagieuse et surtout, il exposait une vision du monde chrétienne qui était intolérable. L'entreprise de publication du roman par la revue *Novyj Mir* fut arrêtée net (...) [Cela] scellait en fait le sort du roman en URSS pour trente-deux ans. (...) À l'automne 1956, le soulèvement de Budapest fit prendre conscience aux dirigeants du parti des dangers de la libéralisation et des limites à ne pas dépasser. (...) La génération post-stalinienne, du moins ses éléments les plus lucides, reçut le double message : celui du courage des Hongrois qui avaient osé revendiquer leur liberté, et celui de la répression qui annonçait un retour inéluctable sinon à la terreur stalinienne du moins à l'oppression totale des esprits.

Jacqueline de Proyart, mandataire de Pasternak pour l'Europe occidentale « À propos du *Docteur Jivago* », *Europe*, n° 767, mars 1993.

QUESTIONS

▶ Les effets de la déstalinisation

DOC 1 **1.** Quels aspects du totalitarisme stalinien sont dénoncés dans le « rapport secret » ?

DOCS 1 ET 2 **2.** Expliquez ce que sont les réhabilitations et montrez qu'elles sont la conséquence du « rapport secret ». **3.** Pourquoi peut-on dire que ce type de décision marque la sortie du totalitarisme stalinien ?

DOC 3 **4.** Quels effets la déstalinisation entraîne-t-elle en Hongrie ?

DOC 5 **5.** Sur le plan culturel, quelle est la conséquence de la déstalinisation ?

▶ Les limites de la déstalinisation

DOC 3 ET 4 **6.** Quelle est la réaction de l'URSS face à la démocratisation en Hongrie ?

DOC 5 **7.** Pourquoi Paternak est-il finalement interdit de publication en URSS ?

DOCS 4 ET 5 **8.** La déstalinisation signifie-t-elle la fin du système totalitaire soviétique ?

▶ BILAN

À l'aide des documents et de vos réponses aux questions, expliquez la déstalinisation et montrez ses limites comme processus de sortie du totalitarisme.

Gorbatchev, de la *glasnost* à la disparition de l'URSS

COURS p. 252-253

Face à une situation économique et sociale de plus en plus tendue en URSS, le nouveau secrétaire général du PCUS, Mikhaïl Gorbatchev, lance en 1985 une politique de réformes – **perestroïka** et **glasnost** – dans le but avoué de sauver le système communiste. Cette politique multiplie les mécontentements : certains conservateurs, effrayés, veulent un retour en arrière tandis que d'autres veulent aller encore plus loin. Les revendications d'indépendance des républiques de l'URSS se multiplient tandis que le « rideau de fer » s'ouvre à la fin de 1989. En 1991, contesté de toutes parts, Gorbatchev démissionne et l'URSS disparaît.

Pourquoi la politique de réforme de Gorbatchev a-t-elle abouti à la fin du totalitarisme ?

1 La politique de réforme de Gorbatchev

Une accélération décisive du développement socio-économique et culturel de la société soviétique, qui induit des transformations radicales pour atteindre un État qualitativement nouveau, est sans aucun doute une tâche révolutionnaire. (...)

Perestroïka, cela signifie (...) l'initiative de masse. C'est le développement complet de la démocratie, l'autonomie socialiste, l'encouragement des initiatives et des attitudes créatives, c'est aussi davantage de transparence, la critique et l'autocritique dans tous les domaines de notre société. C'est le respect le plus absolu pour l'individu et la prise en considération de la dignité de la personne.

Perestroïka, c'est l'intensification systématique de l'économie soviétique, le renouveau et l'épanouissement des principes du centralisme démocratique dans la gestion de l'économie nationale, l'introduction en tout lieu de méthodes économiques, le renoncement à une méthode fondée sur l'injonction et les méthodes administratives, l'encouragement sans réserve de l'innovation et de l'esprit d'entreprise socialiste. (...)

Perestroïka, cela signifie le développement prioritaire du domaine social, avec pour objectif de mieux satisfaire les aspirations du peuple soviétique à de meilleures conditions d'existence et de travail, à de meilleurs loisirs, à une meilleure éducation et de meilleurs soins médicaux. (...)

Perestroïka, cela signifie éliminer de la société les détournements de la morale socialiste, mettre réellement en pratique les principes de la justice sociale. Cela signifie l'adéquation des paroles et des actes, des droits et des devoirs.

Mikhaïl Gorbatchev, *Perestroïka*, Flammarion, 1987.

VOCABULAIRE

- ***Perestroika* (« restructuration » en russe)**
Politique de réformes économiques et sociales menées par M. Gorbatchev entre 1985 et 1991 en URSS.
- ***Glasnost* (« transparence » en russe)**
Politique consistant à établir la liberté d'expression en URSS. Elle est initiée par M. Gorbatchev à partir de 1985.

CHRONOLOGIE

1985	Gorbatchev devient secrétaire général du PC de l'Union Soviétique.
1986	Début de la *glasnost* et de la *perestroïka*.
1989	**Mai :** ouverture du « rideau de fer » en Hongrie. **Novembre :** effondrement des démocraties populaires, ouverture du mur de Berlin.
1990	Début du processus d'indépendance des républiques baltes. Réunification de l'Allemagne.
1991	Échec du putsch des conservateurs soviétiques. Les républiques soviétiques proclament leur indépendance. Dissolution de l'URSS. **25 décembre :** démission de Gorbatchev.

2 La perestroïka, une rupture idéologique ?

• De gauche à droite : Gorbatchev, Marx, Lénine et Staline.
Caricature de Fritz Behrendt, « En avant camarade ! », 1985.

3 La *glasnost* en URSS

« Le diable est sorti de sa boîte et nul ne pourra plus jamais l'y faire rentrer » : tel est le jugement optimiste porté sur la politique officielle de « transparence » (*glasnost*) par un philosophe pourtant d'habitude sceptique sur les capacités d'évolution du régime. Un autre intellectuel affirme exactement le contraire : « Ce qui se passe est très bizarre. Il y a actuellement une liberté de parole incroyable. Mais seuls Gorbatchev et une poignée de gens autour de lui encouragent vraiment ce mouvement. Le parti y est hostile. Tout cela pourrait cesser d'un seul coup. » Qui croire ? Ceux qui jugent l'évolution irréversible ? Ceux qui attendent un retour de bâton d'autant plus brutal que l'un des tabous les plus sacrés de toute société communiste – l'épais silence maintenu sur tout ce qui ne va pas – est massivement et quotidiennement violé en URSS ? (...) On ne compte plus les interdits brisés ces derniers mois : la drogue, la prostitution, le sida, sont désormais traités régulièrement par les médias. Tous ces phénomènes étaient jusqu'alors jugés « exotiques ». Il était impensable qu'ils puissent exister dans la patrie du socialisme. (...) Un des aspects les plus ridicules de la censure a enfin presque disparu : les catastrophes naturelles et accidentelles ont désormais droit de cité en URSS. Cela a été le cas – après une hésitation initiale – pour l'accident de Tchernobyl[1]. (...) Il faut se souvenir que, sous Brejnev[2], les autorités hésitaient à révéler même les tremblements de terre.

Dominique Dhombres, « La politique de "transparence" en Union Soviétique. M. Gorbatchev à la chasse aux tabous », *Le Monde*, 17 juin 1987.

1. *Grave accident nucléaire survenu en avril 1986.*
2. *Dirigeant soviétique mort en 1982.*

4 Des manifestations d'opposition à Gorbatchev

● À Moscou, en septembre 1990, ces manifestants soutiennent le président de la Russie Boris Eltsine, dont la popularité grandit en proportion de la perte d'influence de Gorbatchev.

5 La fin du régime soviétique

Le 27 août 1991, le quotidien français Le Monde *s'interroge sur une disparition possible de l'Union soviétique.*

L'indépendance des pays Baltes est un fait désormais acquis. (...) La Moldavie est à la veille de faire sécession en attendant de rejoindre la mère patrie roumaine. Et surtout l'Ukraine, avec ses 55 millions d'habitants, ses mines et ses immenses champs de blé, largue les amarres. Son Parlement a proclamé, samedi 24 août, une indépendance qu'un référendum ne devrait pas manquer de confirmer début décembre. De son côté, la Biélorussie, qu'on croyait moins impatiente, s'apprête à faire de même. (...) Quant au président de l'URSS, Mikhaïl Gorbatchev, il est dans une situation d'extrême faiblesse, de simple survie. Son idée, son œuvre – la *perestroïka* – appartiennent désormais au passé.

Jan Krauze, « Un pays en lambeaux », *Le Monde*, 27 août 1991.

QUESTIONS

▶ La politique de réforme de Gorbatchev

DOC 1 **1.** Quels sont les différents axes de la politique de *perestroïka* ? **2.** Quel est l'objectif de Gorbatchev ? Veut-il en finir avec le communisme en URSS ?

DOC 3 **3.** Quels sont les différents aspects de la politique de transparence mise en place par Gorbatchev ?

DOCS 1 À 3 **4.** En quoi cette politique est-elle une rupture décisive ?
5. Montrez qu'elle met fin au totalitarisme.

▶ La fin du totalitarisme soviétique

DOC 4 **6.** Quelle nouvelle force politique apparaît ?

DOC 5 **7.** D'après ce texte, qu'est-ce qui explique l'échec de Gorbatchev ? **8.** Montrez que la sortie du totalitarisme en URSS s'effectue pacifiquement.

▶ BILAN

À l'aide des documents et de vos réponses aux questions, expliquez dans quelles conditions s'effectue la sortie du totalitarisme en URSS.

COURS

2• La sortie progressive du totalitarisme en URSS

➡ ÉTUDE p. 248-249
➡ ÉTUDE p. 250-251
➡ COURS p. 154-157
➡ COURS p. 206-207
➡ COURS p. 214-215

Comment expliquer la fin du régime totalitaire en URSS ?

Biographie

Nikita Khrouchtchev
(1894-1971)
Adhérent du parti communiste depuis 1918, il devient premier secrétaire du PCUS après la mort de Staline (1953). Il s'impose dans la direction du parti et entreprend la déstalinisation en 1956, mais ses échecs politiques (rupture avec la Chine, crise de Cuba, difficultés économiques) l'isolent au sein du parti. Il est obligé de démissionner en 1964, remplacé par Leonid Brejnev.

A 1956 : l'espoir de la fin du totalitarisme stalinien

Les conséquences de la mort de Staline (1953)

• Victorieux du nazisme, le régime stalinien, né dans les années 1930, demeure après 1945 tout aussi répressif. C'est la **mort de Staline en 1953** qui inaugure une période de « **dégel** » en URSS et de détente internationale.

• Le **XXe Congrès du PCUS (14-25 février 1956)** marque la fin de la crise de succession au profit du premier secrétaire du PCUS **Nikita Khrouchtchev** (septembre 1953). Lors de ce congrès, il annonce le **retour à la direction collective du parti**, la reconnaissance de la **pluralité des voies du socialisme** et la **poursuite de la coexistence pacifique** en politique étrangère. Puis, devant les seuls délégués soviétiques, il donne lecture d'un **rapport secret** dans lequel **il révèle les crimes de Staline et dénonce le culte de la personnalité**. Ce « rapport secret » est rapidement connu à l'Ouest comme dans les démocraties populaires.

Les ambiguïtés de la déstalinisation

• Le XXe Congrès ouvre donc la voie à la **déstalinisation**. Les réhabilitations et libérations de prisonniers politiques se multiplient : l'année 1956 voit le retour d'un million de prisonniers du goulag. L'expression des intellectuels (revues, livres) est libéralisée. Cependant, il ne modifie pas fondamentalement le système dont la nature n'est pas remise en cause. La déstalinisation qui est initiée et contrôlée par le pouvoir a donc un caractère équivoque puisqu'il s'agit d'**aménager un totalitarisme sans le détruire.**

B La déstalinisation, une fausse sortie du totalitarisme

Les limites de la déstalinisation dans les démocraties populaires

• Dans les **démocraties populaires** soumises à l'URSS, le XXe Congrès suscite des **espoirs de changement**. Toutefois, **la déstalinisation n'autorise pas pour autant la libéralisation des démocraties populaires**, parce qu'elle mettrait en péril l'unité du bloc soviétique.

• **Les Hongrois** se soulèvent les **22-24 octobre 1956**. Ils réclament l'instauration de la démocratie et le retrait des Soviétiques. Malgré la mise en place d'un gouvernement favorable aux réformes dirigé par Imre Nagy, le mouvement populaire, à la fois antisoviétique et anticommuniste, se poursuit. Les Soviétiques refusent de laisser la Hongrie évoluer en dehors du bloc de l'Est : le **4 novembre**, les **chars soviétiques** reprennent Budapest par la force. Les combats font 20 000 morts du côté des insurgés hongrois.

En URSS, le maintien de la répression

• En URSS, les réformes sont vite remises en cause par Khrouchtchev lui-même, puis, après sa démission forcée en 1964, par ses successeurs. La déstalinisation est porteuse d'espoir, mais s'interrompt assez vite. Le nouveau dirigeant, **Leonid Brejnev** (1964-1982), interdit toute libéralisation. Des intellectuels russes, tels que l'écrivain Soljenitsyne ou le scientifique Sakharov, entrent alors en **dissidence**. Ils réclament la reconnaissance des libertés fondamentales et publient leurs œuvres en secret (« ***samizdat*** »). Beaucoup sont inquiétés par la **police politique** (assignation à résidence, exil ou emprisonnement en hôpital psychiatrique…).

VOCABULAIRE

• **Coexistence pacifique**
Doctrine formulée en 1956 par Khrouchtchev selon laquelle l'URSS doit cohabiter avec les États-Unis afin d'éviter l'affrontement nucléaire.

• **Déstalinisation**
Processus débuté en 1953 dès la mort de Staline puis officialisé par Khrouchtchev au XXe Congrès du PCUS en 1956. Il vise à mettre fin au culte de la personnalité de Staline et à la terreur stalinienne.

• **Dissidence**
Mouvement d'opposition au régime communiste soviétique mené au nom des droits de l'Homme.

C La fin du régime totalitaire soviétique

L'URSS en situation de blocage

• La situation de l'URSS au milieu des années 1980 rend indispensable une réforme profonde du régime. **L'état économique et social du pays est catastrophique.** L'économie, tournée pour l'essentiel vers le développement industriel et la puissance militaire, ne satisfait pas les besoins d'une population dont le mécontentement augmente.

• Par ailleurs, **la société civile réclame davantage de liberté** face à un régime qui a abandonné la terreur stalinienne mais sans accorder la liberté d'expression.

Une tentative de réforme

• Arrivé au pouvoir en 1985, Mikhaïl Gorbatchev tente de **réformer le système pour le sauver**. Pour financer la ***perestroïka***, il interrompt la compétition nucléaire avec les États-Unis, qui ruine le pays.

• Pour rendre possible l'**accélération de la croissance**, il décide l'assouplissement du plan et encourage l'esprit d'initiative des entreprises et des individus. Il met en place la ***glasnost*** qui libère la parole sur les problèmes de l'URSS. Avec leur révélation, la *glasnost* débouche sur une interrogation sur le système lui-même, et finalement à sa dénonciation.

L'effondrement du système totalitaire soviétique

• Finalement, Gorbatchev est lui-même dépassé par les changements qu'il a inaugurés. Dans les démocraties populaires, il reconnaît, en 1989, le **droit de chaque nation à décider librement de sa politique**, ce qui provoque la **sortie du communisme** des pays d'Europe de l'Est.

• En **URSS**, les réformes économiques aboutissent à la **désorganisation du système**. La baisse de la production et la pénurie alimentent le **mécontentement social**. La *glasnost* et l'effondrement du bloc de l'Est libèrent les **revendications nationalistes** dans les républiques de l'URSS qui réclament leur indépendance. Contesté à la fois par les réformateurs qui veulent aller plus loin dans les réformes et les conservateurs du parti qui lui reprochent de détruire le système, **Gorbatchev perd tout soutien interne**. Le pouvoir du président de la Russie, **Boris Eltsine**, grandit en proportion de la perte d'influence de celui de Gorbatchev. La tentative de putsch des conservateurs en août 1991, contrée par Boris Eltsine qui en tire une grande popularité, révèle l'impuissance de Gorbatchev.

• **Le 21 décembre 1991**, les chefs d'État de onze ex-républiques soviétiques, dont Eltsine, se rencontrent et signent leur adhésion à la Communauté des États indépendants : **l'URSS a cessé d'exister**. Gorbatchev démissionne le 25 décembre d'un État qui n'existe plus. La fin du totalitarisme soviétique a abouti à la fin de l'État soviétique, créé en 1922.

• La fin de ce régime totalitaire se fait donc **sans véritable révolution, sans grande violence**, par un **glissement progressif** d'une tentative de réforme à l'effondrement du système. Sa chute n'est suivie d'**aucun jugement** des responsables du régime.

VÉRIFIEZ VOS CONNAISSANCES

1. Qu'est-ce que la déstalinisation ?
2. Quels en sont les effets et les limites ?
3. Pourquoi les réformes étaient-elles indispensables en URSS au milieu des années 1980 ?
4. Pourquoi la *perestroïka* a-t-elle finalement mis fin au régime ?

VOCABULAIRE

• ***Glasnost* (« transparence » en russe)**
Politique consistant à établir la liberté d'expression en URSS. Elle est initiée par M. Gorbatchev à partir de 1985.

• **Goulag**
Camps de concentration et de travaux forcés où sont regroupés les adversaires du régime soviétique.

• ***Perestroïka* (« restructuration » en russe)**
Politique de réformes économiques et sociales menées par M. Gorbatchev entre 1985 et 1991 en URSS.

• ***Samizdat* (« autoédition » en russe)**
Ensemble des techniques (manuscrit, dactylographie, photocopie, microfilm, textes recopiés à la main) utilisées en URSS pour reproduire des textes interdits par le régime soviétique et sa censure.

Biographie

Mikhaïl Gorbatchev
(né en 1931)
Adhérent du parti communiste en 1952, il en devient secrétaire général en 1985. Il tente de réformer le système soviétique en lançant la *perestroïka* et la *glasnost*. Contraint d'accepter la disparition de l'URSS, il démissionne le 25 décembre 1991.

Littérature et dissidence en URSS : Alexandre Soljenitsyne

Alexandre Soljenitsyne (1918-2008)
Voir biographie p. 392

Quel est le rôle de la dissidence russe dans la disparition du totalitarisme soviétique ?

L'ESSENTIEL SUR...

La dissidence littéraire soviétique

« Le dégel » littéraire après Staline

En 1956, la **déstalinisation en URSS** commence avec les libérations des détenus du goulag mais aussi avec la **publication d'ouvrages littéraires mettant en cause la terreur stalinienne**. Ce processus, sans doute trop dangereux pour la pérennité du système lui-même, est très vite **interrompu**. **Vassili Grossman** peut publier *Tout passe*, récit du retour à la vie civile d'un détenu du goulag et **Alexandre Soljenitsyne** *Une journée d'Ivan Denissovitch* qui raconte la vie d'un détenu dans un camp. En revanche, les *Récits de Kolyma* de **Varlam Chalamov** qui témoignent d'une réalité concentrationnaire encore plus dure, et le roman *Le Docteur Jivago* de **Boris Pasternak** restent interdits en URSS.

La naissance de la dissidence russe dans les années 1960-1970

La chute de Khrouchtchev et **l'arrivée au pouvoir de Brejnev en 1964** gèlent pour vingt ans les réformes et mettent fin à cette timide libéralisation. La chape de plomb imposée par le régime donne naissance à une **dissidence littéraire** dont les œuvres, qui circulent clandestinement en URSS ou sont publiées en Occident, ont joué un rôle important dans l'organisation d'une **opposition au régime**. D'abord secrète, l'ampleur de la contestation s'est révélée quand la *glasnost* a rendu possible la liberté d'expression sur le passé soviétique. La vie et l'œuvre de l'écrivain Soljenitsyne, en particulier ***L'Archipel du goulag***, interdit en URSS sous Brejnev, publié en France en 1974, est emblématique de cette génération de dissidents dont les écrits ont constitué une résistance au totalitarisme.

1 *Une journée d'Ivan Denissovitch*

Ce roman, récit de la journée d'un détenu au goulag, ou zek, a été publié en 1962 dans la revue Novyj Mir *avec l'autorisation personnelle de Khrouchtchev.*

a. *Le héros, Choukhov, travaille sur un chantier.*

À ce moment on apporta un baquet de neige à fondre pour le mortier et quelqu'un annonça qu'il était déjà midi.

– Pour sûr, fit Choukhov : le soleil est d'aplomb.

– Si le soleil est d'aplomb, fit le commandant, il n'est pas midi, mais une heure.

Ça épata Choukhov :

– Pourquoi ? Tous les vieux te le diront : c'est à l'heure de midi que le soleil est à son plus haut.

– Oui, fit le commandant, c'était vrai de leur temps. Mais, depuis, il y a eu un décret : le soleil, maintenant, atteint sa hauteur maximum à une heure.

– Pas possible ? De qui qu'il est ce décret ?

– Du pouvoir soviétique.

Le commandant repartit avec le bard[1]. Choukhov, d'ailleurs ne voulait pas le disputer.

– Tout de même ! Est-ce que le soleil aussi obéirait à leurs décrets ?

b. D'après son dossier, Choukhov est au camp pour trahison de la patrie. Il a fait tous les aveux qu'il fallait (...). Au contre-espionnage, on l'avait seulement passé à tabac. Alors il avait réfléchi : s'il ne signait pas, c'était le champ de navets[2]. En signant, il se donnait au moins une chance de vivre encore un peu. Il avait signé.

Dans la vérité, ça c'était passé ainsi : en février 1942, leur armée au complet s'était fait encercler sur le front nord-ouest, et les avions ne pouvaient rien leur parachuter à manger vu qu'il n'y avait pas d'avions. (...) Du reste, ils n'avaient pas non plus de cartouches. Et les Allemands les avaient cueillis, les uns après les autres. Choukhov s'était fait prendre avec un de ces groupes. (...) À cinq, ils s'étaient évadés. (...)

« On revient, qu'ils avaient expliqué, d'avoir été faits prisonniers par les Allemands. » « Prisonniers ? Putains de vos mères ! Des agents fascistes oui ! Au poteau ! »

Alexandre Soljenitsyne, *Une journée d'Ivan Denissovitch*, 1962, Julliard, 1992.

1. *Civière à plusieurs bras pour transporter des matériaux de construction.*
2. *La mort.*

2 *L'Archipel du goulag*

Dans cette œuvre, Soljenitsyne décortique le système concentrationnaire. Il s'appuie sur son expérience personnelle mais aussi sur les récits, souvenirs et lettres d'autres anciens détenus du goulag.

a. L'idéologie ! C'est elle qui donne au crime sa justification et au scélérat la fermeté durable dont il a besoin. Elle lui fournit la théorie qui lui permet de blanchir ses actes à ses propres yeux comme à ceux des autres et de recueillir, au lieu de reproches et de malédictions, louanges et témoignages de respect. Ainsi a-t-on vu les inquisiteurs s'appuyer sur le christianisme, les conquérants sur la grandeur de la patrie, les colonisateurs sur l'idée de civilisation, les nazis sur la race, les jacobins et les bolcheviks sur l'égalité, la fraternité et le bonheur des générations futures.

C'est l'idéologie qui a valu au XXe siècle d'expérimenter le crime à l'échelle de millions d'individus. Des crimes impossibles à récuser, à contourner, à passer sous silence. Comment, après les avoir vus, oserions-nous encore affirmer que les scélérats n'existent pas ? Qui donc aurait alors supprimé ces millions d'hommes ? Sans scélérats, il n'y aurait pas eu d'archipel[1].

b. Aussi bien avant d'être arrêté que durant mes années de prison, j'ai longtemps pensé, moi aussi, que Staline avait imprimé un cours fatal à l'évolution de l'État soviétique. Mais voilà Staline mort paisiblement, et peut-on dire que le navire ait tellement changé de cap ? L'empreinte propre, personnelle de Staline sur les événements se résume à quelque chose de morose et d'obtus, à des caprices de petit despote, à l'autoglorification. Pour le reste, il n'a fait que mettre exactement ses pas dans ceux de Lénine.

Alexandre Soljenitsyne, *L'Archipel du Goulag*, 1974,
© Librairie Arthème Fayard.

1. *Désigne les camps comme les îlots d'un même archipel.*

3 Prix Nobel de littérature en 1974

À la fin des années 1960, l'œuvre de Soljenitsyne est bien connue en Occident. En 1970, il obtient le prix Nobel de littérature, mais il ne pourra venir le chercher qu'en 1974, une fois expulsé d'URSS. Internationalement connus, les écrits de Soljenitsyne ont beaucoup fait pour discréditer le régime soviétique en Occident.

Questions

• Présenter les œuvres

1. Présentez l'auteur de ces textes.

2. Dans quelles conditions ont-ils été rédigés et publiés ?

• Analyser l'œuvre

3. **DOC 1** Qualifiez le niveau de langue utilisé par Soljenitsyne. Dans quel but fait-il ce choix stylistique ?

4. **DOCS 1 ET 2** En quoi met-il en cause le pouvoir soviétique ? **5.** Montrez que la critique est plus radicale dans l'*Archipel du goulag*.

• Faire le lien entre art et histoire

6. **DOC 2** Quel est le rôle de l'idéologie dans l'Histoire selon l'auteur ? Comment analyse-t-il l'action de Staline en URSS ? Montrez comment Soljenitsyne s'oppose ainsi au pouvoir en place.

7. **DOC 3** Par quels biais l'œuvre de Soljenitsyne a-t-elle eu un retentissement international ?

@ Pour aller plus loin

Recherchez sur le site de l'INA www.ina.fr l'émission « Apostrophes » du 11/04/1975 Regardez les deux extraits titrés « Alexandre Soljenitsyne à propos de la signification du *Chêne et du veau* » et « Alexandre Soljenitsyne à propos de son écriture en Occident » et répondez aux questions suivantes.

1. Que signifie le titre de l'œuvre de Soljenitsyne ? Pourquoi a-t-elle été écrite dans le secret ?

2. Pourquoi est-il devenu écrivain ?

3. Pourquoi continue-t-il à écrire, bien qu'exilé en Occident et donc sans pression extérieure ?

RÉVISIONS

La fin des totalitarismes

Les points clés du cours

1. Mettre fin au nazisme

• La Seconde Guerre mondiale met fin au nazisme. Le régime s'effondre et **l'Allemagne, vaincue et ruinée, est occupée par les vainqueurs de la guerre**. Les Alliés décident, lors des grandes conférences qui les réunissent en 1945, d'**épurer la société allemande du nazisme** et de permettre le renouveau démocratique de cet État.

• C'est dans cette perspective qu'est mis en place un **tribunal à Nuremberg (1945-46)**. Premier tribunal international, il juge 22 des grands criminels de guerre nazis au titre de **nouveaux chefs d'accusation, dont le crime contre l'humanité**. Ce faisant il condamne le système nazi lui-même.

• **La dénazification est cependant rapidement interrompue**, en grande partie à cause de la rupture de l'alliance entre les États-Unis et l'URSS et de l'entrée dans la Guerre froide qui modifie les priorités. Désormais, la question de **la dénazification passe au second plan derrière l'affrontement Ouest-Est**.

2. La sortie progressive du totalitarisme en URSS

• L'URSS sort victorieuse de la Seconde Guerre mondiale et le totalitarisme se poursuit après 1945. La mort de Staline pourrait être l'occasion d'en sortir. En 1956, lors du XXe Congrès du parti communiste, **la volonté de réformer le régime est clairement affirmée par Nikita Khrouchtchev**. Le nouveau premier secrétaire du Parti communiste dénonce les crimes du stalinisme et le culte de la personnalité tandis que les prisonniers sont libérés du goulag : **c'est la déstalinisation**. L'URSS sort donc de la phase violente du totalitarisme stalinien.

• Mais **cette déstalinisation est rapidement interrompue**. Ainsi, dans les démocraties populaires, le pouvoir soviétique intervient pour prévenir toute sortie de son emprise. **En Hongrie, la révolte populaire est écrasée par les chars soviétiques à l'automne 1956**. En **URSS**, le pouvoir au temps de **Brejnev** (1964-1982) renoue avec des pratiques totalitaires (interdiction de publication, internement des opposants) mais échoue à empêcher le développement d'une dissidence des intellectuels comme celle de Soljenitsyne.

• En 1985, M. Gorbatchev arrive au pouvoir avec la ferme intention de **réformer le système soviétique** confronté au déclin économique. **Il lance alors la *glasnost* et la *perestroïka*** qui doivent permettre la reprise de la croissance économique. Ces réformes accélèrent en fait la décomposition du régime tandis que les oppositions internes se font de plus en plus entendre. Le pouvoir doit en particulier faire face aux **revendications nationalistes des républiques soviétiques. Impossible à réformer, le régime totalitaire soviétique s'effondre en 1991**.

Les personnages clés

Nikita Khrouchtchev (1894-1971)
Premier secrétaire du Parti communiste, il dirige l'URSS de 1953 à 1964.
→ Biographie p. 252

Mikhaïl Gorbachev (né en 1931)
Dirigeant de l'URSS de 1985 à 1991.
→ Biographie p. 253

Les mots clés

• Dénazification → p. 247
• Déstalinisation → p. 252
• *Glasnost* → p. 253
• *Perestroïka* → p. 253

Les dates clés

• Sur la dénazification de l'Allemagne

20 nov. 1945 – 1er oct. 1946	Procès de Nuremberg
1949	Création de la RFA et de la RDA
1949	Loi d'amnistie en RFA

• Sur la sortie progressive du totalitarisme en URSS

mars 1953	Mort de Staline, premier secrétaire du PCUS
1953-1964	Khrouchtchev, premier secrétaire du PCUS
février 1956	XXe Congrès du PCUS et « rapport secret »
automne 1956	Déstalinisation en Hongrie. Intervention de l'Armée rouge.
1985-1991	Gorbatchev, premier secrétaire du PCUS : *perestroïka* et *glasnost*
1991	Fin de l'URSS

L'écrivain dissident Varlam Chalamov

ACTIVITÉ B2i

Réalisez un document numérique composite – comportant plusieurs types de données (son, vidéo, texte...) – et transportable, c'est-à-dire enregistré dans un format largement utilisé, incluant la totalité des fichiers utilisés (son, image, vidéo...) et dont le poids est acceptable par rapport au mode de diffusion ou de publication.
Votre document portera sur l'écrivain Varlam Chalamov et comportera cinq éléments.

1. Une biographie
Rédigez la biographie de Varlam Chalamov après avoir lu des éléments biographiques sur Internet. Vous pouvez notamment consulter le site des éditions Verdier qui publient les ouvrages de Chalamov en France (www.editions-verdier.fr).

2. Un document iconographique
Scannez un portrait que vous trouverez au CDI ou bien recherchez sur internet une photo de l'auteur.

3. Un document sonore
Vous pouvez par exemple consulter l'adresse suivante : http://www.lekti-ecriture.com/contrefeux/Varlam-Chalamov-et-les-Recits-de.html.

4. Une vidéo
En tapant « Chalamov » sur un moteur de recherche de vidéos, vous trouverez des extraits de *Récits de Kolyma* lus par le comédien Serge Renko.

5. Des extraits de son œuvre
Faites des recherches sur l'œuvre *Récits de Kolyma*. Présentez-la en quelques lignes, puis recopiez ou scannez le texte ci-contre.

L'expérience du goulag

Il est horrible d'aller dans un camp et aucun homme ne devrait jamais connaître cela. L'expérience du camp est absolument négative à chaque instant. L'homme ne fait que devenir plus mauvais. Et il ne saurait en être autrement. Au camp, il y a beaucoup de choses qu'un homme ne devrait jamais voir. Mais voir les bas-fonds de la vie, ce n'est pas le plus effroyable. Le plus horrible, c'est quand l'homme commence à sentir que ces bas-fonds sont dans sa propre vie – et pour toujours, quand il emprunte ses repères moraux à son expérience du camp, quand la morale des truands s'applique à sa propre vie. (...) Les frontières morales représentent une limite très importante pour un détenu. C'est le problème essentiel de sa vie : est-il resté un homme ou pas ? (...)

Il n'y avait pas de politiques au camp. C'étaient des ennemis imaginaires et inventés avec lesquels le gouvernement réglait des comptes comme avec de véritables ennemis : qu'il fusillait, tuait et faisait mourir de faim. La faux mortelle de Staline fauchait tout le monde sans distinction, en nivelant suivant des répartitions, des listes et un plan à réaliser. (...) Tous étaient des gens pris au hasard parmi les indifférents, les lâches, les bourgeois et même les bourreaux. Et ils sont devenus des victimes par hasard.

Varlam Chalamov, *Récits de Kolyma*, « Slovo », éditions Verdier, 2003.

Pour aller plus loin

Livres

- S. Dagerman, *L'Automne allemand*, Actes Sud, 2004.
- Varlam Chalamov, *Récits de Kolyma*, La découverte, Fayard, 1986.
- V. Grosmann, *Tout passe*, Julliard, 1984.
- A. Soljenitsyne, *Une journée d'Ivan Denissovitch*, 10/18, 2004.
- A. et G. Vaïner, *La Corde et la Pierre*, Gallimard, 2008.

Sites internet

- Le site du musée de Nuremberg (en allemand ou en anglais) : http://www.museen.nuernberg.de/

Films

- Oliver Hirschbiegel, *La Chute*, 2005.
- Helma Sanders-Brahms, *Allemagne mère blafarde*, 1981.
- Roberto Rossellini, *Allemagne année zéro*, 1948.
- Alexeï Guerman, *Soldat de papier*, 2008.
- Pavel Lounguine, *Taxi blues*, 1989.
- Nikita Mikhalkov, *Partition inachevée pour piano mécanique*, 1978 ; *Les Yeux noirs*, 1987 ; *Urga*, 1991 ; *Soleil trompeur*, 1994.
- Mikhalkov-Kontchalovski, *Le Bonheur d'Assia*, 1966 ; *Riaba ma poule*, 1994.

MÉTHODE

Effectuer une recherche internet

Internet constitue une ressource d'une grande richesse si on fait preuve d'esprit critique, car les informations qu'on y trouve ne sont pas toutes fiables. Surtout, la recherche doit être préparée avec une grande rigueur, pour éviter des investigations inutiles.

SUJET Les Allemands et le nazisme après la Seconde Guerre mondiale.

Avec un moteur de recherche

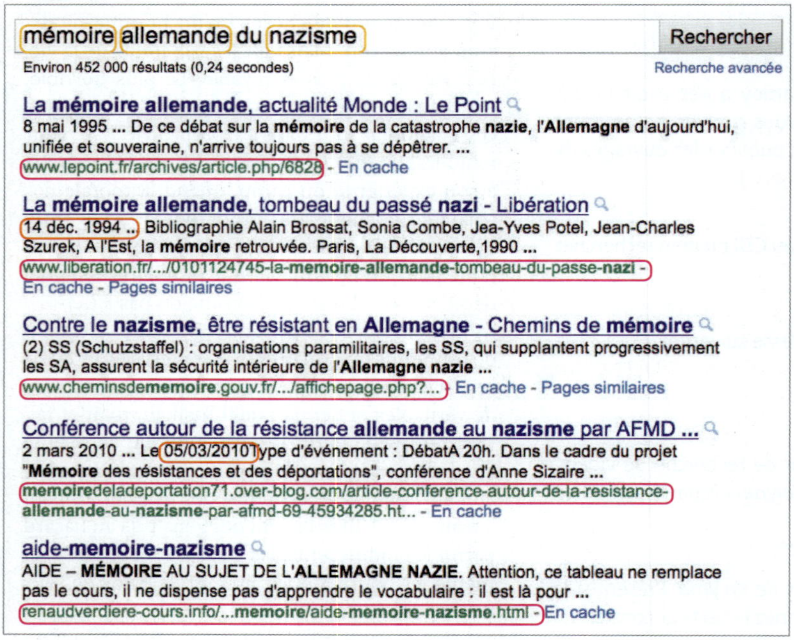
mémoire allemande du nazisme   Rechercher

Environ 452 000 résultats (0,24 secondes)   Recherche avancée

La **mémoire allemande,** actualité Monde : Le Point
8 mai 1995 ... De ce débat sur la **mémoire** de la catastrophe **nazie**, l'**Allemagne** d'aujourd'hui, unifiée et souveraine, n'arrive toujours pas à se dépêtrer. ...
www.lepoint.fr/archives/article.php/6828 - En cache

La **mémoire allemande,** tombeau du passé **nazi** - Libération
14 déc. 1994 ... Bibliographie Alain Brossat, Sonia Combe, Jea-Yves Potel, Jean-Charles Szurek, A l'Est, la **mémoire** retrouvée. Paris, La Découverte,1990 ...
www.liberation.fr/.../0101124745-la-**memoire-allemande**-tombeau-du-passe-**nazi** -
En cache - Pages similaires

Contre le **nazisme,** être résistant en **Allemagne** - Chemins de **mémoire**
(2) SS (Schutzstaffel) : organisations paramilitaires, les SS, qui supplantent progressivement les SA, assurent la sécurité intérieure de l'**Allemagne nazie** ...
www.cheminsde**memoire**.gouv.fr/.../affichepage.php?... - En cache - Pages similaires

Conférence autour de la résistance **allemande** au **nazisme** par AFMD ...
2 mars 2010 ... Le 05/03/2010 Type d'événement : DébatA 20h. Dans le cadre du projet "**Mémoire** des résistances et des déportations", conférence d'Anne Sizaire ...
memoiredeladeportation71.over-blog.com/article-conference-autour-de-la-resistance-**allemande**-au-**nazisme**-par-afmd-69-45934285.ht... - En cache

aide-**memoire-nazisme**
AIDE – **MÉMOIRE** AU SUJET DE L'**ALLEMAGNE NAZIE**. Attention, ce tableau ne remplace pas le cours, il ne dispense pas d'apprendre le vocabulaire : il est là pour ...
renaudverdiere-cours.info/...**memoire**/aide-**memoire-nazisme**.html - En cache

Mots clés associés au sujet.

Les sites référencés sont de natures différentes, il faut en mesurer la fiabilité :
- journaux ;
- site gouvernemental ;
- site de publications universitaires ;
- site personnel.

Les dates de création des pages trouvées peuvent être très différentes.

Recherche sur un site déjà identifié : www.ina.fr

Mots clés associés au sujet.

L'INA (Institut national de l'audiovisuel) conserve et diffuse les archives audiovisuelle de la radio et de la télévision en France.

Les vidéos proposées n'ont pas été réalisées à la même date.

Attention : l'accès à certaines archives est payant.

Méthode générale

Application guidée

1 Analyser le sujet de la recherche

- Il faut d'abord déterminer avec précision les **thèmes associés à cette recherche**. Pour cela, il est nécessaire de recourir à ses connaissances.
- Analyser les **termes du sujet** et établir des relations entre eux.
- Définir les **bornes chronologiques et spatiales** du sujet.
- Dresser la **liste des termes les plus pertinents pour le sujet** (notions, faits, personnes...) et **les classer en thèmes** : les outils internet effectuent souvent des recherches à partir d'une sélection de mots clés.

1. Expliquez pourquoi les termes du sujet ne peuvent être utilisés tels quels.

Conseil
Entrez ces termes dans un moteur de recherche, et indiquez à quelle période se réfère la grande majorité des sites trouvés.

2. Grâce à vos connaissances, expliquez quels sont les thèmes et les mots clés pertinents pour effectuer une recherche sur ce sujet.

Conseil
Aidez-vous des termes utilisés pour obtenir les résultats visibles sur la page de gauche.

2 Lancer une recherche

- Il existe différentes manières de commencer une recherche :
  – utiliser un **moteur général de recherche** qui cherche des résultats dans de très nombreux sites ;
  – utiliser un **site spécialisé** à la fiabilité reconnue, comme l'agence photo de la Réunion des Musées nationaux (www.photo.rmn.fr) ou la bibliothèque numérique de la BNF (gallica.bnf.fr).
- Internet propose **différents supports** : contributions directement mises en ligne, version numérique d'ouvrages papier, images, vidéos, sons, cartes...

3. Introduisez ces mots clés dans un moteur de recherche et évaluez la fiabilité des sites proposés.

Conseil
Ajoutez en mot clé le nom de la FNDIRP (Fondation nationale des déportés et internés, résistants et patriotes) pour limiter le nombre de résultats, tout en étant assuré de la qualité des informations.

3 Utiliser les résultats de la recherche

- **Vérifier la validité des informations trouvées :**
  – évaluer les sources : fiabilité des sites (universitaires, gouvernementaux, personnels...), des auteurs... ;
  – comparer les informations avec ses connaissances, le manuel, une encyclopédie...
- Sélectionner et présenter les arguments pertinents dans un **plan permettant de répondre à la problématique**.

4. Relevez les informations relatives au sujet, en veillant à varier les types de supports.
5. Présentez ces informations de manière organisée, pour montrer comment elles répondent à la problématique.

Conseil
Vous pouvez d'abord traiter du jugement des criminels de guerre nazis et de la dénazification, puis de la mémoire du nazisme aujourd'hui en Allemagne.

exercice d'application La déstalinisation et ses conséquences en Pologne et en Hongrie

• Préparez un exposé sur les conséquences de la déstalinisation dans deux démocraties populaires : la Pologne et la Hongrie.
• Vous pouvez consulter les suites suivants :
– le site de la culture polonaise : www.culture.pl/fr/culture/1956
– le site de la bibliothèque numérique de l'Europe : www.ena.lu
– le site de l'Institut national des archives : www.ina.fr

BAC Analyse de documents

Point méthode Confronter deux documents qui s'opposent

Les conséquences de la déstalinisation en Hongrie (octobre-novembre 1956)

Consigne : Après avoir présenté les documents et replacé l'événement qu'ils évoquent dans son contexte, montrez que les auteurs s'opposent sur l'interprétation à donner des événements survenus en Hongrie en octobre et novembre 1956.

1 La vision d'Albert Camus

Point de vue de l'auteur sur les insurgés.

Point de vue de l'auteur sur l'attitude des Occidentaux face à l'insurrection.

Point de vue de l'auteur sur les caractéristiques et les objectifs de l'insurrection.

Philosophe, écrivain et journaliste français, qui s'oppose publiquement aux pratiques du régime soviétique.

La Hongrie vaincue et enchaînée a plus fait pour la liberté et la justice qu'aucun peuple depuis vingt ans. Mais, pour que cette leçon atteigne et persuade en Occident ceux qui se bouchaient les oreilles et les yeux, il a fallu et nous ne pourrons nous en consoler, que le peuple hongrois versât à flots un sang qui sèche déjà dans les mémoires. (...) Notre foi est qu'il y a en marche dans le monde, parallèlement à la force de contrainte et de mort qui obscurcit l'histoire, une force de persuasion et de vie, un immense mouvement d'émancipation qui s'appelle la culture et qui se fait en même temps par la création libre et le travail libre. Ces ouvriers et ces intellectuels hongrois, auprès desquels nous nous tenons aujourd'hui avec tant de chagrin impuissant, ont compris cela et nous l'ont fait mieux comprendre. C'est pourquoi si leur malheur est le nôtre, leur espoir nous appartient aussi. Malgré leur misère, leurs chaînes, leur exil, ils nous ont laissé un royal héritage que nous avons à mériter : la liberté, qu'ils n'ont pas seulement choisie, mais qu'en un seul jour ils nous ont rendue !

Albert Camus, discours prononcé le 15 mars 1957 lors du meeting organisé à Paris par le Comité de solidarité antifasciste à l'occasion de la fête nationale hongroise, publié dans *Franc-Tireur* du 18 mars 1957, cité dans *Œuvres complètes*, Gallimard, 2006 .

2 La vision de Nikita Khrouchtchev

Point de vue de l'auteur sur les caractéristiques et les objectifs de l'insurrection.

Point de vue de l'auteur sur les insurgés.

Point de vue de l'auteur sur l'attitude des Occidentaux face à l'insurrection.

En 1956, des événements sanglants éclatèrent à Budapest. Par la tromperie et par l'intimidation, Imre Nagy parvint à entraîner des gens dans la révolte et dans une lutte fratricide. (...) Au départ, ce furent des jeunes qui fournirent à la contre-révolution le gros de ses troupes. Ils étaient bien armés grâce au pillage des casernes et des dépôts de munitions. Ils furent ensuite rejoints par des détachements de l'armée, et les accrochages se multiplièrent dans les rues de Budapest. Certains de ces détachements s'étaient emparés de pièces d'artillerie, le plus souvent d'armes antiaériennes, avec lesquelles ils tiraient contre la ville elle-même. Des Hongrois émigrés commencèrent à revenir, de Vienne pour la plupart : c'étaient, en fait, des éléments réactionnaires, d'anciens collaborateurs de Hitler, qui avaient dû s'enfuir après la défaite de ce dernier et l'établissement d'un régime socialiste. Les pays de l'OTAN, déjà, essayaient de profiter de l'occasion et attisaient la révolte des civils dans l'espoir qu'on jetterait bas le gouvernement révolutionnaire, qu'on liquiderait les acquis de la révolution afin de rétablir le capitalisme en Hongrie.

Nikita Khrouchtchev, *Souvenirs*, Robert Laffont, 1971.

Dirigeant de l'URSS de 1953 à 1964, il décide la répression de l'insurrection de Budapest.

Après avoir été écarté du pouvoir, Khrouchtchev écrit ses Mémoires.

Méthode générale

Application guidée

1 Analyser chaque document

Méthode générale

- Présenter chaque document pour mettre en lumière le **point de vue qu'il présente**. Pour cela, relever les informations qui permettent de **définir l'auteur et le contexte** dans lequel le document a été produit.
- Identifier le **thème commun aux deux documents**, et analyser la manière dont chacun le présente.

Application guidée

- Expliquez qui sont les auteurs de chaque document en insistant sur ce qui les oppose.

Conseil Aidez-vous des explications autour des documents.

- Expliquez quel est l'événement évoqué par les deux documents.

Conseil Reportez-vous à l'étude p.248-249 et au cours p. 252-253.

2 Mettre en relation les documents et vos connaissances

Méthode générale

- La consigne qui accompagne les documents vise à **orienter leur analyse** : repérer à quels événements et à quelles notions elle se réfère.
- Relever ensuite les **points sur lesquels les deux documents proposent des interprétations différentes**. Il faut en expliquer les raisons : pour cela, il est nécessaire de **faire appel à ses connaissances**.
- Mettre en valeur, si nécessaire, les **limites** des documents : montrer les aspects qui ne sont pas abordés, ou seulement d'une manière partielle.

Application guidée

- Montrez que les auteurs ont une vision différente :
  – des insurgés ;
  – des caractéristiques et des objectifs de l'insurrection ;
  – de l'attitude des Occidentaux face à l'insurrection.

Conseil Aidez-vous des passages surlignés.

- Quelle politique menée par Khrouchtchev, indispensable pour comprendre l'insurrection hongroise de 1956, n'est pourtant évoquée par aucun des deux documents ?

Conseil Aidez-vous du cours p. 252-253.

autre sujet L'Exposition coloniale internationale de Vincennes en 1931

- Reportez-vous au chapitre 9 sur les dominations coloniales.
- Confronter le document 2 p. 275 (« Adresse au jeune public ») avec le document ci-contre.
- Après avoir présenté les documents, vous montrerez que les auteurs expriment des visions opposées des motivations et des résultats de l'œuvre de colonisation menée par la France.

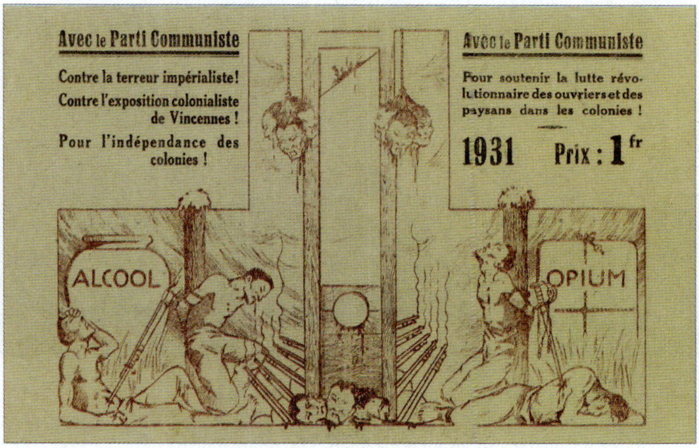

Carton d'entrée à la contre-exposition coloniale de 1931, organisée par le parti communiste et baptisée : « la vérité sur les colonies »

PARTIE 4
Colonisation et décolonisation

L'Europe, à partir du milieu du XIXe siècle, étend son influence sur le monde. La plus spectaculaire des formes de la domination européenne est la colonisation, qui débouche sur la constitution de vastes empires. Cependant, dans l'entre-deux-guerres, une contestation grandissante de l'hégémonie européenne s'affirme dans les territoires colonisés qui s'amplifie après 1945 et entraîne l'effondrement des empires : c'est la décolonisation.

Comment les Européens imposent-ils leur domination ?
Quelles sont les origines et les modalités de la décolonisation ?

1 Les Européens à la conquête de l'Afrique

• En juillet 1884, l'Allemagne signe un traité de protectorat avec certains chefs Doualas au Cameroun. Mais d'autres chefs y sont hostiles et s'opposent notamment à la confiscation de terres agricoles : ils se révoltent en décembre 1884.
Lithographie, 1885.

2 L'empire colonial français à son apogée

● Campagne de publicité dans l'entre-deux-guerres pour la Ligue maritime et coloniale française. Cette organisation constitue, jusque dans les années 1950, un des plus puissants vecteurs de la propagande coloniale.

3 L'indépendance de l'Algérie en 1962

● À l'issue de huit ans de guerre (1954-1962), les Algériens fêtent leur indépendance. Pour la France, cette guerre marque la fin de la présence en Afrique du Nord.
Alger, 3 juillet 1962.

CHAPITRE 9

Le temps des dominations coloniales

À la fin du XIXe siècle, les puissances européennes étendent leur domination sur le monde. Animés par des ambitions économiques, stratégiques et nationalistes, persuadés d'apporter la civilisation à des peuples qu'ils considèrent inférieurs, les Européens se lancent à la conquête de l'Afrique et de l'Asie. En 1914, le partage colonial est pour l'essentiel achevé. En France, l'entre-deux-guerres voit se développer une intense propagande qui valorise l'œuvre coloniale. Mais dans les colonies, les réalités de la domination française alimentent la contestation des peuples.

Comment les Européens se sont-ils partagés l'Afrique ?
Quelles sont les représentations, les réalités et les contestations de la domination coloniale française dans l'entre-deux-guerres ?

1 Les métropoles vantent les « bienfaits » de l'œuvre coloniale…

La propagande coloniale

Huile sur toile d'Henri Milleret (3,10 x 2,75 m), exposée au pavillon des armées durant l'Exposition internationale coloniale de Vincennes en 1931, musée du quai Branly, Paris.

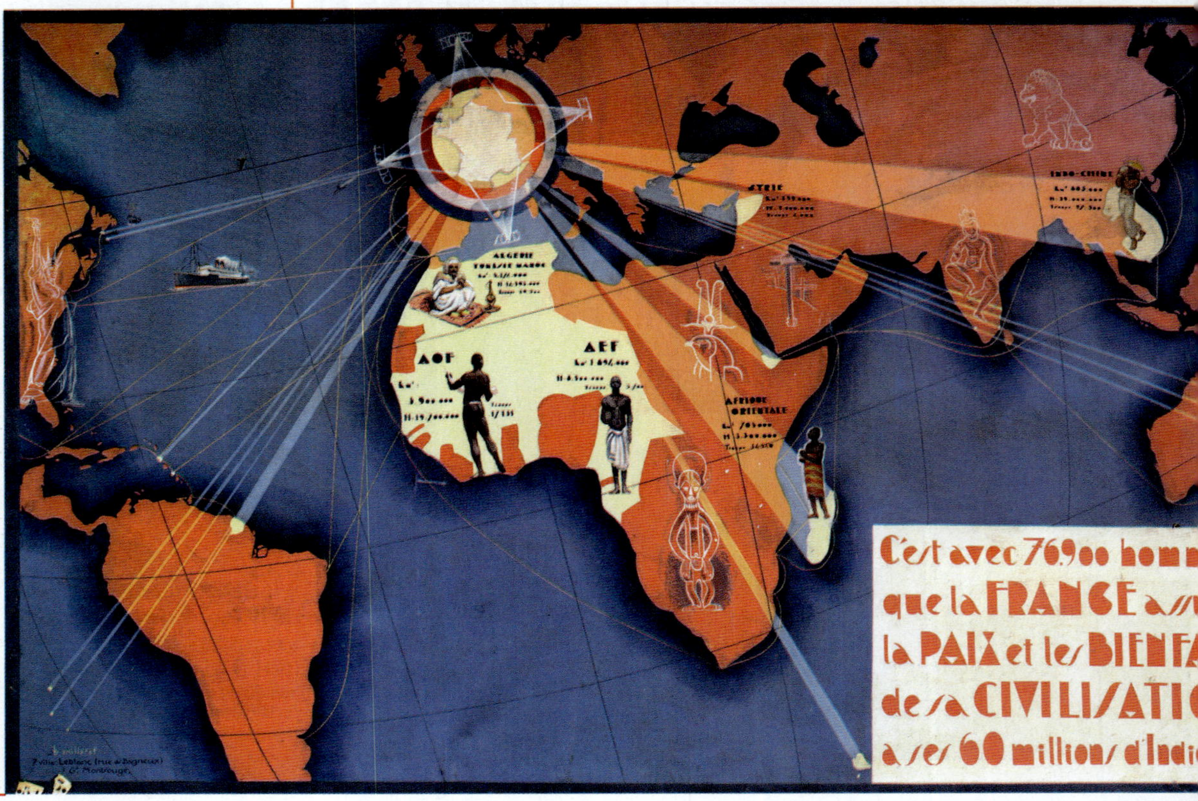

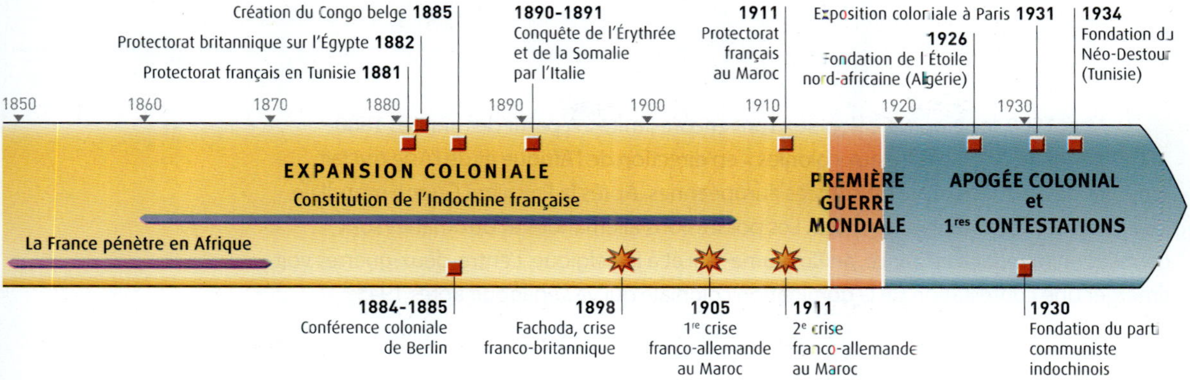

2 … mais la réalité de la domination coloniale est bien différente

Le travail forcé en Afrique noire

• La construction d'une voie ferrée au Dahomey (actuel Bénin), début du XXe siècle.
En Afrique noire, les travailleurs sont souvent réquisitionnés et maintenus au travail sous la contrainte.

REPÈRES

Les empires coloniaux (1860-1939)

Vers 1860, les empires coloniaux sont encore limités. À partir des années 1880 s'engage une « course aux colonies » en direction de l'Afrique et de l'Asie qui fait émerger des tensions entre puissances européennes. Après la Première Guerre mondiale, les limites des empires évoluent peu. Les possessions allemandes et ottomanes sont confiées en mandat à la France, au Royaume-Uni et à la Belgique. L'entre-deux-guerres voit émerger une contestation de la domination coloniale qui va s'épanouir après 1945.

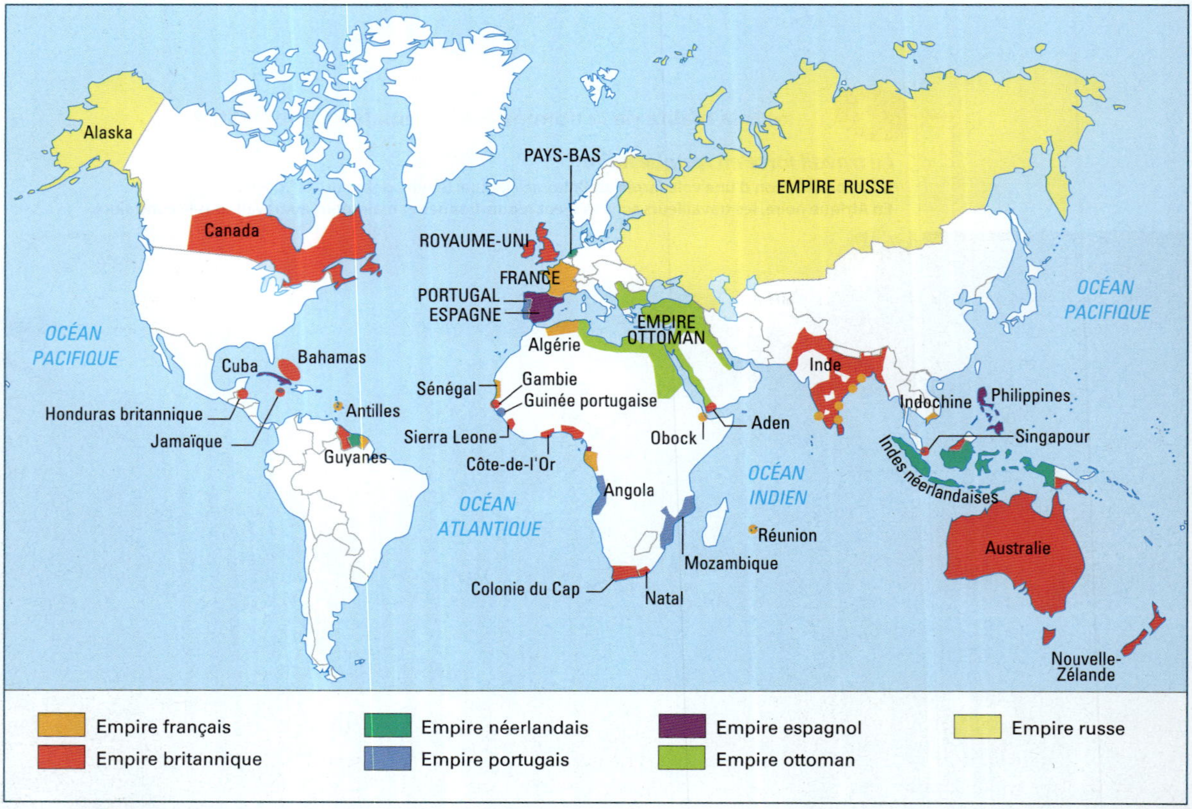

1 **Les empires vers 1860**

QUESTIONS

DOC 1 **1.** Quelles sont les zones colonisées vers 1860 ?

DOCS 1 ET 2 **2.** Où l'expansion coloniale a-t-elle été particulièrement l'objet de rivalités entre Européens ? **3.** Qui en sont les acteurs ?

DOC 2 **4.** Quelles sont les deux principales puissances coloniales en 1914 ?

DOC 3 **5.** Décrivez l'Empire français dans les années 1930. **6.** Où se situent les principales zones de contestation de la domination française ?

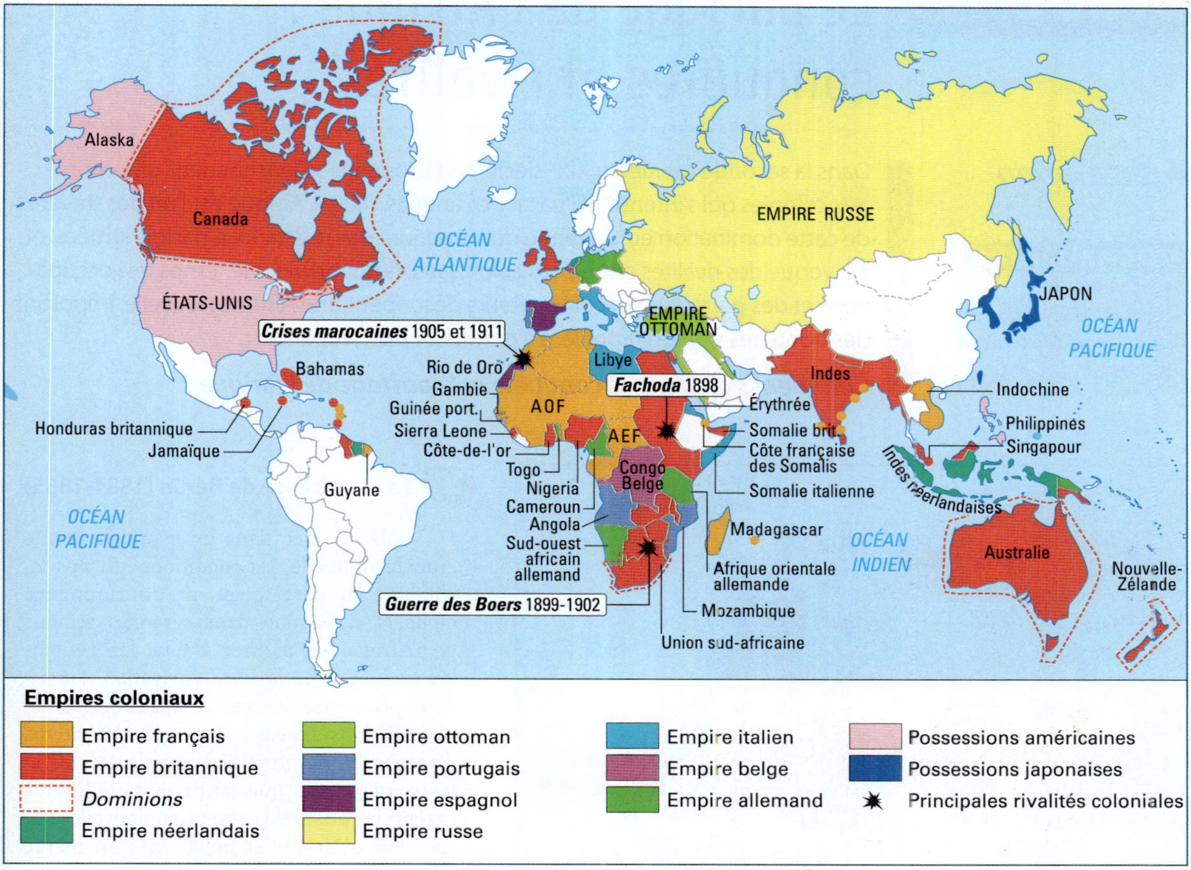

2 **Les empires en 1914**

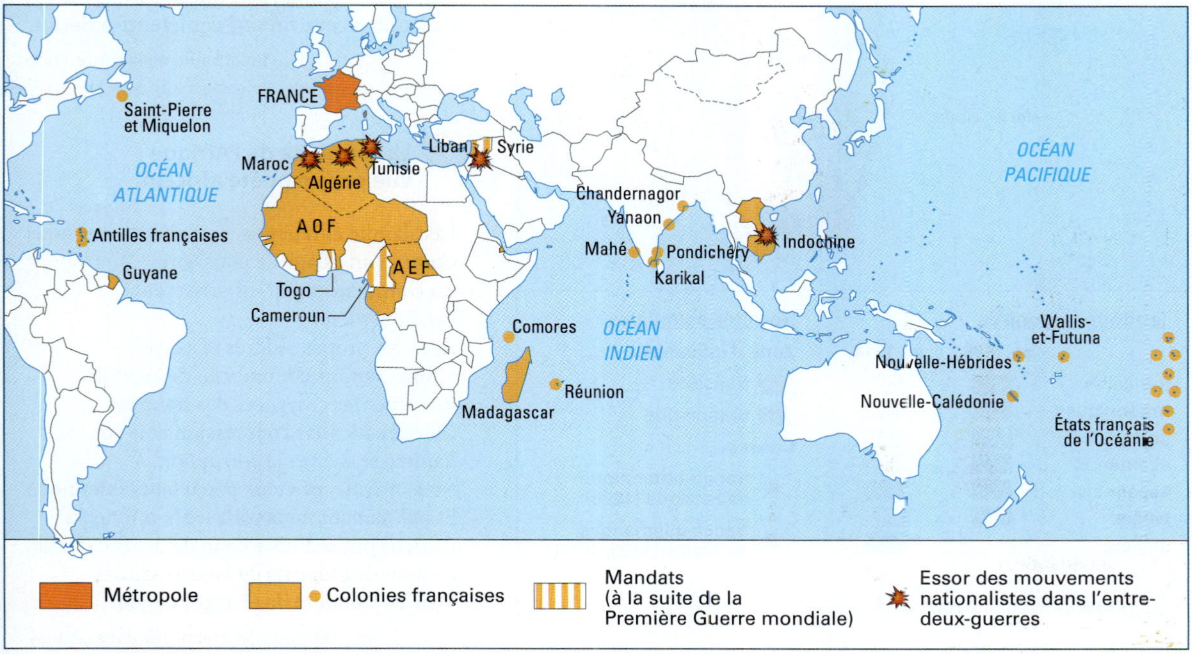

3 **L'Empire français à son apogée dans les années 1930**

ÉTUDE

Le partage de l'Afrique : conquêtes et rivalités

➡ COURS p. 272-273

VOCABULAIRE

• **Colonisation**
Conquête, domination et exploitation d'un territoire étranger.

Dans la seconde moitié du XIXe siècle, les Européens se lancent dans une course aux colonies qui s'intensifie à partir des années 1880. L'Afrique est l'un des théâtres de cette domination européenne qui engendre des résistances, parfois armées, et provoque des rivalités entre pays colonisateurs quand vient le temps des occupations et des partages. Les colonisateurs découpent une Afrique nouvelle, imposant des frontières qui sont appelées à perdurer après leur départ.

Comment s'opèrent la conquête et le partage de l'Afrique ?

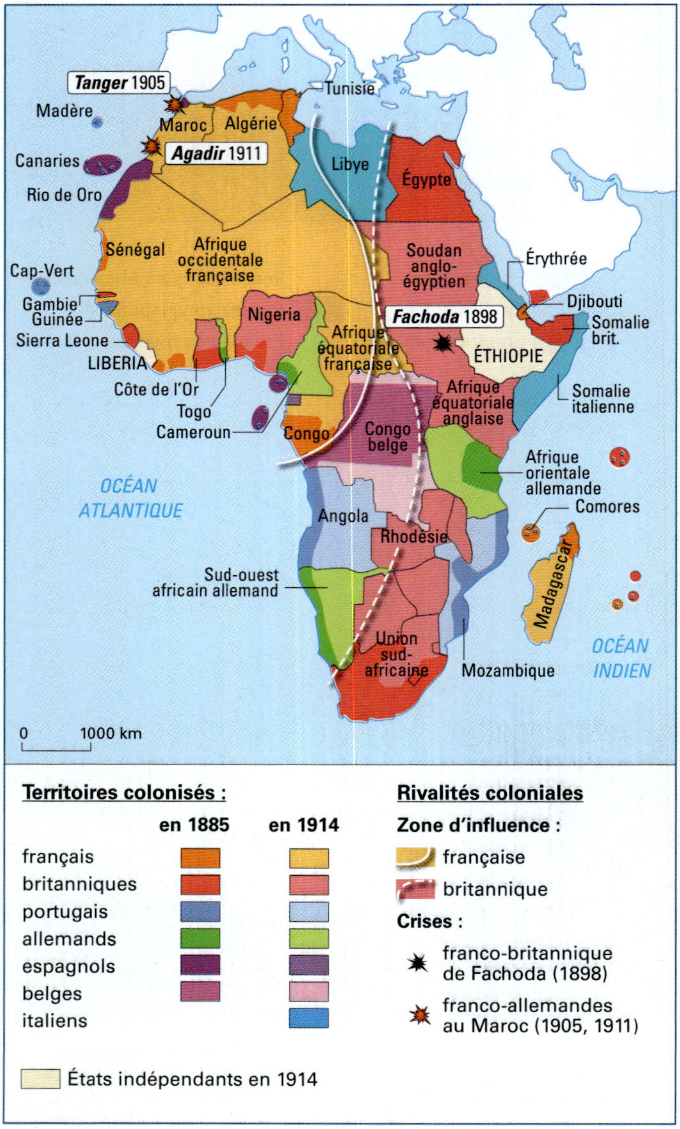

1 La course aux colonies en Afrique

2 La conférence de Berlin (1884-1885)

Voulant régler, dans un esprit de bonne entente mutuelle, les conditions les plus favorables au développement du commerce et de la civilisation dans certaines régions de l'Afrique, et assurer à tous les peuples les avantages de la libre navigation sur les deux principaux fleuves africains qui se déversent dans l'océan Atlantique ; désireux, d'autre part, de prévenir les malentendus et les contestations que pourraient soulever à l'avenir les prises de possession nouvelles sur les côtes d'Afrique et préoccupés en même temps des moyens d'accroître le bien-être moral et matériel des populations indigènes, [les puissances européennes] ont résolu (...) de réunir à cette fin une conférence à Berlin.

Préambule de la conférence.

3 La conquête de l'Afrique vue par un poète africain

La calamité chrétienne s'est abattue sur nous
Comme un nuage de poussière.
Au commencement, ils arrivèrent
Pacifiquement,
Avec des propos tendres et suaves.
« Nous venons commercer, disaient-ils,
Réformer les croyances des hommes,
Chasser d'ici-bas l'oppression et le vol,
Vaincre et balayer la corruption. »
Nous n'avons pas tous perçu leurs intentions
Et maintenant nous voilà leurs inférieurs.
Ils nous ont séduits à coup de petits cadeaux
Ils nous ont nourris de bonnes choses...
Mais ils viennent de changer de ton.

El Hajj' Ommar (poète du Nord du Ghana), vers 1875.

4 **La résistance des Hereros contre les Allemands en Afrique du Sud-Ouest**

● **Dans ce territoire, les Allemands accaparent les terres et mettent les populations au travail forcé. Un peuple local, les Hereros, se soulève en 1904. La répression fait des dizaines de milliers de morts. C'est une population entière qui est sciemment massacrée.**

Le Petit Journal, *supplément illustré, 21 février 1904.*

5 Accord de partage entre la France et le Royaume-Uni

En 1885, la France établit un protectorat sur l'île de Madagascar. Des arrangements avec le Royaume-Uni permettent alors (1889-1890) de dessiner les contours de la future Afrique occidentale française, au nord des possessions britanniques. Les frontières définitives seront établies en 1898 après la crise de Fachoda.

1. Le gouvernement de Sa Majesté Britannique reconnaît le protectorat de la France sur l'île de Madagascar. Dans l'île de Madagascar, les missionnaires des deux pays jouiront d'une complète protection. La tolérance religieuse, la liberté pour tous les cultes et pour l'enseignement religieux sont garanties. (...)

2. Le gouvernement de Sa Majesté Britannique reconnaît la zone d'influence de la France au sud de ses possessions méditerranéennes, jusqu'à une ligne allant de Say sur le Niger à Barroua sur le lac Tchad. (...) Le gouvernement de Sa Majesté Britannique s'engage à nommer immédiatement deux commissaires, qui se réuniront à Paris avec les deux commissaires nommés par le gouvernement de la République française, dans le but de fixer les détails de la ligne ci-dessus indiquée. (...) Les commissaires auront également pour mission de déterminer les zones d'influence respectives des deux pays dans la région qui s'étend à l'ouest et au sud du Moyen et du Haut-Niger.

William Waddington, ambassadeur de France au Royaume-Uni, Londres, août 1890.

6 Fachoda, la rivalité franco-britannique

En septembre 1898, l'expédition française menée par le capitaine Marchand et l'expédition menée par le britannique Kitchener se retrouvent face à face sur le Haut-Nil, à Fachoda. La France cède. Le 3 novembre, Marchand doit évacuer Fachoda. Les Français reconnaissent l'autorité britannique sur la totalité du bassin du Nil.

Il y a vraiment peu de gens qui comprennent toute la gravité de la situation actuelle. L'Angleterre est une nation pacifique, commerçante, et s'est efforcée de son mieux jusqu'ici d'éviter la guerre. Mais nous sommes arrivés à un point où notre patience est à bout. (...) J'aime à croire que la France va évacuer Fachoda, mais cela ne résoudra pas la question. (...) La France tentera de jouer le même tour que dernièrement dans l'Afrique occidentale, et précédemment à Madagascar, à Tunis et au Siam[1]. Le moment est venu où l'Angleterre et la France auront à régler tous leurs différends une fois pour toutes. En fait, la nation anglaise est dans des conditions telles qu'elle aimera mieux combattre que de céder un iota. (...) J'estime que le moment présent est vraiment favorable pour nous et vous verrez ce qui arrivera dès que nos préparatifs de guerre seront achevés.

Propos de Joseph Chamberlain (ministre des Colonies britannique) rapporté par Paul Metternich, diplomate allemand, 4 novembre 1898.

1. *Désigne ici la région de l'Indochine.*

QUESTIONS

▶ Conquête et résistances

DOC 1 **1.** Comparez les territoires colonisés avant 1865 et en 1914. **2.** Quelles puissances européennes se sont installées en Afrique ?

DOCS 3 ET 4 **3.** Comment les Européens pénètrent-ils en Afrique et y imposent-ils leur domination ? **4.** Quelles sont leurs motivations ? **5.** Comment réagissent les populations locales ?

▶ Rivalités coloniales et partage de l'Afrique

DOC 2 **6.** Quel problème cette conférence entend-elle régler ?

DOCS 1 ET 5 **7.** En quoi consiste l'accord entre la France et le Royaume-Uni ? **8.** Pourquoi peut-on parler d'un partage de l'Afrique ?

DOCS 1 ET 6 **9.** Présentez la crise de Fachoda. Quel risque fait-elle courir ? **10.** Montrez que la rivalité franco-britannique dépasse le seul cas de Fachoda.

▶ BILAN

À l'aide des documents et de vos réponses aux questions, montrez comment s'opèrent la conquête et le partage de l'Afrique.

ÉTUDE

Conquête et partage de l'Afrique : l'exemple du Maroc

REPÈRES p. 266-267
COURS p. 272-273

Riche en matières premières, moins soumis aux sécheresses que ses voisins, le Maroc suscite la convoitise des Européens, notamment des Français installés en Algérie et en Tunisie. En 1904, profitant de la crise des finances marocaines, un groupe de banques européennes dominé par les Français met la main sur les douanes marocaines, prélude à une domination politique. Mais si la France parvient à désintéresser du Maroc la plupart de ses rivaux, l'Allemagne, venue tard dans la compétition coloniale, n'entend pas se laisser écarter.

Pourquoi le cas marocain est-il emblématique du partage de l'Afrique ?

CHRONOLOGIE

1902	Premier prêt d'argent de banques françaises au sultan du Maroc.
1904	Mise sous tutelle des douanes marocaines pour rembourser les emprunts contractés.
1905	Discours de Tanger, l'empereur allemand Guillaume II s'oppose à la mainmise française.
1906	Conférence d'Algésiras. La France se voit confier une place privilégiée dans la création de la banque d'État marocaine.
1907	Assassinats d'Européens, la France occupe certaines villes du Maroc.
1911	**Mai :** révoltes contre le sultan, les Français occupent Fès. **Juillet :** navire de guerre allemand devant le port d'Agadir. **Novembre :** accord franco-allemand sur le Maroc et le Congo.
1912	Protectorat français sur le Maroc.

1 Deux puissances face à face

Caricature allemande, 8 janvier 1906.

2 Le Maroc, un enjeu géopolitique important

a. Une question de puissance

Dans cet article du journal nationaliste français La Presse, *l'auteur évoque la situation au moment de la conférence d'Algésiras.*

Ce que l'Allemagne veut, il y a longtemps que tout le monde, sauf les diplomates, le sait à merveille. Elle veut sur l'Atlantique, une zone d'influence policière qu'elle ne tardera pas à transformer en zone d'occupation militaire avec un point de relâche et d'appui pour ses navires de commerce et pour sa marine de guerre. (...) Entre l'Allemagne, qui s'installerait sur les côtes de l'Atlantique, et l'Italie qui ne tardera pas à prendre pied dans la Tripolitaine[1], qui ne comprend qu'il y aurait pour nos possessions de l'Afrique du Nord un danger commercial et militaire qu'il était de notre intérêt essentiel d'éviter.

Alceste (H. Castille), *La Presse*, 14 février 1906.

1. *Désigne le territoire actuel de la Libye.*

b. Une question financière

Syndicaliste, Victor Griffuelhes est le secrétaire général de la CGT de 1902 à 1909. Il commente ici l'occupation de Casablanca par les soldats français en réaction à des violences contre des ouvriers européens.

Le syndicat marocain formé de gros financiers peut être satisfait. Le plan échafaudé par lui va se réaliser, puisque les troupes françaises viennent de débarquer à Casablanca. C'est le premier pas vers la conquête d'un pays plein de richesses naturelles et d'une fertilité incomparable. Le Maroc constitue une belle proie pour les appétits de nos capitalistes. Le pays va dépenser des millions et consacrer des vies humaines pour implanter là-bas « la civilisation et la paix ».

V. Griffuelhes, *La Voix du peuple*, 1er septembre 1907.
Cité dans C-R. Ageron, *L'anticolonialisme en France de 1871 à 1914*, PUF, 1973.

3 Accord franco-allemand au sujet du Maroc et du Congo (4 novembre 1911)

Après plusieurs mois de négociations, un arrangement a été signé entre la France et l'Allemagne, le 4 novembre 1911, assurant à la France la suprématie au Maroc en échange de concessions territoriales au Congo. L'accord marocain organise, avec une série de garanties expressément définies, le protectorat de la France sur l'Empire chérifien[1]. (...) Les clauses relatives au Congo remanient notre frontière tout entière du côté du Cameroun, à l'exception de la courte section du Chari entre Fort-Lamy et le Tchad. Elles comportent la cession à l'Allemagne de deux bandes importantes de territoire et, d'autre part, la rétrocession par celle-ci du triangle situé entre Chari et Logone au Nord du 10e parallèle. (...) Par cette annexion, la France gagne la possession complète de la rive droite du Logone et 15 000 km^2. En revanche, nous abandonnons : 1. une bande de terrain d'allure Est-Ouest légèrement Nord, s'étendant à peu près en ligne droite de la baie de Monda, en face de Libreville, jusqu'à Ouesso, qui reste à la France. (...) 2. une vaste bande de territoire qui se développe, sur une largeur de 100 à 250 km et sur une longueur de plus de 11e de latitude, soit à peu près 1 250 km, entre Bonga, à l'embouchure de la Sanga, et Binder, sur le 10e parallèle Nord.

Maurice Zimmermann, *Annales de géographie*, tome 21, n° 116, 1912.

1. *Désigne le royaume du Maroc dont le sultan est un descendant du Prophète (Chérif).*

4 Propagande en faveur de la présence française au Maroc

Une du supplément illustré du Petit Journal*, 19 novembre 1911.*

5 La conquête du Maroc par les Français

Le protectorat français sur le Maroc est officiellement établi le 30 mars 1912. Le maréchal Lyautey, nommé résident général, se heurte à une violente opposition des indigènes. Il organise alors un plan méthodique de pénétration.

Assurer avant tout la sécurité militaire des places, de leurs abords et des lignes d'étape. Étendre progressivement le rayon d'action et de sécurité sur la périphérie insoumise, par une constante action combinée des moyens militaires et politiques, en s'inspirant de mes instructions, en faisant constamment appel à la coopération des autorités indigènes de telle sorte que la pratique du régime du Protectorat et de coopération soit toujours tangible aux populations. (...) Ne jamais perdre de vue le large usage de l'assistance médicale indigène au cours des opérations et des achats sur place qui, même au cas où ils paraîtraient onéreux à l'administration, constituent un des meilleurs modes de faire bénéficier les populations de notre présence et d'associer leurs intérêts aux nôtres. (...) À mesure qu'une région est rentrée dans l'ordre, y constituer avant toute chose l'autorité locale afin qu'elle s'exerce conformément aux règles traditionnelles.

Lyautey l'Africain. Textes et lettres du maréchal Lyautey présentés par Pierre Liautey, 1953.

Questions

▶ Rivalité et accord de partage entre la France et l'Allemagne

DOC 1 **1.** Quelles sont les puissances européennes en compétition pour le contrôle du Maroc ?

DOCS 1 ET 2 **2.** Quels sont les intérêts de la France au Maroc ? **3.** Au-delà du Maroc, quel est l'enjeu de ce conflit ? Pourquoi la France est-elle si attachée à ne rien céder à l'Allemagne au Maroc ?

DOC 3 **4.** Comment se règle la question marocaine ? **5.** Pourquoi peut-on parler d'un partage de l'Afrique ?

▶ La conquête du Maroc par les Français

DOC 4 **6.** Décrivez cette image en identifiant les personnages et les symboles représentés. **7.** Quelle image la presse veut-elle donner de la présence française au Maroc ?

DOC 5 **8.** Quels moyens sont utilisés pour pénétrer au Maroc ? **9.** Sur quels relais locaux Lyautey entend-il fonder la domination française ?

▶ BILAN

En vous aidant des documents et de vos réponses aux questions, montrez comment s'effectue la mainmise française sur le Maroc et la rivalité que cela suscite.

COURS

1 • Le temps des conquêtes et des partages (1850-1914)

REPÈRES p. 266-267
ÉTUDE p. 268-269
ÉTUDE p. 270-271

Pourquoi et comment les grandes puissances européennes se lancent-elles à la conquête de vastes empires ?

1. *La conquête italienne de la Tripolitaine (Libye)*

• **« Par l'occupation italienne la Tripolitaine s'ouvre enfin à la civilisation. »**
Le Petit Journal, *15 octobre 1911.*

A Les facteurs de l'expansion européenne

L'Europe domine le monde au XIXe siècle

• Au cours du XIXe siècle, la population européenne passe de 260 à plus de 450 millions d'habitants. Cet accroissement alimente de **puissants flux migratoires** qui contribuent à établir entre l'Europe et le monde des liens économiques, financiers et humains et à diffuser les valeurs de la civilisation européenne.

• Avec le développement de la révolution industrielle, **l'Europe devient l'usine du monde** et s'enrichit. Elle réalise les deux tiers des échanges mondiaux. Parmi les arguments en faveur de la colonisation, **la recherche de nouvelles sources d'approvisionnement en matières premières et de nouveaux débouchés pour les produits manufacturés européens** figure en bonne place. Les Européens cherchent aussi des placements financiers plus rémunérateurs.

• Les puissances européennes ont les **moyens techniques et militaires de se lancer à la conquête du monde**. Elles sont à l'origine du développement de la navigation à vapeur et du percement des grands canaux transocéaniques (Suez, Panamá), ce qui leur permet de réduire les prix et les temps de trajet. Pour pouvoir déployer leurs flottes marchandes et militaires, elles doivent s'assurer le contrôle de points d'appui stratégiques dans le monde.

La soif d'un rayonnement culturel et politique

• Les Européens sont aussi convaincus de la supériorité de leur culture et de leur **mission civilisatrice**. Selon eux, les nations européennes ont la responsabilité de transmettre leurs valeurs et leur religion à des populations jugées inférieures (doc 1). La conquête est ainsi précédée de l'envoi de **missions** afin de **christianiser des populations païennes** souvent considérées comme esclavagistes et sauvages.

• Mais l'expansion coloniale est surtout un **symbole de puissance et de prestige**.

B Conquêtes et rivalités : l'exemple du partage de l'Afrique

Des conquêtes limitées jusqu'en 1880

• À l'exception de l'Algérie dont la conquête est menée par la France à partir de 1830, les implantations européennes en Afrique restent, jusqu'en 1880, ponctuelles et limitées aux régions littorales.

• La présence européenne est alors surtout le fait des missions et des compagnies de commerce privées.

Le grand tournant des années 1880

• Dans les années 1880 débute une véritable « **course aux colonies** », menée par des dirigeants européens acquis les uns après les autres à la colonisation.

• **Les conquêtes revêtent des formes diverses**. La Tunisie et l'Égypte ont contracté des dettes à l'étranger pour financer des travaux de modernisation. Les Français en profitent pour établir un **protectorat** sur la Tunisie en 1881, les Britanniques font de même en Égypte en 1882. En Afrique noire, des traités signés avec les souverains locaux amènent les Européens à prendre possession de leurs territoires, suscitant souvent des contestations. Certains peuples s'opposant catégoriquement à la

VOCABULAIRE

• **Colonie**
Territoire occupé et administré par un État étranger (la « métropole »).

• **Mandat**
Après la Première Guerre mondiale, territoire confié par la SDN aux puissances victorieuses qui l'administrent en son nom.

• **Mission**
Organisation catholique ou protestante visant à répandre la foi chrétienne.

• **Protectorat**
Régime juridique établi par un traité international selon lequel un État « protégé » renonce à certains éléments de souveraineté (défense, politique étrangère, douanes...) au profit d'un État « protecteur ».

conquête, les pays colonisateurs répondent en organisant des expéditions militaires.

• Le **Royaume-Uni** et la **France** s'imposent en Afrique. Les Français créent un **ensemble maghrébin** associant l'Algérie, la Tunisie et, en 1912, le Maroc. Ils annexent **Madagascar** en 1896 et s'implantent largement dans l'Ouest de l'Afrique. Le Royaume-Uni étend sa domination sur une grande partie de l'Est et du Sud et agrandit ses possessions de la côte ouest. Le roi des **Belges** crée le grand empire du **Congo** en 1885.

Rivalités et partage de l'Afrique

• **La conquête nourrit des rivalités** que renforce l'entrée dans la course aux colonies de l'Italie et de l'Allemagne. Cette dernière s'installe dans le Sud-Ouest africain, au **Togo** et au **Cameroun** en 1884, et dans l'Est, notamment au **Tanganyika** (actuelle Tanzanie). L'**Italie** conquiert l'**Érythrée** et la **Somalie** en 1890-1892, puis la **Libye** en 1912 (doc 1).

• Les puissances européennes se livrent une **âpre concurrence.** En **1898**, les tensions culminent entre le Royaume-Uni et la France quand l'expédition du capitaine Marchand et celle du Britannique Kitchener se retrouvent face à face à **Fachoda**, au **Soudan.** La France s'incline et abandonne la région au Royaume-Uni (doc 2). En 1905, puis en 1911, **France et Allemagne s'opposent pour la domination du Maroc**. La France en obtient finalement le contrôle en cédant aux Allemands quelques territoires en Afrique de l'Ouest (doc 3).

• Chaque fois qu'une crise éclate, les gouvernements préfèrent négocier plutôt que de risquer un conflit. L'histoire du partage de l'Afrique est donc jalonnée de conférences internationales, comme celle de **Berlin (1884-1885)** à propos du Congo, et de traités bilatéraux sur le principe de l'échange de territoires. **En l'espace de quelques décennies, l'Afrique est ainsi redécoupée**. En 1914, seuls le Liberia et l'Éthiopie restent indépendants.

2. *La crise de Fachoda*

• **« – Mère Grand comme vous avez de grandes dents !**
– C'est pour manger la galette mon enfant ! »
Le Petit Journal*, supplément illustré, 20 novembre 1898.*

C Les grands empires coloniaux en 1914

Deux grands empires dominent le monde

• En 1914, le partage du monde est quasiment achevé. Hors d'Afrique, la vague des conquêtes s'est étendue à l'**Asie**, colonisée par le Royaume-Uni (de l'empire des Indes à Singapour) par les Pays-Bas qui contrôlent les Indes néerlandaises et par la France, implantée dans la péninsule indochinoise. L'**Océanie** est largement dominée par les Britanniques ; les Français s'y sont implantés en Nouvelle-Calédonie en 1853.

• Le **Royaume-Uni** dispose de l'empire le plus vaste avec ses **33 millions de km²** et ses **450 millions d'habitants** ; tandis que la **France** arrive en seconde position avec **10 millions de km²** et **48 millions d'habitants**.

Des empires peu modifiés après la Première Guerre mondiale

• Après 1918, les limites des empires évoluent peu. Les possessions allemandes en Afrique et ottomanes au Proche-Orient sont confiées en mandat à la France, au Royaume-Uni et à la Belgique. En 1936, l'Italie s'empare de l'Éthiopie.

3. *Critique des accords franco-allemands sur le Congo*

• **« Les victimes :**
Moi, je suis Négro-Français…
Et moi, je suis Négro-Allemand »
L'Assiette au beurre*, 4 novembre 1911.*

VÉRIFIEZ VOS CONNAISSANCES

1. Pourquoi les Européens se lancent-ils dans la colonisation ?
2. À partir de quand le partage de l'Afrique s'intensifie-t-il ?
3. Localisez et expliquez les principales sources de rivalités en Afrique.
4. En 1914, quelles sont les puissances dominantes en Afrique ?

ÉTUDE

L'Exposition coloniale internationale de Vincennes en 1931

COURS p. 280-281

L'Exposition coloniale est inaugurée le 6 mai 1931. En six mois, elle attire quelques 8 millions de visiteurs. Afin de développer l'intérêt des Français pour leurs colonies, elle est conçue en partie comme une manifestation exotique : reconstitutions architecturales et paysagères, spectacles, présentations d'« art primitif », tout est fait pour provoquer chez le visiteur l'illusion d'un voyage dans le monde colonial. Mais l'exposition vise aussi à exalter les réalisations de la politique coloniale et à affirmer sa dimension civilisatrice.

Comment l'Exposition de 1931 présente-t-elle la colonisation au public ?

Marque-page offert dans l'édition du Dictionnaire Larousse de 1931.

1 L'exposition coloniale : « Le tour du monde en un jour »

L'avenue des Colonies, Exposition coloniale, printemps 1931.

2 Adresse au jeune public

À vous, les jeunes, l'Exposition présente un objet grandiose. (...) Notre protection, sachez-le bien, a délivré du cauchemar de l'esclavage et de la mort des millions d'hommes, de femmes et d'enfants. N'oubliez pas qu'avant nous, sur le territoire africain, le plus fort dominait le plus faible, la femme n'était qu'un bétail et l'enfant peu de chose. Là même où nous avons trouvé les restes d'une antique civilisation aux principes usés, les formes surannées[1] d'un État, que de transformations n'avons-nous pas opérées ! La justice était vénale[2], l'état de guerre endémique[3], les populations décimées par la famine et la maladie, le commerce limité à d'insignifiants échanges, l'administration xénophobe et routinière, le sort des petits lamentable. Aujourd'hui la manière de vivre de ces peuples se rapproche plus que vous ne le croyez de la vôtre. (...)

À l'heure actuelle, coloniser veut dire : faire commerce d'idées et de matières, non point avec des êtres grevés de misère physique et morale, mais avec des gens aisés, libres et heureux.

Guide de l'Exposition coloniale, 1931.

1. Archaïques. 2. Corrompue. 3. Permanent.

3 Danse africaine sous le regard des visiteurs

• L'Exposition est un spectacle permanent, animé par des colonisés qui jouent le rôle qui leur a été assigné dans les villages « indigènes » reproduits à l'identique : chants, danses, reconstitutions de marchés…

4 Le bilan officiel de l'Exposition

Le Français a la vocation coloniale. Cette vérité était obscurcie. (...) Il a fallu l'exposition actuelle et son triomphe inouï pour dissiper les nuées. Aujourd'hui, la conscience coloniale est en pleine ascension. Des millions et des millions de Français ont visité les splendeurs de Vincennes. Nos colonies ne sont plus pour eux des noms mal connus, dont on a surchargé leur mémoire d'écoliers. Ils en savent la grandeur, la beauté, les ressources : ils les ont vues vivre sous leurs yeux. Chacun d'eux se sent citoyen de la plus grande France, celle des cinq parties du monde. (...)

Déjà la France extérieure est le plus gros client de la France d'Europe et le premier de ses fournisseurs ; le quart de la production totale de nos tissus de coton est absorbé par nos colonies. Que de chômeurs si ce débouché se fermait brusquement !

Et ce n'est qu'un début : maintenant que nous avons pris une conscience impériale, nous avons le droit d'espérer d'immenses résultats de la politique que cette conscience va nous imposer. Mise au service de la France d'outre-mer, l'étonnante ressource financière de la France d'Europe lui apportera une merveilleuse fécondité. (...)

Le livre d'or n'eût pas été l'image fidèle de la réalité, s'il ne nous eût pas montré l'œuvre colonisatrice de la France encadrée dans l'œuvre des autres nations, toutes ensemble souscrivant d'un égal effort au progrès moral et matériel : plus de civilisation et plus de richesse pour un plus grand nombre d'hommes.

Paul Reynaud, ministre français des Colonies, *Livre d'or* de l'Exposition, 8 octobre 1931.

QUESTIONS

▶ La mise en scène de l'empire colonial

DOC 1 **1.** À quoi l'Exposition invite-t-elle le visiteur ? **2.** Comment est-ce figuré sur le marque-page ?

DOCS 1 ET 3 **3.** Décrivez ces photographies. Pourquoi peut-on parler d'une mise en scène de l'empire ? **4.** Quel en est le but ?

DOCS 1, 2 ET 3 **5.** Quelle image ces documents donnent-ils des populations colonisées ?

▶ La propagande coloniale

DOCS 2 ET 4 **6.** Quelle est la nature de chacun de ces documents et le public visé ? **7.** Quels aspects de la colonisation y sont vantés ? Dans quel but ?

DOC 4 **8.** Quel bilan l'auteur dresse-t-il de l'Exposition de 1931 ?

▶ BILAN

À l'aide des documents et de vos réponses aux questions, montrez comment l'Exposition de 1931 entend contribuer à la mise en valeur de l'œuvre coloniale.

ÉTUDE

L'Algérie française vers 1930

COURS p. 280-281

L'Algérie, organisée depuis 1848 en trois départements, est considérée comme une partie intégrante du territoire français. **Colonie de peuplement**, elle accueille une importante minorité européenne qui se concentre dans les villes mais confisque aussi les meilleures terres. Pour autant, tous les colons ne sont pas riches : la société européenne est socialement très diverse. En 1930, à l'occasion du centenaire de la conquête, la célébration de l'œuvre coloniale masque une soumission des « indigènes » et des inégalités qui alimentent le **nationalisme** algérien naissant.

Quel tableau peut-on dresser de l'Algérie française dans les années 1930 ?

1 La France célèbre les « bienfaits » de la colonisation en Algérie

Affiche commémorant le centenaire de la conquête de l'Algérie, 1930.

VOCABULAIRE

- **Colonie de peuplement**
Colonie dans laquelle s'installe définitivement un grand nombre d'habitants venus de métropole.
- **Nationalisme**
Dans le contexte de la domination coloniale, doctrine et mouvement qui revendiquent l'indépendance d'un territoire et la formation d'un État souverain.

2 La dénonciation du Code de l'indigénat

Le Code de l'indigénat est un ensemble de textes législatifs et réglementaires qui organisent le contrôle et la répression des populations colonisées. Institué lors de la conquête de l'Algérie, il est codifié par une loi de 1881.

L'indigénat, qu'est-ce donc ? C'est (...) un système répressif exorbitant du droit commun, qui, sous couleur de discipline, frappe l'indigène dans sa liberté, dans sa fortune, dans ses droits les plus essentiels. (...)

On croit rêver quand on pense qu'aujourd'hui encore un indigène musulman ne peut circuler en Algérie sans passeport régulier, fût-ce pour se rendre à quelques kilomètres de chez lui. Pour punir des méfaits de ce genre, des peines de police, amende et emprisonnement sont prononcées légalement. L'indigène comparaît devant l'administrateur ou le maire, qui lui inflige le châtiment qui lui plaît.

Un semblable état de choses a engendré, comme tous les régimes d'arbitraire, des abus vraiment scandaleux. Il a créé dans l'âme indigène des sentiments de rancune tenace, d'hostilité sournoise. Il n'a pas peu contribué à creuser entre nous et nos sujets indigènes un fossé de malentendus et de défiances, qui va s'élargissant chaque jour.

G. de Molinari, *Journal des économistes*, mars 1909.

3 Les inégalités de la société algérienne

	Algériens musulmans	Européens
Population en 1931	5 588 314	881 584
Propriété agricole en 1934		
Pourcentage des terres	75	25
Taille moyenne des exploitations (en ha)	17	109
Salaire quotidien au 1er juillet 1934 à Sétif		
Tailleur de vigne	12 à 14 francs	24 francs
Jardinier	8 à 12 francs	16 à 18 francs
Scolarisation de la population (année scolaire 1919-1920)		
Enseignement primaire	41 144	115 308
Enseignement secondaire	500	18 965
Enseignement supérieur	17	1534

4 Alger, ville européenne et ville « indigène »

● **La ville reflète la domination coloniale. Au premier plan, un port moderne, le port des Courriers (1), et la gare maritime (2). Derrière, un quartier européen le long d'une large avenue construite dans la seconde moitié du XIXe siècle (3) et qui aboutit à la place du Gouvernement (4). En arrière-plan, la ville arabe, la Casbah, avec ses ruelles tortueuses (5).**

5 L'éveil du nationalisme algérien

Extrait d'un discours du 17 février 1927 de Messali Hadj, fondateur du mouvement algérien nationaliste l'Étoile nord-africaine.

Depuis 1830, l'expropriation et l'oppression systématique et brutale ont conduit la population algérienne non pas dans la voie du progrès mais de l'esclavage. Aujourd'hui, deux millions huit cent mille hectares des meilleures terres, soit en surface, soit en sous-sol, sont la propriété des Européens capitalistes. Des familles indigènes expropriées ont dû vendre leurs bras aux nouveaux propriétaires du sol ou émigrer dans les centres urbains. (...)

Le droit d'être citoyen est seulement réservé à une petite minorité d'indigènes qui ont été « assimilés » par l'impérialisme français. Seuls les Européens et les privilégiés indigènes peuvent élire leurs représentants dans les assemblées. C'est-à-dire que cinq cent quarante mille Européens et quelques dizaines de milliers d'indigènes élisent leurs représentants et trois millions, c'est-à-dire la majorité de la population, n'ont aucun droit. Par contre ils doivent payer les impôts et faire le service militaire. (...)

L'Étoile nord-africaine (...) réclame pour les Algériens (...) l'indépendance de l'Algérie ; le retrait des troupes françaises d'occupation ; la constitution d'une armée nationale ; la confiscation des grandes propriétés agricoles.

Questions

▶ Mythe et réalités de la domination française

DOC 1 **1.** Présentez et décrivez le document en identifiant les différents personnages et symboles. **2.** Montrez qu'il s'agit d'une illustration à la gloire de l'œuvre de la France en Algérie.

DOC 2 **3.** Pourquoi peut-on dire que le Code de l'indigénat est injuste et abusif ?

DOCS 1, 2 ET 3 **4.** Critiquez la vision officielle proposée dans le document 1 à l'aide des documents 2 et 3.

DOC 4 **5.** Décrivez les « deux villes ». Comment la présence française se reflète-t-elle dans l'organisation de la ville ?

▶ La mise en cause de la domination française

DOC 2 **6.** Quelles sont, d'après l'auteur, les conséquences du Code de l'indigénat ?

DOC 5 **7.** Présentez le texte. Que dénonce Messali Hadj ? **8.** Quelles sont les revendications du mouvement de l'Étoile nord-africaine ?

▶ BILAN

À l'aide des documents et de vos réponses aux questions, présentez l'Algérie coloniale en mettant en évidence d'abord la propagande coloniale, ensuite les réalités de la domination et enfin les conséquences sur le nationalisme algérien.

ÉTUDE

L'Indochine coloniale française

COURS p. 280-281

L'Indochine française est une **colonie d'exploitation**. Les Français y sont fort peu nombreux : 34 000 sur une population totale de 22,6 millions d'habitants en 1940. Elle devient rapidement un acteur économique important au sein de l'empire. En dépit de l'image florissante que la métropole veut en donner, l'Indochine est marquée par des déchirements et l'émergence de revendications nationalistes qui s'amplifient dans les années 1920, trouvant un écho au sein des mondes paysan et ouvrier. Une nouvelle ère s'ouvre, qui voit le communisme devenir la principale force politique contestataire.

Quel tableau peut-on dresser de l'Indochine française dans l'entre-deux-guerres ?

VOCABULAIRE

- **Colonie d'exploitation**
Colonie exploitée pour fournir aux métropoles des matières premières et dans laquelle le peuplement d'origine européenne est très faible.

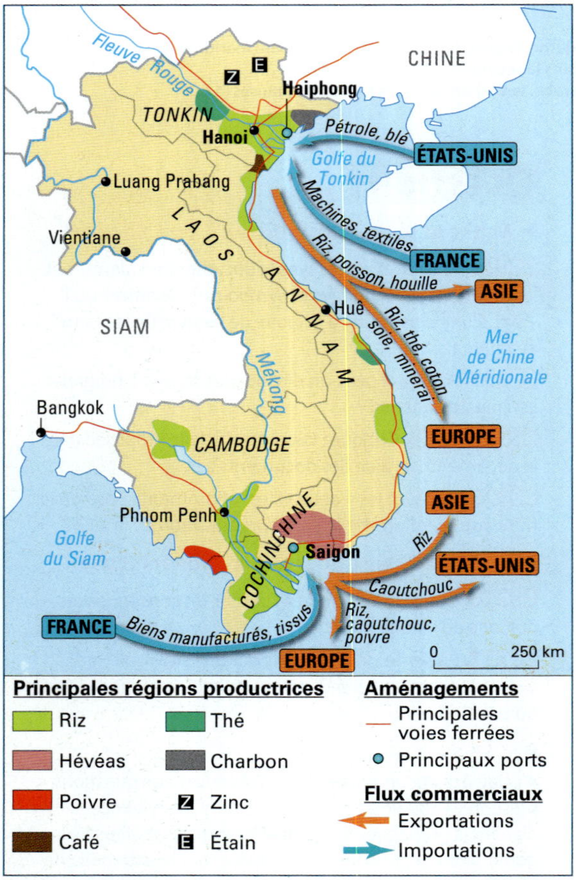

1 L'économie indochinoise dans les années 1930

2 **L'Indochine française, une colonie d'exploitation**

L'Indochine ne saurait être une colonie de peuplement pour deux raisons :

– parce qu'elle est déjà assez peuplée et peuplée par des populations de race jaune, civilisées, peu assimilables ;

– parce que dans l'ensemble, son climat ne convient pas à l'établissement en masse des Européens.

En revanche, riche en forêts (bois durs), riche en houille et en minerais précieux ou utiles (or, étain, plomb), propre à la culture du riz, du coton, de la canne à sucre, du thé, du café, du caoutchouc et, d'une manière générale, de presque toutes les plantes de la zone intertropicale, l'Indochine française a tous les éléments qui lui permettent d'être une importante colonie d'exploitation.

La colonisation française a déjà commencé à tirer parti de ces ressources et, depuis vingt ans, l'Indochine s'est considérablement transformée. Percées de voies nouvelles, larges et droites, assainies, éclairées à l'électricité, bien entretenues, les grandes villes comme Saigon ou Hanoi, présentent dans leurs nouveaux quartiers un air tout européen. (...) Le contraste est complet, par exemple entre Saigon, la ville européenne, et Cholon, la ville indigène, qui font partie de la même agglomération.

Des progrès analogues sont manifestes dans toutes les branches de l'activité économique. On peut les résumer ainsi :

1. développement des voies de communication et de transport (...) ;
2. introduction de cultures nouvelles (...) ;
3. mise en valeur des mines et progrès industriels.

Gallouédec et F. Maurette, « L'Indochine Française », *Nouveau Cours de géographie, classe de 4*[e], Hachette, 1931.

3 **La France vante les mérites de l'assistance médicale**

Brochure française éditée par le gouvernement général de l'Indochine en 1931.

4 Les espoirs déçus de l'élite indochinoise

Andrée Viollis, journaliste française, se rend en Indochine en 1932. Elle relate ici sa rencontre avec trois jeunes étudiants vietnamiens.

Grâce aux sacrifices de leurs parents, deux d'entre eux ont fait leurs études en France. Ils ont vécu à Paris, au Quartier latin, noué des amitiés avec des étudiants français, ils ont été cordialement reçus dans des familles françaises. À la Sorbonne, à la faculté de droit, leurs professeurs les invitaient chez eux, discutaient avec eux, admettaient leur point de vue. (...) Au retour dans leur pays, changement complet. Dès la sortie du bateau, leurs bagages sont fouillés de fond en comble ; la liste des livres qu'ils apportent est établie, remise à la police. Ils sont très souvent confisqués. Leur diplôme ne leur sert à rien. Tandis que, parmi les professeurs de lycées européens (...) certains n'ont pas même leur baccalauréat, un licencié ès lettres comme Ta ne trouve pas de poste. (...) Tous trois insistent particulièrement sur les humiliations qu'ils subissent, le tutoiement avilissant, les insolences ; en France ils étaient traités en égaux par des hommes éminents : ici des fonctionnaires sans éducation ni culture ne font aucune différence entre les Annamites[1] de bonne famille, instruits, et les boys qu'ils traitent Dieu sait comment. Ils ne sont invités nulle part, ne fréquentent aucun Européen.

Andrée Viollis, *Indochine SOS*, Gallimard, 1935.

1. *L'Annam est une région d'Indochine.*

5 **Les révoltes au Tonkin**

● Le 10 février 1930, un camp militaire français est attaqué par des émeutiers. C'est un échec et la répression est sévère. Toutefois, c'est le mouvement de rébellion contre la présence française le plus important depuis la colonisation.

Le Petit Journal Illustré, 29 juin 1930.

QUESTIONS

▶ Une colonie d'exploitation

DOC 1 **1.** Quelles sont les principales ressources développées et exploitées par les Français ? **2.** Où sont-elles localisées et pourquoi ? **3.** Quelles sont les caractéristiques du commerce indochinois ?

DOCS 1 ET 2 **4.** Pourquoi l'Indochine est-elle une colonie d'exploitation ?

▶ La domination coloniale française en Indochine

DOCS 2 ET 3 **5.** Quelles sont les réalisations françaises vantées dans ces documents ? **6.** Comment se traduit la présence française dans le paysage urbain ?

DOC 5 **7.** Décrivez cette *Une*. Que nous apprend-t-elle sur la contestation de la domination française en Indochine ?

DOC 4 **8.** Comment expliquer les frustrations de ces jeunes Vietnamiens ? **9.** Quels sont la nature et l'objectif de ce texte ?

▶ BILAN

À l'aide des documents et de vos réponses aux questions, dressez un tableau de l'Indochine dans l'entre-deux-guerres.

COURS

2• L'Empire français au temps de l'Exposition coloniale de 1931

REPÈRES p. 266-267
ÉTUDE p. 274-275
ÉTUDE p. 276-277
ÉTUDE p. 278-279
HISTOIRE DES ARTS p. 282-283

Quel tableau peut-on dresser de la domination coloniale française dans les années 1930 ?

1. *L'évangélisation des populations africaines*
« Missions d'Afrique. Enfants chrétiens ». Carte postale, années 1900.

A L'apogée de la bonne conscience coloniale

La « plus grande France »

• Dans les années 1930, **l'Empire français connaît son extension maximum** (12 millions de km^2 et 70 millions d'habitants). Aux anciennes colonies comme la Guadeloupe, la Martinique ou la Réunion se sont ajoutées à partir du XIXe siècle un important domaine africain, en Algérie, en Tunisie et au Maroc, à Madagascar, et en Afrique subsaharienne ; ainsi que la péninsule indochinoise et des territoires insulaires en Océanie. En 1922, la SDN confie à la France, sous forme de mandats, d'anciennes possessions allemandes (Togo et Cameroun) et ottomanes (Liban et Syrie).

• L'entre-deux-guerres est marqué par une **intense propagande**. Avec ses ressources et ses hommes, l'Empire, qui a contribué à la victoire de 1918, est présenté à la fois comme un moyen d'**épauler l'économie** (surtout après la crise de 1929) et de **contribuer à la puissance de la métropole**. Se diffuse alors largement, par exemple par la chanson, une imagerie coloniale, teintée d'exotisme et de racisme, qui triomphe avec l'Exposition coloniale de 1931.

Mythe et réalités de « l'œuvre civilisatrice »

• **Les Français ont le sentiment d'être des bienfaiteurs** : pacification, enseignement, progrès sanitaires et évangélisation, urbanisation sont autant de réalisations dont ils se félicitent (doc 1).

• **Les résultats de l'œuvre sanitaire sont contrastés.** Si l'on constate de réels progrès avec la fondation d'hôpitaux ou l'organisation de campagnes de vaccination, elle est surtout guidée par le souci de s'assurer une main d'œuvre en bonne santé. **Les résultats de la politique de scolarisation restent éloignés des objectifs fixés.** Les effectifs scolaires sont partout très faibles dans le primaire, encore plus dans le secondaire. Seules Alger et Hanoi abritent une université, mais elles sont très peu fréquentées par les populations colonisées .

B Les manifestations de la domination française

Une domination multiforme

• Les possessions françaises, quel que soit leur statut, sont toutes dirigées par un **représentant de l'autorité française**, à la tête d'une **administration** à laquelle les populations colonisées sont très peu associées.

• **La population française, toujours minoritaire, détient l'essentiel du pouvoir**, reléguant la majorité indigène dans une situation subordonnée. Dans une **colonie de peuplement** comme l'Algérie, la société est profondément inégalitaire comme en témoigne le **Code de l'indigénat** qui prévoit des infractions et des pénalités propres aux indigènes. S'il n'existe aucune ségrégation légale, la tendance à la séparation des populations se manifeste dans le **plan des villes** qui oppose ville européenne et ville indigène.

• **L'économie coloniale est organisée par et pour la métropole.** Les cultures d'exportation et l'exploitation des matières premières se développent au détriment des cultures vivrières indigènes. Pour éviter de concurrencer l'industrie métropolitaine, les matières premières ne sont quasiment jamais transformées sur place.

VOCABULAIRE

• **Acculturation**
Processus par lequel un groupe d'individus ou une société entre en contact avec une autre culture et l'assimile en partie.

• **Colonie d'exploitation**
Colonie exploitée pour fournir aux métropoles des matières premières et dans laquelle le peuplement d'origine européenne est très faible.

• **Colonie de peuplement**
Colonie dans laquelle s'installe définitivement un grand nombre d'habitants venus de métropole.

• **Nationalisme**
Voir définition p. 276.

• **Négritude**
Ensemble des valeurs culturelles et spirituelles propres aux Noirs africains, et revendiquées par eux.

• La **mise en valeur des territoires**, notamment dans les colonies d'exploitation, est très largement assurée par la **main-d'œuvre indigène**, parfois soumise au travail forcé. L'obligation de payer un impôt personnel et la confiscation des terres dont les populations sont victimes, notamment en Afrique du Nord, les poussent à rechercher un travail salarié, dans les plantations ou les mines ou encore à aller s'entasser en ville.

L'acculturation des peuples colonisés

• **La domination française déstructure les économies et les sociétés locales.** Elle brise les cadres traditionnels qui assuraient les solidarités (tribus…) et transforme les habitudes, les croyances et les modes de pensée.
• Ainsi, dans les colonies, l'administration française a créé de **nouvelles élites formées à l'occidentale**. Celles-ci, déchirées entre l'influence française et l'attachement à la tradition, aspirent à exercer des responsabilités qui correspondent à leurs compétences. Mais elles sont toujours subordonnées aux cadres européens et souffrent de ce mépris.

C Une domination contestée

Nationalismes indigènes et anticolonialisme métropolitain

• Certaines de ces élites retournent alors contre la métropole les valeurs de liberté et d'égalité qui leur ont été inculquées. La fin de la Première Guerre mondiale qui voit proclamer le **principe de la liberté des peuples à disposer d'eux-mêmes suscite des espoirs**. Les peuples colonisés attendent aussi une reconnaissance de la métropole pour leur participation à l'effort de guerre.
• La colonisation est aussi mise en cause par la **propagation des idées communistes** comme en Indochine où Hô Chi Minh crée un parti communiste en 1930. La contestation peut aussi revêtir une dimension religieuse et culturelle. Le Sénégalais Léopold Sédar Senghor invente le concept de « négritude », marquant un retour aux sources de l'**identité africaine** et le refus des normes de la civilisation occidentale.
• **En métropole, l'anticolonialisme est marginal.** Il est le fait de certains intellectuels comme André Gide, qui stigmatise les méfaits de la présence française au Congo (*Voyage au Congo*, 1927), et du parti communiste.

Les premiers craquements de l'empire

• Dans les années 1920-1930, s'affirme un nationalisme gagné à la **cause de l'indépendance** qui, peu à peu, conquiert les masses et se structure politiquement.
• Les mouvements nationalistes se développent d'abord en Indochine, en Afrique du Nord, en Syrie et au Liban tandis que la contestation reste limitée en Afrique noire. En **Tunisie**, le **Néo-Destour**, parti fondé en 1934 par le jeune avocat Habib Bourguiba, se lance en 1938 dans une campagne de grèves et de manifestations qui débouche sur des affrontements sanglants. En **Algérie**, le mouvement de l'**Étoile nord-africaine** voit son audience progresser malgré l'arrestation de son fondateur, Messali Hadj, en 1934. En **Indochine**, le mouvement nationaliste est mené par les **communistes** qui encadrent des révoltes paysannes et ouvrières.

VÉRIFIEZ VOS CONNAISSANCES

1. Pourquoi peut-on parler de l'apogée de l'Empire français dans les années 1930 ?
2. Quelles sont les différentes facettes de la domination coloniale ?
3. Qu'est-ce qu'une colonie de peuplement ? d'exploitation ?
4. Comment se manifestent les contestations de la domination française ? Qui en sont les acteurs ?

Biographie

Hô Chi Minh
(1890-1969)
Nguyên Ai Quôc, connu sous le nom de Hô Chi Minh (« celui qui éclaire »), quitte l'Indochine française en 1911, s'installe en France en 1919 et adhère au parti communiste français en 1920. De retour en Indochine, il fonde le parti communiste indochinois en 1930. Nationaliste et communiste à la fois, il proclame l'indépendance du Vietnam en 1945 et dirige la lutte contre la France de 1946 à 1954.

Biographie

Léopold Sédar Senghor
(1906-2001)
Originaire du Sénégal, agrégé de grammaire, écrivain, il est le fondateur du mouvement de la négritude, en 1935.
Il s'intéresse également à la politique : élu à l'Assemblée constituante française en 1945, il occupe plusieurs postes ministériels entre 1955 et 1960 et devient président de la République du Sénégal en 1963.

Quand on chantait les colonies

Que nous apprend la chanson coloniale sur les rapports des Français à la colonisation ?

L'ESSENTIEL SUR… la chanson coloniale

La chanson, témoignage de la culture populaire

▶ Au XIXe siècle, la chanson occupe une place centrale dans la culture populaire. Les **partitions illustrées**, souvent chantées par les colporteurs, se vendent très bon marché. Avec le développement de la radio et du disque, la **chanson** devient, dans l'entre-deux-guerres, **un des fleurons de la culture de masse naissante**. Elle fournit un éclairage intéressant sur les représentations et les mentalités en véhiculant une idéologie qui est dans l'air du temps. La chanson apparaît comme un **reflet de l'opinion**.

La chanson conquise par la colonisation

▶ Au cours du XIXe siècle, **la chanson accompagne le ralliement des Français à l'expansion coloniale**. Dans les années 1930, pratiquement tous les grands noms de la chanson chantent les colonies. Largement diffusée, **la chanson joue un grand rôle dans l'implantation et la transmission de l'idéologie coloniale**. Cette évolution s'accompagne d'un élargissement des thèmes chantés qui va de pair avec l'affirmation de la fonction de distraction de la chanson. Au registre guerrier, héroïque et patriotique s'ajoute l'**exotisme** qui prend une place grandissante, le comique et l'érotisme, véhiculant les stéréotypes volontiers racistes de l'époque.

1 Le roi du Dahomey Béhanzin et ses Amazones

Dans leur conquête du Dahomey (actuel Bénin), les Français se heurtent à l'opposition du roi Béhanzin, en 1890 et 1892-1894. Les Amazones sont les guerrières qui constituent sa garde rapprochée.

Ell's ont la peau comm' du cirage
On dit que ce peuple sauvage
À chaqu' repas mange du feu
Ça doit vous étonner un peu (…)

Refrain : Mais, vraiment, l'on ne croyait pas
Qu'pareill's gens vivaient ici-bas
Et qui ne s'fut douté jamais
D'aller au Dahomey

Ell's ont de drôles de coutumes
Ainsi qu'de primitifs costumes
Ell's ne port'nt pas de faux appas
C'est naturel du haut en bas (…)

Le roi souvent pour se distraire
Comme il est d'un' humeur sévère
Fait trancher pour son bon plaisir
La tête à son peuple martyr (…)
Pour mettre un terme à ce carnage
Il faut vers ce peuple sauvage
Sans hésiter, crénom d'un nom !
Braquer sans tarder le canon (…)

Refrain : il faut donc aller sans retard
Déployer chez eux l'étendard.
Libre enfin, le Noir, désormais
Vivrait au Dahomey.

« Les Amazones du Dahomey », 1890, parole d'Édouard Vézinaud, sur l'air de « Devant la Samaritaine ».

Affiche publicitaire pour un spectacle présenté lors de l'Exposition universelle de Lyon, 1894.

2 « Fachoda ! ou la France en Afrique », une chanson patriotique

Le capitaine Marchand est chargé d'une expédition menant du Congo au Nil. Il parvient à Fachoda au Soudan en juillet 1898. Le drapeau français à peine hissé, une expédition britannique arrive. En novembre, la France, sous la pression britannique, ordonne à Marchand de se retirer. Les actes du capitaine Marchand se diffusent alors en chansons et il devient un héros populaire.

Partition illustrée, vers 1898.

3 Pan Pan l'Arbi[1]

L'une des figures les plus chantées est celle du soldat indigène, notamment lors de la Grande Guerre à l'occasion de laquelle l'Empire français envoie un contingent de 600 000 hommes à la « mère-patrie ».

Moi li sais bien, toi pas voulu la guerre
Toi li Français, c'est kif-kif le bon Dieu.
Mais sal'Pruscot[2] venir pour tuer ta mère
Refrain : (…) Moi suis content voir Paris
J'suis content, c'est bézef bono[3]
À couper la mèche aux sales Pruscos
Car eux, du tout, pas gentils
As pas peur, as pas peur Sidi
Si Pruscos venir moi coup'kiki
Moi coup'kiki
(…) Moi li souis sûr, la Franc'jamais mourir,
car moi pour toi li souis bon camarade,
Si toi pas vivre, ici moi dois mourir

« Pan Pan l'Arbi », 1914, G. Monthéus, sur l'air de « la marche des zouaves ».

1. Ce surnom désigne l'« Arabe », voire le « tirailleur » algérien. – 2. Prussien. – 3. Tout bon.

Questions

Présenter les œuvres

1. Dans quel contexte ces chansons ont-elles été écrites ? Quel est le public visé ?

Analyser les œuvres

2. **DOCS 1 ET 3** Quelle image chacune de ces chansons donne-t-elle des populations « indigènes » ?
3. **DOC 1** En quoi cette chanson illustre-t-elle l'entreprise de légitimation de la colonisation à la fin du XIXe siècle ?
4. **DOC 2** Pourquoi cette chanson est-elle qualifiée de « chanson patriotique » ? Sur quel air est-elle chantée et pourquoi ?
5. **DOC 3** Quel est le ton et l'objectif de cette chanson ?

Faire le lien entre art et histoire

6. Pourquoi la chanson coloniale est-elle une source intéressante pour un historien étudiant les rapports des Français à la colonisation ?

@ Pour aller plus loin

À cette adresse, vous trouverez les paroles et les versions audio de quelques chansons coloniales :
http://www.ac-nancy-metz.fr/cinemav/escla/ei25.htm

RÉVISIONS

Le temps des dominations coloniales

Les points clés du cours

1. Les facteurs de l'expansion européenne

• Dans la seconde moitié du XIXe siècle, les puissances européennes, fortes de leur vitalité démographique, de leur suprématie économique, scientifique et militaire se lancent à la **conquête de l'Afrique et de l'Asie**. Elles sont animées par des ambitions économiques, stratégiques et nationalistes.

• Les Européens sont aussi convaincus de la supériorité de leur culture et de leur **mission civilisatrice**. Selon eux, les nations européennes ont la responsabilité de transmettre leurs valeurs et leur religion à des populations considérées comme inférieures. **En 1914, les conquêtes sont quasiment achevées.** Le **Royaume-Uni** et la **France** disposent des plus vastes empires.

2. Le partage de l'Afrique

• En Afrique, les conquêtes sont limitées jusqu'aux années 1880. Débute alors une véritable « **course aux colonies** » qui revêt des formes diverses. En Tunisie et en Égypte, les Français et les Britanniques commencent par mettre la main sur les finances locales avant de conclure des traités de protectorat. En Afrique noire, des traités signés avec les souverains locaux amènent les Européens à prendre possession de leurs territoires. Certains peuples s'opposant catégoriquement à la conquête, les pays colonisateurs répondent en organisant des expéditions militaires.

• La conquête nourrit des **rivalités** entre puissances européennes. Des crises éclatent parfois. Ainsi, en **1898**, à propos du Soudan, **les Français et les Britanniques s'opposent à Fachoda. Au Maroc, les crises de 1905 et 1911** mettent aux prises Français et Allemands. Mais à chaque fois, **les gouvernements préfèrent négocier plutôt que de risquer un conflit**. L'histoire du partage de l'Afrique est ainsi jalonnée de conférences internationales (comme celle de Berlin en en 1884-1885) et de traités bilatéraux fondés sur le principe de l'échange et de la compensation.

3. L'Empire français au temps de l'Exposition coloniale de 1931

• **Vers 1930, l'Empire français est à son apogée.** Une intense **propagande** vante les bienfaits de la colonisation et l'intérêt économique et stratégique des colonies. Cette bonne conscience triomphe lors de l'**Exposition coloniale de Vincennes en 1931**.

• Cependant, l'empire est soumis à la domination politique française. L'économie coloniale est organisée par et pour la métropole. La domination française **déstructure ainsi les économies mais aussi les sociétés locales**. Les nouvelles élites formées à l'occidentale aspirent sans succès à exercer des responsabilités. Certaines retournent contre la métropole les valeurs de liberté et d'égalité qui leur ont été inculquées.

• Si **l'anticolonialisme est marginal** en métropole, il se développe dans l'empire au lendemain de la guerre, revêtant des formes variées. Des **partis nationalistes** voient le jour en **Afrique du Nord**. En **Indochine**, la contestation est menée par les **communistes** qui encadrent des révoltes populaires.

Les personnages clés

Hô Chi Minh
(1890-1969)
Fondateur du parti communiste indochinois.

Léopold Sédar Senghor
(1906-2001)
Fondateur du mouvement de la négritude et président du Sénégal (1960-1980).

Les dates clés

1830	Début de la conquête française de l'Algérie
1881	Protectorat français sur la Tunisie
1882	Protectorat britannique sur l'Égypte
1884-1885	Conférence coloniale de Berlin
1898	Crise franco-britannique de Fachoda
1905 et 1911	Crises franco-allemandes au Maroc
1926	Fondation de l'Étoile nord-africaine (Algérie)
1930	Fondation du parti communiste indochinois ; émeutes en Indochine.
1931	Exposition coloniale internationale de Vincennes

Les mots clés

- Acculturation ➜ p. 280
- Colonie d'exploitation ➜ p. 280
- Colonie de peuplement ➜ p. 280
- Mission ➜ p. 272
- Négritude ➜ p. 280
- Nationalisme ➜ p. 276
- Protectorat ➜ p. 272

Capacité Cerner le sens général et l'intérêt d'un corpus documentaire

EXERCICES

1 La construction du Congo-Océan en image.

• **La ligne de chemin de fer du Congo-Océan est entreprise en 1921 et achevée en 1934. Elle relie le Port de Pointe-Noire sur l'océan Atlantique au port de Brazzaville sur le fleuve Congo. Elle est longue de 510 km.** Le Petit Journal, *6 juillet 1924*.

2 La construction du Congo-Océan vue par le journaliste français Albert Londres

Dans son ouvrage Terre d'ébène, *le journaliste français Albert Londres décrit la construction du chemin de fer congolais (1921-1934).*

Aujourd'hui il faut parler. La France a le droit de savoir. Un drame se joue ici. Il a pour titre *Congo-Océan*. (...) Ayant constaté que notre empire se mourait, étouffé, le proconsul[1] décida de trancher la gorge de l'Afrique, de Brazzaville à Pointe-Noire, pour lui passer le chemin de fer libérateur. (...)

J'ai vu construire des chemins de fer ; on rencontre du matériel sur les chantiers. Ici, que du nègre ! Le nègre remplaçait la machine, le camion, la grue ; pourquoi pas l'explosif aussi ? (...) Épuisés, maltraités par les capitas[2], loin de toute surveillance européenne (Monsieur le ministre des Colonies, j'ai pris à votre intention quelques photographies, vous ne les trouverez pas dans les films de propagande), blessés, amaigris, désolés, les nègres mouraient en masse.

Albert Londres, *Terre d'ébène*, Albin Michel, 1929.

1. Désigne ici les administrateurs coloniaux. – 2. Les chefs.

3 La souffrance des Ivoiriens

Nous sommes devenus pauvres et comme des esclaves sur notre propre terre Agni[1] ; les mines d'or ont été données à des étrangers sans indemnité pour nous et c'est le gouvernement qui a pris les redevances et les a gardées ; nous-mêmes, pour y couper des arbres, nous devons payer de lourdes taxes et nous soumettre à une réglementation sévère et compliquée, où nous, pauvres Noirs, nous perdons toujours, ce qui entraîne de fortes amendes. Nous travaillons par force pour le gouvernement, sur les routes, dans les rivières et partout sans être payés ni même nourris, mais nous sommes durement frappés par les hommes de police et emprisonnés sans jugement.

Pétition des réfugiés de Côte d'Ivoire remise au gouverneur de Gold Coast par douze chefs Agni, 10 juin 1917.

1. Nom d'un peuple ivoirien.

QUESTIONS

1. Quel est le thème commun à ces trois documents ?
2. Quels sont leurs auteurs ?
3. Quelle image chacun des documents donne-t-il de la domination française ?
4. Quel intérêt présente la confrontation de ces documents ?

Pour aller plus loin

Romans

- Amadou Hampâté Bâ, *Amkoullel, l'enfant peul*, Actes Sud, 1991 et *Oui, mon commandant !*, Actes Sud, 1994.
- Albert Londres, *Terre d'ébène*, Albin Michel, 1929.

Livres et revues

- N. Bancel, P. Blanchard, *De l'indigène à l'immigré*, « Découvertes », Gallimard, 2007.
- « La colonisation en procès », *L'Histoire*, n° 302, octobre 2005.
- « Le Temps des colonies », Les Collections de *L'Histoire*, n° 11, avril 2001.
- *L'Empire colonial à son apogée, propagande et réalités*, Textes et Documents pour la classe, n° 710, février 1996.

Sites Internet

- Le site du musée du Quai Branly à Paris : http://www.quaibranly.fr
- Le site d'une revue d'historiens : http://www.etudescoloniales.canalblog.com

MÉTHODE

Expliquer un texte littéraire

En s'appuyant sur une réalité historique, un texte littéraire constitue pour l'historien une source importante. Mais l'auteur donne une représentation et une interprétation de cette réalité : il faut donc tenir compte du caractère fictionnel de son œuvre.

On peut supposer d'après le texte que l'auteur fait allusion, sans la nommer, à Saigon, symbole ici de la « ville coloniale ». Fondée au XVIe siècle, la ville, située sur un bras du Mékong, dans le sud de l'Indochine, est prise par les Français en 1859, et reconstruite à l'européenne à partir de 1880.

Marques de la subjectivité de l'auteur.

Comme dans toutes les villes coloniales il y avait deux villes dans cette ville ; la blanche et l'autre. Et dans la ville blanche, il y avait encore des différences. La périphérie du haut quartier, construite de villas, de maisons d'habitation, était la plus large, la plus aérée, mais gardait quelque chose de profane. Le centre, pressé de tous les côtés par la masse de la ville, éjectait des buildings chaque année plus haut. Là ne se trouvaient pas les palais des gouverneurs, le pouvoir officiel, mais le pouvoir profond, les prêtres de cette Mecque, les financiers. (...) Dans le haut quartier n'habitaient que les Blancs qui avaient fait fortune. Pour marquer la mesure surhumaine de la démarche blanche, les rues et les trottoirs du haut quartier étaient immenses. (...) Arrosées plusieurs fois par jour, vertes, fleuries, ces rues étaient aussi bien entretenues que les allées d'un immense jardin zoologique où les espèces rares des Blancs veillaient sur elles-mêmes. (...). C'était au centre seulement qu'à l'ombre des tamariniers s'étalaient les immenses terrasses de leurs cafés. Là, le soir, ils se retrouvaient entre eux. Seuls les garçons de café étaient encore indigènes, mais déguisés en Blancs, ils avaient été mis dans des smokings, de même qu'auprès d'eux les palmiers des terrasses étaient en pots. Jusque tard dans la nuit, installés dans des fauteuils de rotin derrière les palmiers et les garçons en pots et en smokings, on pouvait voir les Blancs, suçant Pernod, whisky-soda, ou Martel-Perrier, se faire en harmonie avec le reste, un foie bien colonial. (...)

Le circuit des tramways évitait scrupuleusement le haut quartier. (...) Seuls les indigènes et la pègre blanche des bas quartiers circulaient en tramways. C'était même, en fait, les circuits de ces tramways qui délimitaient strictement l'éden du haut quartier. Ils le contournaient hygiéniquement suivant une ligne concentrique dont les stations se trouvaient toutes à deux kilomètres au moins du centre. (...) Aucun Blanc digne de ce nom ne se serait risqué dans un de ces trams sous peine, s'il y avait été vu, d'y perdre sa face, sa face coloniale.

C'était dans la zone située entre le haut quartier et les faubourgs indigènes que les blancs qui n'avaient pas fait fortune, les coloniaux indignes se trouvaient relégués.

Marguerite Duras, *Un Barrage contre le Pacifique*, Gallimard, 1950.

Née à Saigon en 1914, Marguerite Duras vit toute son enfance dans l'Indochine coloniale.

D'inspiration autobiographique, ce roman relate la vie d'une veuve et de ses deux enfants. Propriétaire d'une concession, elle se bat contre l'administration coloniale corrompue, et tente d'empêcher le Pacifique d'inonder régulièrement ses terres.

Commencé en 1947 et publié en 1950, l'ouvrage évoque Saigon dans l'entre-deux-guerres.

QUESTIONS

1. Présentez le texte en insistant sur sa nature, son auteur et son contexte.

2. Comment la ville de Saigon est-elle structurée ?

3. Quelles sont les formes de contact et d'exclusion entre la population européenne et la population indochinoise ?

4. Quel regard est porté sur les Européens riches et leur mode de vie ?

5. Quel est l'intérêt de ce texte ?

Méthode générale

Application guidée

1 Présenter un texte littéraire

- Se documenter sur l'œuvre, son auteur et préciser la nature du texte : roman, autobiographie, théâtre, poésie... ainsi que le sujet de l'extrait.
- Présenter la date et le contexte de rédaction de l'œuvre et ceux des faits relatés s'ils sont différents.

Question 1. Présentez le texte en insistant sur sa nature, son auteur et son contexte.

Conseil

Aidez-vous des informations qui accompagnent le document. Pour le contexte, reportez-vous à l'étude p. 278-279.

2 Analyser un texte littéraire

- Relever et expliquer les informations du texte qui sont de nature à intéresser l'historien.
- Faire appel à ses connaissances et distinguer ce qui relève de la subjectivité de l'écrivain ou de sa création personnelle.
- Prêter attention au ton et au registre de l'extrait : tragique, lyrique, polémique, comique, ironique, réaliste...

Question 2. Comment la ville de Saigon est-elle structurée ?

Question 3. Quelles sont les formes de contact et d'exclusion entre la population européenne et la population indochinoise ?

Conseil

Décrivez chacun des quartiers (localisation, fonction, population...) pour ensuite montrer qu'ils révèlent l'existence d'une ségrégation raciale, mais aussi sociale.

3 Dégager l'intérêt historique et la portée d'un texte littéraire

- Préciser le regard que porte l'écrivain sur l'époque et les faits dont il parle.
- Expliquer, grâce à ses connaissances, si ce regard correspond à celui d'autres acteurs.

Question 4. Quel regard l'auteur porte-t-il sur les Européens riches et leur mode de vie ?

Conseil

Aidez-vous des passages surlignés en vert et montrez l'ironie du ton adopté.

Question 5. Quel est l'intérêt de ce texte ?

Conseil

Montrez en quoi ce texte est révélateur de la société coloniale et de la domination française dans l'entre-deux-guerres.

exercice d'application

1. Présentez la nature du texte, son auteur ainsi que le contexte des événements décrits.
2. Comment le colonisateur est-il considéré avant la guerre selon l'auteur ? Expliquez pourquoi à l'aide du texte et de vos connaissances.
3. Pourquoi l'auteur parle-t-il de « chute du mythe de l'homme blanc » ?
4. Quelles sont d'après lui les conséquences de la Première Guerre mondiale dans les colonies ?

Quand les rescapés rentrèrent au foyer en 1918-1919, ils furent la cause d'un nouveau phénomène social qui ne fut pas sans conséquence sur l'évolution future des mentalités : je veux parler de *la chute du mythe de l'homme blanc* en tant qu'être invincible et sans défauts. (...).

Mais, depuis, les soldats noirs avaient fait la guerre dans les tranchées aux côtés de leurs camarades blancs. (...)

Non, l'homme blanc n'était pas un surhomme bénéficiant d'on ne savait quelle protection divine ou diabolique, c'était un homme comme eux (...). C'est là, en 1919, que commença à souffler pour la première fois un esprit d'émancipation et de revendication qui devait finir, avec le temps, par se développer dans d'autres couches de la population.

Amadou Hampâté Bâ (1900-1991), écrivain malien, extraits du premier volume de ses mémoires, *Amkoullel, l'enfant peul*, Acte Sud, 1991.

BAC Composition

Point méthode Rédiger une introduction et une conclusion

L'introduction et la conclusion sont deux éléments essentiels de la composition. La première présente la réflexion à mener pour répondre au sujet, alors que la seconde en dresse un bilan. N'oubliez pas que ce sont les premiers et derniers contacts du correcteur avec la copie. Il convient donc de soigner particulièrement leur rédaction.

Ce mot invite à étudier les relations entre les deux termes associés :
- représentations, ambitions et réalités de la domination coloniale française dans ses dimensions politique, économique, sociale et culturelle ;
- contestations de cette domination dans les territoires colonisés et en métropole en s'interrogeant sur leurs acteurs et leurs revendications.

Ces années sont celles de l'extension maximale de l'empire ainsi que de l'apogée de la domination et de l'idéologie coloniales : elles triomphent avec les célébrations de la conquête de l'Algérie en 1930 et l'Exposition coloniale de 1931. Mais cette période est aussi marquée par les difficultés économiques qui touchent la métropole et son empire et par la montée des nationalismes « indigènes ».

SUJET La France et son empire colonial dans les années 1930

Renvoie à la politique coloniale du gouvernement français mais aussi à l'attitude de la société française face à son empire.

L'Empire français, surnommé « la plus grande France », couvre alors **12 millions de km²** et regroupe **70 millions d'habitants**. Aux anciennes colonies comme la Guadeloupe, la Martinique ou la Réunion se sont ajoutés, à partir du XIXe siècle, un important domaine africain, la péninsule indochinoise et des territoires insulaires en Océanie. Entre 1919 et 1922, la SDN confie à la France, sous forme de mandat, d'anciennes possessions allemandes (Togo et Cameroun) et ottomanes (Liban et Syrie).

CHRONOLOGIE

1930	• Fondation du parti communiste indochinois et émeutes en Indochine. • Célébration par la France du centenaire de la colonisation de l'Algérie.
1931	Exposition coloniale internationale de Vincennes.
1934	Fondation du Neo-Destour en Tunisie.
1937	• Émeutes au Maroc. Arrestation des leaders nationalistes. • En Algérie, Messali Hadj fonde le parti du Peuple algérien.
1939	Léopold S. Senghor publie *Ce que l'homme noir apporte.*

Méthode générale

Application guidée

1 Rédiger l'introduction

- L'introduction ne peut être travaillée qu'**après l'analyse du sujet** (voir p. 78-79) et la **construction du plan** (voir p. 126-127 et 186-187). Elle doit être entièrement rédigée au brouillon.
- Elle comporte **trois éléments distincts**, séparés par un retour à la ligne, qui doivent apparaître successivement :
– **l'entrée en matière** : elle présente le sujet. Pour montrer qu'il est compris, expliciter son libellé, ses limites chronologiques et spatiales et le contexte dans lequel il faut l'analyser ;
– **l'énoncé de la problématique** : il ne s'agit pas de simplement transformer le sujet en question, mais de montrer quel problème historique il demande de résoudre ;
– **l'annonce explicite du plan** : chaque partie doit être clairement annoncée pour montrer, par l'emploi de notions clés, son lien avec la problématique.

- **Rédigez l'entrée en matière en répondant à ces questions :**
– Quand, comment et pourquoi la France a-t-elle constitué son empire ?
– Sur quelles régions s'étend-il dans les années 1930 ?
– En quoi le rôle joué par les colonies pendant la Première Guerre mondiale contribue-t-il à la fois à une légitimation et à une contestation de la domination coloniale ?
- **Énoncez la problématique permettant de traiter le sujet.**
Faites un choix entre ces deux problématiques :
– Quelles sont les relations entre la France et son empire dans les années 1930 ?
– Peut-on parler dans les années 1930 de l'apogée de l'Empire français ?
- **Annoncez le plan choisi.**

Conseil

Préférez, pour ce sujet, un plan thématique (voir p. 126-127).

2 Rédiger la conclusion

- Elle peut être **rédigée au brouillon**, immédiatement après l'introduction, ou lorsque le développement a été entièrement rédigé.
- La conclusion comporte deux éléments :
– **le bilan du développement et la réponse à la problématique posée en introduction**. Il ne s'agit pas de répéter les parties du plan, mais de montrer que le devoir a suivi une progression logique ;
– **l'ouverture sur des perspectives plus générales** : il faut montrer que, ce sujet une fois traité, d'autres questionnements historiques peuvent être abordés.

- Rédigez un bilan du développement.
- Ouvrez le sujet en réfléchissant au sort de l'Empire français après les années 1930.

Conseil

Vous pouvez évoquer le déclenchement de la Seconde Guerre mondiale et la lutte contre le nazisme : ils soudent à nouveau empire et métropole, mais initient aussi la marche vers les indépendances.

autres sujets

- **La conquête et le partage de l'Afrique à la fin du XIXe siècle**
- **Réalités et représentations de la domination coloniale française dans les années 1930**
- **Les contestations de la domination coloniale française dans l'entre-deux-guerres**

CHAPITRE 10

La décolonisation

La Seconde Guerre mondiale provoque le déclin des puissances coloniales, notamment de la France et du Royaume-Uni. Ce contexte favorise le développement et la radicalisation des revendications nationalistes. En Asie et en Afrique, les peuples demandent l'indépendance. Les modalités de ces décolonisations varient selon les territoires et les métropoles. Négociées pacifiquement ou à l'issue de troubles, elles peuvent aussi donner lieu à de véritables guerres de libération nationale.

Quelles ont été les différentes voies d'accès à l'indépendance ?

1 Une indépendance négociée dans l'empire des Indes britanniques…

Britanniques et Indiens à la table des négociations en 1947

• Lord Mountbatten (1), vice-roi des Indes et représentant de la Couronne britannique, est encadré par Nehru (2), président du parti du Congrès, et Ali Jinnah (3), dirigeant de la Ligue musulmane. Les négociations se déroulent dans un contexte de heurts sanglants entre communautés musulmane et hindoue qui pousse les Britanniques à envisager un retrait rapide.

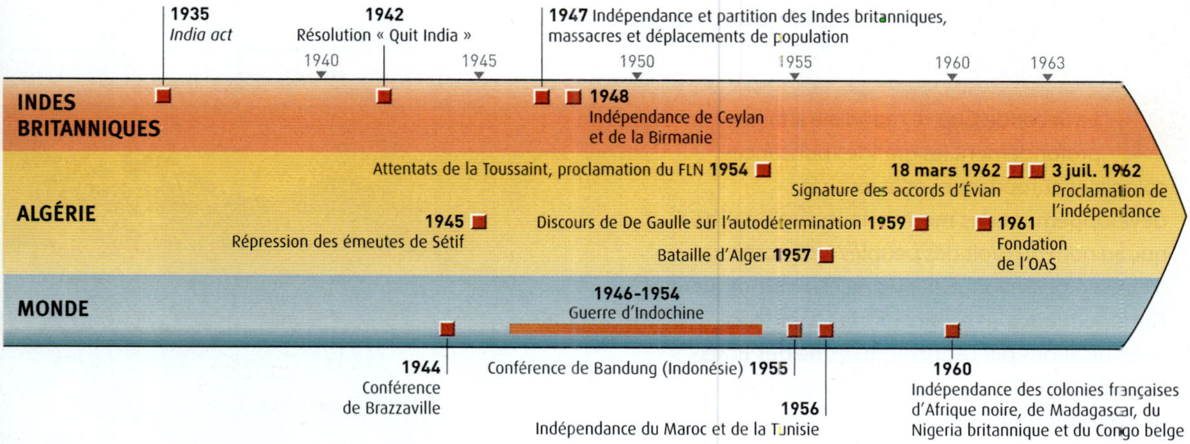

2 … et une guerre de libération nationale en Algérie

Suspects arrêtés dans la région d'Oran, décembre 1956

• Pour la France, les troubles en Algérie sont une simple rébellion et l'on ne prononce jamais le terme de guerre. Pourtant, en 1956, les effectifs militaires sur place doublent. La stratégie de l'armée française vise d'abord à encercler un vaste espace puis à le « ratisser », en procédant à son exploration dans le but de débusquer des formations ennemies.

REPÈRES

La décolonisation (1945-1991)

La Seconde Guerre mondiale affaiblit profondément les grandes puissances coloniales européennes et favorise le **développement des mouvements nationalistes** qui, au nom du droit des peuples à disposer d'eux-mêmes invoqué par les Alliés, **revendiquent l'indépendance**. Ils sont confortés dans leurs revendications par l'**anticolonialisme des États-Unis, de l'URSS** et de la nouvelle **Organisation des Nations unies**, qui devient une tribune pour les partisans de la décolonisation.

La décolonisation débute en Asie puis s'étend à l'Afrique. L'essentiel du mouvement se déroule dans les **années 1950-1960**. Toutefois, les colonies portugaises africaines n'accèdent que tardivement à l'indépendance, en 1975, après de longues années de lutte. Le début des années 1990 peut être considéré comme le terme de ce vaste mouvement. En **1990, la Namibie** s'émancipe et en **1991, la fin de l'apartheid** et donc du pouvoir blanc en Afrique du sud (1991), suivie de l'arrivée au pouvoir de Nelson Mandela en 1994, marquent cette dernière étape.

Le processus de décolonisation a été parfois pacifique, parfois violent, s'inscrivant dans le contexte de la Guerre froide qui s'exporte hors d'Europe. Le départ des puissances coloniales, parfois précipité et mal préparé, laissant souvent des frontières contestées et des factions en lutte pour le pouvoir, **engendre de nombreux conflits qui déchirent les nouveaux États**.

Un contexte international favorable à la décolonisation

Des empires ébranlés par la Seconde Guerre mondiale

FRANCE — Métropoles coloniales affaiblies par la Seconde Guerre mondiale

Zone d'occupation japonaise pendant la Seconde Guerre mondiale où la domination des colonisateurs a été déstabilisée

QUESTIONS

1. Sur quelles régions s'étendent les possessions coloniales européennes en 1945 ?
2. Quels facteurs ont favorisé la décolonisation ?
3. Dans quels pays la décolonisation a-t-elle été la plus violente ? En vous aidant de vos connaissances et de la carte p. 267, indiquez à quelle métropole appartient chacun de ces territoires.

…stilité des deux Grands et de l'ONU … colonialisme européen

- Bloc de l'Ouest
- Pression des États-Unis sur leurs alliés pour favoriser la décolonisation
- Bloc socialiste dans les années 1950
- Exemple de soutien des pays communistes à la décolonisation
- Siège de l'ONU, tribune de l'anticolonialisme

La décolonisation

Les étapes de la décolonisation

- Anciennes colonies indépendantes depuis le XVIIIe et XIXe siècles

États indépendants :

- entre 1945 et 1955
- entre 1955 et 1965
- entre 1965 et 1990

Des décolonisations parfois violentes

- Principales guerres d'indépendance

COURS

1• Les étapes de la décolonisation depuis 1945

REPÈRES p. 292-293
COURS p. 302-303
ÉTUDE p. 296-297
ÉTUDE p. 298-299

Dans quelles conditions les colonies européennes obtiennent-elles leur indépendance ?

1. *Le Japon brise les chaînes de l'Asie*
Affiche de propagande japonaise, 1943.

A Un contexte favorable à la décolonisation

Des empires fragilisés par la Seconde Guerre mondiale

- Pendant la guerre, les victoires des pays de l'Axe, en Europe et en Asie, **entament le prestige des métropoles**, mettant à mal le mythe de la supériorité des puissances coloniales. Dans les colonies qu'il occupe en Asie, **le Japon déploie une intense propagande anti-européenne** (doc 1), doublée d'une promotion des élites indigènes.
- La guerre, qui mobilise les hommes et les ressources des colonies, est menée par les Alliés comme un **combat pour la liberté et la dignité de l'homme**. Elle conduit au renforcement et à la radicalisation des mouvements nationalistes. Ils s'appuient sur la **charte de l'Atlantique**, signée en 1941, qui affirme le **principe de la liberté des peuples à disposer d'eux-mêmes**.

Un nouveau contexte international

- Les États-Unis et l'URSS, grands vainqueurs de la guerre, sont **favorables à la décolonisation**. L'**URSS** dénonce dans le colonialisme un prolongement de l'exploitation capitaliste. Les **États-Unis**, ancienne possession britannique, accordent l'indépendance aux Philippines en 1946. Mais, avec la Guerre froide, ils ne développent pas autant qu'ils l'avaient prévu leur aide à la décolonisation, de peur de favoriser l'expansion du communisme et afin de conserver de bons rapports avec leurs alliés européens.
- L'**ONU**, créée en 1945, épaule aussi la décolonisation. Elle s'investit dès 1948 dans l'**indépendance de l'Indonésie** et crée en **1961** un **comité de décolonisation**. Elle devient une **tribune de l'anticolonialisme**.
- En **1955**, lors de la **conférence de Bandung** (Indonésie), les États du **Tiers-Monde** naissant s'entendent pour **dénoncer la colonisation**. C'est un puissant encouragement donné aux États aspirant à l'indépendance. De grands leaders, comme l'indonésien Sukarno, l'indien Nehru et l'égyptien Nasser, incarnent alors aux yeux du monde le mouvement de décolonisation.

Les réactions diverses des métropoles

- Globalement, le **Royaume-Uni** s'engage sur la voie d'une **décolonisation progressive et négociée** dans le cadre du **Commonwealth**, ce qui n'exclura pas des épreuves de force ponctuelles comme au Kenya.
- À la **conférence de Brazzaville**, en **1944**, le général de Gaulle s'engage à mener une politique de réformes mais **rejette toute idée d'indépendance et même d'autonomie**. La France réprime dans le sang les **émeutes algériennes** de mai 1945 et l'insurrection à **Madagascar** en 1947. L'empire est pour elle le garant d'une grandeur qu'elle cherche à retrouver. Sa position évoluera après **1958** avec le retour au pouvoir du général de Gaulle qui dès lors se convertit assez vite à la **nécessité de la décolonisation**.
- Les **Pays-Bas** demeurent très attachés au maintien de leur domination sur les **Indes néerlandaises**, ce qui va les mener à une politique de force. La **Belgique** au Congo et le **Portugal** en Angola ou au Mozambique ne jugent pas utile d'élaborer une nouvelle politique dans des colonies qui ne leur semblent pas menacées par la contestation.

VOCABULAIRE

- **Apartheid**
Régime de « développement séparé » installé en Afrique du Sud en 1948. Il instaure une ségrégation raciale dont sont victimes les populations non blanches, pourtant majoritaires. Ces lois racistes sont abolies entre 1991 et 1994.
- **Commonwealth**
Communauté créée en 1931 pour maintenir des liens entre le Royaume-Uni et ses anciennes possessions.
- **Décolonisation**
Passage pour un territoire du statut de colonie à celui d'État souverain.
- **Tiers-Monde**
Expression forgée par le Français Alfred Sauvy en 1952 pour désigner l'ensemble des pays pauvres.
- **Vietminh**
Ligue pour l'indépendance du Vietnam fondée par le communiste Hô Chi Minh en 1941.

B La décolonisation débute en Asie

Les Indes britanniques

• **Les Indes britanniques accèdent à l'indépendance en 1947**. **Ceylan** et la **Birmanie** s'émancipent à leur tour en 1948.

Des guerres coloniales

• Dans les **Indes néerlandaises** et en **Indochine**, **les Pays-Bas et la France refusent les indépendances** proclamées le 17 août et le 2 septembre 1945, et se lancent dans des **guerres de reconquête.** La réprobation des États-Unis et de l'ONU amène les Pays-Bas à négocier des accords conférant **l'indépendance à l'Indonésie en 1949**. En **Indochine**, la France s'engage en 1946 dans une **guerre contre les nationalistes** (doc 2). Le conflit devient un enjeu de la Guerre froide en 1949 : les États-Unis apportent une aide financière à la France, tandis que l'URSS et la Chine soutiennent militairement le **Vietminh**. Le 7 mai 1954, la défaite de Diên Biên Phu contraint la France au retrait. En juillet, les **accords de Genève** reconnaissent l'indépendance du Laos, du Cambodge et du Vietnam.

2. ***L'indépendance par la guerre en Indochine***
Couverture de la revue Indochine, *novembre 1953.*

C La décolonisation en Afrique

La vague des années 1950-1960

• Dans les protectorats français d'Afrique du Nord, la **négociation** évite que les premiers affrontements, liés à la force des nationalismes, ne dégénèrent en guerres coloniales. **Le Maroc et la Tunisie accèdent ainsi à l'indépendance en 1956.** La situation est tout autre en **Algérie.**

• En **Afrique subsaharienne**, la France concède en **1956** un **début d'autonomie**. En **1958**, elle donne le choix entre l'indépendance ou le maintien dans une « Communauté ». **Entre 1959 et 1960, les colonies accèdent à l'indépendance**, le plus souvent dans le calme.

• Le Royaume-Uni accepte assez vite la décolonisation en Afrique occidentale. L'indépendance de la **Gold Coast** initie le processus en 1957 (doc 3). En Afrique orientale, dans certaines colonies où la minorité blanche est importante, les Britanniques sont plus réticents, comme au **Kenya** où ils répriment l'insurrection des Mau-Mau en 1952. Parfois, la guerre civile succède à la décolonisation comme dans le cas du Congo belge en 1960.

Une seconde vague après 1975

• Quant au **Portugal**, ce n'est qu'en 1975, après la chute de la dictature de Salazar, que ses possessions accèdent à l'indépendance, à l'issue d'interminables guérillas (Angola, Mozambique, Cap-Vert).

• Dans les anciennes colonies britanniques d'Afrique australe, les minorités européennes imposent une domination des Blancs. Il faut attendre 1980 pour que la majorité noire de **Rhodésie du Sud** s'empare du pouvoir ; le pays devient alors le Zimbabwe. En **Afrique du Sud**, le système d'**apartheid** disparaît en 1991, tandis que pays renonce à sa tutelle sur la Namibie (1990).

3. ***L'indépendance négociée du Ghana (ex-Gold Coast), 1957***
• **Le Premier ministre du Ghana Kwame N'Krumah danse avec la duchesse de Kent, qui représente la reine d'Angleterre, lors d'un bal donné pour fêter l'indépendance du nouvel État.**

VÉRIFIEZ VOS CONNAISSANCES

1. Pourquoi peut-on parler d'un contexte favorable à la décolonisation au lendemain de la Seconde Guerre mondiale ?

2. En quoi la décolonisation a-t-elle pu constituer un enjeu de la Guerre froide ?

3. Montrez, en donnant quelques exemples, que la décolonisation a connu des formes variées. Comment peut-on l'expliquer ?

ÉTUDE

La fin de l'empire des Indes britanniques

COURS p. 302-303
HISTOIRE DES ARTS p. 304-305

Dans l'entre-deux-guerres, un puissant nationalisme se développe en Inde, auquel la figure charismatique de Gandhi tente d'insuffler un caractère non violent.
En 1945, les Britanniques, affaiblis par la Seconde Guerre mondiale, acceptent le principe de l'indépendance à condition que soit maintenue l'unité du territoire.
Mais, dans un contexte de violences entre hindous et mulsumans, les Britanniques accordent finalement l'indépendance en 1947 dans le cadre d'une partition qui donne naissance à l'Union indienne et au Pakistan.

Quelles sont les modalités de l'indépendance des Indes britanniques ?

CHRONOLOGIE

1885	Naissance du parti du Congrès. Après 1920, les dirigeants en sont Gandhi et Nehru.
1906	Fondation de la Ligue musulmane dont Jinnah devient leader en 1916.
1920	Gandhi lance une campagne de boycott des produits anglais.
1935	*India Act* (l'Inde dispose d'un gouvernement et d'un Parlement fédéral, les Britanniques conservent les affaires étrangères et la défense).
1942	Le parti du Congrès lance le mouvement *Quit India*.
1946	Des violences entre hindous et musulmans ensanglantent le territoire.
1947	Proclamation de l'indépendance et de la partition des Indes en deux États. Massacres et gigantesques déplacements de population.
1948	Assassinat de Gandhi par un extrémiste hindou.

1 La résolution *Quit India* (août 1942)

En août 1942, dans le contexte de la Seconde Guerre mondiale, les Japonais, qui ont envahi la Birmanie, sont aux portes de l'Inde. Le parti du Congrès demande le retrait des Britanniques.

Le Comité du Congrès pense (...) que la domination anglaise en Inde doit cesser aussi vite que possible, à la fois pour le salut de l'Inde et pour la cause défendue par les Nations unies. La puissance de cette domination est avilissante, affaiblit l'Inde et la rend de moins en moins capable de se défendre d'abord et de défendre ensuite la cause de la liberté.

Au lieu de reposer sur la liberté, les méthodes des Alliés se fondent sur la domination des pays coloniaux assujettis et sur le maintien des techniques et des traditions impérialistes. (...)

La fin de la domination britannique sur ce pays est donc une question vitale et primordiale ; de son dénouement proche dépendront l'avenir de la guerre et le triomphe de la liberté et de la démocratie. Une Inde libre sera le meilleur gage de ce triomphe. (...)

Dès la déclaration de l'indépendance de l'Inde, un gouvernement provisoire sera formé et l'Inde libre deviendra l'alliée des Nations unies, partageant avec elles ses entreprises et ses épreuves dans le combat commun pour la liberté.

2 Deux visions opposées de l'indépendance

La solution du parti du Congrès peut être résumée ainsi : le gouvernement britannique doit d'abord accorder l'indépendance et transmettre l'appareil civil et militaire de l'État aux hommes du Congrès qui mettront en place un gouvernement national selon leurs propres conceptions. (...) Puis, d'après le pandit[1] Nehru, les différentes communautés devront se soumettre ou choisir le combat : la réalité alors surgira.

Au contraire, la Ligue musulmane se fonde sur la réalité. J'ai expliqué en détail les différences fondamentales entre hindous et musulmans. Il n'y a jamais eu, pendant tous ces siècles, d'unité sociale ou politique entre ces deux principales nations. L'unité indienne dont on parle aujourd'hui ne relève que de l'administration britannique qui n'a maintenu la paix, la loi et l'ordre dans ce pays que par le recours ultime à la police et à l'armée. La revendication du Congrès est fondée sur une nationalité qui n'existe pas, sauf dans l'esprit de doux rêveurs. Notre solution se fonde sur la partition du territoire de ce sous-continent en deux États souverains : l'Hindoustan[2] et le Pakistan.

A. Jinnah, discours à la convention législative de la Ligue musulmane, Delhi, 7 avril 1946.

1. *Titre honorifique accordé en Inde aux érudits (du sanskrit* pandita *qui signifie « lettré »).*
2. *Terme employé pour désigner le territoire à majorité hindoue.*

3 La « grande tuerie de Calcutta », août 1946

● La Ligue musulmane organise une journée d'action en août 1946. Les hindous et les musulmans se livrent à des affrontements d'une grande violence qui laissent plus de 10 000 morts dans les rues de Calcutta.

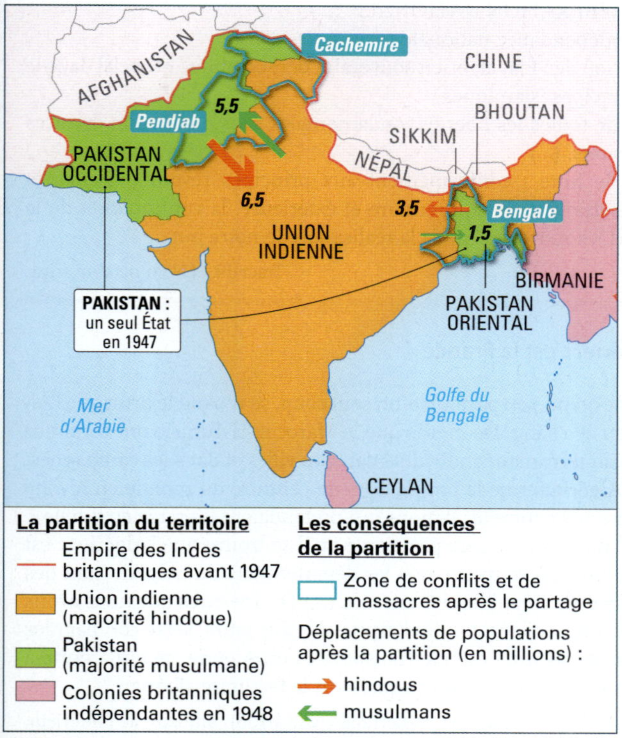

5 La partition des Indes en 1947

4 La décolonisation vue par le pouvoir britannique

Depuis longtemps, la politique des gouvernements britanniques successifs a été de travailler à la réalisation du *self-government*[1] dans l'Inde. En fonction de cette politique, une responsabilité croissante a été dévolue aux Indiens et, aujourd'hui, l'administration civile et les forces armées indiennes sont dans une large mesure aux mains de fonctionnaires et d'officiers indiens. (...) En 1940, le gouvernement britannique reconnut que les Indiens devaient reconstruire eux-mêmes une nouvelle Constitution pour une Inde pleinement autonome, et par l'offre de 1942, ils l'invitèrent à établir une assemblée constituante dans ce but aussitôt que la guerre serait terminée. (...)

Le gouvernement de Sa Majesté désire transmettre ses responsabilités à des autorités établies par une Constitution approuvée par toutes les parties de l'Inde. (...) Malheureusement, il n'existe pas actuellement de perspective nette qu'une telle Constitution et de telles autorités puissent apparaître. Le présent état d'incertitude est plein de dangers et ne peut indéfiniment se prolonger. Le gouvernement de Sa Majesté souhaite faire savoir clairement qu'il est dans son intention définitive d'effectuer le transfert de pouvoir entre des mains indiennes responsables au plus tard en juin 1948.

Clement Attlee, Premier ministre britannique, déclaration à la Chambre des communes, 20 février 1947.

1. *« Gouvernement par soi-même » : transfert aux élites locales de la responsabilité de la politique intérieure.*

QUESTIONS

▶ **Le nationalisme indien**

DOC 1 **1.** Que veulent les membres du parti du Congrès ? Quels sont leurs arguments ?

DOC 2 **2.** Quel est le parti qui s'oppose au parti du Congrès ? Quels sont leurs facteurs d'unité et de division ?

▶ **L'indépendance dans la division**

DOC 4 **3.** Que décident les Britanniques en 1947 ? **4.** Est-ce selon eux une rupture dans leur politique indienne ?

DOCS 2, 3 ET 4 **5.** Expliquez le passage souligné du document 4.

DOC 5 **6.** Que signifie l'expression « partition des Indes » ? **7.** Sur quels critères est-elle réalisée ? Avec quelles conséquences ?

▶ **BILAN**

En vous aidant des documents et des réponses aux questions, expliquez comment l'empire des Indes est passé de la domination britannique à l'indépendance.

ÉTUDE

La guerre d'Algérie (1954-1962)

COURS p. 302-303
ÉTUDE p. 276-277
ÉTUDE p. 344-345

Le 1er novembre 1954, des attentats revendiqués par les indépendantistes du Front de libération nationale (FLN) éclatent en Algérie. Les autorités françaises refusent toute perspective d'indépendance : c'est le début de 8 ans de guerre. La violence et la durée du conflit traduisent la détermination des indépendantistes, mais aussi les difficultés de la France et du million d'Européens installés en Algérie depuis plusieurs générations à renoncer à une Algérie française.

Dans quelles conditions s'effectue la décolonisation de l'Algérie ?

A Déroulement et acteurs d'une guerre d'indépendance

CHRONOLOGIE

1er novembre 1954	Attentats de la Toussaint et proclamation du Front de libération nationale.
1955	L'état d'urgence est décrété en Algérie.
Janvier – octobre 1957	Bataille d'Alger pour démanteler le FLN. Le terrorisme, la répression et la torture s'intensifient.
Mai 1958	Émeutes à Alger, retour au pouvoir du général de Gaulle.
16 septembre 1959	Discours du général de Gaulle sur l'autodétermination.
24 janvier – 1er février 1960	Semaine des barricades à Alger.
Janvier 1961	Référendum sur l'autodétermination algérienne en métropole et en Algérie. Le « oui » l'emporte nettement.
Février 1961	Fondation de l'OAS (Organisation armée secrète) par des partisans de l'Algérie française.
25-26 avril 1961	Putsch des généraux à Alger.
17 octobre 1961	Répression sanglante d'une manifestation d'Algériens à Paris.
18 mars 1962	Signature des accords d'Évian.
1er juillet 1962	Référendum sur l'indépendance en Algérie (99,5 % de oui).
3 juillet 1962	Proclamation de l'indépendance.

1 La proclamation du FLN

L'heure est grave. Devant cette situation qui risque de devenir irréparable, une équipe de jeunes responsables et militants conscients (...) a jugé le moment venu de sortir le mouvement national de l'impasse où l'ont acculé les luttes de personnes et d'influence pour le lancer aux côtés des frères marocains et tunisiens dans la véritable lutte révolutionnaire. (...) Notre action est dirigée uniquement contre le colonialisme, seul ennemi obstiné et aveugle qui s'est toujours refusé à accorder la moindre liberté par les moyens de la lutte pacifique. Ce sont là des raisons suffisantes qui font que notre mouvement de rénovation se présente sous l'étiquette de : FRONT DE LIBÉRATION NATIONALE. (...)

BUT : l'indépendance nationale par :

– la restauration de l'État algérien souverain, démocratique et social dans le cadre des principes islamiques ;

– le respect de toutes les libertés fondamentales sans distinction de races et de confessions. (...)

Moyens de lutte : conformément aux principes révolutionnaires et compte tenu des situations intérieure et extérieure, la continuation de la lutte par tous les moyens jusqu'à la réalisation de notre but.

Tract du FLN, 31 octobre 1954.

2 « L'Algérie, c'est la France »

Voilà donc qu'un peu partout, d'un seul coup, se répand le bruit que l'Algérie est à feu et à sang. De même que le Maroc et la Tunisie ont connu ce phénomène du terrorisme individuel dans les villes et dans les campagnes, faut-il que l'Algérie ferme la boucle de cette ceinture du monde en révolte depuis quinze ans contre les nations qui prétendaient les tenir en tutelle ?

Eh bien ! non, cela ne sera pas, parce qu'il se trouve que l'Algérie, c'est la France, parce qu'il se trouve que les départements de l'Algérie sont des départements de la République française. (...) Les mesures que nous avons prises ont été immédiates. (...) En l'espace de trois jours, seize compagnies républicaines de sécurité ont été transportées en Algérie, ce qui a porté à vingt le nombre total de ces compagnies sur le territoire algérien.

François Mitterrand (1916-1996), ministre de l'Intérieur, discours devant l'Assemblée nationale, 12 novembre 1954.

3 L'arrivée des soldats français en Algérie (1956)

- À partir de 1957, 400 000 soldats français stationnent en permanence en Algérie.

5 Les partisans de l'Algérie française (1960)

- En Algérie, l'acceptation par de Gaulle d'une possible indépendance provoque l'indignation des chefs militaires qui se sentent trahis. À leur appel, les Français d'Alger élèvent des barricades, du 24 janvier au 1er février 1960.

4 L'action décisive du général de Gaulle

Revenu au pouvoir en 1958 avec le soutien des partisans de l'Algérie française, de Gaulle comprend vite qu'il faut laisser les Algériens choisir leur avenir. Le 16 septembre 1959, il prononce un discours invitant les Algériens à choisir entre la rupture avec la France, la francisation totale ou l'association. Quelques semaines plus tard, il justifie sa politique d'autodétermination.

Et cependant, malgré toutes les affirmations, promesses et illusions, l'ensemble de la population musulmane n'a pas du tout « basculé » de notre côté, ni en Algérie, ni dans la métropole, ni à l'étranger. (...) Quelles forces supplémentaires nous faudrait-il donc pour qu'ils le fassent !

Il est parfaitement vrai que notre écrasante supériorité militaire finit par réduire la plus grande partie des bandes. Mais, moralement et politiquement, c'est moins que jamais vers nous que se tournent les musulmans algériens.

Prétendre qu'ils sont français, ou qu'ils veulent l'être, c'est une épouvantable dérision.

Se bercer de l'idée que la solution politique, c'est l'intégration ou la francisation, qui ne sont et ne peuvent être que notre domination par la force – ce que les gens d'Alger et nombre de bons militaires appellent « l'Algérie française » – c'est une lamentable sottise.

Or, étant donné l'état réel des esprits musulmans et celui de tous les peuples de la terre, étant donné les 150 000 hommes morts en combattant contre nous en Algérie, etc., il est tout simplement fou de croire que notre domination forcée ait quelque avenir que ce soit.

Entretiens, 26 décembre 1959, cité dans J.-R. Tournoux, *Jamais dit*, Plon, 1971.

Questions

▶ Une guerre de libération nationale

DOC 1 **1.** Dans quel contexte la proclamation du FLN a-t-elle lieu ? **2.** Quel est l'objectif du FLN ? Comment compte-t-il y parvenir ?

▶ L'attitude des autorités françaises et des Français d'Algérie

DOCS 2 ET 3 **3.** Quelle est la réaction des autorités françaises aux attentats de la Toussaint ? Comment est-elle justifiée ? **4.** Quelle image F. Mitterrand donne-t-il des nationalistes du FLN ?

DOC 4 **5.** Comment de Gaulle justifie-t-il le changement de politique de la France en Algérie ?

DOC 5 **6.** Comment les partisans de l'Algérie française manifestent-ils leur mécontentement face à la politique d'autodétermination proposée par de Gaulle ? **7.** À l'aide de la chronologie, expliquez comment se termine le conflit.

B Une guerre, des guerres ?

6 Une guerre civile entre Algériens

Les courants nationalistes algériens rivaux du FLN et du MNA (Mouvement national algérien fondé par Messali Hadj) s'affrontent très durement durant la guerre. Pour s'assurer le soutien des populations ou punir ceux qui contreviennent à ses ordres, le FLN multiplie les assassinats « pour l'exemple ».

Il est porté à la connaissance de tous que ces soldats appartenaient à l'armée de Messali qui s'est dissociée de l'union algérienne à laquelle, par contre, se sont ralliés tous les partis et groupements organisés en Algérie. Ces individus soutenaient la scission provoquée par Messali et combattaient pour sa cause, se refusant à combattre au nom de l'Algérie et pour la voix de Dieu. En conséquence, l'Armée de libération nationale, qui s'honore d'appartenir au Front de libération nationale, a prononcé leur condamnation à mort. C'est le sort, désormais, de tous ceux qui divisent l'union nationale.

Texte écrit en arabe, retrouvé sur le corps de seize partisans de Messali Hadj égorgés le 16 mars 1956.

7 La pratique de la torture par l'armée française

21 avril 1959. Des fuyards sont aperçus partant du petit village. Rassemblement de toute la population des villages alentour. Soudain des cris perçants de femmes. Dans une baraque, un attroupement de militaires se forme. Je m'approche. Le capitaine donne des ordres à un rallié qui torture une vieille femme d'une soixantaine d'années environ. (...) Un sergent appelé lui fait avaler de l'eau par un tube placé dans la bouche. De tout son poids, le rallié appuie sur son ventre. La femme pousse des cris atroces de douleur. (...) Elle gémit, n'en peut plus. Sans doute n'a-t-elle pas parlé. Peut-être ne sait-elle rien ou, si elle sait, pourquoi le dirait-elle ? (...) Dehors, un homme, âgé approximativement de 50 ans, est tenu collé au mur, les bras en l'air. Un autre rallié lui assène des coups de marteau sur son crâne aux cheveux blancs. Ce qui me dégoûte le plus, c'est le capitaine qui le regarde avec un air indifférent et même de contentement. (...) Beaucoup de gars sont écœurés, cependant que d'autres rient. Le capitaine laisse faire, reste impassible, indifférent, raciste jusqu'au dernier degré : « Avec ces gens, c'est comme cela qu'il faut y aller ».

Témoignage de A. Nallet, favorable à la paix en Algérie mais appelé de mai 1957 à août 1959. Cité dans B. Stora et T. Quemeneur, *Algérie, 1954-1962*, Les Arènes, 2010.

8 Les attentats de l'OAS

● Un magasin musulman détruit par l'OAS à Alger, 19 mars 1962. Fondée à Madrid en février 1961, l'OAS (Organisation armée secrète) rassemble les partisans extrémistes de l'Algérie française. Pour empêcher les négociations entre le gouvernement et le FLN, puis l'application des accords d'Évian, elle multiplie les attentats en Algérie et en métropole.

9 La manifestation du 17 octobre 1961 : la guerre touche la métropole

Le soir du 17 octobre 1961, plus de 20 000 Algériens manifestent pacifiquement en région parisienne pour protester contre le couvre-feu qui leur est imposé. La manifestation est sauvagement réprimée par la police, sous les ordres du préfet de police de Paris, Maurice Papon.

Parlerai-je de ces Algériens couchés sur le trottoir, baignant dans le sang, morts ou mourants, auxquels la police interdisait qu'on porte secours ? Parlerai-je de cette femme enceinte, près de la place de la République, qu'un policier frappait sur le ventre ? Parlerai-je de ces cars que l'on vidait devant un commissariat du Quartier latin, en forçant les Algériens qui en sortaient à défiler sous une véritable haie d'honneur, sous des matraques qui s'abattaient sur eux à mesure qu'ils sortaient ? J'ai des témoignages de Français et des témoignages de journalistes étrangers. (...) Est-il vrai qu'un grand nombre des blessés ou des morts ont été atteints par des balles du même calibre que celui d'une grande manufacture qui fournit l'armement de la police ? Qu'une grande partie de ces balles ont été tirées à bout portant ? (...) Et voici le plus grave : est-il vrai que dans la « cour d'isolement » de la Cité, une cinquantaine de manifestants, arrêtés apparemment dans les alentours du boulevard Saint-Michel, sont morts ? Et que sont devenus leurs corps ? Est-il vrai qu'il y a eu de nombreux corps retirés de la Seine ? (...) Cela doit pouvoir se savoir.

Lettre d'un élu au préfet de police au sujet de la répression du 17 octobre 1961, publiée dans la revue *France-Observateur*, 2 novembre 1961.

10 Le drame des rapatriés

- **Dans la tourmente de l'année 1962, plus de 800 000 Européens d'Algérie, les « pieds-noirs », abandonnant presque tous leurs biens, fuient leur pays et s'embarquent pour la métropole.**

Rapatriement de Français d'Algérie à Marseille, mai 1962.

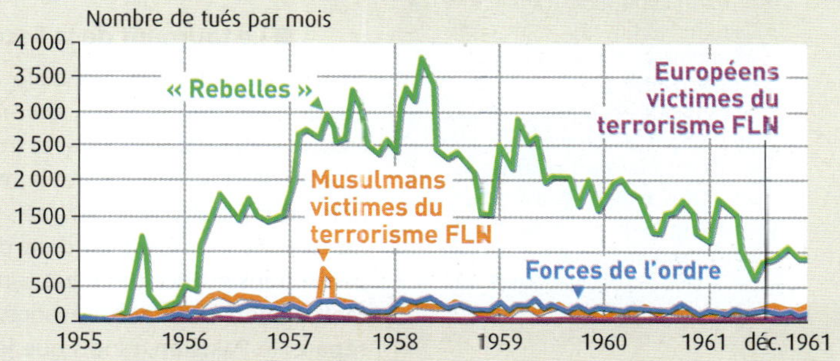

- **Morts parmi les Algériens musulmans** : 300 000 à 400 000, 1 million selon le FLN.
- **Morts parmi la population européenne** : 2 788 tués et 875 disparus ; plus de 2 500 disparus entre le 19 mars et le 31 décembre 1962 (estimations).
- **Auxiliaires algériens** (les harkis) **tués pendant la guerre ou après l'Indépendance** (épuration) : 30 000 à 150 000 selon les sources.
- Il faut ajouter quelques milliers de tués par les actions terroristes (OAS, FLN) et par la répression policière en France (manifestations du FLN à Paris le 17 octobre 1961 et de la Gauche à Paris le 8 février 1962).

Guy Pervillé, *Atlas de la guerre d'Algérie de la conquête à l'indépendance*, Autrement, 2003.

11 Le bilan humain de la guerre d'Algérie

QUESTIONS

▶ Une guerre aux différentes facettes

DOCS 6, 8, 9 ET 11 **8.** Montrez que la guerre d'Algérie n'a pas seulement vu s'opposer les militaires français aux nationalistes du FLN.

▶ Les violences et les drames humains de la guerre d'Algérie

DOCS 6 À 9 **9.** Quelles sont les différentes formes de violence dont la guerre d'Algérie a été le théâtre ? **10.** Se sont-elles seulement déroulées sur le sol algérien ? Justifiez.

DOC 10 **11.** Comment se termine la guerre pour les Européens d'Algérie ?

DOC 11 **12.** Quelles sont les principales victimes de la guerre ?

▶ BILAN

En vous aidant des documents et de vos réponses aux questions, rédigez un développement répondant à la question : « Quels sont les acteurs et les modalités de l'indépendance algérienne ? ».

COURS

2• L'indépendance des Indes britanniques et de l'Algérie

COURS p. 294-295
ÉTUDE p. 296-297
ÉTUDE p. 298-301
HISTOIRE DES ARTS p. 304-305
COURS p. 350-351

Comment l'empire des Indes britanniques et l'Algérie française ont-ils accédé à l'indépendance ?

A La fin de l'empire des Indes britanniques

Un nationalisme précoce

• L'empire des Indes est constitué d'une **mosaïque de peuples et de religions** dont se distinguent deux groupes majoritaires : les hindous et les musulmans. Le nationalisme indien est ancien, incarné par le **parti du Congrès, fondé en 1885,** et par la **Ligue musulmane, créée en 1906**.

• Il s'épanouit dans l'entre-deux-guerres avec l'arrivée en scène de **Gandhi**. À la tête du Congrès depuis 1920, il initie des campagnes de protestation non violentes marquées par le boycott des élections, des produits britanniques, des écoles et des tribunaux et le refus de payer les impôts. Ces mouvements, marqués à plusieurs reprises par des affrontements violents en dépit des vœux de Gandhi, prennent une grande ampleur et ébranlent la domination britannique. Londres signe en **1935 l'*India Act*** qui accorde une forme d'autonomie politique.

Le tournant de la Seconde Guerre mondiale

• La Seconde Guerre mondiale attise le nationalisme. En août 1942, le parti du Congrès lance le slogan « ***Quit India*** », réclamant le départ des Britanniques. Les leaders sont arrêtés ; de graves troubles éclatent, réprimés par les Britanniques.

• La fin de la guerre permet la **reprise de négociations**. Le Royaume-Uni admet le principe de l'indépendance, mais souhaite obtenir certaines garanties comme l'unité du pays ou le respect du droit des minorités. Les négociations sont compromises par l'intransigeance des deux partis nationalistes. **La Ligue musulmane, dirigée par Mohammed Ali Jinnah**, a avancé, en 1940, l'idée de la **création d'un État musulman séparé, le Pakistan**, tandis que le **parti du Congrès**, derrière Nehru, milite pour un **État indien unitaire**.

La partition de l'Inde et ses conséquences

• À partir de 1946, alors que toute solution unitaire est rejetée, les tensions croissantes entre les communautés débouchent sur la **multiplication de heurts sanglants**. C'est notamment le cas à Calcutta au mois d'août 1946.

• Les Britanniques manifestent alors le désir de se débarrasser au plus tôt de ce fardeau. Le **20 février 1947**, le Premier ministre Attlee annonce l'évacuation au plus tard en juin 1948. Un nouveau vice-roi, Lord Mountbatten, est chargé de négocier l'indépendance. Il fait accepter au parti du Congrès l'idée d'une partition. **Le territoire est divisé en deux États : l'Union indienne**, à majorité hindoue, et **le Pakistan**, à majorité musulmane. Ce dernier est séparé en deux parties distantes de 1 700 km.

• L'**indépendance**, proclamée les **14 et 15 août 1947**, s'accompagne de violences extrêmes entre communautés. On compte 300 000 à 500 000 morts et 10 à 15 millions de personnes déplacées de part et d'autre de la frontière.

• La décolonisation des Indes britanniques s'achève avec l'**indépendance négociée de Ceylan et de la Birmanie en 1948**. À l'exception de cette dernière, les nouveaux États intègrent le *Commonwealth*. Sans avoir eu à combattre les peuples qu'il avait colonisés, le Royaume-Uni satisfait leur volonté de recouvrer leur souveraineté, tout en sauvegardant ses intérêts.

Biographie

Mohandas Karamchand Gandhi (1869-1948)
Issu de la bourgeoisie indienne, Gandhi fait des études de droit à Londres puis devient avocat. Il lutte contre la présence britannique et l'injustice sociale, en prônant la non-violence et en lançant à plusieurs reprises au cours des années 1920-1930 des campagnes de non-coopération et de désobéissance civile. Il est assassiné le 30 janvier 1948 par un extrémiste hindou.

Biographie

Jawaharlal Nehru (1889-1964)
Issu d'une riche famille indienne, avocat, il rencontre Gandhi en 1916 et entre au parti du Congrès en 1919. En 1929, il devient président du Congrès et milite pour l'indépendance totale des Indes. Il devient Premier ministre de l'Union indienne, jusqu'à sa mort, en 1964.

B La guerre d'Algérie : une guerre de libération nationale

Le déclenchement de la guerre d'Algérie

- Vers 1950, l'Algérie, considérée comme partie intégrante du territoire français, abrite 1 million d'Européens et près de 9 millions d'Algériens musulmans. Entre ces communautés, les inégalités sont fortes.
- Le **1er novembre 1954**, une vague d'attentats éclate, marquant l'acte de naissance du **Front de libération nationale**, entré en lutte pour l'indépendance. Le gouvernement français réplique par l'**envoi immédiat de militaires sur place**.

L'enfoncement progressif dans la guerre (1954-1958)

- Devant l'extension des zones de conflit, **la répression se fait de plus en plus violente**. Les autorités françaises refusent de parler de guerre et préfèrent évoquer des « opérations de maintien de l'ordre », considérant que l'action militaire est menée contre une poignée de **fellaghas** et non contre les Algériens.
- **En 1956, les effectifs militaires sont doublés.** 400 000 militaires bouclent et quadrillent le territoire, mêlant opérations militaires, actions d'assistance sociale et actions psychologiques pour gagner la population à la cause de l'Algérie française.
- **En 1957, le FLN porte la guerre en ville**, recourant à un terrorisme aveugle. Les militaires lancent alors la « **bataille d'Alger** ». Contrôles, fouilles, arrestations se succèdent. Ils utilisent la torture pour démanteler les réseaux du FLN, provoquant l'émotion d'une partie de l'opinion publique métropolitaine.
- Les autorités et les partisans de l'Algérie française dénoncent les **violences du FLN**, y compris à l'égard des musulmans : dès le début du conflit, le FLN élimine les autres courants nationalistes et tente de s'assurer par la peur du soutien de la population.
- Si elle prend le dessus sur le terrain militaire, l'armée ne peut empêcher la progression du nationalisme. La France, affaiblie et divisée à l'intérieur, est aussi critiquée à l'extérieur. Les Européens d'Algérie, favorables à la France, inquiets, tentent un **coup de force, le 13 mai 1958**.

De Gaulle met un terme à la guerre (1958-1962)

- Le général de Gaulle semble s'imposer comme ultime recours pour sauver le pays. Il calme les esprits en déclarant en Algérie, le 6 juin 1958, « Vive l'Algérie française ! ». Mais sa politique s'oriente progressivement vers la **négociation**. En septembre 1959, il reconnaît aux Algériens le droit à l'**autodétermination**.
- Les partisans de l'Algérie française et une partie de l'armée se sentent trahis et déclenchent une **semaine d'émeute à Alger en janvier 1960**, la « **semaine des barricades** ». En **avril 1961**, quatre généraux tentent un **putsch** pour s'emparer du pouvoir. L'**OAS**, créée cette année-là, organise une série d'attentats en France et en Algérie.
- Mais les pourparlers avec le FLN aboutissent aux **accords d'Évian, le 18 mars 1962. L'indépendance est proclamée le 3 juillet**.
- 800 000 Européens d'Algérie fuient le pays, de même que 25 000 **harkis**, victimes de représailles populaires sanglantes.
- La guerre laisse ainsi derrière elle un **bilan humain très lourd**. Guerre de libération nationale, elle a aussi une dimension de **guerre civile** en Algérie tandis qu'en France, l'opinion publique s'est fortement divisée.

VOCABULAIRE

- **Autodétermination**
Le 16 septembre 1959, de Gaulle propose de consulter les Algériens par référendum sur trois possibilités : « la sécession », « la francisation » ou « l'association ».
- **Fellaghas**
Terme arabe signifiant « coupeurs de routes » ou « bandits de grand chemin » utilisé par les Français pour désigner les membres du FLN.
- **FLN (Front de libération nationale)**
Mouvement fondé le 10 octobre 1954 pour conquérir l'indépendance de l'Algérie, il est doté d'une organisation militaire, l'ALN (Armée de libération nationale).
- **Harkis**
Algériens musulmans servant comme auxiliaires dans l'armée française contre le FLN.
- **OAS (Organisation de l'armée secrète)**
Organisation terroriste et clandestine (février 1961-juin 1962) regroupant des civils français d'Algérie et des militaires déserteurs pour empêcher les négociations entre le gouvernement et le FLN et l'application des accords d'Évian.

Les Algériens fêtent leur indépendance
- **Des Algériens célèbrent l'indépendance à Alger, le 3 juillet 1962.**

VÉRIFIEZ VOS CONNAISSANCES

1. Quels facteurs ont contribué à l'indépendance de l'empire des Indes britanniques ?
2. Selon quelles modalités l'indépendance des Indes est-elle accordée ?
3. En quoi la guerre d'Algérie est-elle une guerre de décolonisation ?
4. Quelles sont les autres dimensions de ce conflit ?

Margaret Bourke-White photographie Gandhi (1946)

En quoi ces photographies symbolisent-elles la lutte non violente prônée par Gandhi pour l'indépendance de l'Inde ?

L'ESSENTIEL SUR… La photographie de Gandhi par M. Bourke-White

Margaret Bourke-White, une pionnière du photojournalisme

▶ Le photojournalisme repose sur l'**utilisation de la photographie comme moyen d'information**. Il connaît un âge d'or entre 1920 et 1970 avec le développement des agences de photographie et le succès de magazines comme l'américain *Life*, créé en 1936. **Margaret Bourke-White (1904-1971) est la première photographe à travailler à plein temps pour ce célèbre magazine.** Elle est alors déjà renommée pour avoir fait connaître au public occidental la vie à Moscou dans les années 1930.

Gandhi et le rouet

▶ Dans le contexte du **boycott des produits britanniques (1920)**, Gandhi décide de ne plus utiliser que le *khadi* (tissu obtenu en filant à la main le coton indien) et de **filer quotidiennement** : produire ses propres tissus est un des moyens de se libérer de la tutelle britannique. Le **rouet traditionnel**, le *charkha*, devient l'emblème du drapeau du Congrès et le symbole de l'indépendance future.

Histoire d'une photographie

▶ **M. Bourke-White rencontre Gandhi le 15 juillet 1946.** Le secrétaire de Gandhi lui annonce : « Si vous voulez photographier le Mahatma [en sanskrit, « grande âme »] travaillant sur son rouet, il faut que vous appreniez à filer ». Puis : « Le Mahatma n'aime pas la lumière artificielle, vous devrez travailler sans flash ! » et enfin : « Le lundi est son jour de méditation, vous ne pourrez pas lui parler… » Ayant finalement obtenu le droit à trois ampoules de flash, elle pénètre dans la pièce où Gandhi est en train de filer en silence. Au premier cliché, l'obturateur et le flash ne sont pas synchronisés. Au second, elle oublie de retirer la plaque de protection. Il ne reste plus qu'un seul flash. Le dernier cliché est réussi mais, entre-temps, Gandhi a arrêté de filer et s'est installé en retrait pour lire la presse.

1 Les méthodes de Gandhi

a. La désobéissance civile complète est une révolte mais sans aucune violence. Celui qui s'engage à fond dans la désobéissance civile ne tient aucun compte de l'autorité de l'État. Il s'arroge le droit de passer outre à toute loi contraire à la morale. Il peut être amené à refuser de payer des impôts, à ne pas se plier à la réglementation.

Gandhi, 1920.

b. Que chaque village se procure du sel de contrebande[1], que nos sœurs forment des piquets devant les magasins d'alcool, les fumeries d'opium et les magasins de textiles étrangers. Les jeunes et les vieux doivent manier le *takli*[2], filer et tisser abondamment tous les jours. Les textiles étrangers doivent être brûlés.

Gandhi, 1930.

1. Le droit d'extraire le sel est alors un monopole des Britanniques.
2. Fuseau traditionnel indien, utilisé pour filer le coton.

2 Gandhi et ses proches

Photographie de Margaret Bourke-White, 1946.

3 Gandhi et le rouet

Photographie de Margaret Bourke-White, juillet 1946.

QUESTIONS

• Présenter les œuvres

1. Présentez ces deux photographies, leur contexte et leur auteur.

• Analyser les œuvres

2. DOC 3 Distinguez les différents plans de la photographie. **3.** Décrivez le décor et la tenue de Gandhi. Qu'est-il en train de faire ? Semble-t-il se préoccuper de la photographe ? Que nous apprend tout cela sur le personnage ? **4.** Qu'est-ce que la photographie met ici en valeur ?

5. DOC 2 Quelle impression se dégage de cette image ?

• Faire le lien entre art et histoire

6. À l'aide de la photographie et du document 1, montrez quelle est l'originalité des méthodes de Gandhi contre la domination britannique.

7. Montrez que ces photographies font de Gandhi un personnage exceptionnel.

@ Pour aller plus loin

Allez visiter le site http://www.smartwomeninvest.com/bourkepics.htm pour y trouver des éléments de biographie supplémentaires sur Margaret Bourke-White.
Visionnez ses photographies presentées sur le site.
Quels sujets a-t-elle photographiés ?

RÉVISIONS

La décolonisation

Les points clés du cours

1. Le temps des décolonisations

• La Seconde Guerre mondiale **affaiblit les grandes puissances coloniales** et radicalise les revendications des mouvements nationalistes, confortés par l'anticolonialisme des États-Unis et de l'URSS ainsi que par le soutien de l'ONU.

• **La décolonisation débute véritablement en Asie, puis s'étend à l'Afrique.** Ce processus revêt, dans le temps comme dans l'espace, des modalités variées.

2. La fin de l'empire des Indes britanniques

• Dans l'entre-deux-guerres, les **actions non violentes** initiées par **Gandhi** fragilisent la domination britannique.

• En 1945, le Royaume-Uni accepte l'idée d'indépendance. Mais les négociations sont compliquées par l'opposition entre le **parti du Congrès** qui souhaite le maintien de l'unité indienne et la **Ligue musulmane** qui réclame la création d'un État musulman séparé. Des **heurts violents** éclatent entre communautés hindoue et musulmane.

• Désireux d'en finir au plus vite, les Britanniques négocient avec les nationalistes une indépendance qui voit la **naissance de deux États, l'Union indienne, à majorité hindoue, et le Pakistan**. Les transferts de populations entre les deux États s'accompagnent d'affrontements et de massacres.

3. La guerre d'Algérie (1954-1962)

• Né en **1954**, le **FLN** déclenche une **vague d'attentats en Algérie**. Au départ limitée à des opérations de maintien de l'ordre, la guerre s'accentue en **1956** avec l'extension de la rébellion à l'ensemble du territoire et le doublement des effectifs militaires.

• Le conflit est le théâtre de divisions et de grandes violences : **torture** pratiquée par les militaires français, **terrorisme** du FLN et de l'OAS, **violences policières** en métropole, affrontements entre nationalistes...

• Le général de Gaulle, revenu au pouvoir en 1958, se prononce pour l'**autodétermination des Algériens** et initie des négociations avec le FLN. Il lui faut 3 ans pour trouver un terrain d'entente, tout en déjouant l'opposition des partisans de l'Algérie française. Les **accords d'Évian, le 18 mars 1962**, débouchent sur **l'indépendance, le 3 juillet**, dans un contexte de violences et d'exode massif de la communauté européenne.

Les mots clés

• Autodétermination → p. 303
• Décolonisation → p. 294
• FLN (Front de libération nationale) → p. 303
• OAS (Organisation de l'armée secrète) → p. 303

Les personnages clés

Charles de Gaulle
(1890-1970)
Président de la République française de 1958 à 1969.
→ biographie p. 336

Mohandas Karamchand Gandhi
(1869-1948)
Partisan de la non-violence, il mène l'Inde à l'indépendance.
→ biographie p. 302

Jawaharlal Nehru
(1889-1964)
Premier ministre de l'Inde de 1947 à 1964.
→ biographie p. 302

Les dates clés

• La décolonisation des Indes britanniques

1885	Naissance du parti du Congrès.
1906	Fondation de la Ligue musulmane.
1920	Gandhi lance une campagne de boycott des produits anglais.
1935	*India Act*.
1942	Le parti du Congrès lance le mouvement *Quit India*.
1946	Violences entre hindous et musulmans.
1947	Proclamation de l'indépendance et de la partition des Indes en deux États. Massacres et gigantesques déplacements de population.

• La guerre d'Algérie

1954	Attentats de la Toussaint et proclamation du Front de libération nationale.
1957	Bataille d'Alger.
16 septembre 1959	Discours de De Gaulle sur l'autodétermination.
24 janvier – 1er février 1960	Semaine des barricades à Alger.
1961	Fondation de l'OAS.
25-26 avril	Putsch des généraux à Alger.
17 octobre	Répression sanglante d'une manifestation d'Algériens à Paris.
18 mars 1962	Signature des accords d'Évian.
3 juillet 1962	Proclamation de l'indépendance.

Capacité Lire un document et en dégager les idées essentielles

EXERCICES

De Gaulle propose l'autodétermination aux Algériens

Devant la France, un problème difficile et sanglant reste posé. Celui de l'Algérie. Il nous faut le résoudre ! (...) Nous le ferons comme une grande nation et par la seule voie qui vaille, je veux dire le libre choix que les Algériens eux-mêmes voudront faire de leur avenir.

À vrai dire, beaucoup a été fait déjà pour préparer cette issue. Par la pacification d'abord. Car rien ne peut être réglé tant qu'on tire et qu'on égorge. (...)

La deuxième condition est que tous les Algériens aient le moyen de s'exprimer par le suffrage vraiment universel. (...) Il s'agit que les Algériens aient de quoi vivre en travaillant, que leurs élites se dégagent et se forment, que leur sol et leur sous-sol produisent bien plus et bien mieux. Cela implique un vaste effort de mise en valeur économique et de développement social. Or, cet effort est en cours. (...)

Je considère comme nécessaire que ce recours à l'autodétermination soit, dès aujourd'hui, proclamé. (...) Les trois solutions concevables feront l'objet de la consultation.

Ou bien : la sécession, où certains croient trouver l'indépendance. La France quitterait alors les Algériens qui exprimeraient la volonté de se séparer d'elle. (...) Je suis pour ma part convaincu qu'un tel aboutissement serait invraisemblable et désastreux. (...)

Ou bien : la francisation complète, (...) les Algériens pouvant accéder à toutes les fonctions politiques, administratives et judiciaires de l'État (...), vivant à tous les égards, quelles que soient leur religion et leur communauté, en moyenne sur le même pied et au même niveau que les autres citoyens et devenant partie intégrante du peuple français, qui s'étendrait, dès lors, effectivement de Dunkerque à Tamanrasset.

Ou bien : le gouvernement des Algériens par les Algériens, appuyé sur l'aide de la France et en union étroite avec elle, pour l'économie, l'enseignement, la défense, les relations extérieures.

Charles de Gaulle, allocution radiotélévisée, 16 septembre 1959, *Discours et messages*, Plon, 1970.

QUESTIONS

1. Lisez le texte et expliquez les mots soulignés.
2. Présentez le document (auteur, nature, contexte).
3. Que propose de Gaulle aux Algériens au début du texte ?
4. Quelles sont les « trois solutions concevables » qu'il envisage de soumettre aux Algériens ? Les présente-t-il toutes de façon neutre ? Justifiez votre réponse.
5. À l'aide du travail qui vient d'être fait, résumez en quelques phrases les idées essentielles de ce texte.

Pour aller plus loin

Livres et revues

Roman

- ***Algérie. Les romans de la guerre (1955-1965)***, Omnibus, 2005. Une anthologie de romans sur la guerre d'Algérie.

Livres et revues d'histoire

- **« La fin des empires coloniaux de Jefferson à Mandela »**, *Les collections de l'Histoire*, n° 49, octobre 2010.
- **C. Clément, *Gandhi, athlète de la liberté***, Découvertes Gallimard, 1989.
- **R. Branche et S. Thénault, *La Guerre d'Algérie***, La Documentation française n° 8022, août 2001.
- **B. Stora et T. Quemeneur, *Algérie, 1954-1962***, Les Arènes, 2010.

Films

Sur l'indépendance indienne

- ***Gandhi***, de Richard Attenborough, 1982.

Sur la guerre d'Algérie

- ***Avoir vingt ans dans les Aurès***, de René Vautier, 1972.
- ***Cartouches gauloises***, de Mehdi Charef, 2007.
- ***Hors-la-loi***, de Rachid Bouchareb, 2010.

Sites Internet

- Le site de la Société française d'histoire d'outre-mer offre de nombreux liens et articles : http://www.sfhom.com/
- Le site du British Empire and Commonwealth Museum : http://www.empiremuseum.co.uk/

MÉTHODE

Expliquer un document d'archives

Les archives sont tous les documents créés par une personne, un État, un organisme public ou privé, dans le cadre de son activité. Ils permettent donc d'étudier les décisions, les réactions des acteurs d'un fait historique au moment même où il survient.

Passages supprimés, sans doute par l'auteur, avant publication.

De janvier à mars 1957, pour lutter contre le FLN qui multiplie les attentats, l'armée engage la « bataille d'Alger ».

Des témoignages sur les pratiques de l'armée paraissent alors en métropole.

Le gouvernement de Guy Mollet essaie de contrôler davantage l'action des militaires.

Le procureur est le représentant de l'État et de la société ; il dépend du ministre de la Justice.

Connu et respecté pour son esprit d'indépendance, il est nommé à Alger en octobre 1956 par François Mitterrand.

J'ai l'honneur de vous faire parvenir ci-joint copies de déclarations faites par les nommés [redacted] détenus à la prison civile d'Alger sous l'inculpation d'atteinte à la sûreté extérieure de l'État, qui se plaignent d'avoir été victimes de la part de certains militaires des troupes parachutistes, et notamment [redacted], du 1er RCP. (...)

Des renseignements officieux qui me sont parvenus, il résulte que les sévices infligés par certains militaires aux personnes appréhendées – sans distinction de race ni de sexe auraient été relativement fréquents. Ils sont toujours sensiblement les mêmes : application de courant électrique, supplice de l'eau, et, parfois, pendaison par les mains (...). Les fautes qui ont été commises devront être sanctionnées, mais il sera nécessaire de ne s'acheminer sur cette voie qu'avec une extrême prudence (...). Il est à craindre, en conséquence, que le FLN et le Parti communiste algérien ne prennent prétexte des abus commis, pour provoquer une campagne orchestrée, qui aura pour but, à la fin, de fournir des arguments de défense à ceux des leurs qui seront arrêtés et de jeter le discrédit sur l'armée, portant du même coup une atteinte grave au prestige de notre pays. (...). Les conditions se trouvent donc réunies pour que, au cas de reprise du terrorisme [redacted], on accuse la justice d'avoir, par son opposition à certains procédés, par un respect de la personne humaine et un souci de la légalité jugés excessifs et trop scrupuleux, découragé l'armée, entravé son action, et provoqué le renouvellement des attentats. (...) Il est donc nécessaire d'envisager des mesures qui permettront de sanctionner les fautes dénoncées, sans que l'action de la justice puisse être opposée à celle de l'armée. Au cours de la conférence qui doit, le 18 avril courant, réunir les généraux Salan et Allard[1] et moi-même, en présence de M. le ministre-résident[2], je me propose d'inviter les chefs de l'armée à prendre sans délai les mesures qui me paraissent s'imposer (...). Il m'apparaît que l'honneur de l'armée aura tout à gagner à ce que celle-ci fasse elle-même tous ses efforts pour rétablir l'ordre dans les rangs, avant qu'elle y soit contrainte par des interventions venues de l'extérieur (...). Quant aux dénonciations qui parviendraient, soit aux parquets de mon ressort, soit à mon Parquet général, je les centraliserais pour les transmettre ensuite au général commandant la division d'Alger, à moins que vous n'estimiez devoir en saisir vous-même M. le ministre de la Défense nationale, solution qui me paraîtrait préférable ».

Lettre de Jean Reliquet, procureur général d'Alger, au ministre de la Justice, François Mitterrand, 16 avril 1957. Citée dans Sandrine Reliquet, « L'exercice de la magistrature en Algérie d'octobre 1956 à octobre 1958, le cas du Parquet général d'Alger », mémoire de DEA, IEP, Paris, 1989.

1. Respectivement commandant en chef des forces françaises en Algérie et commandant de l'ensemble du corps d'armée d'Alger. – 2. Robert Lacoste.

1 Des pratiques illégales
2 Réagir en évitant deux écueils
3 La solution envisagée

QUESTIONS

1. Présentez le document.

2. Quelles pratiques sont ici dénoncées ? Quelle ampleur ont-elles selon l'auteur ?

3. Pourquoi le procureur général se montre-t-il d'une grande prudence dans cette affaire ?

4. Quelles solutions préconise-t-il pour remédier aux pratiques dénoncées ?

5. En quoi ce document est-il particulièrement éclairant pour l'historien de la guerre d'Algérie ?

Méthode générale

Application guidée

1 Identifier le document d'archives

- Relever l'**auteur**, la date de rédaction et, si possible, le lieu de conservation du document. Relever également sa **nature** (rapport, correspondance, liste, document vidéo ou sonore...).
- Un document d'archives est produit dans le cadre d'une **activité** : expliquer quelle est cette activité, le rôle et la fonction de l'auteur, et les **raisons qui motivent cette production**.

Question 1. Présentez le document.

Conseil

Utilisez les explications autour du texte pour comprendre qui est Jean Reliquet et quelles sont les relations qu'il entretient avec le destinataire de cette correspondance.

2 Replacer le document dans son contexte pour l'analyser

- L'écriture d'un document d'archives est généralement **contemporaine** des faits qu'il évoque. Ce type de document est **rarement destiné**, au moment de sa rédaction, à **être publié**. Les auteurs ne prennent donc pas la peine de rappeler le contexte, supposé connu de tous. Il faut alors relever les allusions qui en indiquent le cadre historique.
- Relever toutes les informations apportées par le document sur le fait qu'il évoque. Les comparer avec ses connaissances et d'autres sources pour en **mesurer la fiabilité**. Expliquer alors les **possibles différences** (sources incomplètes, erreurs d'appréciation, volonté de dissimuler un fait...).

Question 2. Quelles pratiques sont ici dénoncées ? Quelle ampleur ont-elles selon l'auteur ?

Info

Lors de la bataille d'Alger, l'armée exerce les pouvoirs de police sans réel contrôle politique et judiciaire.

Question 3. Pourquoi le procureur général se montre-t-il d'une grande prudence dans cette affaire ?
Question 4. Quelles solutions préconise-t-il pour remédier aux pratiques dénoncées ?

Conseil

Aidez-vous du plan de texte pour comprendre quels sont les écueils qu'il veut éviter.

3 Exposer l'intérêt de ce document

- Expliquer comment le document permet de **comprendre le contexte historique** dans lequel il s'inscrit.
- Montrer si cette analyse correspond à celle qui est portée majoritairement par d'autres documents d'archives, produits au même moment.

Question 5. En quoi ce document est-il particulièrement éclairant pour l'historien de la guerre d'Algérie ?

Conseil

Montrez que ce document révèle l'emploi de la torture, mais n'est pas représentatif de l'attitude de l'ensemble de la justice face à ces pratiques.

exercice d'application

1. Présentez le document.
2. Qu'est-ce qui est ici dénoncé ?
3. Quel est l'objectif de ce document ?
4. Pourquoi peut-on alors parler de propagande ?

Tract à destination des populations musulmanes, publié par le Service de l'information des armées, années 1950.

PARTIE 5
Les Français et la République

À partir de 1870, à l'exception de la période autoritaire de Vichy (1940-1944), la république est le régime politique de la France. La IIIe (1870-1940), la IVe (1946-1958) puis la Ve République (à partir de 1958) font triompher les valeurs de liberté et d'égalité héritées de la Révolution française, auxquelles s'ajoute la laïcité. Elles stimulent et accompagnent, selon des modalités et des rythmes variés, le progrès social (droit du travail, droit des femmes…).

Comment la République se transforme-t-elle entre 1870 et 1962 ?
Comment la République a-t-elle répondu aux attentes sociales des Français depuis 1870 ?

1 La célébration de la République démocratique et patriotique

● Inauguration de la statue de la place de la République le 14 juillet 1883. Cette statue donne l'image d'un régime robuste et triomphant. Elle est entourée de statues figurant la liberté, l'égalité et la fraternité. Le défilé militaire auquel participent des bataillons scolaires rappelle aussi le patriotisme républicain. *Musée Carnavalet, Paris.*

2 La République et le progrès social : le Front populaire

• Le 14 juillet 1936, la foule, arborant le drapeau et le bonnet phrygien, défile à Paris pour célébrer la fête nationale mais surtout la victoire du Front populaire, temps fort des conquêtes sociales.
Photographie de Willy Ronis, 1936.

3 La République retrouvée, 1944

• Le 26 août 1944, une foule enthousiaste célèbre la libération de Paris et accueille le général de Gaulle, chef de la France libre. La République, désormais libérée du joug de l'occupation et de l'oppression de Vichy, est restaurée dans ses institutions et ses valeurs.

CHAPITRE 11

La République, trois républiques

Proclamée en 1870 à la suite de la disparition du Second Empire (1852-1870), la IIIe République diffuse ses valeurs et ses symboles, notamment grâce à l'école, favorisant l'adhésion de nombreux Français à un régime démocratique. Elle triomphe ainsi des adversaires conservateurs comme des menaces autoritaires. Après le naufrage idéologique du régime de Vichy (1940-1944), la République renaît grâce aux mouvements de Résistance qui lui donnent une plus grande ambition de justice sociale. Les formes institutionnelles, sujets de divisions, évoluent et en 1958, la IVe République est remplacée par la Ve République.

Comment le projet républicain se transforme-t-il entre 1870 et 1962 ?

1 Le triomphe de la République et de ses valeurs…

Affiche pour l'Exposition universelle de 1878

• Marianne, le symbole de la République, est ici coiffée du bonnet phrygien ; à ses pieds, les effigies de Voltaire et de Rousseau dont on commémore cette année-là le centenaire de la mort, et l'urne du suffrage universel (1). Cette affiche célèbre l'Exposition universelle de 1878, qui se tient au Trocadéro (2) et au Champ-de-Mars (3) où est construit le palais de l'Exposition (7). Le ballon captif (4) est une des attractions. La « fête de la paix et du progrès » le 30 juin à la Concorde (5) et à la Bastille (6) est une véritable fête nationale.

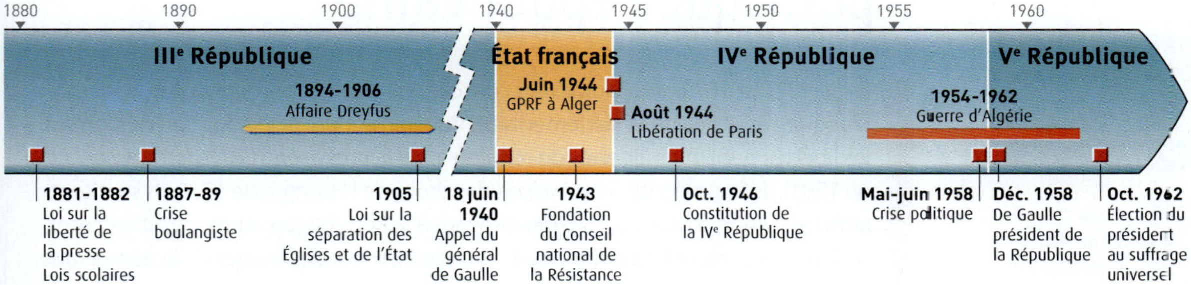

2 … mais des institutions qui évoluent

Affiche pour le « oui » à la Constitution de la Ve République, 1958

● Les Français doivent se prononcer sur la nouvelle Constitution élaborée par le général de Gaulle pour remplacer celle de la IVe République, qualifiée ici péjorativement de « système ».

ÉTUDE

L'enracinement de la culture politique républicaine

COURS p. 318-319

VOCABULAIRE

• **Régime parlementaire**
Régime dans lequel le gouvernement est responsable devant l'Assemblée qui peut le renverser.

Entre 1871 et 1879, les républicains consolident progressivement la nature démocratique, républicaine et **parlementaire** du régime. Puis, par l'adoption des lois sur les libertés publiques (libertés de réunion et de la presse en 1881, droit d'association en 1901), ils font aboutir les principes des droits de l'Homme de 1789. Ils suscitent ainsi l'adhésion d'une majorité des citoyens à la République, surmontent les crises politiques et créent les conditions d'un enracinement des usages de la démocratie.

En quoi les années 1880-1890 sont-elles celles de l'enracinement d'un régime démocratique et libéral ?

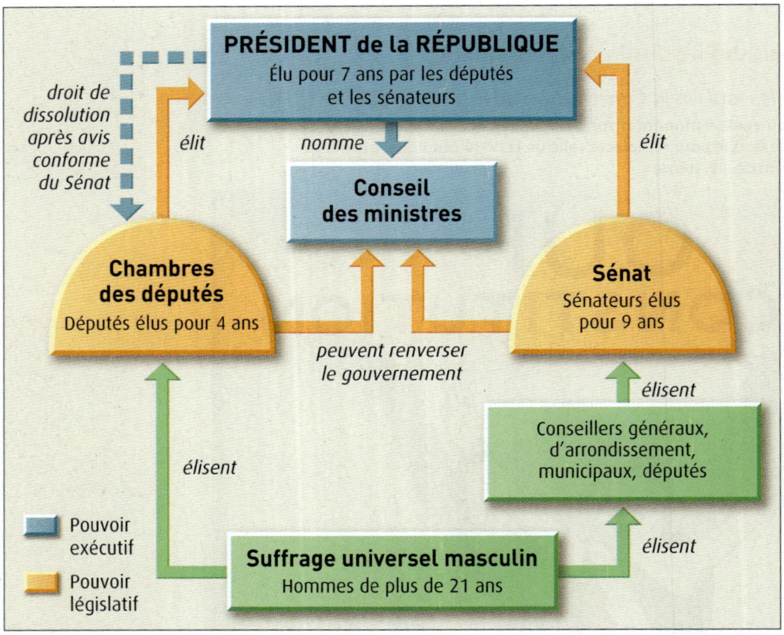

1 Un régime parlementaire

2 Les libertés publiques

a. La presse

Art. 1er – L'imprimerie et la librairie sont libres. (...)

Art. 5 – Tout journal ou écrit périodique peut être publié, sans autorisation préalable et sans dépôt de cautionnement, après la déclaration prescrite [au parquet du procureur de la République].

Extraits de la loi du 29 juillet 1881.

b. Le droit syndical

Art. 2 – Les syndicats ou associations professionnels, même de plus de vingt personnes exerçant la même profession, (...) pourront se constituer librement sans l'autorisation du Gouvernement.

Art. 3 – Les syndicats professionnels ont exclusivement pour objet l'étude et la défense des intérêts économiques, industriels, commerciaux et agricoles.

Extrait de la loi du 21 mars 1884.

c. Le droit d'association

Art. 1er – L'association est la convention par laquelle deux ou plusieurs personnes mettent en commun, d'une façon permanente, leurs connaissances ou leur activité dans un but autre que de partager des bénéfices. (...)

Art. 2 – Les associations de personnes pourront se former librement sans autorisation (...)

Extrait de la loi du 1er juillet 1901.

QUESTIONS

▶ **Une République libérale et démocratique**

DOC 2 **1.** En quoi ces lois favorisent-elles l'enracinement de la démocratie ?

DOCS 1 ET 3 **2.** Qui vote ? Comment se déroule une élection ?

DOC 1 **3.** Quels sont les pouvoirs de l'Assemblée ? Quels sont les pouvoirs du président de la République ? **4.** Expliquez pourquoi ce régime est qualifié de « parlementaire ».

▶ **La République et la crise boulangiste**

DOC 4 **5.** Quelles critiques les boulangistes font-ils du régime républicain ? Quelles réformes proposent-ils ? Comment qualifier le régime qu'ils veulent instaurer ?

DOC 5 **6.** Quels sont les arguments des républicains contre Boulanger ?

▶ **BILAN**

À l'aide des documents et de vos réponses aux questions, montrez que la République est un régime démocratique et libéral qui s'est enraciné dans le combat.

3 Le suffrage universel, fondement du régime

● Adopté en 1848, le suffrage universel était très surveillé sous le Second Empire. Il ne devient pleinement libre que sous la IIIe République, mais les femmes en sont toujours exclues. L'isoloir n'est utilisé qu'à partir de 1913.
Un Bureau de vote en 1891, *huile sur toile d'Alfred Bramtot, 1891, mairie des Lilas.*

4 La crise boulangiste (1886-1889)

Le général Boulanger, ministre de la Guerre en 1886, se rend populaire par ses discours patriotiques contre l'Allemagne. Élu député en 1888, il propose de réformer profondément la Constitution.

L'expérience a démontré que la responsabilité des ministres devant la Chambre équivaut à l'absorption du pouvoir exécutif par le pouvoir législatif, et à l'avilissement du premier. La Chambre doit légiférer, elle ne doit pas gouverner. (...) Dans une démocratie, les institutions doivent se rapprocher autant que possible du gouvernement direct. Il est juste et bon qu'on interroge le peuple par voie directe chaque fois que s'élèveront de graves conflits d'opinions qu'il peut seul résoudre. C'est pourquoi, je pense qu'il est indispensable d'introduire dans notre Constitution le référendum[1] (...). Je crois qu'un gouvernement fondé sur des institutions ainsi renouvelées ouvrirait dans la République, une ère de paix et d'ordre, de travail et de crédit, d'harmonie et de réconciliation que le régime parlementaire ne peut même pas essayer de réaliser.

Général Boulanger, discours à la Chambre des députés, 4 juin 1888.

1. Sous le Second Empire, Napoléon III avait recours à des plébiscites pour contourner le Parlement. Depuis, les républicains ont cette pratique en horreur.

5 La défense de la République face aux boulangistes

En 1888, Georges Clemenceau est député du Var. Tenté un temps par le boulangisme, il s'en détache assez vite et défend ici la République parlementaire et ses valeurs.

Vous avez raillé le Parlement ! Il est étrange, pour vous, que cinq cent quatre-vingts hommes se permettent de discuter des plus hautes idées qui ont cours dans l'humanité et ne résolvent pas d'un seul coup tous les problèmes économiques et sociaux qui sont posés devant les hommes. Comment ! Les plus grands esprits, tous ceux qui chez tous les peuples honorent l'humanité, ont médité sur ces choses ; ils sont divisés parce que la recherche est longue, parce que la vérité se dérobe, et voici que, par un phénomène qui vous surprend, ces cinq cents hommes qui sont ici ne s'accordent pas sans discussion. Eh bien, puisqu'il faut vous le dire, ces discussions sont notre honneur à tous. Elles prouvent surtout notre ardeur à défendre les idées que nous croyons justes et fécondes. Ces discussions ont leurs inconvénients, le silence en a davantage encore.

Oui ! Gloire aux pays où l'on parle, honte aux pays où l'on se tait. Si c'est le régime de discussion que vous croyez flétrir sous le nom de parlementarisme, sachez-le, c'est le régime représentatif lui-même, c'est la République sur qui vous osez porter la main.

Georges Clemenceau, intervention à la Chambre des députés, 4 juin 1888.

ÉTUDE

L'affaire Dreyfus (1894-1906)

COURS p. 318-319

Alfred Dreyfus (1859-1935)

Au départ simple affaire d'espionnage, l'affaire Dreyfus se transforme à partir de 1898 en crise politique majeure. Elle oppose les antidreyfusards qui refusent de reconnaître l'erreur de la justice militaire (conservateurs, antisémites, **nationalistes**) aux dreyfusards, défenseurs de la justice et des droits de l'Homme, qui réclament un procès équitable. Dans ces affrontements, ce sont les valeurs de la République qui sont en cause et bien des antidreyfusards souhaitent en fait en finir avec le régime républicain. Leur défaite est donc une nouvelle étape dans l'enracinement de la République.

Qu'est-ce qui fait de l'affaire Dreyfus une crise majeure de la IIIe République ?

VOCABULAIRE

• Nationalisme
Idéologie qui exalte la supériorité nationale et appelle à la lutte contre les « ennemis » extérieurs (les autres nations) et intérieurs (les Juifs notamment).

CHRONOLOGIE

1894	Condamnation de Dreyfus par un conseil de guerre pour espionnage au profit de l'Allemagne. Il est dégradé et déporté au bagne en Guyane.
1896	Le chef des services de renseignement, le lieutenant-colonel Picquart, découvre le vrai coupable de l'affaire (le commandant Esterhazy). Il est muté en Tunisie et remplacé par le colonel Henry, compromis dans la condamnation de 1894.
1898	• Esterhazy est acquitté par un tribunal militaire réuni à huis clos. • Émile Zola publie « *J'accuse* », il est condamné pour son article lors d'un procès public. • Jaurès publie *Les preuves*, qui démontre l'innocence de Dreyfus. • Fondation de la ligue des droits de l'homme (dreyfusarde) et de la ligue de la patrie française (antidreyfusarde). • Le nationaliste antidreyfusard Paul Déroulède tente un coup d'État contre la République.
1899	Nouveau procès de Dreyfus, nouvelle condamnation à dix ans de détention. Gracié par le président de la République.
1906	Dreyfus est réhabilité et réintégré dans l'armée. Il reçoit la Légion d'honneur.

1 « J'accuse » (1898) : l'affaire devient une crise politique

J'accuse le général Mercier [ministre de la Guerre en 1894] de s'être rendu complice, tout au moins par faiblesse d'esprit, d'une des plus grandes iniquités du siècle.

J'accuse le général Billot [ministre de la Guerre en 1896] d'avoir eu entre les mains les preuves certaines de l'innocence de Dreyfus et de les avoir étouffées (...) pour sauver l'état-major compromis. (...)

J'accuse le général de Boisdeffre et le général Gonse de s'être rendus complices du même crime, l'un sans doute par passion cléricale[1], l'autre peut-être par cet esprit de corps qui fait des bureaux de la Guerre, l'arche sainte, inattaquable. (...)

J'accuse les bureaux de la Guerre d'avoir mené dans la presse, particulièrement dans l'*Éclair* et dans l'*Écho de Paris*, une campagne abominable, pour égarer l'opinion et couvrir leur faute.

J'accuse enfin le premier conseil de guerre [qui jugea Dreyfus] d'avoir violé le droit, en condamnant un accusé sur une pièce restée secrète, et j'accuse le second conseil de guerre [qui jugea Esterhazy] d'avoir couvert cette illégalité, par ordre, en commettant à son tour le crime juridique d'acquitter sciemment un coupable.

En portant ces accusations, je n'ignore pas que je me mets sous le coup (...) de la loi sur la presse du 29 juillet 1881 qui punit les délits de diffamation. (...) L'acte que j'accomplis ici n'est qu'un moyen révolutionnaire pour hâter l'explosion de la vérité et de la justice. Je n'ai qu'une passion, celle de la lumière, au nom de l'humanité qui a tant souffert et qui a droit au bonheur. Ma protestation enflammée n'est que le cri de mon âme. Qu'on ose donc me traduire en cour d'assises et que l'enquête ait lieu au grand jour !

Émile Zola, « J'accuse », article paru dans *L'Aurore*, 13 janvier 1898.

1. Fidélité à l'Église catholique. Celle-ci est alors hostile à la République.

2 L'antisémitisme des adversaires de Dreyfus

Je n'ai pas besoin qu'on me dise pourquoi Dreyfus a trahi. En psychologie, il me suffit de savoir qu'il est capable de trahir et il me suffit de savoir qu'il a trahi. L'intervalle est rempli. Que Dreyfus est capable de trahir, je le conclus de sa race. Qu'il a trahi, je le sais parce que j'ai lu les pages de Mercier et de Roget[1] qui sont de magnifiques travaux.

Quant à ceux qui disent que Dreyfus n'est pas un traître, le tout c'est de s'entendre. Soit ! Ils ont raison : Dreyfus n'appartient pas à notre nation et dès lors comment la trahirait-il ? Les juifs sont de la patrie où ils trouvent leur plus grand intérêt.

Maurice Barrès, *Ce que j'ai vu à Rennes*, 1904.

1. Mercier et Roget sont deux généraux convaincus de la culpabilité de Dreyfus qui déposent contre lui, « preuves » à l'appui, au deuxième procès à Rennes.

3 La société déchirée par l'Affaire

● **Hostile à Dreyfus, le dessinateur Caran d'Ache publie dans *Le Figaro* ce dessin devenu très célèbre.**
Dessin de Caran d'Ache, Le Figaro, *14 février 1898.*

4 Défendre Dreyfus, c'est défendre la République

Au procès de Rennes en 1899, Dreyfus est à nouveau condamné avec des circonstances atténuantes.

Républicains !

Ainsi que nous l'avions prévu, les généraux complices des faussaires, les jésuites de l'état-major et toute la tourbe nationaliste viennent d'arracher du conseil de guerre de Rennes un verdict déclarant que le colonel Henry[1], faussaire, que le commandant Estherhazy, faussaire, proxénète, escroc et traître, sont des modèles de vertu et d'honneur et que le capitaine Dreyfus, parce que juif, est le véritable traître. (...)

C'est la lutte ouverte contre la démocratie républicaine, contre la République, contre les quelques libertés que nous possédons. (...)

Ce n'est pas pour Dreyfus lui-même que nous vous invitons à lutter. C'est contre le verdict inique[2] qui consacre le triomphe de nos mortels ennemis, les hommes noirs qui s'apprêtent à nous ravir toutes nos libertés si chèrement conquises.

Aujourd'hui dimanche à 5 heures, réunion de tous les véritables républicains, place du Champ-de-Mars, pour jeter à la face de nos ennemis les cléricaux menteurs et faussaires, notre cri de justice et de liberté.

Pour la République, debout !

Tract de la Ligue de défense républicaine, Vienne (Isère), 11 septembre 1899.

1. Henry est l'auteur du faux qui fit condamner Dreyfus.
2. Injuste.

QUESTIONS

▶ Dreyfusards et antidreyfusards

DOCS 1 ET 2 **1.** Qui sont les adversaires de Dreyfus ? Quelles idéologies et institutions défendent-ils ?

DOCS 1 ET 4 **2.** Comment les dreyfusards s'engagent-ils dans l'affaire ? Dans quel but Zola publie-t-il « J'accuse » ?

DOCS 1, 3 ET 4 **3.** Quand et pourquoi l'affaire devient-elle une crise politique ?

DOCS 2 ET 3 **4.** Comment ces documents traduisent-ils la violence politique à l'époque de l'affaire ?

▶ La République et ses valeurs mises en cause

DOC 1 **5.** Quelles sont les accusations formulées par Zola ? À qui s'adressent-elles ?

DOC 2 **6.** Pourquoi Dreyfus est-il coupable selon Barrès ?

DOCS 1, 2 ET 4 **7.** Quelles sont les valeurs républicaines mises en péril par l'affaire ?

▶ BILAN

À l'aide des documents et de vos réponses aux questions, montrez le déroulement et les enjeux de l'affaire Dreyfus. Vous terminerez en expliquant pourquoi la victoire des dreyfusards est aussi celle de la République.

COURS

1• L'enracinement de la République à la fin du XIXe siècle

ÉTUDE p. 314-315
ÉTUDE p. 316-317
ÉTUDE p. 366-367
COURS p. 370-371

Comment les Républicains font-ils triompher les principes politiques fondateurs du régime ?

1. *L'assassinat de Sadi Carnot par des anarchistes*
Illustration parue dans Le Petit Journal, *2 juillet 1894.*

A La fondation de la IIIe République

Une République parlementaire

- Après la défaite contre la Prusse en septembre 1870, le Second Empire est renversé et **la République est proclamée à Paris le 4 septembre 1870.** Mais il faut attendre 1875 pour que des lois constitutionnelles républicaines soient votées par la Chambre des députés.
- La République est un **régime parlementaire**. **Le rôle du président est effacé** et s'il possède le droit de dissolution, il ne l'utilise pas. La **Chambre des députés**, seule institution élue au suffrage universel direct, devient le **centre incontesté de la vie politique.** Avec le Sénat, elle vote les lois, **investit** et contrôle le gouvernement.
- Héritiers de la Révolution française, les républicains entreprennent **l'enracinement des valeurs de progrès, de liberté et combattent l'influence jugée excessive de l'Église**, notamment dans **l'école publique qui devient laïque**.

Une démocratie libérale

- Les républicains ont aussi à cœur de **mettre en œuvre les droits de l'Homme et d'étendre les libertés publiques**. En **1881**, la loi instaure la **liberté de réunion** puis la **liberté de la presse** mais aussi de la librairie, de l'imprimerie, de l'affichage, du colportage. Après de longs débats, la **loi de 1884** reconnaît le **droit de fonder un syndicat** sans autorisation préalable.
- Ces dispositions permettent le développement de la presse et font désormais de **l'opinion publique un acteur décisif de la vie politique**. Le **suffrage universel**, instauré en 1848, enracine les pratiques de la démocratie.

B La République triomphe de ses ennemis

La crise boulangiste (1886-1889)

- **À partir de 1885**, dans un contexte de difficultés économiques, **s'ouvre une période d'opposition croissante au régime.** L'**antiparlementarisme** progresse et se nourrit du discrédit des hommes politiques, accusés de corruption et d'inefficacité, et de la déception des ouvriers, oubliés des réformes.
- Le **général Boulanger**, ministre de la Guerre, se rend alors très populaire par son patriotisme intransigeant vis-à-vis de l'Allemagne qui a annexé l'Alsace-Lorraine en 1871. **Il rallie les mécontents de droite et de gauche** en défiant le régime et en proposant d'instaurer une République autoritaire. Élu triomphalement à Paris en 1889, il refuse néanmoins de prendre le pouvoir par la force. Dès lors, le mouvement boulangiste s'effondre, affaibli par ses contractions politiques et par le sursaut des républicains qui mettent Boulanger en accusation. Il s'enfuit et se suicide en 1891. Mais il a fait naître des **formes de violences politiques antiparlementaires** promises à un long avenir.

Les attentats anarchistes (1892-1894)

- Dans ce contexte de montée du mécontentement social, **une douzaine d'attentats anarchistes ensanglantent Paris.** En **1894, le président de la République,** Sadi Carnot, **est assassiné** à Lyon (doc 1).

VOCABULAIRE

- **Anarchisme**
Courant révolutionnaire qui refuse le système républicain et préconise la violence pour détruire le pouvoir de la bourgeoisie.
- **Antiparlementarisme**
Hostilité au régime parlementaire et à ses hommes politiques.
- **Investiture**
Vote de l'Assemblée qui approuve l'entrée en fonction du gouvernement.
- **Laïcité**
Principe qui consiste à supprimer l'influence de la religion dans la vie publique et à la réduire à la sphère privée.
- **Nationalisme**
Idéologie qui exalte la supériorité nationale et appelle à la lutte contre les « ennemis » extérieurs (les autres nations) et intérieurs (les Juifs notamment).

• Mettant au premier plan la question ouvrière, les anarchistes sont partisans de l'**action violente contre l'ordre établi** pour renverser la République « bourgeoise ». Des lois restreignant la presse sont alors votées et entraînent des poursuites contre des journaux, accusés d'encourager l'anarchisme.

L'affaire Dreyfus et la « défense républicaine » (1898-1906)

• En **1894**, Alfred Dreyfus, un officier de confession juive, est condamné pour espionnage au profit de l'Allemagne. Il est dégradé et déporté au bagne en Guyane. En **1898**, l'affaire éclate quand le véritable coupable est démasqué mais aussitôt acquitté par un conseil de guerre qui ne veut pas reconnaître l'erreur de l'armée. **Émile Zola, dans son article « J'accuse », dénonce l'injustice** commise au nom de la **raison d'État**.
• Les affrontements sont passionnés ; les **dreyfusards** – intellectuels, républicains, socialistes – défendent Dreyfus au nom des droits de l'Homme et des libertés ; les **antidreyfusards** accablent « le traître Dreyfus » au nom d'un **nationalisme** et d'un antisémitisme exacerbés.
• **L'affaire Dreyfus est une crise grave**. Elle traduit le rejet de la République et de ses valeurs au nom d'un nationalisme antiparlementaire et antisémite souvent appuyé par l'Église catholique en France.
• Mais elle provoque aussi un **réflexe militant de « défense républicaine »** qui rassemble les républicains et des socialistes contre la menace de la droite nationaliste et des cléricaux. Elle aboutit à la **loi de 1905 sur la séparation des Églises et de l'État** : la République est **laïque**. Quant à Dreyfus, il est définitivement innocenté et réhabilité en 1906.

C Un modèle républicain

Une culture politique républicaine

• La victoire des républicains sur leurs adversaires permet donc d'**enraciner un modèle politique républicain**. Il est fondé sur la pratique régulière du suffrage universel pour les élections locales (maires) et nationales (députés, sénateurs). Les institutions dessinent un régime parlementaire qui privilégie le pouvoir collectif des assemblées et se montre très méfiant vis-à-vis de tout pouvoir trop personnel.
• La République reconnaît la **pluralité des opinions**. Le parti radical, défenseur fervent de la République et de la laïcité, est fondé en 1901. En 1905, les courants socialistes s'allient dans la **SFIO** (Section française de l'Internationale ouvrière).
• **Les libertés sont garanties** (expression, réunion, syndicats, associations…). La **laïcité** de l'État comme de l'école publique est un pilier de la République.

Un modèle imparfait

• Toutefois, le régime républicain peine à satisfaire les ouvriers car **les lois sociales sont timides** malgré quelques avancées (repos hebdomadaire rendu obligatoire en 1906, première loi sur les retraites en 1910). Les grèves, nombreuses au début du XXe siècle, sont très durement réprimées (doc 2). **Les femmes sont exclues** du droit de vote et considérées comme des mineures (→ cours p. 378-379). Enfin, la République, libérale en métropole, organise avec la **colonisation** une entreprise de domination autoritaire des peuples indigènes (→ cours p. 272-273).

VOCABULAIRE

• **Raison d'État**
Intérêt de l'État qui est invoqué pour justifier une action illégale ou injuste.

• **Régime parlementaire**
Régime dans lequel le gouvernement est responsable devant l'Assemblée qui peut le renverser.

2. *La répression des grèves*
• **De tendance anarchiste, l'hebdomadaire se fait l'écho des grèves, des manifestations et de leur violente répression par l'armée.**
L'Assiette au Beurre, *6 mai 1905*.

Biographie

Georges Clemenceau
(1841-1929)
Député radical à partir de 1878, orateur redouté, il combat le général Boulanger puis lutte pour la réhabilitation de Dreyfus. Président du Conseil (1906-1909), il mène une politique de répression face aux ouvriers.

VÉRIFIEZ VOS CONNAISSANCES

1. Quelles sont les crises qui mettent en péril la République ? Pourquoi ?
2. Comment les républicains surmontent-ils ces crises ?
3. Quelles sont les caractéristiques du modèle politique républicain ?

ÉTUDE

L'école de la IIIe République

COURS p. 324-325
ÉTUDE p. 368-369
COURS p. 370-371

Les républicains achèvent l'œuvre d'organisation du système scolaire ébauchée au cours du XIXe siècle et créent un véritable service public d'enseignement primaire, ouvert à tous et contrôlé exclusivement par l'État. Les trois lois qu'ils font voter entre 1881 et 1886 rendent en effet l'école gratuite, laïque et obligatoire. Enjeu politique majeur, l'école permet aussi d'enraciner les valeurs du régime républicain et de conforter l'unité de la nation.

Comment l'école participe-t-elle à la consolidation de la République ?

VOCABULAIRE

- **Laïcité**
Principe qui consiste à supprimer l'influence de la religion dans la vie publique et à la réduire à la sphère privée.
- **Nation**
Communauté d'hommes qui se reconnaissent une certaine unité et ont la volonté de vivre ensemble.

1 Les lois sur l'organisation de l'école publique

a. Loi du 16 juin 1881 (enseignement gratuit)

Art. 1er – Il ne sera plus perçu de rétribution scolaire dans les écoles primaires publiques.

b. Loi du 28 mars 1882 (enseignement obligatoire)

Art. 1er – L'enseignement primaire comprend :
- l'instruction morale et civique ;
- la lecture et l'écriture ;
- la langue (...) la littérature française ;
- la géographie, particulièrement celle de la France ;
- l'histoire, particulièrement celle de la France jusqu'à nos jours ;
- quelques leçons de droit et d'économie politique ;
- les éléments des sciences naturelles physiques et mathématiques, leurs applications à l'agriculture, à l'hygiène, aux arts industriels, travaux manuels et usage des outils des principaux métiers ;
- les éléments du dessin (...) et de la musique ;
- la gymnastique ;
- pour les garçons, les exercices militaires ;
- pour les filles, les travaux à l'aiguille.

Art. 4 – L'instruction primaire est obligatoire pour les enfants des deux sexes, âgés de six ans à treize ans révolus.

c. Loi du 30 octobre 1886 (enseignement laïque)

Art. 17 – Dans les écoles publiques de tout ordre, l'enseignement est exclusivement confié à un personnel laïque.

2 Une classe de filles

• Bien que la République ne reconnaisse pas aux femmes le droit de vote, par la scolarisation obligatoire, elle leur donne une place incontestable dans le progrès social.
École de Saint-Marcel (Aude), vers 1900.

3 Le rôle des instituteurs

Jules Ferry, un des fondateurs de la IIIe République, est ministre de l'Instruction publique de 1879 à 1881, en 1882 et en 1883.

Vous avez été affranchis comme citoyens par la Révolution française, vous allez être émancipés comme instituteurs par la République de 1880 : comment n'aimeriez-vous pas et ne feriez-vous pas aimer dans votre enseignement et la Révolution et la République ? (...) Mais la politique contre laquelle je tiens à vous mettre en garde est celle que j'appelais tout à l'heure la politique militante et quotidienne, la politique de parti, de personnes, de coterie[1] ! Avec cette politique-là, n'ayez rien de commun.

Jules Ferry, discours au Congrès pédagogique de 1881.

1. *Clan.*

4 L'école au cœur du projet républicain

- La mairie et l'école primaire publique à Naours (Somme), en 1909.

5 Former des républicains

Ferdinand Buisson, directeur de l'enseignement primaire au ministère de l'Instruction publique, collabore avec Jules Ferry à la fondation de l'école laïque. Il est élu député en 1902.

Le premier devoir d'une République est de faire des républicains, et l'on ne fait pas un républicain comme on fait un catholique. Pour faire un catholique, il suffit de lui imposer la vérité toute faite : la voilà, il n'a plus qu'à l'avaler. Le maître a parlé, le fidèle répète. Je dis catholique, mais j'aurais dit tout aussi bien protestant ou un croyant quelconque. (...)

Pour faire un républicain, il faut prendre l'être humain si petit et si humble qu'il soit, un enfant, un adolescent, une jeune fille ; il faut prendre l'homme le plus inculte, le travailleur le plus accablé par l'excès de travail, et lui donner l'idée qu'il faut penser par lui-même, qu'il ne doit ni foi, ni obéissance à personne, que c'est à lui de rechercher la vérité et non pas à la recevoir toute faite.

Sans doute, il y a des vérités incontestables, mais celles-là, l'État n'a pas besoin de les imposer : personne ne les conteste ; telles sont les vérités mathématiques, les lois fondées par l'expérience dans tous les ordres de la science. Celles-là, l'État les enseigne, non à titre de dogmes, mais de vérités démontrées et que chacun peut toujours vérifier. Quant aux autres, aux croyances, aux opinions, aux convictions religieuses par exemples, l'État ne les enseigne pas.

Ferdinand Buisson, discours au Congrès radical, 1903.

QUESTIONS

▶ L'école et le progrès social

DOC 1 **1.** Quel niveau de l'école est concerné par ces lois ? En quoi la gratuité, l'obligation et la diversité des enseignements primaires sont-elles des facteurs de progrès social ?

DOC 2 **2.** Comment l'organisation matérielle de la classe favorise t-elle l'apprentissage ? Quels genres de documents sont fixés au mur ? **3.** Pourquoi l'obligation scolaire pour les filles est-elle un enjeu pour les républicains ?

▶ L'école et la République

DOC 4 **4.** Identifiez les bâtiments sur la carte postale. Montrez qu'elle illustre la place centrale de l'école dans le projet républicain.

DOCS 1 ET 5 **5.** Comment se manifeste la volonté de fonder une école laïque ?

DOC 5 **6.** Quelles sont, pour l'auteur, les différences entre la formation d'un républicain et celle d'un catholique ?

DOCS 1, 3 ET 5 **7.** Montrez que l'école et ses enseignements doivent transmettre les valeurs de la République.

▶ BILAN

À l'aide des documents et de vos réponses aux questions, montrez comment l'école permet de consolider la République et ses valeurs et de l'enraciner pour l'avenir.

Le *Triomphe de la République* de Jules Dalou place de la Nation à Paris

Comment la sculpture inscrit-elle la culture républicaine dans l'espace public ?

L'ESSENTIEL SUR...
Jules Dalou et la sculpture républicaine

Un art républicain monumental

▶ Entre 1880 et 1914, des sculptures de la République sont érigées sur les **places publiques ou les monuments.** Elles participent au projet pédagogique des républicains **d'incarner le régime et d'en célébrer les valeurs**. Ces représentations de la République, toujours féminines, sont multiples, accompagnées d'attributs variables : bonnet phrygien, couronne de laurier, rameau d'olivier, flambeau... Mais par l'expression des traits et la posture, **elles donnent toutes l'image d'une République solide et apaisée.**

Jules Dalou, un artiste républicain

▶ Parmi les dernières statues monumentales installées dans Paris, figure celle de **Jules Dalou (1838-1902), un républicain engagé.** Cette statue, refusée pour la place de la République en 1883 parce que trop révolutionnaire, est acquise par la Ville de Paris et érigée d'abord en plâtre, place de la Nation, pour le **centenaire de la Révolution en 1889**.

L'inauguration, une cérémonie républicaine

▶ Le modèle en bronze est ensuite inauguré le **19 novembre 1899**, alors que l'affaire Dreyfus partage l'opinion (➜ étude p. 316-317). C'est un événement politique exceptionnel où défilent, devant la tribune présidentielle, les cortèges de ceux qui se sont mobilisés pour la défense républicaine, mais aussi des ouvriers arborant les drapeaux rouges et chantant l'*Internationale*. **Cette statue est le symbole du triomphe et de l'unité de la République.**

1 L'ensemble monumental

La République, coiffée d'un bonnet phrygien (1), avance sur un globe (2). La justice est symbolisée par une femme tenant la main de justice (3) et un enfant portant une balance (4).

2 Le peuple

Deux lions représentant le peuple tirent le char de la République. Ils sont menés par le génie de la liberté.

3 Le travail

Un forgeron incarne le travail ; à ses côtés, un enfant portant un livre rappelle le rôle fondamental de l'instruction pour les républicains.

4 L'inauguration de la statue

L'auteur décrit le cortège populaire ouvrier qui participe à la célébration.

Dès le départ, et sur tout le trajet, et pendant la station, et puis tout au long du cortège, le peuple chantait. (...) Si lentement que l'on aille à la place de la Nation, si éloignée que soit cette place, tout de même on finit par y arriver. La *Carmagnole* avait à peu près cessé, abandonnée un peu par les manifestants. (...) L'*Internationale*, toute large et vaste, régnait et s'épandait sans conteste. Le tassement de la marche nous avait peu à peu mêlés au groupe qui nous suivait. Ce groupe avait un immense drapeau rouge flottant et claquant. (...)

Tout à coup un grand cri s'élève à cinquante pas devant nous : Vive la République ! (...) Nous-mêmes sommes saisis devant la *République* de Dalou et nous crions comme eux : Vive la République ! Ce n'était pas la République amorphe et officielle, mais vive la République triomphante, vive la République sociale, vive cette *République* de Dalou qui montait claire et dorée dans le ciel bleu clair, éclairée du soleil descendant.

Charles Péguy, « La République triomphante », *Les Cahiers de la quinzaine*, 5 janvier 1900.

Questions

Présenter l'œuvre

1. Présenter cette œuvre (auteur, contexte).

Analyser l'œuvre

2. **DOCS 1 À 3** Quels sont les symboles républicains représentés ?
3. **DOCS 1 ET 2** Comment expliquer que le lion soit l'emblème du peuple ? Quelle est sa place dans le monument ? Quel sens cela a-t-il ?
4. **DOCS 1 ET 3** Comment sont représentés le travail et la justice ?

Faire le lien entre art et histoire

5. **DOC 1** Quelle image de la République est donnée par cette statue féminine ? (Soyez attentif au mouvement, au corps...)
6. **DOCS 1 ET 3** Pourquoi associer, à la fin du XIXe siècle, République et travail ? République et justice ?
7. **DOC 4** Comment le cortège ouvrier participe-t-il à l'inauguration ? Quelles valeurs de la République célèbre-t-il ?

@ Pour aller plus loin

Recherchez sur internet des informations sur Jules Dalou. De quels événements politiques a-t-il lui-même été acteur ?

Retrouver ses œuvres conservées au musée du Petit Palais à Paris : http://www.petitpalais.paris.fr/fr/collections/home

Dans quelles autres œuvres son engagement politique se retrouve-t-il ?

COURS

2• La diffusion d'une culture républicaine

ÉTUDE p. 320-321
HISTOIRE DES ARTS p. 322-323
COURS p. 318-319
COURS p. 370-371

Comment les républicains parviennent-ils à enraciner les valeurs fondatrices du régime ?

A La République et ses valeurs

Un régime installé

• Les républicains s'imposent progressivement au cours des années 1870, ce qui permet finalement, en 1875, l'adoption des **lois constitutionnelles** républicaines par l'Assemblée nationale. À partir des années 1880, **le régime est installé** mais il faut encore le consolider face à des adversaires nombreux (monarchistes, catholiques, nostalgiques du Second Empire…).

• Ainsi, la loi du 14 août 1884 précise : « **la forme républicaine du régime ne peut faire l'objet d'une proposition de révision** ».

Un ensemble de valeurs

• Les valeurs républicaines prennent donc peu à peu un caractère officiel. Elles sont transmises dans les discours des hommes politiques, inscrites dans certains symboles. **La Révolution française de 1789 est la référence incontournable**, la période chérie entre toutes.

• La **liberté individuelle**, proclamée dans la Déclaration des droits de l'Homme et du citoyen d'août 1789, est donc centrale. Il s'agit d'affranchir l'individu de toutes les oppressions (État, Église…). L'**égalité** devant la loi et dans le vote par le suffrage universel doit être garantie. Les républicains croient au **progrès** et à la **raison. L'école est donc fondamentale**, car elle doit permettre à chacun de s'élever dans la hiérarchie sociale.

• Mais la République, c'est aussi l'**exaltation de la nation**. Non pas une nation chauvine et repliée sur elle-même, mais une nation qui porte au-delà des frontières la liberté pour les peuples.

1. *Marianne*

• **Le buste de Marianne, coiffée du bonnet phrygien, était l'emblème de la République en 1792.**

B Mettre en scène la République

Les symboles républicains

• Dès 1879, **les lois inscrivent les valeurs républicaines dans les symboles et les rituels.** La *Marseillaise*, interdite après 1815 mais restée le chant de ralliement des républicains tout au long du XIXe siècle, redevient l'hymne national qu'elle avait été sous la Révolution. De même, la devise « **liberté, égalité, fraternité** » devient celle de la République.

• Puis le **14 juillet**, qui célèbre à la fois la rupture politique de 1789 et l'unité de la nation de 1790, est adopté comme fête nationale ; le **drapeau tricolore** est confirmé comme emblème officiel.

• **Marianne**, figure féminine dotée des différentes allégories de la liberté (bonnet phrygien, flambeau), de l'égalité et de la prospérité, devient l'image officielle de la République (doc 1).

La République dans l'espace public

• Par ses symboles et ses fêtes, **le nouveau régime s'impose dans les paysages et la vie** des Français. Marianne est présente sur les pièces de monnaie, les timbres, et son buste est dans toutes les mairies.

• Les **sculptures républicaines** se multiplient sur les places publiques ou au fronton des monuments. Leur inauguration est toujours l'occasion de manifester solennellement l'adhésion fervente au régime. Celle de la statue de Jules Dalou (1838-

VOCABULAIRE

• **Lois constitutionnelles**
Lois qui définissent le fonctionnement des institutions de l'État.

• **Nation**
Communauté d'hommes qui se reconnaissent une certaine unité et ont la volonté de vivre ensemble.

• **Patriotisme**
Volonté de défendre un territoire national où vit une communauté d'hommes attachés à une histoire, une culture et des valeurs spécifiques.

1902), place de la Nation en 1899, durant l'affaire Dreyfus, célèbre triomphalement la **victoire de la République** après plusieurs années de crise.

• **La fête nationale devient un temps fort de cette culture républicaine** : la profusion des décors symboliques dont sont parées les rues et les places, son déroulement (défilé militaire, inaugurations officielles, puis divertissements populaires), permettent de célébrer les valeurs républicaines et l'unité nationale.

• Les **expositions universelles de Paris** célèbrent les progrès de l'industrie, des sciences, les richesses culturelles, mais revêtent aussi une dimension politique incontestable, comme le montre l'enthousiasme national suscité par la fête organisée pendant l'Exposition de 1878 (doc 2). En 1889, le faste de la commémoration du centenaire de la Révolution française consacre la stabilité du régime après la crise boulangiste.

2. *Une fête républicaine*

• **Pendant l'Exposition universelle de 1878, le gouvernement organise la « fête de la paix et du progrès » ; les rues s'ornent alors de drapeaux tricolores, symboles de la nation depuis 1789.**

La rue Montorgueil à Paris. Fête du 30 juin 1878. *Huile sur toile de Claude Monet (81 x 50 cm), musée d'Orsay.*

C Fabriquer des républicains

L'école de la République

• **Fonder l'école gratuite, obligatoire et laïque est le grand projet des républicains** pour fortifier le régime. En formant les citoyens, elle entend favoriser l'attachement à la République mais lutter contre l'Église et permettre l'ascension sociale.

• Les **lois de 1881** (gratuité) **et 1882** (obligation et laïcité), proposées par Jules Ferry, créent ainsi un **véritable service public d'enseignement primaire** pour les enfants de 6 à 13 ans. **Les programmes sont laïcisés** et l'instruction religieuse doit désormais être dispensée en dehors des heures de classe. Elle laisse la place dans les programmes à une « **instruction morale et civique** ». En 1886, une loi exclut les religieux de l'enseignement dans les établissements publics. Pour assurer la **formation d'instituteurs laïques** destinés à remplacer les religieux, **le gouvernement crée des écoles normales dans chaque département**. Mais la liberté de l'enseignement est maintenue et les écoles confessionnelles continuent d'accueillir des enfants.

• **Bien que les femmes soient privées de droits politiques, les jeunes filles bénéficient de ces lois scolaires** et participent ainsi au progrès social et à la laïcisation de la société. La loi proposée par le député **Camille Sée en 1880** crée des collèges et des lycées publics de jeunes filles, et leur permet aussi d'accéder à l'enseignement secondaire laïque. Le baccalauréat leur reste toutefois fermé jusqu'en 1908, ce qui rend presque impossible toute poursuite d'études supérieures.

Le patriotisme républicain

• **Le patriotisme est inhérent à la pensée républicaine** depuis la Révolution française, quand s'est affirmée l'idée de **nation**. Il est aussi aiguisé par le souvenir des « provinces perdues », l'Alsace et la Moselle, annexées par l'Allemagne en 1871. Il est donc un aspect essentiel de la culture que les républicains veulent diffuser.

• L'école participe à ce **culte de la patrie** par ses programmes d'histoire, de géographie et d'éducation civique. Entre 1882 et 1892, un entraînement militaire est même donné aux jeunes garçons qui défilent alors le 14 Juillet dans des « **bataillons scolaires** ».

• Enfin, la loi de 1889 crée le **service militaire** de 3 ans auquel, en vertu du principe d'égalité, tous les jeunes hommes doivent désormais participer.

Biographie

Jules Ferry
(1832-1893)

Avocat, député républicain et anticlérical, il est plusieurs fois ministre et chef du gouvernement de 1879 à 1885. Il fait adopter les lois scolaires, les lois sur les libertés publiques et mène une importante politique de conquête coloniale.

VÉRIFIEZ VOS CONNAISSANCES

1. Quelles sont les valeurs fondatrices de la République ?
2. Quels sont les principaux symboles républicains ? Comment participent-ils à la consolidation de la République ?
3. Quelle est la stratégie des républicains pour enraciner le régime ?

REPÈRES La France dans la guerre (1939-1945)

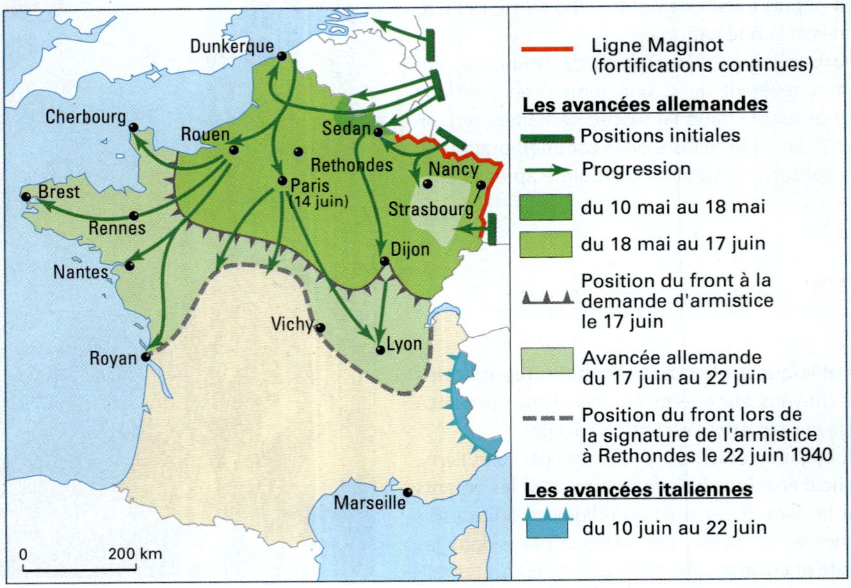

1 La défaite de 1940

QUESTIONS

DOC 1 **1.** Montrez la rapidité de la défaite française de 1940.

DOCS 1 ET 2 **2.** Quelles sont les conséquences de la défaite et de l'armistice pour le territoire français ?

DOC 4 **3.** Quels sont les territoires acquis à la France libre en 1940 ? En 1943 ?

DOC 3 **4.** Comment s'effectue la libération du territoire français ?

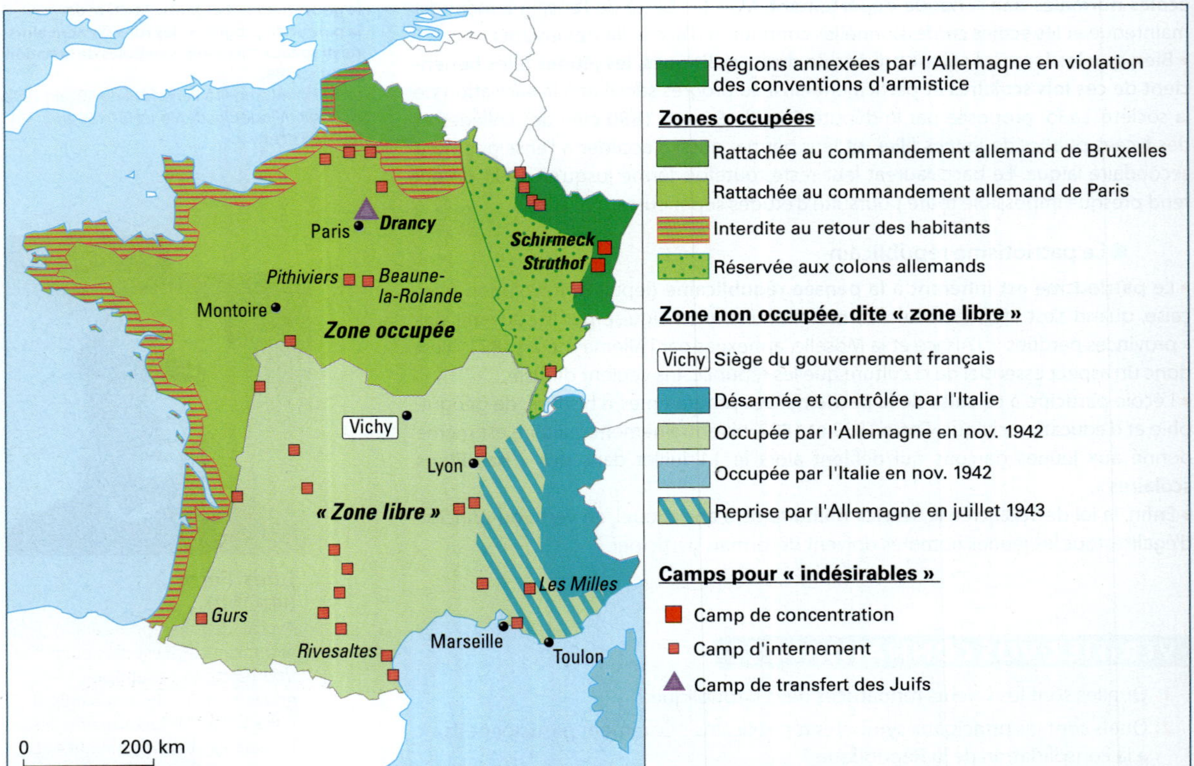

2 La France occupée

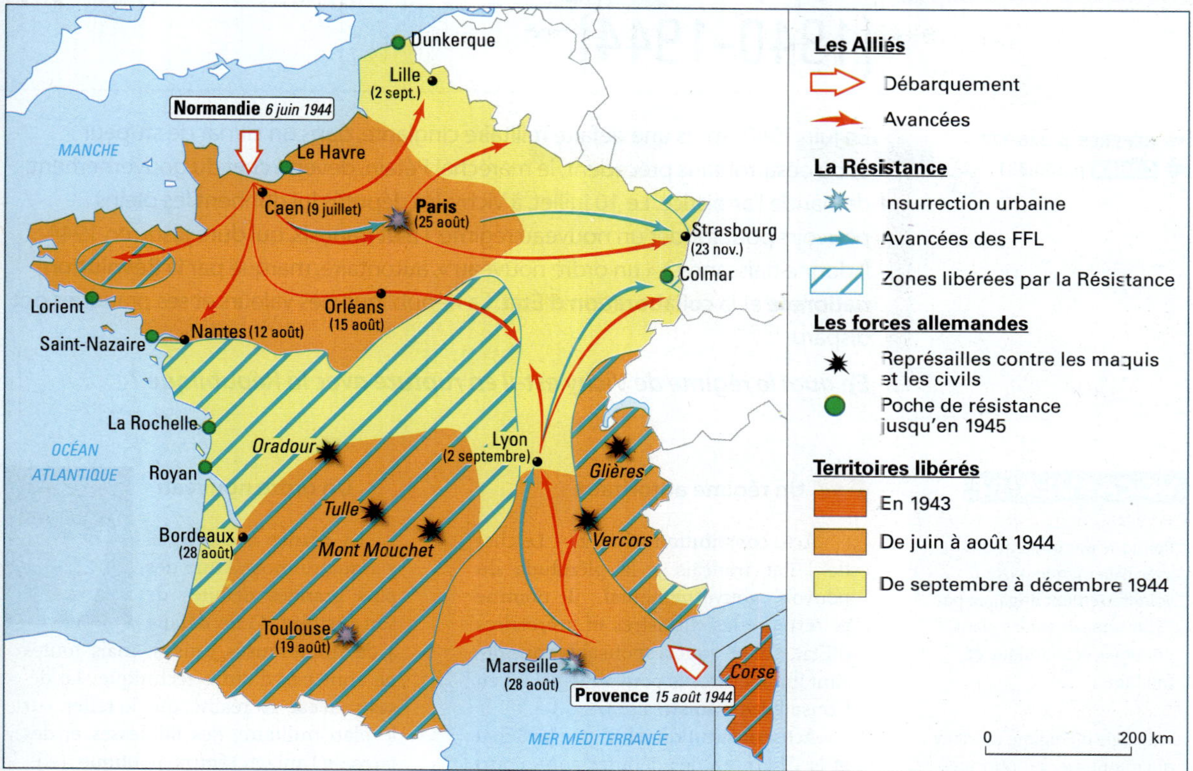

3 Résistance et libération

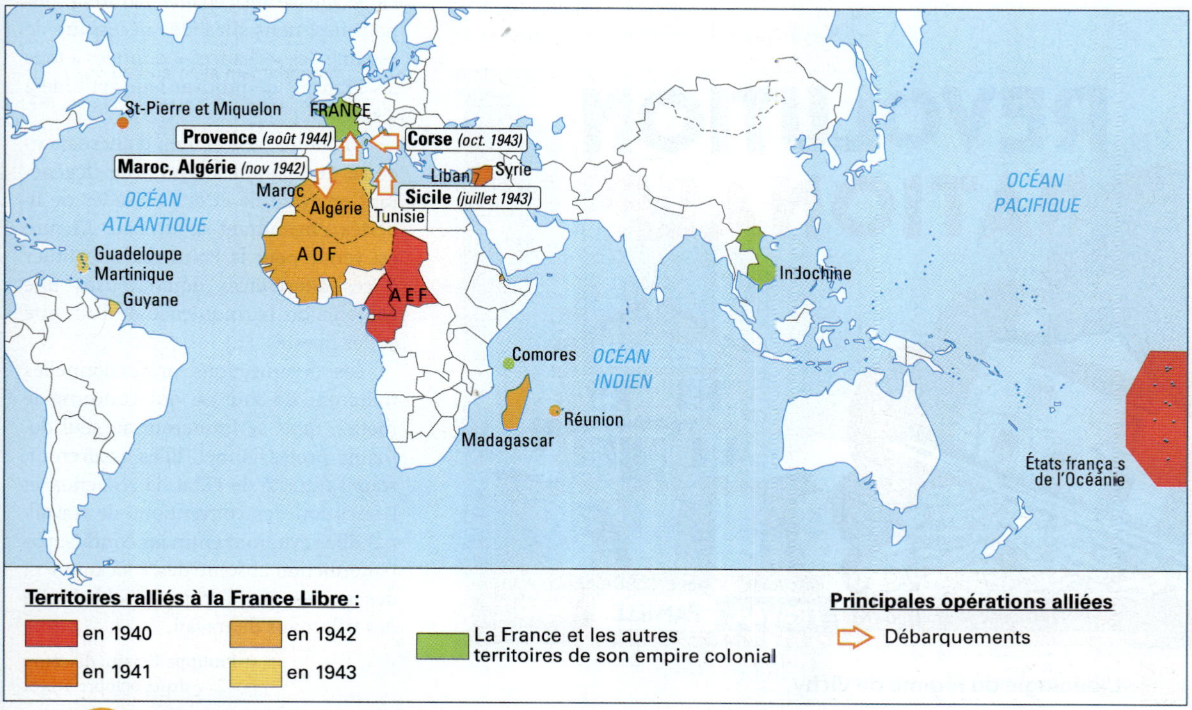

4 L'empire colonial dans la Résistance

ÉTUDE

Vichy, un régime antirépublicain (1940-1944)

REPÈRES p. 326-327
COURS p. 330-331

En juin 1940, après une défaite militaire cinglante, dans un climat de stupeur et de désarroi sans précédent, le maréchal Pétain, devenu chef du gouvernement, demande l'armistice. Le 10 juillet, à Vichy, les députés lui donnent les pleins pouvoirs pour fonder un nouveau régime, l'État français, qui dure jusqu'en 1944. Il donne naissance à « un ordre nouveau », autoritaire, marqué par la **Révolution nationale** et la **collaboration d'État**. La République, ses valeurs et ses pratiques ont disparu.

En quoi le régime de Vichy est-il en rupture avec la République ?

VOCABULAIRE

- **Collaboration d'État**
Politique de coopération avec l'Allemagne nazie volontairement engagée par l'État français sur les plans politique, économique et militaire.
- **Révolution nationale**
Idéologie du régime de Vichy qui rompt avec les principes républicains.

1 Un régime autoritaire

Acte constitutionnel n° 2. – Le chef de l'État français a la plénitude du pouvoir gouvernemental, il nomme et révoque les ministres et secrétaires d'État, qui ne sont responsables que devant lui. Il exerce le pouvoir législatif en Conseil des ministres (...).

Acte constitutionnel n° 3. – Le Sénat et la Chambre des députés sont ajournés jusqu'à nouvel ordre.

Extrait des Actes constitutionnels, juillet 1940.

3 L'idéologie du régime de Vichy

Affiche de R. Vachet, Centre de propagande de la Révolution nationale d'Avignon, 1940 ou 1941.

2 Un ordre nouveau

La France a connu, il y a quatre mois, l'une des plus grandes défaites de son histoire. Cette défaite a de nombreuses causes, mais toutes ne sont pas d'ordre technique. Le désastre n'est, en réalité, que le reflet, sur le plan militaire, des faiblesses et des tares de l'ancien régime politique. (...)

Le régime nouveau sera une hiérarchie sociale. Il ne reposera plus sur l'idée fausse de l'égalité naturelle des hommes, mais sur l'idée nécessaire de l'égalité des « chances » données à tous les Français de prouver leur aptitude à « servir ». (...)

L'histoire est faite d'alternances entre des périodes d'autorité dégénérant en tyrannie et des périodes de libertés engendrant la licence. L'heure est venue pour la France de substituer à ces alternances douloureuses une conjonction harmonieuse de l'autorité et des libertés. (...)

Les organisations professionnelles traiteront de tout ce qui concerne le métier, mais se limiteront au seul domaine professionnel. Elles assureront, sous l'autorité de l'État, la rédaction et l'exécution des conventions de travail. (...) Elles éviteront enfin les conflits, par l'interdiction absolue des « lockout » et des grèves, par l'arbitrage obligatoire des tribunaux de travail.

Philippe Pétain, discours du 11 octobre 1940.

4 L'antisémitisme, une politique d'État

Art. 1er – Est regardé comme juif toute personne issue de trois grands-parents de race juive ou de deux grands-parents de la même race, si son conjoint lui-même est juif.

Art. 2 – L'accès et l'exercice des fonctions publiques et des mandats [électifs] sont interdits aux Juifs (...).

Art. 5 – Les Juifs ne pourront, sans condition ni réserve, exercer l'une quelconque des professions suivantes :

Directeurs, gérants, rédacteurs de journaux, revues, agences ou périodiques, à l'exception de publications de caractère strictement scientifique. (...)

Statut des Juifs, 3 octobre 1940.

5 La collaboration

● En octobre 1940, Pétain rencontre Hitler à Montoire. Commence alors la collaboration avec l'Allemagne qui doit permettre d'obtenir un assouplissement de l'occupation, en échange de marchandises et de travailleurs. Elle met en fait la France au service de l'Allemagne nazie.

6 De la collaboration à la politique d'extermination

● Prisonniers juifs à leur arrivée au camp de Pithiviers en mai 1941. Dès 1940, des étrangers et des opposants sont enfermés dans des camps. À partir de 1941, plus de 200 camps spéciaux sont aménagés pour regrouper les Juifs. Ils sont ensuite envoyés vers les camps d'extermination.

QUESTIONS

▶ La fin de la République

DOC 1 **1.** En quoi ce texte met-il fin au régime républicain ?

DOC 2 **2.** Quelles valeurs républicaines disparaissent ? Dans quel sens l'organisation du travail est-elle réformée ?

DOCS 2 ET 3 **3.** Quel régime, quelles idées, quelles personnes sont rendus responsables de la défaite ?

▶ Un ordre nouveau

DOCS 1 ET 2 **4.** Sur quelles valeurs le régime est-il établi ?

DOC 3 **5.** Quelle est la devise de l'État français ? Sur quels « piliers » est-il construit ? Quelle activité économique en est absente ?

DOC 4 **6.** Pourquoi peut-on parler d'un antisémitisme d'État ?

▶ La collaboration

DOC 5 **7.** Qu'est-ce que la collaboration ?

DOC 6 **8.** De quel crime l'État français se rend-il complice ? De quelle façon ?

▶ BILAN

À l'aide des documents et de vos réponses aux questions, montrez que le régime de Vichy s'oppose frontalement aux valeurs de la République.

COURS

3• Le régime de Vichy (1940-1944)

REPÈRES p. 326-327
ÉTUDE p. 328-329
COURS p. 336-337

Quelles sont les caractéristiques du régime de Vichy ?

Biographie

Philippe Pétain
(1856-1951)
Général, il s'illustre à la bataille de Verdun (1916). Officier respecté et populaire, il devient président du Conseil en juin 1940 ; il demande alors l'armistice, puis engage la France dans la Révolution nationale et la collaboration.

VOCABULAIRE

- **Collaboration d'État**
Politique de coopération avec l'Allemagne nazie volontairement engagée par l'État français sur les plans politique, économique et culturel.
- **Collaborationnistes**
Ceux qui s'engagent par idéologie en faveur de l'Allemagne nazie.
- **Corporation**
Organisation professionnelle qui réunit patrons et ouvriers d'un même secteur d'activité.
- **Exode**
Fuite des civils devant l'avancée de l'armée allemande en juin 1940.
- **Milice**
Organisation militaire fondée en 1943 qui traque les résistants et les Juifs en collaboration avec l'armée allemande.
- **Révolution nationale**
Idéologie du régime de Vichy qui rompt avec les principes républicains.
- **STO (Service du travail obligatoire)**
Il mobilise les hommes entre 20 et 23 ans pour travailler dans les entreprises allemandes.

A La fin du régime républicain

Le choix de l'armistice

- À la veille de la Seconde Guerre mondiale, le régime républicain est, à peu de choses près, le même que celui qui a été fondé dans les années 1870. Le 18 mai 1940, au lendemain des débuts de la guerre, le maréchal Pétain, le « vainqueur de Verdun » en 1916, devient vice-président du Conseil.
- L'offensive allemande en mai 1940 provoque **en quelques semaines la déroute des armées franco-anglaises**. Dans la panique, des millions de Français se jettent sur les routes : c'est l'**exode**.
- Devant cette débâcle, certains membres du gouvernement, dont Pétain, prônent l'armistice. Le maréchal Pétain devient chef du gouvernement le 17 juin et annonce la demande officielle d'armistice. **Elle est signée à Rethondes le 22 juin.** La moitié nord de la France est occupée par l'armée allemande.

Les pleins pouvoirs au maréchal Pétain

- Malgré son âge, 84 ans, **le maréchal apparaît alors comme l'homme providentiel**, un officier prestigieux, respecté de tous. À Vichy, en zone non occupée où s'est établi le gouvernement, députés et sénateurs sont convoqués début juillet.
- Dans un climat de désarroi, de résignation et d'intimidation, la majorité d'entre eux votent alors les **pleins pouvoirs au maréchal Pétain** afin « de **promulguer une nouvelle Constitution de l'État français** ». **C'est la fin de la IIIe République.**

L'instauration d'un régime de dictature

- En quelques jours, plusieurs « actes constitutionnels » sont rédigés. **Au maréchal Pétain, chef de l'État et chef du gouvernement, sont reconnus les pouvoirs exécutif et législatif**, alors que les Assemblées sont suspendues.
- En outre, avec la fin de tous les principes démocratiques, les libertés fondamentales d'expression, de la presse et d'association disparaissent.

B La Révolution nationale

Une revanche idéologique

- Le nouveau régime veut **restaurer une France rurale, respectueuse des hiérarchies traditionnelles** (l'armée et l'Église), où les **valeurs d'autorité, d'obéissance et d'efforts** remplacent les valeurs républicaines d'égalité, de liberté et de droits.
- Avec la **Révolution nationale**, l'extrême droite nationaliste et cléricale hostile à la République triomphe. Elle impose une revanche contre ses adversaires, rendus responsables de la défaite : les hommes du Front populaire, mais aussi les Juifs.

« Travail, famille, patrie »

- La devise de la Révolution nationale résume le programme de **nouvel ordre économique et social**. L'exaltation du travail, en particulier celui de la terre, se double de l'instauration du **corporatisme**. L'interdiction des grèves et des syndicats doit permettre de mettre fin aux contestations sociales.
- La **famille** et l'image de la mère au foyer sont célébrées par le régime. L'enseignement est réformé afin que l'école transmette les valeurs de l'État français, le respect des hiérarchies sociales, le catéchisme.

• Un **culte de Pétain le « sauveur »** est développé par une intense propagande (doc 1). L'hymne *Maréchal, nous voilà* remplace la *Marseillaise*, interdite par l'occupant allemand. Les actes d'allégeance se multiplient, comme l'obligation pour les fonctionnaires de prêter serment.

Un régime d'oppression

• Dès l'été 1940, les **arrestations de personnalités politiques**, surtout **socialistes** (Léon Blum ou le ministre du Front populaire Jean Zay) et **communistes**, se multiplient avant de frapper tous les opposants. Les réfugiés étrangers, notamment espagnols et juifs, sont enfermés dans des camps d'internement.

• À partir d'octobre 1940, **avec le statut des Juifs, l'antisémitisme devient légal**. Ses conséquences sont catastrophiques : certains Juifs perdent leur nationalité française, tous doivent se faire recenser, tous sont exclus de nombreuses professions ; ils n'ont plus le droit d'être membre d'une assemblée élue. En 1941, ils sont expropriés de leurs biens et le plus souvent réduits à la misère. **À partir de 1943, la création de la milice rend la répression de plus en plus violente.**

C La politique de collaboration

Un choix du régime de Vichy

• La collaboration d'État avec l'Allemagne est un choix de Vichy et résulte d'un calcul stratégique. **Le régime espère ainsi alléger les lourdes conditions d'armistice**, notamment obtenir la libération de prisonniers et une réduction des frais d'occupation qui rendent la vie si difficile aux Français.

• Dans la perspective d'une victoire de l'Allemagne contre le Royaume-Uni, la France pourrait aussi trouver sa place dans le nouvel ordre européen nazi. La collaboration est officialisée par l'**entrevue de Montoire le 24 octobre 1940 entre Pétain et Hitler.**

Les illusions de la collaboration

• Si l'occupant obtient effectivement la collaboration de l'administration et la bienveillance de l'État français, il ne fait aucune concession et **envahit la zone Sud en novembre 1942** après le débarquement allié en Afrique du Nord.

• Pourtant à partir de 1942, Pierre Laval, le chef de gouvernement, déclare « souhaiter la victoire de l'Allemagne ». **La collaboration devient alors une véritable soumission.** Cette politique, encouragée par les collaborationnistes, suscite cependant une impopularité croissante, notamment après l'instauration du STO en février 1943 (doc 2).

Un régime complice des nazis

• Désormais en effet, les polices française et allemande coordonnent leurs actions de répression « contre les ennemis communs ». La milice traque les résistants et les livre à l'occupant.

• C'est aussi la police française qui opère les rafles de Juifs, comme celle du **Vél d'Hiv le 16 juillet 1942 à Paris** où plus de 13 000 Juifs sont arrêtés. Elle surveille les camps d'internement d'où les détenus sont envoyés vers les camps de la mort. **Vichy se rend ainsi, par antisémitisme et par soumission, complice de la Solution finale.**

1. *Le culte du maréchal*
Couverture d'un journal hebdomadaire, 1941.

2. *Affiche en faveur du STO, 1944*

VÉRIFIEZ VOS CONNAISSANCES

1. Dans quelles circonstances la République disparaît-elle ?
2. Quelles mesures font du régime de Vichy une négation de la République ?
3. En quoi consiste la Révolution nationale ?
4. Quelles sont les conséquences de la collaboration d'État ?

ÉTUDE

La Résistance intérieure

➡ COURS p. 336-337

Dès l'été 1940, des actions spontanées sont menées contre l'occupant allemand ; rapidement, des **mouvements** et des **réseaux** clandestins voient le jour. À partir de 1942, le discrédit croissant du régime de Vichy et la mise en place du **STO** poussent de plus en plus de Français, même s'ils restent très minoritaires, dans les rangs de la **résistance civile** ou militaire (les **FTP**, par exemple) et notamment dans les **maquis** qui se structurent à partir de 1943. Unifiée par Jean Moulin à la demande du général de Gaulle, la Résistance intérieure (**FFI**) participe à la Libération en 1944.

Comment la Résistance intérieure s'organise-t-elle et quelles actions mène-t-elle ?

1 Un journal clandestin

● **À partir de janvier 1943, le mouvement « Libération-Sud » rejoint « Combat » et « Franc-Tireur » pour former les « Mouvements unis de la Résistance » en zone Sud.**

Journal du mouvement Libération-Sud fondé par Emmanuel d'Astier de la Vigerie ; le premier numéro paraît en juillet 1941.

N° 27 — 1er MAI 1943 — EDITION SUD — N° Spécial

LIBÉRATION

ORGANE DES MOUVEMENTS DE RÉSISTANCE UNIS

Un seul chef : DE GAULLE
Une seule lutte : pour nos Libertés

Notre seul but est de rendre la parole au Peuple Français Général DE GAULLE

1er Mai 1943 : Fête Nationale du sabotage contre l'Ennemi

Vive le 1er Mai

Le 1er Mai est traditionnellement un jour de fête et de lutte pour la classe ouvrière. Que ce quatrième premier mai de guerre manifeste clairement à nos amis et à nos ennemis que le peuple français — loin d'être abattu — est plus que jamais à la pointe du combat.

Le 1er mai 1942 fut un jour de manifestations impressionnantes. Il faut faire mieux encore. L'ennemi est au bord de la défaite. Que ce **dernier premier mai avant la Libération** soit marqué dans les Annales de la Résistance française par une recrudescence du sabotage et des coups de main contre l'ennemi et ses valets, que la résistance à la déportation soit encore plus vive, que les travailleurs [...]

vos organisations de résistance. Le 1er mai 1943, **vous manifesterez par tous les moyens** contre l'oppression nazie, contre la deportation de vos frères en Allemagne, pour vos droits humains les plus élémentaires.

Il ne suffit pas d'être de cœur avec les Alliés. Il ne suffit ni de détester les Allemands, ni d'écouter les bonnes nouvelles de la radio anglaise. Il faut **participer à la guerre**, il faut que le peuple français agisse et fasse la preuve de sa force, s'il veut un jour se faire entendre. Un peuple qui attend passivement est un peuple condamné par l'histoire.

Travailleurs **frappez l'ennemi et les traîtres.** Frappez [...]

VOCABULAIRE

- **FFI (Forces françaises de l'intérieur)**
Groupes armés unis en 1944 sous l'autorité du Conseil national de la Résistance.
- **FTP (Francs-tireurs et partisans)**
Force de résistance armée du parti communiste.
- **Maquis**
Lieux difficiles d'accès où les résistants s'organisent et mènent une guérilla contre l'occupant nazi et le régime de Vichy.
- **Mouvement de Résistance**
Organisation menant des actions militaires mais aussi civiles, notamment par la diffusion de journaux clandestins.
- **Réseau de Résistance**
Organisation armée spécialisée dans le renseignement ou le sabotage.
- **Résistance civile**
Modes d'action non armées (politiques, juridiques, sociaux, culturels, économiques).
- **STO (Service du travail obligatoire)**
Il mobilise les hommes entre 20 et 23 ans pour travailler dans les usines allemandes.

2 Les femmes dans la Résistance

Collecter argent, vêtements, vivres pour les Francs-tireurs et partisans et tous les combattants de la Résistance ; démasquer les traîtres afin qu'ils soient châtiés ; fournir des renseignements sur l'ennemi ; assurer les liaisons à pied ou à bicyclette ; manifester ; revendiquer un ravitaillement meilleur ; chaque revendication, si minime soit-elle, rend plus difficile la situation de l'ennemi et des collaborateurs de Vichy ; dissimuler les récoltes ; tout refuser aux Allemands ; assurer les soins des combattants blessés ; adhérer aux milices patriotiques ; saboter tout travail servant les Allemands ; faire grève ; devenir partisanes dans les rangs des FTP, faire avec eux le coup de feu, assurer pour eux des liaisons et missions dangereuses...

Dans la mesure de ses forces, chacune peut servir. La plus humble tâche est noble quand elle sert une noble cause.

Françoise Leclercq, membre du comité directeur clandestin de l'Union des Femmes.

3 Les maquis

● Groupe de résistants dans l'Ain en 1944. Les maquis prennent de l'ampleur à partir de 1943 dans des régions rurales difficiles d'accès. La création du STO y provoque un afflux de résistants. Ils mènent une véritable insurrection en 1944 pour appuyer la Libération, malgré une répression féroce.

4 L'engagement de l'archevêque de Toulouse

En août 1942, Mgr Saliège ordonne la lecture publique dans son diocèse de cette lettre pastorale, interdite par arrêté préfectoral mais lue dans les églises puis reprise à la BBC de Londres.

Mes très chers frères,

Il y a une morale chrétienne, il y a une morale humaine qui impose des devoirs et reconnaît des droits. Ces devoirs et ces droits tiennent de la nature humaine. Ils viennent de Dieu. On peut les violer. Il n'est au pouvoir d'aucun mortel de les supprimer.

Que des enfants, des femmes, des hommes, des pères et des mères soient traités comme un vil troupeau, que les membres d'une même famille soient séparés les uns des autres et embarqués pour une destination inconnue, il était réservé à notre temps de voir ce triste spectacle. Pourquoi le droit d'asile dans nos églises n'existe-t-il plus ? Pourquoi sommes-nous des vaincus ? Les Juifs sont des hommes, les Juives sont des femmes. Tout n'est pas permis contre eux, contre ces hommes et contre ces femmes, contre ces pères et ces mères de famille. Ils font partie du genre humain. Ils sont nos frères comme tant d'autres. Un chrétien ne peut l'oublier.

Mgr Saliège à Lourdes en 1942.

5 La répression : l'Affiche rouge

● Les résistants étrangers communistes sont très actifs dans la lutte armée et dans les grandes villes. 68 d'entre eux sont arrêtés, puis jugés en février 1944 ; 23 sont condamnés à mort. Cette affiche allemande annonce leur exécution et veut dénoncer leurs « crimes ». Elle est devenue le symbole de la contribution des étrangers à la Résistance française.

QUESTIONS

▶ Les motivations de la Résistance

DOCS 1, 2 ET 4 **1.** Contre qui se battent ces résistants ?

DOC 1 **2.** De quand date cette « Une » ? Que montre-t-elle sur l'organisation des mouvements de Résistance et le rôle reconnu au général de Gaulle ?

DOC 2 **3.** À quel mouvement appartient cette résistante ? Quelles sont ses motivations ?

DOC 3 **4.** Comment expliquer la mobilisation particulière des jeunes dans les maquis ?

▶ Les formes d'action de la Résistance

DOCS 1, 2 ET 4 **5.** Quelles sont les formes de résistance civile ?

DOCS 2, 3 ET 5 **6.** Quelles sont les formes de résistance armée ?

DOC 5 **7.** Quels sont les risques encourus par les résistants ? Comment ces derniers sont-ils qualifiés par l'occupant ?

▶ BILAN

À l'aide des documents et de vos réponses aux questions, décrivez la Résistance en France : ses motivations, ses buts, ses acteurs, ses risques.

ÉTUDE

La France libre

COURS p. 336-337

La France libre naît le 18 juin 1940 avec l'appel du général de Gaulle. Refusant l'armistice, celui-ci met en place une armée qui, après des débuts difficiles, participe aux combats contre les forces de l'Axe, d'abord outre-mer puis en Europe à partir de 1944. Refusant aussi le régime de Vichy, de Gaulle organise dès 1941 une institution politique progressivement reconnue par les Alliés, le Comité national français, qui prépare le rétablissement de la République.

Comment la France libre prépare-t-elle le rétablissement de la République en 1944 ?

1 L'Appel du 18 juin

Les chefs qui, depuis de nombreuses années, sont à la tête des armées françaises, ont formé un gouvernement.

Ce gouvernement, alléguant la défaite de nos armées, s'est mis en rapport avec l'ennemi pour cesser le combat.

Certes, nous avons été, nous sommes, submergés par la force mécanique, terrestre et aérienne de l'ennemi.

Infiniment plus que leur nombre, ce sont les chars, les avions, la tactique des Allemands qui nous font reculer. Ce sont les chars, les avions, la tactique des Allemands qui ont surpris nos chefs au point de les amener là où ils en sont aujourd'hui.

Mais le dernier mot est-il dit ? L'espérance doit-elle disparaître ? La défaite est-elle définitive ? Non ! (...)

Car la France n'est pas seule ! Elle n'est pas seule ! Elle n'est pas seule ! Elle a un vaste Empire derrière elle. Elle peut faire bloc avec l'Empire britannique qui tient la mer et continue la lutte. Elle peut, comme l'Angleterre, utiliser sans limites l'immense industrie des États-Unis.

Cette guerre n'est pas limitée au territoire malheureux de notre pays. Cette guerre n'est pas tranchée par la bataille de France. Cette guerre est une guerre mondiale. Toutes les fautes, tous les retards, toutes les souffrances, n'empêchent pas qu'il y a, dans l'univers, tous les moyens nécessaires pour écraser un jour nos ennemis. Foudroyés aujourd'hui par la force mécanique, nous pourrons vaincre dans l'avenir par une force mécanique supérieure. Le destin du monde est là.

Moi, général de Gaulle, actuellement à Londres, j'invite les officiers et les soldats français qui se trouvent en territoire britannique, ou qui viendraient à s'y trouver, avec leurs armes, ou sans leurs armes, j'invite les ingénieurs et les ouvriers spécialistes des industries d'armement qui se trouvent en territoire britannique ou qui viendraient à s'y trouver, à se mettre en rapport avec moi.

Quoi qu'il arrive, la flamme de la résistance française ne doit pas s'éteindre et ne s'éteindra pas.

Général de Gaulle, discours radiodiffusé à la BBC, 18 juin 1940, *Discours et messages*, Plon, 1970.

VOCABULAIRE

• FFL (Forces françaises libres)
Organisées dès juin 1940, ce sont les forces armées d'outre-mer de la France libre. Modestes à leur début, elles atteignent 60 000 combattants en juillet 1943.

2 Les soldats des Forces françaises libres

• Officiers français passant en revue les troupes des FFL, août 1941.

3 Le gouvernement de la France libre

• Fondé à Londres en 1941, le Comité national français devient en 1943 à Alger le Comité français de Libération nationale (CFLN) puis en juin 1944 le Gouvernement provisoire de la République française (GPRF), une institution reconnue par les Alliés.
Le Comité national à Londres, 31 octobre 1941.

5 L'union des Résistances

• À partir de la fin décembre 1943, les organisations résistantes militaires intérieures s'unissent dans les FFI, tandis que les FFL combattent aux côtés des Alliés. La croix de Lorraine, croix rouge à deux traverses, est adoptée en 1940 comme emblème de la France libre.

4 Les objectifs de la France libre

Cette déclaration est publiée dans les journaux clandestins de la Résistance intérieure. Elle fixe les objectifs communs des Résistances extérieure et intérieure.

Le terme de la guerre est, pour nous, à la fois la restauration de la complète intégrité du territoire, de l'Empire, du patrimoine français et celle de la souveraineté complète de la nation sur elle-même. (...) En même temps que les Français seront libérés de l'oppression ennemie, toutes leurs libertés intérieures devront leur être rendues. Une fois l'ennemi chassé du territoire, tous les hommes et toutes les femmes de chez nous éliront l'Assemblée nationale qui décidera souverainement des destinées du pays. (...)

À l'intérieur, il faudra que soient réalisées, contre la tyrannie du perpétuel abus, les garanties pratiques qui assureront à chacun la liberté et la dignité dans son travail et dans son existence. La sécurité nationale et la sécurité sociale sont, pour nous, des buts impératifs et conjugués. (...) Et nous voulons en même temps que (...) l'idéal séculaire français de liberté, d'égalité, de fraternité soit désormais mis en pratique chez nous, de telle sorte que chacun soit libre de sa pensée, de ses croyances, de ses actions, que chacun ait, au départ de son activité sociale, des chances égales à celles de tous les autres, que chacun soit respecté par tous et aidé s'il en a besoin.

Déclaration du général de Gaulle, 23 juin 1942,
Discours et messages, Plon, 1970.

QUESTIONS

▶ Les combats de la France libre

DOC 1 **1.** Quelles sont, selon de Gaulle, les causes de la défaite ? **2.** À qui s'adresse-t-il ? Pourquoi peut-on dire qu'il appelle à l'insoumission vis-à-vis de Vichy ?

DOCS 1, 2 ET 5 **3.** Qui sont les combattants de la France libre ? Où combattent-ils ?

▶ La France libre et la République

DOC 4 ET 5 **4.** Quels sont les valeurs et symboles républicains que défend la Résistance ?

DOC 4 **5.** Quelles réformes de Gaulle annonce-t-il pour la Libération ?

DOC 3 **6.** En quoi le Comité national français apparaît-il comme un quasi-gouvernement ? Quelles ambitions de la France libre la création du CNL traduit-elle ?

▶ BILAN

À l'aide des documents et de vos réponses aux questions, expliquez les origines, l'organisation politique et militaire et les objectifs de la France libre. Vous montrerez le rôle qu'a joué le général de Gaulle dans la Résistance.

COURS

4• Les combats de la Résistance (1940-1944)

REPÈRES p. 326-327
ÉTUDE p. 332-333
ÉTUDE p. 334-335

Comment les Résistances intérieure et extérieure préparent-elles le rétablissement de la République ?

Biographie

Charles de Gaulle
(1890-1970)
Officier, il devient après l'Appel du 18 juin 1940 le chef de la France libre. De 1944 à 1946, il dirige le gouvernement provisoire. Il fonde en 1958 la Vᵉ République dont il est le premier président jusqu'à sa démission en 1969.

A La France libre

L'appel du 18 juin 1940

• Refusant l'armistice annoncé par le maréchal Pétain le 17 juin, le général de Gaulle lance le 18 juin, de Londres, un **appel à continuer le combat**. Selon lui, la défaite n'est pas définitive car la guerre est mondiale. La détermination et l'audace des propos font de cet appel à l'insoumission un acte fondateur.

• Mais peu de Français l'entendent alors et l'armée qu'il met sur pied, les **Forces françaises libres**, est au début dérisoire. **Il a cependant le soutien de Winston Churchill**, Premier ministre britannique, **qui le reconnaît comme « chef des Français libres »** et lui permet de parler chaque jour à la BBC.

Un combat politique

• Afin d'asseoir son autorité, dès juin 1940, de Gaulle donne à son action une dimension politique. **Il parle « au nom de la France » afin d'incarner l'État légitime.** En 1941, il crée à Londres le **Comité national français**, une forme de gouvernement qui doit aussi lui permettre de s'affirmer auprès des Américains, encore réticents à lui reconnaître une légitimité.

• Très tôt aussi, il affirme sa **volonté de rétablir la démocratie après la guerre.** En 1942, il évoque la nécessité de **refonder la République** sur de nouvelles institutions et d'ambitieuses réformes sociales.

Les combats militaires de la France libre

• Pour constituer son armée, **de Gaulle mise en 1940 sur les officiers et les gouverneurs de l'empire colonial.** Grâce au gouverneur du Tchad Félix Éboué, il obtient le ralliement de l'Afrique Équatoriale française dès 1940. En 1942 et 1943, après le débarquement allié de novembre 1942 en Afrique du Nord, le Maroc, l'Algérie, l'Afrique occidentale et les Antilles rejoignent aussi la France libre.

• Les FFL, formées en grande partie de soldats de l'empire colonial, participent à des opérations en **Afrique**, au **Moyen-Orient**, et s'illustrent, avec le général Kœnig, à **Bir-Hakeim en Libye** contre les Allemands en juin 1942. Elles combattent avec le général Leclerc aux côtés des Alliés en Afrique du Nord. Elles montrent ainsi qu'il existe bien une **France combattante dans la guerre mondiale.**

B Les résistances intérieures

Les organisations

• Dès l'été 1940, des actes isolés manifestent par des tracts ou des graffitis le refus de l'occupation. Peu à peu, les résistants se regroupent et s'organisent dans la clandestinité. **Des réseaux de renseignement et de sabotage sont mis en place. Des mouvements sont créés** comme *Libération* ou *Combat* en zone Sud, *Défense de la France* en zone Nord. Ils diffusent des journaux afin de mobiliser la population.

• Ces organisations recrutent dans des **milieux sociaux et professionnels variés**, mais où la part des jeunes est toujours notable. **Politiquement, les résistants sont divers.** Si la gauche est mieux représentée (socialistes, communistes), une partie de la droite nationaliste n'accepte pas la soumission à l'Allemagne et s'engage. Tous appellent à **lutter contre l'occupant nazi** mais aussi **contre le régime de Vichy.**

VOCABULAIRE

• **FFI (Forces françaises de l'intérieur)**
Groupes armés unis en 1944 sous l'autorité du Conseil national de la Résistance.

• **FFL (Forces françaises libres)**
Armées organisées outre-mer par la France libre.

• **FTP (Francs-tireurs et partisans)**
Groupes de résistance armée du parti communiste.

• **Maquis**
Lieux difficiles d'accès où se regroupent les résistants qui mènent une guérilla contre l'occupant et Vichy.

• **Mouvement de Résistance**
Organisation menant des actions militaires mais aussi politiques, notamment d'information de la population.

• **Réseau de Résistance**
Organisation armée spécialisée dans le renseignement ou le sabotage.

• **STO (Service de travail obligatoire)**
Voir définition p. 330.

Les actions de la Résistance intérieure

• La résistance est toujours un acte intentionnel, une transgression assumée. Mais les formes de résistance répondent à différents objectifs : **informer la population, collecter des renseignements, harceler l'occupant**. Elle peut être civile ou militaire. Ainsi les **tracts**, la **presse** permettent de combattre la propagande de Vichy. Les **services de renseignement** transmettent à Londres des données sur l'armée allemande ou l'administration de Vichy. La Résistance aide aussi les prisonniers évadés et les Juifs à se cacher ou à fuir. Enfin, la Résistance armée participe à l'effort allié par des **sabotages** contre les installations militaires ou les réseaux de communication (doc 1).

• L'organisation des mouvements est donc complexe et les risques sont énormes car **la répression menée par les Allemands et par la police de Vichy est féroce**. Nombreux sont ceux qui paient de leur vie leur engagement (l'historien Marc Bloch, le journaliste Pierre Brossolette, par exemple).

Des résistants de plus en plus nombreux

• Si les résistants restent toujours très minoritaires, leur nombre augmente avec l'aggravation des conditions de vie, l'impopularité croissante du régime de Vichy et la mise en place du **STO**. À partir de 1941 et l'entrée en guerre de l'URSS, **l'engagement communiste dans la Résistance devient massif**. Les **FTP** créés en 1942 participent ainsi activement à la guérilla contre les Allemands.

• **Les maquis prennent de l'ampleur** à partir de 1943 car de nombreux jeunes les rejoignent pour échapper au STO. Créés dans des régions peu accessibles, ils entraînent les soldats aux combats de la Libération.

Biographie

Jean Moulin
(1899-1943)
Préfet à Chartres, il refuse en 1940 de se soumettre aux Allemands. Il rejoint la France libre ; chargé par de Gaulle d'unifier la Résistance intérieure, il fonde le CNR en 1943. Mais il est arrêté par la Gestapo et meurt après avoir été torturé.

C Un combat commun et structuré

Jean Moulin et l'unification de la Résistance

• Pour de Gaulle, il est indispensable de **coordonner les Résistances intérieure et extérieure**. C'est la mission qu'il confie à **Jean Moulin au début 1942**. En quelque mois, celui-ci parvient à fédérer les différents mouvements. En **mai 1943**, il fonde une structure politique, le **Conseil national de la Résistance**, où sont représentés les mouvements, les partis politiques et les syndicats. **Le CNR reconnaît l'autorité du général de Gaulle**.

• Après l'arrestation et la mort de Jean Moulin en juin 1943, le CNR poursuit son action de coordination de la Résistance avec l'**unification de la plupart des groupes armés dans les Forces françaises de l'intérieur** (FFI) et élabore en 1944 un programme politique en vue de la Libération.

Des institutions politiques reconnues

• À Alger, libéré lors du débarquement allié de novembre 1942, de Gaulle fonde en juin 1943 le **Conseil français de libération nationale (CFLN)** dans lequel entrent des personnalités d'horizons politiques divers. Puis il réunit une **Assemblée consultative** comprenant des résistants et des hommes de la IIIe République.

• En juin 1944, le CFLN devient le **Gouvernement provisoire de la République française**. S'appuyant sur l'Assemblée, le CNR et une armée devenue conséquente, le GPRF représente désormais incontestablement la France auprès des Alliés, et peut préparer l'avènement d'une République nouvelle.

1. *Déraillement d'un train dans le Doubs (29 juillet 1944)*
• **Le sabotage mis en place par le maquis de la région a neutralisé la ligne ferroviaire entre Besançon et Vesoul et a permis la destruction d'au moins deux convois allemands.**

VÉRIFIEZ VOS CONNAISSANCES

1. Comment naît et se développe la France libre ?
2. Quelles sont les actions de la Résistance intérieure ?
3. Comment l'unification de la Résistance est-elle réalisée ?

ÉTUDE

Libération et épuration

COURS p. 342-343

Avec les débarquements alliés en Normandie (6 juin 1944) et en Provence (15 août 1944), la libération du territoire commence. Les FFI et les maquis y prennent une part importante. Paris est ainsi libéré fin août 1944 par une insurrection de la Résistance intérieure, soutenue par les FFL. Commence alors aussi, sous la direction du général de Gaulle et du GPRF, la restauration de l'État républicain, de l'ordre et de la justice afin que les passions déchaînées par l'effondrement du régime Vichy ne se transforment pas en guerre civile.

Comment la République est-elle restaurée après les « années noires » de Vichy ?

VOCABULAIRE

- **Épuration légale**
Répression selon les règles du droit des collaborateurs, dirigeants et fonctionnaires du régime de Vichy. Elle comporte deux volets, l'un judiciaire (jugements), l'autre administratif et professionnel (sanctions disciplinaires).
- **Épuration spontanée**
Traque et châtiment expéditif des personnes accusées de collaboration.

1 Poursuivre le combat

Paris ! Paris outragé ! Paris brisé ! Paris martyrisé ! Mais Paris libéré ! Libéré par lui-même, libéré par son peuple avec le concours des armées de la France, avec l'appui et le concours de la France tout entière, de la France qui se bat, de la seule France, de la vraie France, de la France éternelle. (...)

Je résumerai tous [ces devoirs] en disant que, pour le moment, il s'agit de devoirs de guerre. L'ennemi chancelle, mais il n'est pas encore battu. Il reste sur notre sol. Il ne suffira même pas que nous l'ayons, avec le concours de nos chers et admirables alliés, chassé de chez nous pour que nous nous tenions pour satisfaits après ce qui s'est passé. Nous voulons entrer sur son territoire, comme il se doit, en vainqueurs. C'est pour cela que l'avant-garde française est entrée à Paris à coups de canon. C'est pour cela que la grande armée française d'Italie a débarqué dans le Midi et remonte rapidement la vallée du Rhône.

C'est pour cela que nos braves et chères forces de l'intérieur vont s'armer d'armes modernes. C'est pour cette revanche, cette vengeance et cette justice, que nous continuerons de nous battre jusqu'au dernier jour, jusqu'au jour de la victoire totale et complète.

Charles de Gaulle, discours prononcé à l'Hôtel de Ville le 25 août 1944, *Discours et messages*, Plon, 1970.

2 La fin du régime de Vichy

[L'ordonnance] a pour but immédiat de libérer le pays de la réglementation d'inspiration ennemie qui l'étouffait, mais aussi de lui éviter le désordre juridique ou même l'incertitude. Sans doute elle appelle d'autres textes, mais sur le plan législatif elle est un acte de libération déjà décisif.

Art. 1er – La forme du Gouvernement de la France est et demeure la République. En droit, celle-ci n'a pas cessé d'exister.

Art. 2 – Sont, en conséquence, nuls et de nul effet tous les actes constitutionnels législatifs ou réglementaires, ainsi que les arrêtés pris pour leur exécution, sous quelque dénomination que ce soit, promulgués sur le territoire continental, postérieurement au 16 juin 1940 et jusqu'au rétablissement du Gouvernement provisoire de la République française. Cette nullité doit être expressément constatée.

GPRF, ordonnance du 9 août 1944.

3 Bilan de l'épuration légale

- **On distingue quatre types de juridictions : les tribunaux militaires, les cours de justice qui jugent les crimes prévus par le Code pénal (310 000 dossiers, 58 000 jugements rendus), les chambres civiques qui examinent les cas risquant une simple peine d'indignité nationale (perte des droits civiques) et la Haute Cour de justice qui juge les responsables du régime de Vichy.**

Acquittement par les cours	9 000
Indignité nationale	95 000
Prison	25 000
Travaux forcés	14 000
Peine de mort *dont exécutions*	7 000 *793*
Sanction de fonctionnaires et employés des entreprises publiques	28 000 (1,5 % des personnels)

D'après B. Vergez-Chaignon, Histoire de l'épuration, *Larousse, 2010.*

4 Les violences de l'épuration spontanée

● En 1944, des femmes tondues pour avoir eu des relations avec l'ennemi sont exhibées devant les habitants de Cherbourg par les membres de la Résistance. On estime à 20 000 le nombre de femmes ayant subi cette humiliation.

6 Le procès du maréchal Pétain

● Pour mettre un terme à l'épuration spontanée et affirmer son autorité, le GPRF entend réaliser une épuration légale. Pétain est condamné à mort en août 1945 pour trahison. Sa peine est commuée en détention à vie.

5 L'épuration, « une chose odieuse »

Écrivain, résistant, Albert Camus est à partir de septembre 1943 le rédacteur en chef d'un des plus importants journaux clandestins, Combat.

Il est certain désormais que l'épuration en France est non seulement manquée, mais encore déconsidérée. Le mot d'épuration était déjà assez pénible en lui-même. La chose est devenue odieuse. Elle n'avait qu'une chance de ne point le devenir, qui était d'être entreprise sans esprit de vengeance ou de légèreté. Il faut croire que le chemin de la simple justice n'est pas facile à trouver entre les clameurs de la haine d'une part, et les plaidoyers de la mauvaise conscience d'autre part. L'échec, en tout cas, est complet. (...) C'est qu'aussi bien la politique s'en est mêlée, avec tous ses aveuglements. Trop de gens ont crié à la mort comme si les travaux forcés, par exemple, étaient une peine qui ne tirait pas à la terreur lorsque quelques années de prison venaient récompenser l'exercice de la délation et du déshonneur. Dans tous les cas, nous voici impuissants.

Albert Camus, *Combat*, 30 août 1945, cité dans *Œuvres complètes*, « La Pléiade », Gallimard, 2006.

Questions

▶ La Libération

DOC 1 **1.** Comment et par qui Paris a-t-il été libéré ? **2.** Quels combats faut-il encore mener à l'été 1944 ? Quelle place ces combats donnent-ils à la France dans la guerre mondiale ?

DOC 2 **3.** Pourquoi la République n'est-elle pas proclamée en 1944 ? **4.** Qui l'a incarnée pendant la guerre ?

DOC 4 **5.** Qu'est-ce que l'épuration spontanée ? Pourquoi l'État doit-il y mettre fin ?

▶ Le rétablissement de la République

DOCS 2, 3 ET 6 **6.** Quelles sont les décisions politiques et judiciaires qui marquent la Libération ? **7.** En quoi permettent-elles le retour à la République ?

DOCS 3 ET 6 **8.** Comment est organisée l'épuration légale ? Que doit-elle permettre ? **9.** Quelle est la principale peine prononcée ?

DOC 5 **10.** Pour quelles raisons Camus critique-t-il le processus d'épuration ?

▶ BILAN

À l'aide des documents et de vos réponses aux questions, montrez comment la République est restaurée en 1944-1945.

ÉTUDE

La IVᵉ République : nouveau projet, nouvelle République

COURS p. 342-343

Après les « années noires » de Vichy, les aspirations aux changements institutionnels, sociaux et économiques sont profondes. Elles s'incarnent dans les projets politiques de la Résistance et du Gouvernement provisoire pour qui la Libération et les nécessités de la reconstruction doivent être l'occasion de faire naître une France nouvelle. La restauration de la République s'accompagne donc d'une très importante œuvre de réformes parmi lesquelles la Constitution de la IVᵉ République, adoptée en 1946.

En quoi les mesures adoptées après la Libération fondent-elles une République nouvelle ?

CHRONOLOGIE

Mars 1944	Programme du Conseil national de la Résistance.
Juin 1944	Débarquement allié en Normandie.
Août 1944	Libération de Paris.
Octobre 1945	• Élection d'une Assemblée constituante. • Création de la Sécurité sociale.
Janvier 1946	De Gaulle démissionne du Gouvernement provisoire.
Mai 1946	Rejet par les Français d'un premier projet de Constitution.
Juin 1946	Discours de Bayeux.
Octobre 1946	Adoption de la Constitution de la IVᵉ République.

1 Les engagements de la Résistance

Mesures à appliquer à la libération du territoire.

Sur le plan économique :

– l'intensification de la production nationale selon les lignes d'un plan arrêté par l'État après consultation des représentants de tous les éléments de cette production ;

– le retour à la nation des grands moyens de production monopolisés, fruit du travail commun, des sources d'énergie, des richesses du sous-sol, des compagnies d'assurances et des grandes banques ; (...)

– le droit d'accès, dans le cadre de l'entreprise, aux fonctions de direction et d'administration, pour les ouvriers possédant les qualifications nécessaires, et la participation des travailleurs à la direction de l'économie.

Extrait du programme du Conseil national de la Résistance, adopté le 15 mars 1944.

2 La création de la Sécurité sociale

Affiche, 1945.

3 Une extension des droits sociaux

1. La loi garantit à la femme, dans tous les domaines, des droits égaux à ceux de l'homme. (...)

2. Chacun a le devoir de travailler et le droit d'obtenir un emploi. Nul ne peut être lésé, dans son travail ou son emploi, en raison de ses origines, de ses opinions ou de ses croyances.

3. Tout homme peut défendre ses droits et ses intérêts par l'action syndicale et adhérer au syndicat de son choix. (...)

4. Tout travailleur participe, par l'intermédiaire de ses délégués, à la détermination collective des conditions de travail ainsi qu'à la gestion des entreprises.

5. (...) Toute entreprise dont l'exploitation a les caractères d'un service public national (...) doit devenir la propriété de la collectivité.

6. La Nation assure à l'individu et à la famille les conditions nécessaires à leur développement. Elle garantit à tous, notamment à l'enfant, à la mère et aux vieux travailleurs, la protection de la santé, la sécurité matérielle, le repos et les loisirs. Tout être humain qui, en raison de son âge, de son état physique ou mental, de la situation économique, se trouve dans l'incapacité de travailler a le droit d'obtenir de la collectivité des moyens convenables d'existence.

Extraits du préambule de la Constitution de 1946.

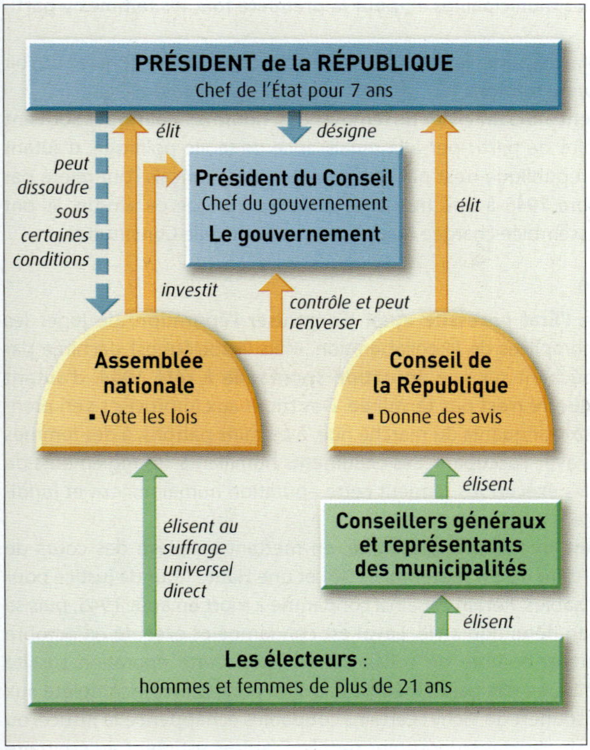

5 Les institutions de la IVe République

4 De Gaulle critique les projets institutionnels

De Gaulle, après sa démission du gouvernement, présente son point de vue sur les institutions en juin 1946 à Bayeux.

Du Parlement, composé de deux Chambres et exerçant le pouvoir législatif, il va de soi que le pouvoir exécutif ne saurait procéder, sous peine d'aboutir à cette confusion des pouvoirs dans laquelle le gouvernement ne serait bientôt plus rien qu'un assemblage de délégations. (...) En vérité, l'unité, la cohésion, la discipline intérieure du gouvernement de la France doivent être des choses sacrées, sous peine de voir rapidement la direction même du pays impuissante et disqualifiée. Or, comment cette unité, cette cohésion, cette discipline, seraient-elles maintenues à la longue, si le pouvoir exécutif émanait de l'autre pouvoir, auquel il doit faire équilibre (...) ?

C'est donc du chef de l'État, placé au-dessus des partis, élu par un collège qui englobe le Parlement mais beaucoup plus large (...) que doit procéder le pouvoir exécutif. Au chef de l'État la charge d'accorder l'intérêt général quant au choix des hommes avec l'orientation qui se dégage du Parlement. À lui la mission de nommer les ministres et, d'abord, bien entendu, le Premier, qui devra diriger la politique et le travail du gouvernement. Au chef de l'État (...) la tâche de présider les Conseils du gouvernement et d'y exercer cette influence de la continuité dont une nation ne se passe pas. À lui l'attribution de servir d'arbitre au dessus des contingences politiques.

Charles de Gaulle, *Mémoires de guerre*, t. III, Plon, 1959.

QUESTIONS

▶ Une refondation économique et sociale

DOC 1 **1.** Résumez les grandes orientations de réformes économiques et sociales annoncées ici.

DOCS 1 ET 3 **2.** Quelles orientations du programme de la Résistance sont inscrites dans le préambule de la Constitution ?

DOCS 2 ET 3 **3.** Quels sont les droits économiques et sociaux reconnus ? **4.** En quoi la Sécurité sociale répond-elle aux ambitions du préambule ?

▶ Une refondation politique

DOC 5 **5.** À qui appartient désormais la souveraineté nationale ? Quels sont les pouvoirs de l'Assemblée ?

DOCS 4 ET 5 **6.** Pourquoi de Gaulle souhaite-t-il que le pouvoir exécutif soit indépendant du pouvoir législatif ? Comment garantir cette indépendance ? **7.** En quoi sa conception s'oppose-t-elle à la Constitution de la IVe République ?

▶ BILAN

À l'aide des documents et de vos réponses aux questions, indiquez pourquoi la fin de la guerre marque une refondation à la fois économique, sociale et politique de la République.

COURS

5. La IVe République : une refondation républicaine

➡ ÉTUDE p. 338-339
➡ ÉTUDE p. 340-341

Comment, au lendemain de la guerre, une République nouvelle se construit-elle ?

1. *La foule enthousiaste célèbre la libération de Paris, août 1944*

A Libération et restauration de la République

La Libération

• Avec les débarquements alliés de 1944, **la libération du territoire commence.** L'armée de la France libre participe à ces combats qui ne s'achèvent véritablement qu'en 1945. L'action des FFI et des maquis se révèle aussi très utile, malgré les terribles représailles allemandes notamment dans les Alpes et le Massif central.

• L'un des épisodes les plus symboliques de cette bataille de France est la **libération de Paris.** Lancée le 19 août par les FFI, l'insurrection s'achève le 25 après l'arrivée des chars de la division Leclerc. Le lendemain, le général de Gaulle, de retour en France, est acclamé par une foule immense (doc 1). Mais il refuse de proclamer la République qui, selon lui, n'a jamais disparu puisqu'elle s'est incarnée dans la France libre (doc 2).

Le rétablissement de l'ordre républicain

• Les multiples manifestations de popularité **confortent la légitimité politique dont le général de Gaulle se sent investi** et qu'il utilise pour restaurer l'État républicain. À la tête du Gouvernement provisoire, **il fait annuler les lois de Vichy et impose une reprise en main des administrations.** Des élections sont organisées en avril 1945 pour élire les nouvelles municipalités et, **pour la première fois, les femmes y participent.**

• Il parvient aussi à faire désarmer les groupes de Résistance intérieure dont le pouvoir local était parfois devenu très fort.

• **La Résistance devient alors un vivier de femmes et d'hommes politiques souvent nouveaux**, susceptibles de participer à la renaissance de la vie politique, d'autant qu'un retour à la IIIe république n'est pas envisageable : les Français l'ont rejeté par référendum en octobre 1945 à une très large majorité. Lors de ce scrutin, ils ont également élu une Assemblée chargée de préparer une nouvelle Constitution.

L'épuration

• **La restauration de l'État nécessite aussi d'organiser l'épuration**, de juger les responsables et les complices de la collaboration. Mais la société est déchirée par des haines qui débouchent sur une **épuration spontanée à l'été 1944, d'autant plus brutale que la guerre n'est pas terminée.** Des tribunaux improvisés s'en prennent aux miliciens, aux trafiquants du marché noir, à certains patrons, à des femmes accusées de relations avec l'occupant. Les châtiments humiliants, les règlements de compte personnels, les exécutions rendent cette épuration humainement et juridiquement inacceptable.

• **L'État organise donc une épuration légale**, en mettant en place des cours de justice dans les départements en septembre 1944 et une Haute Cour de justice pour les principaux responsables. **Pétain** est ainsi condamné à mort en août 1945, puis sa peine est commuée en détention à vie. **Laval** est condamné et exécuté en octobre 1945, comme un certain nombre de collaborationnistes. Cette épuration suscite cependant des polémiques, elle paraît inégale selon les professions, incomplète aux yeux de ceux qui ont souffert de Vichy : certains coupables échappent à la justice, ou font valoir des actes de résistance pourtant tardifs. D'autres estiment au contraire l'épuration excessive et préjudiciable à l'unité nationale.

VOCABULAIRE

• **Dirigisme**
Action d'impulsion et d'orientation de l'État dans l'économie et la société.

• **Épuration légale**
Jugement des collaborateurs selon les règles du droit.

• **Épuration spontanée**
Traque et châtiment expéditif des personnes accusées de collaboration.

• **État-providence**
Ensemble des dispositifs par lesquels l'État intervient dans l'économie et la société, protégeant les individus et redistribuant les richesses.

• **Investiture**
Vote de l'Assemblée qui approuve l'entrée en fonction du gouvernement.

• **Plan**
Document par lequel le gouvernement fixe des objectifs économiques pour 5 ans.

• **Régime parlementaire**
Voir définition p. 319.

B Une nouvelle République

Les forces politiques dominantes

- Les partis trop impliqués dans le régime de Vichy sont exclus. **Trois partis, très engagés dans la Résistance, dominent alors : le Parti communiste, la SFIO** (Section française de l'Internationale socialiste) **et le MRP** (Mouvement républicain populaire) qui rassemble les démocrates-chrétiens. Les **gaullistes**, s'ils ne forment pas encore un parti, ont une place incontestée dans la vie politique.
- Représentées dans le Conseil national de la Résistance puis dans le Gouvernement provisoire présidé par de Gaulle, ces formations participent à l'élaboration du programme du CNR en mars 1944. **Elles partagent une même ambition de transformation de la République**, fondée sur un rôle accru de l'État dans l'économie et des politiques sociales volontaristes.

La Constitution de 1946

- Les débats constitutionnels en 1945-1946 opposent les partisans d'un pouvoir législatif fort et **de Gaulle, favorable à un régime où le président de la République aurait un rôle prééminent** comme arbitre et garant de l'intérêt national. En janvier 1946, il dénonce le projet de Constitution élaboré par l'Assemblée élue en octobre 1945 et démissionne.
- **Les nouvelles institutions, approuvées par référendum en octobre 1946** (53 % des votants, mais un tiers d'abstentions), **instaurent un régime parlementaire** : l'Assemblée nationale investit le président du Conseil et peut le contraindre à démissionner en lui refusant sa confiance. Le président de la République, élu par les deux Chambres, a des pouvoirs limités.

2. *La libération*
Affiche du GPRF, 1944.

C De grandes réformes économiques et sociales

L'intervention de l'État dans l'économie

- Les destructions matérielles, les pénuries, impliquent des efforts vigoureux de reconstruction et favorisent l'adoption de mesures dirigistes. Des **nationalisations** sont effectuées en 1944-1945 dans les secteurs clés des ressources énergiques, des transports, des banques et des assurances (doc 3).
- La **mise en place du plan** permet de coordonner l'indispensable modernisation de l'économie. Cette implication des pouvoirs publics s'étend aussi à la création d'une grande école : l'École nationale d'administration.

La mise en œuvre d'un État-providence

- Le programme du CNR contient aussi la promesse d'**instaurer de nouveaux rapports sociaux et de nouveaux droits.** Le Gouvernement provisoire crée en **1945** la **Sécurité sociale**, un organisme qui prend en charge l'assurance maladie, les allocations familiales, les accidents du travail, et met en place un système de retraites.
- Le **préambule de la Constitution de 1946** reconnaît l'intangibilité de ces droits sociaux auxquels sont ajoutés également le droit au travail, à l'instruction et aux loisirs. Et pour la première fois, il garantit aux femmes, dans tous les domaines, des droits égaux à ceux des hommes.

3. *La nationalisation des usines Renault*
Publicité pour Renault, vers 1945.

VÉRIFIEZ VOS CONNAISSANCES

1. Qui participe à la libération du territoire ?
2. Quelles mesures permettent le retour à l'ordre républicain ?
3. Quelle est la forme du régime adopté en 1946 ?
4. Quelles sont les principales réformes économiques et sociales ?

ÉTUDE

Mai 1958 : d'une République à l'autr

COURS p. 350-351
ÉTUDE p. 294-297

À partir de 1954, la guerre d'Algérie affaiblit la IVe République. Les gouvernements sont paralysés par l'instabilité ministérielle. Aucune solution négociée ne s'esquisse en Algérie car les divisions politiques entre partisans de l'Algérie française et partisans de l'indépendance sont trop intenses. Cette situation provoque l'enlisement dans la guerre, le discrédit du régime et finalement une très grave crise politique. En 1958, devant les risques de guerre civile, sous la pression de l'armée française d'Algérie, le général de Gaulle est appelé au gouvernement. Il annonce alors la fondation d'une nouvelle République.

Comment la crise provoquée par la guerre d'Algérie entraîne-t-elle un changement de régime politique ?

1 La crise politique en 1958

Robert Buron a été plusieurs fois ministre sous les IVe et Ve Républiques.

Les figurants se succèdent au fond du théâtre à un rythme sans cesse accru ; le devant de la scène apparaît de plus en plus vide. (...) Le régime se survit encore, mais ses infrastructures se corrodent[1] rapidement sous l'acide de la haine et du mépris public. Son effondrement est proche... ou plutôt son effacement progressif, mais qui va bénéficier de sa disparition ? La France est-elle prête à subir la dictature d'une junte militaire ? (...) Deux voies seulement me semblent ouvertes : ou bien, et rapidement, obtenir la formation d'un gouvernement franchement républicain, décidé à préconiser une solution libérale en Algérie. Alors l'épreuve de force s'engagera entre activistes[2] et démocrates-décolonisateurs. Si le leader désigné se montre ferme, nous pourrons peut-être la gagner et conforter ensuite le régime. (...) Ou bien rechercher une formule qui concilie la réforme des institutions et la poursuite d'une solution libérale en Algérie. Sans doute alors, quoique je n'arrive guère à m'en persuader, est-ce vers le général de Gaulle qu'il faut porter le regard.

Robert Buron, *Les dernières années de la IVe République. Carnets politiques*, éditions Cana, 12 février 1958.

1. *Se détériorent.*
2. *Les partisans intransigeants de l'Algérie française.*

CHRONOLOGIE

13 mai 1958	Émeute à Alger pour l'Algérie française. Formation d'un Comité de salut public avec des civils et des militaires.
14 mai	Les émeutiers demandent le retour du général de Gaulle au pouvoir.
29 mai	Le président René Coty appelle officiellement de Gaulle pour former un gouvernement.
1er juin	Le gouvernement du général de Gaulle est investi par l'Assemblée.
3 juin	De Gaulle obtient de l'Assemblée les pleins pouvoirs pour élaborer une nouvelle Constitution.
4 septembre	Présentation officielle de la nouvelle Constitution.
28 septembre	Constitution approuvée par référendum (80 % de oui).

2 Les Français d'Algérie appellent de Gaule au pouvoir

• Alors qu'à Paris, le 13 mai 1958, un nouveau gouvernement vient d'être formé, une manifestation des Français à Alger tourne à l'émeute. Un Comité de salut public insurrectionnel, « seul capable de conserver l'Algérie », est formé. Dans les jours qui suivent, les manifestants demandent le retour du général de Gaulle.

3 Le retour du général de Gaulle au pouvoir

Nous voici maintenant au bord de la guerre civile. Après s'être, depuis quarante ans, tant battus contre l'ennemi, les Français vont-ils, demain, se battre contre les Français ? (...)

Dans le péril de la patrie et de la République, je me suis tourné vers le plus illustre des Français, vers celui qui, aux années les plus sombres de notre histoire, fut notre chef pour la reconquête de la liberté et qui, ayant ainsi réalisé autour de lui l'unanimité nationale, refusa la dictature pour rétablir la République. (...)

Je demande au général de Gaulle de bien vouloir conférer avec le chef de l'État et d'examiner avec lui ce qui, dans le cadre de la légalité républicaine, est immédiatement nécessaire à un gouvernement de salut national et ce qui pourra, à échéance plus ou moins proche, être fait ensuite pour une réforme profonde de nos institutions.

René Coty, président de la République, message au Parlement, 29 mai 1958.

5 Le référendum sur la Ve République

Affiche de 1958.

4 De Gaulle annonce une nouvelle République

Le 1er juin, de Gaulle présente son programme devant l'Assemblée. Après un court discours, il obtient le vote de l'investiture par 329 voix contre 224.

En ce temps même où tant de chances, à tant d'égards, s'offrent à la France, elle se trouve menacée de dislocation et peut-être de guerre civile.

C'est dans ces conditions que je me suis proposé pour tenter de conduire une fois de plus au salut le pays, l'État, la République, et que, désigné par le chef de l'État, je me trouve amené à demander à l'Assemblée nationale de m'investir pour un lourd devoir. (...)

Le gouvernement, si vous voulez l'investir, vous proposera de lui attribuer [les pleins pouvoirs] aussitôt (...) pour une durée de six mois, espérant qu'au terme de cette période, l'ordre rétabli dans l'État, l'espoir retrouvé en Algérie, l'union refaite dans la nation, permettront aux pouvoirs publics de reprendre le cours normal de leur fonctionnement.

Mais ce ne serait rien que de remédier provisoirement, tant bien que mal, à un état de choses désastreux si nous ne nous décidions pas à en finir avec la cause profonde de nos épreuves. Cette cause – l'Assemblée le sait et la nation en est convaincue –, c'est la confusion et, par là même, l'impuissance des pouvoirs. Le gouvernement que je vais former moyennant votre confiance vous saisira sans délai d'un projet de réforme de la Constitution.

Discours à l'Assemblée nationale, 1er juin 1958, *Discours et messages*, Plon, 1970.

Questions

▶ La crise de la IVe République

DOC 1 **1.** À quelles faiblesses la IVe République est-elle confrontée ? Quelles sont les deux issues possibles à cette crise selon l'auteur ?

DOC 2 **2.** Pourquoi peut-on dire que les événements d'Alger défient le gouvernement républicain ?

DOCS 3 ET 4 **3.** Comment René Coty et Charles de Gaulle qualifient-ils la situation ?

▶ Vers la Ve République

DOCS 3 ET 4 **4.** Quels arguments sont évoqués pour justifier le recours au général de Gaulle ? Quelles expressions montrent qu'il revient au pouvoir de façon légale ?

DOC 4 **5.** Quelles sont les mesures annoncées pour mettre fin à la crise ? Pourquoi de Gaulle veut-il élaborer une nouvelle constitution ?

DOC 5 **6.** Quel lien cette affiche établit-elle entre le projet de Constitution et la situation de l'année 1958 ?

▶ BILAN

À l'aide des documents et de vos réponses aux questions, montrez dans quel contexte est née la Ve République.

ÉTUDE Les institutions de la Ve République (1958-1962)

COURS p. 350-351

VOCABULAIRE

- **Régime parlementaire**
Voir définition p. 319.
- **Régime semi-présidentiel**
Régime qui combine un régime parlementaire avec un pouvoir présidentiel fort, « clef de voûte des institutions » (Michel Debré).

L'élaboration de la nouvelle Constitution est confiée à un groupe de travail dirigé par Michel Debré, auquel participent des hommes de différents partis et les ministres. Ce texte, conforme aux idées exprimées par de Gaulle en 1946 à Bayeux, donne au président de la République des fonctions inédites, fondant un régime à la fois parlementaire et présidentiel. Entre 1958 et 1962, tant les impératifs de la guerre d'Algérie que la manière de gouverner du général de Gaulle renforcent encore l'autorité du président. Le référendum de 1962 sur l'élection du chef de l'État au suffrage universel sanctionne cette évolution vers ce que certains appellent un « **régime semi-présidentiel** ».

En quoi la Ve République est-elle un régime original ?

1 Les fonctions et pouvoirs du président

Art. 5 – Le président de la République veille au respect de la Constitution. Il assure, par son arbitrage, le fonctionnement régulier des pouvoirs publics ainsi que la continuité de l'État. Il est le garant de l'indépendance nationale, de l'intégrité du territoire et du respect des traités. (...)

Art. 8 – Le président de la République nomme le Premier ministre. Il met fin à ses fonctions sur la présentation par celui-ci de la démission du gouvernement. Sur la proposition du Premier ministre, il nomme les autres membres du gouvernement et met fin à leurs fonctions.

Art. 9 – Le président de la République préside le Conseil des ministres.

Art. 10 – Le président de la République promulgue les lois. (...)

Art. 11 – Le président de la République (...) peut soumettre au référendum tout projet de loi portant sur l'organisation des pouvoirs publics.

Art. 12 – Le président de la République peut, après consultation du Premier ministre et des présidents des Assemblées, prononcer la dissolution de l'Assemblée nationale. (...)

Art. 15 – Le président de la République est le chef des armées. (...)

Art. 16 – Lorsque les institutions de la République, l'indépendance de la nation, l'intégrité de son territoire ou l'exécution de ses engagements internationaux sont menacées d'une manière grave et immédiate et que le fonctionnement régulier des pouvoirs publics constitutionnels est interrompu, le président de la République prend les mesures exigées par ces circonstances, après consultation officielle du Premier ministre, des présidents des Assemblées ainsi que du Conseil constitutionnel.

Extraits de la Constitution de 1958.

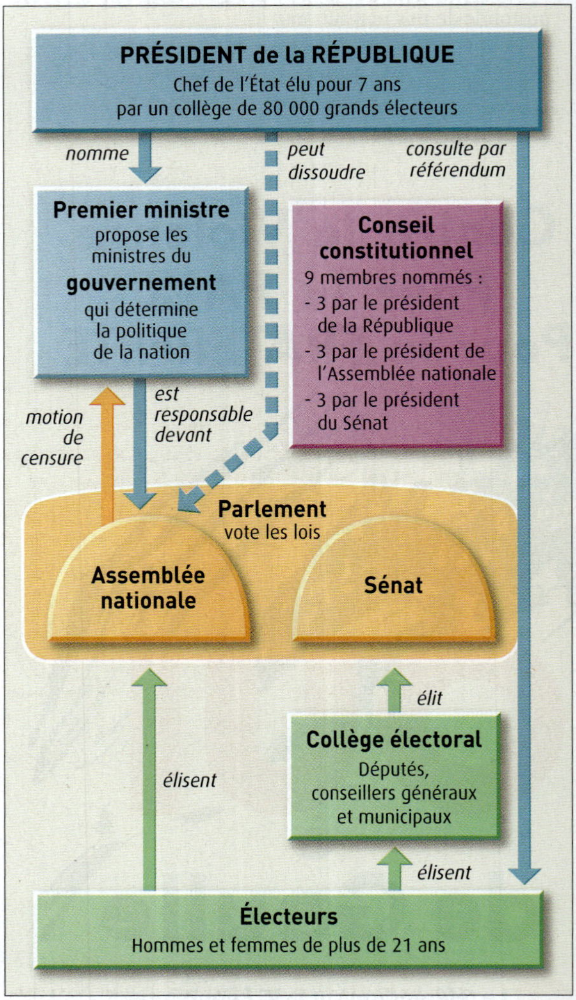

2 Les institutions de la Ve République en 1958

3 De Gaulle et les Français

• De Gaulle cherche à instaurer un lien personnel avec les Français par l'utilisation régulière des médias (allocutions, conférences de presse), les voyages et les bains de foule.
Voyage à Millau (Aveyron), 1961.

5 L'élection du président au suffrage universel (1962)

• Après l'indépendance de l'Algérie, de Gaulle est la cible d'attentats perpétrés par les partisans acharnés de l'Algérie française. Il propose alors une modification de la Constitution.
Affiche pour le référendum, 1962.

4 Le recours à l'article 16 : la question des pleins pouvoirs

En avril 1961, une partie de l'armée française d'Algérie tente un coup de force contre les représentants du gouvernement à Alger. De Gaulle annonce le recours à l'article 16.

Un pouvoir insurrectionnel s'est établi en Algérie par un *pronunciamiento*[1] militaire. (...) Ce pouvoir a une apparence : un quarteron[2] de généraux en retraite. Il a une réalité : un groupe d'officiers, partisans, ambitieux et fanatiques (...). Leur entreprise conduit tout droit à un désastre national. (...)

Devant le malheur qui plane sur la patrie et la menace qui pèse sur la République, ayant pris l'avis officiel du Conseil constitutionnel, du Premier ministre, du président du Sénat, du président de l'Assemblée nationale, j'ai décidé de mettre en œuvre l'article 16 de notre Constitution. À partir d'aujourd'hui, je prendrai, au besoin directement, les mesures qui paraîtront exigées par les circonstances. Par là même, je m'affirme, pour aujourd'hui et pour demain, en la légitimité française républicaine que la nation m'a conférée, que je maintiendrai quoi qu'il arrive, jusqu'au terme de mon mandat ou jusqu'à ce que me manquent, soit les forces, soit la vie, et dont je prendrai les moyens d'assurer qu'elle demeure après moi.

Françaises, Français ! Voyez où risque d'aller la France, par rapport à ce qu'elle était en train de redevenir. Françaises, Français ! Aidez-moi !

De Gaulle, allocution radiodiffusée, 23 avril 1961, *Discours et messages*, Plon, 1970.

1. Coup d'État. – 2. Petit groupe.

Questions

▶ **Un régime semi-présidentiel**

DOC 1 **1.** Quelles sont les fonctions qui font du président le chef du pouvoir exécutif ? Quels sont les pouvoirs qui lui permettent d'intervenir dans les orientations et débats politiques ?

DOC 2 **2.** Pourquoi peut-on dire que le régime reste parlementaire ?

▶ **La présidentialisation du régime (1958-1962)**

DOCS 1 ET 4 **3.** Quels pouvoirs l'article 16 donne-t-il au président ? Selon quelle procédure ? Pourquoi de Gaulle l'utilise-t-il en avril 1961 ?

DOCS 1 ET 5 **4.** Selon quelle procédure la Constitution est-elle réformée en 1962 ? Quelles sont désormais les institutions élues au suffrage universel ?

DOCS 3 ET 5 **5.** Montrez que l'usage des bains de foule renforce la présidentialisation. **6.** En quoi l'élection au suffrage universel consolide-t-elle l'autorité du président ?

▶ **BILAN**

À l'aide des documents et de vos réponses aux questions, montrez l'originalité des institutions de la Ve République et leur évolution entre 1958 et 1962.

ÉTUDE

1958-1962 : le rôle du président de la République en débat

COURS p. 350-351

Dès ses débuts, la Ve République suscite des controverses sur les conditions du retour au pouvoir du général de Gaulle, mais aussi sur le texte constitutionnel et notamment les pouvoirs qu'il accorde au président. Entre 1958 et 1962, les débats se cristallisent autour de la personnalisation du pouvoir, et des dérives auxquelles peut mener l'élection du président au suffrage universel.

Pourquoi les débats institutionnels sont-ils vifs entre 1958 et 1962 ?

1 Le recours à de Gaulle en 1958, le seul espoir ?

Il est un problème essentiel que le général de Gaulle apparaît le seul homme capable de résoudre réellement le problème d'Afrique du Nord. (...) Or, ce problème est vital.

La seule arrivée au pouvoir du général de Gaulle produirait un choc psychologique qui rendrait possibles des solutions qui demeurent actuellement inapplicables. Le regroupement qui tend à se faire autour de son nom n'est pas entièrement factice : il traduit un sentiment obscur et profond. (...) Cette opinion publique, qui paraît figée en apparence, est en réalité oscillante : elle cherche désespérément une voie nouvelle que seul un gouvernement doté de prestige et de confiance pourrait ouvrir. Or, de Gaulle mis à part, personne n'a plus dans ce pays une confiance et un prestige suffisants. Beaucoup pensent que la question n'est pas de savoir si de Gaulle reviendra ou non au pouvoir : car cette question-là est probablement réglée. La vraie question est de savoir quand commencera le deuxième gouvernement du général de Gaulle[1].

Maurice Duverger, professeur de droit, *Le Monde*, 7 mars 1958.

1. *Allusion à la démission du général de Gaulle en 1946.*

3 L'opposition à la Constitution de 1958

Affiche communiste, 1958.

2 L'arrivée du général de Gaulle au pouvoir en 1958, un coup d'État ?

• Jean Effel présente le « mariage » de De Gaulle (1) et de Marianne (2) devant le général Massu (3), un des insurgés de mai 1958 en Algérie. Marianne est entourée par Félix Gaillard, du parti radical (4) et Guy Mollet de la SFIO (5), tous deux ralliés à la solution gaulliste de la crise.

Dessin de Jean Effel, L'Express, 19 septembre 1958.

4 De Gaulle et la pratique du pouvoir

Intervention de Paul Reynaud (député et ministre sous les IIIe, IVe et Ve Républiques) dans un débat parlementaire le 4 octobre 1962.

Paul Reynaud. Et maintenant une question se pose : comment avons-nous pu glisser vers un pareil désordre intellectuel ? Voici la réponse : le général de Gaulle a voulu cumuler les honneurs dus au chef de l'État et les pouvoirs du Premier ministre. (...) Pour réaliser son dessein, le général de Gaulle a choisi ses Premiers ministres et ses ministres parmi ses familiers et parmi de hauts fonctionnaires (...) habitués à obéir à leurs supérieurs hiérarchiques. Aussi, depuis quatre ans, en dépit de la Constitution, la France est-elle gouvernée par le président de la République, ce qui fut accepté par les uns, toléré par les autres, en raison de la cruelle épreuve que la France subissait en Algérie. Le général de Gaulle avait un tel souci d'agir qu'il s'est défié du Parlement. Or dans tous les pays civilisés, le Parlement est considéré comme représentatif de la nation, avec ses qualités et ses défauts, avec ses diversités, ses contradictions même. Mais lorsque les élus assemblés délibèrent et votent, ils sont investis de cette qualité éminente de représentants de la nation. Pour nous, républicains, la France est ici et non ailleurs.

Un député gaulliste. Elle est partout, la France ! Elle n'est pas uniquement avec vous ! Elle est dans le peuple !

Les Grands Débats parlementaires de 1875 à nos jours, La Documentation française, 1988.

5 Contre l'élection du président au suffrage universel

Les citoyens qui élisent une assemblée votent pour des partis dont les doctrines sont connues, au moins quant à leur orientation générale, ils se prononcent sur des programmes, sur des propositions. Par contre lorsqu'un homme est porté à la tête de l'État par le suffrage universel, c'est essentiellement sur sa personne que l'on vote. En fait, « on lui fait confiance », « on s'en remet à lui », et parfois sur la base de promesses plus ou moins démagogiques. À cet égard les campagnes électorales présidentielles aux États-Unis sont d'une médiocrité que l'on n'est guère tenté de transposer ici.

Un tel mode d'élection ne peut offrir un élément de contrôle politique sérieux ; il tend même à dépolitiser le corps électoral, il le pousse à démissionner, à prendre l'habitude d'aliéner sa souveraineté, à se désintéresser des affaires du pays. Rien de plus dangereux dans une période comme celle que nous traversons. Encourager la Nation à croire que tout sera résolu sans son intervention, c'est donner aux aventuriers une chance inespérée, c'est les protéger de la seule puissance qui soit susceptible de les faire reculer, celle d'un peuple qui a choisi entre les solutions et les propositions politiques et qui entend les faire respecter.

Pierre Mendès France, *La République moderne*, Gallimard, 1962.

6 Pour l'élection du président au suffrage universel

Georges Pompidou est Premier ministre depuis avril 1962.

Rappelez-vous, Mesdames, Messieurs, les difficultés qu'ont connues, pour jouer ce rôle [celui de président], les présidents élus par le Parlement, souvent après une série de scrutins interminables, et qui, même lorsqu'ils acquéraient dans l'exercice de leurs fonctions le respect du peuple, comme tous ont su le faire, étaient souvent, au départ, peu ou mal connus et toujours désarmés face aux divisions de nos partis politiques. (...)

Mais pour que demain les présidents puissent à leur tour se fonder sur l'assentiment populaire afin d'y trouver la force et le courage de remplir leur lourde tâche, il n'est pas de meilleur moyen que l'élection au suffrage universel.

Georges Pompidou, débat à l'Assemblée nationale, 4 octobre 1962.

QUESTIONS

▶ Les débats sur la pratique du pouvoir

DOC 1 **1.** Pourquoi le général de Gaulle apparaît-il ici comme la seule solution ?

DOC 2 **2.** Que veut à l'inverse signifier ce dessin ?

DOC 3 **3.** Pour quelles raisons le parti communiste est-il hostile à la nouvelle Constitution ?

DOCS 2 À 4 **4.** Quelle dérive du pouvoir ces documents dénoncent-ils ?

▶ Les débats sur le référendum de 1962

DOCS 4 ET 5 **5.** Selon Paul Reynaud et Pierre Mendès France, quel doit être le rôle de l'Assemblée et des partis politiques ?

DOC 5 **6.** Quels risques présente l'élection du président au suffrage universel ? Quelle conséquence cela peut-il avoir sur la vie politique ?

DOC 6 **7.** Quels sont les arguments de Georges Pompidou en faveur de l'élection au suffrage universel ?

▶ BILAN

À l'aide des documents et de vos réponses aux questions, présentez les principaux aspects du débat autour du président de la République entre 1958 et 1962.

COURS

6• La Ve République (1958-1962)

ÉTUDE p. 344-345
ÉTUDE p. 346-347
ÉTUDE p. 348-349

Comment la crise de 1958 aboutit-elle à la fondation d'un nouveau régime républicain ?

A La fin de la IVe République

Une République fragile

• La Constitution de 1946 a fondé un **régime parlementaire** qui donne à l'Assemblée nationale le pouvoir d'**investir le président du Conseil** et de **renverser le gouvernement**. Mais la puissance de l'Assemblée où les partis (SFIO, MRP, radicaux) forment des coalitions éphémères entraîne une **instabilité ministérielle chronique**.

• Alors que l'État doit faire face à des questions sociales et diplomatiques nouvelles ainsi qu'aux revendications anticoloniales, il est souvent affaibli par l'indécision. Ces difficultés sont aggravées par **deux oppositions**, celle des **communistes** qui réunissent alors un quart des électeurs, et celle des **gaullistes**, très influents et résolument hostiles aux institutions de la IVe République qu'ils qualifient de « système des partis ».

La crise de mai 1958

• À partir de 1954, la guerre d'Algérie porte à son comble la **paralysie des gouvernements**, de plus en plus instables et dépourvus d'autorité. Les forces politiques sont en effet profondément divisées entre les partisans d'une solution négociée et les intransigeants de l'Algérie française.

• En Algérie, les Européens sont très inquiets de leur avenir et craignent une évolution vers l'indépendance. Quand le **13 mai 1958** un nouveau ministère, favorable à des négociations, doit être investi par l'Assemblée, **les partisans de l'Algérie française organisent à Alger une démonstration de force**. La manifestation tourne à l'émeute, des bâtiments officiels sont saccagés, et les meneurs constituent un Comité de salut public, formé de civils et de militaires décidés à imposer leurs choix à Paris. **La peur d'un coup de force militaire et d'une guerre civile rend la situation dramatique.**

Le recours à de Gaulle

• Dans ce climat, de Gaulle, retiré de la vie politique depuis 1946 mais dont le nom a été acclamé par les insurgés d'Alger (doc 1), annonce le 15 mai qu'il est « **prêt à assumer les pouvoirs de la République** ». Il apparaît alors surtout comme le complice des insurgés et donc comme une menace pour les libertés publiques. Il s'emploie à rassurer, rappelant, lors d'une conférence de presse le 19 mai, son passé de résistant et de républicain.

• L'image de l'homme illustre, seul capable de désamorcer l'insurrection et d'éviter la guerre civile, finit par rallier bon nombre d'hommes politiques malgré l'opposition d'une partie de la gauche qui dénonce un coup de force. **Appelé officiellement par le président de la République René Coty** le 29 mai, de Gaulle forme un gouvernement.

1. *Manifestation à Alger pour l'Algérie française et pour de Gaulle, 26 mai 1958.*

VOCABULAIRE

• **Motion de censure**
Texte mettant en cause la responsabilité du gouvernement. Si elle est votée à la majorité absolue des députés, le gouvernement doit démissionner.

• **OAS (Organisation armée secrète)**
Voir définition p. 303.

• **Parlement**
Ensemble formé de l'Assemblée nationale et du Sénat.

• **Régime semi-présidentiel**
Régime qui combine un régime parlementaire avec un pouvoir présidentiel fort, « clef de voûte des institutions » selon Michel Debré.

B La nouvelle République

L'élaboration de la Constitution

• De Gaulle est investi **par l'Assemblée le 1er juin 1958** à une large majorité. Il reçoit ensuite les **pleins pouvoirs** pour 6 mois afin de rétablir l'ordre et la mission de préparer une nouvelle Constitution. Son retour au pouvoir a donc respecté les formes de la légalité.

• Contrairement à la tradition, la rédaction de la Constitution n'est pas confiée à une Assemblée constituante mais à des experts et des membres du gouvernement présidés par de Gaulle. Tous s'accordent sur la **nécessité de renforcer l'exécutif** ; mais le projet préparé par Michel Debré doit concilier les principes défendus dès 1946 par de Gaulle dans le discours de Bayeux, partisan d'un régime présidentiel, avec les attentes de certains ministres, toujours attachés au régime parlementaire. **C'est donc un texte de compromis.**

L'adoption de la Constitution

• De Gaulle, attaché aux symboles et soucieux de faire oublier les circonstances controversées de son retour au pouvoir, **présente le projet de Constitution** lors d'une cérémonie officielle organisée place de la République le 4 septembre 1958 (doc 2).

• Les vifs débats qui précèdent le référendum se cristallisent autour de la personnalité du général de Gaulle, redoutée ou admirée, et des pouvoirs du président contenus dans le projet ; la gauche et notamment les communistes dénoncent les risques de dictature. La Constitution est néanmoins adoptée par référendum à une très large majorité (80 % de oui). Après les élections législatives, de Gaulle est élu premier président de la Vᵉ République en décembre 1958.

Biographie

Michel Debré
(1912-1996)
Homme politique, résistant, il est élu au Conseil de la République entre 1948 et 1958. Gaulliste, il participe à rédaction de la Constitution de la Vᵉ République. Il est Premier ministre de 1959 à 1962 puis plusieurs fois ministre jusqu'en 1973.

C Un régime semi-présidentiel

Un système original

• Après un préambule qui rappelle l'attachement à la Déclaration des droits de l'Homme et aux droits sociaux de la Constitution de 1946, le texte commence par l'énoncé des **pouvoirs du président de la République**, élu pour 7 ans et **doté de prérogatives importantes** : le recours au référendum, le droit de dissolution de l'Assemblée, le droit de prendre des mesures exceptionnelles en cas de menaces graves (article 16), la nomination sans consultation préalable du Premier ministre, chef du gouvernement.

• Néanmoins, c'est le **gouvernement qui détermine et conduit la politique de la nation**. Pour cela, il partage avec le **Parlement** l'initiative des lois. L'Assemblée nationale perd sa puissance, elle n'investit plus le gouvernement, mais celui-ci doit lui rendre des comptes et peut éventuellement être renversé par le vote d'une **motion de censure**. C'est donc un système qui combine les caractères d'un régime présidentiel et des dimensions parlementaires, notamment par la responsabilité du gouvernement.

La réforme de 1962 : la seconde naissance de la Vᵉ République

• Dès 1958, les circonstances et les pratiques politiques du général de Gaulle **renforcent le pouvoir du chef de l'État** prévu par la Constitution. La gravité de la situation algérienne et le contexte international amènent en effet le président à se constituer un « **domaine réservé** », celui de la diplomatie et de la défense. En outre, par ses interventions publiques, les choix politiques qu'il détermine, les nominations aux emplois civils et militaires, il empiète sur les pouvoirs du Premier ministre.

• En 1962, la guerre d'Algérie se termine. Alerté par l'attentat de l'**OAS** dont il est victime et **afin de renforcer de façon décisive la position du chef de l'État par une légitimité issue de la souveraineté populaire**, il propose un référendum sur l'**élection du président de la République au suffrage universel**. Cette réforme est approuvée en octobre 1962 par les électeurs (62 % de oui), malgré les oppositions qui y voient une personnalisation excessive du pouvoir et le risque de dérive autoritaire.

2. *Le 4 septembre 1958 place de la République à Paris*

VÉRIFIEZ VOS CONNAISSANCES

1. À quelles difficultés est confrontée la IVᵉ République ?
2. Pourquoi peut-on dire que le président de la République a un pouvoir fort ?
3. Quelle évolution du pouvoir la réforme de 1962 confirme-t-elle ?

RÉVISIONS

La République, trois républiques

Les points clés du cours

1. La culture républicaine, 1880-1914

• En 1879, les républicains s'imposent définitivement. Ils s'efforcent d'enraciner par les institutions, les lois et les symboles les **valeurs de démocratie, de liberté et de laïcité**. Ils fondent notamment l'école laïque obligatoire.

• Mais la République triomphe aussi de ses adversaires, notamment au moment de la crise boulangiste et de l'affaire Dreyfus.

2. Les résistances au nazisme et à Vichy (1940-1944)

• En juillet 1940, la République est remplacée par le **régime de Vichy**, autoritaire, répressif, qui exclut les Juifs de la vie publique. Avec la collaboration, **ce régime devient le complice du nazisme**.

• Mais le **combat contre l'occupant** et pour la **défense des valeurs républicaines** s'organise grâce à l'action des mouvements de Résistance intérieure et celle de la **France libre dirigée par de Gaulle**. Unifiés grâce à Jean Moulin, ils participent à la Libération en 1944.

3. La refondation républicaine (1944-1946)

• Après la Libération, les valeurs et les lois républicaines sont restaurées par le **gouvernement dirigé par de Gaulle et les résistants**.

• Tous souhaitent aussi **fonder une République nouvelle** où l'État joue un rôle accru et mène des **politiques économique et sociale volontaristes**. De nouveaux droits sont reconnus, notamment l'égalité des femmes et des hommes dans tous les domaines.

4. 1958-1962, une nouvelle République

• Les institutions de la IVe République fondée en 1946 ne sont pas assez stables et efficaces pour faire face aux difficultés. La **guerre d'Algérie** provoque une crise politique sans précédent en **mai 1958**.

• Elle permet à **de Gaulle de revenir au pouvoir et de fonder une nouvelle République**, à la fois parlementaire et présidentielle. Les institutions sont fondées sur un exécutif fort et **à partir de 1962, le président est élu au suffrage universel**.

Les personnages clés

Jules Ferry
(1832-1893)
Plusieurs fois ministre et chef du gouvernement de 1879 à 1885.

Philippe Pétain
(1856-1951)
Chef de l'État français à Vichy pendant la Seconde Guerre mondiale.

Charles de Gaulle
(1890-1970)
Président de la République française de 1958 à 1969.

Jean Moulin
(1899-1943)
Unificateur de la Résistance intérieure et fondateur du CNR.

Les mots clés

• Antiparlementarisme → p. 318
• Collaboration → p. 328
• Épuration → p. 342
• État-providence → p. 342
• FFI → p. 336
• FFL → p. 336
• Laïcité → p. 318
• Régime parlementaire → p. 319
• Régime semi-présidentiel → p. 350
• Résistance → p. 330

Les dates clés

• La IIIe République

1881-1886	Lois sur l'école primaire publique
1894-1906	Affaire Dreyfus

• Résistance et refondation républicaine

1940	L'État français (le régime de Vichy) remplace la République
18 juin 1940	Appel du général de Gaulle
Octobre 1940	Début de la collaboration
1943	Fondation du Conseil national de la Résistance
Juin 1944-mai 1945	Libération
1945	Création de la Sécurité sociale
1946	Fondation de la IVe République

• La Ve République

Mai 1958	Retour au pouvoir du général de Gaulle
Octobre 1958	Constitution de la Ve République
1962	Référendum sur l'élection du président au suffrage universel

Les étrangers en France durant la Seconde Guerre mondiale

ACTIVITÉ B2i

Étape 1
Allez sur le site de la Cité nationale d'histoire de l'immigration : http://www.histoire-immigration.fr, onglet « Histoire de l'immigration », rubrique « Dossiers thématiques ». Choisissez le dossier « Les étrangers dans les guerres en France ».

Étape 2
Repérez les trois thèmes traitant du sujet proposé.

Étape 3
Visitez ces trois dossiers : quels sont les types de documents proposés ? Lesquels traitent des colonies dans la guerre ? des étrangers dans la guerre ?

Étape 4
Lisez plus particulièrement le dossier sur l'Affiche rouge, qui se trouve p. 333 du manuel. Rédigez une note de synthèse sur cette affiche.

Pour aller plus loin

Livres

Sur la IIIe République
- *L'École en France*, TDC n°986.
- M. Agulhon, *Les Visages de la République*, « Découvertes », Gallimard, 2003.
- P. Birnbaum, *L'Affaire Dreyfus*, « Découvertes », Gallimard, 1994.

Sur la Libération, la IVe et la Ve République
- *Les Drames de l'été 1945*, *Les collections de l'histoire* n° 28, 2005.
- H. Rousso, *Les Années noires*, « Découvertes », Gallimard, 2007.
- S. Berstein, *Le Gaullisme*, *Documentation photographique* n° 8 050, 2006.
- M. Winock, *1958, la naissance de la Ve République*, « Découvertes », Gallimard, 2008.

Sites Internet

- Très nombreux documents sur l'affaire Dreyfus sur le site du ministère de la Culture : http://www.dreyfus.culture.fr/
- Sur la guerre et la Libération, voir le site du Mémorial de Caen : http://www.memorial-caen.fr/fr/phototheque
- Fondation Charles de Gaulle http://www.charles-de-gaulle.org/
- Sur la vie politique aux XIXe et XXe siècles, voir le site de l'Assemblée nationale : http://www.assemblee-nationale.fr/histoire/

Musées

- Musée de l'Éducation, Rouen : http://www.inrp.fr/musee/
- Musée de la Résistance, Champigny-sur-Marne : http://www.musee-resistance.com/
- Centre d'histoire de la Résistance et de la déportation, Lyon : www.chrd.lyon.fr/
- Historial Charles de Gaulle, hôtel des Invalides, Paris : http://www.invalides.org/pages/Historial de Gaulle.html

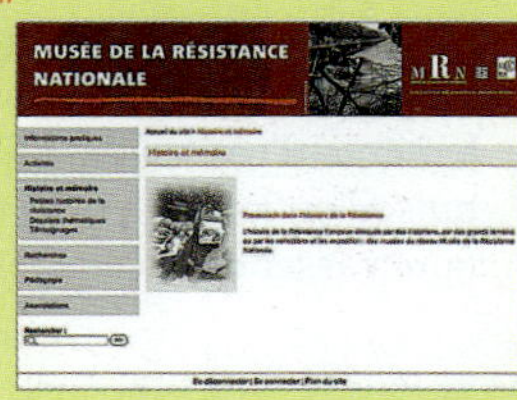

MÉTHODE

Confronter une image et un texte

Texte et image sont deux types de documents utilisés par l'historien. Lorsqu'ils portent sur un thème commun, leur confrontation permet d'enrichir l'analyse des faits étudiés. Il faut alors tenir compte des différences propres à ces deux formes de langage : elles peuvent révéler des fonctions, des usages, des destinataires, des points de vue différents.

QUESTIONS

1. Présentez les documents.

2. Comment se déroule la dégradation de Dreyfus selon chacun des documents ?

3. Quel effet *Le Petit Journal* cherche-t-il à produire sur le lecteur ?

4. Montrez que Dreyfus s'emploie à donner un autre sens à ce moment.

5. Comment ces deux documents révèlent-ils, par leurs différences, l'affrontement provoqué dans l'opinion française par l'affaire Dreyfus ?

1. La dégradation d'Alfred Dreyfus

« Le traître, dégradation d'Alfred Dreyfus », Une du supplément illustré du Petit Journal, *13 janvier 1895.*

Fondé en 1863, édité jusqu'à 500 000 exemplaires, c'est un journal très bon marché, spécialisé dans les faits divers.

Le supplément illustré apparaît en 1884. Les illustrations en couleurs dans les journaux sont alors une innovation.

Dôme des Invalides ; la dégradation a lieu dans la cour de l'École militaire à Paris.

***Le Petit Journal* conserve, après l'éclatement de l'affaire, une ligne antidreyfusarde.**

2. Alfred Dreyfus raconte sa dégradation

Je fus conduit ensuite entre quatre hommes et un gradé au centre de la place. (...) Aussitôt après la lecture du jugement, je m'écriai en m'adressant aux troupes : « Soldats, on dégrade un innocent ; soldats, on déshonore un innocent. Vive la France, vive l'armée ! »

Un adjudant de la garde républicaine s'approcha de moi. Rapidement, il arracha boutons, bandes de pantalon, insignes de grade du képi et des manches, puis il brisa mon sabre. Je vis tomber à mes pieds tous ces lambeaux de mon honneur. Alors dans cette secousse effroyable de tout mon être mais le corps droit, la tête haute, je clamai toujours et encore mon cri à ces soldats, à ce peuple assemblé : « Je suis innocent ! »

La cérémonie continua. Je dus faire le tour du carré. J'entendis les hurlements d'une foule abusée, je sentis le frisson qui devait la faire vibrer, puisqu'on lui présentait un homme condamné pour trahison, et j'essayai de faire passer dans cette foule un autre frisson, celui de mon innocence.

Alfred Dreyfus, *Cinq Années de ma vie, 1894-1899*, Paris, 1901.

Cour de l'École militaire.

Dans la cour ne sont présents que les soldats ; la foule s'est massée à l'extérieur.

Journal tenu par Dreyfus pendant sa déportation et publié en 1901.

Méthode générale

Application guidée

1 Comparer la présentation des documents

- **Présenter chacun des documents** (auteur, contexte, destinataires, nature du texte, support de l'image...).
- **Comparer ces informations** pour déterminer leur thème commun et comprendre s'ils s'adressent au même public, s'ils ont été produits dans le même contexte...

Question 1. Présentez les documents

Conseil

Reportez-vous aux explications en marge des documents et à l'étude p. 316-317 pour savoir s'il existe une « affaire Dreyfus » en 1895 et quelle est la situation de Dreyfus en 1901.

2 Prélever et confronter les informations

- Relever les informations concernant, dans les deux documents, le **thème commun**.
- Montrer ensuite les **différences** et les **points communs**, en prenant en compte ce qui distingue les deux types de documents. Ainsi, une **image** montre généralement un **instant précis**, alors qu'un **texte** peut porter sur un temps plus long et apporter davantage d'informations. En revanche, l'image, tout comme le texte, peut **exprimer un point de vue** par sa composition et les éléments mis en valeur.

Question 2. Comment se déroule la dégradation selon chacun des documents ?

Conseil

Comparez la description du moment, du lieu, les personnages présents, leur attitude et leurs actions.

Question 3. Quel effet *Le Petit Journal* cherche-t-il à produire sur le lecteur ?

Conseil

Analysez la légende et la représentation du moment choisi.

Question 4. Montrez que Dreyfus s'emploie à donner un autre sens à ce moment.

3 Montrer l'intérêt de cette confrontation

- Expliquer comment cette confrontation révèle **un accord, une opposition, une évolution dans l'appréciation d'un événement historique**.
- Pour cela, faire appel à ses connaissances.

Question 5. Comment ces deux documents révèlent-ils, par leurs différences, l'affrontement provoqué dans l'opinion française par l'affaire Dreyfus ?

exercice d'application

Confrontez le texte ci-contre au document 3 p. 311 et répondez aux questions ci-dessous.

1. Présentez les documents.
2. Quelle image de Gaulle cherche-t-il à donner de cet événement ?
3. La photographie en donne-t-elle le même témoignage ? Justifiez votre réponse.
4. Montrez que ces deux documents mettent en valeur deux aspects de la Libération : la joie et la fin du régime autoritaire de Vichy

Le 26 août 1944, dans Paris tout juste libéré, le général de Gaulle descend les Champs Elysées.

Ah ! C'est la mer ! Une foule immense est massée de part et d'autre de la chaussée. Peut-être deux millions d'âmes. Les toits aussi sont noirs de monde. À toutes les fenêtres s'entassent des groupes compacts, pêle-mêle avec des drapeaux. (...) Si loin que porte ma vue, ce n'est qu'une houle vivante, dans le soleil, sous le tricolore.

Je vais à pied. Ce n'est pas le jour de passer une revue où brillent les armes et sonnent les fanfares. Il s'agit, aujourd'hui, de rendre à lui même, par le spectacle de sa joie et l'évidence de sa liberté, un peuple qui fut, hier, écrasé par la défaite et dispersé par la servitude.

Charles de Gaulle, *Mémoires de guerre*, Plon, 1956.

BAC Composition

Point méthode Rédiger un paragraphe

Le développement d'une composition est organisé en différents paragraphes. Ces paragraphes constituent le cœur du devoir : chacun d'eux explicite et justifie les arguments choisis et, ensemble, ils permettent de répondre de manière argumentée à la problématique.

SUJET La culture républicaine et son enracinement (1880-1914)

Cette expression renvoie aux **valeurs qui fondent la République française** : progrès, libertés, droits de l'Homme. Elles sont issues de la **Révolution française.** Elles s'incarnent dans des pratiques qui permettent de définir un modèle politique particulier : **la IIIe République est un régime démocratique et libéral fondé sur le suffrage universel masculin et la laïcité**, qui reconnaît les libertés d'opinion, d'expression et d'association.

Ce terme indique qu'il s'agit **de comprendre comment se sont créées les conditions d'un attachement de la société à cette culture républicaine**. Il faut donc mettre en valeur les pratiques et les usages qui la diffusent : l'école, la presse, la pratique du vote, le recours à des symboles…
Il faut aussi montrer comment les **opposants à la République** créent par leurs attaques un réflexe militant de « défense républicaine » chez ses partisans : ils provoquent par contrecoup un **attachement plus profond à la République.**

Ces dates définissent le cadre chronologique dans lequel il faut traiter le sujet.
Le début de la décennie 1880 est un moment charnière : les partisans de la République, désormais majoritaires dans les institutions, s'emploient à enraciner leurs valeurs en instaurant des politiques qui permettent de les diffuser.
En 1914, la culture politique républicaine a gagné une grande part de la société, et les républicains ont su défaire leurs ennemis. **En revanche, le régime peine à satisfaire certaines catégories de la population :** les ouvriers réclament des lois sociales moins timides, et les femmes restent exclues de la vie politique.

Méthode générale

1 Insérer le paragraphe dans le développement

- Chaque partie est composée de 2 à 4 paragraphes. **Chaque paragraphe développe un argument**.
- Un paragraphe n'est pas un ensemble autonome. Il faut au contraire montrer qu'**il s'intègre dans une réflexion plus large**, qui constitue une réponse à la problématique.
- Dans chaque paragraphe, **annoncer l'argument qu'il défend** en expliquant **quelle est sa relation avec le reste du développement**. Pour cela, il est recommandé d'avoir recours à des **mots de liaison** qui montrent que ces arguments s'opposent (« en revanche »), se complètent (« de plus »)...
- Entre les parties, des **phrases de transition** rappellent l'idée développée par la partie précédente et montrent le lien avec la partie suivante.

Application guidée

- Rédigez les transitions entre les différentes parties du plan proposé ci-dessous.

I. L'affirmation de valeurs politiques par le régime républicain
II. La lutte contre les ennemis de la République
III. Les moyens de la diffusion des pratiques républicaines

Conseil
Montrez, dans les transitions, comment les idées développées par les parties permettent de répondre au sujet.

2 Expliquer les arguments

- **Chaque paragraphe expose un argument qui soutient l'idée développée dans la partie.** Une fois la phrase d'introduction rédigée, il faut expliquer cet argument.
- Penser à recourir aux notions, aux mots clés travaillés dans le chapitre.
- L'argumentation ne doit pas être vague et générale, mais faire appel à des **connaissances précises**.

- Pour chaque partie, trouvez et expliquez les arguments qui permettent d'appuyer l'idée exposée.

Conseil

Aidez-vous de l'exemple proposé ci-dessous pour la partie I.

- Le régime républicain affirme des valeurs politiques :
  – il élargit les libertés publiques (opinion, expression, réunion, association) ;
  – la République est démocratique, parlementaire et pluraliste ;
  – mais il existe des limites : les réformes sociales restent timides, les femmes n'ont pas de droits politiques.

3 Justifier les arguments

- Pour montrer sa validité, chaque argument doit être justifié, c'est-à-dire **soutenu par un ou plusieurs exemples précis.**
- Préférer un exemple détaillé et développé à plusieurs exemples à peine abordés.
- Montrer comment l'exemple choisi justifie l'argument.

- Pour chaque argument, choisissez et développez des exemples précis.

Conseil

Aidez-vous de l'exemple proposé ci-dessous pour la partie III.

- Les pratiques républicaines se diffusent grâce à :
  – la participation à la vie politique (trouvez des exemples) ;
  – la formation précoce des citoyens par la République (trouvez des exemples) ;
  – la multiplication des symboles républicains (par exemple : l'érection de statues à la gloire de la République et de ses valeurs, comme celle qui est inaugurée place de la Nation à Paris en 1899).

autres sujets

- **Les résistances à l'occupation nazie et au régime de Vichy (1940-1944)**
- **1945-1946 : la refondation républicaine**
- **1958-1962 : une nouvelle République**

CHAPITRE 12

La République et les évolutions de la société française

Les trois régimes républicains qui se sont succédé depuis 1870 ont accompagné les évolutions de la société française. La République a engagé, selon des modalités et des rythmes variables, la laïcisation de la société, l'extension des droits sociaux aux ouvriers ou l'émancipation juridique des femmes. Le quotidien des Français en a été bouleversé. La République montre ainsi sa capacité d'adaptation, même si ces mutations ne se sont pas opérées sans divisions ni contestations.

■ ***Comment la République a-t-elle répondu aux attentes sociales des Français ?***

1 Les grèves de la joie au temps du Front populaire

Occupation d'usine en région parisienne, 4 juin 1936

● En juin 1936, après la victoire électorale des partis de gauche réunis dans le Front populaire, les grèves se mutiplient dans une ambiance festive car l'espoir de réformes sociales est puissant.

1910 – 1920 – 1930 – 1940 – 1950 – 1960 – 1970 – 1980 – 1990 – 2000

OUVRIERS
- **1906** Loi sur les congés hebdomadaires
- **1919** Loi limitant la journée de travail à 8h
- **Mai-juin 1936** Victoire électorale du Front populaire, grandes grèves en France
- **Juin 1936** Réformes sociales du Front populaire

LAÏCITÉ
- **1905** Loi de séparation des Églises et de l'État
- **1906** Inventaires
- **1946** La laïcité est inscrite dans la Constitution de la IVe République
- **1984** Projet de loi Savary millions de manifestants
- **1989** Affaire du « foulard islamique »
- **2004** Loi sur le port des signes religieux ostensibles

FEMMES
- **1936** Trois femmes dans le gouvernement Léon Blum
- **1944** Obtention du droit de vote
- **1975** Loi Veil sur l'avortement
- **1983** Loi sur l'égalité professionnelle
- **2000** Loi sur la parité en politique

2 La République et le droit des femmes

Simone Veil défendant l'interruption volontaire de grossesse à la tribune de l'Assemblée nationale (26 novembre 1974)

- Simone Veil occupe alors le poste de ministre de la Santé. La loi verra le jour en juin 1975.

ÉTUDE

Le Front populaire, la République et les ouvriers

COURS p. 364-365
ÉTUDE p. 54-55

VOCABULAIRE

- **Front populaire**
Alliance des partis de gauche (communistes, socialistes et radicaux) aux élections législatives de 1936. Par extension, désigne la période ou cette coalition gouverne et réalise des réformes sociales d'ampleur.

En mai 1936, le **Front populaire** remporte les élections législatives. Pour la première fois depuis 1870, un socialiste, Léon Blum, prend la tête du gouvernement. Il est immédiatement confronté à une immense vague de grèves qui traduisent l'espoir, pour la classe ouvrière, d'une amélioration des salaires et des conditions de vie et de travail. Léon Blum et son gouvernement doivent donc répondre aux attentes multiples des ouvriers.

En quoi le Front populaire marque-t-il une rupture dans l'histoire des relations entre le pouvoir et les ouvriers ?

A Le monde ouvrier au début des années 1930

1 Les cadences infernales

Agrégée de philosophie, Simone Weil abandonne provisoirement sa carrière d'enseignante pour travailler comme ouvrière de 1934 à 1935. Elle décrit ici son expérience.

Me voici sur une machine. Compter cinquante pièces... les placer une à une sur la machine, d'un côté, pas de l'autre... manier à chaque fois un levier... ôter la pièce... en mettre une autre... encore une autre... compter encore... je ne vais pas assez vite. La fatigue se fait déjà sentir. Il faut forcer, empêcher qu'un instant d'arrêt sépare un mouvement du mouvement suivant. Plus vite, encore plus vite ! (...) Combien est-ce que j'en ai fait les dix dernières minutes ? Je ne vais pas assez vite. Je force encore, peu à peu, la monotonie de la tâche m'entraîne à rêver. Pendant quelques instants, je pense à bien des choses. Réveil brusque : combien est-ce que j'en fais ? Ça ne doit pas être assez. Ne pas rêver, forcer encore. Si seulement je savais combien il faut en faire ! Je regarde autour de moi ! Personne ne lève la tête, jamais. Personne ne sourit. Personne ne dit un mot. Comme on est seul ! Je fais 400 pièces à l'heure. Savoir si c'est assez ? Pourvu que je tienne à cette cadence, au moins... (...) Voilà que le contremaître s'approche. « Combien en faites-vous ? 400 à l'heure ? Il en faut 800. Sans quoi je ne vous garderai pas. Si à partir de maintenant vous en faites 800, je consentirai peut-être à vous garder. » Il parle sans élever la voix. Pourquoi élèverait-il la voix, quand d'un mot il peut provoquer tant d'angoisse ? Que répondre ? « Je tâcherai ». Forcer. Forcer encore. Vaincre à chaque seconde ce dégoût, cet écœurement qui paralysent. Plus vite. Il s'agit de doubler la cadence.

Simone Weil, « La vie et la grève des ouvrières métallos, 10 juin 1936 », *Œuvres complètes*, Gallimard, 1988.

2 La France s'enfonce dans la crise

Une du mensuel Lecture pour tous, *octobre 1931.*

3 Évolution du budget annuel d'une famille ouvrière parisienne

Part de chaque poste de dépense en % du budget total.	1906	1937
Nourriture	62	52
Logement	16	7
Chauffage-éclairage	5	7
Vêtements	7	11
Mobilier	3	3
Médicaments-médecins	1	8
Transports	2	3
Loisirs	0	1
Divers (tabac, presse, livres...)	4	8

M. Halbwachs, Revue d'économie politique, *1939.*

4 La semaine de 40 heures, une revendication ouvrière

Affiche publiée par la Confédération générale du travail (CGT), mai 1936.

5 L'espoir des ouvriers

Le premier tour des élections législatives se déroule le 26 avril 1936 et il montre déjà une probable victoire des partis réunis dans le Front populaire. Le 1er mai, la participation des ouvriers à la traditionnelle journée de mobilisation est massive.

Le 1er mai 1936, une délégation syndicale comprenant des représentants de la CGT et de la CGTU[1] se présenta au bureau de la direction. (...) Le problème des punitions était à l'ordre du jour. Si on punissait très peu le personnel du jour, au fond en revanche, la question des amendes, des sanctions plus ou moins sévères et injustes comme les mises à pied, de même que les insultes – quand ce n'était pas des coups – pesait lourdement. « Ce n'est pas comme ça qu'on conduit des hommes » disait le délégué mineur à l'ingénieur en chef des travaux du fond et au directeur. (...) Un autre délégué parla salaires, congés payés, conventions collectives, et des 40 heures de travail payées 48. « Nos camarades ouvriers veulent que ça change, monsieur l'ingénieur ». (...) Depuis le 1er mai, chacun s'attendait à ce que ça bouge. Chaque jour, la jeunesse trouvait des motifs de rencontres, de réunions, de chahuts. L'absentéisme augmentait.

A. Viseux, *Mineur de fond*, Plon, 1991.

1. Confédération générale du travail et Confédération générale du travail unitaire. Syndicats ouvriers, le premier lié à la SFIO, le second au Parti communiste. Ils se sont réunis en mars 1936.

Questions

▶ **Conditions de vie et de travail des ouvriers**

DOC 1 **1.** Comment le travail est-il organisé ? **2.** Pourquoi ce système est-il particulièrement oppressant pour les ouvriers ?

DOC 2 **3.** Comment la crise de 1929 se répercute-t-elle sur les ouvriers ?

DOC 3 **4.** Montrez que les conditions de vie des ouvriers à Paris s'améliorent lentement. **5.** Cette vie est-elle pour autant, en 1937, facile ? Justifiez.

▶ **Les attentes des ouvriers**

DOC 4 **6.** Pourquoi revendiquer la semaine des 40 heures ?

DOC 5 **7.** Quelles sont les revendications de ces ouvriers ? Montrez que le contexte de la victoire du Front populaire est propice aux espoirs.

B Le Front populaire : la République du côté des ouvriers

6 La victoire du Front populaire

● Cortège de fête à Marseille le 15 juin 1936 après la victoire du Front populaire et l'accession au poste de président du Conseil de Léon Blum, chef de la SFIO.

8 Les « grèves sur le tas »

● Léon Blum est appelé pour former le gouvernement le 4 juin 1936. Immédiatement, une vague de « grèves sur le tas » avec occupation des locaux se déclenche dans tout le pays pour soutenir le Front populaire. Ici, les familles viennent ravitailler les ouvriers d'une entreprise d'abattoirs en région parisienne.

CHRONOLOGIE

3 mai 1936	Victoire électorale du Front populaire.
4 juin	Léon Blum, chef du gouvernement. Début des grèves.
7 juin	Accords de Matignon.
11-12 juin	Loi sur les conventions collectives, les congés payés, la semaine de 40 heures.

7 Les grèves de la joie

Cette grève est en elle-même une joie. Une joie pure. Une joie sans mélange.

Oui, une joie. J'ai été voir les copains dans une usine où j'ai travaillé quelques mois... Joie de pénétrer dans l'usine avec l'autorisation souriante d'un ouvrier qui garde la porte. Joie de trouver tant de sourires, tant de paroles d'accueil fraternel... Joie de parcourir librement ces ateliers où on était rivé sur sa machine... Joie d'entendre, au lieu du fracas impitoyable des machines, de la musique, des chants et des rires... Joie de passer devant les chefs la tête haute... Joie de vivre, parmi ces machines muettes, au rythme de la vie humaine... Bien sûr, cette vie si dure recommencera dans quelques jours. Mais on n'y pense pas. Enfin, pour la première fois et pour toujours, il flottera autour de ces lourdes machines d'autres souvenirs que le silence, la contrainte, la soumission. Des souvenirs qui mettront un peu de fierté au cœur, qui laisseront un peu de chaleur humaine sur tout ce métal.

On se détend complètement. On n'a pas cette énergie farouchement tendue, cette résolution mêlée d'angoisse si souvent observée dans les grèves. On est résolu, bien sûr, mais sans angoisse. On est heureux.

Simone Weil, *La Révolution prolétarienne*, 10 juin 1936, Gallimard, 1951.

9 Les accords de Matignon (7 juin 1936)

Ces accords, signés entre les représentants de la CGT et le patronat, doivent permettre de mettre un terme aux grèves.

Art. 1. – La délégation patronale admet l'établissement immédiat de contrats collectifs de travail[1]. (...)

Art. 3. – L'observation des lois s'imposant à tous les citoyens, les employeurs reconnaissent la liberté d'opinion, ainsi que le droit pour les travailleurs d'adhérer librement et d'appartenir à un syndicat professionnel (...). Les employeurs s'engagent à ne pas prendre en considération le fait d'appartenir ou de ne pas appartenir à un syndicat pour arrêter leurs décisions en ce qui concerne l'embauchage, la conduite ou la répartition du travail, les mesures de discipline ou de congédiement. (...)

Art. 4. – Les salaires réels pratiqués pour tous les ouvriers à la date du 25 mai 1936 seront, du jour de la reprise du travail, rajustés suivant une échelle décroissante commençant à 15 % pour les salaires les moins élevés pour arriver à 7 % pour les salaires les plus élevés (...).

Art. 5. – (...) Dans chaque établissement comprenant plus de dix ouvriers, après accord entre organisations syndicales, ou, à défaut, entre les intéressés, il sera institué deux ou plusieurs délégués ouvriers selon l'importance de l'établissement. Ces délégués ont qualité pour présenter à la direction les réclamations individuelles qui n'auraient pas été directement satisfaites, visant l'application des lois, décrets, règlements du Code du travail, des tarifs de salaires, et des mesures d'hygiène et de sécurité. (...)

Art. 6. – La délégation patronale s'engage à ce qu'il ne soit pris aucune sanction pour faits de grève.

1. *Accords conclus entre l'employeur et les syndicats de salariés pour régler les conditions d'emploi des travailleurs et les garanties sociales qui y sont attachées.*

10 Été 1936, les premiers congés payés

Photographie de Robert Doisneau, 1936.

11 Le Front populaire, une rupture dans l'histoire du monde ouvrier

Accusé par le régime de Vichy d'être responsable de la défaite de 1940, Léon Blum défend son œuvre politique.

Le régime où nous vivons, fait pour certains des profits démesurés et pour la masse des autres de chômage, de sous-consommation, de baisse des salaires, de misère, (...) ne durera pas éternellement. (...) La loi de 40 heures avait, et elle a encore à mes yeux cette importance toute-puissante qu'elle représentait, dans le progrès de la civilisation, cette attribution, aux travailleurs, du dividende. Elle représentait des arrhes, un premier profit que les travailleurs pouvaient toucher, qu'ils pouvaient percevoir comme leur part légitime dans un mouvement de la civilisation et du progrès qui appartient à tous les hommes.

Extraits du procès de Riom (février-avril 1942), parus dans G. Lefranc, *Juin 1936, « l'explosion sociale » du Front Populaire*, Julliard, 1966.

Questions

▶ L'explosion sociale

DOCS 6 ET 7 **8.** Dans quelle ambiance se déroule la victoire du Front populaire ?

DOCS 7 ET 8 **9.** Comment les ouvriers espèrent-ils faire entendre leurs demandes ? Quelle est la particularité des actions de 1936 ?

DOC 7 **10.** Quels sont, d'après Simone Weil, les sentiments des ouvriers ?

▶ Les acquis du Front Populaire

DOC 9 **11.** Quelles sont les principales mesures des accords de Matignon ?

12. Pourquoi ces accords constituent-ils une victoire pour les ouvriers ?

DOCS 10 ET 11 **13.** Quels sont les autres réformes sociales du Front populaire ?

▶ BILAN

À l'aide des documents et de vos réponses aux questions, expliquez pourquoi le Front populaire constitue un moment décisif dans l'histoire des relations entre la République et les ouvriers.

COURS

1 • La République et la question ouvrière : le Front populaire

ÉTUDE p. 360-363
COURS p. 62-63

Pourquoi le Front populaire marque-t-il une rupture dans l'histoire des rapports entre les ouvriers et la République ?

A Des ouvriers longtemps marginalisés dans la République

Des ouvriers plus nombreux et mobilisés

• **Le nombre d'ouvriers augmente avec la seconde industrialisation au milieu du XIXe siècle.** Travaillant en atelier ou dans les usines, les hommes gagnent la ville pour s'y faire employer. **Les journées de travail sont longues** (plus de 12 heures pour la plupart) et le salaire ne leur permet que de se nourrir et de se loger très modestement. **Leur condition est précaire** : s'ils perdent leur emploi ou ont un accident, ils tombent dans la misère.

• Dans les années 1890-1900, les **revendications sociales** gagnent en intensité (notamment autour de la baisse du temps de travail avec la journée de 8 heures). Les ouvriers s'organisent par le biais de **syndicats** (création de la Confédération générale du travail en 1895) et ils ont souvent recours à la grève, autorisée depuis 1864. Un **parti socialiste (SFIO)** voit le jour en 1905 pour défendre les intérêts des ouvriers.

1. *Arrestation d'un manifestant lors d'une grève au Havre en juin 1907*

La répression

• **Face à ces grèves, les gouvernements républicains réagissent avec rigueur.** Pour empêcher le blocage des usines, ils envoient souvent la police, voire l'armée (doc 1). Les heurts sont violents, parfois jusqu'à la mort d'ouvriers. La répression est particulièrement brutale au temps du **gouvernement Clemenceau** (1906-1909), surnommé le « briseur de grèves ».

Les premières lois sociales

• Toutefois, face aux revendications croissantes, la République commence à réagir. **En 1892, la journée est limitée à 10 heures de travail** par jour pour les 13-18 ans, à 11 heures par jour pour les femmes ; le travail de nuit leur est interdit. **En 1906, une journée de repos hebdomadaire devient obligatoire.** En 1910, une loi sur les **retraites ouvrières**, financées par les employeurs, les salariés et l'État est votée mais ses effets sont très limités.

VOCABULAIRE

• **Convention collective**
Contrat conclu entre des représentants du patronat et des salariés d'une branche professionnelle sur les conditions de travail et de rémunération.

• **Front populaire**
Alliance des partis de gauche (communistes, socialistes et radicaux) aux élections législatives de 1936. Par extension, désigne la période ou cette coalition gouverne et réalise des réformes sociales d'ampleur (40 h, congés payés...).

• **Syndicat**
Association de personnes ayant pour but la défense d'intérêts communs, matériels ou moraux, spécialement dans le domaine professionnel.

B 1936 : une rupture dans les relations entre la République et les ouvriers

Les difficultés des ouvriers

• Malgré la croissance économique de la France dans les années 1920, les ouvriers, qui représentent environ 40 % de la population, voient leurs conditions de vie s'améliorer très lentement. **L'essor du travail à la chaîne, l'augmentation des cadences et les salaires au rendement sont souvent critiqués.**

• La France entre dans la crise mondiale au tout début des années 1930 (→ étude p. 24-25). Les femmes et surtout les étrangers sont les premiers licenciés. **Le chômage augmente** et pèse sur les ouvriers : alors que la France comptait 12 000 chômeurs à la fin de 1930, elle en compte 500 000 en 1935.

La victoire électorale de la gauche unie

• Dans ce contexte de crise, la vie politique française est agitée et l'extrême-droite est de plus en plus présente. **Des émeutes éclatent à Paris en février 1934.** Pour faire face à ce qu'ils interprètent comme une menace fasciste, **les partis de gauche**

concluent alors une alliance électorale. Ils se présentent unis, dans un **Front populaire**, aux élections de 1936 sur un programme simple : « le pain, la paix, la liberté ». Ils remportent la victoire début mai. Pour la première fois dans l'histoire de la IIIe République, un socialiste, **Léon Blum**, forme le gouvernement.

Les « grèves de la joie » de 1936

• Ce succès électoral est un **temps de fête et d'espoir pour les travailleurs** (doc 2). Le pays connaît une très importante **vague de grèves.** Elles débutent dès le mois de mai, mais se généralisent vraiment à partir de juin, au moment où le gouvernement du Front populaire arrive au pouvoir. Tous les secteurs sont touchés : deux millions de travailleurs sont mobilisés.

• **Les grévistes occupent pacifiquement leur lieu de travail** (« grèves sur le tas »), dorment à l'usine où les rejoignent femmes et enfants. Ce sont des **grèves d'espoir** : pour la première fois, les ouvriers ont le sentiment que le gouvernement est de leur côté et que des réformes sociales vont venir améliorer leurs conditions de vie et de travail. Ces grèves spontanées n'ont pas de caractère insurrectionnel : les ouvriers aspirent à une reconnaissance et à une dignité qu'ils n'ont jusque-là jamais obtenues.

Biographie

Léon Blum
(1872-1950)
Homme politique français, il est l'un des principaux dirigeants de la SFIO. Les réformes qu'il fait adopter quand il dirige le gouvernement du Front populaire marquent de réelles avancées sociales. Arrêté en 1940, il est jugé par le régime de Vichy lors du procès de Riom et livré aux nazis pour être déporté en Allemagne.

C Les mesures du Front populaire

Les accords de Matignon

• Le Front populaire apporte aux ouvriers « une éclaircie dans une vie difficile » (L. Blum). **Réduit à l'impuissance, le patronat s'engage, par les accords de Matignon du 7 juin 1936, à respecter la liberté syndicale** de leurs salariés et accepte l'**institution de délégués du personnel** dans les entreprises employant plus de dix salariés. Une **augmentation générale des salaires** est par ailleurs accordée, comprise entre 7 et 15 % selon les salaires. Les patrons s'engagent à ne pas sanctionner les grévistes. **C'est le premier accord national entre le patronat et les syndicats conclu sous l'égide du pouvoir politique.**

• Certains grévistes, malgré les appels à la modération des dirigeants syndicaux et du gouvernement, poursuivent cependant leur action. **Les grèves commencent à diminuer après le vote de nouvelles lois sociales.**

Les lois sociales

• **Les 11 et 12 juin, le gouvernement fait adopter par le Parlement la loi généralisant les congés payés** (ils durent alors **quinze jours**), les **conventions collectives** et l'**établissement de la semaine de 40 heures.** Il s'agit d'améliorer au plus vite les conditions de vie des travailleurs et lutter contre la crise par l'augmentation du pouvoir d'achat, tout en créant des emplois par la diminution du temps de travail.

Une rupture politique décisive

• Pourtant, dès l'année 1937, devant l'échec de sa politique économique dans un contexte international difficile, le gouvernement de Léon Blum est contraint d'annoncer une « pause » dans les réformes. Le 22 juin 1937, il cède le pouvoir. Éphémère, **le gouvernement du Front populaire marque toutefois un tournant dans la vie des ouvriers** et ses mesures audacieuses connaîtront des prolongements au lendemain de la Seconde Guerre mondiale.

2. *Le 1er mai 1936*
• **Le 1er mai 1936 se déroule entre les deux tours des élections législatives. Fin mars, la CGT (proche des socialistes) et la CGTU (proche des communistes) s'unissent.**

VÉRIFIEZ VOS CONNAISSANCES

1. Quelle est la situation des ouvriers au début des années 1930 ?
2. Quelles sont les suites immédiates de la victoire du Front populaire ?
3. En quoi les réformes du Front populaire sont-elles une rupture pour les ouvriers en France ?

ÉTUDE

La séparation des Églises et de l'État (1905-1906)

COURS p. 370-371
COURS p. 324-325

La séparation des Églises et de l'État figure dans le projet républicain dès les débuts de la IIIe République. À la fin du XIXe siècle, l'affaire Dreyfus a été une nouvelle fois l'occasion pour l'Église catholique de manifester son hostilité à la République et à ses principes. Dans ce contexte, la **laïcisation** de l'État apparaît comme un moyen de consolider le régime et des réformes **anticléricales** s'imposent. C'est en 1905 que la loi est adoptée et que, par voie de conséquence, le **concordat** de 1801 est abrogé.

Comment s'effectue la séparation des Églises et de l'État ?

CHRONOLOGIE

1902	Victoire électorale du parti radical, très anticlérical.
1904	Rupture des relations diplomatiques entre la France et le pape.
6 déc. 1905	Vote de la loi de séparation des Églises et de l'État.
1906	Condamnation de la séparation par le pape Pie X. « Crise des inventaires » en France.

1 La République menacée

● **« L'Église contre la République. Oh ! Elle est trop solide ! »**
Caricature italienne, mai 1903.

VOCABULAIRE

• Anticléricalisme
Opposition à l'influence des Églises dans les affaires publiques.

• Concordat
Traité entre un pape et un État définissant les relations entre l'Église et cet État.

• Inventaires
Comptabilisation des biens de l'Église survenue en 1906 à la suite de la loi de séparation de 1905.

• Laïcité
Principe qui consiste à supprimer l'influence de la religion dans la vie publique et à la réduire à la sphère privée.

2 Extraits de la loi de séparation des Églises et de l'État du 9 décembre 1905

Art. 1 – La République assure la liberté de conscience. Elle garantit le libre exercice des cultes sous les seules restrictions édictées ci-après dans l'intérêt de l'ordre public.

Art. 2 – La République ne reconnaît, ne salarie ni ne subventionne aucun culte. En conséquence, à partir du 1er janvier qui suivra la promulgation de la présente loi, seront supprimées des budgets de l'État, des départements et des communes, toutes dépenses relatives à l'exercice des cultes. (...)

Art. 3 – (...) Dès la promulgation de la présente loi, il sera procédé par les agents de l'administration des domaines à l'inventaire descriptif et estimatif :
1. des biens mobiliers et immobiliers desdits établissements ;
2. des biens de l'État, des départements et des communes dont les mêmes établissements ont la jouissance. Ce double inventaire sera dressé contradictoirement avec les représentants légaux des établissements ecclésiastiques (...). Les agents chargés de l'inventaire auront le droit de se faire communiquer tous titres et documents utiles à leurs opérations.

3 Les républicains défendent la loi

Aristide Briand, rapporteur de la loi de 1905, précise l'objectif et l'esprit de cette loi lors des débats parlementaires.

Quel est le but que vous poursuivez ? Voulez-vous une loi de large neutralité, susceptible d'assurer la pacification des esprits et de donner à la République, en même temps que la liberté de ses mouvements, une force plus grande ? Si oui, faites que cette loi soit franche, loyale et honnête.

Faites-la telle que les Églises ne puissent y trouver aucune raison grave de bouder le régime nouveau, qu'elles sentent elles-mêmes la possibilité de vivre à l'abri de ce régime, et qu'elles soient, pour ainsi dire, obligées de l'accepter de bonne grâce ; car le pire qui pourrait arriver ce serait de déchaîner dans ce pays les passions religieuses. Nous voulons que demain vous puissiez, vous, républicains, dire dans vos circonscriptions qu'en affirmant la liberté de conscience, en promettant aux fidèles qu'ils pourraient librement pratiquer leur religion, la République a pris un engagement sérieux et qu'honnêtement elle a tout disposé pour le tenir. Nous voulons qu'à ceux qui parcourront les paroisses en essayant de susciter la guerre religieuse, aux prêtres qui, entraînés par la passion politique, tenteront d'ameuter les paysans contre la République en leur disant qu'elle a violé la liberté de conscience...

Un député : Vous croyez qu'ils s'en priveront ?

M. le Rapporteur : vous puissiez répondre simplement : voici notre loi, lisez-la, et vous verrez qu'elle est faite de liberté, de franchise et de loyauté.

Débats parlementaires, séance du 20 avril 1905.

4 La réaction du pape Pie X

Le 18 février 1906, le journal catholique La Croix *publie le texte intégral de l'encyclique* Vehementer nos *où le pape Pie X condamne à la fois le principe et les modalités de la séparation.*

Aux archevêques, évêques, au clergé et au peuple français, à nos bien aimés fils. (...)

Notre âme est pleine d'une douloureuse sollicitude et notre cœur se remplit d'angoisse quand notre pensée s'arrête sur vous. Et comment en pourrait-il être autrement, en vérité, au lendemain de la promulgation de la loi qui, en brisant violemment les liens séculaires par lesquels votre nation était unie au siège apostolique, crée à l'Église catholique, en France, une situation indigne d'elle et lamentable à jamais. (...)

Nous réprouvons et Nous condamnons la loi votée en France sur la séparation de l'Église et de l'État comme profondément injurieuse vis-à-vis de Dieu, qu'elle renie officiellement, en posant le principe que la République ne reconnaît aucun culte. Nous la réprouvons et condamnons, comme violant le droit naturel, le droit des gens et la fidélité publique due aux traités ; comme contraire à la constitution divine de l'Église, à ses droits essentiels et à sa liberté ; comme renversant la justice et foulant aux pieds les droits de propriété que l'Église a acquis à des titres multiples et, en outre, en vertu du concordat.

5 La crise des inventaires : les églises barricadées

● La loi de 1905 prévoit la création d'associations pour la gestion des biens de l'Église. Mais pour qu'elles se constituent, il faut faire un inventaire de ces biens. Dans certaines régions très pratiquantes, comme ici à Yssingeaux (Haute-Loire) en 1906, le clergé et les fidèles refusent. Les forces de l'ordre doivent intervenir.

QUESTIONS

▶ **La loi de séparation des Églises et de l'État**

DOC 1 **1.** Quelles sont les relations entre l'Église et la République d'après ce document ?

DOC 2 **2.** Expliquez le contexte, les objectifs et les principales dispositions de la loi de 1905.

DOCS 2 ET 3 **3.** Pourquoi est-elle, pour son rapporteur Aristide Briand, une loi « de liberté et de loyauté » ?

▶ **Tensions et résistances**

DOC 4 **4.** Pourquoi la loi est-elle condamnée par le pape Pie X ?

DOCS 2 ET 5 **5.** Quelle conséquence cette position va-t-elle avoir en France ?

▶ **BILAN**

À l'aide des documents et de vos réponses aux questions, expliquez pourquoi la loi de 1905 suscite une importante crise politique en France.

ÉTUDE

École et laïcité depuis les années 1980

COURS p. 370-371
ÉTUDE p. 320-321

La laïcité de l'école publique constitue, depuis la fin du XIXe siècle, l'un des fondements de la République française. Toutefois, les républicains n'ont pas souhaité supprimer l'enseignement privé et confessionnel. Au XXe siècle, le débat a donc été permament entre les partisans d'une école publique et laïque et les tenants de l'**école libre**. Dans les années 1980, des initiatives politiques et l'affirmation plus évidente des identités religieuses font rebondir la question.

Quels sont les débats soulevés par le principe de laïcité à l'école ?

VOCABULAIRE

- **École libre**
Expression qui désigne les écoles privées, par référence au libre choix de la famille.

CHRONOLOGIE

1984	**Janvier :** vote à l'Assemblée nationale d'un projet de loi présenté par le ministre de l'Éducation nationale Alain Savary visant à rapprocher établissements publics et privés. **Juin :** Importante manifestation à Paris, retrait de la loi en juillet et démission d'Alain Savary.
1989	Exclusion d'un collège de Creil (Oise) de trois jeunes filles voilées.
1993	Loi sur le financement des écoles privées proposée par le ministre de l'Éducation nationale François Bayrou. Vaste manifestation des défenseurs de l'école laïque à Paris contre la loi en janvier 1994.
2004	Loi interdisant le port de tout signe religieux ostensible dans les écoles.

1 La célébration du centenaire de la loi sur la laïcité de l'école

- En 1982, dans le contexte de la victoire électorale du socialiste François Mitterrand, la célébration du centenaire des lois Ferry sur l'école est l'occasion pour les partisans de l'école laïque de rappeler leur attachement à ce principe.

2 L'hostilité de l'Église catholique au projet Savary (1984)

En 1981, le programme du candidat François Mitterrand prévoit la constitution d'un « grand service public unifié et laïque d'éducation ». En 1984, Alain Savary, ministre de l'Éducation nationale, soumet au Parlement un projet de loi, rejeté par les partisans de l'enseignement privé et l'Église : le 24 juin, à Paris, plus d'un million de personnes descendent dans la rue.

Personne ne croit sérieusement que l'Église garde ou veuille reconquérir un pouvoir politique, même indirect, en France. Et c'est très bien ainsi (...). L'enfant n'appartient à personne et surtout pas à l'État. Il est donné par Dieu à des parents qui n'en sont pas les propriétaires, et qui en sont responsables comme d'un don confié. (...) Il ne s'agit pas de nier le rôle de l'État, mais de le situer : l'État ne doit pas se substituer aux familles, mais leur permettre d'assurer leurs responsabilités à tous les niveaux (...). L'Église, à tous les niveaux, n'endoctrine pas, comme le pensent ceux qui conçoivent spontanément l'enseignement comme endoctrinement idéologique ; elle tente de développer toutes les dimensions de la conscience, donc la liberté par quoi seule l'homme est l'homme et peut atteindre Dieu (...). Par ce piètre débat, comme citoyen je suis déçu. Par ses polémiques, comme évêque, je suis blessé. (...). J'ose espérer que le pouvoir politique saura mesurer, vite, l'état de choc dans lequel ses récentes décisions ont plongé une partie de l'opinion nationale. Aura-t-il le courage de prendre les moyens pour y porter remède ? Tout citoyen raisonnable doit l'espérer.

Jean-Marie Lustiger, archevêque de Paris, juin 1984.

3 1989, la question du port du foulard à l'école

Une du Nouvel Observateur, *26 octobre 1989.*

4 Pour la défense de l'école publique et laïque

● En 1993, le ministre de l'Éducation nationale François Bayrou fait adopter une loi qui permet aux collectivités territoriales de financer plus librement les écoles privées. Les défenseurs de l'école publique protestent et manifestent. Le Conseil constitutionnel abroge l'article contesté de la loi.

5 Laïcité et signes d'appartenance religieuse à l'école

a. Avis du Conseil d'État, 27 novembre 1989

Dans les établissements scolaires, le port par les élèves de signes par lesquels ils entendent manifester leur appartenance à une religion n'est pas par lui-même incompatible avec le principe de laïcité, dans la mesure où il constitue l'exercice de la liberté d'expression et de manifestation de croyances religieuses, mais cette liberté ne saurait permettre aux élèves d'arborer des signes d'appartenance religieuse qui, par leur nature, par les conditions dans lesquels ils seraient portés individuellement ou collectivement, ou par leur caractère ostentatoire ou revendicatif, constitueraient un acte de pression, de provocation, de prosélytisme ou de propagande, porteraient atteinte à la dignité ou à la liberté de l'élève ou d'autres membres de la communauté éducative.

b. Loi du 15 mars 2004

Art. L. 141-5-1 – Dans les écoles, les collèges et les lycées publics, le port de signes ou tenues par lesquels les élèves manifestent ostensiblement une appartenance religieuse est interdit.

Le règlement intérieur rappelle que la mise en œuvre d'une procédure disciplinaire est précédée d'un dialogue avec l'élève.

QUESTIONS

▶ Un débat renouvelé

DOCS 2 ET 4 **1.** Quel sont les enjeux des réformes portées par les ministres Alain Savary et François Bayrou ?

DOCS 3 ET 5 **2.** Quel problème nouveau est posé à l'école publique ? **3.** Est-ce le signe religieux en lui-même qui pose problème ?

▶ Un débat qui partage l'opinion

DOCS 1 ET 4 **4.** Pour les défenseurs de l'école laïque, quel est le rapport ente école laïque et République ? **5.** Pourquoi se mobilisent-ils alors en 1994 ?

DOC 2 **6.** Au nom de quoi l'Église s'oppose-t-elle au projet de 1984 ? **7.** Pourquoi l'auteur estime-t-il que le conflit entre la République et l'Église est dépassé ?

▶ BILAN

À l'aide des documents et de vos réponses aux questions, expliquez pourquoi le débat autour de la laïcité et de l'école rebondit dans les années 1980.

COURS

2• La République, les religions et la laïcité

ÉTUDE p. 366-367
ÉTUDE p. 368-369
COURS p. 324-325

Quelle est la place des religions dans une République laïque ?

A La naissance de la République laïque (1870-1914)

La République par l'école

- Pour les républicains qui arrivent au pouvoir dans les années 1870, **l'Église catholique est un adversaire politique** qui a toujours manifesté son opposition à la République. Or, l'éducation est encore largement assurée par les **congrégations** religieuses. Il s'agit donc pour Jules Ferry, ministre de l'Instruction publique, de **promouvoir une école laïque** qui enracinera la République dans l'esprit des jeunes Français. **En 1881-1882, il fait voter la gratuité, l'obligation et la laïcité de l'école publique.** En 1886, la République procède à la laïcisation des enseignants du public : les instituteurs et institutrices ne peuvent plus être des religieux.
- En 1902, dans le contexte de l'affaire Dreyfus où l'Église catholique a, une fois encore, manifesté son antirépublicanisme, le « bloc des gauches » remporte les élections sur un programme très **anticlérical**. En 1904, **Émile Combes, alors chef du gouvernement, interdit l'enseignement aux congrégations.** Cependant, les républicains ne font pas disparaître l'enseignement privé pour autant. **Deux systèmes scolaires coexistent donc, l'un publique et laïque, l'autre privé** (dit « libre ») et religieux.

Un État laïque (1905)

- Le gouvernement du « bloc des gauches » entend poursuivre son œuvre et laïciser l'État. Cela doit passer par l'interdiction de certaines congrégations (doc 1), l'abrogation du **concordat** de 1801 et des lois qui organisaient les cultes en France (protestants, juifs…). En 1904, les relations diplomatiques entre le Saint-Siège (la Papauté) et la France sont suspendues. **En décembre 1905, la loi de séparation des Églises et de l'État est votée.** « La République ne reconnaît, ne salarie, ni ne subventionne aucun culte. » **La liberté de conscience, la liberté de culte et l'égalité des religions sont aussi proclamées.** La religion devient donc une simple affaire privée dans laquelle l'État n'a plus à intervenir. Dans un premier temps, une majorité d'évêques y est favorable et des intellectuels catholiques expliquent que cette loi n'empêche ni de croire, ni de pratiquer. C'est la condamnation de la loi par le pape en 1906 qui envenime la situation.
- La loi prévoit que les biens de l'Église soient gérés par des associations, mais l'État veut au préalable en faire l'inventaire. Commencés en 1906, les **inventaires** suscitent une **résistance dans quelques régions** marquées par une forte pratique religieuse. Après des heurts violents, le gouvernement dirigé par Clemenceau décide de suspendre la création de ces associations.
- Les autres cultes se conforment sans protestation à la loi de 1905.

B Au XXe siècle, la laïcité de l'État : un principe acquis

Un climat apaisé

- Après la Première Guerre mondiale, **le climat s'apaise entre l'Église catholique et la République**. En 1921, les relations diplomatiques sont rétablies avec le Saint-Siège. Les lois laïques de 1882 et 1905 ne sont pas appliquées en Alsace-Moselle (allemande depuis 1871). Il est permis aux collectivités publiques de participer aux dépenses des cultes (catholique, luthérien, calviniste et juif), et l'enseignement religieux peut s'effectuer à l'école.

1. *L'expulsion des moines chartreux en 1903*

• Depuis 1901, les congrégations religieuses doivent obtenir une autorisation pour rester en France. En 1903, l'Assemblée nationale refuse cette autorisation aux moines chartreux qu'elle considère comme des adversaires de la République. Comme les moines refusent de partir, en avril 1903, ils sont expulsés par la force.

VOCABULAIRE

- **Anticléricalisme**
Opposition à l'influence des Églises dans les affaires publiques.
- **Concordat**
Traité entre un pape et un État définissant les relations entre l'Église et cet État.
- **Congrégations**
Association de religieux ou de religieuses.
- **Inventaires**
Comptabilisation des biens de l'Église survenue en 1906 à la suite de la loi de séparation de 1905.
- **Laïcité**
Principe qui consiste à supprimer l'influence de la religion dans la vie publique et à la réduire à la sphère privée.

La laïcité de l'État, un principe constitutionnel à la Libération

- Dès sa mise en place en 1940, **le régime de Vichy soutient l'école privée et multiplie les atteintes à la laïcité**. Le ministre de l'Instruction annonce la fin de « l'école sans Dieu ». Des subventions sont allouées aux écoles catholiques. Pourtant, **la séparation de 1905 n'est pas remise en cause.**
- À la Libération, les principales mesures de Vichy sont abrogées, permettant un retour à la légalité républicaine en matière de laïcité, particulièrement scolaire. **Les Constitutions de 1946 et de 1958 précisent le caractère laïque du régime.**
- À la fin du siècle, la montée du nombre de pratiquants musulmans pose la question de leur place dans la République et de leur représentation. Ainsi, en 1975, l'État autorise les « carrés musulmans » dans les cimetières. Enterrer ses morts dans une terre où des rituels de purification peuvent se pratiquer est un symbole fort d'intégration. Enfin, à la suite de discussions entamées à la fin des années 1980, un Conseil français du culte musulman est créé en 2003 pour dialoguer avec l'État laïque (doc 2).

C Des débats renouvelés autour de l'école laïque

Une question qui mobilise toujours

- En **1951**, les **lois Marie et Barangé** permettent aux familles qui choisissent l'école privée de bénéficier d'aides (bourses, allocations). En **1959**, la **loi Debré** permet à l'enseignement privé de conclure des **contrats d'association** avec l'État. Les maîtres sont payés par l'État, mais les écoles sous contrat doivent respecter programmes et horaires nationaux. Ces questions de financement ont soulevé les protestations d'une partie de la gauche française.
- Dès lors, la **création d'« un grand service public, unifié et laïque de l'éducation nationale »** figure dans le programme du socialiste François Mitterrand élu en 1981. Le ministre de l'Éducation, Alain Savary, fait voter cette loi par l'Assemblée en 1984. **En juin, plus d'un million de personnes défilent à Paris en faveur de l'enseignement privé** (doc 3). La loi est retirée en juillet.
- En **1994, c'est au tour des défenseurs de l'école laïque de manifester** massivement contre une loi portée par le ministre de l'Éducation **François Bayrou** qui permet aux collectivités territoriales de financer plus largement les écoles privées. Le Conseil constitutionnel abroge l'article contesté de la loi.

Le port de signes religieux à l'école publique

- Depuis la fin des années 1980, le débat ressurgit autour du port, dans les écoles publiques, du **foulard dit « islamique »**. Ces affaires interrogent la laïcité et mettent en évidence de nouvelles pratiques et de nouvelles formes d'affirmation identitaire. En 1989, le gouvernement juge compatible le port du foulard avec la laïcité à condition que les élèves n'en fassent pas un objet de propagande et de provocation et ne se soustraient pas à leur obligation scolaire.
- Mais bien souvent, et même si le nombre de cas n'est pas très important (plus d'une centaine d'exclusion depuis le début des années 1990), les équipes éducatives sont laissées seules face au problème. En **mars 2004**, le président Jacques Chirac fait voter une loi qui interdit le **port de tout signe religieux « ostensible »**.

2. *La création du Conseil français du culte musulman (2003)*

- **En 1999, le ministre de l'Intérieur Jean-Pierre Chevènement propose à un certain nombre d'associations et de personnalités de se réunir dans un Conseil français du culte musulman. Après de nouvelles discussions, il est finalement créé en 2003.**

3. *Les manifestations contre la loi Savary (1984)*

VÉRIFIEZ VOS CONNAISSANCES

1. Pourquoi fonder une école publique laïque à la fin du XIXe siècle ?
2. Qu'est-ce que la loi de séparation des Églises et de l'État de 1905 ?
3. Comment évolue la relation entre l'État et les instances religieuses depuis 1945 ?

ÉTUDE

Les femmes et le travail au XXe siècl

COURS p. 378-379

À la fin du XIXe siècle, les femmes sont très présentes dans le monde du travail. Si elles sont en majorité paysannes, à l'image de l'ensemble de la population active, en ville, elles s'emploient souvent comme ouvrières et comme domestiques. Le XXe siècle les voit accéder à de nouveaux postes (employées, cadres, fonctionnaires, professions libérales…). Cependant, la place occupée par les femmes continue d'être dévalorisée par rapport à celle des hommes. Si les écarts, notamment salariaux, se sont réduits, les inégalités n'ont pas disparu.

Quelles sont les transformations du travail féminin dans la France contemporaine ?

1 Des ouvrières en usine au début du XXe siècle

• **Ces femmes fabriquent des tapis. Leur qualification est faible et la discipline stricte.** *Photographie de Jacques Boyer, 1908.*

2 Des employées de bureau dans les années 1970

• **Service de facturation des commandes dans une maison d'édition, 1971. Au cours des années 1960, le nombre de femmes employées dans le tertiaire augmente fortement. En 1975, 64% des employés sont des femmes.**

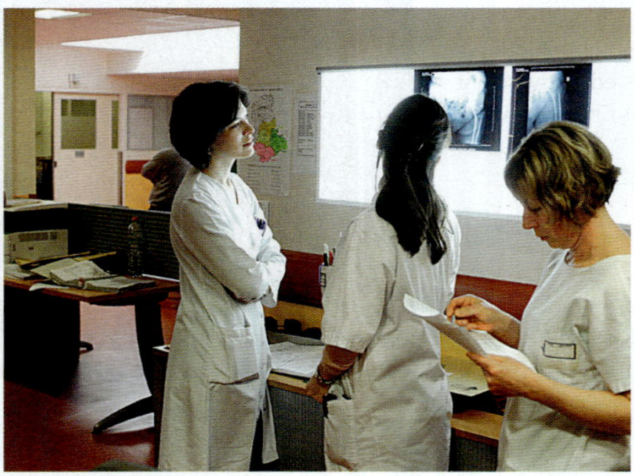

3 Des femmes médecins en 2009

• **CHU de Limoges. À la fin des années 1990, les femmes représentent environ 40 % de la médecine hospitalière. Chez les infirmiers diplômés d'État, elles sont 90%.**

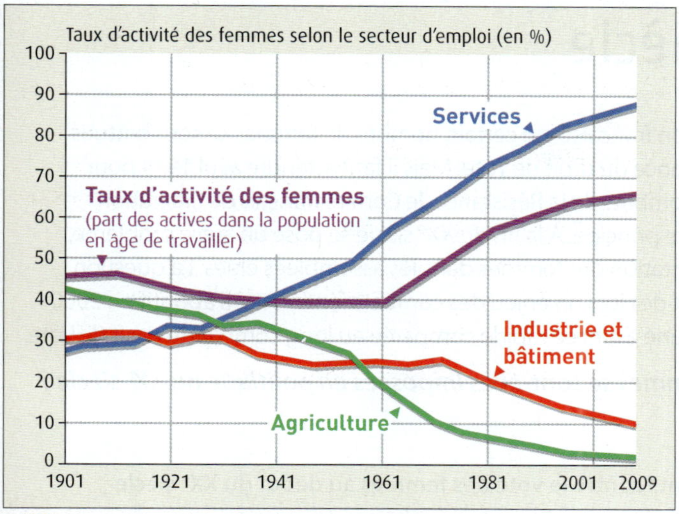

4 Les transformations du travail féminin

6 Le « plafond de verre »

Consacré en 1986 dans un article du *Wall Street Journal* du 24 mars, le « plafond de verre » (*glass ceiling* en anglais), est la terminologie imagée pour désigner le phénomène qui entrave la carrière des femmes et dont la conséquence est la rareté de leur présence au sommet des entreprises, des organisations et des institutions publiques. Il constitue un ensemble de barrières invisibles, créées à la fois par des préjugés et stéréotypes et par le mode de fonctionnement des organisations.

Concrètement, dans les organisations, ça se traduit par ces chiffres : les femmes représentent 46 % de la population active, mais ne sont que 17 % aux postes dirigeants. Et quand elles y arrivent, elles gagnent beaucoup moins que leurs homologues masculins : dans le secteur de l'industrie, l'écart de salaire entre les cadres hommes et femmes s'élève à 37,2 %, pour la construction il est de 17,1 %, dans le commerce de 42,2 % et dans les services il est de 66,3 % (chiffres INSEE 2005 – Regards sur la parité).

La Provence, 25 février 2008.

5 La loi pour l'égalité homme-femme au travail (1983)

En 1981, François Mitterrand, élu président de la République, crée un ministère des Droits de la femme. Yvette Roudy est ministre. En 1983, elle fait voter la loi sur l'égalité professionnelle.

Titre Ier : Les règles générales de l'égalité professionnelle entre les femmes et les hommes

Article L-123-1 – (...) Nul ne peut :
– mentionner ou faire mentionner dans une offre d'emploi, quels que soient les caractères du contrat de travail envisagé ou dans toute autre forme de publicité relative à une embauche, le sexe ou la situation de famille du candidat recherché ;
– refuser d'embaucher une personne, prononcer une mutation, résilier ou refuser de renouveler le contrat de travail d'un salarié en considération du sexe ou de la situation de famille ou sur la base de critères de choix différents selon le sexe ou la situation de famille ;
– prendre en considération du sexe toute mesure, notamment en matière de rémunération, de formation, d'affectation, de qualification, de classification, de promotion professionnelle ou de mutation.

Loi sur l'égalité professionnelle (dite « loi Roudy ») du 13 juillet 1983.

7 Le chômage des femmes

En % de la population active	1975	1982	1990	1997	2001
Femmes	4,8 %	9,2 %	10,2 %	12,3 %	9,2 %
Hommes	2,6 %	5,4 %	6,2 %	9,5 %	6,5 %

Source : INSEE.

QUESTIONS

▶ Les transformations de l'emploi féminin au XXe siècle

DOCS 1 À 4 **1.** Comparez les secteurs d'emploi des femmes en 1900 et en 1990. **2.** Comment expliquer ces évolutions ?

DOCS 1 À 3 **3.** Décrivez ces photographies, les femmes et les activités représentées (nombre, type d'environnement, machines...). **4.** Quels types de travail sont ici représentés ? Caractérisez en particulier le rapport à la machine.

▶ Des inégalités qui persistent

DOC 5 **5.** Qu'est-ce que la loi Roudy ? Que nous apprennent les mesures de cette loi sur le travail salarié féminin au début des années 1980 ?

DOC 6 **6.** Les carrières des femmes sont-elles comparables aux carrières des hommes à la fin du XXe siècle en France ?

DOC 7 **7.** Comment évolue le rapport entre chômage des femmes et chômage des hommes ?

DOCS 5 À 7 **8.** Précisez les difficultés et les obstacles rencontrés par les femmes au cours de leur vie professionnelle.

▶ BILAN

À l'aide des documents et de vos réponses aux questions, montrez que le travail des femmes a compté de nombreux bouleversements au cours du XXe siècle et que d'importantes inégalités persistent encore en matière d'emploi.

ÉTUDE

Les femmes et la politique au XXe siècle

COURS p. 378-379

VOCABULAIRE

- **Mouvement suffragiste**
Né en Angleterre en 1866, ce mouvement milite pour l'obtention des droits politiques des femmes. La femme qui milite est appelée « suffragette » à partir du début du XXe siècle.

CHRONOLOGIE

1936	Trois femmes nommées sous-secrétaires d'État sous le gouvernement du Front populaire.
21 avril 1944	Droit de vote accordé aux femmes.
29 avril 1945	Premier vote aux élections municipales.
1947	Germaine Poinso-Chapuis, 1re femme ministre de la Santé publique et de la Population.
1974	Arlette Laguiller, 1re femme candidate aux élections présidentielles en France.
1981	Yvette Roudy ministre des Droits de la femme. Yvette Chassagne 1re femme préfet.
1989	Catherine Trautmann 1re femme maire d'une ville de plus de 100 000 habitants (Strasbourg).
1991	Édith Cresson 1re femme Premier ministre.
2000	Loi sur la parité (l'égal accès des femmes et des hommes aux mandats électoraux et aux fonctions électives).
2007	Ségolène Royal, 1re femme à accéder au second tour de l'élection présidentielle.

Depuis la Révolution française, un certain nombre de femmes se sont battues pour la reconnaissance du droit de vote. Mais il faut attendre avril 1944 pour que, au nom des combats de la Résistance, le Comité français de Libération nationale adopte ce principe. À la fin du XXe siècle se pose un autre problème, celui de la représentation des femmes dans les assemblées élues. La question de la parité devient dès lors un enjeu des combats féministes. Il aboutit en 2000 au vote d'une loi ; une avancée rapide comparée au long combat du droit de vote.

Comment les femmes se sont-elles imposées en politique au XXe siècle ?

1 Les arguments contre le vote des femmes au début du XXe siècle

Donner le droit de vote aux femmes en France en ce moment, c'est faire dans l'inconnu le saut le plus formidable, plus grand que celui que, en 1848, on fit dans notre pays, par l'adoption spontanée du suffrage universel. (...) Les mains des femmes sont-elles bien faites pour le pugilat de l'arène publique ? Plus que pour manier le bulletin de vote, les mains des femmes sont faites pour être baisées, baisées dévotement quand ce sont celles des mères, amoureusement quand ce sont celles des femmes ou des fiancées. Consultez l'immense foule des femmes et vous vous rendrez vite compte que c'est leur très grande majorité qui, pour la vie publique, se refuse à abdiquer la grâce qui fait son charme et sa force, la maternité qui fait son incomparable grandeur, séduire et être mère, c'est pour cela qu'est faite la femme ; tout ce qui la détournera de son noble rôle humain ; tout ce qui la détournera du foyer est une violation de la loi humaine.

Sénateur Alexandre Bérard, rapport au Sénat n° 564, 1919.

2 Manifestation de suffragettes à Paris en 1935

- La journaliste Louise Weiss (avec le chapeau blanc) est l'une des suffragettes françaises les plus connues de l'entre-deux-guerres.

3 La République accorde le droit de vote aux femme

• Par l'ordonnance du 21 avril 1944, le Comité français de Libération nationale accorde, dans l'article 17, le droit de vote aux femmes : « Les femmes sont électrices et éligibles dans les mêmes conditions que les hommes ».
Bureau de vote, octobre 1945.

4 Un nouveau combat, la parité

Les chiffres parlent d'eux-mêmes, la démocratie est misogyne : 95 parlementaires sur 100 sont, en France, des hommes. (...) S'interroger sur la mise à l'écart des femmes de la représentation populaire touche aux fondements même de ce que nous appelons démocratie. Car cette démarche conduit nécessairement à reconsidérer la manière dont nous fabriquons le droit. (...) Voilà pourquoi nous préconisons la reconnaissance d'un droit nouveau, celui de la parité des sexes. Nous proposons qu'il prenne dans la loi, la forme suivante : « Les assemblées élues, au niveau territorial comme au niveau national, sont composées d'autant de femmes que d'hommes ». Cette proposition provoquera peut-être l'incrédulité, ou la dérision. Ce fut toujours le sort des revendications de justice, parfaitement légitimes, concernant les femmes.

F. Gaspard, C. Servan-Schreiber et A. Le Gall, *Au pouvoir citoyennes !*, Le Seuil, 1992.

5 La reconnaissance légale de la parité (juin 2000)

La loi sur la parité a, à la fois, un caractère obligatoire (pour les élections au scrutin de liste, municipales et régionales) et incitatif (pour les élections au scrutin uninominal comme les législatives). Cette loi est modifiée en 2007 et 2008 dans un sens plus contraignant (renforcement des pénalités financières pour les partis ne respectant pas la parité pour les candidatures aux législatives par exemple).

TITRE Ier – Article 2. Sur chacune des listes, l'écart entre le nombre des candidats de chaque sexe ne peut être supérieur à un. Au sein de chaque groupe entier de six candidats dans l'ordre de présentation de la liste doit figurer un nombre égal de candidat de chaque sexe.

Loi du 6 juin 2000 tendant à favoriser l'égal accès des femmes et des hommes aux mandats électoraux et fonctions électives.

6 La représentation des femmes en politique

Part des femmes parmi les élus (en %)	Avant la loi sur la parité	Après la loi sur la parité
Conseillères municipales	25,7 (1996)	31,7 (2001) 35 (2008)
Maires	7,0 (1995)	11 (2001)
Conseillères régionales	27,5 (1998)	47,6 (2004) 48 (2010)
Sénatrices	8,0 (1998)	16,9 (2004) 21,9 (2009)
Députées	5,6 (1946) 6,1 (1993) 10,9 (1997)	12,3 (2002) 18,5 (2007)

Questions

▶ Le vote des femmes, un combat

DOC 1 **1.** Quels sont les arguments utilisés contre le vote des femmes ?

DOC 2 **2.** Comment les suffragettes luttent-elles pour diffuser leur combat ?

DOC 3 **3.** Dans quel contexte les femmes ont-elles enfin obtenu le droit de vote en France ?

▶ Un nouveau combat : la parité

DOC 4 **4.** Quel est le constat fait par les auteurs en 1992 ?

5. Définissez ce qu'est la parité.

DOCS 4 ET 5 **6.** Quels sont les objectifs de la loi sur la parité ?

DOC 6 **7.** Comment évolue la représentation politique des femmes à la suite du vote de la loi sur la parité ?

▶ BILAN

À l'aide des documents et de vos réponses aux questions, retracez les étapes de la mise en œuvre de l'égalité hommes-femmes en politique.

ÉTUDE

Les années 1970, la décennie féministe

➡ COURS p. 378-379

La mobilisation des femmes, qui se développe après Mai 68, se diffuse et s'intensifie durant les années 1970. Bien que très hétérogènes, les mouvements **féministes** connaissent un profond renouveau et adoptent de nouvelles stratégies pour dénoncer les inégalités entre les sexes, n'hésitant pas à donner une dimension politique à des questions considérées auparavant comme « privées » (contraception, avortement…).

Pourquoi les années 1970 ont-elles été décisives dans l'histoire de l'émancipation féminine?

CHRONOLOGIE

1967	Loi Neuwirth qui autorise la contraception.
1970	Premières manifestations du mouvement de libération des femmes (MLF). Loi sur l'autorité parentale.
1971	Manifeste des 343 pour le droit à l'avortement.
1975	Loi Veil relative à l'interruption volontaire de grossesse. Loi soumettant à un accord commun entre les époux le choix du domicile conjugal et supprimant la possibilité laissée au mari de contrôler les correspondances de son épouse.
1979	Loi rendant définitive la loi de 1975 sur l'avortement.

1 La naissance du Mouvement de libération des femmes (MLF)

• Ces femmes se réunissent le 26 août 1970 pour déposer une gerbe à la femme du soldat inconnu. Sur les banderoles : « Il y a plus inconnu que le soldat inconnu : sa femme » et « Un homme sur deux est une femme ».

VOCABULAIRE

• **Féminisme**
Ensemble d'idées politiques et sociales cherchant à promouvoir les droits des femmes dans la société.

2 Dans la famille, une autorité partagée

La loi du 4 juin 1970 relative à l'autorité parentale met en œuvre une conception plus juste et plus humaine de la réalité familiale : la toute puissance paternelle est remplacée par l'autorité parentale qui échoit désormais en partage aux deux parents. Cette loi constitue néanmoins surtout une avancée pour les femmes mariées.

Chapitre Ier. De l'autorité parentale relativement à la personne de l'enfant.

Art. 371-2. L'autorité appartient aux père et mère pour protéger l'enfant dans sa sécurité, sa santé et sa moralité. (...)

Art. 373-2. Si les père et mère sont divorcés ou séparés de corps, l'autorité parentale est exercée par celui d'entre eux à qui le tribunal a confié la garde de l'enfant, sauf le droit de visite et de surveillance de l'autre. (...)

Art. 374. Sur l'enfant naturel, l'autorité parentale est exercée par celui des père et mère qui l'a volontairement reconnu, s'il n'a été reconnu que par l'un d'eux.

Si l'un et l'autre l'ont reconnu, l'autorité parentale est exercée en entier par la mère. Le tribunal pourra, néanmoins, à la demande de l'un ou de l'autre, ou du ministère public, décider qu'elle sera exercée soit par le père seul, soit par le père et la mère conjointement (...) comme si l'enfant était légitime.

3 La bataille de l'avortement

Rédigé par Simone de Beauvoir, la publication du « Manifeste des 343 » en 1971 marque le début de la bataille menée pour l'avortement. Suivent 343 signatures, dont celles de Catherine Deneuve, Marguerite Duras, Gisèle Halimi, Jeanne Moreau, Françoise Sagan, Agnès Varda...

Un million de femmes se font avorter chaque année en France.

Elles le font dans des conditions dangereuses en raison de la clandestinité à laquelle elles sont condamnées, alors que cette opération, pratiquée sous contrôle médical, est des plus simples.

On fait le silence sur ces millions de femmes.

Je déclare que je suis l'une d'elles. Je déclare avoir avorté.

De même que nous réclamons le libre accès aux moyens anticonceptionnels, nous réclamons l'avortement libre. (...)

Il va de soi que nous n'avons pas comme les autres êtres humains le droit de disposer de notre corps. Pourtant notre ventre nous appartient. (...)

Le scandale persiste. Chaque année 1 500 000 femmes vivent dans la honte et le désespoir. 5 000 d'entre nous meurent. Mais l'ordre moral n'en est pas bousculé. On voudrait crier.

Le Nouvel Observateur n° 334, 5 avril 1971.

4 La dépénalisation de l'avortement

Lorsque les médecins, dans leurs cabinets, enfreignent la loi et le font connaître publiquement, (...) lorsque des services sociaux d'organismes publics fournissent à des femmes en détresse les renseignements susceptibles de faciliter une interruption de grossesse lorsque, aux mêmes fins, sont organisés ouvertement et même par charter des voyages à l'étranger, alors je dis que nous sommes dans une situation de désordre et d'anarchie qui ne peut plus continuer. (...)

Mais ? me direz-vous, pourquoi avoir laissé la situation se dégrader ainsi et pourquoi la tolérer ? Pourquoi ne pas faire respecter la loi ? (...) En face d'une femme décidée à interrompre sa grossesse, ils savent qu'en refusant leur conseil et leur soutien ils la rejettent dans la solitude et l'angoisse d'un acte perpétré dans les pires conditions, qui risque de la laisser mutilée à jamais. Ils savent que la même femme, si elle a de l'argent, si elle sait s'informer, se rendra dans un pays voisin ou même en France dans certaines cliniques et pourra, sans encourir aucun risque ni aucune pénalité, mettre fin à sa grossesse. Et ces femmes, ce ne sont pas nécessairement les plus immorales ou les plus inconscientes. Elles sont 300 000 chaque année. Ce sont celles que nous côtoyons chaque jour et dont nous ignorons la plupart du temps la détresse et les drames.

C'est à ce désordre qu'il faut mettre fin. C'est cette injustice qu'il convient de faire cesser.

Discours de Simone Veil à l'Assemblée nationale, 26 novembre 1974.

5 Changer l'image de la femme

• **Marche internationale des femmes le 20 novembre 1971. Les féministes luttent contre les préjugés et revendiquent une véritable égalité entre les deux sexes.**

Questions

▶ **Les combats des femmes**

DOCS 2, 3 ET 5 **1.** Expliquez les combats menés par les femmes dans les années 1970.

DOCS 1, 3 ET 5 **2.** Quelles sont les modalités d'action des féministes ?

DOC 3 **3.** Quels sont les objectifs et les arguments de ce manifeste ?

▶ **Une décennie fondamentale pour l'émancipation féminine**

DOC 2 **4.** Montrez que cette loi constitue une avancée pour les droits des femmes.

DOC 4 **5.** Relevez les principaux arguments de Simone Veil. **6.** Pourquoi est-il question d'injustice à la dernière ligne du discours ?

DOC 5 **7.** Montrez que l'avortement et la contraception ne sont pas les seuls combats des féministes.

▶ **BILAN**

À l'aide des documents et de vos réponses aux questions, montrez que les années 1970 représentent une décennie fondamentale pour l'avancée des droits des femmes.

COURS

3. La place des femmes dans la vie politique et sociale

ÉTUDE p. 372-373
ÉTUDE p. 374-375
ÉTUDE p. 376-377
HISTOIRE DES ARTS p. 380-381

Comment les droits des femmes se sont-ils affirmés au XXe siècle ?

1. *Nicole Notat, une femme à la tête d'un syndicat*

• **Institutrice, elle dirige la CFDT de 1992 à 2002.**
45e congrès de la CFDT, mai 2002.

A Un siècle de travail féminin

Les mutations du début du XXe siècle

• **Au XIXe siècle, il n'est pas facile d'évaluer le travail féminin** car une large part de leurs activités (travaux agricoles, travail à la boutique avec le mari) ne sont pas comptabilisés. Avec les mutations économiques du début du XXe siècle, on assiste à une **forte croissance de l'emploi salarié** d'abord dans l'**industrie** puis, rapidement après 1920, dans le **tertiaire** (secrétaires, infirmières, institutrices…).

• Ces mutations ne modifient pourtant pas la **répartition sexuée du travail.** Il y a des travaux d'hommes (travaux de force, techniques) et des travaux de femmes nécessitant de soi-disant qualités naturelles (minutie, patience, service des malades ou des enfants).

• Ainsi, si les femmes sont présentes dans l'industrie (36 % de la main d'œuvre en 1914), elles se concentrent dans les **secteurs textile ou alimentaire.** Elles y sont souvent **peu qualifiées**, moins syndiquées et donc **moins payées.** La Première Guerre mondiale est une parenthèse qui leur permet d'intégrer de nouvelles branches très mécanisées (métallurgie, construction mécanique).

Après 1945, les femmes travaillent plus mais des discriminations demeurent

• **L'activité féminine salariée augmente fortement après 1945.** Le travail représente une **forme d'indépendance** pour des femmes soucieuses d'échapper au modèle de la femme au foyer. La part des femmes recule dans l'agriculture, dans l'industrie, mais augmente dans le secteur tertiaire (80 % des actives).

• Cette progression de l'activité est très nettement liée à l'**élévation du niveau scolaire des filles** qui leur donne l'accès à des métiers qualifiés (médecine, journalisme, enseignement…). Mais **les discriminations demeurent.** Ainsi, le travail des femmes se situe majoritairement dans des métiers sociaux jugés plus « féminins ». Même dans ces domaines, **elles se heurtent souvent à un « plafond de verre »** qui leur interdit l'accès aux fonctions d'autorité.

• La persistance de ces inégalités conduit le gouvernement, en **1983**, à faire voter une **loi sur l'égalité professionnelle.** Mais, dans les années 1980, le chômage de masse touche davantage les femmes que les hommes. L'écart entre le salaire moyen féminin et son équivalent masculin, 23,4 % dans les années 1990, ne baisse que lentement.

B La lente affirmation des femmes en politique

L'égalité des droits politiques

• En 1920, la France est **l'une des dernières grandes démocraties à ne pas accorder le droit de vote aux femmes.** La Chambre des députés adopte ce principe à une large majorité mais le Sénat, plus conservateur, rejette le projet en 1922. Dès lors, **le mouvement suffragiste** manifeste contre cette situation à chaque élection. Des femmes comme Louise Weiss, Cecile Brunschvicg ou Madeleine Pelletier incarnent ce combat.

• **En 1936, trois femmes**, Cécile Brunschvicg, Suzanne Lacore et Irène Joliot-Curie, entrent dans le **gouvernement du Front populaire.**

• Le 21 avril 1944, pour manifester son soutien à toutes les Françaises qui luttent dans la Résistance, le **CFLN**, à Alger, adopte **l'ordonnance qui accorde le droit de vote aux femmes.**

VOCABULAIRE

• **CFLN (Comité français de libération nationale)**
Organisme gouvernemental de la France libre formé en juin 1943 à Alger.

• **Féminisme**
Ensemble d'idées politiques et sociales cherchant à promouvoir les droits des femmes dans la société.

• **MLF (Mouvement de libération des femmes)**
Mouvement non mixte, il se fait connaître en août 1970. Il devient un acteur majeur des luttes féministes.

• **Mouvement suffragiste**
Né en Angleterre en 1866, ce mouvement milite pour l'obtention des droits politiques des femmes. La femme qui milite est appelée « suffragette » à partir du début du XXe siècle.

• **Parité**
Similitude d'accès aux mandats électoraux pour les hommes et les femmes.

Un combat nouveau, la parité

• À la fin des années 1980, se pose le **problème de la représentation des femmes** dans les assemblées élues car elles y sont **très peu présentes**. La **question de la parité** devient dès lors un enjeu des combats **féministes**. La mobilisation est rapide et touche tous les partis politiques. Cela aboutit en **2000** au **vote de la loi sur « l'égal accès des femmes et des hommes aux mandats électoraux »**. Elle a à la fois un caractère obligatoire (pour les scrutins de liste type régionales) et un caractère incitatif (pour les élections législatives). Elle permet des progrès rapides dans certains cas (27,5 % de femmes élues dans les conseils régionaux en 1998, 47,6 % en 2004) mais plus lents dans d'autres (10,9 % de femmes élues à l'Assemblée nationale en 1997, 18,5 % en 2007).

• **Les femmes accèdent aussi plus largement au pouvoir exécutif.** En 1991, Édith Cresson devient Premier ministre sous François Mitterrand ; en juin 2002, le gouvernement Raffarin compte plus de dix femmes. En 1997, Élisabeth Guigou devient la première femme ministre de la Justice.

C L'émancipation des femmes

Des droits nouveaux pour les femmes

• En 1946, le **principe de l'égalité entre les sexes** est inscrit dans la nouvelle Constitution. Toutefois, les progrès sont lents. Il faut attendre **1965** pour que les femmes puissent ouvrir un compte en banque ou prendre un emploi sans autorisation maritale. En **1970**, l'**autorité parentale conjointe** remplace l'autorité paternelle. En **1981**, François Mitterrand crée un **ministère des Droits de la femme**, confié à Yvette Roudy.

La libération sexuelle

• En 1949, **Simone de Beauvoir publie** *Le Deuxième Sexe*. Elle y affirme que l'on ne naît pas femme, qu'on le devient. Un autre avenir que la maternité est possible. Ce texte, assez isolé, marque tout de même une étape importante dans la **conquête de la maîtrise de la fécondité**. En 1960, le **Mouvement français pour le planning familial** ouvre des centres d'accueil et prescrit des contraceptifs venus de l'étranger. C'est en **1967** qu'est adoptée la **loi Neuwirth** qui permet la généralisation de la contraception orale. La loi n'entre réellement en vigueur qu'en 1972.

• **En 1970, le MLF est fondé à Paris.** La lutte privilégiée est celle de la contraception et de l'avortement **pour que la maternité soit un choix**. Cette revendication est largement relayée dans la presse par des artistes, des médecins, des intellectuels, des avocats, des syndicalistes… Mais les féministes cherchent également à changer l'image de la femme.

• Sous la présidence de Valéry Giscard d'Estaing, en **1975, la ministre de la Santé, Simone Veil, fait voter la loi légalisant l'interruption volontaire de grossesse**. Elle permet aussi à la Sécurité sociale de rembourser les contraceptifs.

• En matière de protection des femmes, les choses changent aussi peu à peu. En 1992, une loi s'attaque au harcèlement sexuel au travail.

VÉRIFIEZ VOS CONNAISSANCES

1. Quelles sont les discriminations éprouvées par les femmes en matière de travail ?
2. Qu'est-ce que le mouvement suffragiste ? Quand les femmes obtiennent-elles le droit de vote en France ?
3. Pourquoi la loi sur la parité est-elle apparue comme une nécessité à la fin du XXe siècle ?
4. Pourquoi les années 1970 sont-elles décisives pour l'émancipation des femmes ?

VOCABULAIRE

• **Plafond de verre**
Image désignant l'ensemble de barrières invisibles entravant la carrière des femmes et dont la conséquence est la rareté de leur présence au sommet des entreprises ou des institutions publiques.

Biographie

Simone de Beauvoir
(1908-1986)
Philosophe et femme de lettres engagée, compagne de Jean-Paul Sartre, elle est célèbre dans le monde entier pour son essai intitulé *Le Deuxième Sexe*. Elle milite contre la guerre d'Algérie et participe au mouvement de libération des femmes dans les années 1970.

Biographie

Simone Veil
(née en 1927)
Femme politique française. Rescapée du camp d'Auschwitz, elle fait carrière dans la magistrature jusqu'à sa nomination comme ministre de la Santé en mai 1974. C'est à ce poste qu'elle fait adopter la loi Veil (janvier 1975) qui autorise l'avortement en France. Première femme à présider le Parlement européen entre 1979 et 1982, elle est élue à l'Académie française en mars 2010.

La mode, reflet de l'émancipation féminine

Comment le travail des grands couturiers témoigne-t-il et favorise-t-il l'émancipation des femmes au XXe siècle ?

L'ESSENTIEL SUR... la mode et l'émancipation de la femme

Les couturiers et la libération des corps féminins

▶ Les créateurs de mode ont libéré le corps de la femme au XXe siècle. **Coco Chanel (1883-1971) raccourcit les longueurs** : sa maison est connue pour ses robes noires et ses tailleurs en tweed. **Christian Dior modernise les formes traditionnelles** après la Seconde Guerre mondiale : taille cintrée, poitrine haute, épaules étroites : **c'est le *New Look***. La **minijupe**, apparue au Royaume-Uni en 1962, est popularisée en France par **André Courrèges** (né en 1923) ; ses créations, très graphiques et colorées, utilisent parfois de nouveaux matériaux (PVC, vinyle). **Yves Saint-Laurent** (1936-2008) **crée le premier tailleur-pantalon en 1966** : dans une société où la femme combat pour l'égalité des sexes, le pantalon, jusque-là réservé aux hommes, se féminise et se diffuse.

Une révolution pour toutes les femmes

▶ L'industrialisation et l'essor de la consommation **permettent la démocratisation de la mode**. Le prêt-à-porter s'inspire en effet des innovations des grands couturiers, révolutionnant le quotidien des femmes.

▶ **Les silhouettes féminines sont plus longues, colorées, parfois plus androgynes** aussi (pantalon, jean, blouson de cuir) : la mode est alors transgression et se joue de la barrière des sexes.

▶ Si ces incessantes évolutions de la mode sont permises par l'**essor des médias**, il faut également y voir l'**influence de la diffusion de la pratique sportive et de l'automobile** (les mouvements doivent être plus amples, le corps moins entravé).

1 Gabrielle Chanel

Gabrielle Chanel, dite « Coco », posant dans un de ses tailleurs en tweed (1929)

2 Christian Dior

La mode« New Look » de Christian Dior (années 1950)

3 André Courrèges

André Courrèges et les débuts de la mini-jupe (1968)

4 Yves Saint-Laurent

Yves Saint-Laurent et les tailleurs-pantalons (1975)

Questions

Présentation :

1. Présentez ces différents vêtements en précisant durant quelle période ils ont été élaborés.

Analyser les œuvres

2. Décrivez pour chaque silhouette la nature des tissus, les couleurs ou les motifs employés ; notez les accessoires représentés, ainsi que les poses des modèles.

3. Trouvez pour chaque photographie trois adjectifs pour décrire l'allure globale du modèle. Montrez comment les vêtements photographiés transforment progressivement la silhouette féminine.

Faire le lien entre art et histoire :

4. Comment ces différents vêtements participent-ils à la libération du corps de la femme ?

5. De quelles évolutions sociales et culturelles majeures témoignent-ils ?

@ Pour aller plus loin

Allez visiter le site du Musée de la mode de la ville de Paris – Galliera : http://www.paris.fr/portail/loisirs/Portal.lut?page_id=5854.

Dans les collections du XXe siècle, quels sont les couturiers les mieux représentés ? Composez une courte biographie des plus importants d'entre eux : dates de naissance et de mort, formation, maison de couture créée ou pour laquelle ils ont travaillé, rôle joué dans l'évolution de la mode féminine au XXe siècle.

RÉVISIONS

La République et les évolutions de la société française

Les points clés du cours

1. La République et la question ouvrière : le Front populaire

• Au début du XXe siècle, les ouvriers ont le sentiment d'être marginalisés dans la République. Les lois sociales sont limitées et les grèves régulièrement réprimées.

• C'est pourquoi l'**arrivée au pouvoir du Front populaire (1936)** est une rupture importante dans l'histoire des rapports entre la République et les ouvriers. La victoire des partis de gauche et les **grandes grèves (mai-juin)** aboutissent à des **réformes sociales décisives** : augmentation des salaires, diminution du temps de travail, obtention des congés payés en 1936, création des conventions collectives.

2. La République, les religions et la laïcité depuis les années 1880

• **À la fin du XIXe siècle, les républicains**, pour lutter contre l'influence de l'Église catholique, **mènent une politique laïque**. Elle passe par la **laïcité de l'école publique (1882 et 1886)** et par la **séparation des Églises et de l'État (1905)** reconnue par la Constitution en 1946.

• En revanche, **l'école laïque fait débat**. Ses partisans se mobilisent contre des lois favorisant l'école privée. Les partisans de l'école libre protestent contre les projets d'intégration dans un vaste secteur public. La question du port des signes religieux ostensibles conduit l'État à les interdire (2004).

3. La place des femmes dans la vie politique et sociale de la France au XXe siècle

• Très présentes dans la paysannerie et l'industrie, **les femmes intègrent peu à peu de nouveaux secteurs** (tertiaire, professions libérales...). Toutefois, si les inégalités entre hommes et femmes reculent, elles persistent aujourd'hui encore (salaires plus faibles, chômage, « plafond de verre »...).

• Politiquement, **les femmes obtiennent le droit de vote en 1944**. Se pose ensuite le problème de leur **faible représentation dans les assemblées élues**. En **2000, le vote de la loi sur la parité** permet des progrès décisifs.

• Le XXe siècle est aussi le **siècle de l'émancipation des femmes**. Elles ne sont plus considérées comme des mineures et partagent l'autorité parentale. La **maîtrise de la fécondité** est aussi une avancée majeure (contraception, avortement...).

Les mots clés

- Concordat → p. 370
- Féminisme → p. 378
- Front populaire → p. 364
- Laïcité → p. 370
- Mouvement suffragiste → p. 374
- Parité → p. 378

Les personnages clés

Léon Blum
(1872-1950)
Président du Conseil au temps du Front populaire.
→ Biographie p. 365

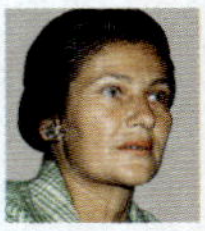

Simone Veil
(née en 1927)
Ministre de la Santé de 1974 à 1979.
→ Biographie p. 379

Les dates clés

• Les ouvriers et le Front populaire

3 mai 1936	Victoire électorale du Front populaire
mai-juin	Puissant mouvement de grèves en France (« les grèves de la joie »)
7 juin	Signature des accords de Matignon
11 juin	Loi instituant les congés payés et les conventions collectives.
12 juin	Loi sur la semaine de 40 heures.
21 juin 1937	Le premier gouvernement Blum présente sa démission.

• République, religion et laïcité

1905	Loi de séparation des Églises et de l'État
1906	Crise des inventaires
1946	Constitution de la la IVe République ; la laïcité de l'État devient constitutionnelle
1984	Des millions de manifestants s'opposent au projet de loi Savary
1989	Affaire du « foulard islamique »
2004	Loi sur les signes religieux ostensibles

• La place des femmes

1944	Obtention du droit de vote
1967	Loi Neuwirth autorisant la contraception orale
1975	Loi Veil sur l'avortement
1983	Loi sur l'égalité professionnelle
2000	Loi sur la parité

1 Le Front populaire en dates

1936	
3 mai	Victoire électorale du Front populaire.
11 mai	Grève d'occupation aux usines Bréguet du Havre.
28 mai	Débrayage de 35 000 ouvriers des usines de Renault à Billancourt, occupation des locaux.
7 juin	Signature des accords de Matignon entre la CGT (Confédération générale du travail) et la CGPF (Confédération générale du patronat français).
11 juin	La Chambre des députés vote la loi instituant les congés payés et les conventions collectives.
12 juin	Les députés votent la semaine de 40 heures.
14 juillet	Manifestation d'un million de personnes à Paris pour célébrer la victoire du Front populaire.
1er octobre	Dévaluation du franc. Léon Blum confronté à une fuite des capitaux.
30 décembre	40 000 métallurgistes manifestent à Paris pour le réajustement des salaires.
1937	
13 février	Léon Blum annonce « une pause » dans les réformes adoptées par le gouvernement du Front populaire.
21 juin	Acculé face aux difficultés économiques, le premier gouvernement Blum présente sa démission.

2 Léon Blum annonce la « pause » dans les réformes

Réadapter les traitements et salaires au coût de la vie ne serait qu'obéir à un esprit de justice. Mais le devoir impérieux d'un gouvernement est d'établir des ordres d'urgence et de fixer des mesures selon l'urgence des difficultés complexes auxquelles il doit parer.

Les fonctionnaires n'ignorent pas ces difficultés. Le gouvernement ne peut pas les laisser s'aggraver davantage sans mettre en péril l'ensemble de l'œuvre qu'il construit hardiment depuis huit mois sur le mandat et avec l'assentiment de la majorité du pays.

En période de crise ou durant les premières étapes du redressement, le gouvernement n'a jamais pensé qu'un équilibre budgétaire réel fût possible, mais il ne peut laisser s'accroître démesurément le déficit sans compromettre le crédit public. Ce problème est compliqué actuellement par le problème du crédit privé.

À la différence de ce qui s'est passé dans d'autres pays, la reprise économique en France précède et doit logiquement entraîner la reprise financière. (...)

L'économie privée est elle-même dans un état de convalescence. Les réformes sociales, l'alignement monétaire l'ont placée dans des conditions toutes nouvelles dont l'équilibre n'est pas encore consolidé. Voilà pourquoi un temps de pause est nécessaire et pourquoi l'État doit demander aujourd'hui à ses collaborateurs de la modération et de la patience.

Allocution radiodiffusée de Léon Blum, le 13 février 1937.

QUESTIONS

1. Qu'est-ce que le Front populaire ? Rappelez comment il est arrivé au pouvoir.
2. Quelles sont les différentes mesures adoptées par le gouvernement de Léon Blum ?
3. Comment Léon Blum justifie-t-il la « pause » opérée par le gouvernement du Front populaire ? Quelles sont les difficultés rencontrées par celui-ci ? Appuyez-vous sur le texte mais aussi sur la chronologie pour répondre.
4. À quelle période met fin cette « pause » ? Nommez-la. Pourquoi le Front populaire marque-t-il une rupture dans l'histoire de la France au XXe siècle ?

Pour aller plus loin

Livres

- Fabienne Kriegel, *Les Congés payés en photo*, Hachette, 2006.
- M. Margairaz, D. Tartakovsky, *Le Front populaire*, Larousse, 2009.
- Henri Pena-Ruiz, *Histoire de la laïcité. Genèse d'un idéal*, Découvertes, Gallimard, 2005.
- Simone de Beauvoir, *Le Deuxième Sexe*, Gallimard, 1949.

Sites Internet

- Musea, un site universitaire pour réfléchir à la place de la femme et à la notion de genre. http://musea.univ-angers.fr/
- Retrouvez la loi de 1905 sur le site de la Ligue de l'enseignement. http://www.laicite-laligue.org

Films

- Julien Duvivier, *La Belle Équipe*, 1936.
- Jean Renoir, *Le Crime de Monsieur Lange*, 1936.
- Jean Renoir, *La vie est à nous*, 1936.
- Claude Chabrol, *Une affaire de femmes*, 1988.

MÉTHODE

Expliquer une photographie

La photographie est une source pour l'historien : elle est une trace visuelle d'un moment historique tel que l'ont vécu les acteurs. Mais elle en est aussi une interprétation : par le choix de son sujet, par la composition de l'image, le photographe donne un point de vue sur l'événement qu'il capture.

Le cadre : une usine de construction d'automobiles Citroën.

Les acteurs :
- Rose Zehner, ouvrière et déléguée syndicale, exhorte à la grève.
- Une foule composée de femmes l'entoure et l'écoute.

La composition place Rose Zehner au centre :
– les regards sont tournés vers elle ;
– elle est presque au centre géométrique de la photographie : le léger décalage à gauche renforce le mouvement de son bras et celui de sa tête ;
– elle se détache sur un arrière-plan plus clair.

Cette tête très floue, au premier plan, montre que la photographie n'est pas posée.

Reporter-photographe pour la presse à partir de 1938, proche des idées du Front populaire.

Willy Ronis, photographie prise dans l'usine Citroën du quai de Javel (XVe arrondissement de Paris), mars 1938.

Le magazine *Regard* commande à Willy Ronis un reportage sur la grève des ouvriers des usines Citroën.

QUESTIONS

1. Présentez la photographie.

2. Expliquez quelles sont les différentes parties de l'image, et laquelle est davantage mise en valeur.

3. Comment la photographie suggère-t-elle la force et l'impact du discours de Rose Zehner ?

4. Que révèle cette photographie sur l'emploi féminin et la mobilisation syndicale de l'entre-deux-guerres ?

Méthode générale

Application guidée

1 Présenter la photographie

- Identifier l'**événement représenté** (date, lieu...) et préciser, si possible, l'**auteur** du cliché et les **conditions de prise de vue** (document officiel, photographie posée ou instantané pris sur le vif...).
- Expliquer ensuite l'**usage** de cette image (parution dans la presse, utilisation dans une affiche, photographie privée...).

Question 1. Présentez la photographie.

Info

Regard est un magazine proche du parti communiste français. Il accorde dans ses pages une grande place aux reportages photographiques.

2 Analyser la photographie

- Décrire le **moment** pris en photo (cadre, personnages, actions...).
- Analyser la **composition de l'image** : tracer les **lignes de force**, montrer les oppositions ou les complémentarités de **couleur** et de **lumière**, relever la place et la mise en relation des différents éléments de la scène.

Question 2. Expliquez quelles sont les différentes parties de l'image, et laquelle est davantage mise en valeur.

Conseil

Pour répondre à cette question, reportez-vous aux indications entourant la photographie.

3 Interpréter le regard du photographe

- Proposer des hypothèses sur l'objectif que poursuit l'auteur en prenant cette photographie.
- Pour cela, replacer le cliché dans son contexte historique en faisant appel à ses connaissances.

Question 3. Comment la photographie suggère-t-elle la force et l'impact du discours de Rose Zehner ?

Question 4. Que révèle ce cliché sur l'emploi féminin et la mobilisation syndicale de l'entre-deux-guerres ?

Conseil

Reportez-vous aux études p. 360-363 et 372-373.

exercice d'application

Manifestation pour l'avortement libre et gratuit, Paris, octobre 1979

1. Présentez la photographie. Soyez attentif à la date : que se passe-t-il en 1979 à propos de la loi sur l'avortement ?
2. Décrivez l'image : les protagonistes, les différentes parties de la photographie.
3. Comment le photographe met-il en valeur le combat collectif des femmes ?
4. Que nous révèle-t-il sur les combats des femmes dans la décennie 1970 ?

BAC

Analyse de document

Point méthode **Rédiger une réponse à la consigne**

La loi de séparation des Églises et de l'État (1905)

Consigne : Après avoir rappelé ce qu'est la loi de 1905, vous montrerez que, si elle marque une victoire pour la République, elle cherche également à résoudre par le compromis la question du rôle et de la place de la religion.

La position de l'Église

La position voulue par la République.

La position du camp laïque

Le regard d'un historien sur la loi de 1905

[La séparation des Églises et de l'État consacrera donc la victoire du camp laïque], puisque le camp catholique ne voulait pas de la séparation, mais, là encore, une victoire de compromis. Le compromis portera sur trois points. C'est d'abord ce qu'on a appelé la privatisation de la religion. Une partie du camp laïque voulait continuer le combat contre la religion, tenue pour pernicieuse. Or la privatisation, en faisant de la religion un choix privé, renvoie dos à dos ceux qui la jugent utile et ceux qui la considèrent comme nuisible. (...). Ensuite, cette privatisation ne renie pas l'enracinement chrétien de la France. Alors que la Révolution avait établi le calendrier révolutionnaire et tenté d'effacer les traces historiques de la société de chrétienté, les artisans de la séparation refusent de recommencer cette expérience, ils gardent, par exemple, les fêtes religieuses légales, ils en ajoutent même deux, le lundi de Pâques et le lundi de Pentecôte, ils ne touchent pas à la culture historique chrétienne du pays. Enfin, l'article 4 de la loi de séparation accepte l'organisation hiérarchique de l'Église. La question était de savoir, en effet, si la loi allait introduire la démocratie interne dans l'Église, en donnant les pouvoirs à la base dans les paroisses, en application de la loi de 1901 sur les associations. La loi de séparation a imposé le respect des règles propres à chaque culte, mais cette partie de l'accord n'entrera en vigueur que vingt ans plus tard, avec la création des associations diocésaines[1] dans les années 1920. Elles auraient pu être créées beaucoup plus tôt si le pape n'avait pas cherché à susciter une persécution pour donner un coup de fouet au catholicisme. Il a fallu beaucoup de sang-froid à la République pour échapper à ce piège et résister aux provocations. Ce fut le mérite de Briand et surtout, en coulisse, de Jaurès de rendre possible ce compromis.

Jean Baubérot, historien et sociologue,
« Les religions face à l'État », propos recueilli
par Thomas Ferenczi, *Le Monde*, 4 janvier 1991.

1. *Associations chargées, sous l'autorité des évêques, de subvenir aux frais et à l'entretien du culte catholique. Elles sont nées d'un accord négocié entre 1921 et 1924 entre la République et la papauté.*

Méthode générale

Application guidée

1 Organiser la réponse

- **La consigne qui accompagne le(s) document(s) est explicite :** elle en oriente clairement l'analyse.
- Le plan de la réponse, rapidement esquissé au brouillon, doit donc **suivre le même cheminement**.
- **La réponse doit permettre d'expliquer le(s) document(s)**, tout en en montrant l'**intérêt pour l'historien**. Il faut donc faire **appel à ses connaissances** : il s'agit de montrer comment ce(s) document(s) apporte(nt) une réponse partielle à une problématique plus générale.
- La réponse doit aussi proposer une **lecture critique, et montrer les limites** du ou des documents (partialité de l'auteur, informations erronées...).

- Analysez la consigne et le document pour proposer un plan à la réponse.

Conseil Aidez-vous des passages surlignés dans le texte.

- Rappelez le contexte qui précède et suit l'adoption de la loi.
- Montrez, grâce à vos connaissances, que la loi de 1905 est l'aboutissement d'un projet initié dans les années 1880.

Conseil Reportez-vous à l'étude p. 366-367 et au cours p. 370-371.

2 Expliquer et justifier la réponse

- Commencer par **présenter très rapidement le(s) document(s) et la consigne**.
- Rédiger ensuite le développement, **en distinguant par de courts paragraphes les différents aspects de l'analyse suggérés par la consigne**. Pour cela, il faut toujours se référer au(x) document(s) et, grâce à ses connaissances, **expliquer les situations et les notions abordées, les allusions, les jugements portés...**
- Pour justifier la réponse, **il est possible de citer le(s) document(s)** : ces citations doivent être courtes, compréhensibles et expliquées.

- Présentez le document en insistant sur sa nature et son auteur.

Conseil Montrez qu'il s'agit d'une analyse de la loi de 1905 et du contexte dans lequel elle est adoptée.

- Expliquez l'extrait souligné en rouge dans le texte.

Info L'auteur fait ici allusion à la querelle des inventaires.

autre sujet La place des femmes en France dans les années 1920

Après avoir replacé ce récit dans son contexte, vous montrerez qu'il révèle à la fois les attentes de la bourgeoisie envers les jeunes femmes dans les années 1920 et l'analyse qu'une féministe fait de sa jeunesse.

Mes amies, et Zaza elle-même, jouaient avec aisance leur rôle mondain ; elles paraissaient au « jour » de leur mère, servaient le thé, souriaient, disaient aimablement des riens ; moi je souriais mal, je ne savais pas faire du charme, de l'esprit ni même des concessions.

Mes parents me citaient en exemple des jeunes filles « remarquablement intelligentes » et qui cependant brillaient dans les salons. Je m'en irritais car je savais que leur cas n'avait rien de commun avec le mien : elles travaillaient en amateurs tandis que j'avais passé professionnelle.

Je préparais cette année les certificats de littérature, de latin, de mathématiques générales, et j'apprenais le grec ; j'avais établi moi-même ce programme, (...) les choses dont on parlait autour de moi ne m'intéressaient pas.

(...) Somme toute, en dehors des moments où j'étais reçue à mes examens, je ne faisais pas honneur à mon père.

Simone de Beauvoir, *Mémoires d'une jeune fille rangée*, 1958.

BIOGRAPHIES

Simone de Beauvoir
(1908-1986)

Philosophe et femme de lettres engagée, compagne de Jean-Paul Sartre, elle est célèbre dans le monde entier pour son essai intitulé *Le Deuxième Sexe*. Elle dénonce la torture des femmes durant la guerre d'Algérie et participe au mouvement de libération des femmes dans les années 1970.

Oussama Ben Laden
(1957-2011)

Né en Arabie Saoudite dans une riche famille, il fait des études commerciales et techniques. Il participe en Afghanistan à la lutte contre l'occupation soviétique et fonde en 1987 Al Qaida. Il rompt avec l'Arabie Saoudite à l'occasion de la Guerre du Golfe car il n'accepte pas la présence de soldats américains sur le sol de son pays. Al Qaida devient alors une organisation terroriste internationale islamiste et revendique en 2001 les attentats contre le World Trade Center et le Pentagone. Activement recherché pendant 10 ans il est tué par l'armée américaine au Pakistan en mai 2011.

Léon Blum
(1872-1950)

Homme politique français, il s'engage en politique au moment de l'affaire Dreyfus. En 1920, au moment du Congrès de Tours, il choisit de rester à la SFIO alors que la majorité de ses membres part fonder le parti communiste. Il est l'un des principaux dirigeants de la SFIO et occupe à trois reprises la présidence du Conseil (en 1936-37, en 1938 et en 1946). Les réformes qu'il fait adopter quand il dirige le gouvernement du Front populaire marquent de réelles avancées sociales. Arrêté en 1940, il est jugé par le régime de Vichy lors du procès de Riom et livré aux nazis pour être déporté en Allemagne de 1943 à 1945.

Georges Boulanger
(1837-1891)

Général français, proche des républicains, il est nommé ministre de la Guerre en 1886. Il devient populaire en tenant tête à l'Allemagne lors d'un incident à la frontière (affaire Schaebelé). Écarté du gouvernement, puis mis à la retraite en 1888, il entame alors une carrière politique. Très populaire, il crée autour de lui un courant politique nouveau, le boulangisme, mélange de nationalisme et de républicanisme autoritaire. Menacé de poursuites par le gouvernement, il quitte la France en 1889.

Aristide Briand
(1862-1932)

Journaliste, élu député socialiste en 1902, il est ministre et président du Conseil à de nombreuses reprises entre 1906 et 1932. Après 1918, il devient un défenseur ardent de la politique de paix et de coopération internationale.

George Bush
(né en 1924)

Vice-président des États-Unis de 1981 à 1989, il est élu président de 1989 à 1993. Il négocie le tournant de la fin de la Guerre froide et soutient la réunification allemande. Il annonce un « nouvel ordre mondial » après la victoire de l'opération « Tempête du désert » en Irak en 1990-1991. Il est le père de George W. Bush, président des États-Unis de 2001 à 2008.

George W. Bush
(né en 1946)

Président des États-Unis de 2001 à 2008, il engage son pays dans la guerre en Afghanistan et en Irak et mène une politique extérieure interventionniste dans un cadre unilatéral.

Fidel Castro
(né en 1926)

Révolutionnaire cubain, il s'empare du pouvoir en 1959 contre le dictateur Batista. et met progressivement en place une dictature d'inspiration marxiste-léniniste. En 1962, il pousse Khrouchtchev à l'épreuve de force contre les États-Unis.

Winston Churchill
(1874-1965)

Premier ministre du Royaume-Uni (1940-1945), Winston Churchill incarne la volonté de résistance britannique pendant la Seconde Guerre mondiale. Il joue un rôle important lors des grandes conférences interalliées (comme celle de Yalta). Il démissionne après le succès des travaillistes aux élections de 1945. Le discours dans lequel il dénonce le « rideau de fer » en Europe (5 mars 1946) est resté célèbre. Il est de nouveau Premier ministre de 1951 à 1955.

Georges Clemenceau
(1841-1929)

Médecin, député radical en 1871, redoutable orateur, il est hostile aux conservateurs comme aux républicains modérés. Ardent dreyfusard, il publie l'article de Zola dans *L'Aurore*. Il devient président du Conseil de 1906 à 1909, puis est nommé à nouveau en novembre 1917. Il se consacre tout entier à l'effort de guerre et devient très populaire. Surnommé le « Père la Victoire », il négocie le Traité de Versailles avec les Alliés en 1919. Il est battu aux élections présidentielles de 1920.

Michel Debré
(1912-1996)

Homme politique, résistant, il est élu au Conseil de la République entre 1948 et 1958. Gaulliste convaincu, il participe à rédaction de la Constitution de la Ve République. Il est Premier ministre de 1959 à 1962 puis plusieurs fois ministre jusqu'en 1973.

Alfred Dreyfus
(1859-1935)

Issu d'une famille de la bourgeoisie juive alsacienne, ce capitaine est accusé en 1894 d'avoir livré des secrets militaires à l'Allemagne. Il est condamné à la déportation en Guyane. Sa famille et ses proches réussissent à convaincre des hommes politiques et des intellectuels de son innocence. L'affaire Dreyfus devient lors publique. En 1899, il est condamné à dix de réclusion après un nouveau procès mais il est gracié par le président de la République Émile Loubet. Il est réhabilité et réintégré dans l'armée en 1906. Décoré de la Légion d'honneur, il sert au cours de la Première Guerre mondiale.

Jules Ferry
(1832-1893)

Avocat, député républicain et anticlérical, il commence sa carrière politique dans l'opposition à Napoléon III. Il joue un rôle décisif dans l'enracinement de la République comme chef du gouvernement et ministre (notamment de l'Instruction publique) entre 1879 et 1885. Il fait adopter les lois scolaires, les lois sur les libertés publiques et mène une importante politique de conquête coloniale (1883-1885). C'est d'ailleurs sa politique au Tonkin (nord de l'Indochine) qui provoque sa chute en mars 1885.

Francisco Franco
(1892-1975)

Général espagnol, il se fait connaître en combattant au Maroc de 1921 à 1927. En 1936, nommé chef du gouvernement et généralissime des armées, il participe activement à la guerre civile espagnole contre le gouvernement de *Frente Popular* (1936-1939). Il instaure à l'issue de la guerre un régime de dictature dont il est le *Caudillo* jusqu'à sa mort.

Mohandas Karamchand Gandhi
(1869-1948)

Issu de la bourgeoisie indienne, Gandhi fait des études de droit à Londres puis devient avocat. Dès 1920, il lutte contre la présence britannique et l'injustice sociale. Leader politique et figure morale, il est surnommé le *Mahatma* (« la Grande Âme »). S'inspirant de l'hindouisme et d'autres traditions religieuses, il prône la non-violence et lance à plusieurs reprises au cours des années 1920-1930 des campagnes de non-coopération et de désobéissance civile. Il ne parvient cependant pas à empêcher la partition de l'Inde au moment de l'indépendance en 1947. Il est assassiné le 30 janvier 1948 par un extrémiste hindou lui reprochant sa modération à l'égard des musulmans.

Charles de Gaulle
(1890-1970)

Général, il entre dans le gouvernement de Paul Reynaud en juin 1940 comme sous-secrétaire d'État à la Défense nationale. Partisan de la poursuite de la guerre, il gagne Londres et lance l'Appel du 18 juin 1940. Il devient alors le chef de la France libre et organise l'unification de la Résistance intérieure. De 1944 à 1946, il dirige le gouvernement provisoire et obtient des Alliés la participation de la France à l'occupation de l'Allemagne et au Conseil de sécurité de l'ONU. Il quitte le pouvoir en janvier 1946 et s'oppose à la mise en place de la IVe République dont il critique les institutions. Rappelé au pouvoir en mai 1958 suite aux événements d'Algérie, il fonde la Ve République dont il est le premier président jusqu'à sa démission en 1969.

Mikhaïl Gorbatchev
(né en 1931)

Adhérent du parti communiste en 1952, il devient membre du Politburo en 1980 et secrétaire général du parti en 1985. Il tente de réformer le système soviétique en lançant la *perestroïka* et la *glasnost*. À l'extérieur, il multiplie les appels au désarmement qu'il négocie avec les États-Unis. Il organise le retrait soviétique d'Afghanistan et en 1989, il se refuse à utiliser la force pour empêcher la fin des démocraties populaires en Europe de l'Est. Contraint d'accepter la disparition de l'URSS, il démissionne le 25 décembre 1991. Il reçoit le prix Nobel de la paix en 1990.

Messali Hadj
(1898-1974)

Leader nationaliste algérien. Immigré en France après 1918, il y fonde un des premiers mouvements nationalistes algériens, l'Étoile Nord-Africaine en 1926. À la dissolution de cette organisation, il fonde le parti du Peuple algérien en 1937. Après guerre, il crée le Mouvement pour le Triomphe des libertés démocratiques (MTLD) puis le Mouvement national algérien qui devient un vivier du nationalisme algérien. Au cours de la guerre d'Algérie, les partisans de Messali Hadj s'opposent parfois durement au FLN qui finit par triompher dans cette guerre intestine au nationalisme algérien. Il n'obtient la nationalité algérienne qu'en 1965 et il meurt en France sans avoir pu revenir dans son pays.

Adolf Hitler
(1889-1945)

Né en Autriche, il découvre l'antisémitisme à Vienne en 1908. Il s'engage en 1914 dans l'armée allemande et la défaite est pour lui un traumatisme. En 1919, il entre dans un groupuscule nationaliste qu'il transforme en un parti politique dont il prend la tête : le NSDAP. Il en élabore le programme fondé sur une idéologie nationaliste, raciste et antisémite. Après l'échec en 1923 d'un coup d'État, il est emprisonné quelques temps et écrit *Mein Kampf* (1925). La crise économique permet à son parti de prospérer et il parvient légalement au pouvoir le 30 janvier 1933. Le Fürher transforme alors son pays en une dictature totalitaire. Il entraîne l'Europe dans la guerre et organise l'extermination des Juifs et des Tziganes. Il se suicide en avril 1945.

Hô Chi Minh
(1890-1969)

Nguyen Ai Quoc, connu sous le nom de Hô Chi Minh (« celui qui éclaire »), quitte l'Indochine française en 1911. Il s'installe en France en 1917 et adhère au parti communiste français en 1920. De retour en Indochine, il fonde le parti communiste indochinois en 1930. Nationaliste et communiste à la fois, il proclame l'indépendance du Vietnam en 1945 et dirige la lutte contre la France de 1946 à 1954.

Jean Jaurès
(1859-1914)

Député, historien, grand orateur, il est un dirigeant du mouvement socialiste devenu la SFIO en 1905, et le fondateur du journal *L'Humanité* en 1904. Malgré l'influence de Karl Marx, il reste favorable à un socialisme démocratique. Pacifiste, il est assassiné par un nationaliste le 31 juillet 1914.

John F. Kennedy
(1917-1963)

Président des États-Unis de 1960 à 1963, il se distingue par son habile gestion de la crise de Cuba et sa décision d'engager militairement son pays au Vietnam. Il est assassiné à Dallas en 1963.

John Maynard Keynes
(1883-1946)

Économiste britannique (*Théorie générale de l'emploi, de l'intérêt et de la monnaie, 1936*) et acteur important de l'économie, il a notamment participé à la mise en place du système de Bretton Woods en 1944.

Nikita Khrouchtchev
(1884-1971)

Adhérent du parti communiste depuis 1918, il devient Premier secrétaire du PCUS après la mort de Staline (1953). Il s'impose dans la direction du parti et entreprend la déstalinisation en 1956, mais ses échecs politiques (rupture avec la Chine, crise de Cuba, difficultés économiques) l'isolent au sein du parti. Il est obligé de démissionner en 1964, remplacé par Leonid Brejnev.

Helmut Kohl
(né en 1930)

Homme politique allemand, il devient en 1973, le chef du parti chrétien-démocrate CDU. Chancelier de la RFA de 1982 à 1998, il comprend au lendemain de la chute du mur de Berlin la nécessité de la réunification. Grand européen, il engage aussi l'Allemagne dans la monnaie unique.

Pierre Laval
(1883-1945)

Homme politique français, il débute sa carrière comme député socialiste au cours de la Première Guerre mondiale puis évolue vers la droite. Il devient président du Conseil dans les années 1930 (1931, 1935). Pacifiste convaincu, il est en 1940 un partisan acharné de l'armistice et joue un grand rôle dans l'arrivée au pouvoir de Pétain en juin et entre au gouvernement comme son « dauphin ». Écarté un temps du pouvoir, il y revient en 1942 à la demande des Allemands. Il mène alors une franche politique de collaboration. Il est jugé et exécuté en octobre 1945.

Lénine
(1870-1924)

Pourchassé par la police du Tsar, il vit en exil de 1900 à 1917. Il devint alors le chef de la tendance majoritaire (bolchevik) du parti social-démocrate russe. Il rentre en Russie à l'occasion de la révolution de février. Il organise la révolution d'octobre 1917 qui porte les bolcheviks au pouvoir. Il dirige d'une main de fer le pays pendant la guerre civile et met en place la NEP pour le reconstruire sans renoncer pour autant à la dictature mise en place.

Karl Marx
(1818-1883)

Brillant intellectuel allemand poursuivant des travaux de philosophie, d'économie et d'histoire, socialiste engagé, Karl Marx devient avec Friedrich Engels un grand théoricien du socialisme. Dans le *Manifeste du parti communiste* (1848), les deux hommes proposent une transformation radicale de la société et l'abandon du capitalisme.

Jean Moulin
(1899-1943)

Préfet d'Eure-et-Loire, il refuse en 1940 de se soumettre aux Allemands. Il rejoint la France libre et est chargé par de Gaulle d'unifier la Résistance intérieure. Il fonde le CNR en 1943. Mais il est arrêté par la Gestapo et meurt après avoir été torturé.

Benito Mussolini
(1883-1945)

Avant 1914, il est un des leader du parti socialiste italien. Mais il rompt avec ses camarades car il soutient ardemment l'entrée en guerre de son pays en 1915. Fondateur des Faisceaux de combat en 1919, puis du parti national fasciste en 1921, il accède au pouvoir en 1922. En 1924, il a fait de l'Italie une dictature. Il organise alors le premier régime fasciste d'Europe, le premier totalitarisme. Il se rapproche de l'Allemagne nazie à partir de 1936 et entre à ses côtés dans la Seconde Guerre mondiale. Il est exécuté en avril 1945 par des résistants italiens.

Jawaharlal Nehru
(1889-1964)

Issu d'une riche famille indienne, il fait ses études en Angleterre et devient avocat. Il rencontre Gandhi en 1916 et entre au parti du Congrès en 1919. En 1929, il en devient président et milite pour l'indépendance totale des Indes, ce qui lui vaut plusieurs séjours en prison. Il devient le Premier ministre de l'Union indienne jusqu'à sa mort. Il y installe une démocratie laïque et joue un rôle de premier plan dans la lutte contre le colonialisme et la fondation du mouvement des non-alignés. Il bénéficie de son vivant d'une popularité exceptionnelle.

Barack Obama
(né en 1961)

Premier président noir des États-Unis, élu en 2008, partisan du multilatéralisme et prix Nobel de la paix (2009).

Pablo Picasso
(1881-1973)

Peintre espagnol, il s'installe à Paris en 1904 où il peint une toile demeurée célèbre comme l'un des symboles de l'art moderne : *Les Demoiselles d'Avignon*. Fondateur du cubisme avec Georges Braque, il est un des artistes les plus connus et les plus prolifiques de son époque. Il dénonce la violence des bombardements anti-républicains dans *Guernica* en 1937. Il adhère au parti communiste en 1944.

Ronald Reagan
(1911-2004)

Président des États-Unis de 1980 à 1988, il fait de la lutte contre le communisme sa priorité absolue, sur tous les fronts et tous les continents. À partir de 1986, il sait saisir la main tendue par Gorbatchev pour négocier avec lui la fin de la Guerre froide.

Franklin Delano Roosevelt
(1882-1945)

Élu président des États-Unis en 1932, il entreprend pendant la période de dépression des années 1930 de grandes réformes économiques dans le cadre du New Deal. Très populaire, il est réélu en 1936, 1940 et 1944. Il engage son pays dans la guerre après l'attaque de Pearl Harbor en 1941 et participe activement à l'après-guerre par sa présence aux conférences de Téhéran (1943) et Yalta (1945).

Léopold Sédar Senghor
(1906-2001)

Originaire du Sénégal, agrégé de grammaire, écrivain, il est le fondateur du Mouvement de la négritude, en 1935. Il s'intéresse également à la politique : élu à l'Assemblée constituante française en 1945, il occupe plusieurs postes ministériels entre 1955 et 1960. Il est président de la République du Sénégal de 1960 à 1980.

Alexandre Soljenitsyne
(1918-2008)

Écrivain russe, il combat dans l'Armée rouge au cours de la Seconde Guerre mondiale. En 1945, il est condamné à 8 ans de camp pour avoir critiqué Staline et sa gestion de la guerre dans sa correspondance. Libéré en 1953, il est envoyé en exil au Kazakhstan. Réhabilité en 1956, il publie en 1962 *Une journée d'Ivan Denissovitch* dans lequel il critique le goulag. Il devient alors un écrivain dissident. La parution à l'étranger de *l'Archipel du goulag* en 1973 provoque son expulsion d'URSS. Prix Nobel de littérature, il ne rentre en Russie qu'en 1994.

Adam Smith
(1723-1790)

Philosophe et économiste écossais, il est considéré comme le fondateur de la science économique moderne. Son ouvrage *Recherches sur la nature et les causes de la richesse des Nations* (1776) nourrit la pensée libérale et exerce, tout au long du XIXe siècle, une grande influence sur les penseurs et les hommes politiques.

Joseph Staline
(1879-1953)

Né en Géorgie, il devient Secrétaire général du parti communiste en URSS en 1922. Après la mort de Lénine, il prend le pouvoir et se débarrasse un à un de ses adversaires politiques. Il engage, en 1929, l'URSS dans le « Grand tournant » : une politique de transformation radicale de l'économie et de la société, dans un climat de terreur. Soucieux de la sécurité de l'URSS avant tout, il signe en 1939 un pacte de non-agression avec Hitler. En 1941, il mobilise la population dans la « grande guerre patriotique » et rejoint les États-Unis et le Royaume-Uni dans la Grande Alliance. Après 1945, il participe à l'élaboration du nouvel ordre mondial et impose le communisme aux pays d'Europe de l'Est occupés. Il est un acteur majeur des premières crises de la Guerre froide.

Frederick Winslow Taylor
(1856-1915)

Ingénieur américain. Il met au point à la fin du XIXe siècle un système d'organisation scientifique du travail (OST). Il cherche à améliorer la productivité du travail en rationalisant la production (décomposition et mesure du travail, recours à la machine...). L'OST est souvent appelée « taylorisme ».

Harry S. Truman
(1884-1972)

Vice-président de Roosevelt en 1944, il devient président des États-Unis en avril 1945. Il participe à la conférence de Potsdam et décide d'utiliser la bombe atomique contre le Japon pour accélérer la fin de la guerre en Asie. Il élabore la politique du *containment* et accepte l'idée du plan Marshall en 1947, entraînant les États-Unis dans la Guerre froide.

Simone Veil
(née en 1927)

Femme politique française. Rescapée du camp d'extermination d'Auschwitz, elle fait carrière dans la magistrature jusqu'à sa nomination comme ministre de la Santé en mai 1974. C'est à ce poste qu'elle fait adopter la loi Veil (janvier 1975) qui autorise l'avortement en France. Première femme à présider le Parlement européen entre 1979 et 1982, elle est élue à l'Académie française en mars 2010.

Simone Weil
(1909-1943)

Philosophe et écrivaine française. Agrégée de philosophie, communiste anti-stalinienne, elle quitte provisoirement son poste d'enseignant en 1934-1935 pour entrer à l'usine. Elle soutient le Front populaire, rejoint les Brigades internationales pour lutter contre Franco en 1936. Durant la guerre, elle s'engage un temps à Londres aux côtés de la France libre.

Thomas Woodrow Wilson
(1856-1924)

Président des États-Unis de 1912 à 1920, il décide de l'entrée de son pays dans la guerre en 1917. En 1919, il participe aux négociations de paix où il défend les principes du droit des peuples et de l'arbitrage. Il reçoit le prix Nobel de la paix en 1920.

Émile Zola
(1840-1902)

Écrivain français. Chef de file de l'école naturaliste qui veut appliquer la rigueur scientifique à la description des faits humains et sociaux. Il entreprend en particulier un grand cycle romanesque sur une famille au temps du Second Empire : *Les Rougon-Macquart*. Il s'engage très tôt dans la défense de Dreyfus et publie en janvier 1898 un article retentissant, « J'accuse », pour lequel il est condamné. Il devient alors la cible des anti-dreyfusards.

LEXIQUE

A

Acculturation : processus par lequel un groupe d'individus ou une société entre en contact avec une autre culture et l'assimile en partie. (voir p. 280)

Alliés : grande alliance entre le Royaume-Uni, les États-Unis et l'URSS contre l'Allemagne après 1942. (voir p. 106)

Al-Qaida : organisation terroriste islamiste fondée en 1987 en Afghanistan par le Saoudien Oussama Ben Laden pour recruter et financer la résistance à l'URSS. Farouchement hostile aux États-Unis et à ce qu'ils représentent, Al-Qaida (« la base » en arabe) est responsable depuis 1992 d'un grand nombre d'attentats, dont ceux qui frappent en 1998 les ambassades américaines au Kenya et en Tanzanie. Réseau transnational aux structures souples et peu identifiables, Al-Qaida incarne une nouvelle forme de terrorisme global. (voir p. 178 et 181)

Altermondialisme : mouvement hétérogène qui entend promouvoir une autre mondialisation, plus soucieuse des équilibres sociaux et écologiques et plus juste envers les pays du Sud. (voir p. 32 et 38)

Anarchisme : sous la IIIe République, courant révolutionnaire qui refuse le système républicain et préconise la violence pour détruire le pouvoir de la bourgeoisie. (voir p. 318)

***Anschluss* (« raccordement ») :** annexion de l'Autriche par l'Allemagne nazie le 13 mars 1938. (voir p. 232)

Anticléricalisme : opposition à l'influence des Églises dans les affaires publiques. (voir p. 366 et 370)

Antiparlementarisme : hostilité au régime parlementaire et à ses hommes politiques. (voir p. 318)

Antisémitisme : haine à l'égard des Juifs, considérés comme une race ou un groupe distinct de la société. (voir p. 110 et 204)

Apartheid : régime de « développement séparé » installé en Afrique du Sud en 1948. Il instaure une ségrégation raciale dont sont victimes les populations non blanches, pourtant majoritaires. Ces lois racistes sont abolies entre 1991 et 1994. (voir p. 294)

***Appeasement* (« apaisement ») :** dans les années 1930, politique d'apaisement des tensions avec l'Allemagne nazie, fondée sur la recherche d'un compromis pour sauver la paix. (voir p. 232)

Armes de destruction massive (ADM) : ensemble des armes non conventionnelles, notamment les armes nucléaires, chimiques, biologiques (ou bactériologiques) et radioactives. (voir p. 172)

Arrière : terme désignant les populations qui ne prennent pas part aux opérations militaires mais qui peuvent participer à l'effort de guerre. (voir p. 94)

Aryens : à l'origine, désigne les peuples de langue indo-européenne, sans implication de race. Pour les nazis, race supérieure à toutes les autres. (voir p. 200, 204 et 206)

Autodétermination : le 16 septembre 1959, de Gaulle propose de consulter les Algériens par référendum sur trois possibilités : « la sécession », « la francisation » ou « l'association ». (voir p. 303)

Automatisation : ensemble des procédés qui rendent automatiques les fonctions de production dans les entreprises et limitent donc la main-d'œuvre nécessaire à l'exécution des tâches. (voir p. 56)

Autorité charismatique : pouvoir qui se fonde sur les qualités supposées extraordinaires d'un homme. (voir p. 214)

Axe : l'Allemagne et ses alliés, l'Italie et le Japon, liés par un pacte tripartite en septembre 1940. (voir p. 106)

B

***Baby-boomers* :** enfants nés pendant la période dite de baby-boom (1942-1965) durant laquelle la France connaît une forte natalité. (voir p. 64)

Beur : terme qui désigne familièrement les « deuxièmes générations », c'est-à-dire les enfants nés en France, des immigrés du Maghreb. (voir p. 72)

***Blitzkrieg* (« guerre éclair » en allemand) :** pendant la Seconde Guerre mondiale, bombardements aériens préparant l'attaque des divisions blindées qui percent le front pour obtenir une victoire rapide et décisive. (voir p. 106)

Blocus : opération visant à isoler une zone (ville ou pays) par la force, en la privant de toute communication avec l'extérieur. (voir p. 167)

Bourrage de crâne : pendant la Première Guerre mondiale, propagande exercée sur l'ensemble des populations des États belligérants pour les mobiliser. (voir p. 98 et 100)

Brigades internationales : troupes militaires soutenant le gouvernement républicain lors de la guerre d'Espagne, composées de volontaires étrangers, le plus souvent communistes. (voir p. 228 et 232)

C

Cadre : terme apparu à la fin des années 1930 pour désigner un employé ayant des responsabilités importantes dans l'entreprise. (voir p. 52, 60 et 62)

Camp d'extermination : camp de concentration où la mort est programmée et organisée de façon industrielle. (voir p. 108, 110, 112 et 116)

Camp de concentration : lieu de détention où l'on enferme les populations considérées comme ennemies de l'État. Ce sont en général des camps de travail forcé. (voir p. 108, 110, 112, 116, 212 et 214)

Capitalisme : système économique qui repose sur la propriété privée des moyens de production et d'échange, avec pour finalité la recherche du profit. (voir p. 27 et 32)

Casques bleus : soldats de l'ONU dont la mission, pacifique, consiste à s'interposer entre deux parties, à faire respecter un cessez-le- feu ou à venir en aide aux populations civiles. Les contingents sont fournis par des États membres volontaires. (voir p. 172)

CDD (Contrat à durée déterminée) : contrat de travail établi pour une durée limitée définie entre l'employeur et le salarié ; s'oppose au CDI (contrat à durée indéterminée). (voir p. 64)

CFDT (Confédération française démocratique du travail) : syndicat né en 1964, très représenté auprès des jeunes ouvriers, des femmes et des non qualifiés. (voir p. 56)

CFLN (Comité français de libération nationale) : organisme gouvernemental de la France libre formé en juin 1943 à Alger. (voir p. 378)

CGT (Confédération générale du travail) : syndicat né en 1895, proche du parti communiste. C'est le premier syndicat de France dans les années 1960. (voir p. 56)

Chômage : Situation qui caractérise les personnes privées d'emploi et en recherchant un. (voir p. 52 et 62)

Coexistence pacifique : doctrine formulée en 1956 par Khrouchtchev selon laquelle l'URSS doit cohabiter avec les États-Unis afin d'éviter l'affrontement nucléaire. (voir p. 250)

Collaboration d'État : politique de coopération avec l'Allemagne nazie volontairement engagée par l'État français sur les plans politique, économique et militaire. (voir p. 328 et 330)

Collaborationnistes : ceux qui s'engagent par idéologie en faveur de l'Allemagne nazie. (voir p. 330)

Collectivisation : en URSS, appropriation par la collectivité ou l'État des moyens de production. (voir p. 202 et 206)

Colonie d'exploitation : colonie exploitée pour fournir aux métropoles des matières premières et dans laquelle le peuplement d'origine européenne est très faible. (voir p. 278 et 280)

Colonie de peuplement : colonie dans laquelle s'installe définitivement un grand nombre d'habitants venus de métropole. (voir p. 276 et 280)

Colonie : territoire occupé et administré par un État étranger (la « métropole »). (voir p. 272)

Colonisation : conquête, domination et exploitation d'un territoire étranger. (voir p. 268)

Commonwealth : communauté créée en 1931 pour maintenir des liens entre le Royaume-Uni et ses anciennes possessions. (voir p. 294)

Communisme : idéologie politique qui cherche à instaurer une société sans classes sociales, sans État et sans propriété privée. (voir p. 192 et 198)

Concordat : traité entre un pape et un État définissant les relations entre l'Église et cet État. (voir p. 366 et 370)

Congrégations : association de religieux ou de religieuses. (voir p. 370)

***Containment* (ou « endiguement ») :** doctrine appliquée par les États-Unis à partir de 1947, visant à s'opposer par tous les moyens (militaires, économiques, propagande) à toute nouvelle extension du communisme dans le monde. (voir p. 152 et 154)

Conteneurisation : processus qui généralise l'usage du conteneur dans le transport de marchandises, principalement dans le transport maritime. (voir p. 40)

Convention collective : contrat conclu entre des représentants du patronat et des salariés d'une branche professionnelle sur les conditions de travail et de rémunération. (voir p. 364)

Corporation : organisation professionnelle qui réunit patrons et ouvriers d'un même secteur d'activité. (voir p. 330)

Crise économique : retournement de la conjoncture qui interrompt la phase de croissance. (voir p. 24 et 27)

Croissance économique : augmentation durable de la production et des profits. (voir p. 27)

Culture de guerre : ensemble des représentations et des perceptions que les belligérants ont de la guerre, de ses violences, de ses souffrances. (voir p. 98 et 100)

D

Décolonisation : passage pour un territoire du statut de colonie à celui d'État souverain. (voir p. 294)

Démocraties populaires : nom donné par les Soviétiques aux pays communistes d'Europe de l'Est. Les démocraties populaires sont en réalité des régimes dictatoriaux. (voir p. 150, 152 et 154)

Dénazification : décision prise par les Alliés lors des conférences de Yalta et de Potsdam en 1945 d'épurer la société allemande du nazisme et de mettre en place un État démocratique. (voir p. 240 et 245)

Déportation : peine qui consiste à déplacer un individu ou un groupe dans un lieu. (voir p. 94)

Dépression : mouvement de longue durée durant lequel la croissance ralentit, les profits baissent et le chômage s'installe durablement. (voir p. 24 et 27)

Dérégulation financière : absence de règles définies visant à contrôler les marchés financiers. (voir p. 32)

Désindustrialisation : processus économique qui marque le recul des activités industrielles dans une région ou dans un pays. (voir p. 56 et 64)

Déstalinisation : processus débuté en 1953 dès la mort de Staline puis officialisé par N. Khrouchtchev au XXe Congrès du PCUS en 1956. Il vise à mettre fin au culte de la personnalité de Staline et à la terreur stalinienne. (voir p. 246 et 250)

Détente (1963-1975) : période qui suit la crise de Cuba, durant laquelle les États-Unis et l'URSS renouent le dialogue et signent plusieurs accords dans les domaines militaire et commercial. Elle ne met toutefois pas fin à la Guerre froide. (voir p. 157)

Développement durable : notion définie en 1987 par la Commission mondiale sur l'environnement et le développement : « Développement qui répond aux besoins des générations du présent sans compromettre la capacité des générations futures à répondre aux leurs. » (voir p. 32)

***Diktat* :** terme allemand utilisé pour dénoncer le caractère arbitraire du traité de Versailles, imposé à l'Allemagne. (voir p. 232)

Dirigisme : action d'impulsion et d'orientation de l'État dans l'économie et la société. (voir p. 342)

Dissidence : mouvement d'opposition au régime communiste soviétique mené au nom des droits de l'Homme. (voir p. 250)

Dissuasion nucléaire : doctrine consistant à prévenir un conflit en menaçant l'agresseur de représailles qui annuleraient les bénéfices espérés de l'agression. À l'ère nucléaire, la dissuasion est absolue : chacun dispose de la capacité de détruire l'autre en totalité – et plusieurs fois. (voir p. 154)

Division internationale du travail (DIT) : spécialisation économique des pays ou des régions au sein du marché mondial. (voir p. 40)

Dragons : l'expression désigne quatre pays d'Asie qui connaissent une forte croissance à partir des années 1960 : la Corée du Sud, Hong Kong, Singapour et Taïwan. (voir p. 38)

Droit d'ingérence : principe légitimant l'intervention dans les affaires intérieures d'un pays au nom des droits de l'Homme ou d'une assistance humanitaire de première urgence. (voir p. 172)

Droit des peuples à disposer d'eux-mêmes : principe selon lequel chaque peuple doit pouvoir déterminer la forme de son gouvernement. (voir p. 139)

E

École libre : expression qui désigne les écoles privées, par référence au libre choix de la famille. (voir p. 368)

Économie-monde : système dans lequel un vaste espace acquiert, en raison de l'importance de ses échanges, une unité et une autonomie économique. (voir p. 21 et 40)

***Einsatzgruppen* (« Groupes spéciaux ») :** unités mobiles nazies formées de policiers et de SS. Lors de l'invasion de la Pologne, elles enferment la population juive dans des ghettos et les soumettent au travail forcé. À partir de l'invasion de l'URSS en 1941, elles sont chargées de fusiller les Juifs et les responsables politiques soviétiques. (voir p. 108 et 116)

Employé : membre d'un groupe aux contours flous rassemblant des professions variées : secrétaires et agent de bureau, agents hospitaliers, vendeurs mais aussi domestiques ou encore pompiers. (voir p. 60)

Épuration légale : répression selon les règles du droit des collaborateurs, dirigeants et fonctionnaires du régime de Vichy. Elle comporte deux volets, l'un judiciaire (jugements), l'autre administratif et professionnel (sanctions disciplinaires). (voir p. 338 et 342)

Épuration spontanée : à la Libération, traque et châtiment expéditif des personnes accusées de collaboration. (voir p. 338 et 342)

Ersatz : copie d'un produit manquant ; sa qualité est souvent moins bonne. (voir p. 94)

Espace vital (*Lebensraum*) : pour le nazisme, territoires nécessaires pour assurer la survie et la prospérité de la race aryenne. (voir p. 106, 204, 207 et 232)

Esprit de Genève : expression qui désigne l'atmosphère diplomatique du milieu des années 1920 en Europe qui laisse espérer une paix généralisée, fondée sur les principes défendus par la SDN. (voir p. 139)

État-providence (ou *Welfare State*) : ensemble des dispositifs par lesquels l'État intervient dans l'économie et la société, protégeant les individus et redistribuant les richesses. (voir p. 30 et 342)

Étranger : personne qui n'a pas la nationalité du pays dans lequel il réside. (voir p. 72)

Eugénisme : politique nazie visant à « améliorer » la race aryenne en empêchant la reproduction des éléments considérés comme génétiquement déviants (handicapés, homosexuels...), par stérilisation forcée ou élimination physique. (voir p. 206)

Exode : fuite des civils devant l'avancée de l'armée allemande en juin 1940. (voir p. 330)

F

Fascisme : de « **Faisceaux de combat** » le mouvement politique créé en 1919 par Mussolini (dans la Rome antique, le faisceau symbolise l'autorité et l'unité). Il désigne ensuite le régime politique de Mussolini fondé sur le culte du chef et le rejet de la démocratie. (voir p. 194 et 198)

Fellaghas : terme arabe signifiant « coupeurs de routes » ou « bandits de grand chemin » utilisé par les Français pour désigner les membres du FLN. (voir p. 303)

Féminisme : ensemble d'idées politiques et sociales cherchant à promouvoir les droits des femmes dans la société. (voir p. 376 et 378)

FFI (Forces françaises de l'intérieur) : groupes armés unis en 1944 sous l'autorité du Conseil national de la Résistance. (voir p. 332 et 336)

FFL (Forces françaises libres) : organisées dès juin 1940, ce sont les forces armées d'outre-mer de la France libre. Modestes à leur début, elles atteignent 60 000 combattants en juillet 1943. (voir p. 334 et 336)

Firme multinationale (FMN) : grande entreprise qui possède ou contrôle plusieurs filiales de production dans plusieurs pays. (voir p. 32, 36 et40)

FLN (Front de libération nationale) : mouvement fondé le 10 octobre 1954 pour conquérir l'indépendance de l'Algérie et doté d'une organisation militaire, l'ALN (Armée de libération nationale). (voir p. 303)

FMI (Fonds monétaire international) : créé en 1944, il a pour objectif de veiller à la stabilité monétaire et financière. Il peut aider par des crédits des États en difficulté. (voir p. 30)

Front populaire : alliance des partis de gauche (communistes, socialistes et radicaux) aux élections législatives de 1936. Par extension, désigne la période où cette coalition gouverne et réalise des réformes sociales d'ampleur (40 heures, congés payés...) (voir p. 360 et 364)

FTP (Francs-tireurs et partisans) : force de résistance armée du parti communiste. (voir p. 332 et 336)

G

GATT (*General Agreement on Tarrifs and Trade*) : signés à Genève en octobre 1947 par 23 pays assurant à eux seuls 80 % du commerce mondial, ces accords interdisent toute mesure visant à protéger les marchés nationaux. L'OMC a succédé au GATT en 1995. (voir p. 30)

Génocide : destruction physique, intentionnelle, systématique et programmée d'un groupe ou d'une partie d'un groupe en raison de ses origines ethniques ou religieuses. (voir p. 92, 94, 110 et 116)

Gestapo : police politique secrète, créée par le régime nazi en avril 1933. (voir p. 214)

Ghetto : quartiers isolés du reste de la ville par des barbelés ou un mur et dans lesquels les nazis forcent la population juive à vivre dans des conditions misérables. (voir p. 108, 110 et 116)

***Glasnost* (« transparence » en russe) :** politique consistant à établir la liberté d'expression en URSS. Elle est initiée par M. Gorbatchev à partir de 1985. (voir p. 248 et 251)

Goulag : camps de concentration et de travaux forcés où sont regroupés ceux que le régime soviétique considère comme des adversaires. (voir p. 207, 212, 214 et 251)

Gouvernement provisoire : gouvernement formé à l'issue de la révolution de Février 1917. Il décide de maintenir la Russie dans la Première Guerre mondiale. (voir p. 192)

GPU : police politique soviétique, elle prend le nom de **NKVD** en 1934. (voir p. 214)

Guerre de mouvement : durant la Première Guerre mondiale, phase des combats privilégiant les offensives et durant laquelle le front est encore mobile. (voir p. 86)

Guerre de position : durant la Première Guerre mondiale, phase des combats pendant laquelle les armées sont retranchées derrière des lignes fortifiées ou enterrées dans les tranchées. (voir p. 86)

H I

Harkis : algériens musulmans servant comme auxiliaires dans l'armée française contre le FLN. (voir p. 303)

Immigré : personne étrangère née à l'étranger et résidant en France, même si elle a acquis la nationalité française entre-temps. (voir p. 72)

Intégration : politique qui vise à absorber chaque individu dans la société d'accueil par le brassage de l'école, de l'emploi, du mariage, etc. (voir p. 72)

Impérialisme : politique de conquête et de domination territoriale. (voir p. 232)

Industrialisation : processus d'extension et d'intensification des activités industrielles durant lequel la production industrielle dépasse la production agricole. (voir p. 22 et 27)

Inflation : hausse durable des prix moyens des biens ou des services. (voir p. 30)

Inventaires : comptabilisation des biens de l'Église survenue en 1906 à la suite de la loi de séparation de 1905. (voir p. 366 et 370)

Investiture : vote de l'Assemblée qui approuve l'entrée en fonction du gouvernement. (voir p. 318 et 342)

Islamisme : doctrine qui veut faire de l'Islam et de la loi islamique (la charia) le fondement idéologique de la vie politique et sociale. Islamisme/islamiste ne doit pas être confondu avec islam/islamique. (voir p. 181)

K

Kamikaze : au Japon, pilote d'un avion-suicide. (voir p. 106)

Kolkhoze : exploitation agricole dans laquelle la terre, le bétail et les outils sont détenus collectivement par les paysans. (voir p. 202 et 207)

Kominform : organisation réunissant les principaux partis communistes européens, dont ceux de la France et de l'Italie, et permettant à l'URSS de les contrôler. Créé en 1947, il est dissous en 1956. (voir p. 150 et 154)

Komintern (IIIe Internationale) : organisation internationale rassemblant tous les partis communistes, sous l'autorité du parti communiste soviétique. (voir p. 232)

Koulak : paysan propriétaire de sa terre, devenu synonyme d'opposant à la collectivisation ; leur répression est appelée dékoulakisation. (voir p. 202 et 207)

L

Laïcité : principe qui consiste à supprimer l'influence de la religion dans la vie publique et à la réduire à la sphère privée. (voir p. 318, 320, 366 et 370)

Libéralisme : idéologie qui prône la liberté d'entreprendre et la limitation du rôle de l'État dans l'économie afin d'assurer l'enrichissement général. (voir p. 24 et 32)

Libre-échange : politique économique qui vise à supprimer les barrières douanières entre les États afin de faciliter la circulation des marchandises et des capitaux. (voir p. 34, 40)

Lois constitutionnelles : lois qui définissent le fonctionnement des institutions de l'État. (voir p. 324)

M

Mandat : après la Première Guerre mondiale, territoire confié par la SDN aux puissances victorieuses qui l'administrent en son nom. (voir p. 272)

Maquis : lieux difficiles d'accès où les résistants s'organisent et mènent une guérilla contre l'occupant nazi et le régime de Vichy. (voir p. 332 et 336)

Marxisme : courant intellectuel se réclamant des idées économiques et politiques de Karl Marx et Friedrich Engels. Il se fonde sur la théorie de la lutte des classes. (voir p. 33)

Milice : organisation militaire fondée en 1943 qui traque les résistants et les Juifs en collaboration avec l'armée allemande. (voir p. 330)

Mission : organisation catholique ou protestante visant à répandre la foi chrétienne. (voir p. 272)

MLF (Mouvement de libération des femmes) : mouvement non mixte, il se fait connaître en août 1970. Il devient un acteur majeur des luttes féministes. (voir p. 378)

Monde multipolaire : monde dans lequel plusieurs pôles – l'expression peut désigner des pays ou des régions plus ou moins vastes – ont l'ambition de peser d'un poids à peu près égal dans les échanges économiques et dans les relations internationales. (voir p. 38, 41)

Mondialisation : phénomène qui se caractérise par l'accroissement et l'internationalisation des échanges de tous ordres (marchandises, services, capitaux, informations, personnes). (voir p. 21, 36 et 41)

Motion de censure : texte mettant en cause la responsabilité du gouvernement. Si elle est votée à la majorité absolue des députés, le gouvernement doit démissionner. (voir p. 350)

Mouvement de Résistance : pendant la Seconde Guerre mondiale, organisation menant des actions militaires mais aussi civiles, notamment par la diffusion de journaux clandestins. (voir p. 332 et 336)

Mouvement suffragiste : né en Angleterre en 1866, ce mouvement milite pour l'obtention des droits politiques des femmes. La femme qui milite est appelée « suffragette » à partir du début du XXe siècle. (voir p. 374 et 378)

Munitionnettes : femmes produisant des munitions dans les usines durant la Première Guerre mondiale. (voir p. 100)

Mutineries : refus d'obéir à des ordres au sein des armées. (voir p. 86)

N

Nation : communauté d'hommes qui se reconnaissent une certaine unité et ont la volonté de vivre ensemble. (voir p. 320 et 324)

Nationalisme : dans le contexte de la domination coloniale, doctrine et mouvement qui revendiquent l'indépendance d'un territoire et la formation d'un État souverain. (voir p. 276 et 280)

Négritude : ensemble des valeurs culturelles et spirituelles propres aux Noirs africains, et revendiquées par eux. (voir p. 280)

Néo-conservatisme : doctrine de politique étrangère américaine selon laquelle les États-Unis doivent, au nom de la démocratie, utiliser leur puissance pour combattre et renverser les dictatures, au besoin par la force. (voir p. 172)

NEP (Nouvelle Politique économique) : de 1921 à 1928, pause dans l'application de l'idéologie communiste : tolérance pour la petite propriété privée dans l'agriculture, l'artisanat... (voir p. 198)

Nettoyage ethnique : opération visant à vider par la force un territoire d'une partie de sa population au bénéfice d'une autre, en invoquant des critères raciaux. En ex-Yougoslavie, les Serbes ont également parlé de « purification ethnique ». (voir p. 181)

Non-alignés : mouvement créé en 1956 à l'initiative de l'Inde, de l'Égypte et de la Yougoslavie, dans le contexte de la décolonisation. Il prône l'indépendance des nouveaux États face aux deux blocs et soutient les mouvements de libération nationale. (voir p. 157)

NPIA (Nouveaux Pays Industrialisés d'Asie) : pays d'Asie qui s'industrialisent rapidement à partir des années 1980 : Malaisie, Thaïlande, Philippines, Indonésie, Vietnam. (voir p. 38)

NSDAP (Parti national-socialiste des travailleurs allemands) : parti dirigé par Adolf Hitler dès 1921 dont le programme fonde l'action du nazisme. (voir p. 196 et 198)

O

OAS (Organisation de l'armée secrète) : organisation terroriste et clandestine (février 1961-juin 1962) regroupant des civils français d'Algérie et des militaires déserteurs pour empêcher les négociations entre le gouvernement et le FLN et l'application des accords d'Évian. (voir p. 303 et 350)

OPEP (Organisation des pays producteurs de pétrole) : fondée en 1960, l'organisation défend les intérêts des pays producteurs de pétrole dans leurs négociations avec les sociétés pétrolières. (voir p. 30)

Ordre mondial : relations internationales régulées par le droit et la concertation afin de garantir la paix. (voir p. 139)

Organisation scientifique du travail (OST) : ensemble des moyens et des procédés mis en œuvre dans les usines afin d'augmenter la production et la productivité. L'OST est née dans l'industrie automobile américaine au tout début du XXe siècle, avant de connaître un large succès durant tout le siècle. (voir p. 27, 54 et 62)

OTAN (Organisation du traité de l'Atlantique Nord) : organisation civile et militaire de l'Alliance atlantique, mise en place en 1950 et rassemblant à l'origine, autour des États-Unis, le Canada et dix pays d'Europe occidentale (voir p. 148). (voir p. 155)

Ouvriers spécialisés (OS) : ouvrier travaillant dans une usine selon les principes de l'OST. (voir p. 54 et 62)

OVRA (Organisme de vigilance et de répression de l'antifascisme) : en Italie, police politique fasciste créée en 1926. (voir p. 214)

P

PAC (Politique agricole commune) : ensemble des dispositifs mis en place à partir de 1962 au afin de moderniser et de dynamiser les agricultures des États membres de la construction européenne (CEE puis UE). (voir p. 64)

Pacifisme : courant de pensée qui souhaite régler les conflits entre États par la négociation et la non-violence. (voir p. 139 et 232)

Pacte de Varsovie : alliance militaire fondée en 1955 pour faire contrepoids à l'OTAN, rassemblant l'Union soviétique et les pays d'Europe de l'Est (voir p. 148). (voir p. 155)

Pacte germano-soviétique : pacte signé le 23 août 1939 par l'Allemagne et l'URSS dans lequel chacun des pays s'engage à ne pas attaquer l'autre. Une annexe gardée secrète prévoit le partage de la Pologne. (voir p. 232)

Parité : similitude d'accès aux mandats électoraux pour les hommes et les femmes. (voir p. 378)

Parlement : ensemble formé de l'Assemblée nationale et du Sénat. (voir p. 350)

Parti bolchevique ou parti communiste : parti dirigé par Lénine puis Staline dont le but est d'instaurer le communisme en Russie. (voir p. 198)

Patriotisme : volonté de défendre un territoire national où vit une communauté d'hommes attachés à une histoire, une culture et des valeurs spécifiques. (voir p. 324)

***Perestroïka* (« restructuration » en russe) :** politique de réformes économiques et sociales menées par M. Gorbatchev entre 1985 et 1991 en URSS. (voir p. 248 et 251)

PIB : produit intérieur brut, indicateur économique mesurant les richesses produites dans un pays. (voir p. 28)

Plan : document par lequel le gouvernement fixe des objectifs économiques pour 5 ans. (voir p. 342)

Plein-emploi : situation dans laquelle se trouve un pays où le taux de chômage est très faible. (voir p. 28)

Pogrom : terme russe désignant à l'origine un assaut, avec pillage et meurtres, d'une partie de la population contre une autre, et entré dans le langage international pour caractériser un massacre de Juifs. (voir p. 108)

Poilus : nom donné aux combattants français de la Première Guerre mondiale. (voir p. 94)

Population active : la population active comprend toutes les personnes pourvues d'un emploi ainsi que celles qui sont au chômage. Traditionnellement, la population active est divisée en trois grandes catégories :
– le **secteur primaire** regroupe les activités liées à l'exploitation des ressources naturelles (agriculture, pêche, mines) ;
– le **secteur secondaire** rassemble les activités de production ;
– le **secteur tertiaire** recouvre un vaste champ d'activités, allant du commerce à l'administration en passant par les transports, les activités financières et immobilières, les services aux entreprises et aux particuliers, l'éducation, la santé. (voir p. 52 et 62)

Prêt-bail : loi adoptée par le congrès des États-Unis en mars 1941 qui autorise le président à vendre et à prêter du matériel de guerre et toutes marchandises aux États en guerre contre l'Axe. (voir p. 120)

Printemps de Prague : ensemble de réformes lancées en 1968 par le premier secrétaire du parti communiste tchécoslovaque, Alexandre Dubcek, prônant un « socialisme à visage humain » et le pluralisme politique. (voir p. 157)

Productivité : mesure du rapport entre la production de biens et la quantité de facteurs de production utilisés pour produire ces biens (par ex. le capital et le travail). (voir p. 27 et 58)

Professions intermédiaires : ensemble de professions classées en deux catégories : les deux tiers occupent une position intermédiaire entre les cadres et les agents d'exécution, ouvriers ou employés ; les autres travaillent dans l'enseignement, la santé et le domaine social (instituteurs, infirmières, assistantes sociales...). (voir p. 52 et 65)

Prolétariat : les membres les plus pauvres de la société, qui n'ont que leur force de travail pour vivre ; prolétaire s'oppose à capitaliste. Pour les communistes, ce terme désigne plus globalement la classe ouvrière. (voir p. 33, 192 et 199)

Prolifération nucléaire : risque lié à la multiplication de missiles nucléaires (prolifération verticale) ou de pays détenteurs de l'arme atomique (prolifération horizontale). (voir p. 173)

Propagande : action exercée sur des individus pour les convaincre de la supériorité d'une idéologie ou d'une politique. (voir p. 98)

Protectorat : régime juridique établi par un traité international selon lequel un État « protégé » renonce à certains éléments de souveraineté (défense, politique étrangère, douanes...) au profit d'un État « protecteur ». (voir p. 272)

Purges : vagues d'exclusions du parti communiste d'URSS de 1936 à 1938, sous la fausse accusation d'activités anticommunistes. (voir p. 214)

Q

« Quatorze points » : texte de janvier 1918 dans lequel Wilson, le président des États-Unis, expose les principes qui doivent guider les relations internationales après la Première Guerre mondiale. (voir p. 132)

R

Raison d'État : intérêt de l'État qui est invoqué pour justifier une action illégale ou injuste. (voir p. 319)

Régime parlementaire : régime dans lequel le gouvernement est responsable devant l'Assemblée qui peut le renverser. (voir p. 314, 319, 342 et 346)

Régime semi-présidentiel : régime qui combine un régime parlementaire avec un pouvoir présidentiel fort, « clef de voûte des institutions » (Michel Debré). (voir p. 346 et 350)

Regroupement familial : possibilité pour un travailleur de faire venir sa femme et ses enfants dans le pays où il séjourne, au nom du droit à vivre en famille. (voir p. 72)

République de Weimar : régime démocratique de l'Allemagne de 1919 à 1933. Il tire son nom de la ville où a été débattue la Constitution. (voir p. 232)

Réseau de Résistance : pendant la Seconde Guerre mondiale, organisation armée spécialisée dans le renseignement ou le sabotage. (voir p. 332 et 336)

Réseau Echelon : système mondial d'interception des communications privées et publiques (voir p. 171)

Résistance civile : modes d'action non armées (politiques, juridiques, sociaux, culturels, économiques). (voir p. 332)

Révolution Nationale : idéologie du régime de Vichy qui rompt avec les principes républicains. (voir p. 328 et 330)

Rideau de fer : expression employée par Churchill lors d'un discours prononcé à Fulton (États-Unis) le 5 mars 1946, pour dénoncer l'installation de régimes communistes en Europe de l'Est et déplorer leur isolement du reste du continent. (voir p. 155)

S

SA (Section d'assaut) : service d'ordre du NSDAP créé au début des années 1920. (voir p. 196 et 199)

Salariat : mode de rémunération par le salaire résultant d'un contrat de travail passé entre l'employeur et l'employé. Le salaire est le plus souvent versé de manière mensuelle. Patrons et membres des professions indépendantes ne sont pas salariés. (voir p. 63)

SALT (*Strategic Arms Limitation Talks*) : accords signés en 1972 entre les États-Unis et l'URSS qui limitent la fabrication des missiles à longue portée et des systèmes de défense antimissiles. (voir p. 157)

***Samizdat* (« autoédition » en russe) :** ensemble des techniques (manuscrit, dactylographie, photocopie, microfilm, textes recopiés à la main) utilisées en URSS pour reproduire des textes interdits par le régime soviétique et sa censure. (voir p. 251)

Sécurité collective : système qui veut assurer la paix sur des bases durables par la mise en place d'une solidarité active entre des États qui garantissent mutuellement leur indépendance. (voir p. 132 et 139)

Shoah : mot hébreu qui signifie « catastrophe » et qui désigne l'extermination des Juifs par les nazis. (voir p. 114)

Social-démocratie : courant politique issu du marxisme mais qui prône le changement social par la voie légale et négociée. (voir p. 33)

Société anonyme (SA) : société dont le capital est divisé en actions (il s'agit de parts) librement négociables. (voir p. 27)

Société de consommation : société dans laquelle la majeure partie de la population dispose d'un niveau de vie suffisant pour consommer de nombreux biens et services. (voir p. 22 et 27)

Soviet (« conseil » en russe) : en URSS, assemblée populaire composée généralement de paysans, d'ouvriers et de soldats. (voir p. 192 et 199)

SS (section de sécurité) : organisation du parti nazi ; assurant à l'origine la sécurité d'Hitler, elle est ensuite chargée de poursuivre ceux que le nazisme définit comme des ennemis. Elle est l'instrument central de la terreur policière. (voir p. 116 et 214)

Stakhanovisme : en URSS, politique visant à augmenter le rendement du travail industriel. Elle est fondée sur l'exploit – truqué – d'Alekseï Stakhanov, qui aurait extrait en 1935 quatorze fois la quantité de charbon demandée à chaque mineur. (voir p. 207)

STO (Service du travail obligatoire) : institué en en 1943 par le régime de Vichy, il mobilise les hommes entre 20 et 23 ans pour travailler dans les entreprises allemandes. (voir p. 120, 330, 332 et 336)

Syndicat : association de personnes ayant pour but la défense d'intérêts communs, matériels ou moraux, spécialement dans le domaine professionnel. (voir p. 56 et 364)

T

Technopole : réunion sur un même site des activités de recherche (laboratoires), d'enseignement (universités) et des activités industrielles (entreprises). (voir p. 41)

Terrorisme : ensemble d'actes de violence commis par une organisation pour créer parmi la population un climat de terreur et d'insécurité et faire ainsi pression sur un État. (voir p. 181)

Tertiarisation : essor du secteur tertiaire aux dépens des activités relevant des secteurs primaire et secondaire. (voir p. 28, 52, 56, 60 et 65)

Théorie des dominos : théorie d'après laquelle la victoire du communisme dans un pays suscite

Tiers-Monde : expression forgée par le Français Alfred Sauvy en 1952 pour désigner l'ensemble des pays pauvres. (voir p. 294)

TNP (Traité de non-prolifération nucléaire) : traité signé en 1968 par 62 pays. Les puissances qui possèdent l'arme atomique s'engagent à ne pas aider d'autres à l'avoir ; celles qui ne l'ont pas s'engagent à ne pas l'acquérir. (voir p. 157 et 171)

Tranchées pendant la Première Guerre mondiale, fossé protégé par des barbelés dans lequel les soldats vivent et combattent. (voir p. 88 et 94)

Triade : expression qui désigne les trois pôles qui dominent le monde : États-Unis, Union européenne et Japon. (voir p. 38 et 41)

Triple-Alliance ou Triplice : alliance militaire de l'Allemagne, de l'Empire austro-hongrois et de l'Italie. En 1914, l'Italie reste neutre. (voir p. 86)

Triple-Entente : alliance militaire de la France, du Royaume-Uni et de la Russie. (voir p. 86)

U V

Unilatéralisme : attitude consistant à agir sans concertation avec les autres acteurs des relations internationales (par opposition au **multilatéralisme**). (voir p. 173)

Vietcong : guérilla nationaliste et communiste au Vietnam du Sud, qui bénéficie de l'aide du Nord et souhaite la réunification du pays. (voir p. 167)

Vietminh : dans les années 1960, ligue pour l'indépendance du Vietnam fondée par le communiste Hô Chi Minh en 1941. (voir p. 294)

Crédits photographiques

Couverture : hg : Bridgeman-Giraudon. Affiche d'Henri Biais pour le GPRF, 1944 ; hm : Leemage/Photo Josse © Adagp, Paris 2011. « Les Constructeurs », peinture de Fernand Léger, 1950. Biot, musée national Fernand Léger ; md : REA/The New York Times/Steve Ludlum. Attaque terroriste sur New York le 11/09/2011 ; bg : Getty/Hulton Archive/Central Press. Gandhi à Londres le 3/11/1931 ; bd : Gamma Rapho/CIRLAC. Défilé du NSDAP à Nuremberg après leur victoire aux élections en 1933.

16 : Roger-Viollet/Bibliothèque Forney/François Kollar ; **17h :** REA/Gruppe28/S. Vielmo ; **17b :** Tendance Floue/P. Tourneboeuf ; **18 :** Bridgeman-Giraudon © Adagp, Paris 2011 ; **19 :** AFP/Zou Qing ; **22 :** Roger-Viollet/J. Boyer ; **23 :** Coll. Particulière, DR ; **25h :** Getty/Hulton Archive/Central Press ; **25b :** Corbis/Bettmann ; **26h :** Roger-Viollet/H. Roger ; **26b :** Gamma Rapho/Keystone ; **28 :** Bridgeman-Giraudon © Adagp , Paris 2011 ; **29 :** Roger-Viollet/Bibliothèque Forney ; **30 :** The Adverstising Archive ; **31 :** Hémis.fr/Bertrand Gardel ; **32 reprise 392md :** Rue des Archives/The Granger Collection ; **33h reprise 391hd :** Akg-Images ; **33b reprise 391hg :** Roger-Viollet/A. Harlingue ; **34 :** Bridgeman-Giraudon ; **35 :** Images of Empire, British Empire & Commonwealth Museum, Bristol ; **37 :** Rue des Archives/PVDE ; **38 :** REA/Zuma/Imaginechina ; **39 :** Plantu ; **40 :** Leemage/Bianchetti ; **41 :** REA/C. Brown ; **42 :** Kharbine-Tapabor/Coll. Perrin ; **43g :** Akg-Images ; **43d :** Fondation Mucha, Prague ; **50 :** RMN/P. Schmidt ; **51 :** Gamma Rapho/D. Berretty ; **54 :** Bridgeman-Giraudon ; **55 :** Roger-Viollet/J. Boyer ; **56g :** Coll. Kharbine-Tapabor ; **56d :** Gamma Rapho/Keystone ; **57g :** Plantu ; **57d :** REA/J. C. Moschetti ; **58 :** REA/Laif/S. Elleringmann ; **59 :** MaxPPP/S. Di Loreto ; **61h :** Rue des Archives/PVDE ; **61b :** Gamma Rapho/Keystone ; **62 :** Roger-Viollet/ND ; **63h :** Kharbine-Tapabor/Coll. IM ; **63b :** Gamma Rapho/Keystone ; **64 :** Gamma Rapho/W. Stevens ; **65h :** REA/G. Rolle ; **65b :** REA/B. Decout ; **66g :** Kharbine-Tapabor/Coll. Perron ; **66d :** Coll. Christophe L ; **67g :** Coll. Christophe L ; **67d :** Paris Brest Productions © Léna Rouxel ; **68 et 69h :** Photothèque, Centre Historique Minier du Nord-Pas de Calais, Lewarde ; **69b :** Gamma Rapho/Keystone ; **70 :** Rue des Archives/G. Bloncourt ; **71 :** Roger-Viollet ; **73h :** Rue des Archvies/PVDE ; **73b :** Kharbine-Tapabor/Coll. Dixmier ; **80 :** Bridgeman-Giraudon/Imperial War Museum ; **81h :** Corbis/Bettmann/K. Sawada ; **81b :** Joel Meyerowitz Photography ; **82 :** Rue des Archives/Süddeutsche Zeitung ; **83 :** Gamma Rapho/Keystone ; **86 :** Akg-Images ; **87 :** Bridgeman-Giraudon ; **88 :** Roger-Viollet ; **89 :** Rue des Archives/Tal ; **90 :** Coll. Serge Zeyons ; **91 :** Rue des Archives/PVDE ; **92 :** Roger-Viollet/M. Branger ; **93 :** Historial de la Grande Guerre, Péronne/Y. Medmoun © Adagp, Paris 2011 ; **94 :** Rue des Archives/Mary Evans PL ; **95h :** Gamma Rapho/G. Sioen ; **95b :** Gamma Rapho/CRDA-R. Gaillarde ; **96 :** Bridgeman-Giraudon/Peter Newark Pictures ; **97 :** Roger-Viollet ; **98 :** Leemage/Lee ; **99 :** Leemage/Gusman ; **100 :** Coll. Eric Deroo ; **101h :** Getty/Hulton Archive ; **101b :** Bridgeman-Giraudon ; **102hg :** Akg-Images © Adagp, Paris 2011 ; **102-103 :** Akg-Images © Adagp, Paris 2011 ; **106, reprise 122b, 389hg :** Getty/Archives Photos/FPG ; **107h :** Bundesarchiv, Bild 101l-767-0076-25 ; **107b :** Ria Novosti/E. Khaldeï ; **110g :** Gamma Rapho/Keystone ; **110d :** Akg-Images ; **111h :** Droits réservés ; **111b. :** Getty/Time & Life Pictures/G. Rodger ; **113 :** Mémorial de la Shoah/CDJC ; **114 :** Mémorial de la Shoah/CDJC ; **115h :** Musée de la Résistance nationale, Champigny ; **115b :** Museum of Danish Resistance 1940-45, Copenhague ; **117 :** Gamma Rapho/Keystone ; **118 :** Roger-Viollet/Ullstein Bild ; **119 :** Corbis/Bettmann ; **120h :** Bridgeman-Giraudon ; **120b :** Getty/Archives Photos/MPI ; **121h :** Getty/Time & Life Pictures/Mansell ; **121b :** Roger-Viollet/Lapi ; **122h reprise 199b, 218b, 390mm :** RMN/BPK ; **122mh reprise 139, 142b, 392mm :** Roger-Viollet ; **122mb reprise 207 , 218mh, 236b, 393hg :** Leemage/Fine Art Images ; **128 :** ONU/Fabrice Arlot, avec l'aimable autorisation de la Mission permanente de la France auprès de l'ONU à Genève © Adagp, Paris 2011 ; **129 :** Cirip/A. Gesgon ; **133hg reprise 138b, 367h, 388bm :** Roger-Viollet ; **133hd :** Punch Limited/Bernard Partridge ; **133b :** Gamma Rapho/Keystone ; **137 :** Cirip/A. Gesgon ; **138h reprise 142h, 393hd :** Getty/Hulton Archive ; **140 :** Photothèque ONU ; **141hg :** Photothèque ONU/L. Conner ; **141hd :** Photothèque ONU/M. Tzovaras © Adagp, Paris 2011 ; **141b :** Photothèque ONU/M. Grant © Norman Rockwell Family Agency 2011 ; **146 :** Getty/Time & Life Pictures/C. Mydans ; **147 :** AFP/P. Guyot ; **152 reprise 154, 393hm :** Archives Nathan ; **153h :** Corbis/Sygma/W. Campbell ; **153b :** Cirip/A. Gesgon ; **156h :** Sipa/N. Jose ; **156b reprise 392hm :** Sipa/Trippett ; **157 :** Sipa/L. Delahaye ; **159 :** Gamma Rapho/Keystone ; **160 :** DPA/S. Simon ; **161 :** Getty News/S. Ferry ; **163h :** Corbis/Bettmann ; **163b :** Daily Mail London ; **165h :** Sipa/AP/Nick Ut ; **165b :** Archives Nathan ; **166h reprise 391bg :** Corbis/R. Maass ; **166b reprise 388 bd, :** Gamma Rapho/C. Spiegel ; **167h reprise 182h, 248, 252, 256h, 391mg :** Archives Nathan ; **167b reprise 182mh, 390bd :** Magnum Photos/Wayne Miller ; **168 :** Coll. Christophe L ; **139h :** Rue des Archives/BCA ; **169b :** Coll. Christophe L ; **172 :** Corbis/Sygma/Langevin ; **173h :** Sipa/H. Levine ; **173b reprise 392mg :** Gamma Rapho/Camerapress/M. Stewart ; **175h :** Gamma Rapho/E. Bouvet ; **175b reprise 180h, 182mb, 388hd :** Gamma Rapho/UPI ; **177 :** Reuters/D. Krstanovic ; **178g :** Corbis/M. Kuriya ; **178d reprise 181, 182b, 388md :** Gamma Rapho/G. Bassignac ; **179h :** Courrier International ; **179b :** Gamma Rapho/G. Merillon ; **180b :** Plantu ; **182mm :** Gamma Rapho ; **188 :** RMN/BPK ; **189h :** Getty/Hulton Archive ; **189b :** Sipa/AP ; **190 :** Leemage/Farabola ; **191 :** Deutsches Historisches Museum, Berlin ; **192g :** Getty/Archive Photos ; **192d reprise 198, 218h, 391mm :** Archives Larbor/Lou ; **193 :** Leemage/Costa ; **194 :** Leemage/Costa ; **195 :** Roger-Viollet/A. Harlingue ; **196 :** Archives Larbor ; **197 :** Akg-Images/Ullstein Bild ; **199h reprise 218mb, 236m, 391bd :** Archives Larbor/J. L. Charmet ; **200 :** Leemage/Fototeca ; **201 :** Bundesarchiv Bild 183-H27141 ; **202 :** David King Collection ; **204 :** Akg-Images ; **205h :** Archives Larbor/Jeanbor ; **205b :** Bundesarchiv Bild 183-R70355 ; **206 :** Gamma Rapho/Keystone ; **208 :** Akg-Images/Ullstein Bild ; **209h :** Leemage/Costa ; **209b :** Akg-Images ; **210 :** RMN/BPK ; **211h :** David King Collection ; **211b :** Getty/Hulton Archive/C. Ware ; **212 :** Niedersächsisches Landesarchiv, Staatsarchiv Aurich ; **213 :** Rue des Archives/Tal ; **215h :** Leemage/Jemolo ; **215b :** Rue des Archives/Süddeutsche Zeitung ; **216 :** Akg-Images ; **217h :** Bridgeman-Giraudon/Alinari ; **217b :** AGE/M. Cristofori ; **219g :** L'Illustration ; **219d :** Sipa/AP ; **220 :** Cirip/A. Gesgon ; **221 :** Kharbine-Tapabor/J. Vigne ; **222 :** Bridgeman-Giraudon/Peter Newark Historical Pictures ; **224 :** Gamma Rapho/Keystone ; **225 :** Rue des Archives/Mary Evans PL ; **228 :** Roger-Viollet/Ullstein Bild ; **229h :** University of Kent, British Cartoon Archive © Solo Syndication/Associated Newspapers Ltd ; **229b :** Akg-Images/Ullstein Bild ; **230 :** Leeamge/Farabola ; **231 :** Roger-Viollet/A. Harlingue ; **233h :** Kharbine-Tapabor/IM ; **233b :** University of Kent, British Cartoon Archive © Solo Syndication/Associated Newspapers Ltd ; **234-235 :** Bridgeman-Giraudon © Succession Picasso, Paris 2011 ; **236h :** Roger-Viollet/A. Harlingue ; **238 :** Coll. Kharbine-Tapabor ; **239 :** BNF, Paris ; **240 :** Photoresponse, Joe McCary/NARA ; **241 :** Corbis/G. Ludwig ; **243h :** Stadtverwaltung Freiburg, Kulturamt Abt. Stadtarchiv ; **243b :** Regierungspräsidium Freiburg, photo Jean Jeras ; **244 :** Sipa/AP ; **245 :** Musée de la Résistance nationale, Champigny sur Marne ; **246h :** Getty/Time & Life Pictures/W. Vandivert ; **246b :** Corbis/Bettmann ; **247h :** Corbis ; **247b :** Coll. Kharbine-Tapabor ; **249 :** Corbis/Hulton Deutsch Collection ; **250h reprise 253, 256b, 390mg :** Getty News/B. Swersey ; **250b :** Fritz Behrendt ; **251 :** Ria Novosti/V. Fedorenko ; **254 reprise 392hd :** Sipa/Genies ; **255 :** AFP ; **261 :** Collection particulière, droits réservés ; **262 :** Akg-Images ; **263h :** Coll. Eric Deroo ; **263b :** Marc Riboud ; **264 :** RMN/H. Lewandowski ; **265 :** Roger-Viollet ; **269 :** Leemage/Bianchetti ; **270 :** Photo12 ; **271 :** Bridgeman-Giraudon ; **272 :** Coll. Kharbine-Tapabor ; **273h :** Coll. Kharbine-Tapabor ; **273b :** Bridgeman-Giraudon/Archives Charmet ; **274h :** Kharbine-Tapabor/Coll. Jonas ; **274b :** Roger-Viollet/A. Harlingue ; **275 :** Roger-Viollet ; **276 :** Archives Nationales d'Outre-Mer ; **277 :** Roger-Viollet/CAP ; **279h :** Coll. Eric Deroo ; **279b :** Leemage/Lee ; **280 :** Coll. Kharbine-Tapabor ; **281h reprise 284h, 390hd :** Roger-Viollet/L. Albin-Guillot ; **281b reprise 284b :** Roger-Viollet/Ullstein Bild ; **282 :** Kharbine-Tapabor/Coll. IM ; **283g, d :** Coll. Eric Deroo ; **285 :** Leemage/Selva ; **290 :** Corbis/Bettmann ; **291 :** ECPAD/C. Cuny ; **294 :** Leemage/Photo Josse ; **295h :** Photo12 ; **295b :** Getty/Time & Life Pictures/M. Kauffman ; **297 :** Getty/Hulton Archive ; 299h : AFP ; 299b : Gamma Rapho/Keystone ; 300 : Gamma Rapho/Keystone ; **301 :** Gamma Rapho/Keystone ; **302h reprise 306m, 389md :** Getty/Hulton Archive/Dinodia ; **302b reprise 306b :** Getty/Hulton Archive/Baron ; **303 :** Gamma Rapho/Keystone ; **304, 305 :** Getty/Time & Life Pictures/M. Bourke-White ; **306h reprise 336, 352mb, 390hg :** Archives Nathan ; **309 :** S. Hutin ; **310 :** Bridgeman-Giraudon/Archives Charmet ; **311h :** Gamma Rapho/Willy Ronis ; **311b :** Roger-Viollet ; **312 :** Roger-Viollet/Musée Carnavalet ; **313 :** Cirip.A. Gesgon ; **315h :** Leemage/Photo Josse ; **315b reprise 319b, 389mg :** Roger-Viollet ; **316g reprise 389mm :** Roger-Viollet/A. Harlingue ; **316b reprise 393md :** Archives Larbor ; **317 :** Archives Nathan ; **318 :** Roger-Viollet ; **319h :** Bridgeman-Giraudon/Archives Charmet © Adagp, Paris 2011 ; **320, 321 :** INRP/Musée National de l'Éducation, Rouen ; **322 :** Leemage/Photo Josse ; **323h, d :** Claude Boissy, Paris1900.lartnouveau.com ; **324 :** Assemblée Nationale 2011 ; **325h :** RMN/H. Lewandowski ; **325b reprise 352h, 389bm :** Leemage/J. Bernard ; **328h reprise 330, 352mh :** Archives Larbor/J. L. Charmet ; **328b :** Archives Larbor ; **329h :** Archives Larbor ; **329b :** Rue des Archives/Tal ; **331h :** Kharbine-Tapabor/J . Vigne ; **331b :** Cirip/A. Gesgon ; **332 :** Roger-Viollet ; **333g :** Gamma Rapho/L'Humanité ; **333d :** Archives Nathan ; **334 :** Getty/Time & Life Pictures/G. Rodger ; **335h :** Gamma Rapho/Keystone ; **335b :** Archives Larbor ; **337h reprise 352b, 391md :** Archives Larbor ; **337b :** Gamma Rapho/Musée de la Résistance de Besançon ; **339h :** Gamma Rapho/Keystone ; **339b :** Rue des Archives/Agip ; **340 :** L'Illustration ; **342 :** Gamma Rapho/Robert Doisneau ; **343h :** Bridgeman-Giraudon/Archives Charmet ; **343b :** Coll. Kharbine-Tapabor ; **344 :** Cosmos/Pierre Boulat ; **345 :** Kharbine-Tapabor/Coll. Jonas ; **347h :** Magnum Photos/Henri Cartier-Bresson ; **347b :** Cirip/A.Gesgon ; **348h :** Photo12 ; **348b :** Dessin de Jean Effel © Adagp, Paris 2011 ; **350 :** Roger-Viollet ; **351h reprise 389hm :** Gamma Rapho/Keystone ; **351b :** Corbis/Sygma/Europress/R. Darolle ; **354 :** Archives Larbor ; **358 :** Gatty/AFP ; **359 :** Gamma Rapho/Keystone ; **360 :** Coll. Kharbine-Tapabor ; **361 :** Cirip/A. Gesgon ; **362h :** Gamma Rapho/Keystone ; **362b :** Gamma Rapho/Keystone ; **363 :** Gamma Rapho/Robert Doisneau ; **364 :** Roger-Viollet/M. Branger ; **365h reprise 382h, 388bg :** Archives Larbor ; **365b :** Photo12 ; **366 :** Kharbine-Tapabor/Coll. Dixmier ; **367b :** Coll. Kharbine-Tapabor ; **368 :** Cirip/Gesgon © Adagp, Paris 2011 ; **369hg :** Le Nouvel Observateur, prise de vue F. Hanoteau ; **369hd :** AFP/M. Gangne ; **370 :** Bridgeman-Giraudon/Archives Charmet ; **371h :** AFP/P. Guillaud ; **371b :** AFP/D. Janin ; **372hg :** Roger-Viollet/J. Boyer ; **372bg :** Phanie/Burger ; **372d :** Roger-Viollet ; **374 :** Gamma Rapho/Keystone ; **375 :** Roger-Viollet/A. Harlingue ; **376 :** AFP ; **377 :** Rue des Archives/Agip ; **378 :** AFP/F. Perry ; **379h reprise 388hg :** Roger-Viollet/A. Harlingue ; **379b reprise 382b, 393mm :** AFP ; **380g :** Corbis/Hulton Deutsch Collection ; **380d :** Gamma Rapho/Kammerman ; **381h :** Getty/Time & Life Pictures/B. Ray ; **381b :** Corbis/Sygma/P. Vauthey ; **384 :** Gamma Rapho/Willy Ronis ; **385 :** Gamma Rapho/Keystone ; **388mg :** Gamma Rapho ; **388mm :** Roger-Viollet ; **389hd :** Roger-Viollet ; **390hm :** Gamma Rapho/Keystone ; **390md :** Archives Larbor ; **391hm :** Archives Nathan ; **392hg :** Corbis/Bettmann ; **392bg :** Getty/Hulton Archive ; **392bm :** Archives Larbor ; **393mg :** Gamma Rapho ; **393bm :** Sipa/Random

ÉDITION : Carole Greffrath
CONCEPTION GRAPHIQUE ET COUVERTURE : Laurence Durandau
MISE EN PAGE : Christine Chenot
ICONOGRAPHIE : Électron libre / Valérie Delchambre

CARTOGRAPHIE : Légendes Cartographie
FRISES ET SCHÉMAS : Renaud Scapin
RELECTURE : Jessie Magana et Isabelle Macé

FSC www.fsc.org MIXTE Papier issu de sources responsables FSC® C022030

N° d'éditeur : 10196167 - Key Graphic - Avril 2013 - imprimé en ITALIE par STIGE